Wissenschaftliche Untersuchungen
zum Neuen Testament

Begründet von Joachim Jeremias und Otto Michel
Herausgegeben von
Martin Hengel und Otfried Hofius

26

Nag-Hammadi-Register

Wörterbuch zur Erfassung der Begriffe
in den
koptisch-gnostischen Schriften von Nag-Hammadi

mit einem deutschen Index

angefertigt von
Folker Siegert

Einführung von
Alexander Böhlig

J. C. B. Mohr (Paul Siebeck) Tübingen 1982

BT
1390
.S571
1982

CIP-Kurztitelaufnahme der Deutschen Bibliothek

Siegert, Folker:
Nag-Hammadi-Register: Wörterbuch zur Erfassung d. Begriffe
in d. kopt.-gnost. Schr. von Nag Hammadi; mit e. dt. Index/
von Folker Siegert. Einf. von Alexander Böhlig. –
Tübingen: Mohr, 1982.
   (Wissenschaftliche Untersuchungen zum Neuen Testament; 26)
   ISBN 3-16-144592-9

NE: HST; GT

© Folker Siegert / J.C.B. Mohr (Paul Siebeck) Tübingen 1982
Alle Rechte vorbehalten. Ohne ausdrückliche Genehmigung des Verlags ist es auch nicht
gestattet, das Buch oder Teile daraus auf photomechanischem Wege (Photokopie, Mikro-
kopie) zu vervielfältigen.
Printed in Germany. Satz und Druck: Gulde-Druck GmbH, Tübingen. Einband: Heinrich
Koch, Großbuchbinderei, Tübingen.

INHALTSVERZEICHNIS

E I N F Ü H R U N G

von

Alexander Böhlig

Im Jahr 1972 wurde das Tübinger Forschungsunternehmen "Der hellenistische Bei-
trag zum Synkretismus im Vorderen Orient" als Teilprojekt G in den Sonderfor-
schungsbereich 13 in Göttingen aufgenommen, der sich mit Synkretismus überhaupt
befaßte. Weil die christlich-orientalische Abteilung des Teilprojekts ihre Arbeit am Thema mit Studien zum Funde von Nag Hammadi begann (Anthropologie,
Ethik, Metaphysik), lag es nahe, dabei auch das Teilprojekt B "Phraseologi-
sches Wörterbuch zur hellenistischen und gnostischen Literatur" in Berlin zu
unterstützen. Nachdem methodische Fragen behandelt und Probeexzerpte vorgenom-
men worden waren, sollte Herr Dr. F. Wisse von 1976 an das aufgeschlüsselte
Material von Nag Hammadi vorlegen. Als aber aus organisatorischen Gründen, die
auf Grundsatzentscheidungen der Deutschen Forschungsgemeinschaft zurückgingen,
die Unternehmungen B und G von Göttingen abgetrennt wurden, wobei B nicht weiter gefördert und für G die Arbeit an Nag Hammadi in Tübingen auf zwei Jahre
beschränkt wurde (von denen das zweite Jahr zur Förderung gesondert noch ein-
mal beantragt werden mußte), schied der Mitarbeiter, der für die lexikalische
Arbeit vorgesehen war und Vorarbeiten dafür geleistet hatte, Dr. Wisse, aus
der Arbeit in Tübingen aus. Ich fragte mich nun, ob unter diesen Umständen
die Arbeit an einer Sammlung von Begriffswörtern in den Nag-Hammadi-Texten
überhaupt durchgeführt werden sollte. Die Arbeit in Berlin wurde von der Ono-
masiologie her in Angriff genommen. Gruppen von Begriffen und Bereiche von
Vorstellungen sollten Auswahl und Gliederung bestimmen. Die Lage in Tübingen
legte es nahe, bei einer Weiterführung lexikalischer Arbeit sich der Situation
anzupassen, die durch die Nag-Hammadi-Forschung gegeben war. Ebenfalls war zu
berücksichtigen, was in der zur Verfügung stehenden Zeit abzuschließen war.
Es galt, die in Arbeit befindlichen Forschungen zu einem brauchbaren Ergebnis
zu bringen bzw. ein Material für Forschungen aufzubereiten, die nach Ablauf
der kurzen Frist von zwei Jahren auch später in Tübingen ausgeführt werden
konnten. Dafür vermag eine lexikalische Sammlung gute Dienste zu leisten. Das
in der Abteilung "Sprachen und Kulturen des christlichen Orients" des Orien-
talischen Seminars gesammelte Karteimaterial soll für Tübinger und auswärtige

Einführung

Wissenschaftler eine Hilfe sein. Um das Ergebnis der Arbeit aber nicht räumlich einzuengen, sollte der Extrakt der Arbeit in einem Wörterbuch veröffentlicht werden, das eine breitere Öffentlichkeit bei der Interpretation von Nag-Hammadi-Texten unterstützen konnte.

Selbstverständlich konnte hier nicht etwa ein Werk vorgelegt werden, das W. Bauers Wörterbuch zum Neuen Testament entsprach, und sollte es auch nicht. Hierfür habe wir auf das von B. Layton und Th. O. Lambdin geplante Werk zu warten. Ein solches Wörterbuch kann auch erst erscheinen, wenn von allen Nag-Hammadi-Texten kritische Ausgaben vorliegen, die nicht nur auf einer ersten Abschrift beruhen, sondern aus den inzwischen verbesserten Lesungsmöglichkeiten und der Diskussion über den Inhalt bereits Gewinn gezogen haben. Ein solches Lexikon wird deshalb auch die Phonologie und Orthographie ebenso wie die Morphologie der Wörter bieten. Es muß außer den Bedeutungsangaben aber auch zahlreiche Beispiele der Interpretation enthalten, weil das Koptische ein polysemantisches Idiom ist.

Der Umstand, daß das Koptische eine verschriftlichte Volkssprache darstellt, birgt gewisse Schwierigkeiten in sich. Es ist ja nicht, wie etwa das Syrische, aus einer Kanzleisprache entstanden, sondern aus der Sprache, die sich im täglichen Leben der Bevölkerung als Umgangssprache aus dem Neuägyptischen herausgebildet hatte. Das bewirkte eine Schrumpfung des Wortschatzes. Auch heute ist der arabische Wortschatz der Fellachen nicht umfangreich. Bei der Übersetzung der Bibel sowie hagiographischer und homiletischer Texte galt es darum, mit der vorhandenen Wortmenge eine wesentlich größere Vielfalt der Ausdrucksmöglichkeit wenigstens inhaltlich wiederzugeben. Deshalt ist das Koptische eine Sprache der Polysemie; die Grundbedeutung gibt auch Nuancen wieder. So vereinfacht das Koptische unter Umständen, z. B. wenn "wiedergeboren" mit einfachem "geboren" übersetzt wird, wie aus Paralleltexten hervorgeht. Für meliorative und pejorative Ausdrücke des Griechischen verwendet das Koptische oftmals einen neutralen Ausdruck, der erst durch den Kontext seinen nuancierten Sinn erhält. Durch die griechische Eroberung, zum Teil auch schon vorher, waren griechische Wörter in das Ägyptische eingedrungen, wobei es sich in hohem Maße auch um Wörter des täglichen Gebrauchs bis hin zu Präpositionen und Konjunktionen handelte. Daneben stehen Termini der Verwaltungssprache u. ä. Die Mission der Kirche entwickelte für ihre Zwecke diese Volkssprache zur Schriftsprache, um mit ihr ein Werkzeug der Paideia zu besitzen. Sie fügte der Sprache gleichfalls Termini hinzu (Kirchenordnung, Liturgie u. ä.). Es ist aber zu beachten, daß die Sprache der Theologie in Ägypten das Griechische blieb. Das Koptische diente nur zur Verbreitung von volkstümlicher Literatur, wozu - abgesehen von der Bibel - die Erbauungsliteratur aller Art, sei es als Obersetzungs-, sei es als Originalliteratur, sowie etwas Volksdichtung gehörte. Daß die Liturgie in die Landessprache übersetzt wurde, entspricht der Missionsmethode der ägyptischen wie der christlich-orientalischen Kirche überhaupt.

Ein hervorragendes Beispiel für eine Mission, die den Völkern in ihrer eigenen Sprache nachgeht, ist seit dem 3. Jh. die gnostische Weltreligion des Manichäismus. Sie kommt schon bei Lebzeiten ihres Begründers nach Ägypten und bildete in der Hauptstadt Alexandria, aber auch in Assiut in Oberägypten Zentren. Nicht nur auf griechisch, sondern auch auf koptisch haben sich manichäische Schriften erhalten. Die koptischen sind bezeichnenderweise in den assiutischen Dialekt übersetzt. Nicht nur das Beispiel der Großkirche, sondern gerade das Vorbild manichäischer Religion könnte auch die gnostischen Schulen, die älter als der Manichäismus sind, dazu bewegt haben, ihr Schrifttum durch Übertragung ins Koptische der autochthonen Bevölkerung nahezubringen. Der Wirkungskreis muß von soziologischer Sicht aus beurteilt werden. Gerade in den Städten Oberägyptens gab es die sog. Gräkoägypter, eine Schicht, die zwar von ägyptischer Herkunft, sich doch mit griechischer Kultur, insbesondere der Schule, vertraut gemacht hatte. In den koptisch-gnostischen Texten ist die Wirkung der Schule bis hin zu Zitaten aus der Unterrichtsmethode und Verwendung ihrer sprachlichen Terminologie offenkundig. Zumindest die Übersetzer der Texte hatten von daher ihre Kenntnis griechischer Begriffe, um ihre Tätigkeit erfolgreich auszuüben. Wie weit die Kreise der Gnostiker selbst schließlich die gnostischen Aussagen der Texte noch verstanden, wenn sie nur Koptisch konnten, ist eine andere Frage.

Die gnostischen Texte, die in Nag Hammadi ans Licht kamen, boten zum großen Teil bereits für den Leser der griechischen Vorlagen genug Schwierigkeiten infolge ihrer eigenartigen Vorstellungswelt, z. B. durch den Gebrauch des Mythos, der Protestexegese, einer besonders gearteten Ontologie und einer daraus sich ergebenden Logik sowie einer synkretistischen Einbeziehung aller möglicher Mythologumena aus verschiedenen Ländern, Völkern und Religionen oder Philosophien. Wenn der Gnostizismus auf Grund der Denkformen, die den unseren fremd sind, gewissen modernen Interpreten als absurd erscheint, so ist die Fremdartigkeit und die oft auch nicht genügend erfolgte Erklärung der Texte doch kein Grund, diese für unsinnig zu halten. Sie sind nicht einfach abzutun, sondern vielmehr sorgfältig zu interpretieren, wie dies bei den manichäischen und mandäischen Texten mit Erfolg geschehen ist. Bedenkt man, daß dieses Schrifttum durch die Übertragung in eine für solche Gedankengänge ziemlich ungeeignete Sprache auf uns gekommen ist, so erweist sich die Rekonstruktion der gnostischen Begriffe aus den Texten von Nag Hammadi als noch schwieriger, als sie es an Hand der griechischen Originale wäre. Die Uminterpretation von

Begriffen, die vom gnostischen Denken aus in ihr Gegenteil verkehrt worden sind, ist nicht eine Frage der Semantik, sondern der über den Wortlaut der Texte hinausgreifenden Interpretation. Wenn man etwa darüber nachdenkt, welches Leben wirklich Leben und welcher Tod der eigentliche Tod ist, so ändert das nichts an der Bedeutung der Wörter "Leben" und "Tod", weder im Griechischen noch im Koptischen.

Weil die koptischen Texte, die uns jetzt vorliegen, nachweislich bereits aus koptischen Handschriften abgeschrieben worden sind und weil außerdem verschiedene Übersetzungen einundderselben Schrift nebeneinander in der Sammlung begegnen, muß der Suche nach den Begriffen, die im gnostischen Text der Urschriften vorhanden waren, eine Erforschung der Bedeutungen der koptischen und griechischen Wörter vorangehen, die zur Erfassung der gnostischen Begriffe führen können. Es handelt sich dabei also um eine semasiologische Arbeit. Ein semantisches System läßt sich aber nicht aufstellen. Das wäre nur bei einer einheitlichen Bibliothek möglich, die die Bibliothek des Mitglieds einer Gemeinde oder der Gemeinde einer Sekte überhaupt bildete. Von einer solchen Annahme, die an sich recht verlockend ist und nach Auftauchen der Sammlung auch zunächst zu der Meinung geführt hat, es handele sich um eine Bibliothek der Sethianer, ist die neuere Forschung entschieden abgerückt. Aus gewissen Indizien hat man die Ansicht gewonnen, daß die Texte aus einem pachomianischen Kloster stammten und auf Grund der Anweisung des Athanasius von 367 aus ihm entfernt wurden. Wie die Handschriften aber in das Kloster gekommen waren, bleibt strittig. Es gibt die These, man habe sie als Studienmaterial zur Widerlegung der Häretiker besessen. Doch läßt der Umstand, daß die Codices nach Schrift und Format in Gruppen aufgeteilt werden können, wobei die Doubletten verschiedenen Sammlungen zugewiesen werden können, eher darauf schließen, daß verschiedene Mönche oder Mönchsgruppen sie als Privatbesitz beim Eintritt ins Kloster mitgebracht haben und sich später ihrer entledigten.

Beim gegenwärtigen Stand der Forschung, in einem Stadium, wo noch nicht die gesamten Texte kritisch ediert sind, bedarf es zunächst der Materialsammlung für eine semasiologische Untersuchung der Sprache der Nag-Hammadi-Texte. Eine solche Arbeit kann natürlich nicht bei einer reinen Stellensammlung stehen bleiben, sondern muß das Material nach Möglichkeit bereits in vorsichtiger Weise aufgliedern.

Nach der Methode der traditionellen Semantik werden hier die Gesichtspunkte Polysemie, Homonymie und Synonymie angewendet. Die strukturellen Semantik bietet Hyponymie, Inkompatibilität und Antinomie. Deshalb ist in angemessenem Umfang auf die Ausdrücke verwiesen, die im sprachlichen Feld begegnen. Dadurch kann über die Bedeutung des Wortes hinaus erschlossen werden, welchen Sinn gerade an der vorliegenden Stelle die oft so neutrale ursprüngliche Wortbedeutung erhalten hat. Außerdem sind nicht nur Wörter aufgenommen, die philosophisch-theologische Begriffe zum Ausdruck bringen, sondern auch Wörter, die Zusammenhänge erhellen, in denen diese Begriffswörter vorkommen. Um aber schon etwas tiefer in die Welt der gnostischen Vorstellungen vorzustoßen, sind zusammengesetzte Ausdrücke gesondert angeführt. Eine wesentliche Unterstützung bildet die Bearbeitung der griechischen Wörter. Ein Vergleich der griechischen mit den koptischen Wörtern führt auch hierbei zu einer besseren Deutung nicht nur des koptischen, sondern auch des griechischen Ausdrucks; so, wenn z. B. aphtharsia nicht mit "Unvergänglichkeit", sondern mit "Unversehrbarkeit" (im qualitativen Sinne) im Koptischen wiedergegeben wird. Auch das Vorkommen von Zahlen ist erfaßt. Die Arithmologie gehörte ja zu den Mitteln, die Welt und Mensch in ihrer Gesamtheit und in ihrem Zusammenhang verständlich machen sollten.

So ist das hier vorgestellte Lexikon nicht bereits ein Lexikon der Begriffe, sondern ein Wörterbuch, das der Erfassung der Begriffe dient, wenn man unter Begriff die Größe versteht, die erst in der Kommunikation beim Gebrauch durch das Individuum ihren Ausdruck im Wort erhält.

TECHNISCHES VORWORT

1. Um dieses Wörterbuch auch für Nichtkoptologen benützbar zu machen, sind alle nichtgriechischen Artikelüberschriften numeriert worden. Diese Nummern, die stets in Klammern stehen, dienen auch der genauen Identifizierung der Wörter bei Querverweisen.

2.1. Verarbeitet wurden die dreizehn Codices von Nag Hammadi einschließlich der im Codex Berolinensis Gnosticus 8502 enthaltenen Paralleltexte (BG 2 und 3) und ausschließlich der Platon-Übersetzung NH VI 5 und derjenigen Partien in Codex VIII bis XII, die für jede Ergänzung eines Kontextes zu fragmentarisch sind. Aus diesen sind nur wenige wichtige Wörter aufgenommen worden.

2.2. Zu den religionsgeschichtlich interessanten oder möglicherweise interessanten Wörtern wurden - mit der obigen Einschränkung - alle Stellen erfaßt, bei weniger wichtigen Wörtern und solchen, zu denen es viel gleichgültiges Stellenmaterial gibt (z. B. ŠŌPE 'sein'), nur eine Auswahl. Bezeichnungen menschlicher Körperteile, die nur in der Liste NH II 15,29-18,2 (mit der Parallele IV 24,21-27,2) vorkommen, sind nicht aufgenommen; für sie sei pauschal auf jene Liste verwiesen.

✠ Das Vollständigkeitszeichen am Ende eines Artikels versteht sich mit folgenden (zu 2.1 hinzukommenden) Einschränkungen:
  - von gleichlautenden Paralleltexten ist nur einer aufgeführt: Präferenzregeln siehe 7.3.;
  - Ergänzungen in den Editionen, die im Kontext sinnvoll sein mögen, aber nicht sicher genug sind, daß sie als Beleg für ein Wort gelten können, bleiben unberücksichtigt.

3.1. Der erste Teil dieses Wörterbuchs, der die ägyptischstämmigen (im engeren Sinne "koptischen") Wörter bietet, ist nach den Grundsätzen von Westendorfs Koptischem Handwörterbuch geordnet. D. h., daß I bzw. EI und OY bzw. Y überall zum Konsonantenbestand eines Wortes zählen, wo sie für Halbvokale stehen; ferner, daß Vokallosigkeit vor Vokal geht und daß streng von links nach rechts entschieden wird.

3.2. Die den "koptischen" Wörtern beigegebenen Nummern entsprechen, bis auf die hinzugesetzten Großbuchstaben, den Seitenzahlen bei Westendorf. Dieser ist für alle koptologischen Rückfragen nachzuschlagen.

3.3. Die alphabetische Einordnung abgeleiteter Wörter folgt meistens den Verweisen bei Westendorf, die dementsprechend hier auch nicht wiederholt werden. Etymologische Verweise wurden mit dem Vermerk "vgl." als mögliche Suchspur zu verwandten Begriffen am Ende der Artikel in Klammer angehängt.

3.4. Im griechischen Teil des Wörterbuchs sind nicht nur nahezu alle griechischen Wörter erfaßt, die in den Nag-Hammadi-Texten vorkommen, sondern auch (in Klammer) all diejenigen, die im "koptischen" Teil aus irgendwelchen Gründen zitiert wurden. Sie dürften zum Teil den Ausdrücken der verlorengegangenen griechischen Vorlagen entsprechen. Der griechische Teil ist also zugleich der griechische Index zum "koptischen".

4.1. Es gelten folgende orthographische Konventionen: Die Artikelüberschriften des "koptischen" Teils richten sich nach der bei Westendorf jeweils zuerst genannten Form. Die dort manchmal in runden Klammern gegebenen Fakultativbuchstaben werden je nach dem vorherrschenden Usus in den Nag-Hammadi-Texten entweder gesetzt oder weggelassen. Ist eine andere Schreibung in den Texten sehr häufig oder gar die einzige, wird sie neben der Überschrift mit aufgeführt. Seltene oder bei Westendorf gar nicht vertretene Formen werden der Nennung der jeweiligen Stelle in Klammern beigefügt. Bei Sammelnennungen und Querverweisen wurden die Formen, wo es der Übersicht dienlich schien, nach dem Sahidischen standardisiert.
Die Umschrift erfolgt in lateinische Großbuchstaben. Sie ist eine strenge Transliteration, orientiert an der Wiedergabe des Schriftbildes, nicht des Klanges. Einzige Doppelzeichen sind TH, KH, PH und PS für Theta, Chi, Phi und Psi. Sie werden von den getrennten Schreibungen T-H usw. nicht unterschieden. Die koptischen Sonderzeichen sind Š, F, H, Č, Q. Griechische Wörter mit koptischen Flexionselementen werden wie koptische Wörter behandelt, auch um den Preis von Schreibungen wie PINOQ NKHRISTOS und PHAGION MPNEYMA.

4.2. Die Schreibweise griechischer Wörter ist in Artikelüberschriften und Querverweisen standardisiert nach dem Wörterbuch von Walter Bauer (siehe 11.). Wörter, die dort nicht zu finden sind, gehen nach Liddell/Scott und schließlich nach Lampe. Adverbien werden, wie bei Walter Bauer, als eigene Wörter behandelt. Stark abweichende Schreibungen griechischer Wörter in den Codices werden, wie schon im "koptischen" Teil, den Überschriften bzw. Stellenangaben beigefügt.
Griechische Verben werden im Infinitiv aufgeführt, in dem sie ja auch in den Texten meist erscheinen, und zwar im Infinitiv Präsens desjenigen genus verbi, das der Verwendung (nicht der geschriebenen Form) des Verbums in den Kontexten entspricht. Infinitive anderer Tempora wurden verwendet, sofern sie in den Handschriften deutlich überwiegen.

Die Transkription des Griechischen in lateinische Kleinbuchstaben entspricht
der archaisierenden Konvention und hat keinen Bezug zur zeitgenössischen Aus-
sprache. Eigennamen wie Sōtēr, Sophia wurden meist mit Großbuchstaben kenntlich gemacht. Jedoch ist der Unterschied zwischen Prädikator und Eigenname in
den Texten nicht scharf zu ziehen.

5.1 Dieses Wörterbuch umfaßt nur Prädikatoren oder "Begriffswörter". Namen sind
nur erfaßt, soweit sie einen - vielleicht schon verblaßten - Bedeutungsgehalt
transportieren. Die Artikel gliedern sich möglichst nach Wortbedeutungen und
nicht nach grammatischen Wortarten.

—   Ein dicker Strich trennt verschiedene Bedeutungen, gelegentlich auch
     das Substantiv vom Verbum. Steht am Beginn einer solchen Rubrik keine
     koptische Form, gilt noch (oder wieder) die in der Überschrift genannte.

●   Der dicke Punkt macht auf besondere Verwendungen und Formeln aufmerksam.

°   Das allgemeine Verweiszeichen gibt an, welche in der Überschrift oder
     in der Zwischenrubrik gemachte Angabe für die einzelnen Stellen zutrifft.

Nach Möglichkeit wird die einfachste (alltäglichste, profanste) Bedeutung des
Grundworts zunächst genannt und der Artikel nach fortschreitender Spezialisie-
rung und Übertragung aufgebaut. Mehrfachnennungen ein und derselben Stelle unter verschiedenen Rubriken wurden um der Materialfülle willen weitestgehend
vermieden. Die Einordnung ist immer nur ein Vorschlag zur Interpretation.

q   5.2. Qualitative werden meistens durch ein der Form oder der Stellenan-
     gabe nachgestelltes q kenntlich gemacht. Semantisch bedeutet dies, daß
     die betreffende Verbform in der Regel keine Handlung, sondern einen Zu-
     stand bezeichnet; Ausnahme sind Verben der Fortbewegung. In jedem Fall
     sind Qualitative intransitiv. Es sei jedoch darauf hingewiesen, daß auch
     nicht-Qualitative intransitiv und sogar passivisch gebraucht werden kön-
     nen, z. B. NOYHM für 'retten' und 'gerettet werden'.

5.3. Außer der Bedeutung und dem Gebrauch eines Ausdrucks wird gelegentlich
auch dessen Bezug angegeben, u. z. stets in Klammern, z. B. NEEIMA 'diese Orte'
"(d. h. diese Welt)". Dies ist besonders da der Fall, wo der deutsche Sprach-
gebrauch eine andere Auffassung nahelegen würde.

6.1. Die Nennung der Stellen geht nach Codex-, Seiten- und Zeilenzahl der Fak-
simileausgabe (in welcher die Zeilen noch zu numerieren sind). Auf den bisher
unbearbeiteten Seiten von NH V 1, wo die oberen Ränder fehlen, beginnt die
Zählung mit der ersten erhaltenen Zeile. Zur Abgrenzung der in den Codices
enthaltenen Schriften siehe unten 11.

    6.2. Das Thomasevangelium (NH II 2) wird der Einfachheit halber nach
L   der (durch L kenntlichen) Logienzahl Leipoldts zitiert, die von anderen

Zählungen gelegentlich um 1 abweicht. Die in der Synopse zum Johannesapokryphon vorgeschlagene Kapitel- und Verseinteilung konnte leider
nicht übernommen werden, weil die Synopse noch nicht in allen Teilen
fertiggestellt war.

6.3. Gehäufte Vorkommen werden vereinfacht zitiert, z. B. "3,1-10". Eine
Notierung wie "3,1°-10°" besagt, daß die mit dem Verweiszeichen ° gemein-
te Eigentümlichkeit an allen Stellen innerhalb des bezeichneten Text-
(°)   stücks auftritt, (°) besagt, daß sie nur an einigen auftritt. Entspre-
(q)   chendes gilt für q und (q).

7.1 Besondere Aufmerksamkeit galt der Wiedergabe von W o r t f e l d e r n.
Sowohl syntagmatische wie paradigmatische Anschlüsse (also Kontext und Ver-
gleichstexte) werden unter den gleichen Zeichen aufgeführt, bei paradigmatischen Anschlüssen jedoch zusätzlich die Herkunft angegeben. Die Herkunftsan-
gabe folgt auf die Nennung des Wortes oder auf die Nennung der Stelle, zu der
ein anderer Text verglichen wurde. Über die genauen Verhältnisse informiere
man sich durch Nachschlagen der Texte.

=   Das Gleichheitszeichen ist für syntagmatische Anschlüsse reserviert und
    kennzeichnet Ausdrücke, die in den Texten selbst gleichgesetzt werden
    bzw. Namen, deren Träger identifiziert werden. (Für die Erfassung von
    Namen siehe jedoch 5.1.)

+   Das Pluszeichen nennt Ausdrücke, deren Bedeutungen sich überschneiden
::   (im Extremfall Synonyme), der Doppelpunkt Ausdrücke, deren Bedeutungen
    komplementär oder einander entgegengesetzt sind. Diese Einteilung ist
    absichtlich vage gehalten und trotzdem für manche Wortfelder noch zu
    scharf, wenn man z. B. an das Verhältnis des 'Vaters' zu den pleromati-
    schen Hypostasen denkt.

=, + oder ::-Angaben können der Stellennennung auch nachgesetzt werden (meist,
wo andere Angaben zum Wortfeld bereits vorangestellt sind); solche Angaben
stehen stets in Klammern. Wo es nicht lohnend erschien, Bestandteile des Wort-
feldes ausdrücklich zu nennen, wurde durch nachgestelltes (=), (+) und (::)
auf ihre Existenz lediglich hingewiesen.
Im griechischen Teil sind die Wortfeldangaben reduziert. Es wird jedoch auf
alle koptischen Artikel rückverwiesen, in denen das betr. griechische Wort in
den Wortfeldangaben auftauchte.

p   7.2. p ist der Verweis auf einen P a r a l l e l t e x t. Für NH II 1
    (Johannesapokryphon, Langfassung) ist es IV 1 und umgekehrt, für III 1
    (Johannesapokryphon, Kurzfassung) ist es BG 2 und umgekehrt, für III 2
    (Ägypterevangelium) ist es IV 2 und umgekehrt, für III 3 (Eugnostosbrief)

ist es V 1 und umgekehrt, für III 4 (Sophia Jesu Christi) ist es BG 3 und umgekehrt. Einige kleinere Parallelitäten zwischen II 4 und II 5 wurden auch mit p bezeichnet.

p' p' ist der Verweis auf einen entfernteren Paralleltext. Für die Langfassung des Johannesapokryphons ist es die (oder eine) Kurzfassung, für den Eugnostosbrief die (oder eine Fassung der) Sophia Jesu Christi und jeweils auch umgekehrt.

Meist erübrigte es sich, für die Parallelen auch die genauen Stellen anzugeben, weil diese durch die Apparate der vorhandenen Ausgaben leicht auffindbar sind (dazu vgl. auch die unter 11. gegebenen Hinweise). Fürs Johannesapokryphon wird das Nachschlagen durch die Synopse bald zusätzlich erleichtert werden.

7.3. Zur Begrenzung der Zahlenmassen wird bei gleich oder ähnlich lautenden Texten immer nur einer genannt, o h n e weitere Verweise. Es gilt folgende Z i t i e r p r ä f e r e n z:

Johannesapokryphon: III 1 vor BG 2 vor II 1 vor IV 1,

Ägypterevangelium: IV 2 vor III 2

Eugnostosbrief bzw. Sophia Jesu Christi: III 3 vor BG 3 vor III 4 vor V 1.

7.4. Terminologisch besonders aufschlußreiche Stellen sind durch Unterstreichung kenntlich gemacht. Diese ist keine wissenschaftliche Angabe, sondern nur eine Empfehlung für erstes Nachschlagen. Darüberhinaus dürfte es naheliegen, das Nachschlagen bei den reicheren Wortfeldern zu beginnen, also bei den Angaben in der Mitte oder am Ende der Rubriken. Die Anlage dieses Registers ist nicht geeignet für das Nachsuchen von Wortvorkommen in der Reihenfolge, wie die Schriften sie bieten. Hierfür sei auf die Indices der Einzeleditionen verwiesen.

----- 7.5. Stellen, deren Kontext für eine Deutung zu fragmentarisch ist, werden am Ende der Rubriken - manchmal auch gesammelt am Ende der ersten Rubrik - nach mehreren Gedankenstrichen angeführt. Auch zu solchen Stellen können Kontextangaben gemacht werden.

8.1. Bibelzitate und -anspielungen sind möglichst reichlich eingearbeitet, weil sie griechische Synonyme oder doch Ausdrucksalternativen bieten. Bei planmäßiger Suche ließen sie sich sicher noch vermehren, v. a. aus Weisheitsschriften und aus außerkanonischer Literatur. Die Skala dieser Art von paradigmatischen Anschlüssen reicht von ausdrücklichen Zitaten bis zu bloßen Assoziationen des Bearbeiters. Das Alte Testament wird nach der Septuaginta (Rahlfs) zitiert, die Synoptiker, wo keine Entscheidung möglich war, nach dem seinerzeit meist-

gelesenen Matthäus. Es wird vorausgesetzt, daß der Benützer die Angaben in
der Evangeliensynopse nachschlägt. Kamen mehrere Stellen desselben Bibelbuchs
oder -teils in Frage, wurde nur die im Kontext früheste genannt. Alle Nennun-
gen verstehen sich in erster Linie als sprachliche und nicht als inhaltliche
Parallelen.

8.2. Die Homerzitate in II 6 dürften nicht dem Original, sondern einer Prosa-
paraphrase entstammen. Die von Bekker edierte Iliasparaphrase ließ sich zu
einer Stelle heranziehen. Zur Odyssee ist noch keine Paraphrase dieser Art
ediert und auch die gedruckten Scholien lieferten nichts, sodaß hier ersatz-
weise die Verse des metrischen Originals und die dort sich findenden Wörter
genannt werden.

9. Jede Abweichung vom Text des Papyrus ist kenntlich gemacht. Es gelten folgende textkritische Zeichen:

[ ]   Ergänzung eines zerstörten Textstücks
< >   Einfügung durch einen modernen Bearbeiter
{ }   Tilgung durch einen modernen Bearbeiter
[[ ]]   Tilgung in der Handschrift selbst
( )   Korrektur fehlerhafter Buchstaben durch einen modernen Bearbei-
        ter, auch: Auflösung einer Abkürzung.

Ein Punkt unter einem koptischen Buchstaben bezeichnet eine unsichere Lesung.

Haplographien, wie sie in den Nag-Hammadi-Texten überaus häufig sind,
werden nicht korrigiert, sondern als reguläre Schreibungen betrachtet, z. B.
HN OYŌNH EBOL (I 7,9) für HN OYOYŌNH EBOL.

10. Sonstige Zeichen und Abkürzungen:

...   (stets nachgestellt) verkürzte Zitierung eines Ausdrucks
≠   Nichtübereinstimmung verglichener Texte
?   Bedeutung oder Identifizierung des Worts unsicher
(?)   Einordnung der Stelle unter die betr. Rubrik unsicher
A_2 subachmimisch
Adj.   Adjektiv (oder) adjektivisch gebrauchter Ausdruck
Adv.   Adverb
fem.   femininum
Inf.   Infinitiv
M   Mehrheitstext (textus receptus) des Neuen Testaments
masc.   masculinum
neg.   negiert
Pass.   Passiv, passivisch gebrauchter Ausdruck
Plur.   Plural

S   sahidisch

S.   Seite

scil.   scilicet (aus dem Wissen des Lesers zu Ergänzendes)

Sgl.   Singular

Subst.   Substantiv (oder) substantivisch gebrauchter Ausdruck

Vb.   Verbum

Z.   Zeile

Im übrigen gilt das Abkürzungsverzeichnis von "Die Religion in Geschichte und Gegenwart", 3. Aufl.

11. Benützte Literatur (bis Redaktionsschluß Januar 1979; später Erschienenes und nicht mehr Benützes ist in [ ] nachgetragen):

The Facsimile Edition of the Nag Hammadi Codices, published under the auspices of the Department of Antiquities of the Arab Republic of Egypt in conjunction with the United Nations Educational, Scientific and Cultural Organization, 11 Bde., Leiden 1972-1979.

The Nag Hammadi Library in English, translated by members of the Coptic Gnostic Library Project of the Institute for Antiquity and Christianity, James M. Robinson, Director, San Francisco 1977 (bzw.) Leiden 1977.

I 1   (Vorsatzblatt von Codex I, hier noch nach der Ausgabe als I 143-144 ge-
       zählt: GEBET DES APOSTELS PAULUS) Kasser, Rodolphe/Malinine, Michel u.
       a.: Tractatus Tripartitus, pars II, Bern 1975, S. 248 ff.

I 2   (I 1,1-16,30: sog. APOKRYPHER JAKOBUSBRIEF) Malinine, Michel/Puech, Hen-
       ri-Charles u. a.: Epistula Jacobi Apocrypha, Zürich/Stuttgart 1968. -
       Schenke, Hans-Martin: Der Jakobusbrief aus dem Codex Jung, OLZ 66, 1971,
       Sp. 117-130.

I 3   (I 16,31-43,24: DAS EVANGELIUM DER WAHRHEIT (so die Anfangsworte)) Mali-
       nine, Michel/Puech, Henri-Charles/Quispel, Gilles: Evangelium Veritatis,
       Zürich 1956. - Malinine, Michel/Puech, Henri-Charles u. a.: Evangelium
       Veritatis [Supplement], Zürich/Stuttgart 1961. - Grobel, Kendrick: The
       Gospel of Truth, a Valentinian meditation on the Gospel, translation
       from the Coptic and commentary, London 1960.

I 4   (I 43,25-50,18: DER TRAKTAT ÜBER DIE AUFERSTEHUNG (sog. REGINUSBRIEF))
       Malinine, Michel/Puech, Henri-Charles u. a.: De Resurrectione <Epistula
       ad Rheginum>, Zürich/Stuttgart 1963. - Peel, Malcolm Lee: Gnosis und
       Auferstehung, der Brief an Rheginus von Nag Hammadi, Neukirchen (Vluyn)
       1974 (The Epistle to Rheginos, a Valentinian letter on the resurrection,
       dt. von Wolf-Peter Funk). - [Layton, Bentley: The gnostic treatise on
       resurrection from Nag Hammadi, ed. with transl. and comm., Missoula
       (Montana, USA) 1979]

I <u>5</u> (I 51,1-138,25: sog. TRACTATUS TRIPARTITUS) Kasser, Rodolphe/Malinine, Michel u. a.: Tractatus Tripartitus, pars I.II, Bern 1973.1975. - Schenke, Hans-Martin: Zum sog. Tractatus Tripartitus des Codex Jung, ZÄS 105, 1978, S. 133-141.

II <u>1</u> (II 1,1-32,9: DAS APOKRYPHON DES JOHANNES, lange Fassung) Krause, Martin/Labib, Pahor: Die drei Versionen des Apokryphon des Johannes im Koptischen Museum zu Alt-Kairo, Wiesbaden 1962. - Giversen, Søren: Apocryphon Johannis, the Coptic text of the Apocryphon Johannis in the Nag Hammadi Codex II with transl., introd. and comm., Copenhagen 1963. - Ferner eine noch nicht erschienene Synopse aller vier Fassungen von Peter Nagel u. a., eingesehen durch Vermittlung von Herrn Prof. Dr. Hans-Martin Schenke.

II <u>2</u> (II 32,10-51,28: DAS EVANGELIUM NACH THOMAS) Leipoldt, Johannes: Das Evangelium nach Thomas koptisch und deutsch, Berlin 1967 (TU 101). - Suarez, Philippe de: L'Evangile selon Thomas, traduction, présentation et commentaires, Monélimar 1974. - Ménard, Jacques-E.: L'Evangile selon Thomas, Leiden 1975 (Nag Hammadi Studies, 5). (In dieser Arbeit sind die einschlägigen Oxyrrhynchus-Papyri zitiert und verglichen: P. Oxy. 1 S. 118 ff., P. Oxy. 654 S. 75 ff., P. Oxy. 655 S. 135 ff.)

II <u>3</u> (II 51,29-86,19: DAS EVANGELIUM NACH PHILIPPUS) Ménard, Jacques E.: L'Evangile selon Philippe, introd., texte, trad., comm., Paris 1967 (in ser Ausgabe sind die Seitenzahlen des Codex um 2 zu hoch angegeben).

II <u>4</u> (II 86,20-97,23: DIE HYPOSTASIS DER ARCHONTEN) Layton, Bentley: The Hypostasis of the Archons, or The Reality of the Rulers, newly edited from the Cairo Manuscript with a preface, English transl., notes, and indexes, HThR 67, 1974, 371-425 [Conclusion HThR 69, 1976, 31-301]. - Nagel, Peter: Das Wesen der Archonten aus Codex II der gnostischen Bibliothek von Nag Hammadi, kopt. Text, dt. Übers. und griech. Rückübersetzung, Konkordanz und Indizes, Halle 1970. - Bullard, Roger Aubrey: The Hypostasis of the Archons, the coptic text with transl. and comm., with a contribution by Martin Krause, Berlin 1970. (Um die Seitenzählung der Faksimile-Ausgabe zu erhalten, sind die hier angegebenen Nummern um 48 zu vermindern.) [Barc, Bernard: L'hypostase des Archontes, traité gnostique sur l'origine de l'homme, du monde et des Archontes..., Québec/Louvain 1980 (Bibl. copte de Nag Hammadi, section: textes, 5]

II <u>5</u> (II 97,24-127,17: sog. TITELLOSE SCHRIFT oder VOM URSPRUNG DER WELT) Böhlig, Alexander/Labib, Pahor: Die koptisch-gnostische Schrift ohne Titel aus Codex II von Nag Hammadi im Koptischen Museum zu Alt-Kairo, hg., übers. u. bearb., Berlin 1962 (zur Seitenzählung vgl. das zu II <u>4</u> (Bul-

lard) Gesagte). - [Bethge, Hans-Gebhard: "Vom Ursprung der Welt". Die
fünfte Schrift aus Nag-Hammadi-Codex II neu hg. und unter bevorzugter
Auswertung anderer Nag-Hammadi-Texte erklärt, Berlin, Humboldt-Universität, theol. Diss. 1975 (Umdruck). - Oeyen, Christian: Fragmente einer
subachmimischen Version der gnostischen "Schrift ohne Titel", in: Essays
on the Nag Hammadi texts, in honour of Pahor Labib, ed. by Martin Krause, Leiden 1975 (Nag Hammadi Studies, 6), S. 125-144]

II 6 (II 127,18-137,27: DIE EXEGESE ÜBER DIE SEELE) Krause, Martin/Labib, Pahor: Gnostische und hermetische Schriften aus Codex II und Codex VI,
Glückstadt 1971. - Berliner Arbeitskreis für koptisch-gnostische Schriften (federführend: Hedda Bethge): "Die Exegese über die Seele", die
sechste Schrift aus Nag-Hammadi-Codex II, eingel. und übers., ThLZ 101,
1976, Sp. 93-104. - Wisse, Frederik: On exegeting "The Exegesis on The
Soul", in: Ménard, Jacques-E.: Les Textes de Nag Hammadi..., Leiden 1973
(Nag Hammadi Studies, 7), S. 68-81.

II 7 (II 138,1-145,23: DAS BUCH THOMAS' DES ATHLETEN) Krause/Labib (siehe zu
II 6).

III 1 (III 1,1-40,11: DAS APOKRYPHON DES JOHANNES, kurze Fassung) Krause/La-
bib (siehe zu II 1)

III 2 (III 40,12-69,20: DAS HEILIGE BUCH DES GROSSEN UNSICHTBAREN GEISTES oder
sog. ÄGYPTEREVANGELIUM) Böhlig, Alexander/Wisse, Frederik/Labib, Pahor:
Nag Hammadi Codices III 2 and IV 2, the Gospel of the Egyptians <The
Holy Book of the Great Invisible Spirit>, Leiden 1975 (Nag Hammadi Studies, 4). - Böhlig, Alexander: Das Ägypterevangelium von Nag Hammadi,
ins Dt. übers. und mit einer Einl. sowie Noten versehen, Wiesbaden 1974
(Göttinger Orientforschungen, 4,1).

III 3 (III 70,1-90,13: EUGNOSTOS DER SELIGE oder sog. EUGNOSTOSBRIEF) Traka-
tellis, Demetrios: The transcendent God of Eugnostos, an exegetical contribution to the study of the Gnostic texts of Nag Hammadi, Athen 1977
(kopt. Text mit neugriech. Kommentar).

III 4 (III 90,14-119,18: DIE SOPHIA JESU CHRISTI) siehe zu BG 3

III 5 (III 120,1-149,17: DER DIALOG DES HEILANDS) Abschrift von Stephen Emmel

IV 1 (IV 1,1-49,28: DAS APOKRYPHON DES JOHANNES, lange Fassung) Krause/Labib
(siehe II 1)

IV 2 (IV 50,1-81,2: sog. ÄGYPTEREVANGELIUM) siehe zu III 2

V 1 (V 1,1-17,18: sog. EUGNOSTOSBRIEF) bisher unbearbeitet; siehe oben 6.1

V 2 (V 17,19-24,9: DIE APOKALYPSE DES PAULUS) Böhlig, Alexander/Labib, Pahor: Koptisch-gnostische Apokalypsen aus Codex V von Nag Hammadi im
Koptischen Museum zu Alt-Kairo, hg., übers. und bearb., WZ der Martin-

Luther-Universität Halle-Wittenberg, Sonderband, 1963. - Abschrift von
William R. Murdock. - [Parrott, Douglas M.: Nag Hammadi Codices V 2-5
and VI with Papyrus Berolinensis 8502, 1 and 4. Contributors: James
Brashler, Peter A. Dirkse, Charles W. Hedrick u. a., Leiden 1979 (Nag
Hammadi Studies, 11]

V 3 (V 24,10-44,12: DIE [ERSTE] APOKALYPSE DES JAKOBUS) Böhlig/Labib (siehe
zu V 2). - [Parrott u. a., siehe zu V 2]

V 4 (V 44,13-63,32: DIE [ZWEITE] APOKALYPSE DES JAKOBUS) Böhlig/Labib (siehe
zu V 2). - Funk, Wolf-Peter: Die Zweite Apokalypse des Jakobus aus Nag-
Hammadi-Codex V, neu hg., übers. und erkl., Berlin 1976 (TU 119). -
[Parrott u. a., siehe zu V 2]

V 5 (V 64,1-85,32: DIE APOKALYPSE ADAMS) Böhlig/Labib (siehe zu V 2). -
Beltz, Walter: Die Adam-Apokalypse aus Codex V von Nag Hammadi, Berlin,
Humboldt-Universität, Habil.-Schrift 1975 (Umdruck). - [Parrott u. a.,
siehe zu V 2]

VI 1 (VI 1,1-12,22: DIE TATEN DES PETRUS UND DER ZWÖLF APOSTEL) Krause/Labib
(siehe zu II 6). - Berliner Arbeitskreis für koptisch-gnostische Schriften (federführend: H. M. Schenke): "Die Taten des Petrus und der zwölf
Apostel", die erste Schrift aus Nag-Hammadi-Codex VI, eingel. und übers.,
ThLZ 98, 1973, Sp. 13-19. - [Parrott u. a., siehe zu V 2]

VI 2 (VI 13,1-31,32: DER DONNER, VOLLKOMMENER NUS) Krause/Labib (siehe zu II
6). - Unger, Rüdiger: Zur sprachlichen und formalen Struktur des gnosti-
schen Textes "Der Donner: der vollkommene Nous", OrChr 59, 1975, 78-107.
- Schenke, Hans-Martin: Die Tendenz der Wahrheit zur Gnosis, in: Gnosis,
Festschr. für Hans Jonas, hg. von Barbara Aland, Göttingen 1978, 351-372.
- [Parrott u. a., siehe zu V 2]

VI 3 (VI 32,1-35,24: AUTHENTIKOS LOGOS) Krause/Labib (siehe zu II 6). - Berliner Arbeitskreis für koptisch-gnostische Schriften (federführend: Wolf-
Peter Funk): "Authentikos Logos", die dritte Schrift aus Nag-Hammadi-
Codex VI, eingel. und übers., ThLZ 98, 1973, Sp. 251-259. - [Parrott u.
a., siehe zu V 2. - Ménard, Jacques E.: L'authentikos logos, texte établi et présenté, Québec 1977 (Bibl. copte de Nag Hammadi, section: textes, 2]

VI 4 (VI 36,1-48,15: DER GEDANKE UNSERER GROSSEN KRAFT) Krause/Labib (siehe
zu II 6). - Berliner Arbeitskreis für koptisch-gnostische Schriften (federführend: Karl Martin Fischer): der Gedanke unserer großen Kraft <No-
ēma>, die vierte Schrift aus Nag-Hammadi-Codex VI, eingel. und übers.,
ThLZ 98, 1973, Sp. 169-176. - [Parrott u. a., siehe zu V 2]

VI 5 siehe oben 2.1.

VI <u>6</u> (VI 52,1-63,32: [ÜBER DIE ACHTHEIT UND NEUNHEIT]) Krause/Labib (siehe
zu II <u>6</u>). - Berliner Arbeitskreis für koptisch-gnostische Schriften (federführend: Karl-Wolfgang Tröger): Die sechste und siebte Schrift aus
Nag-Hammadi-Codex VI, eingel. und übers., ThLZ 98, 1973, Sp. 495-503. -
[Parrott u. a., siehe zu V <u>2</u>. - Mahê, Jean-Pierre: Hermês en Haute-Egyp-
te. Les textes hermêtiques de Nag Hammadi et laurs parallèles grecs et
latins, tome 1, Québec 1978 (Bibl. copte de Nag Hammadi, section: textes, 3)]

VI <u>7</u> (VI 63,33-65,13: DAS GEBET, DAS SIE SPRACHEN) Krause/Labib (siehe zu II
<u>6</u>). - Berliner Arbeitskreis (Tröger) (siehe zu VI <u>6</u>). - Mahê, J. P.: La
prière d'actions de grâces du Codex VI de Nag-Hamadi et le discours par-
fait, Zs. für Papyrologie und Epigraphik 13, 1974, 40-60 (mit Tafel III,
Fotografie des auch in C. H. II S. 353 App. abgedruckten P. Mimaut). -
[Parrott u. a., siehe zu V <u>2</u>. - Mahê siehe zu VI <u>6</u>]

VI <u>8</u> (VI 65,14-78,43: [ASCLEPIUS 21-29]) Krause/Labib (siehe zu II <u>6</u>). - Mahê, J. P.: Le sens des symboles sexuels dans quelques textes Hermêtiques
et Gnostiques, in: Mênard, Jacques-E. (Hg.): Les Textes de Nag Hammadi
(siehe zu II <u>6</u>), 123-145. - [Parrott u. a., siehe zu V <u>2</u>.]
Zum ganzen Codex VI: Browne, Gerald M.: Textual notes on Nag Hammadi Codex VI, Zs. für Papyrologie und Epigraphik 13, 1974, 305-309.

VII <u>1</u> (VII 1,1-49,9: DIE PARAPHRASE DES SEM) Krause, Martin: Die Paraphrase
des Sêem, in: Altheim, Franz/Stiehl, Ruth (Hg.): Christentum am Roten
Meer, Bd. 2, Berlin/New York 1973, 2-105.

VII <u>2</u> (VII 49,10-70,12: DER ZWEITE LOGOS DES GROSSEN SETH) Krause, Martin:
Der zweite Logos des großen Seth, in: Altheim/Stiehl (siehe zu VII <u>1</u>),
106-151. - [Painchaud, Louis: Le deuxième traitê du Grand Seth <NH VII,
2>, texte êtablie et prêsentê, Québec 1982 (Bibl. copte de Nag Hammadi,
section: textes, 6)]

VII <u>3</u> (VII 70,13-84,14: APOKALYPSE DES PETRUS) Krause, Martin/Girgis, Viktor:
Die Petrusapokalypse, in: Altheim/Stiehl (siehe zu VII <u>1</u>), 152-179.

VII <u>4</u> (VII 84,15-118,7: DIE LEHREN DES SILVANUS) Abschrift von Malcolm L. Peel.
- Zandee, Jan: "Die Lehren des Silvanus" als Teil der Schriften von Nag
Hammadi und der Gnostizismus, in: Festschr. Labib (siehe zu II <u>5</u>), 239-
252. - Zandee, Jan: "Les enseignements de Silvain" et le Platonisme, in:
Mênard (siehe zu II <u>6</u>), 158-179.

VII <u>5</u> (VII 118,8-127,32: DIE DREI STELEN DES SETH) Krause, Martin/Girgis, Viktor: Die drei Stelen des Seth, in: Altheim/Stiehl (siehe zu VII <u>1</u>), 180-
199. (Dort S. 200-229 auch der Index zu VII <u>1-3</u> und <u>5</u>.) - [Wekel, Kon-

rad: Die drei Stelen des Seth <NHC VII, 5>, Text, Übersetzung, Kommentar (2 Teile), Berlin, Humboldt-Universität, Diss. 1977 (Umdruck)]
Zum ganzen Codex VII: Schenke, Hans-Martin: Zur Faksimile-Ausgabe der Nag-Hammadi-Schriften, die Schriften des Codex VII, ZÄS 102, 1975, 123-138.

VIII 1 (VIII 1,1-132,9: ZOSTRIANOS) Abschrift von John Sieber

VIII 2 (VIII 132,10-140,27: DER BRIEF DES PETRUS, DEN ER AN PHILIPPUS SCHICKTE) Abschrift von Frederik Wisse. - Ménard, Jacques E.: La lettre de Pierre à Philippe, texte établi et présenté, Québec 1977 (Bibl. copte de Nag Hammadi, section: textes, 1). - [Meyer, Marvin Wayne: "The Letter of Peter to Philip" <NHC VIII, 2>, text, transl., and comm., Claremont (California, USA), Graduate School, Diss. 1979]

IX 1 (IX 1,1-27,10: MELCHISEDEK) Abschrift von Birger A. Pearson. - [Pearson, Birger A.: Nag Hammadi codices IX and X, edited, Leiden 1981 (Nag Hammadi Studies, 15)]

IX 2 (IX 27,11-29,5: sog. GEDANKE DER NOREA) Abschrift von Birger A. Pearson. - [Pearson siehe zu IX 1. - Roberge, Michel: Norêa <NH IX, 2>. in: Barc (siehe zu II 4)]

IX 3 (IX 29,6-74,31: sog. TESTIMONIUM VERITATIS) Abschrift von Birger A. Pearson. - Koschorke, Klaus: Die Polemik der Gnostiker gegen das kirchliche Christentum, unter bes. Berücksichtigung der Nag-Hammadi-Traktate "Apokalypse des Petrus" (NHC VII, 3) und "Testimonium Veritatis (NHC IX, 3), Heidelberg, Universität, Diss. 1976 (Umdruck) [erschien 1978 als Nag Hammadi Studies, 12]. - [Pearson siehe zu IX 1]

X (X 1,1-68,18: MARSANES) Abschrift von Birger A. Pearson und Bentley Layton. - Pearson, Birger A.: The Tractate Marsanes <NHC X> and the Platonic tradition, in: Festschr. Hans Jonas (siehe zu VI 2), 373-384. - [Pearson siehe zu IX 1]

XI 1 (XI 1,1-21,37: DIE INTERPRETATION DER GNOSIS) Abschrift von Elaine H. Pagels. - [Pearson siehe zu IX 1]

XI 2 (XI 22,1-44,31: sog. VALENTINIANISCHE EXPOSITION) Abschrift von Elaine H. Pagels. - [Pearson siehe zu IX 1]

XI 3 (XI 45,1-69,6: ALLOGENES) Abschrift von Orval S. Wintermute.

XII 1 (XII 15,1-34,28 - S. 1-14 sind verloren -: [DIE SPRÜCHE DES SEXTUS]) Abschrift von Frederik Wisse.
Von XII 2 und 3 existieren nur kleinste Fragmente.

XIII (XIII 35,1-50,21: DREIGESTALTIGE PROTENNOIA) Schenke, Gesine: Die dreigestaltige Protennoia <Nag-Hammadi-Codex VII>, hg. und kommentiert, Rostock, Universität, Diss., Berlin 1977 (Umdruck). - [Janssens, Yvonne:

La Prōtennoia Trimorphe <NH XIII, 1>, texte établi et présenté, Québec
1978 (Bibl. copte de Nag Hammadi, section: textes, 4]. - S. 1-34 und
51 ff. des Codex sind verloren. 50,22-31 entspricht genau dem Anfang
von II <u>5</u> und blieb deshalb unberücksichtigt.

BG <u>2</u> (BG 19,6-77,7: DAS APOKRYPHON DES JOHANNES, kurze Fassung) Till, Walter
C.: Die gnostischen Schriften des koptischen Papyrus Berolinensis 8502,
hg., übers. und bearb., 2. erweiterte Aufl., bearb. von Hans-Martin
Schenke, Berlin 1972 (TU 60, 2. Aufl.). (Im Apparat dieser Ausgabe ist
NH III <u>1</u> verglichen. NH III wird dort als "CG I" zitiert)

BG <u>3</u> (BG 77,8-127,12: DIE SOPHIA JESU CHRISTI) Till/Schenke (siehe zu BG <u>2</u>).
(Im Apparat sind III <u>3</u> und III <u>4</u> verglichen. NH III wird dort als "CG
I" zitiert)
Zu BG <u>1</u> und <u>4</u> vgl. oben 2.1.

P. Oxy. 1.654.655 siehe zu II <u>2</u>: Ménard

P. Oxy. 1081   Attridge, Harold W.: P. Oxy. 1081 and the Sophia Jesu Christi,
in: Enchoria, Zs. für Demotistik und Koptologie, 5, Wiesbaden
1975, 1-8 (griech. Text zu BG 88,18-91,16)

P. Mimaut   siehe zu VI <u>7</u>: Mahé

BM 979   (koptisches Manuskript 797 des Britischen Museums) Funk, Wolf-
Peter: Ein doppelt überliefertes Stück spätägyptischer Weisheit, ZÄS 103, 1976, 8-21 mit Tafel IV (Paralleltext zu VII 97,
3-98,22, nur in einigen Wörtern abweichend)

C. H.   Corpus Hermeticum, tome 2: traités XIII-XVIII, Asclepius, texte
établi par A. D. Nock et trad. par A.-J. Festugière, 2. Aufl.,
Paris 1960 (dort S. 353-355 und 322-336 der sehr frei übersetz-
te lat. Paralleltext zu VI <u>7</u> und <u>8</u>; S. 330, 333 und 334 jeweils

Lactantius   im Apparat Fragmente des griech. Originals von Asclepius 21-29
Stobaeus
Johannes Lydus   bzw. NH VI <u>8</u> aus Lactantius, Stobaeus und Johannes Lydus).

Dio Chrysosto-   Scopello, Maddalena: Les citations d'Homère dans le traité de
mus 13   L'Exégèse de l'âme, in: Nag Hammadi Studies 8, Leiden 1977,
3-12, hier S. 8 Anm. 10

Ilias-   Bekker, I. (Hg.): Scholiorum in Homeri Iliadem Appendix, Berlin
paraphrase   1827

Homer, Od.   (Odyssee) beliebige Ausgaben

Aratos   Aratos, Phainomena, griech.-dt. hg. v. Manfred Erren, München
1971 (Tusculum-Bücherei)

LXX   Septuaginta, id est Vetus Testamentum graece iuxta LXX inter-
pretes, ed. Alfred Rahlfs, 8. Aufl., 2 Bde., Stuttgart [1935].

	Novum Testamentum graece, hg. v. Eberhard Nestle, 25. Aufl., hg. v. Erwin Nestle und Kurt Aland, London 1967 (aus der von Kurt Aland besorgten 26. Aufl. 1981 wurde nur mehr das Siglum M übernommen (siehe 10.))
1Clem, 2Clem	Die Apostolischen Väter, Neubearbeitung der Funkschen Ausgabe von Karl Bihlmeyer, 1. Teil, 2. Aufl., Tübingen 1956
Iren. I	Sancti Irenaei ... libros quinque adversus haereses ed. W. Wigan Harvey, Bd. I, Cambridge 1857 (Kapitel- und Paragraphenzählung, wie üblich, nach Massuet und Stieren - bei Harvey am oberen Rand angegeben)
Hippolyt, Ref.	Hippolytus Werke [sic], 3. Bd.: Refutatio omnium haeresium, hg. von Paul Wendland, Leipzig 1916 (GCS 26)
Clem. Alex., Strom.	Clemens Alexandrinus, 2. Bd.: Stromata Buch I-VI, hg. v. Otto Stählin, 3. Aufl. hg. v. Ludwig Früchtel, Berlin 1960 (GCS 52)
Exc. ex Theod.	(Excerpta ex Theodoto) Clemens Alexandrinus, 3. Bd., hg. v. Otto Stählin, Leipzig 1909 (GCS 17), S. 103-133
S. Sext.	Chadwick, Henry (Hg.): The Sentences of Sextus, a contribution to the history of early christian ethics, Cambridge 1959 (TSt, NS 5) (enthält den griech. Text zu NH XII 1)
Pistis Sophia	Schmidt, Carl (Hg.): Pistis Sophia, Hauniae [Kopenhagen] 1925
Westendorf	Westendorf, Wolfhart: Koptisches Handwörterbuch, Heidelberg 1965/1977
Crum	Crum, W. E.: A Coptic Dictionary, Oxford 1939
W. Bauer	Bauer, Walter: Griechisch-deutsches Wörterbuch zu den Schriften des Neuen Testaments und der übrigen urchristlichen Literatur, durchgesehener Nachdr. der 5. Aufl., Berlin 1963
Liddell/Scott	Liddell, Henry George/Scott, Robert: A Greek-English Lexicon, revised and augmented by Henry Stuart Jones with the assistance of Roderick McKenzie, with a supplement, Oxford 1968
Lampe	Lampe, G. W. H.: A Patristic Greek Lexicon, Oxford 1961
Sophocles, Lexicon	Sophocles, E. A.: Greek Lexicon of the Roman and Byzantine Periods <from B. C. 146 to A. D. 1100>, memorial edition, New York/Leipzig 1888.

12. Dieses Register entstand mit Unterstützung der Deutschen Forschungsgemeinschaft. Es ist vom Auftrag wie von der Forschungslage her ein Provisorium. Vor allem war eine Nachprüfung des umfangreichen Zahlenmaterials im Auftrag nicht vorgesehen, sodaß der Bearbeiter für stehengebliebene Übertragungsfehler um Nachsicht bitten muß. Aus Kostengründen blieb der Druck des Manuskripts liegen, bis der Bearbeiter nach Erledigung anderweitiger Aufgaben in der Lage

war, die Druckvorlage eigenhändig herzustellen. Sein Dank gilt allen, die zu diesem Unternehmen beigetragen haben: Herrn Prof. Dr. Dr. Alexander Böhlig, dem Initiator und Berater, ferner Frau Dr. Gertrud Bauer, die den Bibelstellenindex mitverfaßte, Herrn Dr. Stefan Timm, der Vorschläge zur graphischen Einrichtung der Artikel beisteuerte, und Herrn Dr. Robert T. Updegraff, der sich an Interpretationsfragen beteiligte. Die Herstellung der Druckvorlage geschah mit erneuter Unterstützung der Deutschen Forschungsgemeinschaft. Dorothee Dieterich, Ilse König, Panagiotis Pachis, Gabriele Arnold und Dorothea Rieger waren bim Diktieren des Zahlenmaterials und beim Anfertigen des deutschen Index behilflich. Ihnen allen, wie auch dem Mohr-Verlag, der die Veröffentlichung übernahm, sei an dieser Stelle herzlich gedankt.

Tübingen, 5. Okt. 1982

F. S.

Nachträge

S. 29 KAKE (59 A), 1. Absatz, füge ein: VII 42,7 44,4

S. 65 NOQ (138 A), 12. Zeile, zu III 135,20, muß heißen: im weiteren Kontext
masc.

S. 185 nach Z. 1 füge ein: NOQ MMNTC̄OORE große Stärke VI 28,24

S. 193 Z. 5 füge ein: (VII) 83,25 (Adj.)

S. 203 (zu agroikos ist leider die Stelle ausgefallen)

S. 255 kakia auch KAQIA

S. 284 paroikēsis füge ein: (Selbstbezeichnung der Gnostiker?)

ABĒ (1)

Fessel XI 6,29 ✙

AIAI (2)

wachsen, heranwachsen° V 29,28 VII 120,9 / :: OⲈⲚ VI 46,5 / :: ŠĒM VI 44,33°
— AIAI, AEIq größer sein, erhaben sein I 79,31q / ✛ TAEIAEITq I 54,7 /
:: KOYEI V 37,20
— AEIĒ Größe, Ausmaß I 53,22 VI 37,6 VII 115,1 / ✛ AMAEIĒ VI 43,8 / ✛ MNT-
NOQ I 55,2 64,32 / ✛ĊISE I 136,13 / :: KOYEI V 37,23 / :: ŠĒM I 76,16
— AEIEOY (A$_2$) Wachstum, ĊI AEIEY° (A$_2$) heranwachsen I 41,12° 79,29 (oder:
'Erhabenheit'?) ✙
(vgl. MAIĒ (88 A), NAA- (117), TAEIO (224 C))

AL (3 A)

taub ✛ noein (neg.) I 3,[7] ✙

ALOY (3 B)

Kind, Junge, jung V 79,12 80,15 81,[29] VI 8,17 9,32 / = KOYEI V 78,10 (Glos-
se) / ✛ KOYEI V 55,2 (Mt 5,19 paidion) / :: HLLO BG 21,4
● ALOY... (überkosmisch) III 56,17 IV 59,18 (PINOQ NKHR(ISTO)S) 62,1 VIII
61,20 / ✛ Autogenetōr III 12,19 (≠p') / :: EIŌT VII 123,7 VIII 133,25 -----
VIII 36,3 41,11 51,21 / ✛ autogenēs VIII 125,19
● PITELIOS NALOY das Vollkommene Kind (überkosmisch) VIII 2,9 13,6 IX 51,37
/ = Sōtēr XI 59,15
● PIŠMT HOOYT NALOY das Dreifach-männliche Kind (überkosmisch) III 49,26 IV
51,23 53,15 55,12 56,7 65,18 66,3 73,13 (p ohne ŠOMNT) VIII 44,30 (✛) /
= Sōtēr XI 58,13 / ✛ Pneuma..., Parthenos... IV 67,[8]
● PALOY MPALOY das Kind des Kindes (überkosmisch) III 50,3 54,1 55,24 IV
56,[21] 59,25 78,14 VIII 13,7 45,1.11 (✛) 47,7 51,25 56,25 ✙

ALĒL (4)

Freude, Jubel, TI ALĒL° jubeln I 65,19 VII 11,14° / ✛ RAŠE I 59,31 VII 16,11°
/ ✛ RAŠE, OYROT I 93,9° ✙

AMOY (5)

● AMĒEITN ĊIN... ŠA geht hindurch! ✛ MOYŠT BG 90,4 (✛dielthete P. Oxy. 1081)
● AMOY EBOL HN- flieh! I 49,13

ⲀⲘⲚⲦⲈ (6)

AMAEIE̅ (Westendorf Nachtrag S. 485)
siehe MAIE̅ (88)

AMNTE (6)

Unterwelt (auch als pejorative Bezeichnung des gesamten Kosmos) I 42,18 II
31,22 VI 41,10.17.28.33 77,8 VII 3,24 6,27.35 11,31 18,24 21,11 104,2 110,21
IX 32,25 XI 11,28 XIII 41,6 44,14 / ✚ KAKE III 28,6 p' VI 37,30 VII 4,9 XIII
36,4 / ✚ KAKE, chaos II 30,26 31,1 / ✚ NOYN VII 1/4,14 110,29 114,26 /
✚ NOYN, ŠIK II 11,4 / ✚ tartaros II 142,37 / ✚ TOPOS MPTAKO VII 103,22 /
✚ chaos VII 33,20 XIII 43,9
● AMNTE MN PEKHAOS die Unterwelt und das Chaos I 89,28 (✚NOYN, ŠIK) III 17,19
56,25 57,11 58,22 XIII 39,17.22 40,24 (✚NOYN)
━ Westen II 69,16 143,2 ✚

AMAHE (6) AMAHTE

ergreifen, zurückhalten, (be)herrschen (neutral und pejorativ) I 18,36 19,4
32,6 45,38 42,14 64,38 85,9 93,17 99,32 103,29 110,18.21 114,37 128,11.28.29
II 28,11 L 65 65,28.32 85,1 115,18 116,16 117,3 III 16,4 18,8 33,14 37,4
73,6.8 85,15 131,6 132,24 133,1 V 22,2 25,7.11.14 28,29 29,16 30,5.6 33,2.5.7
54,12 62,1 VI 20,17 21,26 28,28 29,33 41,23 42,2 46,10.26 55,25 75,9.14 77,6
VII 10,2 58,29 66,9 81,5.9 84,4 113,19 VIII 2,17.18 123,5 134,22 135,18
137,5 IX 28,15 29,12 41,9 44,1 68,2 74,23.27 XI 5,34 6,26 59,24 / ✚ MOYR,
MRRE VII 110,26 (::BO̅L EBOL) IX 44,20 /✚NAY (129 B) II 76,23.25 / ✚ PO̅T NSA
VI 16,17 / ✚ ČI TIPE I 30,31 / ✚ ČI III 39,5 p / ✚ QO̅RQ (467 B) II 88,1 /
✚ skyllein II 86,8 / :: R BOL II 65,8 / :: KO̅ EBOL VII 82,29
━ (Subst.) Macht, Gewalt, stark I 87,25 93,7 137,18 VI 36,8 / ✚ EOOY I 138,18
144,3 VI 19,9 35,20 VII 112,9 (zu diesen Stellen vgl. Mt 6,13 M Apk 19,1
dynamis, 1Tim 6,16 kratos) / ✚ R RRO V 26,18 / ✚ ŠTORTR V 52,23 / ✚ NIQOM
V 26,18
● NIŠOMET NREFAMAHTE die Drei Gewaltigen (Totenrichter) V 34,22
━ ATAMAHTE, EMAYŠ AMAHTE MMO= unergreifbar, nicht zu halten II 70,7 V 30,3
VII 7.17 / ✚ ATTAHO= XIII 38,16 50,17 / ✚ ATTAHO= XIII 38,16 50,17 / ✚ AT-
HETHO̅T I 53,2, vgl. unten MNTATAMAHTE
━ umfassen, hineinnehmen (meliorativ) I 41,30 44,24 45,32 46,39 XI 26,21 /
✚ R SO̅MA I 23,32
━ beschäftigt sein mit I 43,28
━ sich bemühen ✚ TEHO I 110,30
━ (auch oder vorwiegend übertragen) erfassen, verstehen I 55,36 143,8 VII
64,35 102,2.4 XI 2,30-32 / ✚ EIME, TAHO I 37,29 XI 57,8 / ✚ NAY,CO̅, noein
I 54,5.19 55,5.11

━ ATAMAHTE, EMAYŠ AMAHTE unbegreiflich VI 19,22 20,31 VII 113,13 / ✚ ATTAHO=
XIII 36,29 / ✚ ATNAY, noein (neg.) I 56,28 59,35 124,2
━ MNTATAMAHTE (a) Ungreifbarkeit = MNTATTAKO I 31,8; (b) Unbeherrschtheit
XII 30,11 (S. Sext. akrasia) / ✚ pathos, hēdonē VI 21,23
(PIREFAMAHTE MPEOOY siehe EOOY (42 B))
(PINOQ ETAMAHTE MPČISE siehe NOQ (138 A))✚

ANA= (7)

R ANA= gefallen I 22,11 37,21.32 II 133,15 144,32 V 73,2 VII 98,19 108,34
114,23 VIII 133,6 ✚
vgl. ANAI (8 A)

ANAI (8 A)

Schönheit, (Vb.)° schön werden, schön sein, ANITq schön sein VI 54,24.26 75,6
(Fehlübersetzung von ta hōraia 'die Jahreszeiten'?) VII 24,32° 32,20°
━ ANITq angenehm sein I 136,6
━ PETANITq Gutes (wie kalon), Angenehmes I 96,37 121,31.33 129,10 / ✚ NANOY-
I 90,32
━ zunehmen, sich vermehren,(Subst.)° Wachstum, Zuwachs ✚ AŠAI II 114,19
(✚plēthynesthai Gen 1,28) / ✚ auxanesthai II 92,4 / :: QŌČB VII 100,10° ✚

ANOK (8 B)

ich (hier eine Auswahl der Stellen, wo eine göttliche Person sich selbst vor-
stellt) II 30,11-24 L 61 b L 77 a.b II 96,8.19 114,7-12 138,13 V 18,20 31,17
46,6 47,13 46,8.10.22 49,5-10 51,6.7 59,21-26 VI 9,14 13,2-21,18 58,15-27
VII 4,1-12 8,24.35 10,21 11,20 24,27 36,2 47,7 65,18 69,21 VIII 134,17 136,16
XIII passim BG 21,18-21 83,19 105,2
● ANOK AIEI EBOL... (dito) III 120,23 V 24,30 BG 81,17 87,13 102,[1] 104,7
125,10.19
● ANOK PE PNOYTE... (vgl. Ex 20,5 und Jes 45,5) II 11,20 86,30 94,21 95,5
103,11 106,30 112,28 III 58,24 V 56,[25] 57,2 66,[28] VII 53,30 64,19-22 IX
48,4 XIII 43,35 BG 44,14

ANAŠ (9)

Eid II 55,29 VII 38,21 / ✚ TARKO VI 62,23 63,13.25.29 ✚

APA- (10 A)

EIRE APATOOT= sich bemühen I 1,20 / ✚ HAREH I 16,20 ✚

ⲁⲡⲉ (10 B)

APE (10 B)

Kopf I 38,36 (?) V 23,6 VII 73,7 XI 40,[16] BG 42,2 / ✠ HO I 41,29 XI 13,33.35
/ ✠ ČOČ II 15,30 / ✠ kephalē (Mt 8,20) II L 86 / :: QIČ VI 2,16 / :: melos
XI 13,33.35 / :: sōma VI 69,14.20
— FI NTAPE enthaupten VII 40,16.24
— (übertragen) (Ober-)Haupt II 18,34 VI 6,26 XI 13,[21].25 / ✠ archē VII
23,9 / :: melos (Plur.) II 17,10 (✠) XI 16,27 17,32 / :: sōma XI 18,28.35
----- VIII 94,5
● TEFAPE, TNAPE sein/unser Haupt (Höchstes Wesen der Gnostiker) I 118,32.35
XI 21,33
● OYAPE NOYŌT ein einziges Haupt, OYAPE NHAPLOYN° ein einfaches Haupt (über-
kosmisch) VIII 23,9 66,20° 74,6°
● TAPE MPTĒRF das Haupt des Alls XIII 35,[30]
● TAPE NNAIŌN TĒROY das Haupt aller Aeonen III 6,21
● TAPE NTEPROPHĒTIA das Haupt der Prophetie (Johannes der Täufer) I 6,30-7,1 ✠

APS (10 C) ĒPS

Zahl VII 43,34 44,5 XIII 43,18 ✠
vgl. ĒPE (46 B)

ARĒB (11)

Pfand I 119,7 ✠

AROŠ (13 A)

Kälte :: HMOM I 34,32 / :: HMME, HOQBES, ŠOOYE (die 4 medizinischen Grund-
eigenschaften) II 18,4.7 ✠

ARĒČ= (12 B)

Ende I 100,10 VII 115,21 VIII 118,4 (::) / ✠ HAE I 47,28 III 73,14 p (ŠAYČO
lies ŠA(P)ČŌ<K>) / :: ŠORP II 102,6 / :: archē V 8,17 BG 98,7 ----- IV 57,3
VIII 122,18.19
— ATARĒČF, ETN ARĒČF, ETE MNTEF ARĒČF grenzenlos, unendlich II 94,4 97,8
98,31 VII 2,27 4,3 6,33 8,12.26.27 9,7.21 11,19.23 12,3 36,18 45,30 VIII
118,4 BG 87,7 88,12 / ✠ ATČIOOR III 54,5 p VIII 16,7 / ✠ NOQ II 94,20 /
✠ NOQ, megethos II 95,1 / ✠ ATPORČF I 58,19 / ✠ TI TŌŠ (neg.) XI 63,2 /
✠ ATTAHOF VII 59,8 / ✠ ATTAHOF, ČISE I 77,35 / ✠ ATŠITF I 70,24 / ✠ EMNTAF
ŠIK II 99,27 / ✠ ČOSE VII 3,31 8,1.9 / ✠ ATQOM XI 66,26 / ✠ aperantos III
72,14 p' (BG 85,9) (✠ATTAHOF) V 13,[16] p (✠ŠA ENEH) BG 81,18 p / ✠ megethos
VII 13,25

● PIATN AREČF, PETE MNTEF AREČF der Grenzenlose, das Grenzenlose II 112,19
VII 1,15 127,24 XI 53,13 / **+** aperantos III 106,7 p' (BG 102,4) V 5,26 p (III
76,16) / :: PŌRČ II 98,13
– MNTATAREČS Grenzenlosigkeit, Unendlichkeit I 24,8 (lies MNT<AT>AREČS)
31,19 (dito) VIII 46,[5] XI 49,9 66,25 / **+** MNTNOQ u. a. I 56,11 / **+** bathos
I 35,10

– ATAREČF etc. (wie oben) undurchquerbar, unerreichbar VII 126,6 (?) /
+ ATEIME VIII 128,18 / **+** ATN RATF VIII 65,14 / **+** ATŠAČE VIII 122,7.13 (diese
Bedeutung ist für viele der oben genannten Stellen nicht auszuschließen,
insbesondere wo **+**ATTAHOF, **+**ATČIOOR oder **+**aperantos angegeben ist) ☥

ASOY (12 C)

ASŌ, ASO (A₂) Wertschätzung, Herrlichkeit **+** EOOY I 23,23 (**+**) 56,8 (**+**)
– TI ASOY (A₂) preisen I 137,5 (Graecismus: timē 'Wert'/'Ehrung') ☥

ASAI (12 D)

ASIŌOYq, ESIŌOYq leicht sein VI 5,18 46,12
● PTO ETESIŌOYq AYŌ ETRSYMPHŌNI der leichte (=feinstoffliche) und (mit dem
Pleroma) übereinstimmende Ort (Bezeichnung des Ortes der Seligen) VII 49,8 ☥

ASPE (13 A)

Sprache II 56,6.11 105,16 / **+** ŠAČE VII 41,11.12 / :: HŌB VI 71,25 ☥

ATO (13 B)

Menge, viel (von) II 52,32 V 59,2 XI 50,{32} BG 46,2 / **+** AŠĒ III 18,10 /
+ MĒEŠE III 18,18.20 BG 91,18 109,18 / **+** MEEŠE, HENTBA EMNTOY ĒPE BG 99,19
p.p' / :: MNTOYEEI I 25,14 (TO) ☥

ATKAS (13 C)

Mark II 15,19 (**+**) III 23,2 (**+**) / **+** enkephalos II 144,35 / **+** sōma II 139,35 ☥

AYAN (14)

Farbe, Erscheinung VI 36,33 / **+** EOOY (='Glanz') II 110,13 ☥

AŠĒ (15 A)

Menge **+** ATO, MĒEŠE BG 42,11 p.p' ☥

ⲗ°ϫⲁ̅ⲓ (15 B)

AŠAI (15 B)

viel werden, OŠq viel sein, AŠAI (Subst.)° Menge (meist von pleromatischen Hypostasen) I 35,14 67,34° 85,12q 112,12° II 15,24° (≠p) VII 50,9q 51,25° 54,26° 82,11° / ✚ ANAI, plēthynesthai (Gen 1,28) II 114,19 / ✚ MĒĒŠE II 13,6°.30° p' V 9,14° p (III 81,3) 14,13° p (III 86,18) / ✚ MOYH VII 8,[2] / ✚ ČPO IX 30,4 / ✚ ČISE III 55,2 p / ✚ ekklēsia VII 50,8° 65,35° / ✚ laos V 45,20° / :: OYA V 14,13° ----- I 85,6 (AŠIE, Subst.?)
— AŠAI EHRAI EČŌ= überwuchern BG 68,18
— AŠAI PARA stärker werden als ✚ ČOORE II 26,27 p' ✝
vgl. AŠĒ (15 A)

AŠKAK siehe ŠKAK (308 B)
AŠQĒL siehe QĒL (449 B)

AF (16)

Fleisch VI 6,[4].6 (✚) / ✚ NEH II 80,27.[30] / ✚ kreas VI 7,34 ✝

AHE (17 A)

R P=AHE sein Leben verbringen ✚ R P=ONH (BM 979) VII 98,15 ✝

AHO (17 B) AHOR

Schatz VII 107,2 / ✚ OYŌH ATOOT= I 127,13 / ✚ apothēkē II L 63 (Lk 12,18) VI 28,24 / ✚ thēsauros II L 45 (Mt 12,35). 76 (Mt 6,19 f.). 109 (Mt 13,44) VII 88,17 (Mt 6,20) / ✚ plērōma I 143,5 ----- IV 56,15 60,17 XI 26,20
— Gewölbe (o. ä., metaphorisch) ✚ NOYN, KAKE XIII 37,16 (EHŌR) ✝

BAABE (20)

verachten ✚ kataphronein II 120,33
— REFBABE RŌME arroganter Mensch VII 110,34
— MNTBABE RŌME Hochmut ✚ EOOY VII 118,1 ✝

BAIAIK (Plur. von BŌK 'Diener') siehe BŌK (22 B)

BAKE (22 A (BOKI), sahidische Form Westendorf Nachtrag S. 493)

Embryo I 61,21 / ✚ sperma I 60,34
— R BAKE empfangen =ŌŌ V 79,10 (Glosse) (✚MISE) / ✚ ČPO, sperma I 114,11 / ✚ sperma I 95,27.31 ✝

BEKE (21)

Lohn V 55,13 VI 10,8 X 1,[11].16 40,2 / **+** TAEIO (wohl für _timē_ 'Preis') VII
71,1 / **+** misthos (S. Sext.) XII 30,3 (::EOOY)
● PBEKE NNERGATĒS "Der Lohn der Arbeiter" (Titel für Mt 20,1-16) **+** misthos
(Mt 20,8) I 8,8 ✚

BŌK (22 B)
Diener, R BŌK° dienen II 92,30° VI 5,11 ✚

BŌK (22 C)
(weg)gehen, BŌK E-, BŌK ŠA hingehen, hinkommen I 14,23 15,6 47,22 II 1,[27]
L 11 V 18,[3] 30,7 VI 6,12 7,21 34,21 36,28 BG 20,14 / **+** PŌH ŠA I 42,17 /
+ OYE I 2,22 10,22 / **+** anachōrein, chōrein BG 70,12 p.p' / **+** chōrein BG
123,4 p / :: EBOL II L 49 / :: EI I 2,24 III 134,22 VI 8,34 VII 134,25 BG
19,16 (Joh 16,28 poreuesthai) / :: QŌ I 7,38 / :: monē VI 19,(12) (lies
PBŌ(K), Subst.) ----- II 74,25
● BOK ETŌN wohin gehen (eschatologisch) V 23,2 34,16 IX 31,30 / **+** BŌK EHRAI
I 15,33 / **+** chōrein BG 68,16 p / :: EI... V 23,2 BG 68,2 117,16
━ BŌK EHOYN hineingehen, eingehen II L 75 65,21.23.26 69,22 82,18 85,12.14.
[32] 112,11 III 138,19 V 65,4 VII 51,24 VIII 26,7 / **+** EI EHOYN BG 70,7 p
73,10 p / **+** anachōrein XI 60,21 / **+** eiselthein (Mt 5,20) II L 22.39 (P. Oxy.
655,43.44 eiserchesthai).64.99.114 / **+** eiselthein (Joh 3,4) BG 69,16 / **+** eis-
poreuesthai (Lk 8,16) II L 33 (::NOY EBOL) / :: EI EBOL II 68,19-22 III 132,3
━ BŌK EBOL (Subst.) Auszug V 54,[26]
━ BŌK EPITN, BŌK EPESĒT, BŌK EHRAI° hinuntergehen, absteigen I 10,19° II
122,19 V 23,13° VII 15,17.30 18,12 36,25 103,21 104,2 IX 32,24 / :: BŌK EHRAI
XIII 41,26° / :: EINE EHRAI III 135,19
● BŌK EPESĒT EPMOOY, BŌK EPITN ANMOYEIĒ zum Wasser hinabsteigen (d. h. sich
taufen lassen) II 64,23 (:: EI EHRAI) 72,30 74,[29] 75,23 77,9 VII 36,26
━ BŌK EHRAI, BŌK ETPE aufsteigen, (Subst.)° (und) QINBŌK EHRAI°° Aufstieg
I 15,35 45,27 II 70,4 97,7 111,33 116,18 V 29,18 30,9 VII 15,8° VIII 19,4
21,19 IX 43,12 44,24 IX 13,19°° 33,22 BG 65,7 105,11 122,14 / **+** ČISE III
135,9 / **+** anabasis II 134,14 / **+** poreuesthai (Iren. I 21,5) V 35,24 / :: BŌK
EHRAI ('absteigen') XIII 41,32 / :: EI, EI... I 14,21.40 47,8 II 20,23 (**+**ŌL
EHRAI p') V 23,9 VII 127,15.20

BAL (22 D)
Auge I 15,11.17 30,16 54,17 (::) 67,15 II 15,32.33 (::) L 22.46 94,20

BOΛ (22 E)

101,13.17.21 116,5.27 120,4 129,14 III 15,12 135,4 142,2 V 19,19 21,[22]
32,[26] 66,25 75,14 77,14 VI 4,6-27 13,10 22,27 27,28.31 28,12 30,12 37,33
46,21 48,3 VII 3,10.20 4,35 16,4 18,19.24 22,23 28,3 72,15 88,14 113,34 VIII
13,6 30,5 XI 4,26 10,15 64,31 XIII 56,28 / + QINNAY NHO I 94,4 / + ophthalmos
I 143,24 (1Kor 2,9) II L 17 (dito).25 (Ps 16,8).26 (Mt 7,3; P. Oxy. 1,3)
90,8 (Gen 3,5) 136,15 (Jes 30,20) III 140,3 (1Kor 2,9) VII 40,8 (Mt 13,16)
IX 46,7 (Gen 3,5) XI 17,14.20 (1Kor 12,16) 18,29-36 (dito) / :: RO, nous I
55,6 / :: HĒT, nous VII 98,25 / + QŌLP I 66,26 ----- V 48,2
● OYOIN NBAL Augenlicht BG 23,2
● PBAL MPOYOEIN das Auge des Lichtes (Beiname des himmlischen Adam (?°)) IV
61,10 XIII 38,5° BG 100,14 108,10
● PBAL NTPE das Auge des Himmels VII 31,25 46,14.24
● PBAL MPKOHT das Auge des Feuers (Beiname von Archonten) III 16,22 58,[11] ✟

BOL (22 E)

MPBOL, SABOL, MPSA NBOL außen, außer, außerhalb, hinaus II L 40.64 110,3
130,26 III 15,13 IV 79,9 XI 18,34 51,9 / :: EITN, PE, HOYN II 67,32 79,8 /
:: NHĒT= VIII 76,22 / :: HOYN II L 2 (P. Oxy. 654,16 ektos).22 (Lk 11,40 to
exōthen).89 (dito) 68,5-22 131,20-31 135,6 VI 20,20-23 VII 117,27 X 39,9 XII
34,17
● NETHI SA NBOL, NETAHERATOY MP=BOL die Außenstehenden (d. h. Nichtgnostiker)
I 90,11 96,15 II 78,3.6
● PKAKE ETHI PSA NBOL (Mt 8,12 exōteros) die äußere Finsternis I 89,27 (+)
II 67,[1] 68,8
━ MPBOL jenseits XI 34,27
━ HIBOL jenseits, transzendent (?) I 97,28
━ EBOL (H)N (stammend) aus I 22,3 33,32 34,2.27 62,25 70,2 82,23 91,29
103,35 105,31 121,20.22 122,3 123,8.10 II 5,16 20,18 25,9 L 49.61 b 87,19
93,20 99,2 107,13 109,6 116,20 139,8.9 III 14,11 49,9 71,1 133,15 139,16
144,7.8 IV 59,17 V 34,10 54,3.11 65,9.30 VI 42,7 VII 1,18 12,2 52,2 55,21
65,19 70,24 75,10-14 77,32 83,18 112,37 122,3-17 123,15-20 124,22 VIII 2,25.26
3,5 20,13.14 28,15 45,19 117,18 XIII 44,8 BG 98,13 / + EI EBOL I 20,22 116,13
II 92,25 98,2.4 IV 53,[22] / + EINE EBOL (50 A) I 75,23-27 90,36 120,7 /
+ EINE (50 B) VIII 17,14 / + NIM V 33,15-34,3 (apo Iren. I 21,5) / + TAMIO
II 93,35 94,1 / + ŠŌPE EBOL I 103,28 120,15 III 27,18 p 33,3 p IV 71,[1] p
78,43 VII 21,35 61,4 92,12-27 / + ČPO I 114,6 VIII 77,18 / + apo (Gen 2,7)
II 87,26 112,34 / + genos VII 52,24 119,1-12 VIİI 24,22 / + gignesthai (Iren.
I 21,5) V 35,12 / + einai ex (Joh 18,37) III 140,12 /+ousia I 101,24 102,15 /
+ de (Iren. I 29,2) III 11,15 / :: HN I 28,12

━ R BOL verlassen, entkommen I 90,16.28 132,18 II 82,13 V 29,3 VI 29,17 VII
90,16 102,30 XI 12,36 / ✚ MTON V 51,25 / ✚ SŌTE I 117,23 (::) 124,3 / ✚ diapheugein (Iren. I 21,5) V 34,20 / :: AMAHTE II 65,8 / :: MKAH, MNTQAYON I
117,34 / :: <Š>TEKO IX 70,19 ----- II 65,34
━ R SABOL abweichen, abwenden° V 71,17 72,24°
━ ŠA EBOL, ŠABOL ewig I 120,29 X 39,23 / ✚ ENEH I 67,7 138,23
(PBOL III 142,1 lies PBŌL)

BŌL (23 A)

(sich) lösen, (sich) ablösen, (sich) auflösen, vergehen, vernichten I 18,6
21,37 24,11-25,5 28,21 34,24.29 36,23 46,37 II 53,20 141,6 142,12 144,18 V
49,6 VI 37,32 41,12 42,6.14 44,18 VII 4,30 25,28 35,34 54,35 58,30 76,19
84,16 104,2 110.20.25 VIII 128,14 130,13 IX 33,3 XI 14,(25) XIII 40,27 41,17
49,35.38 BG 104,10 (≠p) / ✚ KŌ EBOL XIII 42,3 / ✚ TAKO II 141,15 / ✚ OYŌ
(266 B), FŌTE, katalyein II 144,24 145,4 / ✚ ŌČN II 83,10 / ✚ ŠORŠR II 127,2
VI 43,34 / ✚ ČPIO I 31,26 (::SŌNH) / ✚ ČŌŌRE EBOL II 141,7 / :: katalyein IV
63,8 p / ✚ lyein (S. Sext.) XII 28,9 (::MRRE) / ✚ paralyein (Gen 4,15) II
91,28 / :: AMAHTE, MRRE VII 110,25 / :: MOYR, MRRE II 145,7 IX 41,28 /
:: MOYR, SŌNH VIII 131,10.12 / :: SŌNH XIII 41,5.29 BG 121,15 / :: ŌHERAT=
VI 39,14
━ (Subst.) Auflösung, Zerstörung I 46,18 III 122,3 VI 43,31 VII 59,16 78,30
XIII 44,9 / ✚ TI EHOYN (219 A) VII 55,12 / ✚ dialysis (C. H. II 333 App.) VI
76,7.14 / :: MRRE XIII 44,15 / :: HŌTR VI 19,11 / :: ČPO II 109,24
━ ATBŌL EBOL unauflöslich II 53,22 / ✚ ATMOY VIII 48,24 / ✚ ATMOY, ŠŌPE VII
77,16
━ (meliorativ) befreien, erlösen I 49,33 II 64,8 (lies NA<Y E>BOL?) VI 47,28
VII 96,21 105,19.25 VIII 131,10 / ✚ NOYHM, OYČAI V 63,1
━ (übertragen) lösen (ein Rätsel), erklären I 50,7 II 139,15 / ✚ OYŌNH, QŌLP
I 27,8 / ✚ ČŌ V 17,14
━ (Subst.) Lösung, Erklärung I 45,1-9 III 142,(1) / ✚ OYŌHM II 100,13 (vgl.
108,21.24) / :: zētēma I 43,29
━ REFBŌL Erklärer (der Heilige Geist?) ✚ hermēneutēs BG 94,16 p
(dunkel: X 10,[3])
(verschrieben für BŌK: VI 19,12) ✚

BLBILE (23 B)

(Samen-)Korn I 8,17.20 III 135,18
● BLBILE NŠLTEM Senfkorn (Mt 13,31 kokkos...) II L 20 III 144,6 ✚

BΛKE (23 C)

BLKE (23 C)

Zorn, Zorngericht I 120,27 II 132,5 IV 41,16 43,29 / = TAČO, krisis I 97,36 /
+ KŌH I 85,8 (+) / + TAČO I 130,17 / + krisis I 81,16 / + orgē I 42,6 ✝
(vgl. BŌLK (23 D))

BŌLK (23 D)

zürnen, (Subst.)° Zorn I 18,22 II 103,16 132,3 V 28,4° 64,22° VI 43,32 44,27
VII 18,36q / + KŌH, QŌNT V 21,2° / + QŌNT V 32,11°
— BALKF (A₂) reizbar, MNTBALEKF° (A₂) Reizbarkeit + KŌH I 84,37° / + SIŠE
I 42,6 ✝
(vgl. BLKE (23 C))

BLLE (23 E)

blind I 30,16 II 28,27 29,20 116,(33) (BRRE) 141,20 III 121,24 IV 27,29 VII
7,28 19,5 24,33 28,21 38,15 42,23 XI 64,30 BG 126,3 / + EIME (neg.) VII 81,30
/ + KOYR VII 56,2 73,13 76,22 / + MPO, SŌQ, QALE, daimōn IX 33,5 (Mt 11,5
typhlos) / + NAY (neg.) II L 28 (P. Oxy. 1,20 typhlos) 64,5.9 VII 65,4 (+) /
+ SOOYN (neg.) II 86,27 113,14 VII 88,22 IX 48,2 BG 104,4 / + ŌTP VI 28,16 /
+ ATHĒT II 89,25 VII 64,14 / + QALE IX 42,10 / + kōphos II 128,25 / + noein
(neg.) IX 48,10 (Jes 6,10 kammyō) / + ponēros VII 98,32.33 / + typhlos, typh-
loun II L 34 (Mt 15,14) 140,25 (2Kor 4,4) VII 72,12.15 (Mt 15,14) ----- VI
28,5 IX 33,21
● BLLE MMISE blindgeboren VII 83,3
● PMEEYE MBLLE, TDIANOIA NBLLE das blinde Denken II 97,6 V 27,4, vgl. II 87,4
● PNOYTE NBLLE der Blinde Gott (Samael) II 87,4 94,26 103,18 ✝

BŌON (24)

SOYBŌON Übel VII 90,23
— MNTATBŌON (Übersetzung von akakia 'Arglosigkeit'?) + MNTHLQE I 85,36 /
+ PETR ŠAY I 53,13 ✝
(STIBOON siehe STOI (200B))

BRRE (27)

neu, jung, R BRRE° neu werden, (sich) verjüngen I 7,35 72,21° 75,5° II 116,33
(Subst., lies aber B(LL)E) 132,12° 134,10 VI 31,31 72,38 VII 72,24 VIII 16,9
117,9 / + KOYEI II 134,25° (+anakainizesthai Ps 102,5) / + kainos II L 51
(Jes 65,17) VII 59,4 (Eph 4,24) 112,11 (Apk 21,5).26 (dito) / + kainos, neos
(Mt 9,17) II L 47 (::AS) / :: AS VII 57,15 (Subst.).17 / :: HLLO VII 80,13°
----- VIII 27,25 X 40,2
- 10 -

━ HB BRRE Neuigkeit I 31,10

━ MNTBRRE Neuheit I 48,38 II 131,[35] ✠

BĒT (28 A) siehe SPIR (193 A)

BOTE (28 B)

schändlich V 72,12

━ ČI NBOTE verabscheuen VII 106,8

━ BĒTq, FĒTq° verflucht sein ✚ anathema (Gal 1,8) IX 73,23° / :: makarios II
L 6 ✠

BŌŠ (29)

ausziehen (Kleid) :: TI HIŌŌ= I 20,30.37q III 143,23

━ sich entziehen VI 15,20 ✠

BOYHE (30)

Augenlid VII 113,35 (weiteres siehe unter FŌ (345 A)) ✠

E- (31)

NĒ ETERO= Schuld ✚ NOBE V 63,18 (::KŌ EBOL)

EBĒ (32)

R EBĒ finster werden, Oq NEBĒ finster sein V 65,23q VIII 78,18 ✠

EBOT (33 A)

Monat I 1,30 73,33 (✚) II 112,7 (✚) 113,29 III 84,3 (✚) VIII 42,31.32 (✚) ✠

EBŠE (33 B) BŠE

Betäubung, Tiefschlaf, Vergessen II 25,7 III 35,10 VI 58,7 VII 1,29 14,33
58,32 / = MNTATSOOYN II 89,5.8 (✚HŌRP, HINĒB p, Gen 2,21 ekstasis) / ✚ EIARMES
(Übersetzung von ekplēxis?), MNTATSOOYN, HRTE I 98,3 / ✚ MOYR, MRRE II 21,12
(p {a}lēthē) 28,24.29 BG 103,17 / ✚ HINĒB I 82,(26) VII 88,25 / ✚ NKOTK BG
120,2 / ✚ NOYŠP I 17,24 / ✚ SŌNH XIII 41,29 / ✚ ATSOOYN II 13,24 21,36 77,23
123,22 V 28,8 (::mnēmē) VII 89,16 / ✚ HRTE I 17,33.36 / ✚ ekstasis (Gen 2,21)
BG 58,13.15 / ✚ lēthē BG 64,2 p / :: EIRE MPMEEYE, gnōsis V 28,23 / :: SBO
V 55,31 /≠SOOYN I 18,1-18 20,38 III 35,16 (✚ponēria) / :: SOOHE (210 B) BG
106,2 / :: TŌOYN II 110,26 BG 122,5 / :: nēphein II 116,34 (✚HLOSTN 116,27)
BG 94,15 ✠

ЄKIBЄ (33 C)

(vgl. ŌBŠ (290 A))

 EKIBE (33 C) KIBE

(weibliche) Brust III 56,9.18 IX 67,32 / + mastoi II L 79 (Lk 11,27 23,29)
129,28 (Hos 2,4) / :: MESTHĒT II 17,15 (QIBE) (+) / + ČO (412 B) II 16,12.13 ✠

ELOOLE (34 A)

ELOOLE, LE ELOOLE, SMAH NELOOLE Weintraube II 110,17 / + staphylē (Lk 6,44)
II L 45 (::ŠONTE) VII 76,7 (dito)
— ELOOLE°, BŌ NELOOLE Weinstock I 62,10° II L 40 109,26.30 144,25.26.35 /
+ ampelos (Joh 15,1) VII 107,27 (+ĒRP)
— MA NELOOLE Weinberg + ampelōn (Mt 21,33) II L 65 ✠

ELALTq (34 B) (A₂)

erregt sein + MOKH NHĒT, NEHPE I 26,18 ✠

ENEH (37)

Ewigkeit, Aeon I 71,7 (Plur.)
— (Adj. und Adv.°) ewig I 114,37° 135,7° V 85,26 XIII 35,14° (NANEH) 41,(29)°
(NAN{AN}EH) ----- VIII 4,5
— (Adv.) jemals, nie I 2,30 10,20 14,17 61,23 II 52,13 55,26 121,12 127,13
140,28 III 6,17 76,8 81,19 142,8 V 8,24 VI 74,11 VII 55,30 64,5.10 65,6 116,6
VIII 1,26 80,20 XIII 41,(29)
— ŠA ENEH (Adj., Adv.) ewig I 55,40 57,3 62,32 70,30 121,26 126,22 132,3
136,17 143,21 II 30,6 54,31 141,1.18 III 36,{14}.15 68,24 85,17 120,8 122,1
137,10.15 144,23 147,[20] IV 62,20 80,13 (≠p) V 64,14.16 65,12 67,7 71,[28]
73,20 75,8 76,22.27 84,1.15.18 VII 14,14 22,15 36,3 70,10 75,21 120,7 126,28
VIII 11,6.15 22,4 28,16 34,11 48,1 82,8 114,5 134,18 140,23 IX 16,14.{26}
43,17 47,14.27 X 13,16 XI 40,[25].27 43,38 44,36 49,26 50,27 51,11 57,10
60,25 61,5 XIII 45,24 BG 32,7 / + ATAREČF, ATTAHOF VII 59,7 / + ATBŌL II 53,23
/ + ATMOY I 69,4 VIII 46,7 / + ATMOY, athanatos III 71,19 p / + ATMOY, ATŠIBE
VI 55,29 / + ATTAKO V 8,23 63,[29] / + NOYOEIŠ NIM BG 22,1 23,10 / + ŌČN (neg.)
II 125,10 / + HAĒ (neg.), archē (neg.) I 117,31 / + HLLO (neg.) II 5,10 /
+ ATČŌHM BG 85,16 / + aei BG 24,1 / + aiōn IV 87,16 p 79,1 p? BG 36,5 / + ai-
ōnios (P. Momaut) VI 64,28 (+MOYN) (vgl. PŌNH NŠA ENEH (293 A) / :: OYOEIŠ
ŠĒM I 107,25 / :: chronos V 53,29 (vgl. Z. 20) ----- III 127,10.13 IV 58,18.22
VIII 115,20 XIII 37,34
● ŠA NIENEH NENEH in alle Ewigkeit I 144,6 II 97,20 137,25 175,16 III 66,19

IV 35,21 IX 16,20-18,7 / ✚ ŠABOL I 138,24 / ✚ ČN NČŌM ŠA ČŌM III 130,14.22 /
✚ aiōn (Übersetzungsfehler?) IV 50,7.14 p
● ANĔHE TMET (A₂) in alle Ewigkeit I 52,11 56,31 60,2 61,37 64,4 66,34 70,22
71,13 113,36 126,37 / ✚ ŠABOL I 67,9
— PIŠA ENEH der Ewige°, NIŠA ENEH die Ewigen (Aeonen etc.) III 67,26° (≠p)
IV 79,2° (≠p) VII 54,20 76,15° 119,24 122,7.19 124,7.22 (::) VIII 3,32 9,30
23,20 / ✚ ATMISE VII 123,28 124,21° (::) / ✚ aiōn BG 25,13 p'
— MNTŠA ENEH Ewigkeit, HN OYMNTŠA ENEH ewig III 69,4 VII 121,2.30 VIII 122,3
/ ✚ ATMISE, TAKO (neg.) VII 123,13 / ✚ aiōn (Übersetzungsfehler?) BG 25,14 p'
/ :: chronos VIII 78,14.16
(POYOEIN NŠA ENEH siehe OYOEIN (268 D))
(PŌNH NŠA ENEH siehe ŌNH (293 A)) ✚

ERĒT (39 A)

versprechen, geloben, (Subst.)° Versprechen, Verheißung V 53,14° (d. h. das
Alte Testament) 60,18 VI 52,2.9°.11° VIII 132,22 137,25° / ✚ ŠPŌP BG 56,9° p'
----- II 58,31° (R[R]ĒT)
— ERĒT NŠA beten um ✚ TŌBH IV 71,[5] p ✚

ESĒT (40 A)

— MPESĒT, SA PESĒT unten III 77,8 131,7 (✚) (::) V 57,9 (::) 58,32
● NETSA PESET die, die unten sind V 54,8
(weiteres siehe EI (47), EINE (50 A), NOYČE (136 D), TAYO (251 B))

ESOOY (40 B)

Schaf II 11,27 (::) 79,6 (::) / ✚ probaton I 32,1.18.21 (Mt 18,12) II L 107
(dito) 91,15 (Gen 4,2) ✚

ETPŌ (41)

Last :: MTON III 141,6 ✚

EOYŌ (42 A, vor EOOY zu stellen)

Pfand I 80,1? II 53,5.11 VII 77,3 ✚

EOOY (42 B)

Ehre, Herrlichkeit, Lobpreis, (Adj.) herrlich, Herrlichkeits-, HA EOOY (Adj.')
geehrt, herrlich, TI EOOY° verherrlichen, preisen, ČI EOOY°° verherrlicht
werden I 7,36°° 19,33°°.34° 41,1° 54,11° 55,23 59,16 (Adj.) 62,24 63,18°°

66,3.5° 68,18.29.39 69,8-38(°) 70,7°.15-20(°) 34,3°°.24°.26(Adj.).29° 75,12°.
20° 76,5°.17.23 79,23 86,30° 87,19°.21° 96,28 97,8° 98,35 104,3 120,25° 125,31
126,5 129,34° II 5,35° 12,27.31 58,6 84,5° 85,16.17 105,19° 115,23° 120,33
125,32 127,5 137,25 III 7,21° (≠p) 8,11° 10,7°.13°20° 14,8° 17,21 (≠p')(Adj.)
56,8 (Adj.') 66,12 (Adj.') 67,13 75,16 (Adj.') 81,17 86,8 (Adj.') 88,19
(Adj.') 89,8 121,2-4(°) IV 53,17 59,5 60,17 62,2.(2) (lies (AL)OY) 63,21 66,9
V 17,16 52,21 (Adj., ironisch, vom Demiurgen) 64,9.25 71,8 74,6.23 76,11 77,10
(die Gnosis gemeint?) 78,2°°.15°.16.24 79,15.25 80,7.18.[27] 81,12.21 82,8.16
IV 6,24° 12,10°°.12°° 24,30°° 47,18° VII 38,13°.16 50,23 53,24° 54,35 73,10°.
22° 74,8°.10° 77,11° 107,8 112,29-31(°) 119,30° 121,22 VIII 6,13 48,23 56,[18]°
93,4° 129,14 IX 28,20° XI 3,35° 12,20.21.23(Adj.') 15,25° 21,34°° 24,35°
25,37 29,31-35 39,[21.22] 40,[20°.21] 43,[36] 44,36 XIII 37,25.32 38,3 (Adj.).
6.19-21(°) 39,7.7° 40,1 45,14°.15°° 46,20.27 48,23-26(°) 49,27 BG 100,8
105,4 / + AMAHTE I 138,[18] (+) 144,4 (+) VI 35,19 (+) (zu diesen Stellen
vgl. Mt 6,13 doxa) VII 112,10 / + ASOY, TAEIO I 56,8 / + TAŠE OEIŠ I 10,37° /
+ MNTRRO II 127,11 V 74,15 / + RAŠE, ATTAKO V 8,[19] BG 92,17 / + RAŠE, ČISE
I 23,26 / + SMOY I 90,26 II 5,2 103,5°°.8 106,1°.2° III 13,11° 136,11°.13°.14
(Plur.) VII 82,16° 127,8° VIII 122,15.16 XIII 38,21-29(°) / + SMOY, HMOT VII
124,13° 126,22°-27° / + SMOY, HŌS IV 59,9° 66,20° / + TAEIO I 54,9.11° 56,18.
20° (+) 58,10 (+) 91,37 92,1° II 105,31° BG 122,17 (+) / + TELĒL I 38,6 43,17
III 76,5 / + OYOEIN, QOM, dynamis III 18,17 p / + OYŌŠT III 131,18° / + HŌS
I 64,20° 68,21°.23° / + R HOTE VII 114,22° / + ČRO V 87,16 / + ČISE II 96,5 /
+ QOM VIII 125,2 / + anapausis II 125,10 III 89,22 / + doxa VI 26,10 (Röm
9,23) VII 113,2 (Weish 7,25)(+) / + dynamis III 51,1 / + <eu>charistia I 96,26
/ + timē BG 88,10 p 105,11 / + hymnos, hymnein I 14,26 II 104,1° / + hypēresia
III 89,1 / + charis VI 32,15 / + magnificare (Iren. I 29,1) III 10,25° -----
II 72,28 IV 56,14 VIII 115,22

● PEOOY MPEIŌT die Herrlichkeit des Vaters I 42,3 64,8 68,4 69,21 71,34 72,26
77,13 80,36 95,37 III 42,24 (::)(≠p) VIII 120,4 (PIEOOY NEIŌT) 139,26, vgl.
(Vb.) I 70,7.20 76,5 97,8

● PEOOY NTMAAY die Herrlichkeit der Mutter XIII 45,10 46,19

● PŠERE NTE PIEOOY NTAY der Sohn ihrer (Pl.) Herrlichkeit VII 82,2

● PKLOM NTE PEFEOOY die Krone seiner (Esephechs) Herrlichkeit III 55,24 IV
59,26 62,3 65,21 73,18

● PETAMAHTE MPEOOY, PIREFAMAHTE MPEOOY (Titel Esephechs, Übersetzung von doxokratōr) siehe die in der vorigen Rubrik genannten 5 Stellen, dazu VIII 51,21
52,12 54,16 (fem.)

● NETPHOREI MPEOOY die die Herrlichkeit (als Kleid) tragen (Titel der "Stra-
tegen") III 55,14 (≠p)

● REFTI EOOY (Übersetzung von Doxomedōn) IV 73,20 p

● R ŠBĒR NTI EOOY mitehren (wie syndoxazein) I 63,1.2 VII 118,21

● MNTATEOOY Ehrlosigkeit + MNTATNOYTE VI 73,21 (≠Ascl. 26,1, C. H. III 329,25 inordinatio)

— (Subst., meist Plur.) Herrlichkeit (hypostasiert) III 17,9 (p Sgl.).15 (≠p, verschrieben) IV 55,5.6 VII 58,13 (?) VIII 4,25 5,15 11,6 24,18 47,16 73,13 121,8 (?) 122,5 123,1 125,14 XIII 38,9.21 45,19 / = teleia noēmata VIII 46,20. 22 / + SBŌ, epistēmē VIII 120,10.13.22 / + SMOY XIII 39,10 / + MA NŠŌPE, thronos II 102,15.19 / + ATCŌHM IV 53,[8] (p Plur., + aphtharsia) 54,[24] / + AT-CŌHM, QOM IV 51,14 (p +aphtharsia) 57,[5] 58,[1] 59,8 66,13 (p +aphtharsia) / + ATCŌHM bzw. aphtharsia, plērōma III 50,7 IV 73,22 / + QOM IV 65,16 (+exousia) VIII 63,[21] IX 49,24 (+aiōn, taxis) / + angelos VII 6,6 / + boēthos VIII 46,29 / + plērōma IV 65,22

● PA NIEOOY TĒROY der alle Herrlichkeiten besitzt VIII 86,20 / + aretē I 100,27

● TA NIEOOY (TĒROY) die (alle) Herrlichkeiten besitzt (Titel der Juel) VIII 53,13 54,17 57,14 62,11 63,[9] 125,13 XI 50,19 52,14 55,18.[34] 57,25

— (pejorativ) Ehre(ntitel), Geltung XII 30,[24] / + MNTBABERŌME VII 117,34 / + BEKE XII 30,[2] (S. Sext. doxa) / + MNTMAEIEOOY I 120,31

● EOOY EFŠOYEIT vergänglicher Ruhm VII 40,3 53,33 / + TAKO VII 51,9 / + ČISE NHĒT VII 64,31.36 / + planē VII 56,17

— MNTMAEIEOOY Geltungssucht + LAHLEH I 120,31 (::THBBIO) / + MNTMAEITITŌN, ponēria VII 84,22 (+) / + MNTMAEIKHRĒMA VII 95,27

● MNTMAEIEOOY EFŠOYEIT Trachten nach vergänglichem Ruhm I 84,19 79,22 131,34

— Glanz (wie doxa 1Kor 15,41) + AYAN II 110,20

— Meinung (wie doxa) + MNTREFMME I 110,17

(REFOYŌNH EOOY EBOL siehe OYŌNH (274 C))

(PČOEIS MPEOOY siehe ČOEIS (416 A)) +

 EŠŌT (43)

Händler + TOOY, emporos II L 64.76 (Mt 13,45) / + kapēleuein (2Kor 4,17) VII 117,29 +

(vgl. EIOPE (50 C))

ĒI (46 A)

Haus I 13,4.7 II L 48 (vgl. Mt 18,19 gē).97.98 VI 3,19 8,24 12,1 40,12 / + kōmē II L 64 / + oikia (Mt 12,29) II L 35 / + oikos II L 16 (Lk 12,52) 137,1 (vgl. Homer, Od. IV 261)

— Tempel (zu Jerusalem) II 84,27 / + OYAAB II 69,14-23 / + naos (Mt 26,61) II L 71 / + oikos (2Sam 7,5) V 60,5.15

— (Metapher für 'Mensch','Leib','Selbst'°, vgl. 2Kor 5,1 oikia) I 9,5.7 25,23

ΗΠΕ (46 B)

V 77,11 VI 28,30° / **+** sōmatikos VII 51,6.10(?).20

— (Metapher für 'Kosmos') VII 53,21 54,3 55,3 / **+** oikos (für die 'Räume' der Planeten) XIII 43,22

— (Metapher für 'Himmel', 'himmlische Heimat', 'Pleroma') I 135,21 144,2 II 137,11 / **+** OYOEIN XIII 40,21 (::AMNTE, NOYN, chaos) / **+** AIŌN NATŠIBE XIII 41,31 / **+** parthenōn II 128,36 129,5 / :: kosmos VII 59,19 / :: topos ('Raum') XI 65,32 (vgl. nächste Rubrik)

● PĒI MPIŌT das Haus des Vaters (d. h. das Pleroma) II 132,21 VII 50,11 / **+** oikia... (Joh 14,2) II 56,1.2 / **+** oikos... (Gen 12,1; Ps 44,11) II 133,18. 25.31 (**+**syngeneia)

● PĒI NTMNTHMHAL das Haus des Dienstes, Diensthaus (Ex 13,3 oikos..., Ägypten) II 137,13

● ĒEI MMNTHĒKE Haus der Armut, Armenhaus (d. h. Körper?) **+** hylē VI 27,27

● ĒEI NKŌHT Feuerhaus (ein Strafort) II 66,31-33

● PIĒEI NTE NIDAIMON das Haus der Dämonen (Christus?) VII 82,22

— RMNĒEI Hausgenosse (Hausgenossenschaft zwischen Gott und Seele) VII 92,8 109,5 115,22 / **+** oikos (Jer 34) II 129,21

— RMNĒEI vertraut XII 16,3 (S. Sext. oikeios)

— MES NĒEI im Hause geboren, Hausgeborene(r) (Metapher für die Begierden?) :: ŠMMO VI 28,32

(PNEP MPĒEI siehe NĒB (119 A))

(PČES NĒEI siehe ČOEIS (416 A)) ✠

ĒPE (46 B)

Zahl I 51,10 VII 80,10 VIII 113,11 (**+**) IX 63,8 (vgl. aber I 51,10) / **+** arithmos II 96,11 VI 43,20 76,8 (vgl. C. H. 333 App.)

— REFČPE ĒPE Zahlenhervorbringer VII 123,8

● OYĒPE NATĒPE eine unzählbare Zahl IX 48,22

— Anzahl, TI ĒPE° zählen, begrenzen II 19,2 VII 19,17 20,12 122,8°.10° /**+**MNT-NOQ VII 70,18 / **+** ŠI III 60,11 V 26,11.15 (::ATTI ĒPE EROF) / :: ENEH V 53,21.° 26°.27 ----- III 58,2

— (große) Anzahl, Menge (wie plēthos) V 24,23 25,19

— (pleonastisch bei Mengenangaben) V 49,24 IX 67,35

● TENĒPE unsere Anzahl (Selbstbezeichnung der Gnostiker) VII 79,24

— ATTI ĒPE (EROF), EMNTF ĒPE unzählbar III 84,9 V 26,26.30 27,11 / **+** ATO, MĒĒŠE III 86,7 p / **+** ATO, MĒĒŠE, TBA III 81,2 p.p' / **+** MĒĒŠE III 75,16 / **+** NAŠE- II 95,29 (p II 123,7 HAH) / **+** TBA II 56,23 102,22 105,22 III 77,22 88,23 IV 57,26 59,6 66,12 (vgl. p) / **+** ATŠITF XIII 35,27 / :: TI ĒPE V 26,10

— OYATTI ĒPE NTE- ein unzählbares Vielfaches von IV 71,[21] (≠p) ✠

(vgl. APS (10 C), ŌP (293 B))

ĒRP (46 C)

Wein = ŠNA VI 24,17 / ✝ BŌ NELOOLE, TIHE VII 107,28 / ✝ NEH II 77,36 78,9
(✝STOEI) 130,4.25 (Hos 2,10 oinos) III 130,[17] (✝) / ✝ TOHE II L 28 / ✝ oinos
(Mt 9,17) II L 47 / :: MOOY II 75,15 (Eucharistiesymbolik)
— MNTSAY HAH NĒRP Weinsaufen VI 24,15 ✝

EI (47)

kommen, (Subst.)°° (und) QINEI° Kommen (unterstrichen: Kommen des Erlösers)
I 19,2 31,4 34,(36)° (lies TQINE⟨I⟩) 35,7.21 95,12°.15°.35° 113,14°.18 115,14
118,25° 120,11 122,18 II L 51 52,19.35 53,10 55,6.12 63,24 67,9.10.31.[33]
70,13 80,15 89,12 91,2 91,3 92,21 III 39,8 86,21 IV 77,14 V 28,7.8 30,17°
77,18 80,15 VI 5,21 VII 88,29 VIII 128,23 IX 5,8 6,22 30,20 XI 12,22 50,28
XIII 42,17 BG 22,[2] 71,3 77,1 (≠p) 122,6 / ✝ BŌK II L 11 / ✝ EI EBOL III 60,2
p / ✝ EI EBOL, ŠŌPE BG 47,14 p.p' / ✝ MOOŠE VII 120,34 / ✝ NA, epipheresthai
BG 45,19°° / ✝ NOY I 35,13 / ✝ OYŌNH I 120,9° VII 119,18 XIII 47,11 / ✝ HŌN
(378 B) VI 44,30 / ✝ erchesthai I 32,2 (Lk 19,10) II L 16 (Mt 10,34) / :: BŌK
(meist Formel, vgl. Joh 16,28 erchesthai::poreuesthai und Exc. ex Theod. 78,2)
I 2,24.25 14,21 III 134,21 VI 8,35 VIII 134,25 BG 19,15 117,15 / :: EI EBOL
II L 28 V 59,20 / :: NA (116 A) I 22,14
— PREFEI... der, der kam (?) I 115,24
— EI EBOL herauskommen, verlassen, entkommen (mit° oder ohne°° nähere Anga-
ben auch Ausdruck für den Tod als 'Verlassen' von Bindungen) I 2,18 14,17 II
L 78.104.114 66,21° 71,9 145,9°.12° III 34,20° 107,14 (≠p BG 104,10) 143,14°
V 36,[16]°° 51,[6]°° 57,7° VI 76,29° VII 59,19 117,14 VIII 12,7 (?) IX 25,9
X 10,5 (?) XI 5,26° / ✝ KŌK AHĒY II 27,5°° p' / ✝ PŌT BG 67,4° p / ✝ OYE (266
A) VIII 81,8 / ✝ exerchesthai II L 8 (Mt 13,3) 131,8 (1Kor5,10) / :: BŌK II
74,[36] / :: MOYN I 131,[11]° / :: QŌ II 139,27° / :: katabasis (?) XI 41,
[36]° / :: politeuesthai II 86,11°
— EI EBOL herauskommen, aufgehen (von der Sonne) IV 76,20
— EI EBOL, R ŠORP NEI EBOL° (Nachbildung von proerchesthai) herauskommen,
hervortreten, entstehen (neben OYŌNH (274 C) das gewöhnliche Wort für die
Entstehungsweise von Aeonen) I 16,34 17,6 20,22 21,25 22,30.34 12,36 27,12
34,16 37,9°.16° 40,27 41,4 59,14 62,34 64,24.36 67,35 68,15.25 69,5.35 73,27
80,27 83,11 87,26 91,4 98,8 109,29 115,7 116,11 130,13 131,14 134,15 143,3
II 11,22 L 13.77 a 73,24 87,1 88,13.17 92,⟨26⟩ 93,3 94,19.24 96,21 108,3
115,20.21 121,30 127,15 135,7 139,18 III 14,{15} 15,5 43,[14] 56,4.12 57,9.[12]
129,23 133,5.18 135,12 136,20 142,3 IV 50,5° (vgl. p) 50,29° (vgl. p) 51,5°.6.
15° (vgl. p) 53,24° (vgl. p) 58,[23] 60,[1]°.10.30 61,16 63,9° (vgl. p) 73,27
V 26,9.11 39,14 66,7 69,16 73,7.⟨13⟩ 78,14 80,12 83,22 85,29 VI 7,12 8,13

22,15.32° 23,18.20 26,25 VII 9,12 11,11 12,16 14,26 19,16 26,23 32,32 33,5
42,7 48,14 50,12-34 63,19 66,19 68,8 69,13 75,4 112,34 120,24 123,2 VIII 83,16
124,19 129,16 IX 16,10 30,[19] 44,[26] 73,20 XI 10,35 11,[25].26 XIII 36,10°.18°
39,14.31 56,[12]° 47,33 BG 64,7 83,15 87,13 100,15 102,2 106,7 / + BOL II 98,9
/ + EI III 71,12 / + EI, ŠŌPE II 14,13 p' / + EINE EBOL I 62,39 68,35 78,6
91,16 / + PEIRE EBOL II 50,13° / + OYŌNH EBOL III 52,6 p 60,19.26 p IV 68,9 p
VIII 24,8 / + ŠŌPE EBOL II 12,10 p' L 50 99,21 V 77,24 82,25 XIII 37,6 /
+ ČPO I 64,5.14 80,4 113,28 V 47,12 XI 22,30 / + probolē I 45,5 70,27 / + proerchesthai IV 50,23 p 51,24 p 52,[13]° p 54,1° p 61,[14] p 64,[13]°.23 p
66,3.6.14 p BG 28,4 p / :: BŌK V 23,10 (vgl. Iren. I,21,5 exerchesthai) 34,17
(dito) / :: BŌK EHOYN II 68,18.20 (?) / :: EI EHOYN V 61,5 VII 13,2 / :: EI
EHRAI E- VII 121,16 (?) / :: NOYOYH EBOL I 53,25 / :: SŌT (199) I 38,1.2.9
----- II 58,34 IV 57,7 80,23 / :: BŌK EHOYN III 132,2
▬ EI EHOYN hereinkommen, eintreten, hin(ein)gelangen I 5,30 II 56,1 67,17
89,18 98,7 III 32,26 (vgl. p') 71,6.8 V 55,8.12 VII 94,25 109,12 XIII 41,19
45,13 BG 52,14 / + BŌK EHOYN III 36,3 p 38,3 p / + EI EHRAI EČN- III 34,7 p'
/ + NOY (...) II L 103 III 33,4 p 34,2.4 p BG 67,14 p / + ŠE EHOYN IV 76,23 /
+ HE (349 B) I 46,30 / :: BŌK (...) I 47,6 / :: EI EBOL V 61,7 VII 13,4 /
:: NOY EBOL V 48,10
▬ EI EPESĒT, EI EPITN, EI EHRAI herabkommen, absteigen, (Subst.)° Herabkunft
I 8,37 9,2.8 10,3.4 101,3 114,21 125,7 II 23,21 71,5 75,23 88,14 132,9.25 III
21,8 25,9.15° 38,20 135,14.16 IV 62,[28] 71,3 72,[12] (≠p) V 51,[4] 58,16 VI
19,13° (::) VII 8,28 50,16 52,18 VIII 9,6°.9 139,13.[16] IX 30,27 39,[26] X
6,2 XI 33,34 38,36 XIII 39,31 41,20 BG 47,19 63,18 (≠p) 102,11 119,7 / + BŌK
EHRAI I 10,29 II 20,24 / + KŌK AHĒOY V 46,[14.21] / + NOY IV 62,[28] p /
+ NOY EHRAI XIII 40,16 / + PEIRE EHRAI XIII 36,[4] / + PŌRČ BG 55,14 / + PŌH
ŠA HRAI XIII 40,29 / + OYŌNH XI 23,35° / :: BŌK EHRAI I 14,39 (+EI) VII 127,16.
21 / :: NOY EHRAI VI 19,13 (::)
▬ EI EHRAI aufsteigen VIII 5,14-6,2 BG 75,14 (?) / + MOOŠE, OYŌTB V 21,28-
24,6 / :: BŌK EPESĒT II 46,23
▬ EI EHRAI (in den Sinn) kommen XI 62,13 / + anabainein (Jer 3,16 1Kor 2,9)
I 143,27 II 76,16
▬ EI EHRAI ŠA- zu jemandem kommen + POT X 8,23
▬ EI ETMĒTE hervortreten, auftreten (wie eis meson erchesthai) I 19,19 20,8
26,4.27 45,5 (?)
▬ EI EYMA zusammenkommen (zum Gottesdienst) VIII 133,3.18
(ANOK AIEI EBOL... siehe ANOK (8 B))
(ŠE EI siehe ŠEEI (306 A))
(EI EBOL und EI EHRAI: ✚)

EIBE (48)

Durst, OBEq dürsten, Durst leiden VI 6,3q 7,31q / ✚ TIHE II L 28q / ✚ HKO VI 27,15 ✚

EIEBT (49 A)

Osten II 69,20 (::) 143,5 (::) ✚

EIAL (49 B)

Spiegel(bild) I 123,16 (✚) VII 20,33 / ✚ EINE (50 B) I 104,25 / ✚ MOOY II 69,10.11 / ✚ eisoptron III 75,5 p (P. Oxy 1081) VII 113,3 (Weish 7,26) (✚eikōn) ✚

EIME (49 C)

wissen, erkennen (°verneint) I 3,25 28,31 42,14 68,14 69,17 83,25° 113,29° 115,35 II 14,18° 19,9 24,13 L 43°.98 92,9 107,23.25.32° 112,22 118,[34] 119,19.26° 140,7 III 25,19° 24,20 28,23 30,22 37,1 70,3 136,4 139,12 141,13 143,3.[5].12 V 25,4.22 67,13 84,2 85,8° VI,5.9 42,13 68,22 VII 27,16 31,4 47,17 68,10 95,17 115,25 125,3 VIII 3,14 20,12 22,8.14.17 23,7.16 44,6° 45,8. 29° 78,8 81,11 87,15-22 88,15.16 120,1.[5]° 121,19 124,5.7 130,16 132,16 133,4 134,21 IX 30,28 46,24 69,[11°.14] X 26,18 XI 2,[33.35] 3,31 49,12 51,27 53,22 54,21.22 57,13.15 59,12.39 XIII 39,32 43,4 44,29° BG 22,[6.11] 45,1 46,10 80,5 93,17 98,15 118,2 / = OYŌNH VIII 23,2 (?) / ✚ AMAHTE, TI HĒT I 37,27° / ✚ BŌK EHOYN, NAY VIII 26,6 / ✚ KŌTE NSA- VIII 13,13 XI 67,36 V 59,20 (✚NAY, SOOYN) / ✚ MOOŠE V 52,18 / ✚ MOYŠE, QŌŠT II 136,25 / NAY VI 37,24 VII 57,13° / ✚ N RAT= XI 28,38 / ✚ SBO II 76,18.19° 80,28 (✚aisthanesthai) 141,40° XI 52,18 / ✚ SOOYN I 22,7.13 26,19°.22° (::planē) 61,35 105,21 II 24,35 p' 26,33° p' L 2 (✚eidenai P. Oxy. 654,[18]).97 102,32 120,13 138,13 III 105,7 (✚TSABO, OYŌNH) 134,[1]-21 142,12 V 4,16 51,13-52,[2] 56,19 (✚OYŌNH, QŌLP) 57,9 (dito) VI 31,26 32,30°.35° VII 65,7° (✚) 69,14° (✚SBO) 92,15 102,23 122,16 XI 45,29.30 56,17 60,8° 64,1° XIII 40,26 44,8 / ✚ TAMO I 109,3 / ✚ TSABO VI 11,12 VII 127,21 / ✚ OYŌNH, gnōsis XI 63,11.13°.16 / ✚ R OYOEIN, noein I 124,21° / ✚ ŠINE I 47,31 VI 34,31 102,14.17.29 / ✚ HOTHT II 138,8 X 7,2 / ✚ QINE VII 112,3 / ✚ aisthanesthai, noein I 6,36 / ✚ ginōskein II L 62 (Mt 6,3) 90,17 (Gen 3,7) 120,28 (Gen 3,22) 136,7 (Jes 30,15) IX 46,12 (Gen 3,7) 47,8 (Gen 3,22) XII 29,13 (S. Sext.)(✚nous) / ✚ginōskein, manthanein XII 34,23 (S. Sext.) / ✚ gnōsis VII 67,34° VIII 17,15 45,16 / ✚ eidenai (Mt 24,43) II L 21 b / ✚ ennoia VII 59,14 / ✚ makarios XI 60,17 / ✚ manthanein XII 30,7 / ✚ noein II 7,27 p' 143,26 X 8,22{°} / ✚ peira I 134,25 / :: BLLE

ЄINЄ (50 A)

VII 81,32° / :: ATEIME V 24,17 VIII 80,17,21 / :: HINĒB II 23,32 / :: ATSOOYN
II 19,27° XI 50,32 / :: aporein XIII 43,29° ----- II 122,12 / + SOOYN II 4,16°
— (absolut) verständig sein (oder) werden, zur Erkenntnis kommen II 119,18
V 57,16.17 / + SOOYN I 22,16 30,26 II 138,12 IV 78,8 V 53,22 / + energein
XI 61,35 (+) / + makarios VIII 73,11
● EIME + ATEIME (paradox, für 'nichtwissendes Wissen') XI 55,19 59,29 (+)
60,11 (+) 61,2.18 (+)
— (Subst.) Gewissen V 73,12
— MNTEIME, QINEIME° Wissen, Erkenntnis XI 53,25 / + MNTŌNH XI 49,27-34 /
+ MNTŌNH, MNTAGATHOS, MNTMAKARIOS VII 122,22.27 VIII 75,14.19 / + energeia
XI 53,15 / + MNTMAKARIOS XI 54,17 / +homologia I 106,11° ----- VIII 67,3
— REFEIME Wissender + REFŠORP NEIME VIII 58,19 / + REFTI AGATHON, REFTI
MNTMAKARIOS VII 124,34
— MNTREFMME Theorie? + EOOY (wie doxa 'Meinung'?) I 110,18
— EIME NHĒT im Herzen erkennen :: ŠAČE EBOL HM PHĒT I 32,23.38 (Z. 38 f. ist
Nachtrag zu Z. 23)
— R ŠORP NEIME vorherwissen, schon erkannt haben II 145,2 VIII 20,12 83,[8]
/ + EIME VIII 58,20 (Subst.) / + gnōsis VIII 82,7
— ATEIME unwissend V 30,24 39,13 VIII 3,32 / + agnoein (Iren. I 21,5) V 35,15
/ :: EIME V 24,16 VIII 81,1 / :: gnōsis VIII 117,7 128,13.19
— MNTATEIME Unwissenheit V 60,23 / + MNTATSOOYN V 28,12 VII 89,[34] (+alogos)
(vgl. TAMO (231 B))   ⳨

EINE (50 A)

bringen (hier nur eine Auswahl:)
● ŠAYNTOY AYŌ ŠAYČITOY sie werden herangeführt und fortgeführt (vom Auf- und
Untergang der Gestirne) IV 75,20 (+agein, apagein p)
— EINE EBOL herausholen, hervorholen I 121,2 II 137,12 III 25,3 29,18 VII
17,35 20,13 85,27 XI 14,36 41,23.[29] XIII 50,13 BG 59,8 / + TŌK (227) BG
51,(13) p 58,10 p / + TOYNOS III 32,12 / + OYŌNH XI 25,38 (?) / + apagein
(Homer, Od. IV 262) II 137,3 / + apallassein (S. Sext.) XII 29,20 / + ekballein (Mt 12,35) II L 45
● EINE EBOL (HM PSŌMA)° (aus dem Körper) bringen, sterben lassen + aphairein
(S. Sext.) XII 28,6° / + paralambanein BG 66,3
— EINE EBOL, R ŠORP NEINE EBOL° hervorbringen, entstehen lassen I 31,12 (?)
56,9 66,2 67,31 68,17 69,2 74,18 76,8 77,37 81,8 87,11 91,36 92,4.27 96,25.28
99,10 100,23 103,16.19 105,11.14 106,2 115,38 116,23 117,37 120,20.22 II 9,35
(≠p) 73,15 121,2 III 43,1 [p°] 43,7 V 7,12 VII 49,20 (?) XI 23,27° (+) 25,21
30,29.35 31,[39] 35,27 36,20.21 42,35 49,21 XIII 42,32 / + EBOL I 74,26

75,25.26 91,1 (+OYŌNH) 120,6 / + EI EBOL I 62,38 68,33 78,8.9 / + KŌ EHRAI
I 119,22-36 / + KOYN= III 43,6 IV 51,8 59,[1] / + MISE I 62,6 84,6 (+ŠŌPE) /
+ SŌNT XI 35,[19] / + SITE I 131,23 / + TŌK (226 C) I 97,4 / + OYŌNH, karpos
I 28,7 / + ŠŌPE I 91,18 / + ŠERE I 40,30 V 25,2 / + ČPO I 60,8.[10] 70,19
76,28 86,25 (+karpos) / + karpos I 69,21 78,25 86,33 III 56,9 / + plasma VII
69,3 / + probolē I 80,33.37 136,12

— (Subst.) EINE EBOL, QINEINE EBOL° Hervorgebrachtes, Produkt I 104,14 116,24
125,34°

— EINE EBOL verkünden (eine Anordnung) I 106,35

— EINE EHOYN hineinbringen II 94,30, (jemanden) einführen VI 52,[3], (jemanden) dahin bringen I 49,21.24; darbringen (Opfer) (Gen 4,3 pherein) II 91,17
(+thysia)

— EINE EPESĒT, EINE EHRAI herabholen V 54,[28] VII 111,11 BG 52,16 / + katagein (Iren. I 21,5) V 34,4

— QINEINE EPITN Abstieg XI 24,25

— EINE EHRAI heraufholen III 21,11 / + OYČAI BG 68,11 / :: BŌK EPSA MPITN
III 135,22

— EINE EHRAI darbringen + CMOY IV 57,13 60,22 VIII 3,15

— EINE EHRAI EČN- rächen + apodidonai (Ex 20,5) VII 64,24

(EINE EBOL: ⳨)

(NRAT siehe RAT (167))

EINE (50 B)

gleichen I 105,13 II 18,26.29 L 12 (vgl. Mt 16,13).21 a.102.114 61,11 78,13-
24 98,15 114,31.32 116,14 118,15 139,5 III 9,14 (≠p.p') 25,20 30,4 (vgl. p.p')
59,5 60,1 (≠p) 77,5 81,10 131,5 V 20,8.7 (Z. 8 ist in Z. 6 einzufügen) 22,[26]
64,14 84,24 VI 75,8 77,20 VII 60,23 71,33? 75,11.26.31 76,17 82,5 120,6.13
121,8 VIII 26,4 84,19 IX 12,17 19,31 32,35 XIII 49,13 BG 63,13 85,13 / + SMOT,
morphē, typos BG 37,16 p.p' / + TONTN X 5,[10] / + OYŌNH II 12,2 p' / + ŠŌŠ
I 90,34 VII 51,32 122,30 (+eidos) / + HAEIBES II 89,26 / + eidos VII 27,7 /
+ eikon XIII 47,16 / + idea V 4,17 (vgl. p III 75,5 EIAL) BG 21,5 (vgl. 21,17)
/ + homoios, homoiousthai I 12,23 (Mt 13,24.31) BG 91,7 (P. Oxy. 1081) /
+ typos III 32,11 (p' +antitypon) / + ginesthai hōs (Mt 10,25) III 139,11 /
:: ATEINE I 109,2 / :: SMMO V 76,4

— (Subst.) Aussehen, Erscheinung, Species, Ebenbild (Ur- oder Abbild) I 35,4
68,32 97,29 101,7 110,29.35.36 II 6,13 24,35.36 76,8 84,13.15.[31] 88,8
93,14.17 94,8.17 111,1 III 14,13 32,2 51,5 76,20 98,13.18 100,7.21.25 103,30
107,18 108,8.29 113,28 114,31 116,14.28.35 117,13 124,9 (=) 127,25 132,19 IV
71,5 VI 14,14 16,7.8 55,31 69,16 VII 3,5.21 4,4 5,18.24 6,35 9,25 10,37 11,19

ЄΙΟΠЄ (50 C)

12,1.4.30 13,29 22,5.26 24,3.14 25,34 30,6 32,34 34,12 44,8 45,5.30 81,23
100,16 103,32 VIII 2,28 17,14 22,13 129,24 IX 44,28 X 27,12 31,15 XI 2,28.30
3,29 2,33.[36] 5,38 26,38 53,30 58,32 59,22 XIII 45,(20) 49,16 BG 44,7 92,15
(≠p) /+EIAL I 104,25 / + ŠBREINE II 23,9 / + NAY I 31,2 V 19,28 (+QŌŠT)
65,29 VII 1,13 / + SMOT I 106,7 II 13,4 VII 5,5.7 (+TONTN) 15,13 XIII 42,25
BG 48,5 (+typos, eikōn)(+idea p) 74,12 78,15.16 (+morphē) / + TONTN I 84,28.35
104,19 (+eikōn) 106,1 VI 69,22.27 / + genos VII 79,9 VIII 26,5 / + eikōn I
98,23 II 112,35 133,2.8 VII 51,30 100,28 XI 60,34 / + idea III 72,16 (vgl.
72,9) BG 37,14.17 p (+morphē)(+SMOT p') / + ison I 70,29 / + homoiōma (P. Oxy.
1081) BG 91,8 / + plasma II 89,31 / + typos II 100,3 102,5 III 16,13 89,14
VII 23,25 BG 37,20 (vgl. p: morphē) / + physis VII 93,20 94,5 / :: TONTN
I 98,15.23 (+eikōn, morphē) 107,21 / :: eikōn II L 84 XI 37,35 (Anspielungen
an Gen 1,26, wo eikōn und homoiōsis im Gegensatz gesehen werden) ----- IV
79,23 (≠p)
● KATA PEINE N- nach dem Bilde (des Demiurgen, Gen 1,27 eikōn) I 100,24.26
143,29 II 19,31
● KATA OYEINE scheinbar VIII 139,25 (Doketismus)
● KATA EINE (wie kat' eidos 'nach der Species'?) :: KATA MEROS X 29,20.24
● PEINE MPOYOEIN das Aussehen (oder) die Gestalt des Lichtes, PEINE NOYOEIN°
das Licht-Aussehen, die Lichtgestalt (überkosmisch) VII 3,34 9,23° 10,31 16,22
39,16 BG 26,2 27,12 (≠p) (vgl. THIKŌN MPOYOEIN (unter eikōn) und I 35,4 II
98,15 III 9,14 V 22,[26] BG 27,12)
━ ČI EINE ähnlich werden, Gestalt empfangen VII 3,11 4,24 7,9 19,20 VIII
5,15 26,8 / + SMOT, eikōn, typos I 123,14 / + typos VII 68,6.7
━ HENEINE NHĒT Phantasievorstellungen VII 102,10
━ ŠBREINE Ebenbild II 87,[35] 89,19 91,31 92,25 116,1 121,29 / + EINE IV 36,1
p.p' / :: EINE NALLOTRION II 110,34
━ EINE (pejorativ) Nachahmung + mimēsis II 15,10 p'
● PEINE MPPNEUMA das Antimimon Pneuma + antimimos II 21,29 p' 30,9 p' /
+ mimēsis II 29,24 p' (III)
━ ATEINE unähnlich :: EINE I 109,2
━ MNTATEINE Unähnlichkeit, schlechtes Abbild + idea (pejorativ) VIII 136,14 ✙

EIOPE (50 C)

R EIEPŠŌT Handel treiben + kapēleuein (2Kor 4,17) VII 77,33 / + pragmateuesthai VI 32,23 ✙

EIRE (51 A)

tun, (absolut) handeln I 30,7 V 31,12.13 VI 9,27.28 VII 89,2.4 / + ČŌ III

144,12 /+energein II 55,16 / + epitēdeuein (S. Sext.) XII 30,15 / + poiein
II L 5 (P. Oxy. 654,37, Mt 7,12) 83,27.28 (+prassein, Röm 7,19) 138,26 (Joh
3,12) XII 16,[24]-[28] (S. Sext.) / + prassein V 59,7.9 (≠2Kor 5,10) XII 34,
11.13 (S. Sext.) / :: OYOŠ II 66,26.29 / :: ŠAČE XII 15,10
— (Subst.) Tun, Tat I 84,26 112,31
— EIRE N- arbeiten für, dienen + ŠMŠE, hypēretein II 59,22
● FR OY wie ergeht es ihm? (wie pōs prattei) BG 117,17

— Oq sein I 51,9.11.17 52,15 / + ŠOOP I 52,25 54,13
● Oq MMAY N- für jemanden dasein I 42,16
(Oq NŠORP siehe ŠORP (326), weiteres siehe POYOŠ MPEIOT unter EIOT (281 C)
sowie HŌB (345))

EIOOR (51 B)

ČIOOR durchqueren VIII 16,8 (::) 64,23 X 33,4 XI 49,8 (::)
— MA NČIOOR Furt III 124,1
— ATČIOOR undurchquerbar, unermeßlich (wie aperantos) + ETE MN ARĒCF IV
50,12 p 65,24 p / + aperinoētos IV 61,15 p
— EIERO Fluß + MOOY VII 30,23 71,17 79,31 IX 30,22.28.31 / + RPE (vgl. Ez
47) X 34,(23) / + HONBE, limnē I 74,8.9 / + pēgē VI 44,35 ✚

EIŌRM (51 C)

(an)blicken, betrachten I 92,2 V 21,16.17.23 22,6 50,15 VI 72,19 75,10 VII
2,25 3,13 6,31 10,15 16,23.27 18,20 / + NAY (129 B) II 14,30 V 19,31 20,1
22,17 / + QŌŠT VII 103,1 114,4 / + aitein III 3,6 p' (?) /+kataneuein II 20,32
p' (?, vgl. unten) / + noein II 3,36 p' 4,[22] p' (BG) V 61,[27]
— (Subst.) Hinsehen, Aufmerksamkeit (?) (Übersetzung von episkopē?) I 93,31(+)
— staunen, verwirrt sein + aporein I 80,14
— EIARMES (A₂), QINEIŌRM° Staunen I 89,14° 98,3 (+)
— zunicken, zustimmen + kataneuein II 5,14 p' 6,34.35 p' IV 22,6 p' ✚

EIŌRH (51 D)

betrachten I 90,13 / + NAY III 72,12
— (Subst.) Anblick + OYOEIN VIII 134,12
— (Subst., übertragen) Ansicht + MEEYE VII 55,27
— REFEIŌRH Seher VIII 29,7
— MNTATEIŌRH Unfähigkeit zu sehen VII 55,34 / + BLLE VII 82,2 ✚

€ITO (52 A)

EITO (52 A, bei Westendorf im Nachtrag S. 505)
großer Vater **+** _Pneuma_ VI 37,25 ✠

EIAT= (52 B)

Auge IX 29,23
━ TOYN(OY)EIAT= EBOL ("die Augen öffnen") informieren, (auf etwas) hinwei-
sen, offenbaren **+** TSABO III 25,24 p' 28,19 p' 30,18 BG 20,17 p' (C̄O) 22,3.[8]
p' (**+**TAMO p') 58,5 p' (**+**OYŌNH p) 73,1 p' (**+**OYŌNH p)(**+**TAŠE OEIŠ)
(TSABE EIAT= EBOL siehe TSABO (146 B)) ✠
(vgl. NAIAT- (121 B))

EIŌT (53 A)

Vater (bei Verweisen auf griechische Texte versteht sich, daß dort patēr
steht, sondern nicht ein anderes griechisches Wort oder 'vgl.' angegeben ist)
II L 72 (vgl. Lk 12,13) 115,2 V 44,18 50,23 51,19-22 52,9 53,22 81,25-28 (**+**)
VI 24,18 / **+** MAAY II L 53.55 (Lk 14,26).101 (dito)105 82,15 III 30,7 (Gen
2,24) / **+** ŠERE I 51,14 II L 16 (Lk 12,52) 52,5 (Gal 4,2) 58,22 60,2 (Joh 16,
15) 60,5 (Gal 4,2) VI 24,28.29 52,[2]-63,15 XII 29,28 (S. Sext) / :: PEIŌT
MMĒE XI 9,36 / :: PEIŌT ETHN MPĒYE II 133,19.25.31 (Ps 44,11 Gen 12,1) XI
9,28 (Mt 23,9)
(Den Plur. EIOTE siehe am Schluß des Artikels)

━ (überkosmisch)'Vater'(°Demiurg) I 7,16 10,11 11,15 (Joh 14,16) 11,30 13,13
14,18.31 16,36 17,31-18,10 18,15.32.39 19,3.32 20,1 .27 21,[1]-30 22,28 24,15.
18 26,30-27,2 27,9.19.23 28,12 31,11.10 32,17 33,33 34,3.14 35,11 36,18.34
37,2 41,15.28 42,27.28 43,7.14 51,3-21 56,32 57,8 63,20 65,32 66,12 69,17.19.
34 70,7.20 71,35 72,10.33 73,26 75,16 76,6 86,16.18 97,9 106,2 110,36 114,17
II 4,18 L 15.27 (P. Oxy. 1).40.50.61 b.64.83 56,15 96,17°.35 124,14.{17} 125,8
127,23 128,35 129,21 (Jer 3,4) 131,18.19 132,7 133,4 134,15.26 135,2 (Joh 6,
44) 135,26 136,3 (1Clem 8,3) III 9,17 23,22 (p' Mētropatōr) 49,13 54,7.10
63,21 68,19 133,19 144,4 IV 50,9 53,1.21 58,[26] 59,[1] 65,[28] V 5,26 47,[15]
VI 6,18 25,28 26,8 53,11 60,5 64,5 (vgl. P. Mimaut) 64,27.29 (P. Mimaut) VII
49,34 59,6° 58,1 60,11 62,25 64,33.38 70,6 (Joh 1,18) 101,19 112,16 113,13
120,26.27 VIII 137,27(?).28 IX 31,22 XI 10,17 21,34 24,24 35,27 XIII 35,[3]
49,20.26 50,15 BG 123,4 / = PRŌME BG 100,4 / = PRŌME NAYTOPATŌR III 77,14
(vgl. p.p') / = NIPTĒRF I 68,18 / **+** NIEOOY IV 55,[5] / **+** MNTME VII 67,24 /
+ PŠORP MMISE V 9,[10] / **+** MAAY I 24,7.10.15 (::) II 52,25 77,(20) 114,13
(**+**ČOEIS) III 144,11 V 35,8.9 (Iren. I 21,5) VI 13,31 (::) VII 90,24 91,15
135,14 XI 13,20 XIII 45,3 / **+** MAAY, ŠERE II 95,16° 104,10° (=) III 13,15

42,24 55,9 (+plērōma) IV 50,25 51,10.18.21 56,[24] 58,3 59,13 XIII 37,22 BG
21,[20] / + MAAY, ŠRP MMISE IX 16,17 / + MEEYE VII 66,15 / + NOYTE I 10,32
37,34.38 51,27-38 (+ĊOEIS) 52,3 70,33 100,28 (+logos) 101,22 114,22.24 126,13
127,31 (+ŠERE, Pneuma) 128,7.15.18 (dito) II 62,26 (+ĊOEIS) 135,4 (vgl. 136,
17) V 57,2° 62,16 VI 64,3 66,36 (+ĊOEIS) 73,24 (+ĊOEIS, dēmiourgos; Lactantius) VII 91,3.10 (+MAAY) 98,9 100,27 (vgl. Kol 1,15) 115,5 (+).10 (+MAAY,
ŠERE) 115,19 (vgl. Kol 1,15) 123,7 (+ALOY) VII 13,11 (::)(+ŠERE) 20,9.11.14
XI 15,[6] XIII 43,36 BG 91,10 (P. Oxy 1081, vgl. p' III 75,6) 127,9 / + RŌME
BG 101,6 / + ŠERE MPRŌME VII 64,12 / + RRO VII 96,30 / + PTĒRF I 64,29 (+ŠERE)
75,21-26 (+Logos, Sophia) 76,28-34 (+Logos) 81,35 82,4 88,9.34 95,6 (+plērōma)
XIII 36,17 (vgl. 36,20) BG 51,5 (≠p)(p' Mētropatōr) / + (MNT)OYA I 23,15
(+aiōn) VII 68,17 (vgl. 68,21)(+) / + POYA NOYŌT I 68,30 / + ŠERE (Sgl.) I
9,11-17 30,24 38,7-41,3 58,2.10.23.38 (+pneuma Plur.) 59,4.[14] 87,16.18
123,25.32 125,20.24 II 61,9° (Joh 8,44) 74,16-23 95,4° 97,18 101,14°-23° III
9,18 121,5 V 33,18-22 49,[11] VII 115.10.19 116,28-119,5 127,30.31 VIII 13,11
139,26 IX 11,32-35 (+aiōn) 14,27.30 43,21 / + ŠERE, ekklēsia XI 40,21.22 /
+ ŠERE, Ennoia III 87,13 / + ŠERE, PNEYMA ETOYAAB I 127,31 128,7 II 11,44
53,29-54,10 59,11 67,20 / + ŠERE (Plur.) I 33,39 34,22 VIII 41,2 BG 105,12 /
+ PŠAĊE I 23,34 IV 53,21 / + ĊOEIS VI 68,25 VII 64,21° (+NOYTE, Archōn) /
+ ĊPO (Plur.) I 101,11 / + aiōn (Sgl.) VI 59,6 (+pneuma, on theion) XIII 41,32
(+Prōtennoia) / + aiōn (Plur.) I 27,5 60,3 61,13.14.29 62,6.24 71,11.19 73,11.
14 (+Logos) 86,29.31 III 9,4.10 / + bathos I 35,15 60,17 / + genea IV 63,2 /
+ genos VIII 4,9.10 / + theion II 134,9 / + Logos I 91,34 96,24 III 129,[20]
IX 28,12 (+NATTAKO) / + plērōma I 68,30 69,41 86,21 III 52,17 IV 63,25 IX
28,20 / + pneuma (...) I 71,35 II 61,31 IV 50,3 54,[18] 73,11 / + probolē
(Plur.) I 70,27 / + sigē IV 60,[25] 62,14 / + sophia I 126,32 / + Sōtēr BG
20,10.12 / + trismegistos VI 59,24 / + Christos BG 99,18 / :: PEIŌT ETHN
MPEYE II 55,35.[36] / :: Propatōr (p V 4,10 und p' :: ŠORP NEIŌT) III 74,22.23
----- III 145,11 VIII 139,2 IX 40,18 XI 11,20 / + PTĒRF XI 22,18
● EIŌT... (Formeln) (überkosmisch, °Demiurg) I 30,33 53,7 69,10 126,23 II L 2
(P. Oxy 654,9).50 96,20 (::96,17) 124,5 127,11 III 24,25 40,18 41,12 42,11
50,14 51,2 76,17 84,14 (vgl. p V 12,23 p' BG 107,5) IV 50,14.22.28 52,14 V
5,26 59,11 VI 38,19°.24° VII 59,7 73,27° 80,23-113,9 118,12 121,23 122,2
124,29 VIII 2,14 4,8 51,15 130,24 IX 27,20.25 (+) 68,6°.8° X 1,23 XIII 38,7.8
BG 29,18 48,1 87,8 88,16 90,12 (P. Oxy. 1081) 91,13 (≠p' III 75,9) 95,4 /
= PNOQ NDOXOMEDŌN NAIŌN III 43,13 / = plērōma II 68,9.11 / + ALOY VIII 133,21
/ + MAAY, ŠERE VIII 6,[26] / + NOYTE III 75,23 p (+ŠERE) VII 91,7.15 VIII
91,7 (+MAAY) / + PTĒRF I 92,16 / + ŠERE III 75,23 / + ŠERE, pneuma BG 123,6 /
+ ŠAĊE III 43,[21] / + plērōma XI 35,23 / + Sōtēr VIII 131,14

ⲈⲒⲰⲦ (53 A)

● PⲒ̌ⲞⲢⲠ ⲚⲈⲒⲞ̄Ⲧ der Vorvater (überkosmisch) + Ⲥ̌Ⲉ̄ⲢⲈ XI 24,27 / + PIAYTOGENĒS
NNOYTE VIII 6,23 20,8 / + <u>Propatōr</u> V 4,10 p (III 74,22) BG 91,4 p' (III 75,2)
(P. Oxy. 1081 jeweils auch <u>Propatōr</u>) 91,9 (P. Oxy, ≠p' III 75,6 f.)(+ⲈⲒⲞ̄Ⲧ,
NOYTE) / :: ⲈⲒⲞ̄Ⲧ V 4,10 BG 91,4
● ⲠⲈⲒⲞ̄Ⲧ ⲘⲠⲦⲈ̄ⲢϤ, ⲠⲈⲒⲞ̄Ⲧ ⲚⲚⲒⲠⲦⲈ̄ⲢϤ der Vater des Alls I 43,4 136,[2] II 88,11
96,12 III 73,2 IV 53,28 IX 7,5 9,3 14,27 28,29 XI 50,26 BG 51,6 123,1 /
+ ⲦⲘⲀⲀⲨ ⲘⲠⲦⲈ̄ⲢϤ III 114,19 / + ⲘⲀⲀⲨ, Ⲥ̌ⲢⲠ ⲘⲘⲒⲤⲈ IX 16,9 / + ⲚⲞⲨⲦⲈ VI 33,30 BG
22,20 (+ⲠⲈⲠⲚⲈⲨⲘⲀ ⲈⲦⲞⲨⲀⲀⲂ) / + ⲠⲦⲈ̄ⲢϤ I 20,19 65,11 67,11 II 14,21 / + Ⲥ̌Ⲉ̄ⲢⲈ XI
23,36 / + Ⲥ̌Ⲉ̄ⲢⲈ, <u>Pneuma</u> XI 23,36 / + <u>Logos</u> I 100,24 / + <u>Nous</u> IX 27,11 / + <u>Par-
thenos</u> II 71,4 / + <u>plērōma</u> I 85,34 / + ⲠⲚⲈⲨⲘⲀ ⲈⲦⲞⲨⲀⲀⲂ II 97,15 ----- XI 8,36
● ⲠⲈⲒⲞ̄Ⲧ ⲚⲦ(ⲘⲚⲦ)ⲘⲈ der Vater der Wahrheit II 86,21 VII 53,3 66,19 XI 34,24 /
+ Ⲥ̌ⲀⲤ̌Ⲉ, <u>Sōtēr</u> I 16,33 / + <u>aiōn</u> (Plur.) IX 43,26 ----- XI 28,22
● ⲠⲈⲒⲞ̄Ⲧ ⲘⲘⲈ̄Ⲉ der wahre Vater :: ⲈⲒⲞ̄Ⲧ XI 9,37
● ⲠⲈⲒⲞ̄Ⲧ ⲈⲦⲎⲚ ⲘⲠⲈ̄ⲨⲈ der Vater im Himmel II 85,30 (Mt 15,13) / :: ⲔⲈⲈⲒⲞ̄Ⲧ,
ⲠⲀⲈⲒⲞ̄Ⲧ II 55,34 (Mt 7,21) / :: ⲠⲈⲒⲞ̄Ⲧ ⲘⲠⲔⲀⲎ, ⲈⲒⲞ̄Ⲧ ⲎⲒⲤ̌Ⲛ ⲠⲔⲀⲎ II 133,27 XI 9,29
(Mt 23,9)
● ⲠⲈⲒⲞ̄Ⲧ ⲈⲦⲘⲠⲤⲀ ⲚⲦⲠⲈ der obere Vater II 128,27
● ⲠⲈⲠⲢⲞ̄ⲦⲞⲄⲈⲚⲈⲦⲞ̄Ⲣ ⲚⲈⲒⲞ̄Ⲧ der Protogenetor-Vater = ADAM PA POYOEIN III 81,11
(vgl. p V 9,23)
● ⲦⲘⲀⲀⲨ ⲚⲈⲒⲞ̄Ⲧ die Vater-Mutter (übersetzt wohl <u>patromētōr</u>, aber nicht im Sin-
ne von 'Großmutter') BG 75,11
● ⲚⲀ ⲠⲈⲒⲞ̄Ⲧ die zum Vater Gehörigen (Selbstbezeichnung der Gnostiker) VII 70,21
● ⲚⲒⲈⲂⲞⲖ ⲎⲘ ⲠⲈⲒⲞ̄Ⲧ die vom Vater Stammenden (die Menschen oder die Gnostiker)
V 54,11
— ⲘⲚⲦⲈⲒⲞ̄Ⲧ Vaterschaft VII 61,34 VIII 136,28 / + (ⲘⲚⲦ)ⲘⲀⲀⲨ VII 66,26 67,3
XIII 48,14-32 / + Ⲥ̌Ⲉ̄ⲢⲈ VII 127,28 / + <u>plērōma</u> I 59,36 / + <u>Pneuma</u> VII 54,15 /
:: ⲚⲞⲨⲦⲈ VII 61,29 (?)
— ⲀⲦⲈⲒⲞ̄Ⲧ vaterlos (vom 'Vater') VIII 20,15

— ⲈⲒⲞⲦⲈ Väter, Vorfahren I 111,35 II 141,32 VII 62,38 VIII 3,17.19 BG 20,[3]
/ + ⲘⲀⲀⲨ I 4,26 (Mt 19,29) / + Ⲥ̌Ⲉ̄ⲢⲈ (Ex 20,5) VII 64,24 IX 48,6
— ⲈⲒⲞⲦⲈ Väter (überkosmisch) I 69,25 94,13 IX 69,[12].20 / + HONBE I 68,10
----- VIII 42,24
— Ⲥ̌ⲞⲢⲠ ⲚⲈⲒⲞⲦⲈ Vorväter + ⲈⲒⲞⲦⲈ VIII 3,18
— Ⲥ̌ⲞⲢⲠ ⲚⲈⲒⲞⲦⲈ Vorväter (überkosmisch) V 6,11

(ⲠⲈⲞⲞⲨ ⲘⲠⲈⲒⲞ̄Ⲧ siehe ⲈⲞⲞⲨ (42 B), ⲠⲈⲒ ⲘⲠⲈⲒⲞ̄Ⲧ siehe ⲈⲒ (46 A), ⲦⲘⲚⲦⲢⲢⲞ ⲘⲠⲈⲒⲞ̄Ⲧ
siehe ⲢⲢⲞ (165 D), ⲤⲞⲞⲨⲚ ⲘⲠⲈⲒⲞ̄Ⲧ siehe ⲤⲞⲞⲨⲚ (204 A), ⲠⲞⲨⲞ̄Ⲥ̌ ⲘⲠⲈⲒⲞ̄Ⲧ siehe ⲞⲨⲞ̄Ⲥ̌
(281 C) ✠
(vgl. ⲈⲒⲦⲞ (52 A))

EITN (53 B)

PSA MPITN Unterseite, Tiefe II 14,28,32 L 22 (::) 67,[31] (::) 85,7-9 (::)
XIII 39,22
━ MPSA MPITN unten II 59,15.17 (::) 79,8 (::) 85,11 (::) 87,19 (::) III
127,17 ----- II 68,2
(weiteres siehe bei BŌK (22 C), EI (47), EINE (50 A), NOYČE (136 D), PE (144
A), SŌK (180 C)

EIŠE (53 C)

aufhängen, kreuzigen, (Subst.)° Kreuz VII 81,11°.16° / ✚ stauroun IV 77,15 p
(vgl. Kol 2,14) VIII 139,16.[19] (Mt 27,35, vgl. Apg 5,30 kremannynai) IX
24,[5] (dito)
━ OŠEq hängen II L 87.112 73,14 131,12-15 VI 77,8 ✞

EIFT (53 D)

Nagel ✚ ēlos (Joh 20,25) VII 58,26 81,19
━ TI EIFT annageln VII 55,34 82,21 / ✚ ŌFT IV 75,18 p ✞
(vgl. ŌFT (297 A))

KŌ (55)

legen, stellen (usw., hier nur eine Auswahl:)
━ KŌ°, KŌ EHRAI gründen, einsetzen, KĒq EHRAI, KAATq EHRAI eingesetzt sein,
bestehen I 56,16 60,35q(lies EFKĒ) 69,7 72,19q 74,33q 76,22q 95,21q 97,19q
102,25q 112,32 (Subst.) 117,14q 119,22 (Subst.).25q III 75,19q 83,4q VIII
120,2q XIII 77,10 (Subst.) BG 49,18 (Subst.) / ✚ TSANO, plasma I 106,20
(Subst.) / ✚ TAHO I 102,19q / ✚ ŌHERAT= I 57,1 (Subst.) / ✚ ČO (412 A) I 66,
19q / ✚ basis XIII 46,27 (Subst.) / ✚ horizein II 121q / ✚ prothesmia VII
21,12q (vgl. 31,15) / :: physis VII 62,23 (Subst.)(also wohl Übersetzung von
thesis)
━ KŌ EHRAI ablegen I 45,16 / :: TI HIŌŌ= II 126,18
━ KŌ EHRAI bekanntmachen VII 74,11 (Subst.) 78,1
━ KŌ EHRAI EČN- (oder HIČN-) einsetzen über..., KĒq EHRAI EČN- eingesetzt
sein (Macht haben) über... I 100,19 IV 52,6q 55,1q 66,26q (vgl. p) 76,1-23q
(vgl. p) VII 120,2-14q VIII 29,3-10q (ohne EHRAI) 135,23 / ✚ apokathistanai
BG 62,16.17 p / ✚ archein I 99,5-[11] (Z. 11 nur KŌ) / ✚ kathizein hyperanō
(Eph 1,20) III 11,10
━ KŌ EBOL loslassen, freilassen, überlassen VII 37,16 / ✚ BŌL XIII 43,2 /
✚ TI II L 21 a / :: AMAHTE VII 82,30 83,7 / :: ROEIS I 46,33 / :: QAEIO VI
20,16

KⲱB (57)

— KŌ EBOL verzeihen, (Subst.)° Vergebung I 11,6 12,10 35,27° 97,14° II 142,39
V 63,17 VII 78,8° 111,20 XI 12,[26]° 14,37° 41,[11]°.22° XIII 40,3 / + aphie-
nai (Mt 12,32) II L 44 / + euilateuein (Ps 102,3) II 134,19 / :: HAP VI 19,15°
— KŌ°, KŌ NSA-verlassen, hinter sich lassen I 30,3 47,34 94,19 120,26 125,2
(Subst.) 131,33 133,22 136,[18] II 128,13.17 132,10.31 137,4 (vgl. Homer, Od.
IV 263) 145,11 III 120,4 V 59,[1] VI 15,7° 22,34 57,1 60,5° 70,10.12 VII 131,1
IX 43,13 XI 34,[25] / + EI EBOL IX 44,26 / + apotassesthai VI 10,17 IX 41,7 /
+ apotithesthai (Eph 4,22) VII 114,18 / + aphienai I 4,25 (Mt 19,27) 31,36
(Mt 18,12) II L 107° (dito) / + enkataleipein (Ps 21,2) II 68,27 / + katalei-
pein (Gen 2,24) III 30,7 / :: PŌT EHOYN VI 26,15 (+) / :: TKTO II 128,[36] (+)
129,5 / :: ŠINE VI 32,1 (+) / :: epithymein VII 43,20 / :: kollasthai III
141,9
— KŌ N- (reflexiv) halten für + ŌP II 141,26
— KŌ N (reflexiv) durchhalten? + askein (S. Sext.) XII 29,11
— KAATq E- ausgerichtet sein auf + QŌŠT EBOL HĒT= VI 27,22
— KAAS Fundament XIII 46,11

KŌB (57)

KĒBq gefaltet sein III 67,8
— KĒBq (übertragen) doppelt sein III 17,8 VII 122,11 123,24 VIII 122,12 /
:: ATPAŠE X 27,2 / :: OYŌT X 30,23 / :: haplous VII 59,14

KOYI (58)

klein, jung, (Subst.)° Kind I 46,36 II L 22° 60,15 99,17° V 49,24 61,8 VI
39,17 54,11° VII 69,12 / = ALOY (Glosse) V 78,10 / + ALOY V 55,2 (vgl. Mt
19,14) / + LAAY V 53,10 (::NOQ) / + SBOK VI 17,23 (::NOQ) / + ŠERE SĒM II L
3 (vgl. P. Oxy. 654,23)(::HLLO).37 / + mikroteros (Mt 11,11) V 37,19 / + nē-
pios (Gal 4,1) II 60,3 (::RŌME) / :: NOQ II 57,34-58,8 80,9 92,13 III 5,12
(+ŠEM p') 136,23 141,7 IX 14,29 63,7 / :: ČOSE II L 46 (vgl. Mt 11,11) / ::
sophos I 19,28° (Mt 11,25 nepios) / :: teleios II 139,11 ----- III 125,7
— wenig :: MĒĒŠE VII 80,1 / :: HAH I 44,9 II 55,22 VI 66,4
— (Subst.) Diener V 26,18
● NIKOYEI die Kleinen (Selbstbezeichnung der Gnostiker) VII 78,22 79,19 (?)
80,11 / + makarios II 124,11
— KOYEI ŠĒM kleines Kind V 18,5.6.12
— MNTKOYEI Kleinheit, Jugend VII 54,4.10 VIII 38,20 / + neotēs (Ps 102,5)
II 134,24 / :: MNTNOQ VI 17,30.31 XI 57,23
(KOYEI NHĒT siehe HĒT (394))

KAKE (59 A)

Finsternis, Dunkel (°Adj.) I 89,32 II 87,14 92,23 106,12 121,28 135,13 (✛)
142,13°.35° 143,33° III 16,17 (✛) 28,5 39,7 122,4.[16] V 66,24 VI 46,19 VII
2,13.15.31 3,6°.9.19.28 4,9-34 5,2°.4°.6.12.34 6,5.10 7,20 8,4 9,13.14°.31.33
10,1.6.23 11,5 13,14°.15.28° 14,3.13°.35° 15,23 18,11°.15°.31° 20,26.29 22,8.
22°.23.33° 24,21 25,2.27 26,5°.29.30 27,3°.6 29,9° 31,1.4° 32,23° 33,26° 34,2.
3°.18° 35,12.[34] 38,[34]° 39,32° 40,28° 45,13.18°.34° 58,21 88,26 103,32
VIII 9,15.17 XI 13,17 XIII 41,8 48,[9.10] BG 46,10 74,15 / ✛ AMNTE II 22,2
VI 37,30 XIII 36,5 / ✛ KMĒME, KRMNTS III 31,5.6° p.p' / ✛ KŌHT VII 20,4 /
✛ KŌHT, OYOEIN, QOM VI 27,30-35 / ✛ MOY II 143,26 III 30,2 p VII 89,14 (✛BŠE)
XIII 44,23 / ✛ MOOY II 99,27 100,32 144,1.18.19 127,23 VII 4,21.22 5,32 /
✛ NOYN II 104,10 XIII 37,14 / ✛ ATSOOYN II 11,10-14 XI 9,35 10,15 49,35 BG
45,14 / ✛ OYŠĒ II 82,8 (::OYOEIN, HOOY) 86,16 (dito) / ✛ HAEIBES II 98,1-29 /
✛ akatharsia, akathartos VII 8,33 23,6 / ✛ kosmokratōr (vgl. Eph 6,12) II
131,12 VII 117,15 IX 33,1 (✛AMNTE) / ✛ kosmos II 86,22 (vgl. Eph 6,12) / ✛ hylē, hylikos I 98,20 II 94,33 III 26,18 IV 28,[8]° / :: EOOY XIII 39,26 /
:: MEEYE VII 48,18.22 / :: OYOEIN I 10,5 18,17 OYOEIN, R OYOEIN) 24,37 (✛)
25,17 (✛) 49,2 119,10 II 30,25.36 (✛AMNTE, chaos) L 24 (:: OYOEIN, R OYOEIN).
61 b 53,14 64,6.9 98,27 108,16 109,17 11,34 120,28 (vgl. 119,4 ponēros und
90,10 HOOY) 126,[36] 127,2 139,19 140,24° (R OYOEIN) 143,30.[37] III 29,16
127,2.4 133,24 VI 72,17 VII 1,15 9,3 (✛bathos) 15,36° 23,11 (✛) 27,30 (✛)
40,6 42,31 43,18.24 49,16.17 88,15.31 102,25.32 116,10 VIII 1,11.14 5,12
117,11 (OYOEIN, ČI OYOEIN) 132,4 IX 30,16 40,27 41,29 XIII 46,[32] (R OYOEIN)
BG 73,16 (OYOEIN, R OYOEIN) / :: OYOEIN, PNEYMA ETHN TOYMĒTE (✛skotos; Hippolyt, Ref. V 19) VII 1,26.36 10,23 21,28.35 (hier ist OYOEIN mitzudenken) /
:: nous VII 11,28 / :: phōstēr VIII 134,[1] ----- ✛kosmos IX 59,9
● PKAKE ET(HI P)SA (N)BOL die äußere Finsternis (Mt 8,12 skotos...) I 89,26
(✛) II 67,1 (✛) 68,7 (=TAKO) VII 78,24
● PMOOY NKAKE (auch Plur.) das Finsternis-Wasser VII 2,23.30 7,23 15,26 25,2
38,18 45,29 48,11
➤ R KAKE finster werden V 75,13 VI 42,17 (vgl. Mt 27,45 skotos) VII 4,14 /
skotizesthai (Mt 24,29) II 126,10
➤ TI KAKE es (jemandem) dunkel machen V 21,13
(TKLOOLE MPKAKE, TKLOOLE NKAKE siehe KLOOLE (61)) ✛

KŌK (59 B)

KŌK AHĒY ausziehen, entkleiden (unterstrichen: Metapher für 'Tod', meliorativ)
I 98,28 II L 21 aq.37 56,27-32(q)(vgl. 2Kor 5,3 gymnos) 58,17q 66,18 67,10q
(::) 82,10 III 24,20q V 64,15.16q 58,21q (✛) VII 74,31q VIII 137,6 IX 37,[1]

ΚΛΟΟΛΕ (61)

BG 69,6 / + KŌ EHRAI VIII 24,31 / + TŌH (neg.) I 90,18 / + gymnos II 90,17q.
23q (Gen 3,7.10) 129,28 (Hos 2,5) IX 46,13q (Gen 3,7)(:: TI HIŌŌ=) / :: TI
HIŌŌ= I 14,35 128,21 II 75,24 V 56,10.13 VI 32,3q VII 18,3 20,5 42,30 43,23
105,14 XIII 48,[8].12 49,30 ----- XIII 47,[35]
— (Subst.) Nacktheit II 23,33 III 28,15 (::) / + aschēmosynē II 22,(8)(lies
KŌ{N}K AHĒY)(≠p') ✠

KLOOLE (61)

Wolke II 106,2.6 V 69,21 80,22 VII 4,23.24 5,12.13.24 6,25 7,7-18 10,34 12,27.
31.38 13,2-35 14,9.11.29 15,1.25 17,19 20,23 21,9 33,8-28 38,4.9 39,19-26
41,10 43,11 47,21-30 69,1 70,2 / + QĒPE III 56,[26] p V 81,16.19 (Glossen)
VIII 47,26 BG 38,7.9 p ----- X 34,29
● KLOOLE NOYOEIN Lichtwolke, KLOOLE MPOYOEIN° Wolke des Lichtes II 29,12
(+QĒPE... p') IV 61,[2]° (+QĒPE p) V 71,9 75,18.20 VII 26,12-19 33,30 (=)
VIII 4,33 (+QĒPE NOYOEIN 4,31)
● TINOQ NKLOOLE NTE POYOEIN die griße Wolke des Lichtes (Mirothoe) IV 61,[1]
(+QĒPE... p)
● KLOOLE NKAKE Finsterniswolke, KLOOLE MPKAKE° Wolke der Finsternis II 143,36°
V 83,7 VII 6,26°
(TKLOOLE MPHYMĒN siehe hymēn) ✠

KLOM (62)

Kranz, Krone I 8,39 23,24 III 42,23 VII 71,30 87,11 (+) 89,2.3.31 (+) 118,23
VIII 57,16-21 (+) 58,25 (+) 129,15 X 10,23 XI 21,(32) / + stephanoun IX 45,5
● KLOM NŠONTE Dornenkrone (Mt 27,29 stephanos...) VII 56,13 VIII 139,(17)
— TI KLOM bekränzen, krönen VII 112,18.20 VII 58,26 / + stephanoun (Ps 102,5)
II 134,23
— REFČI KLOM, REFTI KLOM Kronenempfänger, Kronengeber (überkosmisch) VII
120,36 (beides)
(PIKLOM NTE PEFEOOY siehe EOOY (42 B)) ✠

KAME (64 A)

schwarz VI 5,30 VII 9,26 112,13 ✠
(vgl. KMOM (64 C))

KIM (64 B)

bewegen, schütteln, erschüttern, (intransitiv) sich bewegen I 22,23 85,16
101,4 102,32 104,32 110,28 115,21 122,11 II 30,19.28 L 19 88,17 100,12 115,14

134,8 139,39-[49] III 24,13 120,16 132,22-133,13 140,6 V 23,6 32,10 VI 21,9
37,34 55,33 56,12 58,[5.6] VII 2,20.36 6,20 23,24 27,21 30,26 VIII 79,14 IX
22,38 53,10 (::) 59,16 XIII 35,12 BG 21,[2] / + NOEIN, tarassesthai II 62,27
/ + POONE II 142,35 / + STŌT II 14,26 / + STŌT, ŠTORTR III 54,11 p / + ŠTORTR
I 26,16 (::) VI 44,5 VII 44,11 XIII 43,10-22 (+POONE) / + saleuesthai (Mt 11,
7) II L 78 / :: SQRAHT? XIII 35,19 / :: ŌHERAT= VIII 74,15 (?)
— KIM E- (etwas) antasten V 52,4
— KIM E- (reflexiv) EHOYN E- (nach etwas) streben I 64,18 (+)

— (Subst.) Bewegung, Erschütterung I 77,7.9 101,3 109,10 115,28 II 139,40
VII 53,20 VIII 113,12 (+) IX 60,24 XIII 35,2.14 43,20 BG 80,15 / + EI NA,
epipheresthai II 13,26 p' / + ŠTORTR XIII 45,[2] / :: anapausis II L 50
— ATKIM, ETE MESKIM° unbeweglich, unerschütterlich III 39,5° VIII 48,26 /
+ argos, hypolyesthai II 19,4 p' / + asaleutos BG 65,3° p.p' (ATKIM). (TGENEA
NATKIM oder ETE MESKIM siehe genea)
— MNTATKIM Unbeweglichkeit, Unerschütterlichkeit I 126,21 XI 53,[10] (::) /
+ MNTATRIKE, MNTATŠTORTR I 128,28 ✝

KMOM (64 C)

KĒMq schwarz sein II 92,28 / + KAKE II 67,[1] / + melas (1Clem 8,3) II 135,35
— KMĒME Finsternis - KAKE, KRMNTS II 24,8 p' ✝
(vgl. KAME (64 A))

KOYN= (65)

Busen, Schoß III 43,7 IV 51,19 59,2 V 78,4 XIII 44,14 / + koilia II 17,19 /
+ kolpos IV 52,20 p 75,9 p VII 70,5 (Joh 1,18) / + mētra III 67,10 ✝

KŌP (66)

sich verbergen VII 45,1q / + kryptesthai (Gen 3,8.10) II 90,23.24 (p 119,25.
28) IX 46,19 ✝

KOYPR (67 A)

Blüte (des Weinstocks) I 62,9 (+) ✝

KAP (ungeklärtes Wort) VII 82,23 ✝

KOYR (67 B)

taub + BLLE VII 56,1 73,14 76,21 ✝

KPⲰM (68 A)

KRŌM (68 A)

Feuer III 131,8 VII 57,2 58,18 68,20 69,1.10 / ✚ KŌHT III 15,12 p.p' 16,5 p.p'
18,6.13 p.p' 108,13 (p BG 106,6 lies KŌH<T>) VII 54,30 / :: KAH, MOOY und ein
4. Element, Flamme oder Pneuma III 26,10 31,17 (p KOHT) ✠

KRMTS (68 B) KRMNTS

Finsternis ✚ KAKE BG 62,2 (p KAKE, p' KHME) ✠

KROF (69 A)

List, (Adj.)° trügerisch VI 30,1 32,1° 39,30 (✚) VII 16,4 22,14 97,28.33
98,11 / ✚ KOTS VII 96,25
— RMNKROF (be)trügerisch ✚ HOOY VII 90,[32]
— ATKROF unverfälscht ✚ akeraios VII 74,4 ✠

KAS (69 B)

Knochen II 16,19 (✚) 80,34 81,12 III 22,20 (Adj.) / ✚ ostoun (Gen 2,23), sarx
III 30,5.6 ✠
(KAAS XIII 46,11 siehe unter KŌ (55))

KŌŌS (70)

Leichnam II 141,17 / :: NOYTE VI 70,36
— OYAMKŌŌS Leichenfresser :: OYAMŌNH II 73,19 (wohl übertragen) ✠

KOT (71 A) KAT

Rad II 143,17 XIII 43,18
— KOTS Machenschaft, Trick VII 105,24 / ✚ KROF, MEEYE, ŠOČNE, epinoia VII
96,8.14.22 / ✚ ATO NCMOT IV 73,1 p / ✚ SOOYN, sophia VII 111,25
— SA NKOTS schlauer Mensch ✚ SABE, ŠOČNE, RMNHĒT VII 11,30 (vgl. 1Kor 1,19
sophos) ✠

KŌT (71 B)

bauen, erbauen (auch übertragen)° VII 70,26° / ✚ oikodomein II L 66 (Ps 117,
22).71 (Mt 26,61)(ŠORŠR) 77,25° (1Kor 8,1) 89,9 (Gen 2,22)
— (Subst.) Bau, Erbauung° II 71,6 (lies KO<H>T?) VI 54,27° / ✚ SOBTE VII 51,6
● PKŌT "das Bauen" (als Titel des Gleichnisses Mt 7,24-27, ✚ oikodomein) I 8,7

KŌTE (71 C)

umgeben ✚ kyklos IV 79,[21] p (weitere Stellen hierzu nicht erfaßt)
- 32 -

▬ (Subst.) Umgebung (oder) Kreislauf? VII 24,28 53,14

▬ KŌT= ŠA- zurückkehren + anakamptein (Jer 3,1) II 129,13 / + epistrephesthai (1Clem 8,3) II 136,1

▬ KŌTE°, KŌTE NSA- suchen (nach), fragen (nach), sich bemühen (um) I 2,4 18,12 II 30,26 V 59,18 (+) VI 48,4.5 VII 53,15 VIII 3,13 8,9 128,20° 130,23 XI 59,15 60,20 61,14 61,27° (Subst.) 67,23 / + ŠINE VIII 16,14 / :: QINE I 17,4.5 126,12 V 79,5.7 VII 51,5 71,5 VIII 3,19 44,2

KAH (73 A)

Erde, Land I 10,20 135,12 II L 20.113 64,22 71,18 88,5.13 (p 108,24) 88,17 109,21-32 110,5 111,10-22 114,29 115,14 116,3 121,1 123,12.18 124,28 130,23 137,12 144,29.31.36 III 38,10 57,19 60,6 122,24 130,3 131,14 132,22 V 19,29.31 36,18 58,17 62,2 44,8 70,16 71,1 72,3.5.19 73,17 76,19 80,23 VI 9,20 12,16 15,3 19,[[29]].30 37,9 40,12 44,5 45,27 46,3 68,28 69,27 70,9 75,24.27 VII 1,13 (Adj.).21 21,20 24,11 26,24 27,27 28,10.13.36 34,11 38,31 40,19 41,3.15. 30 42,11.12 43,16.29 44,5 48,32{55,27} (lies M{PI}KAH) 69,11 91,28 94,13 98,12 108,26 114,34 VIII 4,24 55,[15] IX 70,24 XI 20,38 BG 80,7 81,15 / + NOYN II 126,33 / + ŠIK III 135,20 / + gē II 23,37 (Gen 3,17) L 16 (Mt 10,34) 91,13 (Gen 4,2).30 (Gen 4,13) 101,9 (Gen 1,10) 120,8 (Gen 3,17) 129,17 (Jer 3,2) 129,30 (Hos 2,5) 133,30 (Gen 12,1) V 66,[30]?(Gen 3,19) 69,9 (Gen 6,7) XII 34,14 (S. Sext.), weiteres siehe :: PE / + oikoumenē VI 44,8 / + petra XIII 43,11 / + hylē VII 51,28 92,33 / + chaos VII 58,30 / + chous II 87,26-30 / + chōra II L 14 / :: KRŌM, KŌHT, MOOY III 26,9 / :: KŌHT, MOOY, pneuma III 26,16 / :: MOOY I 34,21.24 II 79,21.25 108,19.22.27 III 31,18 VII 23,30 24,4 VIII 48,4 113,10 (+) / :: MOOY, aēr, pneuma II 144,21 / :: PE I 100,[11].12 125,18 133,24 II L 8.11.44.91 (+gē Lk 12,56).111 a 61,25 88,20 (p 120,21, +agros Gen 2,19) 102,27 103,1 108,5 111,31 112,5 121,35 133,26 135,[33] (+gē 1Clem 8,3) III 127,21 133,4.7 135,2 144,8 V 29,11 58,5 (+gē Gen 1,1) 70,[4] 80,12 VI 25,32 45,9.12 63,18 71,14 75,15 76,27 77,14 VII 20,21 (+gē Gen 1,1 und 2,4) VIII 19,29 20,10.16 99,12 103,6 112,6 IX 4,9.10 9,[9.10] 13,14.15 X 41,21 42,18 XI 9,29 (+gē Mt 23,9) 37,28 38,31 (+) / :: TANO, plasma VII 92,17.20 / :: thalassa II 126,8 VI 73,13 75,18 ----- V 43,14 VI 78,3 IX 35,4 / :: PE XI 39,11

● PKAH NAĒR, PKAH MPAĒR°, PKAH NAERODIOS°° die Luft-Erde IV 62,9° (p°°) VIII 5,18 8,11 9,2 130,1

● PKAH NTE NETMOOYT das Land der Toten V 20,9

▬ RMNKAH Erdenmensch, (Adj.)° irdisch I 105,4 II 90,12° 121,12 / :: RMNPE II 58,19 / :: angelos I 124,26 ----- :: PE II 79,32

▬ ČPO NKAH erdgeboren, irdisch erzeugt IV 71,2.20 VII 94,19

(KAH::PE siehe PE (144 A)) ✟

ⲔⲰ̄Ϩ (73 B)

eifersüchtig werden, (jemand) beneiden I 108,27.35 II 64,[1] 96,5 99,4 104,14
121,14 124,23 V 55,26 VI 31,3.4 IX 32,27 BG 44,18 52,[1] / + QO̅NT II 106,22 /
+ phthonein II 107,8
— (Subst.) Eifersucht, Neid I 108,19 II 10,31 (lies aber PKO̅H<T> 12,22 (p'
PKO̅HT)(+) 15,21 (dito) 65,32 (+) 96,6-8 101,32 (+) 120,16 124,24 VI 31,3 (+)
VII 37,30 (+) 57,1 59,1 61,5 (+) 68,20 69,2 BG 106,(6) (lies PKOH<T>, p III
108,13 PEKRO̅M) / + BO̅LK, BLKE I 85,7 (+) V 21,2 (+QO̅NT) VI 39,24 (+phthonos)
/ + MOSTE VI 23,16.32 (+) / + TI TO̅N I 24,25 VII 84,24 (+) / + QO̅NT II 106,30
(+) VII 60,6 65,26 (+) / + phthonos I 103,27 122,9 (+MOSTE) II 18,21 (+neikos)
III 33,12 p' (+) / + cholē II 99,6-8
— REFKO̅H Eiferer, (Adj.)° eifersüchtig (Ex 20,5 zēlōtēs) III 58,[25]° V 55,
[27] VII 64,23° VIII 136,8 IX 48,5° (+phthonein) BG 44,14° (+zelator Iren.
I 29,4) ✠

ⲔⲰ̄ϨⲦ (74)

Feuer (auch Adj.°) II 11,8 L 16 (+) 63,6 71,(6) (lies KO̅<H>T) 95,10° 126,18
139,34 140,21 141,9.30 143,27.35 III 128,16 130,6 135,11 V 79,9.12.25 83,22
VI 37,31 38,4 41,20 46,12.18 47,[1] 48,[1] 77,23 VII 5,15 7,13.16 9,14 14,12°.
31.35 15,10° 17,12.15 18,27° 19,3°.4° 20,5 (+).22° 21,27.35 22,26° 27,4°
32,12.23 (+) 34,7 36,17 41,8 42,6 44,8° XI 14,26 BG 43,18 (p' KO̅H)(+) /
= OYOEIN, chrisma II 67,3-6 (-MOOY) / + KAKE, MOOY, OYOEIN VII 23,10 / + KRO̅M
BG 106,(6) (lies KO̅H<T>), weiteres unter KRO̅M (68 A) / + MOOY II 57,23.27
142,12 VI 63,18 (+) 78,37 VII 15,3 / + MOYH (111 A) II 85,35 / + RO̅KH II L 13
141,14 (RO̅KH Subst.) 143,16 144,14.16 (RO̅KH Subst.) III 134,3 VI 36,5 46,29
VII 108,5 VIII 48,6 (+) / + SATE II 121,8° VI 40,11 77,17 BG 54,18 p' /
+ OYOEIN I 118,38 II 109,4° VI 27,30-35 (+) VII 3,23 ° 21,4 48,33° / + ČERO
II 60,9 VII 99,7 IX 71,28 X 64,4 / + kauma BG 48,15 p (p' KO̅H) / + pyr II L 9
(Lk 12,49) 122,15 (Mt 3,11)(+MOOY) 126,24 (Apk 8,8)(+ČERO) VI 73,34 (Lactan-
tius)(+RO̅KH) / :: KRO̅M, KAH, MOOY BG 54,14 (p' SATE) / :: KAH, MOOY, aēr (oder
pneuma) VIII 55,17 (+RO̅KH) BG 55,5 / :: OYOEIN VII 18,5(?) ----- VIII 116,23
IX 60,3
● ŠAH NKO̅HT Feuerflamme VII 13,13 27,11 33,8 (+MOOY)
● KO̅HT EFŠTRTO̅R unruhiges Feuer VII 2,3 4,19.25 5,21.29 11,29 (=) 27,14 33,29
42,6 43,24
— ATKO̅HT feuerlos I 129,2
(PBAL MPKO̅HT siehe BAL (22D), E̅I NKO̅HT siehe E̅I (46 A)) ✠

LIBE (75)

wahnsinnig sein, (Subst.)° Wahnsinn, (Adj.)°° Wahnsinns- II 141,39°.41° (+)
142,[39]° 143,24°° VII 104,28q (+) VIII 131,5° / + ATEIME VIII 3,31 / + ATHĒT
XI 20,37
— REFLOBE Verrückter :: SABE VI 72,21 ✠

LOIQE (76)

Ursache I 36,24 55,38 68,6 69,14 75,37 77,9 79,24 80,12.29 85,13 93,24 104,5
109,3 114,8 118,10 120,35 122,10 125,33 126,7.18 127,2 130,28 131,1 133,15
134,31 VIII 20,8 91,17 XI 52,33 / + aitios I 81,6 / + archē I 96,19.22 /
+ energeia I 132,5 133,10(?) ----- II 70,31(?) VIII 3,2(?)
— Gelegenheit V 8,11 ✠

LELOY (78) LILOY

Kind I 115,10 133,28 (jeweils vom 'Sohn Gottes' gesagt) / + BAKE I 61,22 /
:: EIŌT I 62,7 ✠

LAS (80 A)

Zunge VII 21,24 IX 69,25 (::) / + RO I 26,25 27,3
— (übertragen) Sprache, Worte VI 41,6 / + SMĒ V 84,11 / + ŠAČE XIII 41,27 ✠

LAAY (80 B)

etwas, Verdinglichung + NKA XI 62,31 / + ŠOOP XI 61,33 62,1 63,38 64,2
— (neg.) nichts, Nichts I 17,23 27,35 28,31 29,31.36 33,24 37,33 V 53,8

LEH (82 A)

Sorge I 107,36 ✠

LAHLEH (82 B)

Hochmut, (Adj.)° stolz + NANOY= II 110,24 / + NASŌ= II 110,7° 119,9° /
+ SAEIE VI 32,8 / + hēdonē, pathos VI 23,31
— SL LAHL stolz sein :: THBBIO I 120,30 ✠

LEHĒT (ungeklärtes Wort) II 83,4 ✠

LOČLEČ (83 A)

RMNLAČLEČ krank II 128,25 (-) ✠

LŌⲬH (83 B)

bedrängen, zugrunde richten, (Subst.)° Bedrängnis VII 79,11 VIII 26,[14]q? /
+ PŌT NSA- I 4,39 (+peirazein) 9,22 / + HMHAL II 137,14° / + diōqmos I 135,[16]°
— LŌⲬH (Adj.), ETLOⲬHq eng + tethlimmenos (Mt 7,14) VII 103,26 / + stenos
(Jes 30,20) II 136,13 ✠

MA (85 A)

Ort, Raum (auch für Sphären des Pleromas und des Kosmos; solche Stellen sind
hier vorzugsweise gegeben) I 24,25.26 59,18.26 132,23 II L 11,18.50 73,24-74,4
134,11 141,36 142,34 III 36,1.8 41,13.29 43,8 75,20 89,10.13 118,2 127,16
133,15 139,17 IV 56,[6] 60,27 61,1 63,10 77,[8]-19 V 26,[23] 62,[27] VI 34,5
77,16 VII 23,31 35,34 124,10.24 VIII 21,4-8 22,16 61,17 74,17.18 121,7 123,16
125,6.11 127,11 X 25,19 41,22 XI 10,29 12,[24] 48,11 XIII 41,19 44,19 BG 68,4
/ + monē II 93,30 / + topos siehe topos / + chōra I 91,22
● PMA MP[NOYTE] für theos (S. Sext.) XII 16,2 (oder EPMA für pros?)
● PIMA, PEEIMA, NEEIMA dieser Ort, diese Orte, hier (als Bezeichnung des Kosmos) I 13,11 46,9.11 62,4 II L 99 (?) 61,[32] 84,30 115,20 130,24 137,8 139,27
III 136,13 140,16 V 54,28 59,20 VI 7,5 VII 66,22 67,30 VIII 46,18.[22] 130,22
134,25 XI 17,37 50,28 BG 117,17 122,6 124,15 / + kosmos I 47,14 IX 30,8 /
:: KEMA II 86,6 VI 78,21 / :: PMA ETMMAY II 67,35 / :: [PMA] MPE V 39,20 /
:: PE VIII 138,7 / :: PTĒRF I 27,26 / :: aiōn VII 57,29 (?) VIII 4,20 (?)
● PMA TĒRF der ganze Raum (Bezeichnung des Kosmos?) II 57,23 60,26 77,25 80,2
83,17 98,33 112,9 125,33 VI 59,19 74,23 IX 43,31 44,10 X 4,29 6,1.23 8,8.10
10,2-6 29,5 33,2 38,21 / + kosmos IX 41,9 / :: PTĒRF II L 67 (?) ----- IX
43,19 74,19
● PMA NTA=EI EBOL MMAY woher... kam (Formel für Abstammung aus dem Pleroma)
I 34,15 134,15 II 11,22 VII 32,32 IX 44,25 XI 10,35 BG 19,5 / + MA NMTON,
topos I 41,4 / + hothen (Iren. I 21,5) V 34,17 / + hypostasis II 12,10 p'
● PMA ETE EBOL NHĒTF PE...(der Ort,) woher... stammt (gleichfalls das Pleroma
gemeint) I 103,35 123,7.9 VII 75,10
(MA NŠŌPE und sonstige Zusammensetzungen mit MA siehe unter dem jeweiligen
zweiten Wort)

ME (85 B) MAEIE

lieben I 5,2 7,16 8,19 9,19 16,1 19,14 26,33 34,3 50,15 80,20 112,7 120,31
II 63,[34] 64,2.4 78,12-33 79,8 87,14 89,21 108,15 109,10 113,2 119,9 132,23
133,8 136,26 141,30.42 144,9 V 81,16 VI 44,20 VII 87,25 89,18 104,32 VIII
133,3 XI 3,34 15,18 16,28 XIII 45,5 / + agapan (Lev 19,18 Mt 19,19) II L 25 /
+ agapē II 62,3 / + erastēs (Hos 2,7) II 130,2 / + erōs II 11,8.19 / :: MOSTE

II L 43 VI 14,16.17 15,19 16,10 VII 60,34 / :: R HOTE II 66,5.6
— (Subst.) Liebe I 99,1 II 108,18 145,4 VI 61,2 / + OYOŠ, eunoia VI 64,6
(+storgē P. Mimaut) XI 22,29 / + QINŠINE I 71,9 / + agapē (1Pt 5,14) VI 57,28?
— MERIT geliebt, Geliebter I 5,[5] 10,30 16,10 II 133,8.33.34 (+) 136,[36]
V 49,8 56,16 57,[5] VIII 132,14 XIII 49,11 / + agapētos (Mt 3,17) I 30,31 /
+ eudokētos I 87,8
— MNTMAEI NOYEREY gegenseitige Liebe I 83,27
(Sonstige Zusammensetzungen mit (MNT)MAEI- siehe unter dem jeweiligen zweiten
Bestandteil: EOOY (42), RŌME (163, C), SON (188 B), SAHNE (213), HOYO (401 B),
sarx) ☩

ME (86) MĒE

ME, MNTME Wahrheit, (Adj.)° wahr I 2,4 7,22 9,26 16,31.33 17,18.21 18,20 23,9.
11 26,28-27,1 32,35 36,11 43,25.26 43,34 44,2.35 45,3.12.13 46,32 52,31° 74,2
110,31 114,24 128,26 II 5,[33].34 6,8 7,24°? 18,33 30,3.4 L 53°.69 a.78.79.
101° 52,17 54,13.16 62,17 93,25 98,8.11.24 103,27 124,6 132,15° 134,33 138,8°.
13.30 140,1.2°.17.20.21°.[42] 141,25.[29] 142,11.[21] III 70,11.12 121,2
125,16 128,15°.20° 133,17 140,21 143,18.19 144,14 IV 50,10 60,3 66,19 76,3
77,10 V 6,10 82,24 83,14.[29] 84,15 85,11.14 (+) VI 9,18 12,15 20,8 (::) 32,4°
40,4° 42,29 53,22 57,28? 70,8 VII 49,13 50,12 53,17 54,8 60,18.32 61,3.20
62,13 63,20° 62,5 76,6-29 68,27 70,7 71,3 74,24 75,13 76,34 77,24 90,[33]°
91,13° 94,11° 94,14°.20° 98,23° 100,29° 101,12 123,18.22 127,25 VIII 1,8
(TAPME) 6,4 21,12 24,20 (TAPME)(+) 28,13.20 29,5-14 30,9 43,16 44,26 75,[11]
(+) 117,10° (TAPME) 130,9 IX 27,17 29,24 31,8 43,12 44,23 45,1°.3 69,21 X 3,23
XI 9,37° 24,[25] 29,35 39,22 BG 82,2 83,2.4 123,15 / + alētheia, alēthēs II
73,[23] 77,16 (+gnōsis) 97,15 138,26 (Joh 3,21) III 11,12 (Iren. I 29,2) 13,2°
(Iren. I 29,3) 41,7° 140,10.12 (Joh 18,37) 50,10 IV 75,22 p 75,[29] p V 4,10
(p III 74,21) VII 107,27° (Joh 15,1)(vgl. 107,28) IX 15,12 XII 15,[16].18 (S.
Sext.)(::QŌL, apatē) 31,7 (S. Sext.) 32,11 (dito)(::QŌL) BG 33,11 p 41,5 p /
+ ontōs VI 7,4 / :: MNTATSOOYN I 117,29 / :: QŌL I 17,25 (::plasma) VI 14,21
44,19 / :: planē I 109,37 III 77,7 / :: phantasia I 48,13.33 ----- III 123,9.
12 VI 54,6 VIII 29,25 IX 61,5 (+)
— NAME, MAME wahrhaft, wirklich I 19,27 39,1 40,6 42,30 43,6-11 70,[2] 82,37
90,36 111,4 II 18,13 54,21 57,[30] 66,14 107,26 137,23 VI 23,6 66,10 VII 62,25
122,11 123,24 125,16 VIII 16,8 IX 6,12 16,18 X 4,25 7,5
● HN OYMNTME NAME wahrhaft wirklich IV 58,[15.22] 59,[22] / + alēthes alēthōs
(oder alēthōs alēthōs) IV 73,15 p 78,12-19 p 80,[4] p
— RMMME wahr, echt II 115,8 128,15
— QALME Verleugner der Wahrheit VII 86,31

MOY (87)

(PEIŌT NTME, PEIŌT MMĒE siehe EIŌT (53 A), PNOYTE NTME, PNOYTE MME siehe
NOYTE (127)) ✠

MOY (87)

sterben, (Adj.) EŠAFMOY sterblich, (Subst.)° Tod, MOOYTq tot sein, (Adj.) ET-
MOOYTq, EFMOOYTq tot, sterblich, PETMOOYTq Toter, Sterblicher I 6,17° (korrupt)
20,17 42,20° (+) 44,28° 46,19 49,17.28 107,1°.16 114,39 115,4° II 21,13 (Adj.).
31 (Plur.)(≠p') 30,3 31,25° L 51q (Subst.).52q (Subst.).63.84.85°.109 52,21q
(Subst.) 60,12°-14° 68,23-26 73,21.23.27° 74,9°.12° 77,9°.11° 96,8°.9° (p 106,
23°-27°) 97,7°.12° 126,1°.4° 141,31° 144,36 III 7,4° (lies aber M<O>OY) 27,24°
51,13q (Adj.) 125,13 IV 74,9° V 20,10q (Subst.).20q (Subst.) 23,14q (Subst.)
65,15q (Adj.) 66,3° 74,1q (Adj.) 76,17°.19q (Adj.).20° 84,3.3° VI 26,31° 30,25°
44,8q (Subst.) 49,20° (lies aber EP<S>MOY) 71,15 71,20q (Adj.) 77,25°.27° VII
47,10° (=) 49,26 53,24 55,18.30°.35° 59,3q (Adj.) 74,6° 75,31q 83,32q 90,11
91,2°.4° 98,29° 104,3°.12 108,13q (Adj.) VIII 1,17q (Adj.) 130,13° 131,2°
135,26q (Adj.) 136,13q.19q.22q (jeweils Adj.) 137,9q (Adj.) IX 2,5° 15,23°.
[24] 34,5° (+) XI 1,[38]°.38° 9,21 14,17°.37° 20,21q.26° 44,32 BG 55,2°
(::OYOEIN 54,6) 66,10° 79,3 (Adj.) / = PBŌL EBOL NTE NIHISE MPSŌMA VI 76,[7]°.
13° (+thanatos Stobaeus) / = SOOYN (neg.) I 107,30° (::ŌNH...) III 74,7 (P.
Oxy. 1081 apothnēskein) VII 89,13° (+KAKE) / = mesotēs II 66,16° / = PNOMOS
NTPHYSIS I 44,21 / + BŌL XIII 49,35 / + KAKE II 142,27° III 28,3° 30,2° p VII
90,23° 91,10° (::ŌNH) XIII 44,22° (+) / + HŌTB I 121,14° VII 72,9 / + apothnēskein VI 76,11 (Stobaeus) XII 30,9 (S. Sext.) / + apothnēskein, thanatos (Gen
2,17) II 88,32°.32 90,5°.5.6°.6 (p II 118,23.33°.34) IX 45,30°.31 / + thanatos
I 45,15° (1 Kor 15,54) 108,6° (Röm 5,12) II 32,14° (P. Oxy. 654,5, Joh 8,52)
L 18° (Joh 8,52).19° (dito) IV 78,10° (dito) XII 28,[3°.10°] (S. Sext.) 34,28°
(dito) / + loimos IV 72,[21]p / + stauroun XI 5,31.[31]° / :: ATMOY II 61,15
VI 67,34 (Adj.) / :: MNTATMOY VII 75,16° / :: ATMOY, athanatos III 71,13 (Adj.)
(p V 2,8q Adj.) p (V 2,7).p' BG 102,14 (Adj.) p / :: TOYNOS VI 41,11q (Subst.)
IX 32,26q (Subst.) / :: TANHO I 105,27q.28q V 62,18 / :: TŌOYN I 2,21q (Subst.)
46,7q (Subst.).17q (Subst.) II 56,17-<19> 145,1° VI 23,18q (Subst.) VII 106,18
VIII 139,[21]q (Subst.) IX 3,11q (Subst.) 5,9q.11q (Subst.) 25,[9]q (Subst.)
BG 77,10q (Subst.) / :: ŌNH (Vb.) II L 61 a V 47,25 VI 21,32 VII 105,1°-5° (=)
IX 31,29 (vgl. 32,3) / :: ŌNH (Subst.) I 6,8°.8q.13°.17°.(17°) 20,14°.29°
25,18 (-KAKE::OYOEIN) II 52,15°-20° 70,10.12°.16 134,22° (Ps 102,4 phtora::
zōē) V 48,[8].8° 63,6° 67,14° VI 16,13° 24,[10]° (Dtn 30,15 thanatos::zōē)
72,17° VII 76,14° (+TAKO) 107,13.15°.16 IX 15,7° 43,7° XI 9,26° (vgl. 9,22) /
:: ONHq I 47,39q 48,22 II L 10 (qSubst. und Vb.).59.111 a° 73,2.4 (::TŌOYN,
anastasis) 82,32 83,2 122,31 VI 71,22q (Subst.) 106,2q.4q (jeweils Adv.)

- 38 -

VIII 42,13q-[22]q XI 17,22q.24q (Adj.) / :: ŌNH (verschiedene Wortarten) I 5,
31°-38° 133,31q 134,1 II 52,7-18 (teilweise q, teilweise qSubst.) 55,4.5q III
139,22-140,14 (Vb. und q, 140,11 lies MOOYTq) VII 106,18.19 / :: ŠOOPq VIII
43,[21]q (Subst.) / :: ČPO II 58,19.21 XIII 42,30 / :: athanatos II 96,27
(Adj.) / :: anastasis II 134,12q (Subst.) / :: bios I 45,35 ----- II 68,31q
(Subst.) V 46,27 76,30q IX 55,7°
— REFMOY sterblich III 26,[25] (vgl. p') VI 67,9 68,29 XI 5,33 XIII 40,13
47,32 (Subst.) / + nekros (S. Sext.) XII 16,[19] / :: ATMOY VI 68,6
— REFMOOT Toter VII 60,22 74,14 78,17 86,6 106,17
— ATMOY unsterblich, MNATATMOY° Unsterblichkeit I 69,3 (Subst.) 45,23° II
98,12.20 (Subst.) 103,14 (Subst.)(≠p II 86,32) 127,13 VI 35,14 53,21 57,25
60,22 63,11° 67,16° 72,28° VII 76,1.2 80,15 83,21.23 84,3 (::EFMOOYTq 83,32)
VIII 43,23 45,17 47,5 IX 6,6 72,28 74,[9] XI 9,19° BG 107,16 (Subst.) 108,18
113,11 (Subst.) 118,9 (Subst.)(::) 120,11 (Subst.) 123,12 / = ŌNH SA ENĒHE
I 129,8 (Text in Ordnung?) / + ENEH VI 55,28 (+ATŠIBE) VIII 46,7 BG 84,1 (p
athanatos) / + ATTAKO BG 97,[2] (p athanatos) / + ŌNH I 110,8 (+athanatos) II
120,32 (vgl. Gen 3,22) VI 60,25 VII 76,16 VIII 134,5°.7° / + athanatos II
10,13 p' V 7,24 p (III 78,23) 13,[9] p (III 85,10) BG 94,12 / :: ATČPOF I 52,
8(+).33 / :: ČŌHM X 5,16 / :: thnētos VI 67,30°.31 VII 17,27 (sonstige ATMOY-
Stellen siehe oben)
(PATMOY NRŌME siehe RŌME (163 C), TPSYCHĒ NATMOY siehe psychē) ✠
(vgl. MOYOYT (107))

MAIĒ (88 A)

Größe, Statur I 127,20.21 / + AEIĒ VI 43,5 (AMAEIĒ) / + ČOSE I 92,21 ✠
(vgl. AIAI (2))

MOYI (88 B)

Löwe II 94,17 100,7.25 II 15,11 (+) 17,22 (+)(≠p') 18,2 VI 6,5.7 7,32 VII
55,10 105,31 (+) / + leōn II 105,6 (Ez 1,10)(+) XII 31,25 (S. Sext.) / :: RŌME
II L 6 ----- III 124,8 ✠

MAEIN (89 A)

Zeichen II L 50 62,33 139,16.17 III 129,18 XI 4,[30] BG 49,[1] / + ŠPĒRE (vgl.
Mt 24,24 sēmeion...) siehe ŠPĒRE (323 A) / + stigmē X 33,20 / + typos II 15,6.
7 ----- IV 80,5
— Bedeutung I 32,16
— TI MAEIN, R MAEIN° bezeichnen, zeigen, andeuten V 24,12.17 54,17 VII 52,22
VIII 139,12 XI 14,11°.12° / + QŌLP V 26,10.12 / + sēmainein BG 44,15 p'

MOEIT (89 B)

— ATMAEIN, MMAEIN AN unbezeichnet, unzeigbar + ATTI SOEIT EROF, asēmantos
IV 51,12.13 ✠

MOEIT (89 B)

Weg I 121,26 122,2 127,17 VI 5,19.29 6,11 8,12 57,[1] XIII 43,18 / = MNTMĒE...
I 18,19.20 (vgl. Joh 14,6 hodos) / + EI (Subst.) II 20,23.24 p' / + HIĒ II
30,14 p IV 76,23 p.p' XIII 43,24 / + hodos (Joh 14,6) I 31,29 123,31 (+TSTO)
— ČI MOEIT führen, REFČI MOEIT° Führer II 140,20 V 22,16 45,7 VII 35,23
88,20° 103,31 VIII 5,4 47,25° (Adj.) X 8,[27] / + hodēgein (S. Sext.) XII 16,1
— ČAYMOEIT Führer, Erzieher I 19,17 / hodēgos (Mt 15,14) VII 72,13
— Raum I 20,21.35 22,22.26 25,10 26,15 27,10.25 28,11 42,8 122,18 135,17 VII
57,20 (vgl. XIII 37,28) / + topos I 71,21 (?)
— TI MOEIT Gelegenheit geben VI 12,7 ✠

MOIHE (89 C)   MAEIHE, MAHEIE (A₂)

MAEIHE, MNTRMMAEIHE° Wunder, (Adj.) wunderbar I 22,28 100,38 (Adj.)(+) 124,30
(Adj.) 134,3 / + thauma I 63,20° ----- IV 56,1 (Adj.)
— Bewunderung, R MAHEIE° bewundern I 91,7° / + TAEIO I 56,19 (+EOOY, agapē)
58,9° (+agapē) 90,29° ✠

MOKMEK (90 A)

überlegen, planen I 5,23 107,28 II 9,34 (vgl. p') XI 34,21 / = sophia I 126,31
— (Subst.) Denken, Planen I 125,26 / + MEEYE I 37,3 83,23 / + OYŌŠ, eudokein
II 9,31 p' / + ŠOČNE II 28,9 p' ✠

MKAH (90 B)

MKAH (NHĒT°), MOKHq (NHĒT°) traurig sein, leiden I 77,21 V 30,15° 31,8° VIII
8,14q / + NEHPE I 26,21° / + RIME, QABHĒT V 32,14° / + ŌKM, MNTKOYEI NHĒT VIII
3,24q° / + ŠŌNE I 98,38 VI 27,23q (+QOOB) / + HĒKE VII 110,28q° (Subst.) /
+ lypē VI 30° / :: TI TKAS IX 42,5q / :: kolazein VII 55,16q
— (Subst.) Leid, Schmerz I 53,29 (übersetzt wohl pathos 'Affekt', 'Emotion')
126,27 II 91,8 128,20 135,26° V 30,14 31,7 32,18 33,3 VI 7,14 VII 74,34 78,33
VIII 43,8 46,5 / + LOČH, diōgmos I 135,14 / + ŠŌNE I 121,35 / + HISE VI 7,14
VII 98,13 / + lypē, pathos II 18,22 (+) ----- V 28,28
— ČI MKAH, ŠŌP MKAH° leiden, (Subst.)(und) MNTŠŌP MKAH°° Leiden I 85,35°
91,31° 117,36° 121,7°° VII 55,(27) (lies M{PI}KAH) VIII 42,23 (ČI MKAS, Subst.)
96,[6] (Subst.) 138,16-28 139,22 (Subst.).23 / + LIBE VIII 137,7 (+) / + HISE
V 31,19 / :: AT(ČI) MKAH I 113,34 VIII 48,28 / :: praxis VIII 16,[10]?

▬ REFČI MKAH Leidender VII <u>83</u>,5
▬ ŠBĒR MŠOP MKAH Mitleidender I 90,6
▬ MNTŠBĒR NŠOP MKAH Mitleid(en) + <u>pathos</u> I 114,33
▬ ATŠP MKAH leidlos VII 127,10
▬ MNTATČI MKAH Leidlosigkeit VIII 11,14 (weitere Verneinungen siehe oben)

▬ MOKHq schwierig sein II 80,5 138,26.31 139,14 VII 34,32 93,22 116,24 IX
31,11 XI 50,29 XIII 37,10 / + ATQOM VII 100,14-18 / + QOOME II 28,17 / - <u>dys-
kolos</u> BG 64,19 p ✛
(2. Inf. zu MOYKH (90 C))

MOYKH (90 C)

Mühe bereiten, quälen VI 29,2 BG 74,14 (≠p, lies MOY{K}H) / + HISE, <u>talaipō-
rein</u> VI 35,3
▬ MOKHS Leiden II 129,4 131,17 IV 78,28 (+) / + <u>symphora</u> VI 78,38
▬ FI MOKHS leiden + <u>thlibesthai</u> VII <u>103</u>,27 ✛
(1. Inf. zu MKAH (90 B))

MLAH (91)

REFMLAH Kämpfer + REFMIŠE, REFTI ŠTORTR I 80,5
▬ ATR MLAH unbesiegbar V 6,[12] (p III 77,7 MEYTI NMMA=) ✛

MMON (92) 'wahrlich' siehe ČŌ (413)

MN, NMMA= (93)

mit + <u>meta</u> (Mt 28,20) VIII 140,22 BG 94,17
(vgl. ŠŌPE MN- unter ŠŌPE (322 A))

MĒNE (94 A)

MMĒNE täglich II 82,18 144,42 VI 5,25 60,29 VIII 3,15 ✛

MINE (94 B)

MMINE MINE verschieden + ŠBBIAEIT I 85,11 100,2 II 28,16
▬ R MINE ähnlich werden I 51,22 78,30
▬ MNTR MINE Ähnlichkeit I 76,6
▬ ATŠ ER MINE dem niemand gleich werden kann I 63,16
▬ <M>NTA<T>Š R MINE (unklar) + MNTATHAP I 109,14

MOONE (94 C)

weiden, (übertragen)° nähren II 60,29 VII 108,1° / + poimēn VI 32,34
— MA MMOONE Weide III 60,13 IV 71,[29]
— MANE EBOL (Subst.) Fressen VI 40,14

— landen VI 1,17
— landen lassen?, heimführen? + ČI EHRAI I 34,14 ✠

MOYN (95 A)

bleiben, ausharren I 104,2q 120,28 (Subst.) II 54,[34]q 64,17 (Subst.) III
76,4q VII 57,27q / + ŌHE ERAT= XIII 38,3q / + aphthartos III 72,15q.18q /
+ (d)iamonē (P. Mimaut) VI 64,28 (Subst.) / :: PROS OYOEIŠ III 143,18q /
:: ŌČN II L 76 / :: HE (349 B) XII 28,19 (≠S. Sext.)
— EFMĒNq, EFMĒNq EBOL dauernd III 81,16 89,21 XI 49,30 BG 101,3

MOYNK (95 B) MOYNG

bilden, formen (Subst.)° Gebilde, Gestalt VI 2,19° VII 113,10 115,6 / + ergon
II 94,14° (MOYOYG)
— MOYNG NHO "Gesichtsausdruck", Erscheinungsform I 19,31 24,2.5 86,28 87,18
(MOYK NHO).22 (MKNHO) 91,33 93,29 94,31 100,22 102,8.18 123,26 ✠

MOYNK (95 C)

zu Ende gehen + ČŌK V 67,25
— (Subst.) Beseitigung + FŌTE III 49,6 p ✠

MNTRE

Zeuge, Zeugnis II 122,4.17-23 V 20,22.26 21,22 / + elenchos (S. Sext.) XII
15,[9] / + martyria (S. Sext.) XII 30,16 / + martys (S. Sext.) XII 15,[20] /
+homologein I 89,17
— MNTMNTRE Zeugnis VII 37,31 52,35 / + homologia I 111,35
— R MNTRE bezeugen I 131,12 133,28 V 71,22 VII 46,13.23 60,14 63,29 VIII
135,5 IX 30,24 32,10 44,23 67,9 X 19,20 / + martyria, martys VII 31,22 IX
33,26 / + homologein I 128,10 ✠

MPO (97) EBO

taub + kōphos (Mt 11,5) IX 33,6 (::) / :: ŠAČE VI·19,23 ✠

MPŠA (98)

würdig sein I 43,21 56,7 68,29 135,19 II L 56.62.80.111 b.114 131,16 III 11,14

33,6 (vgl. p BG 65,7.8) IV 67,1 78,3 V 20,18 31,25 72,4 VI 11,28 12,15 (auf-
zufassen wie PETOYMPŠA oder PETREYMPŠA) 38,23 69,8 VII 12,23 62,6 75,5 87,27
108,17.29 121,14 VIII 3,21 4,16 24,21 25,13 62,13 129,25 X 5,25 XI 5,32 34,27
52,23 XIII 42,26 BG 82,10 / + ŠE (301 A) XI 57,36.37 / + <u>axios</u> II L [85] III
139,10 (Mt 10,10) XII 33,2 (S. Sext.) ----- III 139,3
● SMPŠA es gehört sich VI 10,23 VII 71,26 / + ŠE (301 A) XI 67,36
━ (Subst.) Würde + <u>axios</u> BG 66,8 p'
━ R (M)PŠA, SM MPŠA° würdig sein I 73,1 113,32 117,12° 126,23 VII 118,22 XI
68,19 XIII 44,32
━ ATMPŠA unwürig I 72,11 ✝

MOYR (99)

binden, umgürten, fesseln II 27,7 54,24 66,32q (+) 95,11 (p II 102,34) 110,34
109,10.16 134,29q (+) VII 36,29q.32 37,17q.18q 99,8q IX 15,24 XIII 41,7q BG
103,18 / + ABE XI 6,29 / + NAHB VI 7,23 (vgl. 7,16) / + SŌNH III 37,[8] p II
140,30 (+<u>halysis</u>) / + <u>dein</u> (Mt 12,29) II L 35 / + <u>perizōma</u> (Gen 3,7) II 30,18
/ + <u>perizōnnynai</u> (Luk 12,35) II L 21 b.103 / :: BŌL VIII 131,11 (+SŌNH) IX
41,27 XII 28,10 (S. Sext. <u>desmos</u>) ----- V 41,13 IX 35,23 44,21
━ (Subst.) Gürtel VI 3,23 (::)
━ MRRE Fessel I 49,15 II <u>28</u>,15.23.29 <u>96</u>,30 140,32 III 37,12 VII 7,28 (Adj.)
19,33 30,26 <u>35</u>,16 37,8.14.28 / = PESPĒLAION NTANAPLASIS MPSŌMA II 26,20 /
+ SŌK III 33,9 / + SŌNH, SNOOYH III 26,23 p XIII 41,6 BG 103,17 p / + ŠTEKO
II 27,7 31,10 / :: BŌL II 145,7.9 VII 110,25 XIII 43,3.4 (+TĒBE) 44,14 /
:: MNTELEYTHEROS VII 105,20 ✝

MASE (101 A)

Kalb, junger Stier II 60,16 (+) 79,6 (+) <u>122</u>,21 (+) VI 6,7 (+) 8,[2] (+) /
+ <u>moschos</u> (Ez 1,10) II 105,7 (+) ✝

MESE (101 B)

Zins II L 95 (vgl. Lk 6,34).109 IX 68,[5] / :: <u>dōrea</u> II 64,25.29 ✝

MISE (101 C)

bervorbringen, (Subst.)° Geburt, Nachkomme (meist überkosmisch) I 27,18 31,16
38,10 40,1°.2 63,(32)° 103,31° II 89,17 (+) 99,17 114,5 VI 13,26 26,[5] VII
65,25 104,3 X 39,[14] XI 14,19.19° XIII 45,7 / + R BAKE V 79,11 / + EINE EBOL
I 84,7° / + TSANO I 38,34 (::ATŠŌPE) / + Ō I 115,10 V 80,2 VI 31,17 / + ŠERE
XI 43,37° / + ČPO I 62,4 64,2° (ČPO Subst.) 95,29° II 78,19 132,4 VI 14,3°

MOCTE (102)

— TETNAMISE die Schwangere + hē en gastri echousa (1Thess 5,3) XIII 43,6
— QINMISE Gebären V 82,12
— ŠRP MMISE, ŠAMISE° erstgeboren I 125,13 (Subst.) 143,[22] (Subst.) II 105,
23 (Subst.) 132,9 (Subst.) III 9,18° (vgl. p) V 9,3 (Subst.).8 VII 78,19
(Subst.) 82,22 (Subst.) 112,35 (Subst.)(+) IX 5,28 (Subst.) 16,29 (Subst.) /
+ ŠERE NOYŌT I 57,18.20 (beide Subst.) / + ŠRP NGENOS I 143,36 (Subst.)
— ŠRP MMISE Erst-Hervorbringer + Prōtogenetōr V 9,22 (p III 81,10) 13,11 (p
III 85,13)
— ATMISE ungeboren (d. h. von höherem Ursprung), MNTATMISE° Ungeborenheit
IV 60,4 VII 119,22 123,28 (Subst. Plur.)(+) 124,21 (dito) VIII 2,23.29 13,3
18,10 44,25.27 75,13° 77,22° 82,13 84,1°.8° VIII 116,12°.13°.[14] (hyposta-
siert) 122,5° 130,23° / + MNTŠA ENEH, TAKO (neg.) VII 123,12 / + agennētos IV
66,4 p (Subst. Plur.)(::ČPO...) V 2,16 p (III 71,22)(BG 84,6 ATČPO) 5,9
(Subst.) p (III 75,22) / :: ČPO VII 118,29° (::) 120,22° (::) VIII 48,25
(ČPO Subst.)(::) 114,4 (dito) XI 46,35 (dito) 54,36 (Subst.)(::)(+ATČPO
Subst.) ----- VIII 121,22°
(BLLE MMISE siehe BLLE (23 E), MES NĒI siehe ĒI (46 A)) ✠

MOSTE (102)

hassen, (Subst.)° Haß, (Adj.) verhaßt I 7,17 19,25 119,15 (Adj.) II 135,14
III 27,24 (Adj.) IV 13,11 15,31 16,1 17,26 VII 35,15 58,5° XI 18,38 / + KŌH
I 122,8° (+phthonos) VI 32,15°.32° (+) 39,24° (+MNTDIABOLOS, phthonos) /
+ PŌT NSA- V 50,9 VII 59,22.32 / + misein II L 5 (P. Oxy. 654,36 [mis]eitai
für miseite).55 (Lk 14,26).101 (dito)(::ME (85 B)) 135,20 (Joh 12,25) /
+ oneidizein (Mt 5,11), diōkein II L 68 / + sikchainein II 104,10 / :: ME
(85 B) II 108,16 VI 14,15.17 15,17 16,9 VII 60,33

MESTHĒT (103 A)

Brust VI 2,15.23 / + EKIBE II 17,16 ✠
(vgl. HĒT (394))

MTO (103 B)

Gegenwart III 135,[23]
— MPEMTO EBOL N- in Gegenwart von... II L 91 III 13,1 (≠p eudokia)
● FMTO EBOL MPHO N- sich gegenseitig anblicken + antōpein (P. Oxy. 1081, p)
BG 91,11

MATE (103 C) METE

METE, TI METE° treffen, erreichen, Erfolg haben I 43,30 II 75,6 III 38,[15]°.

17° VI 68,14 69,6 VII 16,19 127,22° X 10,4 XIII 43,23 BG 94,13° 105,10
— METE, TI METE° übereinstimmen, zustimmen I 86,34 (Subst.)(+) 91,34° (Subst.)
94,21°.22° (beide Subst.) 125,35° (Subst.) 127,18° (Subst.) III 57,[11]q V
70,13° VI 5,14° (Subst.) VII 62,20° (Subst.) 64,32°.38° 66,26° (Subst.).32°
70,16° (Subst.) 71,4° (Subst.) 78,30° (Subst.) 80,25° (Subst.) VIII 115,6°
124,3° (Subst.) / + MNTMAEI NOYEREY I 83,26° (Subst.) / + MOYCQ I 73,12°
(Subst.) 111,17°.20° (beide Subst.)(+homologia) / + MNTATPOSE I 128,34 (Subst.)
/ + RASE, OYOSE, symphōnia I 86,12°.14 (Subst.).23° (Subst.) / + TOT I 123,23°.
25 (beide Subst.) / + OYOS IV 64,[25] p / + FI MN, symphōnein V 10,5° p (III
106,16).p' (BG 101,16) / + CONF, eudokia III 87,10 (Subst.) p' (III 111,13).p
(+) / + eudokein, eudokia IV 52,13° p 74,4° (Subst.) p (+) / + kataneuein IV
63,[25]° p 64,[10]° p / + homologein I 84,30° (Subst.) / + symphōnein, symphōnēsis V 1,15° p (III 70,16) 10,13° p (III 82,7) 11,[5]° (Subst.) p (III 83,2)
/ + syntagē VI 1,10° / :: TI OYBE- (219 A) I 110,12°
— begegnen II 133,33
— R SBER NTI METE mit einverstanden sein, beipflichten + syneudokein IV 63,26
p 64,[11] p
— MNTTI METE Übereinstimmung I 86,26 87,32 / + MOYCQ I 87,25 ✠

MĒTE (104 A)

Mitte I 98,17 (::) 103,21 119,21 II 83,23 III 86,10 (::)(=) VI 76,27 VII 4,21
5,31.33 46,31 120,26 X 31,[18] / + meson (Hippolyt, Ref. V 19) VII 1,28 2,4 /
+ mesotēs II 66,8 VII 6,11
— NA TMĒTE die zur Mitte Gehörigen (die Menschen? die Gnostiker?) I 17,35
— ETHN TMĒTE Mediae (b, g, d, wie meson) :: dasys, psilos X 27,7.[11] (?)
30,27 ----- X 26,26 (?)
— ETHN TMĒTE Perispomenon? (wie meson) :: ETCASI, ETQACB X 30,2
(EI ETMĒTE siehe EI (47))

MOYT (104 B)

Sehne VII 25,28 71,28 BG 49,13 (Adj.)(+)
— Nacken + NAHBE II 16,4.24 17,10 (-) ✠

MOYTE (104 C)

(be)nennen I 2,36 15,29 21,27 22,4-10 35,23 37,12 52,35 57,6 62,36 65,24.28
66,33 81,21 89,26 92,25.28.34 93,1.5.8 96,28 98,6.13 100,27 105,22 107,11
117,22 125,19 127,12 128,20-36 129,6.8.15.16 (Subst.) 130,5 134,21 II 7,28
10,19.29.33 15,11 20,18 23,23 25,1 31,8 L 105 51,30 53,7 59,9.30.33 60,14
61,14 62,7 63,22.31 66,15.37 67,25 68,1.7 69,16-20.34 72,7 74,14.15 75,35

MATOI (105 A)

76,9 77,21 88,16.22 (p II 120,22) 89,15 94,6 95,22.36 98,3-30 100,23.25 101,6-
22 106,12 113,31.32 114,1 115,1.25 116,6 117,32 118,1.26 127,9 129,20 135,4
138,10.15.34 142,7 III 13,4 17,1.8-12 18,20 28,7 31,19 58,9 68,13 75,17 85,14
86,22 102,18 (≠p BG 96,9) 126,2 140,6.9 IV 65,26.29 70,1 71,[23].29 V 3,3
8,[29] 9,15 11,15 18,[19] 24,14 30,21 39,[11] 50,20 60,12 65,6 70,14-24 72,6
VI 6,28 7,20 9,7 10,3 16,11-15 20,7 23,10 59,6 61,8 75,15 78,33 VII 5,25 29,1
37,6 40,30 45,5 100,5 121,24 VIII 13,7.12 62,17 63,17 83,8 127,23 133,14 IX
3,7 47,6 48,20 69,10 XI 9,28.36 68,22 XIII 35,[6] 38,14 39,26 42,6-8 BG 38,11
78,1 79,7 86,4 98,9 99,13.15 100,5 101,8 103,3.8 108,3 110,1.5 111,13.15
112,8 119,15 ☥

MATOI (105 A)

Soldat + archōn VII 84,29 (=)(Metapher)
— MNTMATAEI Heer I 87,23 ☥

(aus)ruhen, (Subst.)° Ruhe (meist übertragen: eschatologisch, überkosmisch)
I 3,28.32° 10,2q 23,29° 24,20° 33,36 35,19q.26 37,19q 38,29q.31q 41,29 43,35°
44,2 53,20 55,17° (+) 58,36q.38q 71,21q 85,22 90,20° 92,8° (+).35° 121,26°
131,21° 132,12° (=) II L 61 a (vgl. Lk 17,34).86 (vgl. Mt 8,20) 79,4.12 143,3
144,15 (Adj.) III 6,20 43,16.23 (pq) 55,9 (vgl. p) 65,22 76,3 141,3.11 IV 60,
[27]q 77,17q V 51,25° 56,3 70.[7] VI 8,33 28,34° 35,10q (Subst.) 60,9 VII 18,
18 19,12 23,1 26,9.28 28,10 38,24 39,20 44,9 49,10q 54,16q 67,7° 70,8°.18q
VIII 118,4q 137,11° 140,4° IX 28,1.5 (+) 36,1 69,[3] / + MOTNES BG 74,5 p /
+ SMINE I 80,[18]° (::tarachē) / + SQRAHT, HORKq III 6,21 p / + anapausis II
80,12 115,26 (::HISE)(vgl. Gen 2,3 katapauein) 129,9 (+) 145,11° (::HISE, pa-
thos) III 120,7 (::HISE) IV 76,24° (p) VI 47,25 VII 29,23 35,26 (vgl. 36,5)
BG 117,2° p 123,69) p / + paradeisos I 101,26° (::kolasis) 102,21° / :: HISE
I 24,18q 42,21q.22q VII 40,21 43,13 103,16° / :: pathos IX 42,27 X 2,23 -----
VI 22,5q 54,5q VIII 74,23q IX 26,12
— TI MTON Ruhe verschaffen, ausruhen lassen I 100,17 (+)(::) / + anapausis
II 115,24 (::) / :: HISE I 33,5 (+NEHSE, NKOTK) III 121,8
— TI MTON Ruhe genießen I 42,23 (+)(::)
— ČI MTON Ruhe erhalten I 22,12 / :: HISE VI 35,16
— MA NMTON Ruhestätte (überkosmisch) II 22,2 (ironisch, + KAKE) III 67,17
VIII 3,21 10,8 / = paradeisos I 36,39 / = pleroma I 41,13 / + anapausis BG
125,10 p / + apolausis I 107,26 / + topos I 40,33 / :: topos I 43,1 (?)
(+SRFE)
— MOYTN Ruhe verschaffen, ausruhen lassen, MOTN=° (reflexiv) sich ausruhen
VI 35,9° / :: ŠŌP MKAH I 90,6
— MOYTNES Wohlbefinden + MTON (Subst.) III 38,[14] p ☥

MAAY (106 A)

Mutter (bei Verweisen auf griechische Texte versteht sich, daß dort mētēr
steht) II L 99 (Mt 12,47) 59,7.10 (Joh 19,25) 129,24.34 (Hos 2,4) V 18,16
(Gal 1,15) 23,4 (dito) 50,15.21 (::EIŌT) 78,4.22 / :: RŌME III 35,21
— (mythisch und überkosmisch) Mutter II 11,9 13,4 14,17 (≠p') 18,18 59,26
63,32 89,16 92,20.24.31 113,28 117,20 118,27 III 14,{19} 15,9 16,1 (Iren. I
29,4 mater) 18,19 23,20 24,6.11 25,[3] 32,10 39,19 42,19 (=) 67,4 IV 61,3 (=)
V 35,16 (Iren. I 21,5).23 64,8.26 65,3.11 67,4 69,17 VI 40,10.30 VII 49,13
67,30 VIII 29,17 54,16 XIII 42,9 44,31 46,9 BG 46,1-9 120,(15) 142,14 / = NOYN
(wohl übersetzung des fem. abyssos) II 87,7 103,24 104,11 (::EIŌT) / = alētheia II 77,19 (::(I)ŌT) / = hylē II 18,5.13 95,17 (::EIŌT, ŠERE) / + Mētropatōr BG 71,6 p' (+PNEYMA ETOYAAB) / + parthenos II 113,32 (::ŠERE) III 42,12
56,6.7 XIII 38,13 46,20 / :: EIŌT VIII 135,12 (?) XI 13,17 (?) 16,25 (::ŠRP
MMISE), die übrigen Stellen siehe unter EIŌT (53 A)+MAAY / :: ŠEERE VI 13,20.
22 / :: HOOYT VI 23,26 / :: syzygos BG 44,19 60,13 ----- II 70,25 83,13
● TMAAY MPTĒRF (oder NNIPTĒRF) die Mutter des Alls + EIŌT (MPTĒRF) III 144,9
VII 115,8 (+ŠERE) BG 99,12 (+sophia) 114,11 118,3 (+sophia)
● TMAAY NNETONH (TĒROY) die Mutter aller Lebenden (Gen 3,20) III 15,21 (≠p)
89,15 (p II 116,7) BG 60,15
(MAAY+EIŌT siehe EIŌT (53 A), PEOOY NTMAAY siehe EOOY (42 B)) ✠

MEEYE (106 B)

denken, (Subst.)° Denken, Gedanke, Idee, Plan I 1,33 5,3 11,30.[37] 12,14
17,9° 23,7 25,22 28,19.25 34,22.34° 35,17° 41,22°.24° 42,4 43,31.32 47,29
48,10 57,36 58,26° 60,3°.4° 61,6°.6 (Adj.).8°.[12].32° 62,15.24.31° 65,13°
71,35° 72,3°.14°.32° 74,24° 75,30° 78,16° 79,12°.32°.36 80,1 82,14° 83,2°
84,3.25° 85,27°.31° 86,16°.29 89,11 91,15 92,22°.31°.33° 93,13° 98,28° 100,
23° 101,1°.24.34° 102,11 104,9° 105,32 106,14° 108,16° 110,22°.26.28 111,9.
28°.31° 113,26 114,1° 115,5.26°.33.34 117,37° 118,1° 119,34° 120,16°.19°
121,30° 122,32 124,8 130,34° 133,32 134,13.33° 135,23°.33° 136,6°.9.15 137,23°
II 4,31° 5,17° 12,12° (+) 22,18° 23,35° 55,15 58,4 59,21 87,4° 93,22 95,1
97,6° 98,19 100,32.32° 101,10 104,12° 117,1 128,3 130,27 141,[41] 143,12.18°.
33°.34° III 27,4° 29,4 36,24° 37,13° 142,[1]° V 31,10 52,10 57,14 84,21° VI
2,33 13,4.6 25,5° 32,33 33,24 52,3° 65,10 71,24 72,32 78,16 VII 1,7°.14° 2,25°
3,13 9,1.34°.35 10,28° 12,2°.9° 14,20° 16,18.27° 24,8°.27° 25,8°.11°.23 26,8°.
16° 30,22°.29° 33,22° 35,5° 37,7° (+).11.21 38,2° 41,6° 47,18° 48,21° 49,23°.
27° 55,28°.31 59,25 60,10° 63,12 69,27 74,14 77,28°.30 78,33 84,3 85,12° 90,7
92,22° (+).29 93,4.19° 95,20° 96,7°.12° 97,26 107,22 111,1 VIII 4,[8] 11,14
21,11° 26,21 30,3°.16 124,21 136,21 IX 32,2 34,3° 43,29 XI 20,23 22,33°.36°

MEEYE (106 B)

24,32°.33° 50,12° XIII 35,1°.8° 36,2°-27° 37,21° 38,8° 38,9° 41,31° 42,5°-26°
44,30° 54,23° 46,7° 47,[25] 48,10° 49,36° BG 20,19 45,8 54,7° 120,6.7° / = aisthēsis I 56,37° / = PBATHOS ETHĒP I 60,17° / + EIŌT VII 66,15 (+) / + KOTS
IV 73,2 / + MOKMEK I 37,1°-13° 83,22°.24.28° / + R PMEEYE (siehe unten) I 82,8°
119,30° / + MNTSABE III 24,18° p / + SOOYN I 127,13 V 51,9° XIII 48,14
(+OYOEIN) / + TONTN (als Übersetzung von eikazein?) I 111,9°.12° / + OYOEIN
VII 1,33 / + ŠINE, aporein BG 79,15 80,9 / + ŠOČNE VII 52,33 / + HĒT (394) I
7,18°.19° II 138,6 142,1 V 65,24 67,1° 76,21 VII 99,31 IX 31,22 X 1,21 /
+ MNTRMNHĒT I 31,17° (+) / + ČŌ II 13,29 p' BG 47,18 (vgl. 46,4) / + aisthēsis I 54,31 / + gnōmē [81,23° / + dianoia (Mt 22,37) VI 55,11° / + dialogizesthai (Lk 12,17) II L 63 (+ HĒT) / + dokein V 35,16 (Iren. I 21,4) VI 33,24
(Joh 16,2) / + enthymēsis III 4,10.11° (vgl. p.p') V 3,11° p (III 73,10) p'
(BG 86,17)(+SBŌ, ŠOČNE) 11,9°.10° p (III 83,5.6)(+SBŌ, ŠOČNE, ennoia)(+) BG
37,12° p / + ennoia II 5,24° p' 6,6° p' (+) 7,4° p' 25,20 p' / + logismos BG
86,19° p (+MNTSABE) 96,18° p (+ennoia, nous)(+) / + logos XIII 46,30° BG 116,
16° (+MNTSABE)(+) / + mnēmē IV 64,[26]° p / + noein I 54,36° (+) 65,36 VI 39,7
BG 23,4 (vgl. 24,20) / + nomizein II L 16 (Mt 10,34) XII 33,16 (S. Sext.) /
+ nous I 16,35° 19,37° 46,22° VIII 29,17° / + pronoia II 31,12° / + sophia I
55,20° 94,7° / + hyponoein (S. Sext.) XII 16,25 / + phantasia I 109,33°.35.37
/ + phronein (S. Sext.) XII 27,15.18 / :: SŌŠ (206 B) VI 16,26.31 / :: sōma
VII 34,29° 47,9° ----- V 57,[28] IX 65,29 XIII 49,7 / + ŠOČNE V 8,4
● PMEEYE das Denken (scil. des 'Vaters') I 30,35
● PMEEYE MPOYOEIN das Denken des Lichtes VII 17,30 24,19 28,3 32,20 42,6 (vgl.
41,24 PEFMEEYE, auf OYOEIN bezogen, und 28,32 35,4)
● PMEEYE MMNTČASIHET das Überheblichkeits-Denken I 78,29 82,21 90,19 98,9.17
(vgl. VII 10,28 PČISE MPMEEYE, BG 54,7 APEFMEEYE ČISE)
● PMEEYE ETŠOYEITq das nichtige Denken I 78,36 109,29
● PIHOYE MEYE das überreiche Denken + TAEIO I 126,17
● MNTNOQ MMEEYE Hochherzigkeit (wie megalophrosynē) + agapē I 76,19
— MEEYE MPSA E- eine hohe Meinung haben von... + megiston phronein (S. Sext.)
XII 27,[3]
— MNTREFMEEYE Gedanke I 113,2
● NA PIMEEYE die zum Denken Gehörigen (Bezeichnung des Pleromas?) I 85,22
87,24 98,19.30 97,19-98,27 107,14 / :: NA PITONTN I 93,19 94,27.[[28]]
● R ŠORP MMEEYE vorausbedenken, PŠORP MMEEYE° der Erstgedanke I 61,3 126,28
VIII 124,2 XIII 37,13° / + HOYEITE NENNOIA II 5,4° p' (übersetzt pronoia?)
— ATMEEYE EROF unvorstellbar III 114,20 / + ATN RATF III 68,19 / + ATŠŌPF
I 17,8.22 / + ATŠAČE MMOF XIII 46,15
(MNTATMEEYE siehe oben)

— (absolut) denken VII 25,1

— (absolut, mit folgendem Komparativ) klüger sein + SABE II 28,7 p' V 1,9 p
(III 70,8)

— ČI PMEEYE Rat halten I 105,3

— (Subst.) Erinnerung I 81,27 VII 15,13 (?) / + mnēmē IV 64,[26] p

— R PMEEYE, TI MEEYE° daran denken, in Erinnerung rufen I 2,10 3,12 5,33
10,6 12,35 48,7 78,21 81,32 82,5.7.11 (Subst.) 84,22 85,24 92,11.[[13]] 119,30
130,9 135,25 136,6 II 30,16.24.35 (jeweils Subst.) 31,14 115,7 132,20 133,12
145,20 III 37,19 121,17 (Subst.) 135,21 V 30,7 (+) 39,[15] VI 52,12 54,7 VII
32,28 70,25° 104,33 105,1 118,16 127,7 XI 10,16 XII 32,2 BG 74,9 (≠p) / + SOPS
I 130,21 (Subst.) / + SOOYN III 30,19 VI 24,27 / + CŌ XI 68,18° / + Epinoia
VI 14,11 (Subst.) / + mnēmē BG 33,17 p (Subst.) / + prosechein II 133,27 /
+ hypomnēma VII 43,27 (Subst.) / :: EBŠE V 28,24 / :: perispasmos III 39,4

— MNTATMEEYE Vergessen + MNTATMME V 28,14 (::mnēmē) ☩

MOOY (106 C)

Wasser (Plural gleichbedeutend. - Erweiterungen mit N- und NTE... sind durch
° bezeichnet - vgl. auch die folgenden Spezialrubriken -; Anspielungen an die
Taufe sind unterstrichen) I 60,14 II 14,27 25,7° 61,20 64,23 69,9-13 75,23
77,8.10 87,13-16.33 88,9 99,11.14 (jeweils Adj.) 99,28 100,6.11.22 101,4 (Adj.)
103,30 107,19.22 108,29-33 111,25 113,23 122,18 (Adj.) III 67,23 (vgl. p) 130,
4.6 134,6 V 69,[3]° 70,[6].9 78,5 82,17 (MOOY Metapher für 'Welt') 83,6 VI
6,[1.3] 7,30 27,33? 29,9-34 37,7 43,5° 46,2° 59,8° 71,19 77,22 VII 2,19 4,30
5,27.36 9,17° 14,11° 15,7°.13 16,2.18 20,7.27.33 21,24 22,5 (Adj.) 23,21
25,21 (Adj.) 26,36 30,27 (Adj.) 31,13° 36,26.29 37,1.10°.14-28 38,[1].12
45,20.25 49,30° 88,33 98,30 VIII 5,23 18,3 IX 8,4 16,[15] X 35,1 XI 4,29.31
XIII 36,[6].7 BG 48,9 106,8° / = PEIŌT NTSARAX VI 38,20 / = TEPITHYMIA NTSYN-
OYSIA IX 31,1° (+EIERO) / = PMEROS ETSA PESĒT VII 50,16 / + KAKE II 100,32
144,1°.19 III 127,23 128,[1] VII 2,1.23°.30° 4,22 5,31 7,22° 15,26° 25,1°
38,18°.20 45,29° 48,11° / + KŌHT VII 32,6.7 (Adj.).10 / + anydros (Hos 2,5)
II 129,[31] (neg.) / + thalassa VII 115,2 IX 33,9 / + hydōr II 85,1 (Adj.)
(Gen 7,10)(+kataklysmos) 101,2 (Gen 1,2) 104,13 (dito) 130,3.24 (Hos 2,7)(+)
136,13° (Jes 30,20)(+) III 129,22 (Gen 1,9) VI 39,4° Gen 7,10)(+kataklysmos)
73,32 (Lactantius, C. H. II 330 App.)(+ŌMES, kataklyein) BG 45,10 (Gen 1,2)
/ :: ĒRP II 75,16 (Eucharistiesymbolik) / :: KRŌM, KAH, KŌHT III 26,9 / :: KAH,
STI NOYFE, aēr, pneuma II 144,21 / :: KŌHT II 67,2.3 122,15 (vgl. Mt 3,11 hy-
dōr) / :: aēr VIII 113,10 / :: pneuma VI 37,35 VII 9,24 (vgl. Gen 1,2) -----
II 66,33 72,30 74,29 XIII 48,7
(weiteres siehe KAKE (59 A)+MOOY, KAH (73 A)::MOOY, KŌHT (74)+MOOY)

MOYOYT (107)

— MOY NSŌRM Sturzbach (vgl. Ps 1,3 diexodoi tōn hydatōn) II 140,18
— MOOY NKRYSTALLON Hagel (vgl. Johannes Lydus, C. H. II 334 App. chalazōdēs
...) VI 77,17
— ATMOOY wasserlos VII 79,31

— (übertragen, innerpleromatisch) Wasser VIII 15,1-10 17,3.5.6° 18,6 22,7°.9°
/ + OYOEIN II 31,24 III 7,10° IV 6,[28].29 (?)
● MOOY MPŌNH Wasser des Lebens (vgl. Apk. 21,6 22 17 hydōr...), MOOY ETONH°°,
MOOY EFONH°° lebendes Wasser (Sach 14,8 Joh 4,10) II 75,21°° IV 75,26°° 76,9
(≠p) 78,13°° V 84,8°°.18 VI 40,5 VII 62,1°° VIII 5,[21]°° 6,10°° 15,13 48,5°°
(::KAH, aēr) 55,15°° (dito) XIII 37,3 41,23 46,17 (MOOY NŌNH) 48,[20] BG 26,18
(MOOY NŌNH)(p wohl auch MO<O>Y zu lesen).20°° (vgl. p)
— R MOOY [ETON]H lebendes Wasser fließen lassen III 7,6 (vgl p HATE) ✠

MOYOYT (107)

töten I 6,18 II 64,18 125,23 III 140,11 (alte Korrektur, lies aber MOOYT) XI
5,27 XII 28,5 (vgl. S. Sext. aphaireisthai) / + MOY I 108,7 XI 5,[32] (passivisch) / + HOLHL I 29,23 / + HŌTB II L 98 61,10 / + apokteinein II L 65 (Mt
21,35) 91,28 (Gen 4,15) XI 38,[24] (Gen 4,8) / + androphonos (S. Sext.) XII
28,13 (ETMOYT RŌME) / :: TANHO II 74,4 122,4 / :: TŌOYN II 144,42 / :: TAHO
I 12,7.8 / :: TOYČO II L 70 / :: ŌNH II L 60 ✠
(vgl. MOY (87))

MĒĒŠE (108 A)

Menge, Schar (hier vorzugsweise solche Stellen, wo himmlische 'Heerscharen'
oder die 'Schar' der Gläubigen/Gnostiker gemeint ist) I 102,22 105,2 123,34
V 19,[5] 29,26 30,27 33,34 51,[5].16 70,[5] 74,[26] VI 12,4 VII 60,3 73,3.23
80,2.4 VIII 130,14 X 6,16 BG 50,13 / + ATO II 11,36 (p') III 75,13.19 p' (BG
91,18) 86,7 p' (BG 109,18) 86,18.20 (+AŠAI p V 14,13) 104,24 p (BG 99,19) /
+ AŠAI III 81,3 p (V 9,14) BG 44,11 p' 46,6 p' / + laos V 61,3 / + ochlos (Lk
11,27) II L 79 / + plēthos II 74,5 (P. Oxy. 1081) XII 30,7 (S. Sext.) 31,8
(dito) / + syllogos (S. Sext.) XII 15,[13]
● PMĒĒŠE NHOOYT die männliche Schar (Selbstbezeichnung der Gnostiker) BG 125,16

MIŠE (108 B)

kämpfen, (Subst.)° Kampf, Auseinandersetzung X 40,19 / + TI AHN- (219 A) I
84,9 / + apostasia XI 38,28° ----- IX 42,23 XI 18,15
● ŠAČE MMIŠE Streitrede + MNTHAH NŠAČE IX 44,9 68,31
— REFMIŠE Kämpfer + REFMLAH I 80,6 (+)
— MNTREFMIŠE Feindseligkeit + TI OYBE- (219 A) I 110,8 ✠

MOOŠE (108 C)

gehen (Subst.)° Gang II 30,14.14 (Adj.).17.23 (+EI EBOL).33 (+BŌK EHOYN) L 14.
97 59,6 63,13.15° 66,20 71,15 138,3.14 V 18,[20] 20,5 21,[26] (+)-22,15 28,16
30,19 55,10 VI 8,18 42,19 43,1 56,32 63,10 (+) VII 6,11 13,32 14,27 42,1 98,
15-18 (MOOŠE MN, vgl. BM 979 TOH MN).[33] 103,14-19 106,32.34 120,33 (+EI)
VIII 4,31 (Adj.) 130,8 IX 70,14 XI 67,24 XIII 43,23 (Adj.).24 / + peripatein
(Mt 14,25) IX 33,8.[23] ----- V 42,12 VI 20,2
— MOOŠE E- sich anschicken, zu... I 35,7
— QINMOOŠE Gang I 31,7
— MOOŠE EBOL hervorgehen I 23,34 VII 120,25
— (übertragen) sein Leben führen I 44,17 V 46,16 52,18 59,3 64,9 VI 27,14
39,9 43,17.27 VII 41,19.25 42,7 (?) 48,30 VIII 58,33 98,11 139,30 XI 40,36
XIII 35,21 / + politeia, politeuesthai VI 32,3 (vgl. 31,13.19) VII 117,24 ✠

MOYŠT (109)

durchwandern (auch übertragen), erforschen, prüfen VI 76,32 VII 48,1-4 50,3.5
51,20 53,33 54,28 VIII 76,23 IX 41,15 (+) / + dierchesthai (P. Oxy. 1081) III
74,14 / + dokimazein (Jer 17,10) II 136,24 (+QŌŠT NSA-) ----- X 6,(9)
— (Subst.) Überlegung VIII 77,15 ✠

MOYH (110)

(sich) füllen, MĒHq voll sein, vollständig sein, ganz sein, (Subst.)° Fülle
I 2,33q.35 3,8 12,26.30 38,20q 96,30q (lies EF{T}MĒH).37q.39q II 31,1 L 8.97q
75,18 85,32 124,2 127,6 132,13 143,18°?.[27]q.28°?.34 III 31,8 76,[1]q 81,14q
IV 55,8 V 8,19q 84,13q-16q VI 56,10q 60,13q 70,33-35 72,15q 74,23°.24° 78,25q-
29q VII 1,33q 8,10 9,5.11 14,20 15,18 24,30 27,28 32,18 35,30 85,14 88,26
97,24q 98,12q 101,6 117,16q VIII 78,21q 122,14q IX 43,14 48,22 X 6,22 XI 53,38
58,11q.22q 60,37 67,19 68,25 BG 19,[19] 26,18q 74,(14) (lies NTAFMOY{K}H
{N}MMAY{H}M PKAKE? - vgl. p) / + AŠAI VII 8,3 / + TSEIO II 29,28 p' (BG 74,3)
/ + ČŌK I 25,34 II 96,11 / + ATŠTA, ČĒKq I 53,8q.9q 54,1q 62,36q / + ČĒKq I
43,13q 69,6q.8q.9q V 5,29q p (III 76,18) VIII 116,5 / + plērōma VII 83,9q /
+ pimplasthai (Apg 2,4 4,8.31) VIII 139,14 140,9 :: ŠŌŌT, ŠTA I 24,21 (+ČŌK)
35,37 36,1.21.31 (+ČŌK, ::SOYO) / :: SOYO I 3,36q 26,11 / :: ŠŌF II L 61 b /
:: QRŌH II L 63 / :: QŌČB I 4,[1]-16(q) ----- VIII 23,26
—Platz nehmen I 14,31 ✠

MOYH (111 A)

brennen II 143,18?.[28]? (jeweils Subst.) / :: ČENA II 85,[35] (+KŌHT) ✠

MOYH (111 B)

MOYH NSA- betrachten VI 2,17 VII 107,24 ✟

MHIT (112 A)

Norden II 110,10,24 VII 46,35 (::) ✟

MAHT (112 B)

Eingeweide II 16,23 (+) 82,34 83,2 131,24 V 62,4.11
— (übertragen) Mitleid (wie <u>splanchna</u>) I 39,26 138,20 / + TOP I 24,15
— MNTŠANTMAHT Barmherzigkeit I 53,17.24
— ATŠANTMAHT unbarmherzig V 48,[25] ✟

MHAAY (112 C)

Grab V 63,7 (Metapher für 'Körper'?) 81,29 VII 59,3 VIII 139,20 IX 25,[10]
BG 104,12 126,7 / + <u>spēlaion</u> BG 55,10 p.p' 63,12 p.p' 64,3 p.p' ✟

MAAČE (113)

Ohr (°+SŌTM) I 15,10°.18° 34,9 (korrupt?) 38,20 II 15,34.35 (+) 31,28 128,19
III 68,9° V 52,17° 60,8° VII 73,6 114,17° IX <u>29.7°</u>.8 XIII 42,15 45,11 BG 19,20
/ + <u>ous</u> I 143,25° (1 Kor 2,9) II L 17° (dito) 133,17° (Ps 44,11) III <u>29</u>,10
(Jes 6,10) / + <u>ous</u> (Mt 11,15, Formel) II L 7°.21 b°.24°.63°.65°.96° BG 89,5°
90,13° 100,11° 107,19° / + <u>ōtion</u> (P. Oxy. 1,42) II L 33° (Mt 10,27 <u>ous</u>)(folgt
Wortspiel (?) mit MAAČE 'Scheffel') ✟ (ohne MAAČE 'Henkel')

MOYČQ (114)

(sich) mischen, (sich) vereinigen (auch Subst.°) I 66,29q 72,15 90,20° 91,3
92,18 94,39° 110,20q 117,16q II 28,18 VII 51,31q 56,33q 58,2q.7q 68,34° 74,1q
VIII 2,22q / + TI MATE I 73,12° 86,35° 87,26° 111,(20)° / + NOYHB II 12,11 p'
/ + TŌLM BG 22,2 (p' II 2,15 ČŌHM)(MOYČQ pejorativ) / + SOOYN I 65,22° 128,18°
III 67,1 / + MNTATSOOYN VII 69,8° (+) / + TŌT I 68,27° 122,23° / + TŌQE III
26,9.10 (letzteres ≠p) / + HŌTB VII 68,34° (Pejorativ) / + QŌRQ (467 C) III
49,9 p / + commiscere (D. H. II 329,15) VI 73,[6] / :: PŌRČ VIII 1,29q /
+ PŌŠE I 80,16°
— QINMOYČQ Mischung I 116,5
— ATMOYČQ unvermischt + QŌŠ VIII 113,9 ✟

NA (116 A)

gehen :: EI I 22,15

▬ NA EHRAI aufsteigen (ins Pleroma) I 10,14
(NA NNEȲ siehe NOY (118))

NA (116 B)

sich erbarmen, (Subst.)° Erbarmen, Gnade, Wohltat, NAEȲT°° (Adj.) barmherzig
I 2,40 31,18° (+).24° 36,18°.18 (Übersetzung eines Wortspiels mit eleos und
elaion?) 117,5 143,[1] II 129,4 131,19 135,14 III 23,23 IV 76,2° V 56,6.[7]
VII 6,33 16,30.35 33,21° 35,22° 79,14 112,33 117,13 119,34 120,7 XIII 44,31°
BG 53,5° 118,6° / + TI SO III 122,21 / + ŠANHTEȲF BG 52,19°° (vgl. p) 71,7°° p'
/ + HMOT BG 25,21°.21 (vgl. p.p') / + eleein II 129,32 (Hos 2,6) 136,10 (Jes
30,19) VI 47,33 (Lk 16,24) / + eleos (Ps 102,5) II 134,23° / + parakalein (Mt
5,4) II 135,18 (?) / + charis II 4,[9] / :: ŠOȲQE VI 17,36 / :: TI HAP V 59,8
----- VI 47,3°
● ETE NAŠE PEFNA, PA PNOQ NNA der Erbarmungsreiche II 36,6 39,12 BG 71,6 /
+ REFR PETNANOYF, boēthos III 25,[8] / + polyeleos (Ps 102,8) II 137,25
(+HARŠHEȲT)
▬ (Subst.) (oder) MNTNA° Almosen VI 4,22 / + eleēmosynē (Mt 6,2) VI 33,28°
▬ ŠATMNTNAE Bettler + REFTOȲBH VI 4,18.20
▬ NIATNAE die Erbarmungslosen (Bezeichnung für Archonten) XIII 41,10 BG 122,
1 (+) ✠

NAA- (117)

groß sein I 111,36 V 46,10
▬ größer sein I 111,23 (+) VI 69,7 VII 64,20 XI 57,12.22 (+)
(vgl. AIAI (2))

NOY (118)

(N)NEȲYq kommen (auch futurisch) I 3,38 / + EI I 35,11 / + EI EPESEȲT III 51,4
p / + EI EHOYN BG 67,2 (vgl. p) / + erchesthai II L 51 (Lk 17,20).113 (dito)
BG 103,10 (Joh 1,9)
▬ (übertragen) ET(N)NEȲY zukünftig I 28,4 VI 15,5 XIII 45,[8] / + ETNAŠOȲPE
III 39,22 / + erchomenos (Mk 10,30) oder mellōn (Mt 12,33) VI 40,32 42,21
▬ (N)NEȲYq EBOL kerauskommen (unterstrichen: Metapher für 'sterben') I 35,1
65,27 (::) 110,12 V 4,11 (≠p III 75,1) VII 47,8 (::) 52,7 VIII 82,21 93,2 /
:: BEȲKq EHOYN II L 33 / :: EI EHOYN V 48,6.12
▬ (N)NEȲYq EHOYN hereinkommen, eintreten II L 103 III 121,21 VI 63,11.12 /
+ EI EHOYN III 34,[16] p
▬ (N)NEȲY EHRAI°, NNEȲYq EPESEȲT, NNEȲYq EPITN herabkommen, absteigen VII 56,21
XI 12,34 XIII 40,12° (+) BG 65,4° (≠p)

NHB (119 A)

— (N)NĒYq EHRAI heraufkommen, aufsteigen I 13,12 / :: EI EPITN VI 19,13 (::)
— NA (...) (N)NĒY sich hin- und herbewegen (Gen 1,2 epipheresthai) II 101,1
104,13 BG 45,14 / + KIM BG 45,18 p'

NĒB (119 A)   NEP

PNEP MPĒI der Hausherr I 20,17 25,31
— R NEP E- Herr werden über II 144,30.31 ✚

NĒB (119 B)

HINĒB schlafen, (Subst.)° Schlaf (meist Metapher für das Leben des Nichtgnos-
tikers oder für das irdische Leben überhaupt) I 82,27° VII 1,16° 113,34° XI
11,18°.21 / + EBŠE VII 88,24 / + NKOTK XIII 35,23° (NEHSE) / + HŌRP II 116,23°
(vgl. p II 89,5) / + ŌBŠ VI 29,4 / :: ROEIS II 31,21° / :: TOYNOS II 23,31° /
:: TŌOYN II 31,6° VII 41,23° 47,11°.18 (::anapauesthai)
— MNTATHINĒB Wachsamkeit VI 28,20 ✚

NOBE (119 C)

Sünde, (Adj.) sündig, R NOBE° sündigen I 11,39° 117,4 II 28,30 L 14.104 66,23°
77,17°.20°.22° 86,31° (p 98,23° 103,13°) 91,26° 135,10 V 21,14 63,11 (Adj.)
VI 12,6 21,22 (+) VII 24,30 37,25 62,34° (Formel wiederholt 63,3°-23° 64,17°.
29°) 86,23 101,27 103,28 (vgl. Jes 53,4 Mt 8,17) 105,25 (+) 108,4 109,9°.11
110,6 114,30 VIII 25,6 27,28° 28,5 IX 32,2 (vgl. Lk 23,4 aition, Joh 18,38
aitia, 2Kor 5,21 und Hebr 4,15 hamartia) X 27,[21]°.23 40,7° XI 9,39 21,29°.
30°.31 51,31 / + NĒ ETERO= V 63,11 / + aitia I 12,10 / + hamartēma XII 16,[15]
/ + hamartia II 77,18 (Joh 8,38) 78,11 (1Pt 4,8) 135,32 (1Clem 8,3) VII 64,24
(Ex 20,5) 104,13 (Kol 1,14) IX 48,6 (Ex 20,5) / + anomia V 20,14 / + asebēs
VI 77,32° / + planē I 32,37° / :: ATNOBE VI 19,17 (::) / :: KŌ EBOL I 35,26°
XI 12,26 14,38 41,12.[23] / :: aneuthynos XII 16,[14] ----- VIII 27,23 /
+ paraptōma XI 21,18
— REFR NOBE Sünder, (Adj.)° sündig II 121,33° (+) / :: dikaiosynē II 66,27
— ATNOBE sündlos I 12,5 / + OYAAB XII 30,14 / :: NOBE VI 19,17 (::)
— MNTATR NOBE Sündlosigkeit I 114,15 ✚

NOYB (119 D)

Gold II L 100 93,15 VII 107,7 / + chrysion VI 2,13 (Dan 10,5 Theodotion, vgl.
Apk 1,13 chrysous) 10,29 (Spr 16,16)(::HAT) / :: HAT III 28,25 (+) 141,18 VII
89,18 BG 74,16 ----- IX 65,10 (+HAT 65,2) ✚

NOEIK (120)

Ehebrecher, R NOEIK° ehebrechen, MNTNOEIK°° Ehebruch II 28,13° 61,5°°-12°° IX
70,[7]°° / :: ŠELEET MME II 132,12 / :: HAI II 78,14-19 130,7 (Hos 2,9 erastēs)
☦

NOEIN (121 A)

(sich) bewegen, beben VI 45,30 VII 29,9 / + KIM II 62,32 (+ŠTORTR, tarassesthai) XIII 43,8 / + ŠTORTR II 102,29 XIII 40,22 / + HROYBBAEI II 125,33 /
+ seismos (Mt 24,7) VII 30,15 (Subst.)(+) / :: TAČRO I 31,33 ☦

NAIAT= (121 B)

selig ist..., (Subst)° MNTNAIATF Seligkeit I 12,15 II L 79 145,1-5 V 83,11
VII 40,12 109,22.23 / + makarios III 9,14 p VII 40,8 (Mt 13,16) BG 24,11° p.p'
75,10 p / :: OYOEI I 3,20 ☦

NAAKE (121 C)

Geburtswehen II 114,11 VI 13,27 / + ōdin VII 104,4 (Apg 2,24) XIII 43,6
(1Thess 5,3) ☦

NKOTK (122 A)

schlafen, (Subst.)° Schlaf I 19,9°.35° II L 102 V 65,24 66,2° / + EBŠE BG
120,2 / + HINĒB XIII 35,22 (::NEHSE) / :: NEHSE I 30,7 33,8 (+) VI 39,33 /
:: ROEIS I 3,12 9,32 / :: anaisthēsia III 29,5
— MA NNKOTK Bett II 128,11
— NKOTK MN mit jemand schlafen + koinōnein II 78,16 ☦

NIM (122 B)

wer? (hier nur Auswahl einiger Formeln: "...wer du bist" u. ä.) II 138,9 V
25,22 (+) VI 42,4 (+) VII 59,29 IX 32,1 35,[26] X 29,[10] / + EBOL TŌN, EBOL
HN OYA II L 61 b (Joh 8,15 tis) V 33,13 / + tis (Joh 8,25) II L 43.91

NIM (122 C)

OYON NIM jeder, alle BG 38,13 (vgl. p und Gen 3,20) / + PTĒRF VI 64,4 (P. Mimaut pantes und panta{ }))
— NKA NIM, HŌB° NIM alle Dinge, alles III 134,17° 141,13° 143,4°.6° VIII
139,24 / + TĒR= IV 61,12.13 / + PTĒRF III 6,21 p 7,16 p (p' TĒR=) 10,22 p'
11,11.13 p.p' / + ta panta (Röm 11,36) BG 35,15.16 (p' PTĒRF) / + omnia (Iren.
I 29,3) BG 34,16 (p' PTĒRF)

NOMTE (123 A)

Stärke + <u>dynamis</u> III 50,22 (p ČRO)

● QM NOMTE (als Gruß, wie <u>errōso</u>) leb wohl! (o. ä.) VII 84,11

— REFTI NOMTE Tröster V 30,24

— ATNOMTE kraftlos I 29,12 ✚

NANOY- (123 B)

gut sein, PETNANOYF das Gute, EIRE (M)PETNANOYF°° Gutes tun I 7,33 33,34°
43,19 (+) 49,9° 58,26 76,4° 82,15 83,11.17° (der 'Vater' gemeint?) 91,14°
93,12° 96,4°° 100,38 (+) 107,25° 117,32° (+) 120,7 121,36° 126,[37]° 130,27
131,19.28°.31° 134,33 135,2°.5°° II 54,20-28 66,21 68,4 (wie <u>kalōs</u> 'zu recht')
11o,23 111,16 134,3 139,31 141,5 III 85,7 (+) 130,18.20 V 55,7 VI 17,14° (::)
34,23 73,22 74,8 VII 76,12 84,15 87,10°°.33 (::SŌTP) 88,23 91,1.23 93,[34]
95,16° 102,13 104,32 105,6 VIII 83,23 IX 6,7 (+) 17,27 (+) 27,2° X 27,10°.19
32,8 XI 54,23 64,6 BG 53,5 (vgl. p) / + ANAI, SAEIE I 90,33° / + SAEIE, <u>te-
leios</u> II 137,5 / + SŌTP VII 89,10 / + OYNAM I 121,21 / + <u>agathos</u> I 108,1°
(::PETHOOY) 119,27° (::<u>kakos</u>) II 107,6 VII 62,10 XIII <u>117</u>,17 / + <u>alēthinos</u>
II 61,13 / + <u>ameinon estin</u> (S. Sext.) XII 15,[15] 32,5 / + <u>ariston estin</u> (S.
Sext.) XII 28,<13> / + <u>euergetein</u> (S. Sext.) XII 28,9°°(::).28°° / + <u>kalos</u>
II L 7 (Mt 13,48).8 (Mt 13,8).57 (Mt 13,24) 74,6°.8° (Gen 2,9)(::PETHOOY)
80,11°.14°°.21° (?) 88,29° (Gen 2,9)(::PETHOOY) 90,1°.10° (dito)(vgl. II 119,3)
III 28,8° (Gen 2,9)(::PETHOOY) VII 106,28 (Joh 10,11) IX 47,10° (Gen 3,22)
(::PETHOOY) / + <u>kalai praxeis</u> (S. Sext.) XII 15,[29]° / + <u>kreisson estin</u> (S.
Sext.) XII 29,17 30,9 33,7 (vgl. 31,21 SOTP) / :: SAHOYE II 141,23° / :: HOOY
(Vb.) I 4,6.8 25,29 II <u>53</u>,17.18 (+OYNAM) VII 85,13 95,22 / :: PETHOOY I 81,25°.
29° 112,32° 126,30° II 53,13°.17° (+OYNAM) 60,27° (dito) 66,10°-12° 140,15° /
:: <u>ponēros</u> VII 115,30°

— MNT(PET)R PETNANOYF Tun des Guten I 62,32 91,26 (::)

— REFR PETNANOYF Wohltäter + ŠANHTĒF III 24,5 / + <u>euergetēs</u> (S. Sext.) XII
16,21

— NANOY= HN sich auszeichnen in + SŌTP XI 63,31

— OYPETNANOYF N- selig ist... + <u>makarios</u> I 30,12

➥ PETNANOYF Gutes (im Sinne von 'die Gute Botschaft') I 10,13

(PHŌB ETNANOYF siehe HŌB (354)) ✚

NOYN (124 A)

Abgrund II 14,26 99,1 126,22.34 (::) 141,33 VI 46,3 47,6 (::) / + AMNTE siehe
AMNTE (6) / + KAKE, AHO XIII 37,15 / + HIEIT VII 104,27 / + <u>thalassa</u> V 79,23
/ + <u>chaos</u> II 99,34 (::PE) / :: PE II 142,34 / :: <u>tartaros</u> II <u>95</u>,13

● (fem., Übersetzung von <u>abyssos</u>?) Abgrund II 87,7 (+<u>chaos</u>) 103,24 104,11
(+KAKE) ✠

NOYNE (124 B)

Wurzel (meist übertragen) I 17,30 41,17.26 (=) 42,33-35 64,3 66,18 68,9 71,20
99,10 104,17 II 30,30 31,16 83,8-21 (vgl. Mt 3,10 <u>rhiza</u>) 93,13.24 103,6 (lies
aber NOY(T)E) 127,3.5 139,1 VI 19,16 VII 1,28 2,14.28 5,2 6,5 7,24.27 8,6
12,12 14,24 16,21 17,35 24,22 39,10.21 47,3 80,18 VIII 6,5.[18] XI 38,17 XIII
46,25 (+) BG <u>106</u>,18 / = PMA NTAYRŌT HRAI NHĒTF XIII 47,28 (vgl. I 41,26) /
+ <u>archē</u> (Hippolyt, Ref. V 19) VII 2,7 10,4 / + <u>ekrizoun</u> (Mt 15,13) II L 40 /
+ <u>rhiza</u> II L 8 (Mt 13,6) V 35,22 (Iren. I 21,5)(+<u>genos</u>) / :: ŠĒN I 51,17
(::OYTAH, <u>klados</u>) 74,11 (::<u>karpos</u>, <u>klados</u>) II 83,3.5.12 (Mt 3,10 <u>rhiza</u>) /
::OYTAH I 28,16 / :: <u>karpos</u> I 7,30 III 130,20 XI 19,29-37 / :: <u>klados</u> III
27,22
● TNOYNE MPTĒRF die Wurzel des Alls XI 22,32 23,[19].32 24,35 / = PIŌT I 51,3
● SOYN T(=)NOYNE, ČI SOOYN° ET=NOYNE die (bzw.) seine Wurzel (d. h. die über-
kosmische Herkunft) erkennen II 97,14.29 III 134,4.16 (+PEIŌT).18 V 40,18 VI
22,30° (+<u>syngenēs</u>, ::<u>klados</u>)(neg. V 35,3, vgl. Iren. I 21,5 <u>rhiza</u>)
━ ŠBĒRNOYNE Mit-Wurzel VII 79,4 (+)
━ ČI NOYNE einwurzeln II 79,26 (+) VIII 27,15 ✠

NESE- (125)

schön sein II 65,17 102,14 110,3-21 (vgl. Gen 2,9 <u>hōraios</u>) 111,15 119,8 VI
72,10 VII 12,8 95,28 105,17 / + SAEIE II 67,8 109,6 III 67,6 / + <u>kalos</u> (Gen
1,4) II 108,6 ✠

NOYTE (127)

Gott (auch Adj.°)(unterstrichen: Bezeichnung des Demiurgen oder der Archonten)
I 37,33 66,19 112,24.29 114,27 <u>143</u>,29 II 53,27 56,20 61,12-19 68,30 <u>73</u>,27.31
79,22 81,2.20 88,2 93,5 <u>98</u>,32 (Plur.) 102,21° <u>104</u>,25 (Plur.) <u>105</u>,14 (Plur.).25
110,9.20 112,30 (der Licht-Adam) 123,1.<u>14</u> (Plur.) <u>125</u>,13.27 (beide Plur.) <u>126</u>,
20 (Plur.) 130,34 136,17.19 III 11,11 (Christus) <u>18</u>,20 70,6 85,17° IV <u>71</u>,9
(vgl. p) <u>75</u>,5 80,1 V 32,7 41,[15] <u>64</u>,7 <u>69</u>,4.{7} <u>70</u>,6.16 <u>71</u>,16 72,14.25 <u>73</u>,9
<u>74</u>,4.26 <u>77</u>,4 78,15 81,16 82,21 83,21 85,4 VI 5,12.13 6,24 10,28 16,25 (lies
Plur.?) 33,5 (+).12 <u>45</u>,13 55,14 56,10 59,13 60,15 62,29.32 63,21 (+)(Titula-
tur).26 67,12.16 (beide Plur., Sterne gemeint?) 69,10.16 (dito) 70,21 (Plur.).
26.29.35 71,12.16.32 (jeweils Plur.) 72,10 73,10 74,12-29 75,9 76,23.26 VII
<u>61</u>,28 (?) 79,14.27 86,60 (+) 92,8 96,2 (Plur.) 98,19 100,8.32 101,9-15 102,15
104,5 107,9.35 108,27-109,5 115,17 116,13.16.20 117,30 118,7.30 119,7.14.17

123,7° VIII 2,22 3,16.18 13,1 (+) 17,10 20,7 29,4 44,21°.22.24 52,24 53,19
82,24 117,18-24 (+) 118,6 128,16 130,18.19 133,8 (Christus) IX 6,7.10 17,[27]
39,3 45,24 46,16.24 47,15.20 48,1 (ab 45,24 Verarbeitung von Gen 2,15-3,24)
X 30,14 (Plur.) XI 2,32 9,16 15,33 20,30 22,30 28,36 38,37 (vgl. Gen 6,3 theos...) 46,19 47,35° 51,33° 56,20 61,11.15 XIII 38,22 (Christus) 46,21 BG 44,17
67,11° 92,13 127,8 / + EIOT siehe EIOT (53 A) / + ROME BG 96,6 p / + RRO III
78,2 / + ČOEIS I 133,22 (Plur.) 134,16 (Plur.) II 95,23 (p II 104,10)(alttes-
tamentlicher Gottestitel kyrios/theos tōn dynameōn) 134,19 (vgl. Ps 102,2 kyrios) III 87,12-15 V 11,16 (Plur.)(+angelos) 60,16 (vgl. 60,7) VII 99,32 112,
30.33 (+pantokrator) / + QOM V 24,29 (Plur.) / + archōn IX 2,9.10 (beide Plur.)
(+) / + dēmiourgos VII 116,6 / + theios VII 115,19.22 / + theos II L 30 (Plur.)
(P. Oxy. 1,24).100 (Mt 22,21) 68,26 (Mt 27,46)(+ČOEIS) 87,32 (Gen 1,26) 90,9
(Plur.)(Gen 3,5)(p II 119,2) 91,18.21.33 (Gen 4,4.6.25) 118,28 (Gen 3,1) 137,
14 (Dtn 26,7) 143,14 (Phil 3,19) III 22,5 (Gen 1,26) VI 63,1 (Joh 1,13) VII
89,17 (1Pt 5,6) 92,25 (Gen 1,26) 109,26 (1Kor 3,17) 113,1.5 (Weish 7,25.26)
(+pantokratōr) IX 37,[6] (Mt 22,29) / + theos (S. Sext.) XII 16,[2].15-22
(::ROME) 27,[2]-15.23.26 (dito) 29,19 30,22-31,23 32,2-26 (dito) 33,2 (dito)-
22 34,12.[22].26 (dito) / + kosmokratōr VIII 1,18° / + pantokratōr VII 115,11
(+EIOT, RRO) / + Christos VII 116,20.23 / :: NOYTE (Plur.) VI 66,35 (+EIOT,
ČOEIS, ::ROME)(vgl. 66,37) 68,[1].2 (vgl. 68,3)(::NOYTE) BG 126,4 (vgl. 125,19)
/ :: NOYTE... V 64,13 (vgl. 64,17.20) 65,13.[31] (vgl. 65,17)(jeweils +QOM
(Plur.)) / :: NOYTE MMEE BG 32,13 (Christus) / :: ROME II 62,35 63,3 (Plur.)
71,35 72,[1].2.3 (letzte Plur.) 75,26.27 (+) 97,24 (Plur.) 100,16.18 (::ange-
los) III 37,9 (Plur.)(+angelos, daimōn) VI 66,22 68,7-12.22 (jeweils Plur.).
26-34 69,16 (Plur.).23.26 78,20 (Plur.) VII 93,25 (vgl. Joh 4,24 theos).27
(+ČOEIS, theios) 100,18 103,34 (vgl. Phil 2,6 theos) 108,20.21.27 110,17.18
(vgl. Phil 2,6) 111,3-14 (+theios) 114,20-27 115,30.36 (+angelos)(+) VIII 4,11
48,41 (Plur.)(vgl. 48,17) 55,23 (Plur.)(+QOM, angelos) IX 9,[5] (+angelos) /
:: angelos II 28,19 (Plur.)(+daimōn, genea) 103,(6) (lies NOY(T)E)(Plur.)
107,29 (Plur.) 109,8 (Plur.) III 77,20 (Plur.)(+) V 20,[6] VI 18,16.17 (jeweils Plur.) 37,11 (Plur.) 39,7 (Plur.)(+) IX 41,31 X 27,[13] (Plur.) XI 67,28
(Plur.) / :: diabolos VII 88,11 XI 38,14 (::ROME).33 (::angelos) / :: pneuma
BG 23,4.6 (neg.) ----- II 68,30 78,11 (Plur.) VIII 2,4 18,[23] 19,20 41,9.23
58,27 (Plur.) IX 5,27 14,18 74,22 X 2,29 XI 21,18 38,11 (::ROME).21 42,13
● SOYŌN PNOYTE, EIME° PNOYTE Gott erkennen II 28,28 30,4 V 83,12 85,14 VI 35,2
(ČI SOOYN EPNOYTE) VII 100,22.24 (vgl. Joh 8,19 theos) 102,4.11 116,28 (+)
VIII 83,21 128,14° (neg.) IX 41,5 (::ROME) 45,3 (dito) XI 56,[17]° 64,23 XII
32,13
● PNOYTE NŠA ENEH der Ewige Gott V 64,13 (::angelos, PNOYTE ETAFTAMION) 76,22
(::angelos) 85,15 (dito) VIII 43,11 (::ROME, daimōn)

● PNOYTE NTE TME (oder) NTALĒTHEIA°° der Gott der Wahrheit, PNOYTE MME° der wahre Gott II 7,24° (Christus, ≠p') 30,4 III 55,6 (PINOYTE NTE TMNTME) 71,10°° 74,12° IV 60,[3] (PNOYTE HN OYMNTME) 77,10 V 65,13 (::PNOYTE ETAFTAMION 64,17) 71,[27] 83,[28] VIII 1,7 48,21 (PNOYTE NTAPMAME) IX 41,5 XI 24,34 (+) BG 32,14° (::Christos als NOYTE, ≠p')

● PNOYTE ETONHq der Lebendige Gott III 137,23 138,[4] VI 9,12 (vgl. Mt 16,16 theos...) V 84,9

● PNOYTE NTAYČPOF der hervorgebrachte Gott (=Christos) XIII 38,[31] 39,6.13 (Übersetzung von autogenēs?)

● PIATČPOF NNOYTE der ungeborene Gott BG 88,16 (≠p PAYTOGENĒS NNOYTE)

● PNOYTE ETČOSE (vgl. Gen 14,18 ho theos ho hypsistos) der Höchste Gott IX 15,[10].13 26,[4]

● PNOYTE MPTĒRF der Gott des Alls II 92,34 (+) VII 102,9

● NOYTE NREFKOH (vgl. Ex 20,5 theos...) eifersüchtiger Gott (Jaldabaoth) III 58,25 BG 44,14 / :: EIŌT VIII 64,23

● ŠĒRE MPNOYTE Sohn Gottes, ŠĒRE NNOYTE° Gottessohn I 11,1 (Plur., Selbstbezeichnung der Gnostiker) 44,17°.22.29° (+ŠĒRE MPROME) 120,36 (+ČOEIS, sōtēr) 133,19 II 62,24 (+ČOEIS) 78,21 (dito) III 69,14 (+sōtēr, Christos) 105,22 (+ŠĒRE MPRŌME, p Christos) VI 9,12 VIII 52,[23] (+) XI 14,23 XII 33,4 (S. Sext. hyios theou)(::NOYTE) XIII 38,25 (+NOYTE, Christos) BG 92,14 (Plur.) 99,8 (+Christos)

● ETČOSE E(P)NOYTE der höher ist als Gott, übergöttlich VIII 2,7 13,5 XI 46,20 ----- VIII 34,15

━ R NOYTE göttlich sein (oder) werden° VI 68,33 XI 52,12°

━ R NNOYTE vergöttlichen + apotheoun VI 64,19 (P. Mimaut)(::RŌME)

━ MNTNOYTE Göttlichkeit, Gottheit III 22,19 VII 86,19 87,4 90,29 91,25 100,2. 7 111,16.22 (?) 112,4.4 (Plur.) 122,21 (+) 124,30 (+) VIII 15,11.[16] (+) 75,16 (?) 79,16 (?) 85,14 (+) 86,18 XI 48,21.32 54,11 58,22 BG 43,14 (+) / + MNTNAIATF, MNTTELEIOS BG 24,11 / + NOYTE II 84,29 XI 47,36 / + MNTRRO III 77,12 78,1 / + MNTČOEIS I 44,38 (Plur.) II 101,30 (+MNTRRO)(+) / + theotēs (Kol 2,9) XI 33,32 / + MNTMAKARIOS XI 58,22 62,28.35 (+MNTTELIOS) / + pantokratōr VII 111,35,112,4 / :: MNTRŌME I 44,26 ----- V 2,14 / + MNTMAKARIOS XI 47,30

━ MNTNOYTE Frömmigkeit VI 61,17 70,14-17 71,7 76,36 / + SOOYTN ('Aufrichtigkeit') VII 106,13 / + theosebeia (S. Sext.) XII 32,17 (+MNTMAEIROME) / :: MNT-ATNOYTE VII 95,33 / :: MNTASEBĒS VI 71,33 (+MNTMAEINOYTE)

━ RMNNOYTE fromm + eusebēs (S. Sext.) XII 32,22 / + theosebēs (S. Sext.) XII 28,22 (+makarios) / :: ATNOYTE, asebēs VI 66,5 / :: ATNOYTE VI 70,31 72,20

━ MAEINOYTE fromm + theios VI 71,31 / + theophilēs (S. Sext.) XII 30,1 31, 12.15

NTH6 (129 A)

— ATNOYTE gottlos, MNTATNOYTE° Gottlosigkeit II 143,9 VI 16,24 (::) 73,10°
(+) / + asebēs VI 66,2 (::RMNNOYTE) / + irreligio (C. H. II 329,24) VI 73,20°
(+) / :: MNTNOYTE VII 95,32° 96,2 (::)
— REFOYENH NOYTE EBOL Gottesoffenbarer (überkosmisch) VIII 54,[22] 118,8
126,5
— REFŠEPNOYTE EROF Gottesaufnehmer (überkosmisch) VI 62,[10] (p PIŠAP NOYTE
EHOYN EROF)
— SHAI NNOYTE gottgeschrieben + theographos III 69,7
(Verschreibung für PTI 'die Gabe' III 63,2 (vgl. p) BG 32,21 (?)(vgl. p) 34,12
(vgl. p))
(ANOK PE PNOYTE (Ex 20,5 Jes 45,5) siehe ANOK (8 B))
(PNOYTE NBLLE siehe BLLE (22 D))
(TMNTRRO MPNOYTE siehe RRO (165 D))
(PAYTOGENETŌR oder AYTOGENĒS oder AYTOGENNĒTOS NNOYTE siehe unter den grie-
chischen Wörtern) ✠

NTĒQ (129 A)

Pflanze II 144,23 (+).26 (+).34 VIII 48,14 (+) ✠

NAY (129 B)

sehen (hier vorzugsweise Stellen, wo visionäres Sehen gemeint ist), (übertragen) einsehen, erkennen (°neg.) I 3,13.17°.20 10,35 12,16 15,10.17.27° 29,28°
30,27 38,16° 39,8 (::ATNAY) 40,22 54,18° (+) 61,23° 63,25 (::) 75,7 79,15°
102,2° 111,5°.15 (+) 113,9 (+).25 133,21° II L 15.59(°).84 55,21.22 57,31°
58,4.9.15 61,22-35(°) 63,18° 69,9°.11° 70,6° (+) 76,24° (+) 82,14.25°.27 (vgl.
Joh 8,56 idein) 85,[34]° 86,8° (+) 89,(3)° 100,21(°) 101,13 105,25 (Etymologie von Israel, Wurzel ראה) 108,10° 119,15 138,19 III 15,9.15°.19° 22,12
36,19 61,16 66,16 127,2°.6° 132,[6].11° 135,[4]-6.14 136,8.17 142,21 IV 56,14
V 32,4 54,16 58,[3].20 64,10 65,26 67,19 77,13°.15° VI 2,20.25 4,[2]-[9].26
15,6°.9° 21,12 22,28 36,24°.25 38,7-12 (korrupt) 43,3 47,21 57,6.31 58,5-59,
32 60,32 65,15.17.38 (+) 69,30 VII 1,12° 16,10°.16° 40,15 (+) 58,6 72,17-28(°)
102,24° 122,6 123,27.32 124,18 VIII 2,9 4,29° 6,3 18,[9] 24,[2] (+) 48,3
53,22 61,19 (::) 63,20 78,20 94,1° (+) 129,6 132,3 140,8 IX 28,23.[25] X 7,22
XI 20,32 30,24 46,31-36 57,36 (+) 58,12 59,16 60,24 61,12 BG 24,1° 48,8 /
+ EIME V 59,17 (+SOOYN) VI 37,24 VII 57,12 65,3 (+SŌTM, SOOYN, ::BLLE) VIII
26,6 IX 30,26 / + EIŌRM II 14,32 V 19,11-24,1 (+QŌŠT) / + EIŌRH III 72,11 /
+ EIS HĒĒTE II 2,1 p' / + MEEYE I 62,18 IV 13,6 / + RASOY I 82,36 / + SOOYN
I 29,1° 31,2° 49,22° 63,10 67,17 114,29 (::) III 123,14°.16 133,24° VII 118,14
XI 64,14.16 / + OYŌNH II 108,2 117,8.9 VI 20,23.24 VII 10,11 BG 22,8 p' (:: AT-

- 60 -

NAY) / + TI HTĒ= V 49,18 / + QŌŠT I 71,29° II L 113 144,8 VI 22,20 BG 21,[5]
/ + blepein II L 28 (P. Oxy. 1,21).33 (Lk 8,16) / + ginōskein (1Kor 2,8) VII
56,22 VIII 130,12 / + gnōsis VII 125,12.17 VIII 25,13 IX 59,4 / + [eisoran]
(P. Oxy. 1081) III 75,3 / + theastai, horan (Mt 11,7.8) II L 78 / + idea III
72,8 BG 113,7 p.p' (Fehlübersetzung von idea) / + noein I 54,4 (+) 55,4-18
BG 27,2 (p' + EIŌRM) / + optasia II 66,30 / + horan (idein) I 13,1° (Joh 20,
29) 143,[25] (1Kor 2,9)(+) II L 17 (dito) III 140,3 (dito) VI 47,31 (Lk 16,23)
48,[3] (dito) / + horan II L 27° (P. Oxy. 1,10).37 (P. Oxy. 655,21) / + horasis III 137,10.13 / :: BLLE II 64,8 VII 55,36° 72,17

▬ NAY EBOL (absolut) sehen, (wieder) sehend werden, Ausschau halten I 17,13°
66,27 (+) 141,12 III 126,16 (+) 142,23 V 64,21 75,15° VI 22,28 (+nous) 28,13
38,12° (korrupt) / + anablepein (Mt 20,34) V 47,20 / + idein (Jes 6,10) III
29,11° (+noein) / :: BLLE II 64,5

▬ NAY EBOL E-(Infinitiv) zusehen, daß + diablepein (P. Oxy. 1,1 Mt 7,5) II
L 26

▬ NAY E- ATRE- vorsehen für..., daß I 95,9

▬ (Subst.) Sehen, Vision° I 91,2° 95,20° 97,26° (NAY NHO) 133,1 / + theōria
I 112,11°

▬ PNAY EBOL (Subst.) Anblick I 37,32

▬ PNAY EBOL (Subst.) Sehendwerden (wie anablepsis) :: HINĒB XIII 35,23

▬ QINNAY Sehen, Vision I 88,12.13 (QINNAY NHO) 90,10° 22,14° 94,4° (QINNAY
NHO) / + MEEYE 115,26°

▬ REFNAY sehend, Seher VIII 6,18 118,[7]

▬ ATNAY EROF unsichtbar (überkosmische Eigenschaft), (Subst.)°°PIATNAY EROF
der Unsichtbare I 38,17.19°° 39,6 66,15°° (+) 105,25°° 110,36 11,3°° II 5,10°°
(Plur.) IV 56,[17] 79,9.10 V 58,15°° (+) VII 68,25°° (Plur.) 82,13 (+) 121,23
VIII 18,6 44,28.29 61,20.22 (::) XI 45,35 47,10 (+) XIII 35,8.9°°.15.24°°
42,6°° 44,3 (vgl. 43,21 ETČOSE) 46,18 BG 23,21°° / + OYŌNH (neg.) BG 22,8 p'
(::NAY) / + EFHĒP I 63,21 (+)(::) III 44,[2] (≠p IV 54,2) XIII 38,10 (+) /
+ ATSOYŌNF I 114,25°° (+)(::NAY) / + aoratos III 9,5 p 44,[1] (vgl. p)(+EFHĒP)
IV 75,1 p (+EFHĒP) BG 27,13°° p 29,11°° p (vgl. p') 123,17°° p (+PŠERE
MPRŌME). Weitere Belege siehe pneuma / + noein (neg.) I 54,37 (+) 56,28°° (+)
59,34°° (+) 124,1°° (+) / + PAHORATON MPN(EYM)A VIII 20,16°° BG 22,21°° [p']
28,11°°.19°° p (vgl. p' II 5,25.31.35) 29,11 p' / :: OYŌNH I 45,21°° XIII
36,27.30°° (+)(::) / :: QŌŠT, horasis VII 113,9 (::) ----- IV 60,[15] XIII
37,32 (+)

▬ MNTATNAY (EROS) Unsichtbarkeit I 85,26 88,21 101,17 104,6.34 115,2.3 128,7
130,32

▬ R ATNAY EROF unsichtbar sein I 115,1 (oder lies RŌMETR ATNAY EROF 'Un-
sichtbarer')

NAY (130)

(PIPN(EYM)A NATNAY EROF, PNOQ NATNAY EROF MPN(EYM)A siehe pneuma)

NAY (130)

Zeit, Zeitpunkt I 60,16 81,10 IX 46,16 (vgl. Gen 3,8) / + OYOEIŠ VIII 1,23 /
+ ČP V 21,6 IX 25,[7] (vgl. Mt 27,45)
— PNEY jetzt XI 24,34
— TNNAY wann BG 66,3
— NNAY NIM jederzeit I 43,4 III 76,1 (≠p.p', Fehllesung für NEOOY NIM) VI
28,11 VII 110,2
— ČIN PINAY von jetzt an, von da an I 18,(11) 24,32 25,4 (+) II 139,5 VI 47,8
VII 25,35 41,19 48,30 XI 40,[25] 42,36
— NNAY OYŌT zugleich II 2,5
— TI NAY Zeit lassen (oder aber: 'ihnen geben') VII 37,3 ✟

NOYOYH (131 A)

(sich) wenden, zurückkehren (genaue Bedeutung öfters unklar, Verwechslung mit
NOYHE (134 B) möglich?) I 22,6.17.18 53,26 72,23 96,6 (?) II 30,22 V 52,7 VI
40,2.22 VII 6,3.17-24 7,8.33 14,28 20,6 22,11 25,35 42,1 91,14 / + BŌK EHOYN
II 27,13 p' (Joh 3,4 eiserchesthai) / + EHOYN II 9,8 p' (vgl. Röm 11,36 eis)
/ :: EBOL I 103,36 / :: PŌŌNE EHOYN I 81,24.25
— (Subst.) Rückkehr, NOYOYH EHOYN° Konversion I 96,1° 97,32° 98,2° 130,18.19
134,[32] (+) / = metanoia I 81,20°.26° (::MNTAPOSTATĒS)
— REFNOOYHF EROF... wer sich bekehrt I 81,28 ✟

NOYŠP (131 B)

erschrecken V 50,16 VI 9,2
— (Subst.) Schrecken + HRTE I 17,10.11.23 (+) ✟

NŠOT (132)

hart werden (oder) sein, (Subst.)° Verhärtung, Härte III 39,9 (p' TI NŠOT).11°
V 59,1q VI 19,27° VII 57,1q 78,2q VIII 3,28q 46,11q / :: STŌT VI 15,26° (NŠOT
also 'Festigkeit' oder übertragen: 'Kühnheit'?)
— NAŠTE Stärke, Beschützer° I 143,[2]° / :: HRTE VI 14,30 ✟

NIFE (133 A)

blasen, wehen, (Subst.)° Hauch, Wind, Atem I 34,25° ·(+) 35,25 36,28° 105,35
II 16,27° (Plur. - Übersetzung von pneumata?) 92,16 95,8.9° 99,[33] 102,33°.
[35]° 115,19° V 64,28 VI 37,10 VII 7,4 9,14 20,7 VIII 46,13° 113,13° (+) XIII

46,28° / + TĒOY III 26,11 134,9 VI 1,27 / + emphysan I 30,34 (Joh 20,22) II
88,3 (Gen 2,7) III 24,7.9 (dito, +pneuma) V 66,21 (dito) XI 38,26 (dito) /
+ pneuma I 66,27 72,2 II 63,11° 77,13.14 XIII 45,28° BG 122,9° / + pnoē (Gen
2,7) I 105,23° BG 119,19° (+psychē) 120,4°.12.13° 121,5° (vgl. 121,4 pnoē) /
+ psychē II 70,23° (+pneuma) VI 69,34°
— ATNIFE hauchlos? XI 66,23 ✠

NOYFR (133 B)

NOFRE Nutzen, Gutes, R NOFRE° nützen, Gutes tun II 80,12 (+) 140,8° V 52,8°
VII 97,2 98,5 105,2° VIII 34,6° / + R ŠAY II 141,3° / + ta sympheronta (S.
Sext.) XII 15,27 ----- IX 38,20
— MNTNOFRE Güte? I 96,33 (+) ✠

NEH (134 A)

Öl II 75,1 (+) 80,27.[30] III 130,17 (+) / + SOQN II 78,4.10 / + elaion (Hos
2,10) II 130,4.25 (+) ✠

NOYHE (134 B)

abschütteln, abtrennen I 6,30 33,18 36,31 85,18 (AFNAHOYF statt AFNAOYHF)
88,24 95,1 97,18q II 53,4 140,28 III 107,21 (≠p NOYHB) / + PŌRČ I 96,13q
118,8 / + ŠŌŌT I 73,22 (lies E<OY>NOYHE (Subst.)?)
(✠ außer II 2 Thomasevangelium)

NOYHB (134 C)

verbinden I 104,34q III 15,16 (vgl. p' KTO) VII 83,13 VIII 113,11 (Subst.)(+)
123,4 BG 36,14 (≠p) 122,7 / + MOYČQ III 18,22 p' / + ŠŌPE MN III 33,5 p' /
+ synaptein, adunire (Iren. I 29,4) III 16,7 ----- VIII 30,1 (Subst.)
— NAHB, NAHBEF° Joch BG 126,10° / + MOYR VI 7,16 (vgl. 7,23) / + anankē VII
61,22 (+) / + zygos (Mt 11,29) II L 90
— NAHB Schulter II 17,11 (+) IV 25,4 VI 3,23 VII 56,11 XI 10,34 ✠

NOYHB (135)
begatten, befruchten + TI KARPOS BG 105,1 (≠p NOYHE) / + syzygia III 10,18
(Subst.) p ✠

NOYHM (135 B)

retten, (Subst.)° Rettung I 9,1 78,22 117,6.8° II 66,35 93,2.12 (+) 113,20
132,[23] III 35,15 137,16 V 62,19 (+) VII 14,10 18,14 19,32 77,12 98,21 113,36

NE2CE (136 A)

120,34-121,13 124,1.11 126,24-127,[6] VIII 4,16.26 26,4° 44,1.6.14 45,5 46,[21]
137,13 XI 50,33-36 / + BOL V 63,5-23 / + SŌTE VII 104,13 / + OYČAI I 119,33
121,28 VI 39,7 (vgl. 39,1) VII 125,13-126,[2] (°) VIII 42,[18] 46,26 131,12.14
/ + ŌNH III 32,24 p (korrupt?) / :: MOYR VII 37,8 / :: SŌNH VIII 41,18 / ::
SŌRM IV 74,22 (p + planasthai) / :: SŌTE, TOOY II 53,2.12 / :: TAKO I 119,17°
VIII 4,[4].7 73,[20]
● PYOIKONOMIA ESNOYHM Sparsamkeit? :: MNTMAEIKHRĒMA VII 96,26 ✠

NEHSE (136 A)

aufwachen, aufwecken° I 29,26 VII 12,13° / :: NKOTK I 30,12.14 33,7 VI 40,1
━ (übertragen) aufstehen, sich erheben (über..., aus...) + NOYHM II 27,9 p'
/ + PE I 55,20 ✠

NAHTE (136 B)

glauben, vertrauen, (Subst.)° GLaube, Vertrauen I 20,7 23,32° (+) 34,28? (+)
92,16° (+) 97,10° (+) 11,16° 119,2° 127,34-128,17 (°)(+) 130,23° (+) 132,14
133,4.16 135,4 136,[3]° 142,13° V 42,16 VI 6,16.18 7,17°.24° 8,11° 10,5.7°
11,24 VII 78,21 / + pepoithenai (Jes 30,15) II 136,8 / + pisteuein I 13,[1]
(Joh 20,29) VI 10,34 (Joh 1,12) VIII 140,18 (dito) / + pistis V 29,24 (::) /
:: agapē (bzw. agapan), elpis (vgl. 1Kor 13,13 pistis...) I 71,23° (+) VIII
28,21
━ NHOYT= E- (jemandem etwas) anvertrauen I 95,20 100,6 135,4 VII 42,20
━ ETNHOTq verläßlich, treu VII 110,16 / + RMMME II 128,15 / + pistis II 107,
10 / + pistos (Mt 25,21) I 135,28
━ ATNAHTE ungläubig, MNTATNAHTE° Unglaube V 29,23° (+) VI 69,32 VIII 135,7°
/ + apistein XI 1,35°.37° (::) / :: pisteuein (bzw.) pistis VI 68,36 IX 7,1°
━ ATNAHTE unglaubwürdig VI 65,34 ✠

NOYČ (136 C)

falsch VII 37,31 52,35 65,2 76,8 (NOČE)
━ MNTNOYČ Lüge VII 74,11 /+planē V 77,25
━ RMNNOYČ Lügner + hypokritēs I 9,27 ✠

NOYČE (136 D)

werfen, legen°, NĒČq geworfen sein, liegen I 16,6 II 27,20 (≠p') 56,21 66,32q
89,22 (p 116,16 117,3) 91,7 94,13 95,2 (p 102,34) 99,13.20.25 113,22 114,27
116,1q 121,32 123,5 126,22 141,33 142,4.33 V 21,18.19 39,21 41,21 42,22 61,23.
25 70,8 81,18.28 VI 15,13 23,13 35,10 77,7 VII 97,29 104,27.29 BG 69,9 XIII
45,10.30 / + EINE (50 A) II 20,8 p' 27,3 p' (+ČI p') / + SITE BG 58,13 p /

+ ballein (Mt 7,6) II L 93 ----- VI 24,[7]

— NOYČE EBOL hinauswerfen (N- aus), ausstoßen, hervorstoßen, aussenden°, ab-
werfen°° (N- von) I 11,21 (+) 29,33 33,14 107,18.19 (Subst.).20 II 96,30 97,5°°
III 130,15 V 71,12 ('aussondern'?) 78,21 VI 19,29 VII 105,22 (+) / + SITE EBOL
BG 38,2 p (+) / + diōkein I 14,23 II 87,4 / + ekballein II L 73° (Mt 9,38)
91,4 (Gen 3,24) IX 47,11.24 (dito) BG 61,19 (dito, p SITE EBOL)

— NOYČE EBOL (übertragen) verwerfen V 59,24 VII 60,29q / + QAEIO VI 15,[3]q-
10q (?) / :: ČISE V 47,[26]

NOQ (138 A)

groß, größer, größter, (Subst.) etwas Großes, PNOQ° der Große, P=NOQ°° der
Oberste I 21,16 46,19.(21) 52,14 55,38° 79,6 83,24 91,5.6 II 80,7 86,27 90,19
92,20 104,33 (+) 114,34°° IV 66,7° VII 30,30 (Übersetzung von megaleia 'Groß-
taten'?) 111,19° VIII 3,32° (Plur.) 86,13-19 X 9,12° XI 54,11.21 / + QOM IV
73,21° (Plur.) / + aristos (S. Sext.) XII 33,5.7 / :: KOYI siehe KOYI (58) /
:: ŠEM I 74,17 / :: QAEIO VI 14,34

— OYNOQ ein alter Mann + HLLO II 2,4 p (::ALOY)

● PINOQ ETAMAHTE MPČISE der Große, der die Höhe beherrscht VIII 8,7 9,[1]

— MNTNOQ Größe (auch überkosmisch, Bezeichnung des Pleromas?) I 20,28 41,2
(+) 42,14 43,31 52,26 53,1 (+) 54,20 (+) 55,25 (+).29 56,11 (+) 57,26 (+)
63,5.9.24 (+) 72,36 90,30 136,21 (+) 144,[5]? II 25,26 (vgl. p') 30,17 103,30
III 9,15 77,17 86,6 88,11.17 133,6 135,20 (masc., Übersetzung von megethos?)
IV 55,20 56,4 66,7 VI 56,16 (+) VII 9,36 22,29 26,6 33,15 49,18 50,32 51,17
52,36 53,5 54,14 61,1 70,8.19 118,23 119,3 VIII 51,23 78,18 94,4 128,11 129,20
135,14 XI 47,38 52,35 57,19 65,21.37 (+) BG 72,18 (=) / + AIE I 55,2 64,31 /
+ NAA= XII 57,22 (::MNTKOYEI) / + NOYTE (Plur.), QOM, angelos VI 39,9 / + angelos I 15,21.26 V 9,11 / + exousia (Plur.) III 73,5 (vgl. p V 3,6) / + megethos III 6,5 p' VII 10,16 (die Formel lautet sonst in VII 1 immer KATA POYOŠ
MPMEGETHOS) ----- I 137,25 138,13 (+)

● MNTNOQ MMEEYE Hochherzigkeit (wie megalophrosynē) + agapē I 76,19

— R NOQ EHRAI EČO= groß sein (d. h. Autorität haben) über II L 11 (vgl. Mt
18,1 meizōn)

(Subst. und Vb.: ✠)

NOQNEQ (138 B)

verspotten, beschimpfen, (Subst.)° Beschimpfung, Schmach II 145,3.11° VII 37,
[35]° (+) XI 10,21 12,17°.27-37(°) / + SŌŠ (206 B) XI 1,[18] ----- III 147,13

— ČI NOQNEQ verspottet werden XI 12,16.25

— [REFNOQ]NQ? Verhöhner + REFSŌŠ XI 12,[15] ✠

NOY6C (138 C)

NOYQS (138 C)

zornig sein I 16,4 VII 26,(29) (Subst.) 47,(34) ✠

OBHE (139)

Zahn + NAHČE II 16,2 / + odōn (Mt 8,12) III 127,18 ✠

OEIK (140 A)

Brot II L 96 VI 4,20 (+) 5,28.31 19,31 / + artos II 55,6.12 (Joh 6,33) 81,1
130,3.24 (Hos 2,7)(+) 136,12 (Jes 30,20) / + trophē (S. Sext.) XII 33,14 /
:: potērion II 75,1 77,3 ✠

OEIŠ (140 B)

Verkündigung VIII 1,20
▬ TAŠE OEIŠ verkünden, predigen, (Subst.)° Verkündigung, Prophezeiung, Pre-
digt I 10,13.36 (+) 16,26.28 112,7.24 113,10-13(°) 117,11.13 120,9° 121,17
123,3 133,29 138,7 II 142,25 144,39 V 38,8.10 VI 34,8°.19 (+) 38,26 (::) 40,32
43,12°.13.19 VII 29,13 VIII 4,15 130,9 132,21 (+) 140,12.26 IX 2,[2] 6,11 XI
68,30 XIII 37,13 (+) 50,9 / + euangelizesthai I 15,2 IX 73,[20.21] (Gal 1,8)
/ + euangelion BG 127,7 / + kēryx VI 45,24 / + kēryssein II L 33 (Mt 10,27)
VII 25,10 BG 73,2 p / + logos VI 43,29°
▬ R ŠORP NTAŠE OEIŠ prophezeien V 47,[21]
▬ ATTAŠE OEIŠ unverkündbar IV 55,26 / + euangelizesthai (neg.) IV 50,17 p ✠
(vgl. ŌS (296))

OSE (141)

Schaden, Verlust, Strafe VII 38,22 IX 3,6
▬ TI OSE Schaden erleiden I 25,31 VI 32,29 / + zēmiousthai (Mt 16,26) XI 9,34
(::TI HĒY) / :: QN HĒY III 140,17
▬ R POSE Schaden zufügen I 42,36 (vgl. Mt 16,26) ✠

OOTE (142 A)

Mutterschoß VII 34,15 IX 31,5 45,13.15 XI 3,[32] XIII 45,6 / + mētra VII 4,24
(vgl. TETE (248 B))   ✠

OOH (142 B)

Mond + RĒ II 110,4.20 122,22.25 144,7.20 / + selēnē (Mt 24,29) II 126,11
(+RĒ, SIOY) ✠

PA- (143)

(PETE) PŌF der Seine°, das Seine (und andere Flexionsformen) (unterstrichen:
Selbstbezeichnungen der Gnostiker) I 21,13.22 33,36.39 78,7°.19° 95,1 143,3°
II L 88.100 60,4° 77,[33]-35 123,33° 141,4 III 5,18 70,2° V 28,24° 55,6° VI
22,34 37,32 55,18 VII 31,22° 53,11° 56,34° 59,10° 61,8.9 76,23 VIII 26,6 (+)
136,23 137,6° IX 16,8° X 26,17° XI 50,34 XIII 41,28°.33° 45,29° BG 126,12 /
= NŠERE MPOYOEIN XIII 41,16 (vgl. 41,7 NAMELOS) / + idios V 34,2.8.9 (Iren. I
21,5, ::ŠMMO) 35,25° (Iren. I 21,5) BG 63,17 p 96,14 p / + melos XIII 49,21°
/ + meros XIII 40,31° (vgl. 40,13) / + syngenēs I 78,3 / :: SMMO II 53,4°.5°
V 25,4 55,19°.20° IX 13,[7]° BG 84,18 / :: allotrios XI 16,26 (+melos)
—PA N-besitzend + KĒ EHRAI EČN- III 55,12 p

PE (144 A)

Himmel (Plur. gleichbedeutend. "Himmel des Chaos"° meint den sichtbaren Himmel oder die Planetensphären) I 12,17 14,29 15,9.21 45,36 116,[39] 135,7 II
L 10 92,13 93,3 94,8 95,20 96,10 (p 106,25).10° 98,18.21 100,1 102,2°.13-
103,3 (+)(::) 104,17.21.35 106,10° 107,16 108,13 110,18 112,17° (::) 115,30
121,30.32 (+) 122,26 126,12.29.31 132,8 134,14 136,34 III 17,18.21 37,9 65,25
86,24 89,14° (vgl. p) 120,10 131,13 138,12 IV 52,6 75,13 V 19,24 (vgl. 2Kor
12,2 ouranos)-24,7 26,17 39,23 55,25 56,(19) 70,14.24 78,1.2.13 79,22.25
80,[27] VI 26,30 32,29 41,8 42,31 70,4.7.19 71,13 72,20 73,16 75,10.12 VII
27,12 44,9 45,11 48,2 52,3 54,7 57,18 67,20 70,22 91,[33] 103,9.11 112,15
VIII 138,5.7 IX 27,10 X 7,[26] BG 20,20 21,1 106,13 / + ČISE II 23,25 p' /
+ ouranos, ouranoi II L 2 (P. Oxy. 654,11.12, vgl. Dtn 30,12).5 (P. Oxy. 654,
38).20 (Mt 13,32) 55,13 (Joh 6,33)(::kosmos) 101,7 (Gen 1,8) VII 69,22 (Hebr
7,26) 71,13 (dito) 88,17 (Mt 6,20) IX 73,20 (Gal 1,8) XI 9,30 (Mt 5,14) /
+ stereōma II 11,5 (::NOYN) III 84,20-85,6 88,14 (p ogdoas) 89,7 BG 44,6 /
:: ITN VI 29,14 (?) / :: KAH siehe KAH (73 A) / :: NOYN II 142,33 ----- VI
22,6.9
— RMNPE himmlischer Mensch :: RMNKAH II 58,18
● NA TPE die Himmlischen II 12,27.31
(PBAL NTPE siehe BAL (22 D), PEIŌT ETHN NPĒYE siehe EIŌT (53 A), KAH::PE siehe KAH (73 A), TMNTRRO NMPĒYE siehe RRO (165 D) ✠
(vgl. TPE (239 A))

PI (144 B)

Kuß, TI PI° küssen I 58,24.25°.28 II 59,3.4° V 31,4° 32,8° 56,14° / + aspazesthai V 9,19 p (III 81,7) ✠

PŌLQ (147)

befreien VI 77,26 ✠

PŌŌNE (148)

(sich) (ab)wenden, umwenden, wechseln (mit und ohne folgende Adverbien) I 26,
12 32,9.14 81,22 98,36 115,20 (lies E{N}SP[Ō]NE?) II 26,12 L 35 (vgl. Mt 12,
29).48.106 142,1q III 16,2 VI 39,11 (korrupt) 45,16 VII 54,6q 103,10 IX 36,4
38,25 / + KIM II 142,35 / + ŠIBE I 67,3 II 140,34
— umfallen + ŠTORTR XIII 43,16
— abspenstig machen V 74,25 (vgl. VI 45,16 'sich abwenden' + planasthai)
— PŌŌNE EBOL fortziehen, umziehen I 25,26
— ATPŌŌNE unwandelbar I 51,23 55,14 (+) 115,27 / + ŠIBE (neg.) I 52,32.33
(Subst.) ✠

PRŌ (150 A)

Winter :: ŠŌM (bzw ŠAME) II L 19 52,25-31 (=kosmos, ŠŌM=PKEAIŌN) 77,13 ✠

PEIRE (150 B) PRRE (S), PRRIE (S.A₂)

erscheinen, aufgehen, aufleuchten, (auch Subst.°) I 82,35° 85,29 88,14° 119,
11° (+) 136,26 II 6,12° 13,15° 144,17.22.24 V 5,9° 17,12 VII 1,11 21,13 26,32
28,25 66,18 75,25 112,14 VIII 56,16 XIII 36,5.8 43,10 / + R ŠORP NEI EBOL III
41,3° p IV 52,[11] (p +proerchesthai) / + POYOEIN ETAFRŠORP NEI EBOL III 41,2°
p / + R OYOEIN IV 61,9 p VII 39,1 / + OYŌNH EBOL V 17,12 p (III 90,8) / + lampēdōn IV 7,[4]° p' / + proerchesthai III 41,10° (≠p) / + prophaneia IV 63,[11]°
(PR[RIE]) p / :: HŌTP II 139,24
— PRRIŌOYq leuchten I 54,7 115,26 II 108,6 110,21 VII 47,27 83,10 101,30
105,16 107,6 112,17 VIII 55,18 XIII 36,[7] 39,18 48,13 49,32 / :: HŌTP VI 35,17
● R ŠORP MPRRIE hervorstrahlen lassen XIII 38,1
● PIRE EBOL MMOF MAYAAF (Subst.) der durch sich selbst hervorkommt (vgl. NI-
OYŌNH EBOL MMOOY MAYAAY VIII 122,13 und autogenēs) IV 50,26 (≠p) / + PIČPO
EBOL MMOF MAYAAF IV 50,19 (≠p epigennios)(vgl. VII 66,18 (Vb.))
— PRRIE (Subst.), MA MPIRE° Osten VII 45,8° (::) 46,33 (::)
(PERE RASOY siehe RASOY (166 A)) ✠

PRANŠ (151, bei Westendorf im Nachtrag S. 531) PRAEIŠ

SHAI NSAH PRANŠ Schriftzeichen der Schreiber des Archivs VI 61,20.30 62,15 ✠

ПŌRŠ (152)

(sich) ausbreiten, ausstrecken I 71,23 73,24 (Subst.).25 74,11 II L 113q 108,
23 136,17 III 67,7 VII 66,33q.33 XI 14,29 23,30 / + SOOYTN I 65,6 / + anateta-
menos (P. Mimaut) VI 63,35q ----- IX 73,4q
● PETPORŠq EBOL der Ausgebreitete (Übersetzung des "syrischen" PHARISATHA (von
ﻓﻨــﻴﺴﺎر 'Hostie'?) II 63,23 (Bezeichnung für I(ĒSOY)S=eucharistia)
— trennen (wie PŌRČ) VII 30,31
(ungeklärt: I 98,1 PŌLŠ) ✠

ПŌRČ (153)

(sich)trennen (von), teilen I 14,33 97,37 II 53,16 64,18 68,28 98,22 106,12
III 27,1 (Subst.) 130,8 V 25,15 81,3 VI 17,36 22,20q VII 2,30.34 5,23 6,1.27
7,7.8 10,7 14,12 16,7 17,23 34,29 40,5 45,33 48,22 82,33q VIII 1,10.27 22,[18]
27,8 44,18 (+) 45,20 77,12 133,2 140,24 IX 40.[25.29] 41,3 44,15 X 9,3 25,18
(Subst.) 30,30q 31,16 32,4.[16].17 XI 13.15 27,37 35,34 50,13.29.30 57,26q
68,24 XIII 49,[37]q (::) / + NOYHE I 88,24 96,11 97,20 118,8 / + PŌŠ I 66,38q
VII 13,9 (::) 67,15 (Subst.)(::) / + SOOHE XI 9,[23] / + aphorizein (Gal 1,15)
5,23,4 / + diamerismos (Lk 12,51) II L 16 (Subst.)(::eirēnē) / + diachōrizein
(Gen 1,6) II 101,3.5 / + meris VII 14,32 / + merismos VII 6,9 / :: K[OT=
EHO]YN II 68,24 / :: HŌTP VIII 23,11.12 115,10q / :: HŌTR II 70,10.11-16
(Subst.).20.21 85,31q X 38,2 ----- VIII 68,19 IX 38,2 / :: HŌTR II 70,29
— RESPŌRČ Trennerin XI 26,32 (+) 27,31 (+) / + horos XI 25,[23] 27,(36)(+)
— ATPŌRČ ungeteilt, unteilbar I 58,20 67,24 VIII 64,18 68,22 70,19 (Subst.)
87,18 XI 48,35 60,26 / + ATPŌŠ XI 53,26
— MNTATPŌRČ Unteilbarkeit VIII 75,13 ✠

PAT (154 A)

Knie II 16,34 (+) 17,3 (+).22.23 (+)
● NOČ= EČN N=PAT, QOLČ° PAT niederknien I 15,6° VIII 133,20 ✠

PŌT (154 B)

laufen, eilen, fliehen, (Subst.)° Lauf, Flucht I 9,15q 29,12 35,30 41,7 78,23
86,6.8 118,33 119,2.26° 134,8 II 11,28q (+) 84,29 99,32 128,8 129,1 (::) 131,
14q 132,16q 140,3q.4.19 141,31q 143,2q.6 144,2.40q 145,2 III 34,24 134,10 V
64,29 VI 26,19 32,10 VII 16,23 53,13°.17-30(°) 58,17 78,3 81,27 87,6.22 104,10
110,5-11 131,5 132,3 140,11 IX 34,[10]° 56,1° X 8,22 XI 1,22° XIII 44,12° /
+ EI EBOL III 34,6 p (?)(p' PŌŌNE EBOL) / + pheugein (S. Sext.) XII 27,13q /
:: PŌT NCA (siehe unten) II 143,2 VII 85,31q

ⲡⲱⲧ (155)

● HN OYPŌT schnell I 90,11
━ MA MPŌT Zufluchtsstätte VII 105,31
━ PŌT EHRAI hinaufeilen, hineilen, PŌT ETPE° (oder) EPCA NTPE°, PŌT EPSAHRE°°
hinaufeilen I 78,2 II 30,30 VI 21,28 28,23° 70,19 71,13 77,6° VII 28,27 72,6q
IX 70,17 X 10,1.19q°°.21°° XI 13,35° 32,[38]° 33,36
━ PŌT NSA- hinter... herlaufen, verfolgen I 4,40q 14,19 18,23 29,13.22 30,17
II 94,31 141,35.40q 142,40 V 38,[5] 41,23 (+) 50,10 (+) 84,26 VI 16,16 27,30
29,26 31,20q VII 103,7 (Subst.) 59,23 (+).31 (+) 88,31q XIII 43,17 / + LŌCH
I 9,20 / + ŠINE NSA- II 130,7 / + diōkein BG 59,11 p / :: PŌT II 142,42 143,2
VII 85,32 86,2q.3q / :: ŠŌP VI 13,9 (darum wohl Übersetzung von diōkein 'ver-
treiben') ☥

PŌŠ (155) PŌŠE

teilen, spalten, zerbrechen (auch Subst.°) I 26,14 29,5° (+) 77,21°.23° 103,
[14]q? ([FP]AŠ) 106,23 116,12°.37° 122,31 II 11,7 L 61 b.72 V 26,21 72,15.20
VII 1,14 10,25° 11,1 18,7q 28,27 39,23° 60,6° (+) 62,15.17.27° (+).29° (+)
67,25 120,20 121,10 122,10 123,3.8° VIII 98,3 121,5 XI 6,37 / + PŌRČ I 66,37q
67,15° (::HŌTP) VII 13,8 (::TŌH) / + TŌŠ, merizein II 12,4 p' / :: MOYČQ I
80,[6] / ::ATPŌŠ XI 53,30 (Adj.)(::) / :: TŌH VIII 45,7 / :: OYA VII 68,19q
(::) / :: MNTOYEEI I 34,[27]°.29° / :: OYŌT I 73,30q-32q / :: HŌTB VII 123,
29°.30
━ REFPŌŠE Teiler + meristēs (Lk 12,14) II L 72
━ ATPŌŠ unteilbar, untrennbar I 42,29 94,32 VII 10,32 57,26 66,11 121,31 VIII
2,28 21,10 X 36,2 XI 19,33 51,10 60,36 (Subst.) / :: PŌŠ (Adj.) XI 53,29 (::)
(+ATPŌRČ)
━ MNTATPŌŠ Unteilbarkeit I 74,15 94,30 116,32 128,35 (+) 129,11 (+) VII 67,23
(+) 68,11 (+)
━ NA TPEŠE NSMĒ Halbvokale X 30,19.[24] (::) / + [hēmiphona] X 27,3 (::) ☥

PŌŠS (156 A)

verwirren, fehlgehen lassen II 128,26q 143,28q VII 111,29 / + LIBE II 141,39.
40 / + TIHE II 139,37 / + planē II 53,25 ☥

PŌH (156 B)

spalten, zerbrechen, zerreißen II L 77 b 143,20 VII 4,34 44,9? 47,21 XI 20,37
/ + schizein (Mt 27,51) II 69,36 70,[2] 84,25-85,9 VII 58,28 ☥

PŌH (157 A)

erreichen, hingelangen, ans Ende gelangen I 109,22 117,2 II L 77 a.97 86,32

100,15 132,[34] III 42,18 V 66,6 VI 55,16 56,[5].24q.27 VII 39,7.8 44,9? 49, 16q 71,28q 99,11q VIII 28,9q 115,13q X 5,18 6,6q XIII 40,30 / + <u>pros</u> (P. Mimaut) VI 64,20q
— PĒHq (übertragen) zukommen, angemessen sein V 55,14
— reifen II L 21 b VIII 132,1 / + <u>auxanesthai</u> II 79,[30] ☥

PAHRE (157 B)

Heilmittel, R PAHRE° heilen VI 8,16.19.34° 22,27 27,32 28,12 30,17.33 VIII 139,8 (vgl. 140,11 TALQO) / + SAEIN VI 11,12°-19°.23 / :: ŠŌNE I 3,25° VI 10,32.33°
— Farbstoff + ČŌQE II 61,18 ☥

PŌHT (158 A)

ausgießen, sich ergießen II 77,9.11 104,4 108,19 109,27 111,9.19 126,8q III 21,6 38,9q 139,19 VII 12,33 25,25 ----- XI 27,20q
— PAHT= sich niederwerfen X 9,26 BG 21,[3] / + OYŎŠT II L 15 III 131,17 VI 9,19
● PETH (statt PEHT) SNOF Blutvergießen II 123,10 (+)
(ungeklärt: VII 34,13 (Subst.)) ☥

PEČE- (158 B)

sprach, spricht (hier nur Stellen mit göttlichen/überkosmischen Sprechern)
I 2,28 11,1 12,20 II <u>2</u> (Thomasevangelium) passim 58,10 68,8.9 103,17 III 39,24 BG 21,[13.16] 22,17 48,5 58,4.16 64,16 66,18 68,4.16 69,19 70,11 71,5 79,9 80,4 89,9 98,13 101,8 / + <u>eipein</u> II 57,3 (Joh 6,53) 91,21.24 (Gen 4,6) / + <u>legein</u> II II L 3 (P. Oxy. 654,9)
● PEČE PČOEIS, PČOEIS PEČAF der Herr sprach (oder) spricht I 4,32 6,2.29 13,37 II 55,37 64,9 67,[30] III 125,[10]-146,9 V 26,5.16 29,3.19 31,14 32,16 38,23 40,9 / + <u>legein</u> (Ez 16,23) II 130,12
● PEČAF NQI PSŌTĒR der Heiland sprach (oder) spricht I 2,23.39 4,[2] II 22,12 64,3 135,16 138,4-144,37 III 120,2 125,1.17 VII 73,11 80,8 81,14 BG 79,14 83,4 86,8 87,12 90,3 93,15 100,9 102,14 106,13 107,16 114,18 117,17

RĒ (160 A)

Sonne I 45,38 82,35 II 61,24 144,4.17-24 III 17,1 60,1 (Kain) 68,4 IV 70,2 76,21 V 21,13 22,29 VI 42,15 62,18 VII 58,20 98,23.24 99,10 101,15.31 / + OOH II 110,4.13 122,22.25 126,10 (+SIOY)(Mt 24,29 <u>hēlios</u>) 144,19 / + SIOY VI 46,5
● SA NHŌTP NTE PRĒ Westen VI 75,30 ☥

RO (160 B)

Mund I 31,14 (+) 55,8 100,34 (::) 103,5 (RRO) 105,33 (RRO) 113,18 VI 22,24
29,9 VII 42,19 45,4.12 55,10 59,34 112,34 VIII 139,9 / + LAS I 26,34 (=) 27,2
— (übertragen) Rede II 91,27
— KARŌ=, KŌ NRŌ= schweigen, (Subst.)° KARŌF, MNTKARŌS Schweigen I 37,12q
55,37° 57,5° 63,31° (Plur.) 72,33q 124,19q 128,31° III 43,14° IV 1,3° V 36,15
63,30 VI 14,9° 33,21 58,21°.24q.26q (::) 59,14 73,18 VII 7,16° 13,3°.7°.10°
14,27° 16,37° 17,6° 33,11° 47,28° 127,14.16° IX 69,4 X 4,21q 7,3-25(°q) 8,16.
21.25q 9,14q.16.23q 15,1q 30,18° 53,24° 59,25° XII 46,23° 50,20° BG 123,13°
124,1° / + SQRAHT XI 22,21° / + ŠAČE (neg.) I 56,25q 72,26q VI 60,2 XIII 37,29°
/ + HROK XI 61,21° 63,35° 65,19° / + sigan (S. Sext.) XII 15,[6.14] (::ŠAČE)
32,6 (::CŌ) / + sigē III 42,[2]°.21° p 43,24° (vgl. p) IV 55,[19]° (vgl. p)
56,5° 58,[24]° 60,[26]° XIII 46,13° BG 31,11° p 113,16° p / :: OEIŠ XIII 37,12
/ :: ŠAČE I 75,15 129,24° V 59,19 VI 15,33.35 56,12° (::) IX 44,4 68,30 /
:: HROOY XI 53,35 (::) XIII 35,[35]° (::) 36,3° (::) / :: CO VI 59,21.22° (::)
/ :: logos XIII 46,[6] (::) ----- VIII 123,20
— ATKARŌF nicht verstummend IV 59,12
— TM RŌ= zum Schweigen bringen VII 26,30 45,14

— Tür II L 75 V 55,7.11 VI 6,24 VII 103,12 106,30 117,6 / + thyra (Joh 10,
2.4.7) VI 32,11 VII 106,26
(✠ außer für 'Tür') (vgl. TAPRO (240 B))

ROEIS (162 A)

wachen + grēgorein II L 21 b (vgl. Mk 13,35) 145,8 (Mt 26,41) BG 89,8 (P. Oxy.
1081) / :: NKOTK I 3,11 9,33
— bewachen, wachen über... I 46,32 71,[16] (?) 95,32 VI 25,24 VII 84,26 113,22
XIII 50,16 / + QŌRQ (467 B) VI 30,7 / + phylax VI 62,5
— REFROEIS Wächter VII 87,3
— sich hüten vor... II 31,20 (::HINĒB) ✠

RIKE (162 B)

(sich) neigen, beugen, (ab)wenden, (Subst.)° Neigung, Wendung I 77,22° 106,
13q.14°.18° VI 31,13 VII 79,29 93,32 94,4 VIII 45,25 XI 13,27 / + R SABOL
V 73,8 / + SŌRM I 121,9 / + R HMME VII 94,16 / + klinein (Mt 8,20) II L 86
— MNTATRIKE Unwandelbarkeit, Unerschütterlichkeit I 129,13 / + MNTATKIM,
MNTATŠTORTR I 128,27

REKRIKE (162 C)

Schlaf + HINĒB VII 113,35 ✠

RⲞ̄KH (163 A)

(ver)brennen II 92,17 126,30q 140,(3) VII 29,28 86,23 / + KⲞ̄HT VI 40,12-22;
weiteres siehe KⲞ̄HT (74) / + SATE II 142,2 VII 105,8 / + ČERO II 109,11 139,36
/ + diakauein (Lactantius) VI 73,34 (+KⲞ̄HT) / + katakauein (Mt 13,30) II L 57
— (Subst.) Brand, Feuer VII 53,7 / :: kataklysmos III 61,5 IV 63,6 ✟

RIME (163 B)

weinen II 31,6 106,31.32 (beide Subst.)(+) 131,18 133,11 135,12 (+) 136,29 (+)
137,14 145,6 III 21,1.2 V 32,14 VI 32,19 71,22.27 78,30 (+) VII 19,7 59,34
90,28 XIII 44,11 (+).17 (Subst.) / + HⲈ̄BE I 10,11 II 97,11 126,2 / + klauein,
klauthmos II 136,10 (Subst.).10 (Jes 30,19) 137,21 (Subst.)(Ps 6,9) III 127,
17 (Subst.)(Mt 8,12) / + kraugē (Jes 30,19) II 136,11 (Subst.) / :: SⲞ̄BE III
126,20.22
— RMEIⲈ̄ Träne I 10,7 II 31,6.7 V 32,25 VII 19,8 / + dakry (Ps 6,7) II 137,18
✟

RⲞ̄ME (163 C)

Mensch (unterstrichen: Formeln wie PRⲞ̄ME N-, PRⲞ̄ME NTE-, PRⲞ̄ME ET- (meist
überkosmisch), °der Gott 'Mensch', °°Selbstbezeichnung der Gnostiker) I 3,18
8,5 27,14 30,13 58,30 66,12 74,17 (Adj.) 104,27.31 106,3 107,13.24.29 108,7
115,1 122,30 123,5 125,12 136,16 II 10,35 29,33 L 6 (::).7.12.16-21 b.47.58.
61 b°.82.98.103.107.113 51,29 52,15 54,19.33.34 59,2261,23 63,15 64,18-22.[34]
66,22 72,5.14 74,4 75,22 77,2 78,25.32 79,9° (+) 82,33.34-83,2 87,25.[30] 88,
15 91,7.9.33 (vgl. Gen 4,25 sperma) 92,2 96,27 98,1 105,25 (Etymologie von
Israⲉ̄l, wie ‎ אׁיש ‎) 113,7°-30° 114,15.26.30 115,22 119,4 122,7 (+) 123,8.35
126,1.2 138,20.27 139,24.34.36 140,4.41 141,6 III 21,17° 24,17 26,1°.5°.22
34,7.9 36,24°° 37,14.21 (vgl. p') 38,2°° 49,21 51,6 58,10 59,3° 66,1 67,19
70,3 71,13 72,4.5 77,14.23 {93,8} 128,21 133,19 139,5° 140,6 141,24 IV 60,18°
61,20 21,[22] (=) 62,11°°.19.27°° 63,17 67,3 72,7 76,13°° 77,11 V 22,25 29,23
43,19 61,17 65,7°.16.27 66,5°.18° 69,12 71,6.11°°.24 72,2°° 73,16°°.18°° 74,12
77,6°.9.17 83,1.2°.11 84,25 85,9 VI 2,[1].11.17.[33] 3,31 4,2.19 5,1.7.21 6,33
7,7 8,29-34 18,18 25,7 34,3 37,26 40,25 43,9 44,7 45,2.17 60,21 66,15.24-67,
[2].22 68,1-27 (=) 69,5.19 72,8.22-26 75,31 76,26 78,29.42 VII 28,4.8 29,17
(Adj.) 37,16 40,14 51,34 52,36° 53,4 55,35 59,4 (Eph 4,22) 62,29 71,14 74,10
83,20.31 86,9 89,26 90,9 93,34 95,5 97,5-12.21.[34] 98,6.10 109,28 111,24-27
VIII 8,1-6 43,2 (vgl. 1Kor 15,45).13.[19] 44,1.[5] 45,4 136,22 137,9 IX 3,[6]
33,34 36,27 69,[15] 70,22 XI 1,34 6,[33] 11,38 17,38 20,25.30°° XII 33,8 BG
48,4 52,20 81,14 92,9 93,15° 94,13 98,11° / = EIⲞ̄T BG 100,6° / = PTⲈ̄RF I 122,
34° / + anⲉ̄r (S. Sext.) XII 16,[12.20] 27,[1].6.[8].10 / + anthrⲟ̄pos II L 3
(P. Oxy. 654,22).17 (1Kor 2,9).45 (Mt 12,35).57 (Mt 13,24).63 (Lk 12,16).64

PⲰⲘⲈ (163 C)

(Lk 14,16).65 (Mt 21,33).72 (Lk 12,13).76 (Mt 13,45 M).[78] (Mt 11,8).109 (Mt
13,44) 88,15 (Gen 2,7) 92,3 (Gen 6,1).7 (Gen 6,7)(::TBNⲈ̄) 105,7 (Ez 1,10)(::)
122,28 (Ps 21,7)(::) III 30,7 (Gen 2,24)(::SHIME) 74,5 (P. Oxy. 1081) VI 64,20
(P. Mimaut) 76,[13] (Stobaeus) VII 54,1 (Ps 8,5) 104,1 (Phil 2,7)(::NOYTE) XI
37,34 (Gen 1,27) XIII 40,25 (Gen 1,26) BG 48,12 (dito) / + anthrōpos (S. Sext.)
XII 27,2.17.23.24 28,11.27 29,10 30,5 32,10.14 33,[2.4] (::NOYTE) 34,24 (dito)
/ + sōma III 23,7 p / + humanitas (C. H. II 329,15) VI 73,7 / :: NOYTE siehe
NOYTE (127) / :: NA SA NTPE II 98,23 / :: SHIME II 22,2 69,3 (vgl. unten RŌME
'Mann') / :: TBNⲈ̄ 141,21-28 142,16 VII 86,1.3 (::thērion) 93,18.34 94,1 105,2
(vgl. 105,7) / :: angelos siehe angelos / :: Ekklēsia (Syzygie) XI 19,28.33
30,19.34 31,36 / :: thērion II 55,4° (Christus).10-14 60,16.19 64,13 69,4 71,
24 81,8 (Adj.) VII 28,2 110,12 ----- II 58,31 71,33.34 IV 60,[16] VI 78,9 IX
37,16 38,5.8 40,19.24 59,7 XI 10,11

● RŌME MPSYKHIKOS psychischer Mensch (1Kor 15,45 anthrōpos...) II 88,4.12 115,1
● PLOGIKOS NRŌME der vernünftige Mensch VII 108,16.19 (::NOYTE)
● PRŌME ET(HI P)SA (N)HOYN der innere Mensch (Röm 7,22 anthrōpos...) VI 69,23
VIII 137,22 XII 34,19
● NINOQ NRŌME (...) die großen Menschen (Selbstbezeichnung der Gnostiker) III
59,15 62,18 (p NIRŌME ETNEAY) V 66,10 74,6.21 (pronominal) 75,2.11-24 (dito)
● NRŌME ETOYAAB... die heiligen Menschen... (Selbstbezeichnung der Gnostiker)
III 50,13 51,3 VIII 4,12
● PRMMME, PRŌME NALĒTHINOS°° der Wahre Mensch, PIRŌME N(TE) T(MNT)ME° der
Mensch der Wahrheit (überkosmisch) II 76,1°° 96,33°° (p 123,24°°) 115,8 117,
11°° 118,13°° 122,20°° VII 53,17° 54,7°
● P=RMNAS (jemandes) alter Adam (Eph 4,22) VII 114,18
● PTELIOS NRŌME der Vollkommene Mensch (überkosmisch) II 58,20 60,24 74,19.21
76,22 91,2 (vgl. 121,17 PRŌME NATMOY) III 13,2 VIII 13,11 30,5 BG 22,[9].16
49,6 (p' PŠORP NRŌME NTELEIOS) 71,13 / = Logos II 80,4 / + anthrōpos teleios
... (Iren. I 29,3) III 13,1 (vgl. p'), vgl. VIII 6,[24]
● PATMOY NRŌME, PIATHANATOS NRŌME der Unsterbliche Mensch (überkosmisch) II
103,19° 104,2° 107,26 118,10 120,17 (p 91,2 PTELEIOS NRŌME) 123,92° III 76,23°
(p OYHOYEIT NRŌME) 83,20° 85,10.21° (p.p') 88,6° 89,9° (p) V 8,18.28 BG 95,5
(p°) 109,5 (p°) 113,14 (p°) 115,18 (p°) 121,2.14
● PŠORP NRŌME, PEHOYEIT NRŌME der Erste Mensch (meist überkosmisch) I 105,30
106,18 108,5 (vgl. Röm 5,12) II 110,33 III 7,[28] 78,3.23 IV 61,11 VIII 6,[24]
BG 68,3 94,9 98,16 / :: TŠORP NSHIME II 133,2
● PŠĒRE MPRŌME der Sohn des Menschen (überkosmisch) I 3,14.20 44,23 (ŠĒRE
NRŌME).31 (=PŠĒRE MPNOYTE) 46,15 II 25,1 L 106 (Pȷur.) 63,30 76,1.2 81,14-17
(+PŠĒRE MPŠĒRE MPRŌME) VII 81,13 (vgl. 105,22 PŠĒRE MPNOYTE) 135,17 136,21
VII 63,6 64,12 71,12 IX 30,18 31,7 32,[23] 36,[24] 37,[28] 41,3 60,6 61,[10]

68,11 72,26 XIII 49,19 BG 124,2.6 / + ČOEIS III 131,[20] / + Sōtēr IX 67,7 /
+ hyios tou anthrōpou (Mt 8,20) II L 86 / + Christos VII 65,19 69,22 / ::
RŌME (...) II 76,2.3 III 59,3 85,12 (=Prōtogenetōr)(+PŠERE MPŠERE MPRŌME, Sō-
tēr V 13,13 (fehlt in III))(≠p) BG 47,16 98,12 / :: Pneuma... I 143,14 /
+ Sophia III 81,22
● NŠERE N(N)RŌME die Menschenkinder III 133,14 XIII 49,18 / + RŌME (Plur.) II
29,4 p' / + hyioi tōn anthrōpōn (P. Oxy. 1,19) II L 28
● NŠEERE NNRŌME die Töchter der Menschen (Gen 6,2 thygateres tōn anthrōpōn)
III 38,13 XI 38,35
— MNTRŌME Menschheit, Menschen I 118,14 VII 47,16 53,16 IX 32,21 / + angelos
I 120,1 (+RŌME) XI 38,29
— MNTRŌME Menschheit, menschliche Natur VI 52,10 IX 31,29 / :: MNTNOYTE I
44,26
— PREFŠOPE NRŌME der Menschgewordene I 125,2
— R RŌME Mensch sein VII 108,14
— MAEIRŌME menschenfreundlich, MNTMAEIRŌME° Menschenliebe I 11,31 II 135,27
(+) VI 1,22° 8,23° / + philanthrōpia (S. Sext.) XII 32,17 (+MNTNOYTE 'Fröm-
migkeit')
● RMMPE :: RMMKAH Himmelsmensch :: Erdenmensch II 58,17.18 (vgl. 79,32)
● RMNSNOF Blutmensch (mythisch) = ADAM NOYOEIN II 108,22

— Mann, Erwachsener :: KOYEI II 60,5

— Mann, Ehemann :: MAAY III 35,22 / :: SHIME II 23,8 VII 74,30

— man, jemand, (neg.)° niemand VI 29,33° 39,3 / + anēr (S. Sext.) XII 34,13
/ + tis (Lk 12,13) II L [72]

(folgende Zusammensetzungen sind unter ihrem jeweils anderen Bestandteil
nachzuschlagen: MNTBABERŌME und REFBABERŌME (20), MOYTRŌME (107), MNTŠASRŌME
(206 B), MNTOYAMRŌME (270), HATBRŌME (397 B), MNTHAYRERŌME (404 A). ⳨ außer
Zusammensetzungen mit REF- oder RŌMEF- oder RŌME EF-)

RMMAO (164 A)

reich, (Subst.)° Reicher I 53,17 II L 110 V 47,[7] 52,[10] VI 11,26° 12,5° /
+ eudaimonein (S. Sext.) XII 30,9 / + ploutein (vgl. 1Kor 4,8) II L 81 / + AT-
RPHTHONEI XI 17,35 / :: HĒKE I 48,24° (vgl. Lk 1,53 ploutein) VI 3,14° IX 42,
13 ----- IX 65,3
— MNTRMMAO Reichtum I 57,28 (+) 71,32 73,14 II 30,15 L 85 101,[33] (+) III
67,9 141,16 VI 10,27 11,31 VII 56,15 XI 28,37 BG 88,1 125,3.8 / + eudaimonia
(S. Sext.) XII 34,5 / + ploutein (vgl. 1Kor 4,8) II L 81 / + ploutos (Röm 9,
23) VI 26,9 / :: MNTHĒKE II L 29 VI 15,1 ⳨

ROMPE (164 B)

Jahr I 12,27 49,20 73,32 (+) II 121,18-122,12 III 56,23 68,11 84,[1].5 (+) V
36,[22] 37,24 64,4 67,25 72,8 VI 36,12 38,28 43,20 46,28 XI 30,38 57,31 /
+ eniautos (Gen 1,14) II 112,7 (+) ----- XI 56,22 58,8 ✛

RMHE (165 A)

freier Mensch, frei, R RMHE° frei werden VII 57,32° 59,30° / :: R ČOEIS, MNT-
ČOEIS V 48,17 59,4 ----- V 46,26
— MNTRMHE Freiheit I 71,(33) (+) 118,3 VII 60,23 61,20 64,10 80,20 / + exou-
sia VII 61,11 / :: MNTHMHAL II 143,31 VII 78,15 / :: aichmalōsia I 117,25.28 ✛

RAN (165 B)

Name, Wort, TI RAN°, ČŌ (ČE, ČI) RAN°° benennen I 16,38 17,1 21,27-34 22,2.12
27,18°°.29° 38,6-41,2 (=)(+)(°.°°) 43,21 51,14 54,3 55,4°° 59,24°° 61,14-19
65,9.39 66,9.32.38 67,3.29 70,37 73,9-18 74,4.34 79,7.29 87,12.13 89,9° 94,20
97,31 98,7.13°.14 100,(25)? 101,23 102,9 106,7 107,29 110,1 124,15° 127,34.35
129,18 134,20 II 11,16 12,27-33(°) 24,24 31,9 53,23-54,15.21.23 56,3-8 59,12.
13 62,10 (+) 64,25.27 (der Christenname) 67,19.22 72,23 88,16.23 (p 120,23)
101,25-34 102,7.10 106,30.32 107,2-23(°) 115,3 128,[32] 140,12 (Synekdoche:
'euer Name' für 'ihr') III 11,14 13,4 (vgl.p°, Iren. I 29,3: kalein) 15,22°
(vgl. p') 16,20 17,6-21 (≠p') 18,25° 25,9°.11 43,19.24 54,7 57,[1] 60,18 65,23
66,22 67,21 68,7 (der Gottesname) 69,12 72,1.2 76,24 77,3 78,2° (≠p' BG 96,9)
82,[1]-18 85,4°-5 86,9° 87,2-11(°) 88,1°.8° IV 55,15° 60,5 61,6 (p + onomazein) 78,14 V 4,9°.15 5,8° 6,19° 8,13°.[16]° 9,[2].23° 11,14 14,16 18,6 24,23
27,12° 32,3 55,27 65,7 72,6 77,19 83,6 85,12° VI 1,30 5,9.16.17 6,16-34 9,4-
14 10,6.26 11,1 12,12 14,15 19,33 20,[8].32.33 21,9.11 36,16 53,13° (+) 61,9
62,13 VII 32,31.[36] 44,16 45,6 53,6 54,9 59,26 62,36° 36,5°.28° 71,17 74,13.
17.28° 78,17 79,24° 80,7 102,16 119,21.22 125,26° VIII 6,[7] 7,2.10 8,2 17,4
25,22 26,1 53,26 88,14 93,1° 119,3° 139,7 IX 5,1 15,8 16,13.[14] 29,5 34,6
X 25,8 31,12 XI 12,16.[22].31.32 XIII 35,6 37,7.27 49,30 BG 19,17 24,6° 28,1
49,7°.7 60,15° 95,12 98,4° 99,6.10 104,7° 120,8°° 124,11 / + MOYTE (sehr häufig, nicht vermerkt, + ČŌ ebenso) / + onoma I 143,10.11 (Phil 2,9) II 79,9.10
(dito)(+onomazein) 134,18 (Ps 102,1) VI 63,36 (P. Mimaut) VIII 140,19 (Joh 1,
12) XII 16,[8] (S. Sext.) / + onomazein III 86,13°.16 / + onomasia II 127,20
V 6,16 p (III 77,11) ----- II 62,35 72,33 VI 7,7°
— MNTTAEIREN Benennung (Übersetzung von onomasia?) + lexis I 39,5
— ATTI RAN EROF, ATČI (ATČE) RAN EROF°, ATCŌ MPEFRAN°° un(be)nennbar I 40,16
73,3° III 40,14 72,35 IV 54,[17] (vgl. [p]°°) VII 67,11 XI 54,37 / + ATŠAČE
MMOF I 65,2° V 24,19.21 VIII 74,21 XI 47,19 BG 24,4°° (vgl. p') / + aklētos

IV 65,[11] p 73,[9] p / + ATR NOI MMOF I 59,21.33°.33 / + ATONOMAZE IV 65,25
p 67,6 p 77,6 p ✠

RPE (165 C)

Tempel I 134,4 II 102,17 (+) 123,11 (+) III 88,16 (+) V 61,22 VI 34,8.14 70,9.
34 (::) 78,17 VII 70,15 106,10.12 (::) 109,15-30 VIII 139,6 X 34,21 BG 53,13
/ + OYŌPE VI 61,19 (vgl. 62,4) / + hieron BG 19,10 (vgl. 20,5 und p' zu 20,5)
/ + naos VII 58,27 (Mt 27,51) 109,26 (1Kor 3,17) ✠

RRO (165 D)

König, R RRO° herrschen, Oq NRRO°° König sein, herrschen I 3,27° 10,5° 48,25
87,23 117,27.30°° II 58,15 (RO).16 93,26° 97,5 125,4.12 126,5 127,8°° 145,14°.
14 III 17,18° (vgl. p.p') 56,24° 57,10° 58,5° 77,18° (+) V 56,4°.5 71,3° 74,21°
VI 8,32 45,9° VII 2,7°° 10,14° 22,4° 45,7° 80,11°.15°.16°° 91,27° 96,10.25.30
(+) 111,15.17.18 115,14°° (+) 117,10 IX 70,4 XIII 39,6 40,24° 41,14°° 43,17
(+) / + NOYTE I 100,29 (+) III 77,2.3 VII 100,30 / + ČOEIS I 100,13 (+) II
133,19.24 / + archein II 142,32°° / + archōn I 121,18 / + basileuein II L 1°
(P. Oxy. 654,8, Clem. Alex., Strom. V 14,96,3).81° (vgl. 1Kor 4,8) / + basileus (1Tim 1,17) I 143,12 / + megistan II L 78 / :: archiereus (vgl. Hag 2,
1-9 Sach 4) II 111,3 ----- V 49,2
▬ MNTRRO Königreich, Herrschaft (°Abkürzung für 'Reich Gottes') I 12,31°
(vgl. 12,22 MNTRRO NMPĒYE) 14,8°.16° (+) 93,5 96,36 101,31 (+) 102,21 (+)
108,10 132,3.17 133,13 (+) 134,27 144,[5] (vgl. Mt 6,13 M basileia) II L 21 b
(zu tilgen?).22°.46°.82° (::).107° 104,23 106,9 127,12 III 23,2 (::) 75,18-21
81,12 85,16.23 (+) 88,14 (+) V 8,21 71,3 73,27 74,16 76,25 77,28-78,27 VI 7,11
15,9 45,27 55,25 VII 74,7 107,5 IX 30,29 X 6,18 BG 43,20 (::) 100,16 125,9 /
+ MNTNOYTE II 101,32 (+) III 77,13 78,[1] (p V 6,17 + MNTČOEIS) / + basileia
(P. Oxy. 654,11) II L 2 / + basileia tou theou (P. Oxy. 1,7) II L 27° / + basileia tōn ouranōn II L 2 (P. Oxy. 654,15, vgl. Lk 17,21 besileia tou theou).
49 (Mt 5,3).109 (Mt 13,44)
● TMNTRRO MPNOYTE das Reich Gottes, TMNTRRO NMPĒYE° das Himmelreich, TMNTRRO
MPEIŌT°° das Reich des Vaters I 2,31° 3,34 6,7.(17)(°?)(aus MNTRO MPMOY zu
korrigieren) 7,23° 8,25° 9,35° 12,15°.22° 13,18°.29°.35° II L 97°°-99°°.113°°.
114° 57,21° 72,19° 74,24°.26° VI 7,19° / + basileia tou theou II L 54° (Lk 6,
20) 56,[39] (1Kor 15,50) XII 27,[10] (S. Sext.) / + basileia tōn ouranōn II
L 20° (Mt 11,31).57°° (Mt 13,24).76°° (Mt 13,45).96°° (Mt 13,33) ----- II 70,
36° 74,33°
▬ ATRRO, ATR RRO EHRAI EČŌ=° königslos, herrschaftslos I 100,9 (+) II 125,2.6
V 82,20°

PⳢCOY (166 A)

— MNTATRRO Königslosigkeit, Herrschaftsfreiheit II 127,14
(RRO I 103,5 105,34 gehört zu RO (160 B)) ☩

RASOY (166 A)

Traum, PRRE RASOY° träumen I 29,10 30,4 82,28°.36 II 132,22 VI,40,1 VII 75,2.3
----- IX 65,1

RĒS (166 B)

Süden II 69,18 (::) 143,3 (::) VII 44,27 (::) 46,34 (::) ☩

RAT= (167)

('Fuß', übertragen) Grundlage VI 40,9
— ATNRATF, ATQNRATF, EMAYŠ NRATF°, EMPOYŠ QNRATF°° unzugänglich, unerforschlich II 139,33° VI <u>26</u>,25 (Subst.) <u>35</u>,7 (Subst.)(::) VII 7,29°° 28,38 (::) IX
40,28 65,21.25.26 XIII 39,11 / + ATAMAHTE, ATHETHŌT I 53,1 / + ATNARĔCF VIII
65,16 / + ATMEEYE EROF III 68,18 / + ATTAHOF I 54,20 (+AMAHTE neg.) / + ATHET-
HŌTF VII 116,22.24 (+) ☩

RŌT (168)

wachsen (lassen) I 41,18 (+) II 144,27q.29q XIII 44,20 47,28 / + <u>phyteuesthai</u>
(Ps 1,3) II 140,17q

ROOYT (169)

sich freuen VII 21,16 79,18 / + RAŠE, OYNOF I 122,22.28 / + SŌBE VII 81,11.16
/ + TELĒL, <u>terpesthai</u> III 105,24 (p BG 101,13, p' III 81,15) 113,25 (p BG 116,
18 p' III 89,21) ☩
(Qualitativ von OYROT (276 A))

ROOYŠ (170 A)

sorgen, (Subst.)° Sorge, FI (P)ROOYŠ°° sorgen I 5,32°° 6,12° II <u>18</u>,23 (+)(::)
25,28 (vgl. p MRRE bzw. SŌK) 115,24° (+) 136,[36] 141,13.39 (+) V 28,10°° VI
6,4°° 10,19°° 78,19 VIII 25,8°° 43,4°° X 1,25°° (+) / - TI HTĒ= II 25,29°° p'
/ + <u>kēdesthai</u> (S. Sext.) XII 29,[26]°° / + <u>meletan</u> II 25,29 p' / + <u>merimna</u>
(1Pt 5,7) VII 89,16 / + <u>merimnan</u> (Mt 6,25) II L 36°° / + <u>perispasmos</u> II 29,34
p' (+) / + <u>pronoein</u> (S. Sext.) XII 32,18°° ----- VI 1,8
— MNTČAEIROOYŠ Fürsorge I 85,36 (+)
— ATROOYŠ sorgenfrei, MNTATROOYŠ° Freiheit von Sorge III 121,17° VI 8,5 (+)
----- III 143,1° ☩

RAŠ (170 B)

RMRAŠ mild, sanft VI 24,27 (::) VII 2,5 (+) X 35,21 / + HARŠHĒT VII 118,4 /
+ chrēstos II L 90 (vgl. Mt 11,29 prays)
— MNTRMRAŠ Milde + prays (S. Sext.) XI 28,[1] ✠

RAŠE (170 C)

sich freuen, (Subst.)° Freude (unterstrichen: OYRAŠE NATŠAČE EROF 'unsägliche
Freude') I 18,28 23,35° 25,32 (::) 86,12° (+).24° (+).33° (+) 88,16.20° 90,23
93,21 123,9° II L 84 111,13 115,28 118,9 125,11° (+) 133,11 142,38 III 35,22
90,10° 129,[15] 133,16° V 57,19.19° VI 4,34 8,4° 24,29 29,19 30,[9] 57,28
58,31 59,[1] VII 3,33° 9,16 15,23 19,22 26,2° 42,5 72,23° 87,8° 104,18° 113,
24.30 (::) 124,17 VIII 135,26 139,5 140,20° IX 39,33° 68,26° XIII 47,30 BG
78,2° 122,16° 127,3° / + ALĒL I 59,31° 93,8° (+OYROT) VII 16,11 / + ROOYT
I 122,22.28 (+OYNOF) / + SŌBE II 143,23 VII 53,32° 82,31° / + TELĒL I 10,39
III 76,2°.5° 81,14°.16° 89,19° V 8,20° VIII 133,11° XI 15,33 / + OYNOF I 55,
16° / + apolausis I 93,29° / + hilaros I 11,11 14,3 / + terpesthai BG 101,3 /
+ chairein I 32,3 (Mt 18,13) III 70,2 p (V 1,3) VI 64,15.16.17 (P. Mimaut)
XII 33,23 (S. Sext.) / :: HĒBE VII 114,13° ----- III 123,14 ✠

RŌŠE (170 D)

genügen, angemessen sein, (Subst.)° Genüge, Fülle, volles Maß I 4,14° 8,4
61,22° II 121,6 VIII 25,6 27,24 30,12 X 25,25 39,19° / + autarkeia (S. Sext.)
XII 29,12 ✠

CA (173)

Gegend II 99,20 (aufs Chaos bezogen) VIII 68,23
— SA SA NIM überall VIII 87,17

SEI (174 A)

satt werden, sich sättigen II 132,29 / + chortazestai II 137,19 (Mt 5,6) VI
44,7 (Apk 19,21)
— (Subst.) Sattheit, Überdruß XI 9,35 /+plēsmonē BG 65,16 p (≠p')
— ATSEI unersättlich, MNTATSEI° Unersättlichkeit I 58,27 II 18,29° (+) 25,
32° (≠p') 140,25 143,16 ✠ (vgl. TSO (246 A))

SO (174 B)

schonen, (Subst.)° Schonung, TI SO°° (ver)schonen I 5,21°° V 57,23.23°° 70,10°°
/ + NA (116 B) III 122,21°° / + pheidesthai (S. Sext.) XII 31,20°° ✠

SŌ (175 A)

trinken II L 108 75,20 109,28 VI 40,29 VII 56,7 (vgl. Mt 27,48) 88,33 107,32
(Subst.) 108,2 BG 57,6 (lies TI OYO?) / + TIHE II L 12 / + pinein (Lk 5,39)
II L 47 / :: OYŌM II 57,4.8 (Subst.) IX 5,4.5
— QINSŌ Getränk :: QINOYŌM III 40,2 (p.p' SŌ (Subst.))
(MNTSAY HAH NĒRP siehe ĒRP (46)) ☩
(vgl. TSO (246 A)

SBO (175 B)

lernen, kennenlernen I 43,26 47,16 53,34 54,15 / + EIME II 76,21
— SBŌ Lehre, Einsicht, Klugheit, TI SBO° lehren, ČI SBŌ°°° Belehrung empfangen I 8,5 (SEBO) 20,28 23,20° 86,[2] 94,4 100,18° 104,22 116,20 119,3° II 1,1
134,32 140,10 141,21 144,38 V 7,8 (+) 65,15°° VI 10,5°.15°.26° 16,28°° (::)
19,27°° 20,27°° 43,20° 44,16° 64,7 73,11° 74,36° VII 29,14 44,15 60,22.26
64,1.30.35 68,14°° 84,15 87,32° 88,23 113,29 115,29° VIII 132,20° 137,24°
139,7° IX 74,29° XI 9,[20]°.26°.27 (+) 37,31 (+) 50,11.16 52,26 / + SOOYN
I 19,31°° / + gnōsis, sophia I 85,17 / + epistēmē VIII 119,3 (+sophia) 120,22
(vgl. 120,14) / + logos, sophia VI 44,19 / + paideia, paideuein VII 87,4-13(°)
/ + phronēsis IV 64,6 p (+) V 3,12 p (III 73,10)(+MNTSABE BG 86,19)(+) 11,10.
11 p (III 83,7)(+) 15,5 p (III 87,13) / :: TAMO V 56,1°° / :: TSABO I 21,2°°-
5°° VII 87,19.23 XIII 37,18 ----- IV 57,8
— MAEIČI SBŌ lernbegierig + philomathēs (S. Sext.) XII 33,26
— MA NČI SBŌ, MA NTI SBŌ° Schule I 19,19 123,12 VI 71,33°
— ATSBŌ ungelehrt, unwissend, MNTATSBŌ° Unwissenheit, Unvernunft I 29,8°
53,39° 103,9° II 65,13.15 140,12 VI 16,28 (::) VII 60,30 87,20° (+) XI 52,27
/ + MNTATSOOYN VII 59,2° / :: gnōsis VIII 130,7
— PIATTI SBŌ derjeneige, der keine Belehrung braucht III 90,8

— SABE klug, weise, MNTSABE° Klugheit, Weisheit, R SABE°° klug sein, weise
sein II L 76 80,27 (+) 126,18 140,2 (Subst.).41 141,41 III 28,[24]°° (vgl. p)
37,3° (vgl. p' MEEYE).6 (dito) 125,17 (Subst.)(+) VII 24,33° 62,2° 76,7°°
79,1° IX 43,16° BG 52,13 / + MEEYE III 70,8 p (V 1,9)(+philosophos) BG 52,9°
p (+MNTRMNHĒT p').13 p' 86,19° (p' III 73,10 phronēsis) 112,14° (+phronēsis,
vgl. p' III 87,16) / + MNTRMNHĒT II 93,9° VII 111,31 (+sophos)(::SOQ) /
+ phronimōtatos (Gen 3,1) II 114,3 118,25 IX 45,31 / :: LIBE VI 72,21 / :: AT-
HĒT VI 15,30 (::) / :: asophos III 93,15 p' (BG 82,7)(::SOQ p' III 71,4)
----- IX 61,3° (+gnōsis, sophia)

— SBOYEI Schüler II 138,35 VI 8,17 ☩
(vgl. TSABO (246 B))

SŌBE (176 A)

(ver)lachen, lächeln, (Subst.)° Gelächter, (Gegenstand des) Spott(s) I 3,38
88,29 (Adj.) II 65,15 74,26.36 89,23 112,27 113,13 116,26 142,22 143,23.23°
III 29,4 36,[17] V 60,21° VI 3,31 15,2 58,32 65,33 (Adj.) 72,32° VII 53,32
54,3.13° 56,19 60,13°.14° 62,27°-64,39 BG 45,7 58,4 68,3 79,14 / + ROOYT VII
81,12.17 82,6 / + RAŠE VII 83,1 / :: RIME III 126,[20].24 ✠

SBBE (176 B)

beschneiden, (Subst.)° Beschneidung II 82,[28] / + peritomē (Röm 3,1) II L 53
(° und q)
● SBBĒT= :: ATSBBĒT=, SBBE° :: MNTATSBBE° beschnitten sein :: unbeschnitten
sein, Beschnittensein :: Unbeschnittensein (vgl. Gal 5,6 Kol 3,11 peritomē ::
akrobystia) I 132,25°.26° VI 45,19°.21° IX 5,5.6 ✠

SBOK (177)

klein sein, wenig sein I 81,1q (+) VII 44,6 54,24q 60,30q XIII 43,12q / + KOYEI
VI 17,27q VII 54,11q / + THBBIO XI 10,27 / + ŠŌŌT I 36,9q (+TSBKO) XIII 44,16q
/ :: makros X 29,28q ✠
(vgl. TSBKO (246 C))

SOBTE (178 A)

bereiten, (Subst.)° (Vor)bereitung, Erschaffung, Bereitetes I 11,26 17,17.32
21,24 84,25q 96,14 105,7° 134,9° 137,19° II 25,6 60,25 III 23,9 58,23° 141,23q
IV 71,12 74,26 V 20,8 (korrupt) 21,20 24,29 VI 13,34 19,31 36,26 41,30 43,9
47,17q VII 18,8q.21 42,11q 50,25 51,1.11.13q 117,14 XI 57,29 68,33 XIII 42,1
BG 25,5 (vgl. p) / + TSAEIO I 104,18° / + poiein (Lk 14,16) II L 64
— herrichten, schmücken II 24,1 / + kosmein II 132,26
— SOBTE MMO= E- sich anschicken, zu VI 1,18
— (pejorativ) fertigmachen? II 143,21
● R ŠORP NSOBTE vorher bereiten I 96,6 104,28 (+TSANO) III 5,22 (vgl. p) ✠

SAEIE (178 B)

schön, (Subst.)° Schönheit, MNTSAEIE°° Schönheit I 17,20°° (pejorativ) 55,24°
90,35° (::) 130,14 137,5 (+) 140,22° VI 2,18 31,4° 32,7°° 47,16°° X 32,24°
XI 47,(38) 64,5 / + NESO= III 67,5°° / + kallos II 130,17°° (Ez 16,25) 133,32°°
(Ps 44,11) ----- III 131,2° XI 7,32°° 65,18°°
— SA schön sein, (Subst.)° Schönheit, MNTSA°° Schönheit I 91,7° 138,9q VIII
5,3° BG 56,5 / + NESO= II 67,9°° 109,7° (+charis) ✠
(vgl. TSAEIO (247 B)

CⲀⲈIN (179 A)

SAEIN (179 A)

Arzt, R SAEIN° Arzt sein, als Arzt wirken, heilen I 35,30 II 89,16 114,6°.10
VI 8,15 / + PAHRE II 11,11°.16.18 / + iatros (P. Oxy. 1,33) II L 31 (+thera-
peuein)
━ MNTSAEIN Medizin (als Kunst) VI 9,(31) (XI 47,38 lies MNTSAEI(E)) / :: MNT-
MOYSIKON, MNTHRĒTOR, MNTPHILOSOPHOS I 110,14 ✠

SOEIT (179 B)

ATTI SOEIT unbezeichenbar + ATMAEIN, asēmantos III 41,20 p
(MNTSAEIT VI 9,31 lies MNTSAEI(N)) ✠

SOEIŠ (180 A)

Paar VI 65,28 VII 86,14 / + dyas XI 22,25.26
━ Paargenosse, Gatte V 36,3 / + HAI, HOOYT II 29,27 p'
━ Zwillingsbruder II 138,8 (+) VII 39,2 (übertragen) ✠

SOEIŠ (180 B, bei Westendorf im Nachtrag S. 536)

sich ernähren II 60,21 79,[27] / + trephesthai II 55,10 ----- II 58,[30]-59,1 ✠
(wohl Nebenform von SAANŠ (191 A) - vgl. PRAEIŠ/PRANŠ (151))

SŌK (180 C)

(an)ziehen, veranlassen, (pejorativ)° verführen (o. ä.) I 20,28 21,13 32,12
43,12.26 36,28 45,36 68,26 72,5 76,31 78,24 84,17 86,21 88,32 90,12 98,29°.33°
(Subst.) 112,6 118,1° (SŌK EPITN) 136,19° (dito, Subst.).20 II L 114 140,29°-
36° (140,34 Subst.) 144,14° III 35,8° 39,3° 140,5 V 84,19° VI 31,15°.23° 33,13°
46,14° (SŌK EPITN) VII 4,18 5,31 80,28 IX 32,14 XI 13,25° / + AMAHTE IX 68,[2]°
/ + MRRE BG 65,11° (Subst.)(vgl. p' ROOYŠ) / + aichmalōtizein I 17,34° / + anabibazein (Mt 13,48) II L 7 / + helkein II L 2 (P. Oxy. 654,10) 135,2 (Joh 6,
44) / + planasthai BG 67,16° / + peithein, protrepein I 13,32
━ (intransitiv) ziehen, sich fortbewegen I 29,18 / + poreuesthai (Joh 10,4)
I 22,21
━ (intransitiv, vom Wasser) fließen SŌK EČŌ=° überfluten VI 29,9° 77,22
━ (intransitiv) SŌK HĒT= vorangehen, führen VI 73,8 (vgl. C. H. II 329,16
compellere) / + hēgemōn (S. Sext.) XII 15,28 / + hodēgein (Mt 15,14) II L 34
/ + proēgeisthai (S. Sext.) XII 15,[4] 31,16
━ (intransitiv) SŌK NSA- folgen I 51,14 (übertragen, im logischen Sinne) ✠

SOLSL (184 A)

trösten, (Subst.)° Trost, REFSOLSL°° (fem.) Trösterin I 125,21 II 114,11°° VI
13,27° VIII 128,13 ✠

SLAATE (184 B)

straucheln I 33,2 85,33 (Subst.) / + sphallesthai VI 65,1 (P. Mimaut) BG 68,19
(Subst.) p (+SŌRM p') / + sphalma (Hippolyt, Ref. VI 36,1-3) II 71,20 (Subst.)
✠

SMĒ (185 A)

Stimme I 22,2 31,15 64,9 119,3 124,20 II 7,21 (vgl. p') 82,20 87,1 88,16 92,33
(+) 94,23 97,19 107,20.21 III 55,7.8 59,1.5 136,7 IV 79,12 V 61,13 83,9 84,4.
10 (+) VI 2,30 (+) 3,14 4,[1] 20,32 73,16 (::) VII 12,9 40,7 53,28 73,4 108,30
VIII 26,8 134,13.15 135,3 137,18 138,21 139,13 IX 27,26 X 25,13 28,[27] 29,19
30,22 XIII 37,22 (+) 44,29.30 46,9 BG 47,14.19 / + ŠAČE I 133,5 II 100,23
103,34 III 70,23 71,7.9 IV 52,22 V 60,9 VII 119,28 IX 27,16.19 (::) 42,2 /
+ HROOY I 23,5 II 89,29 (SM(OT) zu lesen?) p (117,7) IV 59,10 VI 14,12 VII
11,11 XIII 42,7.15 43,21 44,3 45,10 46,31 (+logos) 47,[11] (vgl. 47,8.11) /
+ TI HRAOY (Vb.) I 61,15 / + phōnē I 15,12 (Ex 19,16, vgl. Hebr 12,19 ēchos)
II 90,22 (Gen 3,10) 91,25 (Gen 4,10) 136,10 (Jes 30,19) IV 63,[6] p
● TSMĒ ETOYAAB die heilige Stimme (für ein Zitat aus dem AT) II 114,18
━ NETE OYNTOY SMĒ Vokale (Übersetzung von phōnēenta), NETE MNTOY SMĒ° Konso-
nanten, NA TSMĒ SNTE°° Diphthonge X 26,7°°.20.21°° 27,1°.6° (::) 28,3.5°°.17°°.
20 29,1°° 30,5 (::symphōna).28 31,8.10°°.21 (::NETRSYMPHŌNI) 37,22°°.[22] (NA
TSMĒ NHAPLOYN) 38,18 (::NETRSYMPHŌNI) 39,6 (dito) ----- X 26,27
(NA TPEŠE NSMĒ 'Halbvokale' siehe PŌŠ (155))
━ ČI SMĒ hören :: AŠKAK VI 19,35 ✠

SMOY (185 B)

segnen, preisen, (Subst.)° Segen, Lobpreis, TI SMOY°° preisen II 134,26 III
50,18° IV 54,15° (p°°) 55,16° 56,[8]° 57,[13]° 60,[22]° 61,24° 65,9° 67,[4]°
(p°°) 73,8° 79,12° V 18,15 23,2q VI 57,10° 59,20° (lies <S>MOY).23 60,9°.12.
14° 60,17 61,8 VII 33,3q 70,21q 118,25.29° 119,5,13.14 120,16,29 121,1.2
122,4 124,25.33.35° 126,18 127,18.30 VIII 3,17° 6,21 7,9.16 13,1 44,24° 129,9
136,4.7° XI 54,26 58,38 XIII 38,22 39,12 40,2° BG 96,9 (vgl. p.p') / + EOOY
I 90,26° 138,18° II 103,7 106,3 III 13,12 136,15.16° IV 59,9 (+HŌS) VII 82,14
124,12 (+ŠP HMOT) 126,24.29 127,11 / + SOPS, parakalein II 14,3° p' / + TAEIO
VI 18,21 (::) / + TELĒL X 8,4.[8].9 / + OYČAI V 42,[17]° / + ŠP HMOT VIII 138,
9° / + HŌS III 55,6 / + eulogein (P. Mimaut) VI 64,2 (+TAEIO) / + hymnein,
hymnos I 15,19° (+TELĒL) / :: SAHOYE II 91,5 (p 120,10) ----- VI 55,4

CMMЄ (186 A)

— REFSMOY Segenspender (überkosmisch) VIII 112,16 126,18 ✠

SMME (186 A)

TI ANSMME gebieten :: ČI ENTOLĒ V 49,12 ✠

SMINE (186 B)

errichten, bereiten, befestigen, gründen, (Subst.)° Gründung, Bau, Festigkeit
I 30,2q (übertragen: 'wirklich')(::) 52,13q 58,18q 75,33° 91,12°.24q 92,23q
93,6q 99,13q 109,10 (::) II 53,26-35q (::) 61,21q 102,35 103,3 104,23 140,2.4
III 23,18 142,21q VI 17,23 45,26 66,8q.9q 72,38 VII 62,6 70,16 IX 34,7q XIII
43,26q / ✛ TAHO I 91,17q 115,32° / ✛ ATŠBT= I 17,26q / ✛ keisthai (Mt 3,10)
II 83,12q / ✛ stasis I 26,17° (::KIM, ŠTORTR) / :: ŠTORTR I 80,17° (✛MTON)
➖ (reflexiv) sich befinden I 29,9 (✛)
➖ ATSMINE instabil I 80,32
(SMN SNTE siehe SŌNT (190)) ✠

SMOT (187 A)

Gestalt, Art I 23,27 31,6 (übersetzt wohl toioutos oder homoiōma) 34,8 48,32
53,21.27 (✛) 54,14 55,1 63,9 88,29 93,23 97,7 99,33 106,9.16.17 108,26 109,30
116,31 132,14 II 2,4 89,(29)? 129,3 III 78,22 V 54,20 59,2 VI 8,15 66,19 72,14
76,32 78,14 VII 94,15 XIII 40,6 42,1 49,37 BG 61,1 / ✛ EINE (50 B) II 10,4 p'
(✛morphē p')(::) 13,1 (✛typos p') VII 15,14 XIII 42,17 (vgl. 42,25) BG 74,12
p' / ✛ KOTS III 61,18 p / ✛ MINE I 72,35 / ✛ RĒTE I 113,4 / ✛ eikon, morphē
I 116,31.38 / ✛ morphē II 2,[7]? (vgl. p') X 25,6 BG 79,1 (vgl. 78,13) / ✛ homoiōma (Gen 1,26) XIII 40,25 (✛eikōn) / ✛ schēma X 25,25 / ✛ tropos (S. Sext.)
XII 34,8 / ✛ typos BG 48,3 p' 48,9 p.p' (✛EINE, eikōn) 51,10 p
➖ ČI SMOT Gestalt annehmen ✛ EINE VII 5,5 / ✛ typos III 113,15 p (BG 116,3)
➖ ATSMOT gestaltlos II 10,6 (✛EINE, typos p')(pejorativ) III 67,18 (meliora-
tiv)

SŌMT (187 B)

warten I 34,37q-35,3q 42,14q ✠

SINE (188 A)

herumgehen, vorübergehen, durchschreiten° (vgl. Hebr 4,14 dierchesthai) I 20,
36 IV 59,2° V 52,19 76,8 VIII 4,13° 5,17°.18°.29° 8,10° 46,30° / ✛ OYŌTB IV
74,[17]° p ----- V 39,8
(SL LAHL siehe LAHLEH (82 B), SM MPŠA siehe MPŠA (98)

━ SOONE Räuber BG 94,18 104,12 121,3.16 / + lēstēs III 26,[22] p' ✠

SON (188 B)

Bruder, SŌNE° Schwester (unterstrichen: übertragen-religiöse Bedeutung) I 1̲,
[2]? 9̲,10 43̲,5 50̲,2 58,6 (::) 75,7 81,32 (::) 86,31 90,24 II 23,20° L 25̲ (vgl.
Lev 19,18 Mt 19,19 ho plēsion) 53,16 58,26 (::) 61,10 67̲,23 104,12° 132,8 (::)
133,6 (::) 134,27 138,4.10.19 145̲,20 II 21,4 (vgl. p' plērōma) 77,6 (::) 120̲,4
131,19.22° 132̲,10 135̲,8 V 24̲,13.14 46̲,22 48̲,22 50,12.17.23 (::)(lies <ŠN>SON
'Brudersohn'?) 51,[5]? VI 13,31° (::) 23,11.15.22 24,18 52̲,28 53̲,8.27.29 54,21
VII 50,27° 65,26 68,31° 79̲,12 98,3 VIII 132̲,13.15.16 133̲,6 139̲,13.21.28 IX
1,11 27̲,7 XI 15̲,24.38 XIII 47̲,23.31 49̲,23 BG 19,8 54,[1]° (ŠBRSŌNE p) / + SBĒR
VI 2,35 3,[2].6.9 VII 90,27 (::) / + adelphos, adelphē II L 26 (P. Oxy. 1,4,
Mt 7,3).55 (°)(Lk 14,26).72 (Lk 12,13).99 (Mt 12,27) 59,8°.10° (Joh 19,25)
91,21-26 (Gen 4,8) XI 38,25 (dito) XII 29,6 (S. Sext.) / + ŠBRKOINŌNOS (Wie-
dergabe von synkoinōnos?) XI 9,31 (vgl. Mt 12,49 adelphos) / + Š<B>RMELOS XI
16,31 / + SBĒR MPNEUMA VII 70,9
● NASNĒY meine (Jesu) Brüder (Bezeichnung der Gnostiker, vgl. auch die oben
unterstrichenen Stellen) VII 62,32 63,2-64,27 (63,9 + NAŠBR NGENOS, Wiedergabe
von hoi syngeneis mou)
━ ŠBĒR NSON Mitbruder XIII 50,[8]
● TNŠBR SŌNE unsere Mitschwester (die Sophia) III 14,9 25,20 (+ SŌNE p)
━ MNTSON Bruderschaft, MNTSŌNE° Schwesterschaft (abstrakt?) VII 66,31° (+ MNT-
EIŌT) 67,4 (dito) 79,1.10°
━ MNTMAEISON Bruderliebe I 50,16 85,31 96,38 VII 62,21 ✠

SOONE 'Räuber' siehe SINE (188 A)

SNTE (189)

Fundament II 14,26 30,19 IX 70,26 XIII 43,9
● SMN SNTE Fundament legen IX 70,5 ✠
(vgl. SONT (190))

SŌNT (190 A)

schaffen, (Subst.)° Schöpfung, Geschöpf I 109,[1o]° 135,[9]° II 84,15° 106,18°
109,8°.15° 111,25 114,20° 118,19 123,6 125,21 138,[41]°? 139,3° III 72,2°
(vgl. p SŌTE).5° V 23,27° VI 56,8 59,34 69,15 VII 50,3° 75,24° 100,13° 116,9°
VIII 19,11 (SENTE) XI 63,[8] XIII 35,12° 42,13° 47,26 49,36° BG 46,8 53,11°
104,11° (vgl. p SŌNH) / + TAMIO III 77,19°.19 (+ ČPO p V 6,22) VII 53,8 (::TA-
KO) / + ČPO II 81,18-[32](°) VII 20,8 83,34° / + dēmiourgein, ktisis XI 35,[11]-

CNAY (190 B)

30(°)(::ATSŌNT) / + <u>kosmos</u> II 52,19 VII 77,7° XI 42,[17]° BG 20,20° / + <u>kti-</u>
<u>sis</u> BG 44,10° p' / + <u>plassein</u> BG 97,16 / + <u>poiein</u> VII 20,21 (Gen 1,1 2,4) XI
38,39 (Gen 6,6)(+kosmos)
▬ REFSŌNT Schöpfer VI 63,21 (Adj.) VII 100,13 / + ČPO I 105,33.36
▬ ATSŌNT ungeschaffen XI 29,[29] / :: SŌNT XI 35,24-26

▬ (Subst.) Gewohnheit V 45,22

▬ erwarten VI 45,5 ✛
(vgl. SNTE (189))

SNAY (190 B)

▬ R SNAY sich spalten, in Hälften zerfallen II 126,32 IX 40,22
(weiteres siehe Zahlenteil unter "2")

SAANŠ (191 A)

ernähren, aufziehen (Subst.)° Nahrung I 65,19° 104,22° II 18,14q L 79 134,3
139,1 140,16 V 50,18 78,1-82,7 VI 39,12 / + AIAI I 41,12 / + TNHO VII 113,17
/ + OYŌM, <u>trophē</u> II 73,23 / + <u>esthiein</u> (Mt 15,27) II 82,21 / :: HKO I 33,3 ✛
(vgl. SOEIŠ (180 B))

SNOF (191 B)

Blut I 29,25 <u>75</u>,17 II 108,22-109,1.5 (Adj.).27 111,9.11.20 126,8 III 23,3
(Adj.) V 43,18 83,23 (Synekdoche für 'Blutvergießen') 84,13 VI 65,6 (Synekdoche für 'Fleisch', vgl. C. H. II 355,14 animalia) 71,19 VII 44,23 / + HŌTB VI
78,29 ('Blutvergießen') / + <u>haima</u> (Gen 4,10) II 91,25 / + <u>sarx</u> II 56,[33]-57,6
86,[24] (vgl. Eph 6,12) 131,10 (dito) XI 12,38 ----- III 57,3
● PETH (statt PEHT) SNOF Blutvergießen II 123,10 (+) ✛

SŌNH (191 C)

binden, (Subst.)°° und SNAH° Fessel I 31,25° 103,11q.[11]° III 107,14°° (≠p
SŌNT) V 27,5° 59,14° VII 25,6 58,24° VIII 3,22 46,8-11(°) 131,25° XIII 41,18°.
29° BG 69,9°° (≠p <u>meros</u> - lies MRRE?) 121,16° / + MOYR, MRRE II 140,31 (+<u>haly-</u>
<u>sis</u>) III 107,5°° p (BG 103,17) VIII 131,6°.10° XIII 41,4° BG 55,12°° 72,4 ✛

SEEPE (192)

Rest XI 42,[32]

SPIR (193 A)

Rippe, Flanke, BĒT (N)SPIR° Rippe II 16,16.17 (+) 17,18 (+) XI 10,35 / + <u>pleu-</u>

ra (Gen 2,21) II 89,8.9 116,24 III 29,[15]° (p' SPIR).23°
— NSA SPIR neben VIII 46,21 ✠

SOPS (193 B)

SOPS, SOPSP bitten, beten, (Subst.)° Bitte, Gebet I 7,11 71,24° (✛) 75,8 82,1°.
10° (SAPSPS) 130,20° (✛) II 138,22 VI 60,19 VII 7,34 13,23.35° 86,33 XIII 39,
19.33 / ✛ TŌBH I 81,28° II 14,2° p' BG 51,5 p / ✛ ŠLĒL I 97,14° / ✛ ŠINE I 11,
32° (::) 112,3° 120,4° / ✛ aitein I 86,11 / ✛ deēsis, deisthai II L 73 (Mt 9,
38) 137,22° (Ps 6,10)(✛) / ✛ parakalein BG 46,17 p / ✛ paraklētos I 11,4 /
✛ proseuchesthai II 145,8.10 (Mt 26,41)
— REFSOPSP Fürsprecher (wohl Übersetzung von paraklētos) I 86,9 ✠

SPOTOY (193 C)

Lippen II 16,1 (✛) 132,5 142,29 ✠

SŌRM (195)

sich verirren, (transitiv) in die Irre führen, (Subst.)° Irrtum I 122,4° II
60,5q.6 133,5 144,3° III 129,[14]q 147,21 V 62,7 VII 16,31 45,12° 61,18 76,27
77,21 80,3 87,19.21 90,1.19 107,31° IX 45,[19] XI 11,25q / ✛ RIKE EBOL I 121,8
/ ✛ SLAATE, sphallesthai II 27,1 p' / ✛ [QOL] III 141,19° / ✛ planan, planasthai II L 107 (Mt 18,12) IV 74,23 p (vgl. Lk 19,10 apollynai) BG 67,13 (vgl.
p) 89,18 (P. Oxy. 1081, p' III 75,5) / ✛ planē I 31,23-32,3 (q) II 30,1 /
:: TOYNOS VIII 130,14q
(MOY NSORM siehe MOY (106 C)) ✠ (außer SŌRM 'Wildbach')

SRFE (196)

Muße haben (für etwas), sich beschäftigen (mit) I 2,32.39q 42,34 43,4 109,18
II 21,19 (Subst., ≠p') L 64 VI 60,9 / ✛ SQRAHT I 19,18q
— Oq NATSRFE keine Muße haben II 30,2 ✠

SOYSOY (197)

Augenblick, Minute I 73,35 (✛) II 112,8 (✛) III 84,11 (✛) ✠

SATE (198 A)

Feuer I 25,17 98,17 (✛) II L 82 (::) 126,6 (Adj.) 142,[24] 143,1 (Adj.).3.5
VII 58,2 (SATI)? XIII 43,10 / ✛ KŌHT II 20,35 p' (::KAH, MOOY, TĒY) 21,2
(Adj.) p' 121,10 (Adj.) VI 40,10 77,17 / ✛ RŌKH II 142,2 VII 105,9.10 -----
II 142,[42] ✠

CITE (198 B)

SITE (198 B)

säen, (aus)werfen, (Subst.)° Saat I 12,25 61,8.24 (übertragen für 'zeugen')
65,13 72,19q 83,18.22 88,20 89,13 112,2q.4q 131,26° V 79,22 VII 32,15 35,17 /
+ NOYČE III 15,13 p.p' 29,1 p (p' EINE (50 A), Gen 2,1 ballein) 31,4 (Gen 3,
24 ekballein) / + ČO IV 71,1 (SOT=) p (+spora) 71,19 p / + epispeirein (Mt 13,
25) II L 57 / + speirein (Mt 13,3) II L 8 / :: ŌHS II 52,27 55,19.21
— REFSITE Sämann (vgl. Mk 4,14 ho speirōn) VI 60,24 ✚

SŌTE (200 A)

erlösen, (Subst.)° Erlösung I 123,4°.30° (=) 124,13°-34° 125,6°.13°.19° 127,
30° (=) II 4,7° 62,14° 67,29° 71,2.3 III 121,22 V 24,11° 25,9°.20°.20 29,9°.13°
33,[1]° 36,9 72,[2] 76,15 VII 104,13° (vgl. Kol 1,4 apolytrōsis, aphesis) IX
55,3°.[4]° XI 12,28.29 (::) 14,38 (+) 42,[33] BG 84,12° (lies aber SŌ(NT)) /
+ R BOL I 117,23° (+MNTRMHE)(::aichmalōsia) 124,3° / + NOYHM II 53,2.14 /
+ MNTRMHE VII 78,12° (:: MNTHMHAL) / + OYČAI I 46,26° 47,25 / + sōtēr I 16,39°
/ :: aichmalōsia, aichmalōtos II 85,29 (::HMHAL) 134,13°.21 / :: baptisma,
nymphōn II 69,23°.26° (Sakramente)
— TI SŌTE erlösen, ČI SŌTE° erlöst werden I 125,8° 128,24° 135,29° 143,20
— REFSŌTE Erlöser VIII 134,7 / + REFŠŌP{E} I 81,17 (vgl. 81,28 REFNAOYHF) /
+ boēthos V 55,15.18 / + sōtēr I 87,7 138,[20] ✚

STOI (200 B)

(Wohl)geruch I 34,26 II 78,36 (+) 115,15 (Adj.) III 67,22 (vgl. [p], vgl.
2Kor 2,16 osmē) VI 29,26
● PSTOI (MPIOT) der Wohlgeruch (des Vaters) = NŠERE MPIŌT (Selbstbezeichnung
der Gnostiker, vgl. 2Kor 2,14-16 osmē...) I 34,1-17
— TI STOI (üblen) Geruch verbreiten II 140,24
— ČI STOI Räucheropfer empfangen III 133,12
— STINOYFE Wohlgeruch, TI STINOYFE° Wohlgeruch geben I 72,6-9 II 132,13 144,
20°(+)(5. Element?) XI 25,(39)
— STIBŌŌN Gestank R STIBŌŌN° stinken II 78,7 VI 66,22° ✚

SŌTM (201 A)

(er)hören, (Subst.)° Hören, Gehorsam I 3,16.23 6,27 8,[5] 9,18 10,17 11,7 12,
18.40 14,12.28 (+) 16,3 21,33 22,5 (::) 30,28 42,33 61,30 89,22 97,10° 102,27
111,15.16 112,2°.14 113,9 II 22,23 29,5 (vgl. p' pisteuein bzw. apistein)
31,5.15 L 19.38 53,27.[35] 82,20 (Beschreibung eines Auditor-Status?) 103,33
107,20 115,23 138,3-29 142,9.10.27 III 21,2 36,2 76,8 81,18 121,5-19 126,14.15
131,17 V 8,24.25 21,15 24,18 25,24 30,14.22 31,6 49,12 51,15.17.23 57,15 60,1

64,5 66,3.9 72,19 84,[27] VI 3,14.32 4,15 5,4 13,7.12° 19,21°.25 20,26.29°
34,1.4 38,29 66,35 76,21 77,34 VII 1,16.21 8,17 16,35 40,6.15 62,4° 65,8.8°
67,1 68,28 70,28 72,30 73,2-14 85,29 88,22 91,20 97,15 105,26 111,19 124,5-11
VIII 14,2 24,6.13° 25,20 26,9.9° 44,23 60,18 128,15 129,19 131,19 133,24 134,1
136,23.25 139,29 IX 27,[21] 42,4 XI 1,20 49,39 50,10.22 52,18.25 53,37 57,28.
37 58,37 60,13.16 61,28 67,21 XIII 44,2.30 BG 20,4 22,11 47,16 / + akouein II
L 33 (P. Oxy. 1,41, Mt 10,27).79 (Lk 11,28) 90,22 (Gen 3,10) III 140,3 (1Kor
2,9) XII 16,10°.[11].24 (S. Sext.) 29,24 (dito) 30,[25] (dito) / + akroatēs
VI 21,[5] / + eisakouein II 137,21-24 (Ps 6,9) / + epakouein II 136,3 (1Clem
8,3).11 (Jes 30,19) / :: NAY VI 65,37 / :: TŌBH III 21,2 / :: ŠAČE I 9,30 /
:: epikalein II 135,27 / :: logos VII 1,34° 22,27° ----- I 3,6 VIII 62,16°
XI 47,9
■ SŌTM NSA- gehorchen III 28,12.24 V 46,11 / + stoichein IX 50,9
■ REFSŌTM Hörer VI 13,7
■ MNTSTMĒT Gehorsam VI 15,7
■ ATSŌTM unhörbar I 67,21 (+)
■ ATSŌTM ungehorsam, MNTATSŌTM Ungehorsam VIII 130,18 135,11°
(weiteres siehe MAAČE (113) + SŌTM) ✚

SŌTP (201 B)

(er)wählen, SOTPq auserwählt sein, ausgezeichnet sein, besser sein I 6,19q
16,18q 17,9q 24,4 46,5q 47,9 83,7q 101,14q.33q 106,32q 121,23 II L 7.23 57,20q.
22q 65,31q 75,36q (vgl. 76,3 alēthinos) 93,15q 102,16q 106,21q 112,16q III 72,
11q (p 95,5q) V 19,17q 51,[24] 77,12 82,21 83,2 VI 10,11q 68,[2]q 71,5 (passivisch) 72,16.18 VII 70,22q 71,18 83,22 89,10q 115,33q 122,1q 126,22q VIII
2,30q 4,8 5,1q 14,12q (=) 21,9q 24,9q 130,[20]q 131,7 IX 13,1q X 1,16q 19,34q
XI 62,20q.33q 63,1q.[4]q.12a.19q BG 24,12q-21q / + NANOY= XI 63,31q / + ČOSE
II 76,13q VI 56,16q X 10,17 27,5q / + hairetōteron (S. Sext.) XII 31,21q (vgl.
im Kontext NANOYS) / + eklegein (Dtn 30,19) VI 24,13q / + eklogē II 124,35 q
125,2q / :: THBBIĒY VII 120,24q VIII 26,17q 131,5q / :: HOOY I 45,11q 47,22q
XI 35,35q
■ SŌTP (Subst.) ETSOTPq Erwählter I 135,5 II L 50 (+) 139,28 III 65,7 (≠p
ETHOTBq 'getötet', beides könnte auf exairetheis zurückgehen) VII 31,24q 118,
17 VIII 4,17 X 10,17q / + monachos II L 49q III 120,26 121,20
● NISŌTP ETONH die lebendigen Erwählten (Gnostiker) VIII 1,7 45,8 130,4
■ MNTSŌTP Erwählung, Erwähltheit I 6,14 122,13 129,34 ✚

STRTR (202 A)

Verwirrung VII 104,29 ✚
(vgl. ŠTORTR (332 B))

CTⲰT (202 B)

STȮT (202 B)

zittern, (Subst.)° Zittern VII 58,29° 114,35 / + KIM II 14,25 / + ŠTORTR III
54,12° p VII 51,29° / + HOTE III 120,20 (vgl. 2Kor 7,15 tromos) / + tremein
II 91,30 / + phobos VI 15,27° ✠

SȮTF (202 C)

reinigen I 24,6 25,13 ✠

SĒY (203 A)

Zeit(abschnitt) III 17,(15) (statt EOOY zu lesen?) VI 9,29 VIII 132,1 /
+ OYOEIŠ I 120,25.34 125,30 131,35 / + OYOEIŠ... I 73,33 (Reihe von Zeitbe-
griffen, SĒOY zwischen ROMPE und EBOT) / + chronos BG 72,5 p (+OYOEIŠ, kairos,
vgl. p') ✠

SIOY (203 b)

Stern VI 46,4 (::) 73,15 (vgl. C. H. II 329,19-20) 75,12 VII 27,25.26 33,17
45,10 XIII 38,15 (die Sonne?) / + REFR OYOEIN II 112,4 / + astēr (Mt 24,29)
II 126,12 (::) / + daimōn VII 32,17 34,6 35,18 IX 29,18 (+) ----- X 41,25 ✠

SOOYN (204 A)

wissen, erkennen I 3,32 5,10 6,30 11,35 12,22.37.39 14,2 16,33 17,17 18,7-10
19,13 (::).32.33 20,13 21,28 22,29.32 23,18 24,16-36 (::) 26,29 27,12-24 28,
6.9 31,3 36,35 37,34 40,28 42,8 44,1.39 46,14.24.31 (::) 49,17.27 54,41 56,34
57,25.27 60,19-26 62,[2] 63,[11] 65,26 67,17.27 71,36 72,16 73,1 76,29 80,25-
28 87,16 89,4 99,21 109,23 113,20 114,30 (::) 118,23.24 127,15 (R HOYE SAYNE).
16 128,35.36 129,32 131,7.[22] II 25,9 30,21 L 11.16.18.19.46.51.56.65.67.69 a.
78.80 (+).91.105 54,25 56,29 60,13 77,1 81,9 (+).35 83,9.30 88,9.33 89,10 (p
119,3)(::) 90,21.33 92,23.24 96,25 97,14 100,9 113,16 (::) 121,3 124,5 132,19
133,10 138,15-21 141,24.36 142,23 143,[40] III 6,24 14,3 30,4.26 35,3 36,5
37,5 (::) 38,6 67,1 71,15 125,14 132,[14].16 139,5 141,2 144,24 V 8,25 18,8.13
19,13 31,8 36,[11] 54,21.26 58,[1] 56,28 66,19 67,2 85,2.18.25 VI 4,18 6,15
8,20.29 9,3.6 10,24.25 11,15 14,23.25 (::) 17,21.22 18,[1-8].31.34 (::) 20,28
24,24 32,35 33,28 34,13 36,3.27 40,27.28 41,19.22 45,3 46,7 47,14 53,8 57,10
64,22-27 68,8-12 73,15 VII 2,12 3,3 10,3 13,20 16,20.33 24,33 36,15 37,13.26
53,15 55,7.11 59,5 (::) 60,1.15 63,31.35 64,5-11 67,21 68,27 70,29 71,21.26
72,14 76,28.30 79,16 82,20 83,3 87,32 97,17 100,30 102,7.33 105,12 110,14
111,25 114,23 116,1-28 117,4-6 118,5.14 119,33 120,11 125,7 VIII 4,6 5,11
60,21 81,19.20 82,16 121,7.10 136,1 IX 31,13.30 (::) 32,1 (::) 35,[1.25] 36,27

45,2 48,3 55,4 69,2 X 1,[11] 2,28 4,21 5,<19>.23.<23> 9,24 40,22 68,[17] XI
15,29 17,25 (::) 33,37 34,30 39,37 40,[20] XIII 35,27 36,15.23 44,19 45,11
47,19.24.27 50,15 BG 81,19 83,12 105,13 123,2-124,1 / + EIME I 61,36 II 4,[15.
16] L 97 102,29 120,14 138,12 III 32,6 p 66,7 p 133,21-134,15 142,14 IV 78,6
V 4,15 51,8.10 53,22 56,[22] 57,6 59,19 VI 31,28 VII 65,5.6 69,13 92,11 97,9
p (BM 979) 102,21 XI 45,[33] 56,[18] 60,8 (::) 61,5 (::) XIII 40,28 44,4-7
BG 108 p / + TAHO ('begreifen') VII 100,14 / + ginōskein II L 2 (P. Oxy. 654,
17-20)(+EIME).4 (P. Oxy. 654,[27]).31 (P. Oxy. 1,35).91 (Mt 16,3) 125,16-19
(Mt 10,26) V 46,[13] (1Kor 2,8) VII 64,14 (Joh 1,10) VIII 136,20 (1Kor 2,8)
XII 32,13 (S. Sext.) BG 90,2 (P. Oxy. 1081) / + gnōsis II 84,5.8.11 (::) V
83,12 85,14 VI 64,14 VII 60,36 94,34 VIII 118,[9] XI 49,20 64,23 /+eidenai II
L 103 (Mt 24,43) III 74,6 (P. Oxy. 1081)(::planasthai) IX 37,[5] (Mt 22,29)
(+noein, ::planasthai) XII 15,6 (S. Sext.) / + epiginōskein (Mt 11,27) I 39,17
IX 41,5 / + katalambanein IX 62,1 / + noein I 56,6 71,15 II 22,8 p' VI 36,27.
30 VII 116,23 / + prognōsis IX 47,22 / :: planasthai II 55,25 97,28 117,12 XI
10,25 ----- II 140,39 IX 36,24.25 XI 3,27 XIII 46,35
— (absolut) erkennen, Erkenntnis haben I 21,12 22,3 V 26,7 BG 82,10.11 /
+ EIME I 22,9.13
— anerkennen V 64,19.65,17
— erkennen (sexuell) + ginoskein (Gen 4,1) II 91,13.[30]
— SOOYN E-(Infinitiv) verstehen, zu..., können IX 29,6
— (Subst.) Wissen, Erkenntnis I 18,25 19,6.16.30 22,36.38 (Femininsuffixe
lassen auf gnōsis rückschließen) 23,10.21 (+) 27,21 28,33 30,4 31,27.30 (::)
32,26 65,22 66,8 67,12 87,15 95,37 98,8 108,3 117,28 (::) 118,35 125,22.25
126,27 (::) 127,10.12 (::) 128,19 II 4,6 138,13 III 15,1 30,16.19 76,13 IV
75,22 V 47,[16] 67,7 VI 41,26 (::) 24,21 26,18.24 (::) 33,3 VII 69,34 70,1
111,29 (+) VIII 1,9 15,8 22,16 96,1 IX 6,15 57,5 (pejorativ) XIII 36,12 (::).
19 (::) 42,11.12 48,14.34 BG 124,3 (+) / + EOOY IV 52,14 p (also wohl Fehlübersetzung von doxa) / + EIME I 30,23 VII 122,15 / + to ginōskein (Gen 2,17)
II 88,29 90,1 III 28,8 / + gnōsis III 6,9 p' 60,24 p 47,20 p (V 4,8) 90,10 p
(V 17,14) V 72,9 VI 18,11 VIII 76,20 BG 123,3 p / + pistis I 14,9 / + synesis
IV 64,[5] p / :: EBŠE I 18,4 20,38 III 35,17 VII 89,15 (::) / :: planē I 26,24
— MNTS[AYNE] Erkenntnis + noein I 61,9
— ČI SOOYN Erkenntnis erlangen, erkennen, MNTČI SOOYN° (Erhalten von) Erkennt-
nis I 33,35 62,[12] (Subst.) 118,38 123,4 126,1° II 138,18 VI 32,2.9 35,2.7
(::) / + EIME I 105,20 (::) / + epiginōskein (Mt 7,16) I 33,38 / + noein VI
22,30
— REFSOOYNE EROF MMIN MMOF sich-selbst-Erkenner II 138,15
— REFTI SOOYN Erkenntnisspender BG 25,18 (vgl. p')
— R ŠORP NSOOYN vorher wissen, vorher erkennen, (Subst.)° ŠORP NSOOYN, HOYEIT

COOYTN (204 B)

NSOOYN°° Vorauswissen (übersetzt prognōsis) I 21,26 28,24 III 73,16°° (p'°
BG 87,6) VI 26,24 / + prognōsis III 8,[7]°.9° p' (Iren. I,29,1) 8,17° p.p'
9,7° p' 12,24° [p'] 14,12° p' 52,1° p

— ATSOOYN unwissend, MNTATSOOYN° Unwissenheit, R ATSOOYN°° unwissend sein,
nicht wissen, nicht verstehen I 17,10° (::) 19,12 (::) 21,15 (::) 24,33°.36°
27,33 29,34° 30,9 31,31° (::) 45,15 85,9° 101,3 105,19° (::) 105,28° 117,27°.
30 (::) 125,32°° 126,24 (::).27 127,6°.7°° (::) II L 109 83,32.[33] 86,28° (+)
90,16° 100,20 113,15° (+) 118,6° 119,30° 124,4° 138,11.14 (::) III 15,16° 30,
21° 31,2° 37,5 VI 13,13°°.15°° 14,23°°.27° (::) 18,32°° 26,33° 31,7° (+).16°.
24° 33,4 (::) 34,4 65,32 70,3.11°° VII 2,32° 19,22° 27,1°22° 53,7° 59,1° (::).
24.27° 69,9° 88,21° (+) 94,22° 103,30° 116,9° IX 6,20 15,6° 31,11° 31,28°
24,7° 70,23° 74,28° X 27,9 31,4 38,22° XI 17,26.27 (::) 50,14 XIII 40,23°
44,26 49,15°.30° BG 46,2 47,10° 104,6° (+) / = EBŠE II 89,6° / = MOY I 107,31°
(vgl. 108,3::) VII 89,14 (-EBŠE)(::) / + EBŠE I 21,31.35 77,24° 98,4° (+) II
28,24° 123,22° (+planasthai) V 28,10° (::gnōsis, mnēmē) / + EIME (neg.) II
19,28° VII 98,32° (+alogos) 90,3° (+alogos) / + KAKE I 89,25° II 11,10° 21,8°
(+hylē) III 16,17°.19° VI 28,8° (+hylikos) XI 9,37 (+NOBE) 10,15° XIII 49,[36]°
BG 45,15° (+EBŠE p') / + MOY VII 90,24° 91,11° XIII 44,21° / + MNTATNAHTE IX
7,2° / + ŌBŠ I 105,15° / + MNTATHĒT I 46,29 III 31,8° p / + agnoein, agnoia
VI 76,5° (Stobaeus) XII 16,[16] (S. Sext.) / + MNTAGNŌMŌN I 121,6° / + amathia
(S. Sext.) XII 15,[1]° / + apeiria (S. Sext.) XII 28,12° / + apistos VI 76,18.
20 / + aponoia II 11,21 III 16,7 p (+ignorantia Iren. I 29,4) / + planasthai
II 118,9° / + planē II 84,3°.6°.10° (::SOOYN, alētheia) VI 34,27° VII 56,19°
/ :: gnōsis VII 73,21 / :: epistēmē VI 66,14° ----- X 17,13 (::gnōsis)
— ATSOYŌN= unbekannt, unerkennbar, MNTATSOOYN°, MNTATSOYŌN=° Unerkennbarkeit
I 55,28 (::) 72,5 (Subst.) 133,18 VII 54,21° (Plur.) XI 50,14 (Subst.) 61,11
62,22°.31 63,30.32° (::TAHO) 66,23 67,26° (Subst.)(::) XIII 36,12 (::SOOYN,
gnōsis) 37,9 (Subst., neutral)(::) 40,21 / + EIME (neg.) XI 50,31 59,29 61,
1.15 (jeweils Subst.).22 64,3 / + TAHO (neg.) I 114,25 (::) XIII 36,21 / + AT-
ŠŌPF I 64,30 / + ATNOEI I 54,35 V 5,10.19 p (III 75,24 76,9) / :: gnōsis XI
64,7-15 (::)
(SOOYN TEFNOYNE siehe NOYNE (124 B), SOOYN PNOYTE siehe NOYTE (127)) ✟

SOOYTN (204 B)

aufrichten, gerade richten, ausstrecken, (Subst.)° Geradheit, Rechtschaffenheit I 66,6 V 57,10.12 59,26 62,13 VI 8,26° 12,9° VII 60,7° (+) 106,12 (+).
33q (::) VIII 1,30 2,8q IX 43,4q XIII 35,21° / + PŌRŠ I 65,4 / + eutheia (scil.
hodos)(Jer 3,2) II 129,15° ----- II 125,20 ✟

SⲞⲞYH (205 A)

versammeln, (Subst.)° (oder) SOOYHS° Versammlung I 66,24.25 (lies SO<OY>HOY)
68,31° 108,15 II 29,21 L 103 88,19 (vgl. Gen 2,19 agein... pros) 120,25 141,11
III 33,10° (≠p') 86,21 (+) 91,2 130,4 VI 36,14 VII 1,35q 23,26 29,3 VIII 133,
12.16 140,13 IX 31,19 XIII 43,31 50,7 / + NOYHB III 14,7q p / + HⲞTR II 133,7
/ + ekklēsia I 94,22° 97,6q (SOHOY) VII 50,1 XI 2,27q.[27]° / + laos VII 88,2°
/ + synagein (Ps 32,7) VII 114,37 / :: PⲞRⲤ̌ X 32,3 / :: ⲤⲞⲞRE VI 16,19 36,22
(korrupt) ✠

SIⲤ̌E (205 B)

bitter sein, (Subst.)° Bitterkeit II 18,28q 139,33° 140,32° 141,34° 143,28°
145,9° III 27,9° (pq) XI 6,17° / + BⲞL̇K I 42,5q / + LIBE VII 104,28q / + SEⲤ̌q
(verschrieben?) BG 56,19q p / + QⲞNT VII 37,34° (+) ✠

SⲞⲤ̌ (206 A)

SAⲤ̌ Schlag, Wunde I 29,16 II 28,14? VI 66,19
— MNTTAEISEⲤ̌E Schlägerei I 29,15
— Ⲥ̌NHET Kummer, FI Ⲥ̌NHET° traurig sein V 21,17 32,19 (+) ✠
(Ⲥ̌AN HTE= 'Mitleid haben' siehe Ⲥ̌ⲞNE (317 C))

SⲞⲤ̌ (206 B) Ⲥ̌ⲞS

verachten, (Subst.)° Verachtung I 5,(19) (lies Ⲥ̌(ⲞS))(+) 21,38° (Metonymie:
'Elender') 103,10 V 41,22 VI 39,25° (+) 70,17q VII 24,26° 65,21 / + [NOQNEQ]
XI 1,18° / + SIⲤ̌E III 27,22q (verschrieben?)(+MOSTE) / + Ⲥ̌IPE VI 32,12° (::
EOOY) / + HISE XI 5,36° / + QⲞB II 84,17q.19q (::TAEIO) 85,16q (dito) VII 111,
2° (dito) / + kataphronein II 74,35 VI 16,27 18,23° / + oneidos (S. Sext.) XII
16,17° (+OYA (256 A)) / + hybrizein XI 14,26 / :: TAEIO II 56,26q 62,19 q VI
13,17q (::)
— TI SⲞⲤ̌ beschämen V 71,20 77,3 (+)
— REFⲤ̌ⲞS Beschämer (oder: 'Beschämter'? Bezeichnung Christi?) - REFNOQNEQ
XI 12,19.23.24
— MNTⲤ̌ASROME Menschenverachtung VI 3,26
— PIPN(EYM)A ETⲤ̌EⲤ̌q der verächtliche Geist? + antimimon pneuma II 26,27.36
p' 27,33 p' 29,24 p' 30,11 p'
— SAⲤ̌ (Gegenstand des) Spott(es)? II 28,14 (vielleicht zu SⲞⲤ̌ (206 A) zu
ziehen) ✠

ⲤⲰϢⲈ (207)

SOSE (207)

Feld I 12,24.26 II L 21 a.78 60,20.25 / + agros (Mt 13,44) II L 109 / + ge
(Gen 4,3) II 91,16 ✟

SŌSF (208 A)   ŠŌSF

Schande II 102,32 ✟

SĒFE (208 B)

Schwert II L 98 121,10 126,6 VII 117,10 (vgl. Hebr 4,12 machaira) 108,4 /
+ machaira I 26,2 (Hebr 4,12) II L 16 (Mt 10,34) / + sidēros (S. Sext.) XII
28,[12] ✟

SŌŌF (209 A)

besudeln, SOOFq besudelt sein, schmutzig sein, SŌŌF (Subst.)° Befleckung II
29,25 144,10q.19q III 28,21q (p°) 93,4 (≠p BG 82,5, ≠ p' III 71,3) IV 71,8q
V 73,24 84,14 VII 65,12q / + ČŌHM II 89,28° 117,6° / + phtheirein (1Kor 3,17)
VII 109,25 (::TBBO)
— ATSŌŌF unbefleckt VII 56,32 ✟

SAH (209 B)

Lehrer, Meister I 19,20 113,5 VII 85,25.26 (+) 91,1 96,31 110,18 XI 9,19-[22]
(+) 10,14 BG 19,13 / + didaskalos (Mt 10,25) III 139,11 / :: OYEĒB, laos (also SAH 'Schriftgelehrter'?) VII 73,3 / :: mathētēs I 15,32 116,19 (::)(vgl.
1Kor 12,28) II L 12 III 142,25
— Schreiber VI 59,18 61,20.30 62,15 ✟
(vgl. SHAI (211 A))

SOOHE (210 A)

(sich) entfernen II 54,26 93,7 III 17,15 VII 42,26 85,22 107,18 XI 15,17 38,14
BG 106,1? 126,1? / + PŌRČ XI 9,24 / + HINE III 16,1 p (+absistere Iren. I 29,
4) 30,23 p / + aphistanai (Ps 6,9) II 137,19 ✟

SOOHE (210 B)

aufrichten, erheben I 35,19 (?) II 22,17 25,13 (SOOHE ERAT=, übertragen 'auf-
erwecken'?) 31,13 80,6 (?)
— berichtigen, in Ordnung bringen II 70,14 (SOOHE ERAT=) / + TAHO ERAT= II
14,9.12 p' 20,27 p' (Subst.) 23,22 p' (Objekt jeweils ŠTA) / :: SLAATE II 70,
21 (SOOHE ERAT=)(vgl. Hippolyt, Ref. VI 36,1-3 diorthoun)
- 94 -

━ wiederherstellen (Übersetzung von apokathistanai?) + TAHO ERAT= II 20,20
━ SOOHE ATRE- dahin bringen, daß...+ TAHO ERAT= ATRE- II 22,9 p'
━ SOOHE ERAT= aufstellen (Sache)°, einsetzen (Person) II 18,11 92,13° / + antereidein (Lactantius, C. H. II 330 App.) VI 73,28 (also Fehlübersetzung für
'entgegenstellen'?) / + apokathistanai, kathistanai II 8,9.13 p (+TAHO ERAT=)
8,35 p' (vgl. 9,12 TAHO ERAT=)

━ zurechtweisen, tadeln V 21,8 28,1.8.9 30,2 V 42,21 54,6 (Übersetzung von
elenchein 'überführen'?) VII 72,2 (?) VIII 1,16 / + SAHOYE III 31,2 p (p verschrieben?)(+ČPIO p') / + ČI NQONS VIII 130,26
━ SOHE (Subst.) (Grund zum) Tadel I 33,23 (?) ✠

SHAI (211 A)

schreiben, (Subst.)° Buchstabe, Geschriebenes, (Adj.)°° schriftlich I 1,[1.15].
15° 2,16 9,36q 21,4q.23 23,[1]-17 (°) 44,6 50,5q.12 66,25 (lies aber NETF-
SA<OY>HOY, von SŌOYH (205 A)) 87,19q 110,24 II 19,9q 22,23 32,11 112,23q 130,
[33] 134,32°° 138,2 145,18 III 69,10 IV 53,[15] [pq] 80,15 81,1° V 36,23.24
44,16 85,6q VI 20,34° (oder von HAI (357) abzuleiten?) 21,12° 36,15°.16 37,15°
60,16 61,19-62,22 (°) 63,4q 65,8-11 VII 49,29° 82,7q 118,18q 127,28 VIII 129,
13 130,1 IX 48,18 XI 9,24° 36,17 68,16.26 BG 75,17 76,8 / + graphein (1Kor 5,
9) II 131,3 / + graphē I 112,18q ----- I 3,[2] IX 37,17q
● FSĒHq es steht geschrieben (in Klammer ist die jeweils zitierte Schrift angegeben) II 110,30 (hiera biblos, unbekannt) 122,12 (dito).18 (Ps 91,3) 129,22
(Hos 2,4-9) 133,9 (Gen 3,16?) 136,28 (Homer-Paraphrasen) 137,15 (Ps 6,7-10)
IX 47,23 (Gen 2,16f.) 48,21 (Ex 7,8-12).27 (Num 21,8)
● SHAI NNOYTE gottgeschrieben + theographos III 69,7
━ SAH= NSŌF sich etwas zuschreiben II 52,6 ✠
(vgl. SAH (209 B)

SHIME (211 B)

Frau, Ehefrau, (Adj.)° weiblich, Frauen- II L 15.97 55,26 78,15.16 89,8.11.17
(vgl. Gen 2,22 gynē) 90,2.13.28 (p 119,33).30 (p 120,6.8) 91,5 (ab 90,2 ist
Gen 3 gynē zu vgl.) 109,22-23 116,24 121,5 126,16 127,20°.21 131,22 III 29,20°
139,12 140,13 144,16.[18] V 38,17.19 44,22 66,[31] 70,[11] VI 18,19 VIII 40,16.
23.30 45,5° 65,24 92,30° XI 11,28 14,16 BG 21,[9] 77,13 107,13 (p' BG 107,13
MNTSHIME) 118,16 / + gynē II L 46 (Mt 11,11).79 (Mt 11,27).96 (Mt 13,33) 91,14
(Gen 4,1) 129,9.12 (Jer 3,1)(::HAEI) 129,24 (Hos 2,4)(::HAEI) III 29,24 (Gen
2,21)(≠p) 30,9 (Gen 2,24)(::RŌME).24 (Gen 3,16) 87,7 (Gen 3,20)(p' BG 111,18)
/ + thēleia (Iren. I 21,5) V 34,4 35,[12].13 / :: RŌME II 23,[6].11 133,2
(TŠORP NSHIME) VII 74,31 / :: HAI II 70,17 114,9 (::parthenos) 133,10 /

+ HOOYT II L 114 XIII 42,18 (vgl. 42,25), alle übrigen Stellen siehe unter
HOOYT (404 B) / :: parthenos II 69,2 VI 13,19 (::) IX 45,8 ----- V 37,11 X
67,3 XI 11,17
● NEKEIATI AYO TSHIME "die Doppeldrachme und die Frau" (Titel für Lk 15,8-10)
+ gynē (Lk 15,8) I 8,9
━ MNTSHIME Weiblichkeit, Frau(en) II 23,2 (::RŌME?) 144,9 III 144,20 145,[2.5]
V 24,26-28 VIII 1,13 / = ŠŌNE I 94,18 / + SHIME III 85,9 p' (BG 107,13) /
+ thēleia (2Clem 12,2) V 41,17 (::MNTHOOYT)
━ ČI HIME, ČI NOYSHIME° sich verheiraten II 30,7° 82,4 IX 58,[3] / :: ČI HAI
IX 30,3
(HOOYT SHIME siehe HOOYT (404 B)) ✠

SHM (ungeklärt) I 35,18

SAHNE (213)

versorgen, besorgen I 26,12 104,29 XI 47,33
━ (Subst.) XI 12,[19] (Bedeutung offen)
━ OYEH SAHNE befehlen, Auftrag erteilen, (Subst.) Befehl, Auftrag I 2,37 39,
2° 76,12° 79,20 84,10° 99,25.30 100,14 (::).20 103,23.30 106,36° 131,35° II
L 64 V 73,5° 75,7° VI 42,9° VII 112,16° 120,28° VIII 135,13° IX 14,10° XIII
40,18 / + keleuein VI 61,24 BG 41,3 p (vgl. p') / :: hypotassesthai X 29,21-
31,1
━ OYEH SAHNE erlauben, (Subst.)° Erlaubnis VII 125,11-126,1.21 VIII 124,4 /
+ epitropē IV 66,30° p / :: aitein VI 18,13°
━ REFOYEH SAHNE Befehlshaber I 103,38 (Adj.) / + MNTČOEIS I 99,34 (::THBBIO,
QAYON)
━ ATOYEH SAHNE ohne Herrschaft (über sich) + ATRRO I 100,8
━ MAEIOYEH SAHNE° herrschsüchtig, MNTMAEIOYEH SAHNE Herrschsucht I 79,28
80,9° (+) 83,35 84,15.21 (+) 98,10 (+) 99,11.16.20 130,20.22 118,2 120,17.24
131,25.27 ✠

SAHOYE (214)

verfluchen, (Subst.)° Fluch II 92,23q 106,34° (+) 121,29 III 39,25° VI 15,24°
VII 38,11.14 / + SOOHE (210 B) BG 61,16 p (+ČPIO p')(BG verschrieben?) /
+ epikataratos (Gen 3,14.17) II 90,30-91,7 (+)(p 120,5-10)(::SMOY) IX 47,5
BG 67,9 / + epikataratos (Gal 3,13, vgl. kekatēramenos Dtn 21,23) XIII 50,13q
/ + katara (Gal 3,13) I 13,24° / :: PETNANOYF II 141,23° / :: TAEIO VI 17,34 ✠

SOQ (215 A)

töricht, (Subst.) Tor, MNTSOQ° Torheit, R SOQ°° töricht sein II 143,34° (+) /
+ ATHĒT VII 107,10 (Subst.?)(::RMNHĒT) / + asophos III 71,4° p' (BG 82,7)
(+MNTSABE (neg.) p' (III 93,15)) / :: SABE, RMNHĒT, spohos VII 111,28°° /
:: RMNHĒT, sophos II 140,14.15 (beide Subst.) ✠

SŌQ (215 B)

SĒQq lahm sein IX 33,6 (vgl. Mt 11,5 chōlos)(+) ✠

SOQN (216 A)

Salbe II 82,21 / + NEH, TŌHS II 78,4.10 (Übersetzung von chrisma?) ✠

SQRAHTq (216 B)

ruhig sein, (Subst.)° Ruhe I 25,24 34,7° VII 85,7 98,15 (p° BM 979) 102,18° /
+ KARŌ= I 128,32° XI 22,22° / + SRFE I 19,18 / + HROK BG 26,7 p / :: KIM XIII
35,20 (QRĒ)? ✠

TI (218)

geben, übergeben, verschenken, (Subst.)° Gabe, MNTTI °° Geben I 134,34°° III
40,4 VI 4,10.14.33 5,7 37,25.29 BG 75,17 / + apodidonai (Mt 22,21) II L 100 /
+ doma (S. Sext.) XII 33,14 / + epichorēgein, chorēgein IV 6,24 p' / + didonai I 10,34 (Mt 7,7) II L 41 (Mt 13,12) / + koinōnein (S. Sext.) XII 30,23 /
metadidonai (S. Sext.) XII 33,13 / + charisma (Röm 11,29) I 143,13° / :: OYN-
I 53,15-18 (+R HMOT) III 6,12 / :: ČI I 36,1 II L 88.95 (vgl. Lk 6,30 didonai)
61,36-62,5 XI 62,9.14 / :: akoinōnētos (S. Sext.) XII 33,10
— verkaufen VI 4,[2] / + pipraskein (Mt 13,46) II L 76 (::TOOY (253 B)) /
+ pōlein (Mt 13,44) II L 109 (:: TOOY (253 B))

— ermöglichen, erlauben, (Subst.)° Erlaubnis, Veranlassung STOq es ist mög-
lich/erlaubt II 77,20.22q 82,17q III 11,16° (+NOYTE p, Lesefehler) BG 82,9q.
11 / + TI MATE IV 74,14° (+NOYTE p, Lesefehler) / + R HNA= III 21,10 p / + eudokia III 12,{19°}.21° (+NOYTE p, Lesefehler) / + thelēma III 68,17
— TOq E- passend sein I 54,6

— TI ETOOT= anvertrauen VII 83,16 / + TANHOYT, QALI (BM 979) VII 98,7.8
— TI°, TI ETOOT=, TI NTOOT= (pejorativ) ausliefern I 13,23° II 128,2.4 142,30
V 63,15 84,21 VI 41,16 VIII 3,26° / + paradidonai III 53,2 p VI 41,28

— TI HIŌŌ= anziehen (Kleidung)(°metaphorisch) I 52,33q° 65,27q 66,31q° 87,2
93,10q II 54,9q 57,20.21 70,5q.8q 76,27q.[29]q III 26,22q 31,5q 137,18q IV

† (219 A)

75,16° V 28,21° 58,22 VI 9,16q 44,24° VII 6,19 8,33 12,22 14,33 17,21 19,10.26
32,10 38,4.17 46,2 87,13° 109,7q° IX 1,10° 32,23° XI 11,37° 50,9q°.24°.26°
58,29q 60,34q° XIII 49,12° 50,12° / + QŌŌLE I 20,30q°.32° (::BŌŠ) VI 32,7q
(::KŌK AHĒY) VII 89,27°.30° / + endyesthai II L 36 (P. Oxy. 1,25)(::KŌK AHĒY
L 37) VII 59,4 (Eph 4,24) / + phorein I 128,23° (::KŌK AHĒY) VIII 139,16 (vgl.
Mt 27,28) / :: BŎŠ III 143,13.19 / :: KŌ EHRAI II 126,19° / :: KŌK AHĒY I 14,
36° II 75,22°.24° (vgl. Eph 4,24 endyesthai) 119,13.31 V 56,8° VII 18,4 42,31
43,25 105,15° IX 46,15 (vgl. Gen 3,7) XIII 48,12°.13° 49,31°
━ TI HI- anziehen (Kleidung) II 143,37q
━ TI EČŌ= sich aufsetzen (Krone) VIII 89,22
(Subst. und TI HIŌŌ=:✠)
(vgl. TIĒ (224 B)

TI (219 A)

TI MN-, TI OYBE-, TI EHĒT=, TI EH(OY)N (NNAHRN), TI EHRN- kämpfen (gegen),
widerstreiten, (Subst.) TI°, TI EHN-°° Kampf I 57,38 81,14.15 84,13°° 85,20
98,6.20 93,7 119,20 120,18 127,3 130,17 II 142,2 III 28,13 74,8 77,8 V 83,5
VI 29,10 28,32 62,27 VII 18,5 55,14 77,23 91,18 96,28 114,10 VIII 135,2 137,
10-23 IX 48,26 XI 14,31 BG 118,17 / + MLAH III 77,7 p (V 6,12) / + MIŠE I 24,8
110,6 (::MATE) / + ŠTORTR VII 54,33° / + HIOYE XIII 41,7 (vgl. 41,12) / + polemos I 84,32 ✠
(vgl. TI TŌN (236 A))

TO (219 B)

Land, Welt° V 51,[11]° VII 49,8 ----- V 40,11 ✠

TOE (219 C) TAEIE

Teil, (wie meros) Seite°, Bereich°° I 32,14° 41,5°° XI 13,16
(MNTMAEITO NHOYO siehe HOYO (401 B)) ✠

TĒĒBE (220)

Finger, Zehe II 16,10.11 17,4-28 94,29 (p 104,4) XI 18,30
━ Pflock? Band? + MRRE XIII 43,2.3 ✠

TŌŌBE (221) TOYBE (A₂), TBBE

Siegel I 36,31 101,34 ✠

TBBO (222)

reinigen, rein werden, rein sein, (Subst.)° Reinigung, Reinheit I 26,14 98,25q
102,18 II 47,23 108.27.29 109,2 111,3 130,30. (+) III 67,20 90,11q VI 36,7.20
46,24 62,31° 63,6q VII 15,2 20,28 77,28q 113,31° 117,26.28 121,34q 123,27°
VIII 6,11 10,11q 21,12q.14q.20° 23,[22]q.[25]q 24,15q 27,[2]q 61,13q 65,18q
75,23° 84,21q 94,4° 129,25q IX 43,1 X 1,12q 8,8° XI 43,35° 44,[32]°.33 62,[5]
XIII 43,23 / + OYAAB II 77,6 109,1 VII 47,31q XI 1,25q / + katharizein BG 65,
9 p / + alienus a (C. H. II 332,12) VI 75,13 / :: SŌOF VII 109,21° / :: TŌLM
VII 74,15 / :: ČŌHM II 131,30.34 (::LŌŌM) 132,11.13 VII 8,5° / :: sarkikos II
82,7q (::ČŌHM) ----- XI 20,16
● POYOEIN NTBBO, PITBBO NOYOEIN°, POYOEIN ETTBBĒYq das reine Licht (überkos-
misch) II 23,29q 31,12q III 132,9q BG 23,1 (p'q) / + eilikrinēs II 6,18q p'
BG 26,19 p (oder: ETMEH NTBBO 'voll Reinheit') 29,20° (lies: PITBBO {H}NOYOIN)
p (p'q) 42,16 p 64,16 p (p'q) / + katharos II 4,[26]q p' (?), vgl. BG 24,7
(Subst.?)(p'q)(OYAAB)(+akeraios BG 25,12)
➡ (Subst.) (Ort der) Reinigung VI 47,30
➡ REFTBBO Reiniger IV 76,6 ✠

TBNĒ (223 A)

Tier, (Adj.)° tierisch (teilweise metaphorisch, als Gegensatz zum - gnostischen - Menschsein) II 138,40 139,6°.6.9 140,36 VII 59,29 89,3° 93,19.21°
107,20 / = sarkikos VII 94,2° / + alogos VII 105,7° / + thērion II 80,25-81,10
88,24 (p 120,20 (Gen 2,19) 92,12 (Gen 6,19, + ktēnos) 118,9 V 70,13.23 (dito)
VII 86,1 (::RŌME) / + ktēnos (Gen 6,7) II 92,8 (::RŌME) / + phaulos VII 87,27°
/ :: RŌME II 141,26.27 142,16 ----- IX 16,2
➡R TNBĒ Tier werden VII 94,8
➡MNTTBNĒ Tiersein, Tierheit II 139,29 (::) VI 24,22.24 33,9 / :: logos VII
107,19.25 / :: PHYSIS NNOERON VII 94,11 ✠

TŌBS (223 B)

anstacheln II 120,2 (p (90,31) und Gen 3,13: apatan) V 22,9 ✠

TBT (223 C)

Fisch II L 7 VI 29,24-30,6 VII 19,2.13

TŌBH (224 A)

bitten, beten, (Subst.)° Gebet I 87,29 91,15.37 92,2 94,1 96,1° 116,14° II
21,2° VIII 63,15 137,28 / + ERĒT III 59,21 / + TI EOOY I 86,30 /+R PMEEYE

✝H (224 B)

I 81,31 119,31 / + SOPS III 23,22 p / + ŠINE I 83,16.20 / + aitein I 143,9
(vgl. 143,18) / + deisthai (S. Sext.) XII 33,11 / + parakalein I 10,33 (vgl.
Mt 7,7 aitein)
— REFTŌBH Bettler + HĒKE VI 4,29.35 ✠

TIĒ (224 B)

(unbekanntes Wort, nur in I 3 Tractatus Tripartitus) Emanation? Teil? Gabe?
(zu TI (218)?) I 22,37 26,25.29 27,11 41,14.16 ✠

TAEIO (224 C)

ehren, (Subst.)° Ehre, (Adj.)°° geehrt, herrlich, kostbar I 63,(7)°° (lies
TAEI(O)) 69,1° 79,[7]q 83,5°.21q 101,23q 102,17q 107,8° 121,24° 126,17 II 13,
14q 57,13 104,33q V 45,25q (prägnant für 'besonders geschmückt') VI 5,32q
7,11q 53,9 72,22 VII 23,2q 32,35q 83,19° 91,29q 97,22 VIII 123,9° X 8,18q XI
14,17 XII 34,18 XIII 38,(30) (lies TAEI<O>F) / + BEKE VII 72,2° (TAEIO Übersetzung von timē 'Preis'?) / + EOOY I 54,8q.10° 56,9° (+thauma).18° (+MAEIHE).
22 58,11 91,38° 92,1 II 105,29q BG 122,18° (+charis) / + MAEIHE I 90,29° /
+ MNTNOQ VI 56,17° (+) / + SMOY VI 18,21q / + HMOT I 117,10° / + timan, timē
VI 64,1q (P. Mimaut)(+SMOY) BG 32,10.10° p (≠p')(+honorificare Iren. I 29,2)
(vgl. Hebr 2,5 doxa, timē) / :: SŌS II 56,21q.25q 62,21q.22°.25° 84,16q.19q
85,13q VI 13,17q VII 111,1 (::THBBIO) / :: SAHOYE VI 17,34 (::) / :: THBBIO
I 83,36q ----- VI 20,9 ✠

TAKO (226 A)

vernichten, verderben, verlieren, zugrunde gehen, (Subst.)° Vernichtung, Verderben, Vergänglichkeit I 18,26 26,25° 46,22.23 47,19 (Adj.) 64,37 80,22
81,14° 92,19 96,3 114,38° 118,11° 137,8° II 30,29.31 L 40 63,10 (+) 82,29
112,31.33 113,3 115,22° 124,30° 126,11 (vgl. Mt 24,29) 130,16 139,7.8 140,[22].
33 (+) 141,18°.[37] 143,11-15 III 28,22° 59,24 [pq] 134,[13].23 143,14° V
43,20 60,21 69,6 76,23 83,16 VI 34,15 40,16 43,25 (+) 77,24 VII 22,34 23,12°
44,4° 48,21 51,10° 53,9° 57,16 75,6°.20° 85,21.28° 103,22°.24° 109,27 118,2°
VIII 3,28° 9,12°.15q 11,1 46,24 132,2°.5° 137,7q IX 6,22° 33,10 37,1° XIII
43,8°.24° 44,18° / = KAKE... II 68,7° / + BŌL EBOL II 141,13 / + KAKE, MOY
II 143,24° / + LOFLEF II 144,22 / + MOY II 97,12° III 125,14 VII 76,13° /
+ ŌČN II 139,4 / + ŠORŠR I 118,6° II 102,31 / + apoginesthai (P. Oxy. 1081)
BG 89,11.14 (::ŠOPE) / + apollynai II L 47 (Mt 9,17) XII 34,28 (S. Sext.)
(+MOY) / + aphanizein (Mt 6,19) II L 76 / + dialysis (Stobaeus C. H. II 333
App.) VI 76,15 / + phthora (P. Oxy. 1081) BG 89,11°.12° (::MNTATTAKO) / ::
MNTŠA ENEH VII 123,14° / :: NOYHM I 119,19° VIII 4,5° 73,[22] / :: SŌTE I 143,

[18]? (lies [TE]QO - oder emendiere [TAL]QO zu TEKO) / :: ATTAKO I 45,17 II
143,12 V 41,15 (Subst.) IX 40,[27] (Subst.) VII 69,18 (+KAKE, CŌHM) / :: MNT-
ATTAKO I 20,32q 49,[2]° (+phtharton 1Kor 15,33) II 124,8°.10°.19° VIII 9,4q
114,8° / :: CPO I 104,[9] III 71,21 (p' BG 84,6) / :: aphtharsia III 73,22-23
(°) V 46,18°
● PŠERE MPTAKO der Sohn des Verderbens (Joh 17,12 2Thess 2,3 apōleia...) VII
114,24
— TAKO EBOL NHĒT= verschwinden, verlassen V 67,5
— REFTAKO Zerstörer, (Adj.)° Verderben bringend I 103,33 IX 42,6°
— ATTAKO, EMAFTAKO°° unzerstörbar, unvergänglich, MNTATTAKO° Unvergänglichkeit (unterstrichen: hypostasiert, Bezeichnung des Pleromas) I 35,24° 58,35 II
13,2 (Plur.) 87,1°-21° 88,1°.2° 93,30° (=) 94,5° 95,22 IV 6,[9] V 36,8 76,7
85,28 VI 60,17 VII 100,13 VIII 48,13°°.16°° 114,[13]° 116,18°°.24 IX 28,11
31,14° X 26,14 BG 20,16 24,9 (p'°) 44,9 (Plur.)(≠p') / = MNTATAMAHTE I 31,8°
/ = NA OYNAM XI 41,[26]° / + ENEH V 8,20 63,[29] BG 66,7 / + MOYN EBOL III
81,18 / + CŌHM (neg.) VII 101,26°.28° IX 30,19° (::kosmos) / + athanatos II
75,5-12 (°) / + aperantos BG 89,7 (P. Oxy. 1081, p' III 97,22)(verschrieben
für ATTAHO?) / + aphtharsia I 48,38° (1Kor 15,53)(+OYOEIN, ::TAKO) II 2,30°
p' 5,[21]°.23° (p', Iren. I 29,1) 6,6° p' 7,32 p' BG 88,11°.17° p 89,14-17 (°)
(P. Oxy. 1081, p')(::TAKO) 92,18° p' 97,3° p' (+ATMOY) 114,2 p' / + aphthartos
II 25,30° p' 26,30 (Subst.) p' V 35,7 (Iren. I 21,5) BG 26,6 p (+anōlethros,
nunquam senescens Iren. I 29,1) 85,10 p' (+ATCŌHM)(+) 89,3 (P. Oxy. 1081, p')
127,10 p (+ENEH) / + plērōma I 35,17 ✠

TIK (226 B)

Funke + spinthēr II 6,13 p' ✠

TŌK (226 C)

fest sein, fest werden, stark sein, (Subst.)° Stärke, Festigkeit I 19,30 (übertragen: 'heranwachsen'?) 33,10°.10 34,22q II L 98 IV 79,14° (TŌQE)(?)
— TŌK ARET= (A₂) (be)festigen, stärken, (Subst.)° Befestigung, Stärkung I
30,21 77,27 97,4 108,37q 103,13° 112,5°
— MNTATTŌK ARETS (A₂) Unbeständigkeit + ŠTORTR, MNTHĒT SNAY I 29,3 (+) ✠
(vgl. TŌK (227) und TŌŌQE (262 A))

TŌK (227) TŌKE, TŌQE° (nur diese Formen in N. H.)

herausholen + EINE EBOL III 24,5 (p).p' 28,25 p.p' BG 37,10 p' (p CĒK in TĒKq
zu korrigieren? - Iren. I 29,4 extendi 'sich ausstrecken') / + CI III 15,23
p' (p°)(+auferre Iren. I 29,4) 23,20 p.p' ✠
(vgl. TŌK (226), TŌKM (228 A), TŌŌQE (262))

TⲰKⲈ (228 A)

TⲞ̄KⲈ (228 A)

herausziehen, herausholen, ETTAKMq (A₂) prompt, bereit (oder: 'gezückt') I
33,9q VII 80,17 / + apos(p)an BG 42,17 p ✚
(vgl. TⲞ̄K (227))

TⲞ̄KN (228 B, bei Westendorf im Nachtrag S. 546)

pflanzen I 7,31 ✚

TⲞ̄KS (228 C)

(Subst.) Pflanzung? I 62,11 (vgl. Crum 407 a)
➖ TKAS Schmerz, TI TKAS° peinigen (oder) Schmerz erleiden II 141,9°.18°
(Subst.) VII 3,6°.7° (Subst.) 19,7° 24,13° (Subst.) / + ponein (P. Oxy. 1,17)
II L 28 (vgl. Mt 9,36 splanchnizesthai) / :: MOYKH IX 42,4° ✚

TALO (229)

aufsteigen (lassen) II 54,36,55,4 92,15 VI 44,29 IX 15,26 / + EI EHOYN II 25,
20 p' (vgl. 1Kor 2,9 anabainein) / + anabainein (1Kor 2,9) III 68,7
(vgl. Ⲟ̄L (291))

TELⲈ̄L (230 A)

jubeln, lobsingen, (Subst.)° Jubel, Lobpreis I 14,13 (::) 16,31° III 9,20
56,14 VII 50,10 56,14 66,34 125,33 VIII 78,[20] 129,20 XI 57,32 / + ALⲈ̄L, RAŠE,
OYROT I 93,6 / + EOOY I 38,6° 43,16 76,7° / + RAŠE I 10,39 III 81,15° (+ter-
pesthai) 89,20° (dito) V 8,22.23° VIII 133,11 XI 15,34 / + SMOY I 15,20.23
(+hymnein) X 8,1 / + OYNOF I 100,[39] V 84,17° / + OYROT II 107,11° (+) ✚

TⲞ̄LM (230 B)

beflecken, (Subst.)° Befleckung V 28,13.17 VI 39,30° (+) / :: TBBO VIII 74,16
➖ ATTⲞ̄LM unbefleckt, MNTATTⲞ̄LM° Unbeflecktheit :: ČⲞ̄HM I 115,16° IX 67,4
(vgl. 66,28) BG 22,[1] p' (::MOYCQ) ✚

TLTL (230 C)

TLTILE Tropfen I 62,8 117,21 II 113,22.25 V 79,21 80,11.17 81,20 VII 19,3 BG
103,13 104,15 (das Maskulinsuffix 104,13 läßt vielleicht auf stagōn zurück-
schließen) 119,6.12.17 ✚

TALQO (231 A)

heilen, (Subst.)° Heilung I 92,30 100,17 (+) 143,[18]? ([TE]QO zu lesen oder

zu emendieren? Vgl. TAKO (226 A)) II 25,14 108,18 IX 33,8° BG 56,8 / + PAHRE
VI 11,22°.25 (+SAEIN, ::ŠŌNE) VIII 139,8 (vgl. 140,11) / + therapeuein I 116,
13°.14 (::ŠŌNE, pathos) / + iasthai (Ps 102,3) II 134,20 (::ŠŌNE) / :: pathos
VI 66,10°.19° ----- VI 70,1° IX 33,22
— ATTALQO wogegen es keine Heilung gibt II 21,33 ✚

TAMO (231 B)

wissen lassen, lehren, zeigen I 6,14 18,21 30,33 48,20 89,2q 109,5 II 82,[28]
89,[32] 93,12 95,33 104,2.30 113,18 116,8 III 127,3 137,12 V 18,[6] 20,[22]
49,14 64,[2].12 VI 5,20 8,27 VII 26,16 72,27 123,32 VIII 45,3 47,28 137,15
X 2,[20] XIII 42,29.32 BG 76,5 82,1 83,3 / + TOYNOYEIAT=, TSABO II 2,[16] p'
/ + SBO V 56,3 / + TSABO III 27,16 p' 106,10 p (BG 102,9)(+mēnyein) VI 4,13.33
XIII 42,19 47,[5] BG 53,17 (p) / + OYŌNH XIII 37,15 (+) / + didaskein (Joh 14,
26) II 97,1
— REFTAMO Unterweiser (mythisch)(auch fem.°) II 89,32 90,6.11 (p 114,3)(+HOF,
thērion p, zugrunde liegt das aramäische Wortspiel חִוְיָא 'Schlange' - חַוְיָא
'Unterweiser' - חֵיוָא 'Tier') 113,21.33° 115,33 (°?) 119,7 120,2.3
— (einen Gruß) aussprechen, entbieten I 50,13 ✚
(vgl. EIME (49 C))

TŌM (232 A)

verschließen VI 46,21 (Objekt: Bal 'Auge') VII 81,2 (Objekt: dianoia)
— TŌM NN=HĒT die Herzen verschließen, (Subst.)° TŌM NHĒT Verstockung VI 33,
13°.18° 34,24° BG 20,1 / + NŠOT III 39,8
(TM RŌ= siehe RO (160 B)) ✚

TŌŌME (232 B)

(Subst.) Vereinigung :: merismos X 2,26 ✚

TMAEIO (232C)

freisprechen BG 105,6
— preisen V 29,4 ----- V 40,10 ✚

TAMIO (233)

schaffen, bilden (meist von der Tätigkeit des Demiurgen oder der Archonten ge-
braucht), (Subst.)° Erschaffung, Geschöpf (unterstrichen: Schöpfung 'durch das
Wort') I 49,8 II 11,22.24 13,1 15,9-31 L 89 71,35-72,3 (°) 73,12.[17] 74,9
92,6.10.17 94,35 95,2.2.6 101,6.8.11.16.19 102,13 104,32 105,17.20 106,8 107,5

- 103 -

TⲰMC (234 A)

110,2 112,3.14.15 113,11.15.17 114,34 122,25 124,33 126,17 III 5,13° 10,22
16,11 22,10.11 24,19 26,3 29,23 (≠p') 38,18 81,1 V 16,4 34,15 60,17 64,6.17
65,18.[31] 71,19 VI 21,10 66,36 67,2°.32 68,26.31.34 69,24.26 VII 60,20 62,28
68,32 75,19 78,15 115,4 IX 39,3 41,30 XI 37,1 XIII 39,[34] BG 50,11 115,8
116,8 (p'°) 118,8 / + EIRE II 10,5 p' 22,34 p' (+plasis) 29,16 p' III 37,16 p
/ + SOBTE III 23,8 / + SⲞNT III 77,16 (+ČPO p (V 6,22)) VII 53,10 / + TSANO
BG 114,3 p' (III 88,1) 115,4 p' (III 88,21) / + ŠOPE II 51,29.32 63,8 (::TAKO)
75,4.9 94,1 / + R HⲞB, EIRE NOYHⲞB II 4,[27] p'? 7,6 p' VIII 10,3 / + ČPO II
10,13 p' 58,22.23 120,9 VII 122,27° / + anastema II 29,1° p' / + plassein II
87,25.[26] VIII 136,8 / + poiein II 130,14 (Ez 16,24) V 34,5 (Iren. I 21,5)
35,13 (dito) 54,13 (Gen 1,27) 58,[4] (Gen 1,1) VI 38,29 (Gen 6,14.22) IX 48,27
(Num 21,9) XI 37,33 (Gen 1,27) BG 48,12.14 (Gen 1,26.27) / + facere (Iren. I
29,4) III 16,4 / :: OYⲞNH EBOL III 84,13 (p' (BG 107,3) R ŠRP NTAMIO)(OYⲞNH
EBOL für höhere, TAMIO für niedere Instanzen im Pleroma)
— REFTAMIE NOYS Verstand-Schöpfer (für den 'Vater') VII 124,31 ✠

TⲞMS (234 A)

begraben I 5,19 V 28,18 / + MHAY VIII 139,19 (vgl. Joh 19,40 entaphiazein) ✠

TⲞMT (234 B)

begegnen, treffen, zustoßen II 92,18 131,15 III 122,5-18 VII 97,1
— sich verbinden mit... + NOYHB II 10,26 p'

TANO (235)

schaffen I 18,34 II 94,7 / + EIRE III 86,2 p' (BG 109,11)
— (Subst.) Geschaffenes :: KAH, plasma VII 92,18.23 (trichotomische Anthropologie; das 'Geschaffene' ist der nous des Menschen)
(zweifelhaft I 40,13 ETOYNA{S}TENAF, siehe TSANO (247 C)) ✠
(TANO VI 17,12 siehe TNNO (236 B))

TⲞN (236 A)

TI TⲞN streiten, (Subst.)° (und) MNTTI TⲞN°° Streit I 24,26° (+) II 102,34°°
(+)(::) X 33,22 (+)
— MNTMAEITI TⲞN Streitsucht VII 84,23 (+) ✠

TNNO (236 B)

zerstoßen, (Subst.)° Vernichtung VI 17,12°? VII 109,33 / + syntribesthai (Ps
50,19) VII 104,21q (+) ✠

TNNOOY (237 A)

senden I 1,9.17.29 10,16 13,10 105,35 120,13 II 24,13 93,11 96,35 115,12 125,
15.19 132,7 135,29 III 25,6 32,9 135,21 V 63,26 VI 45,1 57,20 66,24-29 VIII
131,15 136,17 IX 5,18 XI 14,28 40,12 XIII 46,31 BG 51,8 103,11 104,16 105,15.
17 / **+** TAYO III 62,24 p 101,13 p (BG 94,16) BG 60,12 (p) (III 30,11 lies
TA{N}OYO oder ebenfalls T(NNOOY)) / **+** ČOOY III 38,11 p' / **+** apostellein (Joh
3,17 17,18) BG 20,9.11 ----- II 144,41 III 126,5
● PEHOYEIT NTAYTNNOOYF der erste, der gesandt wurde (überkosmisch, Rang über
Christus) BG 82,16 125,12 ✠

TOYNOS (237 B)

aufrichten, (aufer)wecken (unterstrichen: Totenauferweckung) I 45,19 (reflexiv) II 23,34 31,22 88,6 115,34 III 23,17 29,21 31,9 32,(11) (lies TOYNO⟨S⟩
mit p) 36,[23] (≠p') 67,19 V 18,[21] 19,10 62,8 77,7 VI 41,10 VIII 130,15.18
135,15 IX 32,26 BG 104,13 126,11 / **+** EINE EBOL BG 64,2 p / **+** TŌOYN I 30,19
33,6 BG 55,17 p / **+** anistanai II 135,3 (Joh 6,44) BG 74,3 (vgl. Gen 38,8) /
:: HINĒB II 23,30 ✠
(vgl. TŌOYN (253 C))

TONTN (237 C)

gleichen, angleichen, vergleichen, (Subst.)° Ähnlichkeit, Angleichung, Analogon,
Modell, Abbild(ung) (vorwiegend im Sinne des Vergleichs und nicht, wie EINE
(50 B), im metaphysischen Sinne des 'Abbildes'. - Hier wird nur für die "metaphysischen" Stellen Vollständigkeit angestrebt) I 6,19 **11**,17 13,14 16,20
53,28° 74,(5) (lies KATA ⟨TA⟩NTN) 79,9°.26° 81,4° 83,8° 108,34 II 105,20q.26q
106,8° 123,1q 125,26q VI 68,29q 72,11q 78,21 VII 4,10 32,33q 108,26-31 (q)
111,9q.13q IX 44,14 (vgl. 1Kor 9,20) XI 29,37° / **+** EINE (50 B) I 98,23° (**+**eikōn) 104,20° (dito) 106,5° (vgl. 106,1) VI 69,25° (vgl. Gen 1,27 eikōn) VII
5,8 X 5,8° / **+** HAEIBES I 77,17° (**+**eidōlon) 78,32° (dito, **+** phantasia) 79,34°
XI 36,[18] (**+**eikōn) / **+** exomoioun (S. Sext.) XII 33,19 / **+** symbolon I 49,7° /
+ phantasia I 82,20° 98,5° 109,32°.36° (jeweils pejorativ? 'Vermutung'?)
━ (Subst.) Vermutung, TI TONTN Vermutungen anstellen (wie eikasia und eikazein) III 70,10°.11 / **+** phantasia I 111,12? (vgl. Ende der vorigen Rubrik)
━ TONTN E-(Infinitiv) scheinen, zu I 110,3
━ EFTNTANTq angemessen I 68,18
━ MNTTNTŌNOY Gleichheit I 121,4
● NA PITANTN die (Dinge) der Ähnlichkeit (kosmologisch, Anspielung an Gen 1,26
homoiōsis) I 89,21 99,5 / :: NA PIEINE (EINE entspricht Gen 1,26 eikōn) I 84,
33.34 98,19 107,21 / :: NA PIMEEYE I 91,26 93,19

TANHO (238 A)

lebendig machen, Leben spenden, das Leben retten I 94,(13) (lies NET<T>AN-
HO<O>Y) II 108,33 VII 113,16-20 (+) IX 34,[27] / + OYⲤAI I 32,20 / + zōopoiein
(Joh 6,63 1Kor 15,45) II 134,1 VIII 24,15 / + sōzein (S. Sext.) XII 32,21.23 /
:: MOY I 105,26 / :: MOYOYT II 74,4 122,4 ----- IX 4,6 37,26
— REFTANHO Lebensspender, (Adj.)° lebenspendend I 85,30 VII 51,15° VIII 42,
[19] / + zōopoios (1Kor 15,45) VIII 5,6° ✠
(vgl. ŌNH (293 A))

TANHOYT (238 B)

glauben, vertrauen VI 78,24 VII 80,7 / + pistis I 8,18
— anvertrauen I 120,33 VII 97,30 (reflexiv) ✠

TPE (239 A)

HN TPE, NTPE oberhalb, oberer, (übertragen) überlegen, ETPE nach oben, NTPE,
ⲤIN TPE von oben I 41,1.27 II 14,11.13 68,3 85,10 104,42 140,35 II 130,23 V
20,[1] 21,[18.23] VI 47,33 VII 9,29 VIII 137,17 IX 5,20 XI 13,29.32.35 (=)
21,31 32,38 XIII 45,31 BG 41,4 43,11 57,17 63,15 104,9 109,1.12 119,3
● NTPE EPITN kopfüber VI 77,8
— SA (N)TPE Oberseite, MPSA NTPE oben, über, jenseits, EPSA NTPE nach oben,
über I 15,25 26,1 44,35 129,23 II L 22 (::) 59,14.18 (::) 68,17 70,2.4 (Mt
27,51 anōthen) 87,11.20 95,22 96,3.21 105,27 142,31 III 127,15 129,11 131,7.
10.13 V 48,18 75,26 VI 28,24 77,7 VII 52,2 61,2 91,34 IX 27,9 31,[21] 44,7
XI 10,33 ----- II 58,32 67,37 138,[42]
— R (SA) NTPE sich erheben, übersteigen, übertreffen I 34,8 42,2 V 59,4 IX
14,5 XI 31,38
● NA PSA NTPE die Oberen, das Obere° II 79,11 (::) 92,26 96,13 / :: NA PSA
MPITN II 67,[32] 85,6-11 / :: RŌME II 98,23 / :: NAIŌN ETMPSA MPITN II 94,10
(vgl. PE (144 A))

TIPE (239 B)

Hüfte II 90,19 VI 2,12 / + osphys (Lk 12,35) II L 21 b.103 ✠

TOP (239 C)

Saum? VI 43,23
— Busen (des 'Vaters') I 24,9.10 (=) ✠

TŌPE (240 A)

TIPE° Geschmack, ČI TIPE schmecken, kosten (auch übertragen) I 41,10 126,32
II 23,26 III 130,19° VI 30,15 31,25 VIII 9,8 / + OYŌM VI 40,3 BG 57,14 (+es-
thiein Gen 2,17) / + geuesthai II 32,14 (P. Oxy. 654,5 Joh 8,52) L 18 (Mt 16,
28 Joh 8,52).19 (dito).[85] (dito) IV 78,10 (dito) / + esthiein I 30,29 (Joh
6,51) III 28,5 (Gen 2,17)
— ATTAP= unmöglich zu schmecken I 56,15 ✠

TAPRO (240 B)

Mund II L 12.108 63,[36] 93,16 101,12 142,16 VII 23,17 25,16 27,3 31,20 IX
14,6 / + HROOY III 55,8 p / + stoma (Mt 15,11) II L 14 ----- II 58,33 59,1 ✠

TĒR= (242)

alle, alles IV 53,22 (≠p PTĒRF) / + NKA NIM IV 61,12.13 p
— PTĒRF alles I 45,8 48,26 II 55,18 VII 101,22-24 (?) 112,11 (Apk 21,5).25
(dito) / + panta I 132,27.28 (1Kor 15,28) VI 64,4 (P. Mimaut)(::OYON NIM 'jeder', P. Mimaut lies pros pantas kai pros panta{ }) VII 117,11 (1Kor 9,22)
(::OYON NIM 'jeder')
— PTĒRF, NIPTĒRF°, NITĒROY°° das All (d. h. das Pleroma, unter Ausschluß des
Kosmos, aber (wohl) Einschluß des im Kosmos zerstreuten 'Lichts'. - Unterstrichen: Gleichsetzungen mit dem 'Vater', 'Gott', 'Christus') I 17,5.6 20,2.18
21,9.10.19 23,25 24,3.5 54,[1] 55,39° 60,8.[10] 62,6 63,3 64,29° 65,9.25° 66,
8°.29°.36° 67,8°.26° 68,[16]°.19°.36° 69,[2]° 70,36.37° 72,2° 73,19° 75,24°.
26.37° 76,[18]°.31 82,1.4 86,1.27° 87,2°.33°.35° 88,4.10° 92,16 94,28° 96,10°.
18° 105,6° (::) 107,31 108,3° 110,4 116,30 117,4.6 121,1.16.18 122,35 123,26°.
28.34° 124,34 125,22 126,12° 127,27° 129,16° II 5,5 14,22 24,14 25,33 30,12
L 1.77 a 70,37 71,12 (?) 74,19 76,18 (?) 92,34 95,5 97,19 108,33 118,5 138,18
(vgl. 1Kor 2,10 theos) 144,4.5 (?) III 7,17 35,3 72,11° (p' 95,5) 73,7° (p V
3,7) 76,16 141,23 142,10 VI 40,20 57,12 58,32 60,19 68,26 74,29 VII 50,32
68,22 (?) 99,[34] 101,12 (?) 102,9 113,19 115,6-8.16 120,30 VIII 1,20 27,3 (?)
(vielleicht Adv. 'völlig') 64,19 65,23 67,23°° 98,3.4 IX 18,[5] 36,28 X 1,24
3,23 XI 14,14.24.31 22,19.27 23,32.35 34,20.23.30-32 25,23.31.32 26,21.22
36,18 48,10 52,28 53,18 58,25 62,21° XIII 35,[3]-31 36,8.[20].32 38,12 42,11.
14 45,5-9.24.27 46,11.23.24 47,10-30 BG 22,22 68,15 (p EPTĒRF 'überhaupt')
78,4 80,2 126,5 / + NATMOY II 86,[32] p (103,13) 94,23 p (dito) / + NKA NIM
II 7,10 p' 8,26 p' 9,7.8 p' 26,4.5 p' (+HŌB NIM p') 26,9 p.p' 27,9 p (+TĒROY
p') 32,14 p (+omnia Iren. I 29,2) 32,18 p / + TĒROY III 43,22 p 73,7.13 p (V
3,7.15) BG 30,8 p / + OYON NIM II 28,32 p' VII 113,23 / + aiōn (Sgl.) XI 59,3
/ + aiōn (Plur.) I 67,35 / + kosmos (fürs Pleroma?) III 144,11 / + [ta hol]a
- 107 -

TⱯPKO (243 A)

(P. Oxy. 1081) III 74,21 / + pan- (in pangenetōr) V 12,24°° p (III 84,14) /
+ ta panta (vgl. Röm 11,36 1Kor 8,6 Eph 4,6) I 18,34-19,15 / + plērōma I 46,38
(::kosmos) 74,29 95,7.11 36,22 39,33 / :: NIMA ('diese Orte' für 'diese Welt')
I 47,26 / :: PMA TĒRF X 8,10 / :: POYOEIN II 87,23 / :: genos (Plur.) VIII
114,10°° (?) ----- II 74,30 76,33 VI 58,4 VIII 18,22° 41,19
● EIME EPTĒRF, SOYON PTĒRF das All (oder: 'alles'?) erkennen, GNŌSIS MPTĒRF
Erkenntnis des Alls II L 67 III 139,13 VII 116,17 VIII 25,15 IX 54,22 XIII
35,26
— (P)TĒRF Ganzes :: meros, merikos VII 62,23 VIII 2,17 19,3 20,10 21,18 22,16
23,14 85,19 X 4,[27]
(PEIŌT MPTĒRF siehe EIŌT (53 A), TMAAY MPTĒRF siehe MAAY (106 A), TNOYNE MP-
TĒRF siehe NOYNE (124 B). PTĒRF 'All':✠)

TŌRE siehe TOOT= (249)

TARKO (243 A)

beschwören VI 63,16 ✠

TŌRP (243 B)

rauben, entführen, entrücken, (Subst.)° Raub II 24,14 95,19 104,20 106,25
131,6 140,24 V 19,22 VI 17,13 24,[8] 73,11° (+) VII 1,8 37,32° (+) VIII 138,6
IX 38,15 58,26 XIII 39,28 48,27 BG 54,16 (≠p.p')
— REFTŌRP Räuber + harpax (1Kor 5,10) II 131,6 (+) ✠

TRRE (243 C)

erschrecken I 89,21 VII 2,21 ✠

TSO (246 A)

zu trinken geben II 25,7 ✠
(vgl. SEI (174 A))

TSABO (246 B)

(be)lehren, bekannt machen, zeigen (auch TSABE EIAT= EBOL°) I 8,35° 14,7 42,10°
50,[1] 86,1 88,12 99,13q (lies E<T>TSAB[Ē]OY) 115,2 II 1,3 23,30 L 24.66 54,16
92,33 96,15 106,7 116,22 123,8 III 66,2 120,24 122,2 VI 4,4 11,10 33,3 54,30
VII 28,20 32,25 87,24 112,21 127,23 IX 47,1.4 X 29,7 XIII 37,18 41,15 49,22
BG 60,19 79,6 87,14 121,14 / + TOYN(OY)EIAT= EBOL II 1,[28] p' 2,[19] p'
(+[TAMO]) 20,23 p' 22,11.12 p' (+OYŌNH p') 29,2 p' (+OYŌNH p') / + TAMO II 21,

26 p' III 25,(16) (lies (TS)ABO) p (+TOYNEIAT= EBOL) VI 4,23.33 (vgl. 23,13)
XIII 43,20 47,[7] / + OYŌNH BG 47,[20] p 100,6 p 102,9 p 124,10 p / + ČŌ BG
126,3 p / + anadeiknynai (P. Oxy. 1081) III 74,17 (+OYŌNH p' (BG 90,9)) /
+ deiknynai (P. Mimaut) VI 64,17 / + didaskein (S. Sext.) XII 16,[17] / + epideiknynai (Mt 22,19) II L 100 / + mēnyein BG 102,5 p / :: ČI SBŌ I 21,1 -----
III 143,2
━ QNTSEBA= (A₂) Belehrung I 117,18 ✠
(vgl. SBO (175 B))

TSBKO (246 C)

verkleinern, (Subst.)° Verminderung + ŠŌŌT I 36,6° / + QŌČB I 52,30 ✠
(vgl. SBOK (177))

TSEIO (247 A)

sättigen VII 107,28 / + MOYH BG 74,13 [p].p' / + empimplanai (Ps 102,5) II
134,(23) (lies T<S>EIO) / + chortazesthai (Mt 5,6 Lk 6,21) II L 69 b ✠
(vgl. SEI (174 A))

TSAEIO (247 B)

verschönern, (Subst.)° Verschönerung, Schönheit, TSAEIAEITq schön sein I 79,9q
96,18 (Übersetzung von (dia)kosmein 'ordnen'?) 96,27.35 97,31q 99,6 (Adj.)
100,25q 102,9q.31° 127,3° / + SOBTE I 104,19° (TSAEIO 'kunstvolle Anferti-
gung'?) / + R HŌB I 100,32
━ A<T>TSAEIA= unverschönerbar I 17,27 ✠
(vgl. SAEIE (178 B))

TSANO (247 C)

herrichten, bilden, schaffen, (Subst.)° Schöpfung, Geschöpf I 8,22 27,33 40,
(13) (lies ETOYNA(TS)ENAF?) 96,24 123,13q III 88,12 XIII 40,5.7 / + EINE EBOL
I 106,34 / + MISE I 38,35 / + SOBTE, TSAEIO I 104,17°.26.29.30° / + TAMIO II
12,34 III 88,21 p (V 16,4) 89,12 p' (BG 116,8) / + TANO I 19,7 / + R HŌB II
19,12 / + ČPO I 51,30-52,6 (+SMINE) 53,32.33 (+R HŌB) / + ktisis II 13,5° /
+ plasma I 106,20° / + poiein (Gen 1,27) XIII 40,25 / + synthesis II 15,28°
━ SANĒYq geschmückt sein? VII 21,15
━ ROMEFTSENO Schöpfer + EIŌT I 51,32.35 ✠

TSTO (247 D) STO, TSO

zurückbringen, zurückkehren, (Subst.)° Rückkehr I 3,29 19,5° 21,7 24,6 30,13

TⲀⲀTⲈ (248 A)

('zu sich kommen')(+) 36,15° 41,7 69,16 79,3 82,3.9 92,32.32 115,27 123,6.8.
32° (+) 128,14° 137,10 VI 17,28-18,4 / = SŌTE I 117,21 / = metanoia I 35,21.
22° / :: planē I 22,22
— QNSTA= EHOYN (A₂) Rückkehr I 117,18
— abweisen, zurückweisen, (Subst.)° Abweisung I 1,13 / + apodokimazein (Ps
117,22) II L 66 / :: ŠPŌP I 14,[11]° / :: protrepein I 13,30 (+HBORBR) ✚

TAATE (248 A)

REFTOOTE Erleuchter + REFSŌTE V 55,17

TETE (248 B)

Gebärmutter II 16,29 (masc.) ✚
(vgl. OOTE (142 A))

TOOT= (249)

Hand II L 8.88 105,34 V 46,15
— EI ETOOT= in die Hände fallen V 33,12 34,21
— TI TOOT= helfen, mitwirken, MNTTI TOOT=°, QNTI TOOT"°° zusammenwirken I 30,
19 64,25°.26 70,23°° 72,17 76,14 (Subst.) 92,6°°
— TI ETOOT= gebieten + HŌN ETOOT= IX 45,24 (+entellesthai Gen 2,16)
— HI TOOT=, HOY TOOT=, HIOYE NTOOT= Hand anlegen an..., ergreifen, angreifen,
versuchen I 54,25 75,18 108,33 VI 44,21 VII 77,1 110,22 VIII 1,22 / + TAHO
I 77,(33) (korrupt)
(EIRE NAPATOOT= siehe APA (10))

TŌT (250)

übereinstimmen, zustimmen, (sich) vereinigen, entsprechen, (Subst.)° Übereinstimmung, Vereinigung, Harmonie I 22,36q 23,25q 26,32 62,39q 70,3° 71,11° 26,
10°.18° 90,37° 93,4° 95,4°.7° 99,19° 122,17° II 77,20° (oder P(I)ŌT zu lesen?)
145,15q V 61,4 82,18 95,8q X 5,10 32,21° / + TI MATE I 123,24° / + MOYČQ I
68,27° (+MNTOYA NOYŌT) 122,27 / + TŌH VII 7,20 / + MNTOYA I 25,6° / + eudokein
BG 37,1 (falls TŌ(T) statt TŌOYN zu lesen) p (+) ----- V 46,25
— TŌT NHĒT zufrieden sein, (Subst.)° Zufriedenheit V 40,24 42,17.23° VII 46,4
52,15q 115,27q ----- V 38,15
— TŌT NHĒT= sich richten nach... V 63,11
— TŌT (Subjekt: HĒT) überzeugt werden + peithesthai (S. Sext.) XII 31,11
— ATTŌT NHĒT nicht überzeugt VIII 113,24
— gehorchen + hypotagē V 2,[11] p (III 71,16)(::exousia)

— ATTŌT ungehorsam II 65,7 (die Übersetzung 'unverständig' beruht auf einem Druckfehler bei Crum 438 b/439 a: Jer 3,7 steht nicht <u>asynetos</u>, sondern <u>asyn-thetos</u>) ✝

TOYŌ= (251 A)

NETHI TOYŌ= Nachbarn I 13,7 29,23 ✝

TAYO (251 B)

(aus)senden, hervorbringen I 5,37 7,26 II L 20 52,32 83,24 V 79,3.4 VI 6,19 13,2 18,15 21,16 VII 27,10 50,4.30 VIII 137,30 XI 12,33 19,30 29,[26] 34,30 36,11.26.33 37,13 XIII 36,13 BG 94,16 / + TNNOOY III 30,(11) (lies TA{N}OYO?) p IV 74,[10] p ----- V 53,3 VIII 9,17
— REFTEYO ABAL Hervorbringer XI 22,24
— TAYO EPESĒT niederwerfen VII 110,23 / + THBBIO VII 110,32

— (aus)sprechen, proklamieren I 38,25 44,39 II 13,10 VI 8,11 VII 60,21 111, 26.37 X 40,[15] XI 28,33.35 BG 22,13 / + MOYTE, ŌŠ, ČŌ I 21,29 / + ŠAČE II 32,4 p' (+ČŌ p.p') 54,5 (vgl. 54,11)
— ATTAYO= unaussprechlich, MNTATTAYO=° Unaussprechlichkeit (oder) Unausge-sprochenheit + ATTI RAN I 40,7 / + ATŠAČE XIII 41,4 / + MNTATTI HROOY I 110,20° ✝

TĒY (252)

Wind II 142,17 III 26,11 134,9 VI 1,27 7,14 46,20 VII 2,1 19,17 20,14 21,33 22,4 23,13.28.32 27,26 28,16 33,26 34,9.18 36,18 45,4 90,14 / = <u>daimōn</u> VII 23,9 / + <u>daimōn</u> VII 21,25 22,25 24,7 27,25 28,6 29,10 32,16 34,14 35,18 36,27 44,15 45,16 (TĒY Übersetzung von <u>pneuma</u>? aber in pejorativem Gebrauch) / + <u>pneuma</u> II 24,22 p' / + <u>pnoē</u> VII 23,19

TOOY (253 A)

Berg (unterstrichen: der 'Ölberg') II 92,14 III 68,3.12 (lies PTO{O}OY) IV 76, 11 (verschrieben für PTŌOYN? vgl. p) V 19,11.12 30,19 78,11 81,4 85,10 VI 43, 34 75,36 VIII <u>133</u>,14 134,11 XI 68,21 BG 20,5 <u>79</u>,7 / + <u>oros</u> II L 32 (P. Oxy 1, 38, Mt 5,14).48 (Mt 17,20).106 (dito) 58,7 (Mt 17,1) 126,24 (Apk 8,8) VII 114,36 (Ps 103,32) BG 77,16 (vgl. Mt 28,16) ✝

TOOY (253 B)

kaufen, loskaufen II L 64 / + <u>agorazein</u> II L 76 (Mt 13,46).109 (Mt 13,44) / :: NOYHM, SŌTE II 53,1.3
— REFTOOY Käufer :: EŠŌT II L 64

TWOYN (253 C)

T̄OOYN (253 C)

aufstehen, aufheben, (sich) erheben, (sich) aufrichten I 134,28 II 31,5.14
L 103 89,13 (p 116,3.5)(::) 110,25 115,15 116,9 III 24,9 51,12 V 19,18 20,30
43,16 50,13 61,5.15.28 66,[1] 69,[2] 78,15 VI 34,30 41,14 44,14 VII 5,9 15,6
32,8 36,18.20 41,21 58,33 64,15 65,11 72,29 73,6 114,17 XIII 43,30 BG 37,1
(lies T̄OT?) 122,4 / + TOYNOS I 30,23 33,7 III 27,[4] p / + FI IV 71,[25]?
— auferstehen, T̄O͞ONF° (Subst.)(oder) QINTOOYN°° Auferstehung I 45,26 (vgl.
Röm 6,5 anastasis, Kol 3,1 synegeiresthai) II 52,27-57,18 122,31 IV 76,11°
(≠p) V 49,[4] / + anastasis I 48,3.6 49,23.26 IX 34,28 37,[4]°° / :: MOY siehe MOY (87) / :: MOYOYT II 145,1 (-ONH)
— T̄OOYN N-°, T̄OOYN HA tragen, ertragen XI 51,19 / + ŠOP III 90,7° p (V 17,10)
BG 79,3 p / + FI (EHRAI) HA III 33,21 p.p' / + airein (Mt 27,32) bzw. pherein
(Lk 23,26) VII 56,10 ✠
(vgl. TOYNOS (237 B))

TOYŌT (254)

Statue VI 69,28-37 (Götterbild) VIII 130,6 (Übersetzung von andrias im Sinne
von 'Menschengestalt'? vgl. ANDREAS II 14,23) ✠

TOŠ (255)

TOŠ begrenzen, festsetzen, TOŠ° (Subst.)(oder) TOŠ°° Grenze, Bestimmung, Re-
gel I 41,20° 46,27 54,27q 76,34 77,10q 84,13° 85,24° 87,10q 88,19°.22q 90,31q
91,30° 92,28° 95,33.34 105,5° 106,8°.10° 107,27 114,17 117,7q 118,13 119,23°
II 17,7 V 23,20 61,23 82,14° VI 1,11.23q 76,24 VII 80,9q 127,15 VIII 24,18q
25,9q 46,16q 136,11 X 2,14°° 29,[14]°°.15 IX 68,27 XIII 69,22°.26° BG 95,1 /
+ diathesis? (vgl. die unter diathesis aus I 5 angegebenen Stellen) I 80,31°
103,28° / + entolē I 107,14° / + merizein ('zuteilen') BG 42,13 p
— teilen V 64,20
— ATTOŠ= unbegrenzt II 18,12
(ungeklärt: VIII 133,4)

— TI TOŠ, TI TOŠ° begrenzen, zuteilen, TI TOŠ (Subst.)°° Begrenzung VIII 18,
2° IX 60,28°° BG 23,16 / + horizein BG 25,6.7 p (+O͞RČ p') / :: ATN AREČF XI
63,3 / :: apeiros BG 24,14
— ATTI TO͞Š (bzw. TOŠ°) EROF unbegrenzbar XI 60,27 BG 23,15
— NTI TOŠ NIM allumfassend? XI 53,17

•TEŠE Nachbar + homorōn (Ez 16,26) II 130,20 ✠

TAHO (257 A)

TAHO, TAHO ERAT= aufstellen, aufrichten, gründen, einsetzen, festigen, (Subst.°
entsprechend) I 28,14 41,6° 54,28° 60,5 68,6° (Fachausdruck: 'das Stehen'? -
vgl. ŌHE (297 B)) 77,16° 89,34 93,24° 94,3 96,16.17.22° 89,21 101,25 102,3.12
103,24 110,34 112,19 115,22 128,(6) (lies (PT)EHO) 129,32 132,15 (?) II 11,4
(vgl. p') 71,12 III 57,14 120,20 129,[21] (vgl. Gen 1,1 2,4 poiein) 133,10
144,9 IV 60,[19].21 68,2 V 62,9 VI 9,23 12,17 75,27 VII 16,32 VIII 117,6°
124,[18] (?) IX 41,11 XIII 38,33-36 50,14 / + KŌ I 102,90 / + SMINE I 91,17
115,31° / + SOOHE (210 B) II 8,17 (lies AYTEHOF E(R)ATF)(+(apo)kathistanai p')
9,12-19 (vgl. 8,35)(+(apo)kathistanai p') III 128,[21] (vgl. 128,13) BG 53,13
p' ----- XIII 37,33
▬ TAHO (ERAT=) wiederherstellen, in Ordnung bringen I 22,19 XI 51,30 BG 76,
(4) (lies ASTAHE{S}MPE<S>SPERMA ERATF) / + SOOHE (210 B) III 21,9.10.[15] p'
25,21 p' 30,12 p' 32,18 p' / + TALQO, katorthōsis BG 64,10 p.p'
▬ TAHO ERAT= empfehlen + synistanai (S. Sext.) XII 27,[1]
▬ TAHO N- ERAT= ETRE- jemanden dahin bringen, daß er... III 28,16
▬ MN<T>TEHO ARETF (unklar) I 87,12

▬ TAHO ergreifen, erfassen, erreichen, (übertragen) begreifen° I 2,2° 11,29
63,14 75,17.19 (::) 76,35 (::) 77,26 (::).(33) (lies PITMTREFTEHO?) 91,11
109,37 110,1 115,5 120,5 126,29 127,10 131,17 II 87,15.18 III 29,17 70,11 V
28,19 VI 14,10 61,2 VII 96,7°.12° VIII 132,2 XI 48,10° BG 24,3° / + AMAHTE
I 110,30-34 II 87,34 XI 57,10-14(°)(-EIME) / + EIME VII 112,2° / + SOOYN I
114,30° (::) VII 100,15°.18° XI 63,28° / + ŠŌP I 77,36 / + gnōsis XI 53,21°
(Subst.)
▬ ATTAHO= unfaßbar, MNTATTAHO=° Unfaßbarkeit I 20,3 54,33 73,4 75,15° (::)
76,36° (::) 77,27 (::) 126,10 II 29,17 (::) 49,24 III 72,14 VI 26,18 47,20
VII 49,29 59,8 XI 47,11 61,28.30° XIII 35,11 / + ATAMAHTE MMO= I 37,24 (ATTA-
HERET=)(+EIME neg.) XIII 36,[30] 38,15 50,20 BG 26,2 / + ATN RAT=, ATŠIT= I
54,21 /+ ATSOYŌN= I 114,24 XIII 36,22 / + ATŠIT=   VI 37,8 XIII 36,[2] /
+ ATQMQŌM= IX 27,[20] ----- XIII 50,4
▬ ertappen, fangen? VII 111,31 (vgl. 1Kor 1,19)
▬ (be)treffen, zufallen (Los) I 99,25.32 100,5
▬ lebendig machen :: MOYOYT I 12,6 ✠
(vgl. ŌHE (297 B))

TIHE (257 B)

sich betrinken, sich betäuben, betrunken (oder) betäubt sein (oder) machen,
(Subst.)° Rausch I 22,17.18 II 126,6.8 143,27q VIII 73,15° / = PHŌB NTMNTAT-
SOOYN VII 94,21° (::nēphein) / + PŌSS II 139,37 / + SO II L 12 / + SŌRM VII

TⲰⲤ (257 C)

107,29 / + methyein (P. Oxy. 1,15) II L 28 (::EIBE) / :: nēphein I 3,(9)q
(lies TAH(E)) III 30,1° ✠

TⲞ̄H (257 C)

mischen, (Subst.)° Vermischung I 34,5 97,25 106,19q.20q II 11,11.12 18,12q
84,31.32 106,28 112,13 117,22q 124,24.31.32 VI 25,11-21 (Wortspiel TⲞ̄H 'mischen' - TⲞ̄H 'Spreu') 39,18q VII 6,6 14,15 15,3 23,32 30,34 38,17 40,29 45,28
52,13° 55,1° 92,34 VIII 118,2 / + MOYĈQ II 21,1 p' (III)(≠p' (BG)) / + TⲞ̄T
VII 7,17q / + HⲞ̄TR VII 8,14 / :: PⲞ̌Š VII 13,6 (::PⲞ̄RĈ) VIII 45,6q ----- VI 25,4
▬ verkehren (mit...)(auch sexuell°) I 3,21 / + koinōnein II 78,25°-79,1°
65,6q° (+HⲞ̄TR (25,24), kollasthai (66,3)) / + synanameignysthai (1Kor 5,9) II
131,4 / :: ĈPO VII 27,33°
▬ TⲞ̄H EBOL aufrühren + tarassein VII 4,33
▬ ATTⲞ̄H unvermischt, nicht in... verwickelt I 90,18 93,18 (wie akoinonētos) ✠
(vgl. TAHTH (260 C))

THBBIO (258)

(sich) erniedrigen, demütigen, (Subst.)° Niedrigkeit, Erniedrigung, Demut I
17,21° 79,[19] 90,21 97,28q-35q 117,38q 121,27°.32q III 134,24 V 73,11° (THB-
BIO ĈⲞ̄F) VII 2,6q.12° 13,13 104,19° VIII 12,3q 42,19q 93,3q 96,3q XI 57,17
XIII 39,34q BG 126,8 / + KOYEI XI 57,23 q / + SBOK XI 10,28° / + ŠIPE VII 110,
29,32° BG 122,2 / + ĈPIO VI 9,24° / + tapeinoun (Mt 23,12) VII 104,22.24(::
ĈISE) / :: MNTMAEI EOOY, SL LAHL I 120,28° / :: SⲞ̄TP VII 120,25q 126,20q VIII
26,12q 131,4q / :: TAEIO I 84,3 / :: ĈISE I 98,8 VII 11,3°.8°
▬ ETTHBBIAEITq Untergebener :: REFOYEH SAHNE I 99,35
▬ REFTHBBIO demütigend V 63,15 (+)
▬ ATTHBBIA= nicht unterwürfig, MNTATTHBBIO=° mangelnde Unterwerfung? I 85,20
135,8° ✠

TⲞ̄HM (259 A)

einladen, berufen, (Subst.)° (oder) MNTTⲞ̄HM°° Einladung, Berufung I 122,19°°.
24°° 130,4° II L 64 85,21 III 33,20° (+) V 46,9 VI 34,4°.6 VII 71,20.24.25
103,11 106,30 107,1.2 117,21.22 VIII 130,25 131,18 XIII 45,12 / + epiklētos
(Subst.) VI 75,7° p
▬ TⲞ̄HM EHOYN anklopfen VII 117,7 / + krouein (Mt 7,8) II L [94] ✠

THMKO (259 B)

quälen II 144,12 ✠

THRŠO (260 A)

beschweren + HROŠ BG 59,3 p' (vgl. Jes 6,10 pachynein) ✠
(vgl. HROŠ (389))

TŌHS (260 B)

salben, (Subst.)° Salbe, Salbung I 3,9q (lies aber TAH(E)) II 62,20 69,7 71,
[1].2 78,1-5 (q) III 10,5°.{6°} 28,1° IV 55,13 XI 40,13 XIII 37,31 / = PNAE
MPIŌT I 36,16-26 (°) / + KNNE III 28,1° p / + chriein, chrisma, christos II
74,16-19 79,2 III 9,24 10,3 (nach Iren. I 29,1 Wortspiel chriein - Christos) ✠

TAHTH (260 C)

mischen, MN<T>TEHTIH° Mischung, A<T>TAHTH°° unvermischt I 85,11q 110,32q.34°°
121,22° X 27,15q / + HŌTR I 132,10°°.10q
➖ TEHTIH vermischt I 120,21 ✠
(vgl. TŌH (257 C))

TAČO (261 A)

richten, verurteilen, (Subst.)° Gericht, Verurteilung I 122,10° BG 119,13°
121,2° / + BLKE I 130,15° / + krisis I 81,11.12° 97,35° (+BLKE) ✠

TOYČO (261 B)

retten I 96,34 97,29 111,3.20.34 115,5 116,31 118,17 (abgeschwächt: 'bewahren'?) VI 57,23 VII 112,32 X 6,16 / + OYČAI I 11,1.4 IX 32,8° / + boëthein II
128,34 / :: MOYOYT II L 70 ✠
(vgl. OYČAI (287))

TAČRO (261 C)

stärken, stark werden, (be)festigen, errichten, TAČREYq, TAČRAITq fest sein,
beständig sein, sich gründen (auf), beruhen (auf), ruhen (in), TAČRO (Subst.)°
Stärke, Festigung, Festigkeit, Bestand I 33,22 50,4 (TAČRE- Subst.) 65,7° (+)
76,33q 87,5° 119,7° 128,11q 133,13° II 4,14° L 40q 142,37q 143,10q.13q III
43,17 (vgl. p) IV 59,4 66,8 VI 68,32 (≠C. H. II 325,9) VII 58,25 97,27q (mo-
ralisch: 'verläßlich') 117,34 IX 39,10q 40,6 X 2,15° XI 34,27° 60,24° (::).
30° 61,22q 67,22° / + MOYN EBOL XIII 38,3° / + MNTČORE (von ČRO (430)) VII
84,19 / + QMQOM BG 52,9 p / + bebaioun (S. Sext.) XII 16,23 / + kyroun IV 75,
12 p / + stērizein (P. Oxy. 1,38) II L 32 / + hypostasis XI 25,31° / + confir-
mare (Iren. I 23,9) BG 34,16 / :: KIM, RIKE, HE I 128,35 / :: NOEIN I 31,32°
/ :: SLAATE I 33,1 ----- VI 2,3

TⲰⲰ6Є (262 A)

— (ungeklärt, Verbum des Erkennens?) + SOOYN II 11,21
— (Subst.) Sicherheit + asphaleia BG 76,9 p
— (Subst.) Wirklichkeit? VII 53,(25) (lies TAČ(R)O) / :: PETOYONHq ('Schein')
VII 55,18
— TAČRO NHĒT stark sein, Mut fassen :: R HOTE VII 84,7 (+QM NOMTE)
— TI TAČRO stärken + TI ČRO II 26,17 p' (+QOM)
— ČI TAČRO gestärkt werden I 86,[3]
— RESTAČRO Stärkerin (eine von 4 'Kräften' Christi) XI 26,[33] 27,31.[37] ✚
(vgl. ČRO (430))

TŌŌQE (262 A) TŌQE

anfügen, befestigen, verbinden I 26,36 27,1 VI 22,31 27,19 BG 54,18 / + EIFT
I 20,26 / + kollasthai BG 60,9 p
— TŌQE MMO= EBOL sich heraushalten IX 44,7
— TŌQE EHRAI E- sich halten an...? VII 74,13

— pflanzen, (Subst.)° Pflanzung, Pflanze I 7,34° II L 40.63 (+) 73,9.13.14
III 60,17 VII 83,33° XII 1,27q / = stauros II 73,15° / + [spora] III 60,16° p
/ + phyteia, phyteuein (Mt 15,13) II 85,29°.30
— TŌKS Sproß? I 62,11 (+)
— RATŌQE Pflanzung VII 27,19
— SBĒR NTŌQE (Übersetzung von symphytos?) Verwandter VII 49,20 50,23 ✚
(vgl. TŌK (226 C), TŌK (227), TŌKN (228 B))

TQAEIO (262 B) QAEIE-

verurteilen I 5,15 (+) / :: KŌ EBOL VI 20,14
— QAEIĒOYq entehrt sein, verachtet sein VI 17,12 21,24 / + elachistos VI
15,10 / :: NOQ VI 14,33 (::) ✚
(vgl. QAEIE (447 A))

TŌQS (263)

ATČI TAQSE NSŌ= unerforschlich BG 118,7 / + ATČI QEČM NSŌ= BG 86,1 p' 125,4 p
✚

OYA (265 A)

Fluch, Lästerung II 28,23 87,5 V 47,25.[25] VII 30,17 (+)
— ČE OYA fluchen, lästern VII 74,24 IX 66,31 / + blasphēmein (Mk 3,29) II
L 44 BG 70,18 / + kakōs akouein (S. Sext.) XII 34,27 (Pass.) / + loidorein
(S. Sext.) XII 16,18 / :: TI EOOY VII 73,19
— REFČE OYA Lästerer VI 66,1 (+) ✚

OYA (265 B)

(vgl. Zahlenteil unter "1")
— OYA OYA jeder einzelne III 83,16 84,19 86,15 88,13 IV 51,6 / + hekastos
(1Kor 3,13) II 139,19 ----- II 57,24
— KATA OYA einzeln, (Subst.)° Einzelner VII 127,12 VIII 41,17°.19° 48,2 127,3°
● NIKATA OYA NTELIOS die Vollkommenen Einzelnen (Selbstbezeichnung der Gnosti-
ker) VII 121,3 124,8 VIII 18,15.[17.24] 25,14 59,17 129,17, vgl. 48,2
— OYA OYAAT= ein einziger I 42,15 110,35 117,6 / + monos (Hippolyt, Ref. VI
29,5) I 51,12
— MNTOYA, QNOYEEI° Einheit I 23,15 24,27 25,6-15.25 34,33 72,17 75,22 83,30.
32 119,13° III 86,14.21 / + monas BG 22,[17] p' / :: merismos I 49,13
— MNTATOYA Nicht-Einheit :: MNTOYŌT VIII 75,16
(OYA (N)OYŌT siehe OYŌT (279 B)) ✠

OYAA= (265 C)

selbst (hier nur einige anthropologisch interessante Stellen) I 21,6 22,18
49,35 II L 111 b 138,17

OYE (266 A)

fern sein, sich entfernen I 2,22 5,38q 7,21q 10,8q.22 11,22 12,34 119,4q II
L 97q 140,20q V 65,10 VIII 43,16 / + einai... apo (1Clem 8,3) II 135,32q /
:: HŌN (378 B) II L 82q VI 18,33q.19[3]q VII 115,21q VIII 93,3
— (pejorativ) fern (d. h. unterlegen) sein V 53,7q
— (meliorativ) OYE NHOYO E- übertreffen + NANOY= I 82,16

OYŌ (266 B)

aufhören III 114,21 V 60,(2) (statt AYŌ lies EPOYŌ)
— (Subst.) das Aufhören, (d. h.) das Verstummen VI 59,23
— (etwas) schon (getan haben) II 138,12.15.18
— TI OYŌ entkommen + R BOL I 124,5 (TI HŌ).11 (TI OYHŌ)?
— TI OYŌ verlieren II 127,[32] ✠

OYŌ (266 C)

Botschaft, ČI OYŌ° Kunde geben II 123,[32] V 48,[22]
— ČI OYŌ befehlen? + archein (S. Sext.) XII 31,23 (p ČOEIS)
— R OYŌ antworten, ATR OYŌ° HARO= unbeantwortbar I 22,5 IV 57,23° (+) XI 5,
[35] ✠

OYШ (267 A)

OYŌ (267 A)

Sproß VII 22,(18) (lies AY<OY>Ō)

— TI OYŌ sprießen, (Subst.)° Sproß II 82,4 (::) 83,14 98,32.[33] 109,21.26.31
111,2-21 III 28,4 (p korrupt) / + anthein (Ps 91,13) II 122,29 / + karpos I
7,27 II 21,33° (≠p')

— ČE OYŌ empfangen (sexuell, auch übertragen-allgemein°) II 6,12 103,14° ✚

OYE̅E̅B (267 B)

Priester, MNTOYE̅E̅B° Priesterschaft V 44,17 61,9 VII 72,5 (::) 73,1.2 (::) /
+ archiereus II 85,2° IX 15,9 / :: Leuitēs VII 109,20

— OYAABq heilig sein I 1,8 II 69,23 86,18 108,23.25 114,18 125,8 III 21,2
31,1 63,24 (≠p) 65,25 68,21 114,9 IV 61,4 71,16 75,14 76,13 78,2 80,1 V 72,5
76,2 77,11 84,7 85,[29] VI 46,17 58,7 63,17 65,37 68,20 73,16 VII 17,1 86,21
87,13 91,7.26 107,6 114,12 122,3 VIII 1,29 4,12 82,22 114,5 (+) 130,17 133,26
IX 5,[15] 16,11.15 28,28 40,23.24 58,31 XIII 45,[34] 48,29 50,19 BG 64,12
78,5.11 100,18 114,12 124,13 / + TBBO II 77,2.4 108,33 XI 1,25 BG 24,7 (+ka-
tharos) / + hagios II 134,18 (Ps 102,1) 136,4 (1Clem 8,3) BG 64,8 (vgl. p),
weitere Belege siehe unter pneuma / + [hieros] IV 50,[1] p / + teleios VIII
7,13 (vgl. 7,19) IX 44,[19] BG 48,1 ----- IV 57,2 IX 4,[4] X 34,[1] XI 2,17
● KOYAAB KOYAAB KOYAAB heilig, heilig, heilig bist du (+hagios Jes 6,3) IX
16,16-18,[4]

— PETOYAAB der Heilige (°von Christus) II 92,34 IV 75,12° (≠p) BG 98,14° /
+ hagios (Jes 30,15) II 136,5

— PETOYAAB das Heilige II 69,17-24 VII 26,6 / + to hagion (Mt 7,6) II L 93

— NETOYAAB die Heiligen (die Gnostiker) I 10,38 118,26 135,17 II 59,18.23
110,11 III 13,22 63,14 67,26 81,6 IV 75,8 VI 47,31 IX 27,27 / :: HAH I 1,20 /
:: ČAČE VII 114,12 (OYON NIM ETOYAAB) / :: antikeimenos VII 114,4

— NETOYAAB NNETOYAAB, PETOYAAB NNETOYAAB° das Allerheiligste (Hebr 9,3 hagia
hagiōn oder ta hagia tōn hagiōn, Ex 26,33 to hagion tōn hagiōn) II 69,24°
(::).34 84,30 85,19 XI 25,36

— PETOYAAB HM PETOYAAB das Heilige im Heiligen (Variante der vorigen Formel?)
II 84,22

— OYAABq rein sein (diese Bedeutung überschneidet sich teilweise mit der vorigen) I 25,23 V 63,4 VI 25,23 46,13 47,10 67,14.19 69,13 VII 29,24 86,21
109,6.8 IX 70,20 / + TBBO VII 47,24 / + akēlidōtos (Weish 7,26) VII 113,4 /
+ enkratēs VII 92,4 / + eilikrinēs (Weish 7,25) VII 113,2 / + katharos VII
29,5 (vgl. Mt 5,8) XII 30,13 (S. Sext.)(+ATNOBE) BG 123,2 p / + purus (C. H.
II 355,13) VI 65,6

— OYPETOYAAB ein Reiner, Reinheit° I 10,2 VI,37,23°

(NRŌME ETOYAAB siehe RŌME (163 C), PIPNEYMA ETOYAAB siehe pneuma) ✠
(vgl. OYŌPE (275 A))

OYBAŠ (267 C)

OYOBŠq weiß sein II 55,[32] 63,28,67,8 110,17 V 22,26 ✠

OYOEI (268 A)

wehe! I 11,28 II L 102.112 143,9-144,17 (zwölf Weheworte) VII 114,6 / :: NA-
EIAT= I 3,27 / :: makarios I 3,17 11,11.13 12,39 13,9 ✠

OYOEI (268 B)

Weg I 106,15 (übertragen)(+EINE (50 B), TŌŠ)
— TI PEFOYOEI gehen, losgehen, hervorgehen I 76,5.21.27 II 58,16 115,17 VI
17,20.25 XI 15,37 ✠

OYOEIE (268 C)

Landarbeiter + geōrgos (Mt 21,34) II L 65
— MNTOYOEIE (wohl nicht 'Landwirtschaft', sondern - als Übersetzung von oikonomia -) Ordnung, (göttlich) geregelter Ablauf II 79,18.22 ✠

OYOEIN (268 D)

Licht (meist überkosmisch, unterstrichen: PNOQ NOYOEIN), R OYOEIN°, TI OYOEIN°
erleuchten, leuchten, Oq NOYOEIN leuchten, ČI OYOEIN°° erleuchtet werden I 9,
11 13,20 16,15°° 28,29° (Subst.).29 30,6.37 31,14 (+) 32,29.34 34,7 35,28
36,11 42,12 62,5.34 66,19.(20) (lies R OYOE<IN>) 77,19 78,35 (+) 82,33 85,29
87,10 88,14 89,6.19 90,14° 92,20 93,10 94,2.31 97,12 102,[13].28 114,11 115,13
118,26°.30.37 124,22°.24q.25°.(31)° (lies TI <OY>AEIN)(Subst.: 'Erleuchtung')
129,1.2°.4 131,10 136,[27] 143,20 (Adj.) II 2,2 (≠p').[7] 11,9-14(°) 13,15
14,28°.33°.33 15,4 19,33° 22,16 23,34q 24,11 (Adj.?) 29,2 30,15.30 31,11.23
L 10.50.77 a.83 53,31 (+) 57,15 58,12 67,4.8 (Adj.) 69,11-13 70,5.8 71,6 74,20
(+) 76,27.[28] 78,[31]-79,2.10 (+) 85,25.[34] 84,5.7 96,22 97,8 98,16 100,29
103,32 104,3.7°° (+).14.19 106,4 108,12.19.21 (Adj.).22 (Adj.) 109,13 111,5.13
112,10 (Adj.).13.25 (+) 113,4.10.22 (Adj.) 115,36 116,15.18 117,26.28 124,26
126,11 135,29 139,20°.21.23-33(°) 142,18.18° 144,4 III 6,13 7,11 (Adj.)(?).15
(Adj.).17°.17 (≠p.p') 9,14 (≠p.p').21 10,19 15,12° 18,18 (+) 24,23 27,2 33,7
(≠p.p') 40,15.16 (≠p) 41,2 (Adj.).[15] 43,13.[22] 49,2 51,3 56,6.7 57,13 67,3
(Adj.).4° (≠p).11 76,18.18°.22 81,12 (vgl. p) 86,7 125,23 136,10 137,18 139,19
IV 6,28 50,5-11 52,21 58,26 62,12 63,11 75,10 (vgl. p) 67,9 V 22,18.18°.26.29q

53,[29] 63,27.28 72,11 83,2°.3° VI 28,14.17 32,3 35,17 36,17 37,14.34 46,9
47.10.24.25° 55,27 (Adj.) 57,30q 59,26 64,15°° VII 1,10.13 2,5.10.26.29 3,25.
30° 4,6 5,13° 6,23.32.34 7,2 (Adj.).7.28.35 8,6-9,27 10,21 11,13.18.23 12,8
(Adj.).10.16.30.35° 13,2.9.24 14,16.24°.25.29° 15,16.19.27 16,6.8°.12.14°.17
(Adj.).24.28.31 17,5-34 18,13 19,31 20,24° 22,19 (Adj.).26 24,5.8.27 25,14.18
26,17. (Adj.).32 27,7°.12 28,1(+)(::).28 30,20.33 31,25.29 32,31 33,1.17.31°.
34 34,24 38,24 39,10 41,20°.24.26° 44,27 46,15.25 (beides Adj.).32 48,25 49,11
67,9 (+) 71,4.33° (Subst.) 72,23.24 78,20 82,10 83,9.14 92,9 94,28° 98,22-27
(°)(+) 99,15°-20° 101,19-21(°).29 103,3-11(°) 106,14 (+) 113,6 119,9-11 122,3.
4 125,11 VIII 5,[3]° 6,3.32 11,10°°.11 29,18 30,2 46,1 48,6 (+) 56,[15] 61,21
74,14 (=) 133,22 134,6.11° 135,4 138,12 IX 27,15 30,1 43,29 X 10,6°.7° XI 13,
23, 52,10 57,34 60,11q XIII 35,15 36,[32].33 37,8q 38,1-6(°).13 39,11.15.18
40,21 41,35° 42,1 45,[1].7.12.(20)q (lies NOY<O>EIN[E]).31 46,[5].11.16.24
47,29.29° 48,17.30 (Adj.).[32].35 (Adj.) BG 20,21°.21 (p'+ aktis) 21,6.10
23,14 24,6 25,11 (vgl. p').14 26,16.21 33,1 (Adj.)(≠p) 49,9 (vgl. p' Adj.)
57,7 (Adj.)(p verschrieben) 71,13 (Adj.) 78,17 81,18 83,16 91,15 100,17.17°
102,4 103,14 (vgl. Joh 1,9 phōs) 104,10 105,14.18°° 117,10°.11 119,4 (Adj.)
120,5 123,19 (Adj.) / = KŌHT II 64,5 / = SOOYN... XIII 48,13 / = NIPTĒRF I
94,26 / = TMAHŠMOYNE II 112,11 (::) / = QOM... IV 51,[4] / = gnōsis II 79,29
/ = logos VII 99,3 / = pneuma... BG 123,12 / = chrisma II 69,14 / = eine Of-
fenbarerperson V 58,8 VII 59,8 XIII 47,30 /+ EOOY VII 112,32 /+ KRŌM (p
KŌHT) III 16,5 18,7° /+ KŌHT II 109,4 VII 3,22°.23 18,3 21,4 32,11 34,8 (Adj.)
(+pneuma) 48,33 (Adj.) VIII 55,[17] X 64,[2] /+ PEIRE III 49,8° p IV 50,[12]
p VII 39,8°.14° (vgl. 39,1) /+ ŌNH V 58,8 /+ HOOY (403 A) II 82,10 86,3.4
V 62,24.[26]° /+ alētheia VI 60,22 /+ gnōsis II 119,12.13° V 83,21 /+ nous
VII 19,19 28,1 43,25 /+ plērōma II 84,[31] IV 55,11 (Adj.) /+ pneuma (teilweise in Formeln: POYOEIN MPPNEYMA, PPNEYMA NOYOEIN) III 89,2 (Adj.)(p' BG
115,9) VII 3,1 6,13 (Adj.).19.21.29 7,32 10,13 11,9.16 (Adj.).26.30 13,6.8
(Adj.).31 14,9.22 15,11.31 18,20 (Adj.?) 19,11 21,8 22,32 25,5 28,32 31,12
35,4.32 (+pistis) 37,18 38,7 VIII 52,19.20 BG 30,8 96,3 100,2 119,6 /+ phainein, phausis (Gen 1,14.15) II 112,5° /+ phōs II L 33 (Lk 8,16) 108,6 (Gen
1,4) III 9,13 (Vgl. Iren. I 29,1) 49,8.8° (vgl. Clem. Alex., Paed. I 6: Wortspiel phōs - phōs) 67,3 (Röm 13,12)(≠p) V 58,8 (Joh 1,4) VII 1,26.32 (Hippolyt,
Ref. V 19)(::KAKE, PNEYMA HN TOYMĒTE) 106,26 (Joh 8,12) XI 9,30 (Mt 5,14) /
+phōtizein (vgl. Joh 1,9) VII 112,24° /+ lumen III 11,15 (Iren. I 29,2) VI
64,23 (C. H. II 355,5) / :: KAKE siehe KAKE (59 A) / :: KAH, MOOY, pneuma II
79,21 / :: MNTATSOOYN XIII 49,32 / :: PTĒRF II 87,23 / :: HAEIBES I 35,5 II
81,6 (p V 9,17q) 89,18.18° (p' BG 116,13.14°) BG 54,5°.6 (≠p' OYŌNH EBOL) /
:: hylē II 94,30.33 ----- III 121,11 131,4 VI 21,4 VIII 83,7 IX 15,1 (Adj.)
X 26,2 XIII 49,10

— RMOYOEIN licht (Adj.) II 103,19

— ŠBR OYOEIN Mit-Licht, Lichtgenosse III 69,13

— MNTR OYOEIN Erleuchtung I 65,20 (=)

— REFR OYOEIN, REFTI OYOEIN° (er)leuchtend I 13,20 111,30 BG 25,15°

● POYOEIN (N)ŠA ENEH das ewige Licht III 68,26 VII 68,8 113,7 VIII 3,[30] 47, 30 (Plur.) XI 45,[16] 58,27 / = EIŌT IV 50,6 (≠p) / :: KAKE VIII 1,9

● PŠERE MPOYOEIN der Sohn des Lichtes (innerpleromatisch), NŠERE MPOYOEIN° die Kinder des Lichtes (Selbstbezeichnung der Gnostiker, vgl. Lk 16,8 Joh 12,36 hyioi (tou) phōtos) II 97,13° VII 4,2 (Sem) 8,24 51,2 60,19° 78,25° XIII 37, 19° 41,16° 42,16° 45,33° 49,25° BG 126,14° / + NIŠERE NTE NETŠOOP V 25,17° (vgl. 25,3) / :: EIŌT XIII 41,[1]°

● PHILIKRINES NOYOEIN, POYOEIN ETOYAAB, POYOEIN NKATHARON, POYOEIN NAKEREON das reine Licht (überkosmisch) II 86,18 III 7,11 (?) 9,12.19 32,25 XIII 50,19 BG 25,12 26,18 (?) / = TDYNAMIS... EBOL HN TMAAY III 18,13 (POYOEIN NTBBE, POYOEIN ETTBBEYq siehe TBBO (222))

— OYOEIN, REFR OYOEIN° Leuchter, (Himmels-)Licht (wie phōstēr)(auch innerple-romatisch) II 121,18° / + phōstēr II 112,3° (Gen 1,14)(+SIOY) III 11,17 p' (+luminare Iren. I 29,2) 11,24-12,16 p' 13,19 p' 14,1.7 p' 24,2 p' 52,9-25 p 53,15 p 55,6 p 56,22.24 p 62,26 p 64,25 p 65,12 p 81,24 p (V 10,7) IX 6,5° (PBAL MPOYOEIN und OYOEIN NBAL siehe BAL (22 D), PEINE MPOYOEIN siehe EINE (50 B), OYOEIN :: KAKE siehe KAKE (59 A), TKLOOLE NOYOEIN siehe KLOOLE (61), TQĒPE NOYOEIN siehe QĒPE (462 B), TEPINOIA MPOYOEIN siehe epinoia) ✠

OYOEIŠ (269)

Zeit°, NOYOEIŠ NIM (u. ä.) jederzeit (u. ä. Temporaladverbien), Plur.°° Zei-ten I 7,37 25,8° (+) 48,5 52,19 62,15 95,32°° 107,23° 121,24 137,14° II 30,32° 58,22 59,7 62,23 132,20° 138,5° 140,35 141,11°.14° 142,14° III 14,5 32,15 122,3°.6° 143,[17].21 V 2,9 4,16 25,17 31,18 39,17° 42,10° 49,25° 50,5 65,14° (+) VI 13,14° 14,2°.4° 21,26° 43,16° 56,31 70,11° 75,23.25 78,28 VII 18,26 36,20 58,2 65,15.16 67,33 75,18 76,9 77,14 96,27.32 103,5 111,6 113,10 115,9. 12.14 118,6 124,12 126,25.31 127,8 VIII 1,26 10,15 46,[10] IX 27,24 70,[12]° X 10,18°° XI 36,(66) (lies OYAEI{N?Š) 43,34 47,16 54,25 66,31° XIII 43,5° 45,26° BG 21,19 23,12 25,19 41,9°° (≠p. BG hat die richtige Lesart: gemeint sind die Zeitabschnitte der 12 Tierkreiszeichen) 121,11° / + EBOT, OYNOY, HOOY I 73,30°°.31°° (OYOEIŠ die dem Jahr übergeordnete Zeiteinheit) XIII 42,[32°. 33°] / + TNNAY ('wann') II 25,36° p' / + ROMPE V 67,23°° / + SĒOY I 120,24°. 32°.34° (::ŠABOL) 125,30°° / + OYNOY V 63,[24]° / + kairos IV 74,5° p (+chro-nos) VI 44,32° XII 15,8° (S. Sext.) BG 72,6°° p.p' (+SĒY) / + chronos III 5, 22° p' 62,19°p (+kairos) XIII 44,17° BG 25,2 p 50,16° p / :: ENEH I 126,35

OYⲰM (270)

III 120,3° (vgl. 120,8) VIII 23,23 ----- III 120,10.11° VI 53,5
— PROS OYOEIŠ zeitlich, vergänglich (wie proskairos 2Kor 4,18) I 132,1 VI
31,27.33
— ATOYOEIŠ ungelegen (wie akairos) VI 67,11
— R OYOEIŠ Zeit verbringen (wie chronizein) V 81,5 ✤

OYŌM (270)

essen (unterstrichen: Anspielungen an Gen 2,16.17 3,3.6.22 esthiein) I 18,27
25,15 32,16 106,26 107,3.6 II 21,19 (≠p) 22,11.13 L 6.8.10.14.60.61 b.102
64,20 71,[24] 73,20.[34]-74,11 88,28-31 (p 118,20-22) 89,2.35 90,2-31 (p 118,
29-120,3) 119,5 120,31 III 28,11 (p ČI TIPE).17 30,19 VI 12,1 22,25 27,32
29,27 35,11 65,5 66,20 VII 44,25 IX 5,3.4 (+) 10,[2] 45,26-29 46,4-27 47,13.16
/ + SEI VI 44,6 (vgl. Apk 19,21 chortazesthai) / + ČI TIPE VI 40,3 / + brōsis
(Mt 6,19) II L 76 / + phagein (Joh 6,53) II 57,4 (+) ----- II 71,31
— QINOYŌM, NKA NOYŌM° Speise II L (5) (lies QI<N>OYŌM) III 40,3 (+) VII 20,11°
— MNTOYAM HAH Gefräßigkeit VI 25,9 (::)
— OYAMRŌME Menschenfresser, OYAMKŌOS° Leichenfresser, OYAMŌNH°° Lebensfresser
(mythisch) II 62,35 73,19°.22°° VI 29,18
(OYŌM II 95,8 steht für OYŌHM) ✤

OYMOT (271)

dick werden (d. h. verhärtet werden) + pachynesthai (Jes 6,10) IX 48,9 (+)

OYN- (272 A)

OYNTE- haben, teilhaben I 38,12-15 41,28 42,12 II L 88 60,1.6 (vgl. Gal 4,1)
76,17.21 VI 56,8 (+) 74,21-28 X 9,(7) (lies OY<N>TES).8 / + echein (Mt 13,12)
II L 41 (::TI) / :: TI I 53,14 III 6,11

OYNOY (272 B)

Stunde I 5,(28) (lies EY{N}OYNOY)(+) V 61,8 63,25 (+) VII 75,30 / + HOOY, EBOT
(oder) SOYSOY I 73,35 III 84,11 XIII 42,30.31
— TENOY, TINOY jetzt I 14,35 25,7 (+) II L 28.92 96,28 135,15 145,15 III 33,
12 (≠p') 36,4 65,26 70,5 IV 79,13 BG 83,12.17 (Auswahl, sonstige mit OYNOY
gebildete Adverbien nicht erfaßt)

OYEINE (273 A)

vergehen VI 43,3 ✤

OYŌN (273 B)

(sich) öffnen (Verwechslungsmöglichkeit mit OYŌNH 'offenbaren') II 85,7.11.18
90,16 (vgl. p 119,12) 110,33 V 23,25 (Stellen, die OYŌN<H> zu lesen sind, siehe unter OYŌNH (274 C)

OYNAM (274 A)

rechts (meist positiv wertbesetzt), NIOYNAM°, NA OYNAM° die Rechten (Selbstbezeichnung der Gnostiker? - vgl. Mt 25,34) I 110,27° 130,6° 132,9° / = MNT-
[ATTAKO] XI 41,25° / + dexios (Mt 26,64 Mk 16,19) I 14,31 / :: ČAQE V 20,2 /
:: QBOYR I 32,9-14 98,16 104,10° 105,7° 106,21° 108,14°.21°.23° 121,21° (vgl.
121,13).29° (vgl. 122,4) 124,7° II 15,32-17,26 L 62, (+dexios Mt 6,3) 53,15
60,28° 67,25 95,32.[35] (p 105,28 106,12.14) VI 2,29 62,7 VII 39,13 IX 43,11
XI 38,30° ✠

OYNOF (274 B)

sich freuen, (Subst.)° Freude, TI OYNOF°° Freude bereiten I 55,15° (+) 100,38
(+) 122,21 (+) II 80,21°° 103,9 107,8° V 84,17° (+) XIII 48,33° / + apolausis
I 96,30°.31°
━ R HOYE OYNOF sich weiter freuen I 98,35 ✠

OYŌNH (274 C)

(meist mit EBOL) (sich) zeigen, (sich) offenbaren, in Erscheinung treten,
(Subst.)° Offenbarung, OYONHq offenbar sein, sichtbar sein (oftmals rein innerpleromatisch) I 2,[7].17 6,10 13,3 16,4°.11 17,2°.37 18,5.13 19,34 20,23
23,28 (+) 24,38 25,3q 27,27 28,5.8 30,32 34,4 36,10 (=) 38,4.23° 41,20q.35q
44,16 45,29q 48,34° 57,30 58,2 64,4q.33 67,34.36 69,13.22.23.33° 70,31 77,5°
79,[16] 86,22.27.35°.37 88,1.8°.28.31 89,1°.8.15 90,2°.4.11.(26) (lies ANETAH-
OY{H}ANHOY).30.31q 91,1-33 92,17q 93,25.30 94,23 95,30° 96,9 97,12.16 98,27
100,6 102,14 104,17q 108,8° 109,23q 112,6q 114,4.34 116,36 117,16° 118,27.33
119,1.12°.16 123,20.28.34 125,28 126,22 127,5q 131,10°.12 134,30 136,28 138,
[15] II 5,1° 6,16 14,30 20,28 (≠p') 22,36 23,26.33 24,10 28,(22) (lies AS-
OYŌN<H>) L 50.57 53,7 65,,[29]q 67,[34] 72,12q 82,15 (+) 84,26 (::) 85,9 87,
13.16.32 88,8 90,(16) (lies OY(Ō)N<H>?) 93,25 (korrupt) 94,28 96,27.29.[34]
98,[5]-28 99,1-16.(24) (lies OYŌN<H>).31 100,5.15 101,1.3.24 103,20.26 108,30
109,2.10.18 110,9 111,5.14.29 113,7.24.28 114,32.36 116,14.30 122,17,30 (lies
MPE{N}T[NA]OYŌNH).[34] 124,22-[34] 138,26q-139,17q.23q.26q 140,38q 142,6q.14
III 7,21 9,2° ('das Erscheinenlassen').16.21 (vgl. p) 10,4 13,3 (p°.p'°?)
14,13 16,15 17,11 18,11 (≠p') 31,2 51,10 55,15 68,20 71,9 75,1q (≠p V 4,11

NEOY).5 (vgl. p').12 (p' BG 91,18)(::<u>autogenēs</u>) 76,15 (p' BG 93,18).23 (p' BG
94,8) 77,11.15 (≠p' BG 95,6.10) 81,19.23 (p' BG 101,17.18) 82,9 83,3.13.16
84,7 (p V 12,16).21 85,2.8 (p' BG 107,11) 86,5 (p' BG 109,15).19 (vgl. p' BG
110,14.15) 87,[1]-23 (p' BG 111,8-113,7) 114,20 (p BG 118,4.6 oberer Kontext
ausgefallen) 136,12 140,17 143,10q IV 55,[25] 60,13.18 62,[24] 75,24 V 8,7-16
14,13 29,10 30,1.2 31,2 39,19 (lies EMPA(TI)OYⲞⲚH) 41,[14] 42,[15].19° 49,21
53,9 55,3.5 (ohne Objekt: 'Offenbarung geben').21 61,4.10 63,22 VI 3,28 8,30
9,17 15,34 20,25 (✝?)(::?).34° <u>25</u>,30 ('in-Erscheinung-Treten' des Kosmos) 26,
[4].9.13 35,20° 37,15 42,3.18.20 44,3.<u>27</u> 58,17 61,22 (lies <ES>OYⲞⲚH) 63,13
69,9q 70,13 71,27 ('sich erweisen als...') VII 1,25 2,36 4,1-12(°) 5,14 6,7
9,22 10,3.9.10° (fem., Übersetzung von <u>apokalypsis</u>?) 12,7°.12.25.37 14,4.8
15,13.29 16,6.13.36 17,9-26 19,34 22,21 24,3.14.28 26,21.23.31q 28,22.31-35
29,6.7.33 30,2-28.36 31,17 33,7 34,2.30.31 35,21 39,15.24 40,18.41.15 45,27
47,33 50,22 52,5.8 53,18 57,19 58,15.17 66,13.19°? 69,7 70,23 71,9.11q 73,29
75,32 79,6.8 80,19 82,16 83,24 84,2 100,28 107,19q 109,27q 111,15.21 112,8
('Offenbarung' des Kosmos).15.24 118,10° 119,10.19-26 123,10 127,26° VIII 1,25
(OYONH Infinitiv?) 2,12 (dito) 3,12 6,[12] 9,5 10,6°.[31] 14,4.9.11 23,1.8q
78,[13] 118,14 119,9 122,11q 127,13 134,10 135,12.(16) (lies OYⲞ<N>H) 137,19q.
27 138,6 140,16 IX 13,[11].12 29,27q 30,12q 31,5 37,27q 67,[5]q.10 68,10q
69,[12] 72,27 X 1,26 4,4.[9] 6,21 7,27 29,14 40,22 XI 23,[28] 24,19.27.29°.37.
39 26,19 40,32 50,7° 53,16.26.32 58,33 59,27° 60,35°.39° 61,7°.31° 64,32°
65,21 66,32 XIII 35,29 36,31q 37,8 (OYONH Infinitiv?) 38,17.19 39,18.21 40,18
42,4.24 43,5 44,2.[35]q 45,21 46,33 BG 21,[4] (≠p).[11] 27,9 47,11 48,4 86,7
87,11.20 (p ::HⲞP) 88,13 92,8 93,14 97,12-98,[1] 99,3 104,[2] 105,5 106,3
108,7 118,(15) (lies EFE<OY>ⲞNH) 119,11.18 124,17 125,13 (OYⲞNH ETBE...) /
✝ BⲞL ('erklären') II 139,14 / ✝ EI, EI EBOL I 37,6°.9.14 II 10,3 p' III 56,26
p IV 71,31 p 72,[9] p VIII 24,8° XI 23,33° XIII 47,14 / ✝ EINE EBOL XI 25,36
/ ✝ TOYNOYEIAT=, TSABO III 28,20 p.p' 37,20 p.p' / ✝ NAY II 2,18q.19q p' /
✝ PEIRE III 90,8 p (V 17,12) / ✝ SOOYN I 13,39 22,35.39 23,2.22 30,24° 71,12
(::) 126,2.3° 127,15° XIII 36,22 BG 60,18° (✝TSABO) / ✝ TAMO XIII 37,14 /
✝ TSABO III 21,21 [p] 105,5 p (BG 100,6)(✝EIME) 118,3 p (BG 124,10) BG 102,9°
/ ✝ R ŠORP NOYⲞNH EBOL siehe R ŠORP NOYⲞNH EBOL weiter unten / ✝ ŠOPE II 7,21
p' VIII 81,24 / ✝ CⲞ BG 114,15 p / ✝ QⲞLP (EBOL) I 24,11 (::HⲉPq) 27,5° (QⲞLP
Subst.) 48,8 (dito) 85,14 II 4,[28] 23,5 L 83 82,24 (vgl. 83,1.5)(::HⲉPq)
108,8.12 124,18.29 125,24 127,6 III 7,13 p' (✝progredi Iren. I 29,1) 8,9.16.23
p' (✝<u>proerchesthai</u> Iren. I 29,1) 10,9 (p OYⲞH wohl falsch).12.18 p' V 29,15
56,21 (✝SOOYN) VII 3,28.35 8,(22) (lies OYⲞ<N>H) 10,18 41,2 43,15 BG 116,12°
p' (III 89,17, QⲞLP Subst.) / ✝ <u>anadeiknynai</u> (P. Oxy. 1081) BG 90,8 / ✝ <u>ana-
phainein, phainesthai</u> (P. Oxy. 1081) BG 91,6.8 (vgl. p' III 75,5) / ✝ <u>apoka-
lyptesthai, ginōskesthai</u> (Mt 10,26) II 125,17q.20 (::HⲉPq) / ✝ <u>gnōsis</u> II 124,

13.{16} V 69,[14]° XI 45,[17] / + emphanēs II L 37 (P. Oxy, 654,19) III 73,17q
(P. Oxy. 1081) / + noein II 142,20q / + ōphthēnai I 48,8 (Mt 17,3) II L 28 (P.
Oxy. 1,13)(vgl. 1Tim 3,16 phanerousthai) / + phainesthai (P. Oxy. 1081) III
74,16q-19q (p BG 90,6q-11q)(::HĒPq, Lehrsatz) / + phaneros, phanerousthai I
133,16 (1Tim 3,16) II L 4.5 (P. Oxy. 654,30.[39], vgl. Mk 4,22)(+QŌLP (L 4),
+QOLPq (L 5), ::HĒPq) 139,19 (1Kor 3,13)(::HŌP) VII 30,7° XI 12,18 (1Tim 3,16)
BG 78,11 (Mk 16,12) / :: ATNAY I 45,20q / :: TAMIO III 84,12 / :: TANO III
85,20.22 86,[1] / :: ŠOOPq (metaphysisch vorgeordnet) III 73,4.4q (p BG 86,10.
11q) / :: HŌP II 57,29-58,5 (vgl. 58,3) V 47,16.18 VI 16,33 (::) XIII 47,16.23
(+SOOYN) 49,16.21 / :: HĒPq I 2,[3] 27,7 45,7.10° 69,19.21.26 (::) 72,29 II
L 83q.108 56,4q.12q 57,24q-26q 59,15q.16° 64,13q.16q 81,[28]°.29° (+phaneros)
83,7q-9 84,2.4.14q.17q.20q 86,15q 87,11q (Lehrsatz) 123,28.29q 138,28q.30q.
38q III 97,1 V 19,14q (Lehrsatz) VII 8,7 99,5q (Lehrsatz) 116,13q.15q X 29,3
XIII 37,11 40,8 (::) 49,33 (lies EF<H>ĒP), weiteres siehe unter der Rubrik
"adverbial" ----- II 4,17 (≠p' OYŌH) 67,38q IV 58,[8] VI 22,8-11 (q) VII 29,
22.26 IX 57,1q X 68,16q (+SOOYN) XIII 50,6

— R ŠORP NOYŌNH EBOL (sich) zuerst offenbaren (oder "hervoroffenbaren", nach
einem griechischen Compositum mit pro-?), (sich) zeigen, erscheinen, (Subst.)°
(MNT)ŠORP NOYŌNH EBOL, PEHOYEIT NOYŌNH EBOL Erstoffenbarung (oder "Hervor-
offenbarung"?) IV 56,[12.21] XIII 39,8 BG 35,4° (vgl. p.p'°, p' korrupt) /
+ EI EBOL IV 63,[28] / + OYŌNH (EBOL) IV 63,[4]p XI 59,28° 61,9°.31° BG 30,12
p 112,6 p / + gnōsis XI 63,14° / + proerchesthai IV 53,4 p 54,[22] p

— (prägnant, in eschatologischen Kontexten) offenbar werden (Bezeichnung des
Zustands der Erlösten, vgl. Röm 8,19 apokalypsis, 1 Joh 3,2 und 2Kor 5,10 phanerousthai) I 20,6 (OYANH Infinitiv) 43,19 VI 36,9 47,9 / = MTON I 132,13° /
+ makarios VI 42,27, vgl. I 45,29 94,23

— (pejorativ) sichtbar werden, entblößt werden, OYONHq sichtbar sein, scheinen (öfters als Gegensatz zum Unsichtbaren, Ewigen) I 47,38q II 139,2q 140,5q.
19q IV 60,19 VII 98,24 (::) 100,29q (?) XI 20,34q (?) / + BŌL EBOL II 141,5q.
11q-15q / + MOY II L 84 82,32.33q / + NAY II 141,8q / + TAKO II 140,33q (+) /
:: TAČRO (als Übersetzung von energeia 'Wirklichkeit'?) VII 55,19q (PETOYONH
also 'Schein') / :: QŌLP ('Offenbarung') X 29,6q (NETOYANH also 'das (nur)
Sichtbare') / :: plērōma II 138,31q.33q

— (adverbial) HN (OY)OYŌNH EBOL, MPETOYONHq EBOL offen, sichtbar VII 82,20
VIII 45,10 BG 102,9 (?) / + parrhēsia (Joh 16,25), phaneros I 7,5.10 (::para-
bolē) / :: HN OYHŌP II 139,40 143,19 / + MPETHĒPq, HN OYPETHĒPq I 2,13q II
81,[28] / :: HĒPq X 39,2

— QINOYŌNH EBOL Offenbarung I 89,16 114,11.13 116,4 / + QINEI I 120,11

— REFOYŌNH EBOL Offenbarer (innerpleromatisch) VIII 122,8

● REFOYENH EOOY EBOL Herrlichkeitsoffenbarer (dito) VIII 122,10

OYϢⲠⲈ (275 A)

● REFOYENH NOYTE EBOL Gottesoffenbarer (dito) VIII 54,[21] 118,8 126,5
● NIOYONH EBOL MMOOY MAYAAY die Selbsterschienenen (vgl. NIPIRE EBOL MMOOY
MAYAAY IV 50,26 und autogenēs) VIII 122,13
— ATOYŌNH (EBOL) unsichtbar, ungeoffenbart, nicht zu offenbaren (teils meliorativ, als höchster metaphysischer Rang), R ATOYŌNH EBOL° unsichtbar werden,
verschwinden VIII 119,14 BG 127,1° / + ŠOOP BG BG 102,10 / + ATŠAČE III 41,3
p / + HĒPq, kalyptos IV 57,[14] / + ČŌ (neg.) III 43,19 p / + aphanēs (P. Oxy.
1081) BG 90,4 (::NETOYONHq, Lehrsatz) /+aphantos BG 76,17° p ✠

OYŌPE (275 A, bei Westendorf im Nachtrag S. 552)

Heiligtum + RPE VI 62,4 ✠
(vgl. OYĒĒB (267 B))

OYĒR (275 B)

Quantität (habend)(wie posós) + NOQ, KOYI BG 24,18

OYROT (276 A)

eifrig sein, eifern nach..., (Subst.)° Eifer VI 62,22° VII 94,7 (mit NHĒT) /
+ QĒPE I 7,13

— (Subst.) Freude I 98,26 VIII 4,22 / + ALĒL, RAŠE, TELĒL I 93,2 / + TELĒL
II 107,11 (+) / + MTON, hēdonē I 92,8
— TI OYROT Genuß bereiten, befriedigen VII 107,26.34
(Das Qualitativ ROOYT siehe oben (169)) ✠

OYERĒTE (276 B)

Fuß, Bein I 30,22 33,1 II 16,33 17,6 (+).26.27 (+) L 22 (+).37 V 62,5 VI 2,22
(+) 35,5 VII 71,29 (+) 81,13.19 (+) XI 13,[17] 18,32.37 (+) BG 126,16 / + skelos (Ez 16,25) II 130,17 ✠

OYŌSF (278)

vereiteln, außer Kraft setzen, annullieren, vernichten (wie katargein) I 33,21
II 124,8 VII 45,13 (?) 48,8 (?) 109,13
— (intransitiv) vereitelt werden, zugrunde gehen I 18,24 III 133,10 136,1
137,14 VII 109,11
— (intransitiv und Qualitativ) untätig sein, unwirksam sein, ruhen I 32,25
78,25q 79,33q 82,14q 85,22q VII 3,17 13,28 21,22 (?) 24,34 (?) 25,8
(ungeklärt: OYOSFq + kyroun IV 75,19 p) ✠

OYŌT- (279 A)

er (sie, es) ist verschieden (von), nicht identisch (mit) I 66,39-67,6 116,9.
10 / + ŠIBE V 7,14 (+diaphora p (III 78,12)) / :: HŌTR X 37,19 ✞

OYŌT (279 B)

einzig, allein, derselbe (hier vorzugsweise Stellen mit der Bedeutung 'einzig')
I 5,27.29 51,24 57,19.22.37 66,33.40 68,32 73,15 83,31.33 93,33 94,27 116,6
123,18 127,35 II L 76 54,5 72,[23] 97,17 132,35 133,3 III 55,8 122,8 143,7 IV
59,[11] V 17,15 (fem. OYOTE)(≠p III 90,10) 47,9 61,13 (fem. OYOTE) 76,[25] VII
1,36 9,23 12,29 17,10 33,15 (::) 50,18 54,20 99,14 VIII 7,4 11,6 14,5 18,[4]
21,16 23,9 27,20 115,7.9.14 X 30,22 45,20 / + OYA VII 68,23 (fem. OYOOTE).25
125,26 VIII 41,18 / + haplous VIII 67,19 74,7 / + heis (Gen 2,24) III 30,10
(::SNAY) / :: PŌRČ XIII 49,37 / :: SNAY II L 48 III 136,18 IX 29,5 X 38,21
(::ŠOMNT) / :: HAH I 106,7 ----- VIII 67,10
— MNTOYŌT Einheit, Einzigkeit VIII 68,26 86,23 XI 66,32 / + haplous VIII 79,
19 / + enneas VIII 75,21 (::MNTATOYA) 84,20 (+haplous)
— OYA NOYŌT ein einziger, MNTOYA NOYŌT° Einzigkeit, R OYA NOYŌT°° eins werden
I 51,9.16 58,2 66,29°.31 67,32° 69,30° 73,16 77,13 78,2° 81,5°° 86,27 91,30°°
112,9 116,29 (Subst.) 123,7° 132,22.23 133,6 II L 3.22.23 VI 47,19° XI 18,[27]°
XIII 42,[8] / + TŌT I 68,25°.28° 122,17° / :: NAŠE- I 74,2 (::) / :: PŌŠ I 73,
30 122,33 / :: SNAY II 76,16 (vgl. Mt 19,6 heis) BG 122,10 / :: HAH I 58,28
68,34 II 54,15 ----- VIII 11,17
(APE NOYŌT siehe APE (10 B), ŠR OYOOTS siehe ŠERE (324 B), HĒT NOYOT siehe
HĒT (394))

OYŌŌTE (279 C)

(sich) absondern, fortschicken I 11,27q ('Flüchtling'?) 134,11 II 60,19q.31q
('allein sein') VII 110,13 ✞

OYŌTB (280 A)

hindurchgehen, überschreiten I 15,14 V 19,24 46,18 VI 44,28 VIII 25,17 / + EI
EHRAI V 21,[25] / + SINE III 63,4 p / + dierchesthai (Hebr 4,14) V 46,12
— OYOTBq erhaben sein, höher sein, übertreffen III 65,25 V 7,16 (≠p III 78,
15) 54,7 65,32 BG 46,3 106,13 / + SOTP III 72,10 (p' BG 85,4) / + HRAI III
63,24 / + HOYO BG 23,5 p' / + ČISE, ČOSEq III 26,[5] p.p' 71,2 p' 86,23 p (V
14,17) / + hairetōteros (Spr 16,16), kreissōn (Spr 8,11) VI 10,27.29
—PIHOYE OYŌTB das Übertreffen XI 47,37
— vorübergehen, (den Ort) wechseln, sich wandeln V 69,13 77,10 VII 57,30.31

OYTΛϨ (280 B)

76,24 VIII 114,7 (Subst.)(+) / + ŠIBE VII 56,24 ----- VIII 116,21 (+ŠIBE)
— ATOYŌTB unwandelbar, MNTATOYŌTB° Unwandelbarkeit VIII 11,[2]° 48,[8] 114,6
(+) 122,9
— OYŌTB EBOL vergehen? VIII 123,7 (Subst.) 130,21 (Subst.)(::) / + MOOYTq
VII 83,33 / :: ŠŌPE VIII 12,9 ----- VIII 43,1q
— ATOYŌTB EBOL unvergänglich? VIII 130,24 (::) ✠

OYTAH (280 B)

Frucht I 18,25 (vgl. Gen 3,6 karpos) 23,35 33,38 (vgl. Mt 7,16 karpos) 51,19
(::) 85,1 / + karpos I 28,17 (vgl. 28,7)(::)
— REFTI OYTAH fruchtbringend V 76,15 ✠

OYŌTH (281 A)

zerschmelzen, fließen VI 42,22 43,7 VII 122,25 (ŌTH) ✠

OYŠĒ (281 B)

Nacht I 28,28 30,4 II L 57 85,35 86,1 139,16 III 51,5 IV 71,5 VII 72,4 /
+ nyx II L 63 (Lk 12,20) 137,17 (Ps 6,7) / :: HOOY I 32,28 II 82,9 (+KAKE)
86,16 (dito) 112,8 136,17 139,35.[39] 144,7 V 62,[25] VI 1,26 28,33 29,1 VII
28,26 42,2.13 IX 40,26 (+) XIII 45,[8] ✠

OYŌŠ (281 C) OYŌŠE

wollen, wünschen, (Subst.)° Wille, Wunsch I 1,23 2,25 3,8.10 10,<18>.23.25
11,26.35° 14,18 15,24 16,5.18 19,13 22,10°.35° 24,2° 27,26.27 28,1.3.25 30,36°
33,6 35,31° 37,5° 43,26 47,31 57,27° 60,6 61,27 64,15 (+) 69,30.39° 71,14.33
72,15 74,24-36 75,9-30 76,8 77,15 79,20 82,26° (lies aber OYŌ<B>ŠE oder OY-
(B)ŠE) 87,16 93,36 94,2 98,29 101,5 103,1 104,13 114,27°.33 (::) 121,24 126,
25° 130,33 131,7 134,2 136,12° II 19,8 L 5 (≠P. Oxy. 654,33).39 (≠ebd. 655,40).
69 b.98.109 53,6°.8.9 54,18.29.32 55,15°.19 56,28 65,19 73,26 74,1 75,4 92,15.
19 94,6 98,17° 100,2 102,4° 110,9 112,2.22.32 114,13 120,19 124,7 132,17 137,1
(vgl. Homer, Od. IV 260 kradiē tetrapto) 140,11.30° 141,2 144,2 III 10,21
31,8 57,26° 74,13 83,20° 86,[2] (p' BG 109,11°) 132,6 137,13 141,13 143,[12]
V 4,14 18,9 20,[24] 31,10 48,18.19 52,[6].22 53,18 55,3.8 84,20° VI 4,22 5,8
8,22 9,9 23,28 24,12 26,8.12 27,29 30,9.13 31,12 32,26 39,33 (pejorativ: 'Will-
kür') 41,16 43,26 44,18.21.27 53,34 55,30° 56,30° (+) 58,8.25 59,22 60,7.28
64,31°.32 65,1.15 67,35° 69,23 78,22 VII 2,29 3,32 6,2° 9,8°.32 10,26 11,31
13,5 16,3 17,2°.25 18,8° 20,10 21,21° 22,24 25,1.5°.24° 26,8°-35° 28,12 29,18°
35,11° 36,33° 39,28 40,11°20° 41,1° 50,21.26° 57,4-6(°) 61,6°.14.17.33° 66,10

72,13 77,6.14 89,1.2 90,20 94,7 96,9 98,14 102,16.33 108.9.33 111,7 112,11.18
114,15.28.31 116,17 117,12.33 121,12.13 126,31 VIII 2,13 77,9 81,12 132,16
134,21 135,14 136,[8] 137,12 IX 16,10 32,20 X 27,[20] 41,2 XI 17,30 22,28° (+)
23,29 24,26.31° 33,23 (+) 34,31°.33° 59,19 60,5.29 62,8°.11° XII 16,11 (S.
Sext.: Imperativ) 31,13 XIII 35,[29] 38,28° BG 80,4 93,17 98,15 118,1 120,15°
124,12° / = QOM... I 55,35° / = boulēsis VI 74,11-30(°)(+ŠOČNE) / = pneuma...
I 72,1° / + TI MATE I 86,13° (+)-37° / + HNE- I 37,17-33 (°)(+R ANA=) 86,13°
(+) 113,32 (+gnōmē, proairesis) II 9,28 p' 12,3° p' (+ŠOČNE p') 19,15 p' (III)
22,19 p' 28,8 p' III 29,18 p V 58,19 74,18° (vgl. 74,24) VI 9,27 VIII 21,5
BG 31,11 p 59,8 (vgl. p') 88,3 p 103,18° p 104,9° p 114,11° p / + ŠOČNE II
10,8° p' V 11,12.13 (+) / + autexousios I 74,21° 75,35° / + hekōn (S. Sext.)
XII 34,7 / + epithymia VI 40,7° / + epitēdeuein (S. Sext.) XII 15,[11] 31,17
/ + eudokia II 2,24°.30°.31° (+TI) p' 9,[19]°.34° p' BG 34,17° (vgl. 34,13) /
+ thelein, thelēma II 83,[27].28 (Röm 7,19) III 68,18° (+TI)(?) IV 51,27° p
74,12° p XII 16,[25] (S. Sext.) 27,11 (dito) / + melei XI 65,27°.35° (vgl.
noch 66,18) BG 31,13°.19° p 33,4° p (Iren. I 29,2 Thelema) / + proairesis I
76,11 XII 32,21 (S. Sext.) / + philotimeisthai (2Kor 5,9) I 22,11 / :: ŠOPE
II 98,14 III 89,4° (vgl. Ps 32,9) V 59,19 (+HNE-) VI 14,8 26,7° / :: MN QOM
II 66,23-29(°) / :: (Š)QMQOM II 108,17 112,10 121,14 V 27,1 VII 3,16 116,28 /
:: anankē VI 67,28° (vgl. 67,21)(korrupt) / :: epithymia II 82,8° ----- II 4,
24, 60,33.36 73,33
● ΡΟΥŌŠ der Wille (scil. des 'Vaters') I 11,1 76,18 95,7 102,23 (?) 117,3.{3}.
5 II 114,15 (vgl. 110,9) VI 43,2 / + oikonomia I 127,23
● ΡΟΥŌŠ ΜΡΕΙŌΤ der Wille des (überkosmischen) Vaters I 4,33 5,1 (pronominal)
33,31.34 (pronominal) 37,19.24 76,24 (=).36 108,12 II 87,22 88,11.34 96,12
131,28 132,21.24 VII 59,18 62,24 XI 36,28.32.35 / + TI MATE III 53,3 p (+eu-
dokia) / + ŌK NHĒT VII 113,11 / + HNE- VII 73,26 / + eudokia III 59,11 / + thelēma (Mt 12,50) II L 99 XI 9,32
(ΡΟΥŌŠ ΜΡΜΕGΕΤΗΟS siehe megethos)
━ ΑΤΟΥŌŠΕ unfreiwillig I 114,36 (::)

━ lieben, (Subst.)° Wohlgefallen, Liebe I 43,23 66,20°.21 70,5.32 73,26 II
L 107 (vgl. Mt 18,12 chairein epi) III 68,18° (?) VI 47,21° / + ŌK HTĒ= I 77,
14 / + philia (P. Mimaut) VI 64,6 (+ME, eunoia) ✠

ΟΥŌŠ (282 A)

Weite + ČISE, bathos I 54,23 ✠

ΟΥŠΑΡ (282 B)

Leihgabe I 134,20 (::) II 3,[34] (p IV 5,20) ✠

OYⲰϢT (283)

OYⲞ̌ϢT (283)

verehren, grüßen (wie proskynein) I 131,9 II L 15 VI 12,14 (+) 33,32 34,9.15
VIII 137,14 / + TI EOOY, PAHT= III 131,[18] / + PAHT=... VI 9,20 / + aspazesthai I 89,17 / + proskynein (P. Mimaut) VI 64,30 / + sebesthai II 72,2.4
(vgl. 71,27) ----- VI 71,[33] ✠

OYIHE (284 A)

Grausamkeit + QOM I 84,[12]
— OYAHIE̅T grausam, MNTOYAHIE̅T° Grausamkeit VI 33,14°.23° / :: ŠANHTE̅= VI 15,16
✠

OYⲞ̅H (284 B)

OYAH= (reflexiv), OYⲞ̅H NSA-, OYAH= NSA folgen, nachfolgen I 8,34 10,26 35,25
53,30q 54,34q 77,29 81,26 82,30 97,[14] 104,16q II 27,18 (≠p') 30,1 31,15°
98,6 109,22-25(q) 127,2q 135,20 III 10,20 78,17q 137,17 141,11 V 55,[12] VI
41,19q 42,32 45,18 VII 41,27 84,5° VIII 25,4q 76,19q 77,17q 81,21 82,17q 83,18q
114,[9]q 124,10q X 26,2q.5q 28,1q.16q XIII 42,33q BG 19,14q / + akolouthein
I 4,28 (Mt 19,27) BG 118,13 p / + parakolouthēsis III 35,[14] p (vgl. III 36,1
akolouthein)(≠p')
— OYE̅Hq NSA- (logisch) folgen I 54,34
— OYE̅Hq NSA- verfolgen I 81,16

— OYⲞ̅H ETOOT= hinzufügen, zusätzlich tun, fortfahren (zu tun) I 76,6 80,13.
33 92,4 130,7 (OYHⲞ̅H).33 143,33 II 139,32 143,8 144,37 XI 11,34 / + pro[sti-
thenai] (P. Oxy. 1081) BG 89,8
— OYE̅Hq (mit Umstandssatz) fortfahren XI 51,30
— OYHⲞ̅H (A₂)(Subst.) Hinzufügung I 127,14

— wohnen, Wohnung nehmen I 9,2.3.6 (OYE̅H als Infinitiv) 11,27 (dito) 32,33q
II 12,1q L 29 88,14 96,24q 140,13 VII 68,15q 87,2q 94,24q (+) 100,3q 115,16q
116,25q VIII 16,[2] 27,18q IX 27,[12]q.15q 70,3q X 3,17q XI 13,23q BG 26,13
(≠p' OYⲞ̅NH) 31,6 (≠p.p' OYⲞ̅NH)
(OYⲞ̅H EBOL verschrieben für OYⲞ̅NH EBOL VII 8,22 VIII 135,16) ✠

OYⲞ̅HM (285)

hinzufügen, nochmals tun III 44,[17]q (≠p) VI 6,19
— OYEHM ČPO Wiedergeburt IV 74,29 (vgl. p)
— OYAHM= (reflexiv?) sich nochmals (an jemanden) wenden? VI 11,2

— (sprachlich) wiedergeben, übersetzen, ausdrücken, (Subst.)° Übersetzung
I 54,17 II 95,8° (OYⲞ̅M)(vgl. 100,13 BⲞ̅L) VI 5,17°

— ATOYAHM= unübersetzbar, unerklärbar I 57,29 66,[15] XIII 46,20.23 / + AT-
ŠAČE XIII 37,18 / + ATRHERMĒNEYE III 53,2 p ✠

OYHOR (286)

Hund II L 102 79,6 (+) 80,25.33 (+) 81,11 (+) VI 5,29 8,[1] / + kynarion (Mt
15,27) II 82,23 / + kyōn (Mt 7,6) II L 93 ✠

OYČAI (287)   OYČAEITE (A₂)

erlöst werden, gerettet werden, (Subst.)° Erlösung, Rettung I 1,19°.27 2,[5]
4,[6] 6,3.16 7,11 8,21.33 12,1-3.13 13,25 16,[1].14 20,8° 31,18° (OYČEEIDE)(+)
35,1° (lies OYČEEITE{EI}) 47,36 48,1 111,29° 114,18° 117,33° (+) 120,5° 128,3°
130,23° 131,13° (lies OYCAEI{N}TE) 132,8° 133,14° 134,32° II 54,[33.35] 84,35°
124,[33]° 134,27.28 135,21°.29 (Adj.) 136,25°.26° 143,6 III 33,6 (+) 34,3 35,
18 (+) 36,2 V 42,18° (+) 63,[1]°.27° VI 33,17° 36,11 VII 67,22° 79,15° 114,29
123,15°.16° (+) VIII 46,16° 132,21° 137,2°.25° 139,7 IX 34,6 45,4 69,10° X
4,1° 5,26 40,4° 41,4° XI 49,15° 51,35 BG 68,11 94,14° / + NOYHM I 119,31°.32°.
34 (Adj.) 121,27° II 25,17 p' (III)(+ŌNH p' (BG), korrupt) VI 39,1 (vgl. 39,7)
VII 125,14° 126,28° VIII 42,15.17° 46,25° 131,7° / + SŌTE I 46,26° 47,28° /
+ TALQO I 92,29° / + TNHO I 32,25° (vgl. 32,20) / + TOYČOEITq IX 32,12 / - ŌNH
III 34,5 p / + sōzesthai (Jes 30,15) II 136,6 / :: TOYČO I 11,2 ----- VIII 83,
4.5 IX 33,13
— erfüllt werden (Subjekt: nomos) IX 30,10

— OYOČq gerettet sein, erlöst sein I 46,23 47,27.37 131,3 XI 18,21
— OYOČq gesund sein I 108,3 (vgl. 1Tim 1,10 hygiainein) 123,21 VII 99,2 /
:: QŌB VI 15,28 ✠
(vgl. TOYČO (261 B)

ŌŌ (289)

(geschlechtlich) empfangen, schwanger werden, (Subst.)° Schwangerschaft I 115,
9 (::).17 (::) II L 79 (vgl. Lk 23,29 gennan) 55,23.26 59,3 (::).5° 99,4 (::)
114,10q (::) 117,15 (::) V 80,2 (::) 81,9 (::).27 VI 31,17 (::) 52,18q.19 (::)
VII 23,16 IX 40,4 (::) 45,16 (::) / = R BAKE V 79,10 (Glosse) / + syllambanein
(Gen 4,1) II 91,14.31.34 (+) ✠

ŌBŠ (290 A)

vergessen, (Subst.)° Vergessen, R PŌBŠ°° vergessen, I 61,18q ('unbewußt sein')
82,26° (falls OYŌ<B>ŠE zu lesen) 90,1 (korrupt?) 120,32°° VII 17,22 (OBŠ Infinitiv) 65,23°° 77,10 / + MNTATSOOYN I 105,[14]° / + epilanthanesthai (Ps

- 131 -

ⲰⲔ (290 B)

44,11) II 133,18°°.25°° (::R PMEEYE, prosechein) / + melei (neg.) VI 27,8
----- III 124,19°
— schlafen + HINĒB VI 29,4q ⳨
(vgl. EBŠE (33 B))

ŌK (290 B)

ŌK NHĒT, ŌK HTĒ=, R PŌK°° gefallen, Gefallen finden (bei jemand/an etwas),
Subst.° Gefallen, Wohlgefallen I 40,23°° VIII 1,15 / + TŌT NHĒT VII 115,27 /
+ OYŌŠ I 77,14 87,1° 93,37 113,12° ⳨

ŌKM (290 C)

trübe sein VII 34,23q (+)
— betrübt sein VI 6,13q / + MOKH VIII 3,24q / + lypeisthai I 14,[6] (::RAŠE,
hilaros) / :: RAŠE, hilaros I 11,8 (lies NEAH(N)ŌKM) ⳨

ŌL (291)

aufsteigen, (Subst.)° Aufstieg VIII 4,22q / :: EI EPESĒT BG 53,17° (vgl. p')
(vgl. TALO (229))

ŌMK (292 A)

verschlingen I 45,14.20 46,1 49,4 II 66,6 (lies ŌMK<K>) III 122,19 VI 6,8
29,19 30,10 VII 26,36 / + katapinein I 45,14 (1Kor 15,54) IX 48,25 (Ex 7,12)⳨

ŌMS (292 B)

untertauchen, taufen, (Subst.) Taufe, TI ŌMS°° taufen, ČI ŌMS° getauft werden
I 34,13 84,11 II 144,1 VI 29,15 VIII 5,14°.19.24°.28° 7,2°.10°.16° 24,20°
60,24°° 61,23°° XI 53,12 / + ČŌKM VIII 25,12° 62,14° / + baptisma IV 75,13
(Subst.) p ----- IX 3,6
— überschwemmen VII 44,13 / + kataklyein (Lactantius, C. H. II 330 App.) VI
73,32 (wohl AFOM(S)S zu lesen) ⳨

ŌNE (292 C)

Stein II L 13.19 110,6 III 132,23 133,2 V 62,4 VI 5,18 10,30 34,14 (Adj.)
62,3.10.14 VII 72,7 82,24? / + lithos (Pred 10,9) II L 77 b / + ta petrōdē
(Mt 13,5) XI 5,[17] ----- VI 71,3
● ŌNE NKOOH Eckstein (vgl. Mt 21,42 lithos...) II L 66 V 61,22
— HI ŌNE EČN- steinigen V 61,14 62,12 ⳨

ⲰⲚⲀ (293 A)

leben, (Subst.)° Leben (meliorativ, wie zōē als Gegensatz zu bios) I 1,7° (+)
3,25° 8,15 (+) 9,19° 10,31°.38° 12,29° 13,34° 14,5°.10° (+).15° 15,37° 19,35q
22,39q 31,14° (+) 47,10° 64,3° 66,28° 69,5q 90,32q II 24,11 (Adj.)(+) L 3°.
50q.58°.60q.101°.114° 53,31° (+) 56,19q 73,[26°.28] 89,8q.14° (p 116,8°) 116,2.
9q 132,35° 135,5° III 27,17° 44,12q 67,21°.22° 50,15q 55,6q 61,9° (vgl. [p]q)
67,21°.22° 76,25 132,7° 139,4° 141,15° 147,19 IV 50,28q 42,14q 58,[25]q 59,21q
60,2q.26q 61,3q 73,15q 75,16q 76,9° (≠p) 77,9q.14° V 35,[16]q 57,1q 61,[21]q
62,8q 63,13-20(°)(q)(Lehrsatz) 66,6° 72,23° 83,14 VI 10,10 31,35° 36,13q (korrupt) 37,20.28° 42,8° 43,33° 55,31° 58,14° 59,3° VII 36,5° 66,5q.19°? (oder
von OYŌNH).27° 67,27q 70,19q.24° 81,18q 82,28q 91,8°.9° 98,23° 105,6.7° 106,9q
111,18° 112,10° 118,13q 120,15° 123,19° (+) 125,7q.30° VIII 1,7q 3,10q.10°
4,16q 14,14° (+) 17,8° 20,1q 21,11q 30,14q 25,9q 46,[9]q.32q 47,10q 48,4q.17q
55,15q 66,25q 68,4° 86,[17]° 115,3q 118,14q.15q 125,6q 127,3q 130,4q.16q 131,
22q IX 5,17° 16,6q.[11q.15q] 26,12q 27,8° 28,9q.[14]° 36,26° XI 3,[30] 11,36q
19,26° 49,31°.35° (+) 61,35q.37° 62,19° XIII 35,12° 44,34° 46,17 (Adj.) BG
23,9° 25,15° 33,5° (vgl. p) 118,15 (lies aber <OY>ŌNH) / + NOYHM BG 64,15
(korrupt?) p / + OYČAI BG 67,3 p / + Zeus VI 75,16° / + zēn II 32,10 (P. Oxy.
654,2) L 2q (P. Oxy. 654,[9]).3 (P. Oxy. 654,24) IX 47,13.27 (Gen 3,23) /
+ zēn (Gen 2,7) I 105,26q (+THNO, ::MOY) II 88,16q V 66,23q BG 120,1q / + zōē
I 105,23° (Gen 2,7) II 57,5° (Joh 6,53) 113,34° (vgl. Gen 3,20) III 87,7°
(dito)(p' BG 111,18° dito) V 58,7° (Joh 1,4 11,25 14,6) VI 64,24° (P. Mimaut)
VII 106,25° (Joh 11,25 14,6) VIII 139,28° (Apg 3,15) / + zōē (Gen 2,9) I 107,7°
II 73,16° 110,8°.14°.27° 121,7° III 27,15° (vgl. p') IX 47,13.27 / + zōon VII
113,15° (+TNHO) / + MNTMAKARIOS VIII 66,170 73,10° 75,9°.18° 79,15° / :: MOY
siehe MOY (87) / :: RŌME, ekklēsia, logos XI 29,[27]°.30°.32° 30,31° / :: bios
I 5,32 ----- II 82,31q (+) III 111,12q 121,15° 123,13q V 43,15° 75,29° XIII
37,35q
— PETONHq der Lebende (Gottesbezeichnung) II L 37 (vgl. Mt 16,16 zōn).52.59
— NETONHq die Lebenden (Gnostiker?) I 19,36 (vgl. Ps 68,29 zōntes) 21,4.5
(dito) 66,28 IV 76,6 VII 80,4 127,22 (NĒ ETONH) / + hoi zōntes (Gen 3,20) II
89,15 III 15,21 (vgl. p zōē) BG 60,16 (+zōē p')
● PNOYTE ETONHq der Lebendige Gott (vgl. Mt 16,16 zōn...) III 138,1.4 V 84,10
VI 9,12 VIII 44,25
● PŌNH (N)ŠA ENEH, PŌNH NENEH das ewige Leben I 43,10 II 97,3 III 9,8 10,23
33,19 42,8 (+) IV 65,1 72,4 76,24 V 69,25 VII 66,24.28 124,1 IX 38,[27] XI
66,33 / + zōē... III 8,20.22 (Iren. I 29,1) 33,23 (1Tim 6,12) / + Zoe (Iren.
I 29,2) III 11,20 (vgl. p) / :: MOY I 108,2 129,7
— TI ŌNH Leben spenden, REFTI ŌNH° Lebensspender I 117,7 BG 25,16° (vgl. p')

ωπ (293 B)

– C̆I ŌNH Leben empfangen, belebt werden VI 37,26 61,6

– MNTŌNH Leben, Vitalität VII 122,21 (+) 124,31 (+) VIII 15,5 66,25 (+) XI
48,34 (+) 49,26.30.32 (+) 54,8 (+) 59,14 (+)(vgl. 59,19) 60,20 (+) ----- VIII
85,22.(Kontext meist Reihe von überkosmischen Eigenschaften oder Hypostasen)

– MAEIHOYE ŌŌNH Lebensfülle liebend (o. ä.) XI 19,27

– OYAMŌNH Lebensfresser (mythisch) :: OYAMKŌŌS II 73,22

(MOY::ŌNH siehe MOY (87), PMOOY MPŌNH, PMOOY ETONHq siehe MOOY (106 C), PE-
PNEYMA MPŌNH, PEPNEYMA ETONHq siehe pneuma) ✠

(vgl. TANHO (238 A))

ŌP (293 B)

zählen, (Subst.)° Zählen, Zahl I 32,5°.8°.15° 86,31 89,[[2]] XIII 43,1

– ATAP= unzählbar, MNTATAPS° Unzählbarkeit I 58,19 59,[7].8°.28 67,20.23
73,16 129,18

– (mit Präposition) zählen zu..., zuteilen, halten für, (ohne Präposition)°
achten I 29,36.37 II 142,25 VI 7,18 38,15 52,29.31 53,26 69,5 72,21.24 XI
14,34 16,24 /+ KŌ N- II 141,26 / :: NOQNEQ II 145,4

– ĒPq (mit E- oder MN°) zählen zu... (intransitiv), gehören zu, gelten als
I 45,15 50,9 II L 100 (vgl. Mt 22,21 ta mit Genitiv, hier aber masc.) 82,7-9.
24 96,19 112,21° 125,4 III 61,7 VII 34,3 75.16 IX 27,8 29,20 30,1 X 4,18 7,5.7
9,5 26,17 32,18 XIII 43,(21) (lies EF{H}ĒP) 44,3 (EF[[H]]ĒP).5 46,27 49,33
(lies aber EF<H>ĒP) /+ EBOL, HĒNq ('nahekommen') III 71,1 p' (BG 81,16 III
93,7) /+ tou (P. Oxy. 1081) III 98,19

– bestimmen, ĒPq bestimmt sein, müssen, sollen VI 46,27 VII 38,31q XI 18,27
BG 121,12 /+ opheilein (1Kor 5,10) II 131,5

● PETĒPq EŠŌPE was geschehen muß (d. h. das Schicksal - Übersetzung von heimarmenē?) I 109,16 /+ TETHONT III 70,21 (p' 93,3) p' (BG 81,11) /+ (to)
akolouthon BG 118,12 p

– ŠP ŌP (Subst.) Verheißung I 92,7 93,32 95,26.32 102,22 114,19 117,15.17
119,5 (+) /+ epangelia (Röm 9,9) I 114,13 ✠

(vgl. ĒPE (46 B))

ŌRŠ (294 A)

ORŠq kalt sein :: HMOM I 34,17-32 (im Urtext wohl Wortspiel: psychros - psychikos) ✠

(vgl. AROŠ (12A))

- 134 -

ⲞⲢⳠ̌ (294 B)

befestigen, (Subst.)° Festigkeit, Gewißheit, Bestimmtheit, ORČq fest sein,
feststehen I 39,1q VI 25,25q 26,27q 68,9° VII 35,8° 95,24q 96,3q X 3,25 (+)
XI 26,38 28,31° XIII 41,9q / + asphalēs (S. Sext.) XII 30,25°
— sich verdichten (vom Nebel) I 17,12
— einschließen, einsperren II 142,34 / + TŌŠ, horizein IV 5,18 p' ✠

ⲞⲤⲒ (295 A) ⲞⲒⲤ

Salbung VII 54,14 ✠

ⲞⲦⲈ (vgl. Westendorf 295, ungeklärt) I 34,21 ✠

ⲞⲦⲂ (295 B)

einschließen, gefangen setzen, gefangen sein° I 5,13 (+) II 60,32 66,31q (+)
99,15 (lies ŌT<P>) 114,23, (+) VI 28,17 VII 11,5 IX 14,2 70,[12]° X 35,18q
XI 5,[33] 6,34 XIII 44,13 ✠

ⲞⲤ̌ (296)

rufen, verkünden, aussprechen I 20,39 21,33 (+) 23,6 40,25 82,8 II 125,[35]
V 83,9 84,9 VI 2,31 3,12 VII 6,27 73,4 VIII 28,7 (korrupt) 134,13 137,18 XI
14,30 XIII 35,[33] / + phōnein (P. Oxy. 1081) BG 89,4
— ŌŠ EHRAI E- anrufen II 93,4 (+) / + epikaleisthai (Iren. I 21,5) V 35,5 (+)
— lesen I 48,7 V 40,[25] VI 62,26 63,4? (lies FNAŠŌŠ, von ŠŌŠ?).17 VII 118,15
VIII 133,9 IX 48,3
(ungeklärt VIII 29,4 (Subst.)) ✠
(vgl. OEIŠ (140 B))

ⲞⳞⲦ (297 A)

nageln I 18,24 XI 13,37 / + EIFT VII 58,24 / + prosēloun (Kol 2,14) I 20,25
(+) III 64,3 (+TI EIFT p) ✠
(vgl. EIFT (53 D))

ⲞⲎⲈ (297 B)

AHEq stehen II 106,18 (lies <ES>AHE E<H>RAI EČN OYSŌNT {TĒROY}?) VII 53,22
— ŌHE ERAT=, ŌHERAT=, AHERAT= (kein Unterschied zwischen Infinitiv und Qualitativ) stellen, (sich) hinstellen, (sich) aufstellen, stehen, treten (E-, N-
zu) (°metaphysische Qualität des 'Stehens', vgl. Hippolyt, Ref. VI 13 ho he-
stōs) I 43,33 II 2,[2] L 16°.18°.23°.50.75 60,26° 78,2°-6° III 23,7 31,7

ⲱϩⲉ (298 A)

('zur Seite stehen') 34,9° 120,5°.6° 128,[13]° 133,23 135,13 136,17 142,19° 143,9° V 61,21 66,11.15 71,6°.14° 74,9° 83,19° VI 32,11 (vgl. Apk 3,20 histanai) 43,10° VII 39,32 41,33 43,10° 66,16° 74,29° 80,31 81,2 82,27°.31° 119,4°.16°.18° 121,9°.10° VIII 3,28 6,3.19 7,6.14.[20] 13,8 16,12 27,9° 45,21° 46,20° 47,11 53,[20] 63,11.[14] 78,15.19 81,13° 82,15 114,[14] 115,12° 116,7°.15° 125,17 127,16° X 9,3 XI 46,13° 59,[1]° 60,4°-32° 66,30°.31° (+) 68,33° XIII 38,4°.20° / + EI ŠA- 40,[16] p / + SOOYTN IX 43,4 / + TAHO I 41,9 / + histanai II L 28 (P. Oxy. 1,11).99 (Mt 12,46) / + stare (Iren. I 29,1) III 7,13 / :: KIM VIII 74,15 XI 59,17°-21° / :: HE I 13,6 ('stützen') ----- II 82,31 III 127,5 131,1 VIII 12,2 27,21 84,10 114,22 116,22 117,1 XI 67,18

— hintreten (vor jemand), sich aufstellen (vor jemand), stehen (vor jemand) (überkosmisch: zeremonielle parastasis untergeordneter Instanzen) II 93,9.21 104,(21) (lies Ō<H>ERATOY) 105,10.32 III 8,9 10,7-25 V 26,20 / + parastasis, parastatēs, paristanai III 12,16.18 p IV 75,25 p BG 32,6 p 33,2 p (+circumstantia Iren. I 29,2)

— feststehen, Bestand haben (vgl. vorvorige Rubrik) III 130,10 (falls 130,9 [KAH] zu ergänzen) VI 37,18 39,15 VII 86,28 XIII 45,[5] / :: KIM XIII 35,3 (::) / :: ŠIBE I 48,33

— AHERAT= OYBE- sich auflehnen gegen V 40,17 VII 19,21

— QINAHERATF Haltung VI 2,19

— AHEq E- warten auf..., (ohne E-)° zögern VIII 122,[15] 131,17° XI 18,22 ✠ (vgl. TAHO (257 A))

ŌHS (298 A)

ernten, (Subst.)° Ernte I 12,28 II L 21 b (AFHASF für AFAHSF).63 (::) 52,25-31 (::) 55,22 (::) / + therismos II L 57° (Mt 13,30).73° (Mt 9,37) ✠

ŌČN (298 B)

vernichten, (be)enden, zugrunde gehen, verlöschen, versiegen I 31,21 83,1 II L 76 (vgl. Mt 6,19 aphanizein) VI 36,21 (korrupt) 40,14.23 43,16.18 45,34 46,3.32 47,7 VII 7,10 57,23 86,7 / + BŌL EBOL II 83,11 / + TAKO II 139,5 / + ŠORŠR II 126,25-28 / + HŌTP I 32,34 / + katalyein II 103,27 / :: AIAI VI 46,5

— ATŌČN, ETE MAFŌČN°, AČN ŌČN°° unvergänglich, unaufhörlich I 126,20 II 125,11°° VI 43,11 (::) VII 119,4 / + ATFŌTE EBOL III 67,22 p / + ATČŌHM VII 49,24.28 ✠

ŌQB (298 C)

ŌQBE, HOQBES Feuchtigkeit :: ŠOOYE, HMME, AROŠ II 18,4.10 ✠

Ⲱ̄ⲠⲦ (299 A)

erdrosseln, erwürgen II 66,(6) (falls NSⲞ̄Q<T>K zu lesen) 144,24.35 XI 6,36 /
+ anapnigein (Mt 13,7) II L 8
— REFⲞ̄QT Erwürger (Dämon?) VI 78,33 ✠

Ϣ (299 B)

können + OYN QOM, (Ϣ)QMQOM siehe QOM (456 A) / + dynasthai II L 32 (P. Oxy. 1,
40 Mt 5,14).55 (Lk 14,26).64 (Lk 14,20) 135,20 (Lk 14,26) / pleonastisch, ohne Äquivalent in Paralleltexten II 3,15 p' XII 30,21 (S. Sext.) 31,24 (S.
Sext.: Futur) 34,5 (s. Sext.).28 (dito) BG 83,2 (Mt 11,27)

ϢⲀ (300)

aufgehen (von der Sonne), scheinen I 36,12 66,6 II 143,30 III 68,4
— MA NϢA Osten I 138,9 II 110,5
— ϢA Fest VI 16,22.23 ✠
(vgl. ČAEIO (415))

ϢⲈ (301 A)

gehen (meist mit Richtungsadverb), (Subst.)° Gang, MNTϢE EHOYN°° Eintritt I
15,26 20,34 21,10.20 22,7 42,17 75,9 124,18°° 127,27 III 54,4.6 VII 58,14° /
+ EI... III 65,4 p
— SϢE, ϢϢE, EϢϢE (neg. MEϢϢE) es gehört sich, man muß I 4,14 9,29.32 10,11
15,26 25,21 32,24 40,3 42,41 48,14 49,30 50,4 51,2 59,19 (lies NEϢϢE {Č}EČOOY)
76,30 77,6.8 95,38 105,29 121,12 130,2 132,7.16 II 52,28 66,17 67,13-19 69,12
70,3 71,3.15 72,3 75,22 76,18 80,8 82,29 134,6 135,4 136,16 138,11 V 30,13
31,14 51,12 VI 24,25 53,10 55,11 60,4.11.14 61,28 68,16 70,8.10 76,16 77,28
VII 11,29 95,7 100,1 IX 31,7 67,3 X 39,19 41,1 XI 15,26.33 17,31 50,17 52,26
57,38 XII 34,18 BG 23,3 / + MPϢA XI 67,32 / + anankaios I 44,5 / + dei (S.
Sext.) XII 15,5.10 16,9.[24] 30,8 34,6.7 / + dei (Dan 2,28 Mt 24,6) BG 22,[5]
/ + themis (S. Sext.) XII 32,4 / + kathēkei (S. Sext.) XII 15,2 / + chrē (S.
Sext.) XII 28,[1]

ϢⲈ (301 B)

Holz (unterstrichen: Kreuz Christi) I 18,24 20,25 II L 77 b VII 58,25 81,11.16
82,6 86,23 (=) VIII 139,16 / + xylon VIII 139,19 (Apg 5,30) XIII 50,13 (Dtn
21,23 Gal 3,13)

ŠI (301 C)

messen, ausmessen, durchmessen, (Subst.)° Maß I 30,6 ('ermessen') 130,11° II
L 12 ('ausmessen') 62,13q (=).16.17 98,25° III 37,8° (+) 60,11 (≠[p]) VII
115,2 VIII 6,7° XI 1,29 6,28 50,14° XIII 43,13 BG 39,20
— ATŠITF, ATTI ŠI EROF°, ETE MAYŠITF°°, ETE MMNTEF ŠI°° unmeßbar, unermeßlich
I 42,14 54,22 (+) 70,25 (+) III 6,5.25 (Subst.) 72,21 (+)(p' BG 85,19) 76,7°°
89,24°° (p' BG 117,3) VI 37,7 (+) 47,[12] VII 12,10°° 54,22° 68,17° 118,23°
VIII 62,22° 64,17 139,27° XIII 35,9 36,3.27.28 (Subst.) 37,[1] 38,[10].16
46,15.19.24 BG 23,19 (Subst.) / + ATĒPE, ATTI ĒPE EROF V 26,12°.13° XIII 35,28
/ + ametrētos BI 24,7 p 25,22 p
— MNTATŠITS Unermeßlichkeit I 56,13 (+) ✠

ŠIBE (303 A)

(sich) ändern, wechseln, tauschen, (Subst.)° Änderung, Wechsel I 45,17 52,28.
29 67,2 90,2° 112,17° 127,1° (::) 132,20° 136,32°.[33] II 30,13 64,6q 139,4
VI 9,16 42,15° 44,31 75,6° VII 65,23 95,4q 96,8q VIII 5,9 30,27° X 38,23°
XIII 42,21°.22 (::42,27) BG 85,15 (vgl. p' (III 72,17)) 98,5° / + PŌŌNE II
140,33 / + OYŌT (279 A) III 78,13° p (V 7,14)(p' BG 97,5)(+diaphora) / + OYŌTB
VII 56,23 / + diaphora III 97,18° (P. Oxy. 1081, p') BG 97,4q p' / + metaballein BG 74,11 p ----- VIII 116,22 (+OYŌTB)
— ATŠIBE, ATŠBT=, EMAFŠIBE°, ETE MAFŠIBE° unveränderlich, unwandelbar I 17,26
(+) 36,13 III 72,17 (vgl. p' BG 84,15) 76,7° (p' BG 93,6) 81,15° (p' BG 101,12)
89,23° (p' BG 117,2) 113,8 (alte Korrektur, soll heißen: NATŠIBE. Vorheriger
Text und p' (BG 115,11): NATHAEIBES) VI 55,30 (+) VII 68,17 80,23 X 30,[23]
XIII 41,31 42,7°.27 (::42,22) ✠
(vgl. ŠBEIE (304 A))

ŠŌB (Subst., unbekanntes Wort)

ŠŌB (Subst., unbekanntes Wort) V 6,20 (p III 77,14 und p' BG 95,9 haben nichts
Entsprechendes) ✠

ŠBEIE (304 A)

sich ändern, (Subst.) Änderung, Wechsel I 27,4 32,2° XI 18,6° 39,38 (::) /
+ metabolē I 48,27.35°
— ŠBBIAEITq verschieden sein, anders sein I 52,21 85,10 (+) 100,2 (+) 106,15
(::) 112,11 II 10,4 (≠p') 28,16.17 (+) III 67,2 (≠p) VI 8,14 VII 5,34 VIII 8,
2-5 27,8 115,[21] X 25,25 30,12 / + KE II 10,8 p' /'+ OYŌT-(279 A) I 116,9 /
+ diaphora II 125,1 V 7,13 (vgl. p III 78,13, p' BG 97,5) VIII 26,21 X 6,[29]
/ :: haplous VIII 3,7 (::) X 28,23
(PEPNEYMA ETŠBBIAEIT 'der vertauschte Geist' siehe antimimos)

━ ATŠBEIE unveränderlich XI 39,38 (::)

━ ŠBBIŌ, ŠEBIŌ Wechsel, Tausch, Ersatz, Lohn, Vergeltung I 17,20 93,11 120,27
131,28 136,8 VII 81,21 (masc., 'der Ausgetauschte') 83,6 VIII 10,9 XI 12,[16]
----- I 135,29

━ NŠBBIO N- anstelle von VII 27,8 ✠

(2. Infinitiv zu ŠIBE (303 A))

ŠBĒR (304)

Freund, Gefährte, Partner I 2,[5] 39,30 135,1.27 II L 13.64 VI 4,9.25 6,28
7,20 VII 49,19 66,23 70,4 90,31 91,31 97,18.27.31 98,6.10 110,15.16 / + SON
VI 2,35 3,3.9.10 VII 90,27 / + philos II 82,16 (Joh 3,29) VII 43,28 (Ex 33,11)
/ :: ĊAĊE VII 42,18 67,23 86,14 IX 13,5 ----- V 38,7

━ (fem.) ŠBEERE (Paar-)Genossin (Titel der Sophia) + syzygos BG 94,19 p 96,5
p 99,3 p

● ŠBR MMĒE, ŠBĒR MME wahrer Freund VII 95,14.19 / + SOEIŠ II 138,8 / :: ŠBĒR
ETHOOY VII 90,[33]

━ MNTŠBĒR Freundschaft I 87,25 VII 64,34 67,32 68,9 VIII 22,[19] 23,4 116,4
IX 1,[9] / + MNTMAEISON VII 62,21 / + ekklēsia I 135,25 / :: MNTĊAĊE VII 62,10

━ R ŠBĒR Freund werden VI 12,2 XI 57,18 (übertragen)

━ ATŠBĒR nicht befreundet I 93,17

(ŠBR- 'mit-', ŠBĒR N-, R ŠBĒR N- siehe unter dem jeweils zweiten Wort) ✠

ŠEEI (306 A)

sich hin- und herbewegen VII 13,26 / + epipheresthai II 13,13.18.26 (vgl. Gen
1,2) ✠

ŠEI (306 B)

Grube VI 48,[1] ✠

ŠŌI (306 C)

NSA PŠŌI (von) oben V 47,11 VIII 29,29 ✠

ŠIKE (308 A)

graben + HIEIT V 62,9

━ ŠIK Grube, Abgrund, Tiefe (auch übertragen) II 23,31 100,1 III 135,20 /
+ AMNTE I 89,25 (+) II 11,3.6 (+) / :: ĊISE III 124,4 135,6.10

━ EMNTAF ŠIK MMAY grundlos + EMNTAF ARĒĊF II 99,28

━ ŠĒKq ('tief sein', übertragen) schwerverständlich sein I 50,6 ✠

ⲰⲔⲀⲔ (308 B)

ŠKAK (308 B)

ŠKAK, AŠKAK schreien, rufen, (Subst.)° Schrei, Ruf II 95,6 134,35 / + SMĒ, ŌŠ
II 92,33 / + [ŌŠ] II 126,3 / + AŠQĒL VI 19,34 (::ČI SMĒ) / + boan (Gen 4,10)
II 91,26 (lies <S>SKAK) / + phōnē (Ps 6,9) II 137,21 / :: SŌTM IX 27,[21]
— ČI ŠKAK ausrufen, anrufen VI 59,24 / + epikaleisthai (Iren. I 21,5) V 35,
18 (+ŌŠ EHRAI EČN-35,7) / + phōnein (Lk 16,24) VI 47,32 ✠

ŠOL (309)

Zahn III 23,4 (≠p ŠAAR, vielleicht ist ŠAL III 23,4 auch Nebenform von SAAR
'Haut') ✠

ŠLĒL (310)

beten, (Subst.)° Gebet I 16,22 II L 5.14.104 III 144,14-18 VI 53,27.32 54,21
55,9.13 63,33° 65,3 (vgl. C. H. II 355,13 optare) VIII 133,20 134,3 / + SOPSP
I 97,13° / + epikalein VI 55,23 / + eulogia (1Kor 10,16) II 75,14 (+euchari-
stein) / + euchesthai (S. Sext.) XII 32,19.23.25 / + proseuchesthai I 16,9 II
68,11 (Mt 6,6) 135,4 (vgl. 136,16) 136,19 ----- II 69,30 V 45,13 ✠

ŠLOP (311 A)

Zweig? XIII 44,24
(Verschreibung für ŠLOF 'Schande'? XIII 41,34) ✠

ŠELEET (311 B)

Braut, PA TŠELEET°, RMŠELEET°° Bräutigam I 93,1 122,23°.24 II 132,9°.10.15°.
24° VI 13,28.28°° / + nymphē, nymphōn II 75,28°.[28] 82,11
— MNTŠELEET Brautschaft II 132,12
— R ŠELEET Hochzeit halten II L 64
— ČI ŠELEET Hochzeit VII 57,14.15 (Adj.) 66,1.6 67,6 79,7
— MA NŠELEET Brautgemach (meist als gnostisches Sakrament, vgl. nymphōn) I
122,16.21 128,33 135,[31] 138,10 II L 75 III 138,20 VI 35,11 / + nymphōn II
132,13.25
— ČI HBOOS NŠELEET Brautgewand VI 32,6 ✠

ŠLOF (312 A, vgl. Westendorf, Nachtrag S. 558)

ŠALEFq schändlich sein VI 63,7 ✠
(vgl. ŠLOP (311 A))

ŠŌLH (312 B)

prägen ----- VIII 106,3 (Subst.?)
— PARA ŠŌLH nach dem Abdruck (oder) Abbild VII 62,39 63,21 69,9 80,2 (Subst.)
/ + typos VII 62,28
— ATTI ŠŌLH EROF unbezeichenbar + asēmantos VI 50,16 p (+) ✠

ŠMOY (313 A)

Pfahl II 140,27 ✠

ŠĒM (313 B)

klein I 76,15 89,10.11 (::) VII 35,1
— MNTSĒM Kleinheit°, Kindheit I 104,23(°?) 115,6° VII 84,17 / :: MNTHLLO VI
14,6
(Zusammensetzungen mit SĒM siehe unter den jeweils anderen Bestandteilen)

ŠŌM (314 A)

ŠŌM, ŠAMĒ Sommer :: PRŌ siehe PRŌ (150 A); II 77,14 hat es wohl den Nebensinn
'Ernte' (wie theros), was seinerseits eschatologische Metapher ist
— Steuer, Pacht II L 64 / + kēnsos (Mt 22,21) II L 100 ✠

ŠMMO (314 B)

fremd, Fremder I 11,18 (+) II 29,5 124,11 V 50,22 51,[7] 65,19 82,26 VI 8,24
VII 94,32 VIII 45,22 139,21 IX 30,20 43,3 XI 22,36 XIII 44,7 / :: PA-, ŠBĒR
IX 13,6 / :: RMNPOLIS VI 8,26 (::) ----- IX 62,6
● (meliorativ) (dem Kosmos) fremd, Fremder (d. h. göttlich, Gnostiker) III
72,9 (p' BG 85,4) 134,19.22 VI 3,[7].10 5,11 (+) VIII 1,21 / :: PA- II 53,3
● (pejorativ) (dem Pleroma, der Offenbarung) fremd, Fremder I 31,1 119,9 V
69,18 76,6 VI 28,30 VII 52,9 VIII 136,2 BG 21,16 / + allotrios (Iren. I 21,5)
V 34,8.12 (::PA-) / :: PA- V 25,5 55,17
— Gast (wie xenos) II L 64 ✠

ŠAMISE siehe MISE (101 C)

ŠMŠE (315)

dienen (vorwiegend im religiös-kultischen Sinn), verehren, (Subst.)° Dienst,
Verehrung I 120,9.13° 133,23 134,1° II 123,18 V 73,10 74,28 84,22 VI 109,25
IX 48,15 / + SMOY VIII 136,4 / + HMHAL II 113,1 V 65,20 72,19 (lies ŠMŠ(Ē)TF)
VII 60,29° (+) / + diakonein (Mk 10,45) I 24,24 / + douleuein (Mt 6,24) II

ϢⲚⲀ (316)

L 47 / + therapeuein, hypēretein I 134,17 / + hypēresia, hypēretein I 135,4°
II 59,18 V 9,14° p (III 81,3).p' (III 105,1) BG 96,1° p' 115,7° p' (+EOOY)
— REFŠMŠE, RMNŠMŠE° Diener I 102,23 103,2.29 105,1 (Adj.) 135,18° 136,4
(RŌME EFŠMŠE) VII 73,31 75,18 / + hypourgia I 102,5
— MNTREFŠMŠE Dienst, Verehrung I 136,7 / + sebesthai VII 108,35 109,2
— MNTŠMŠE EIDŌLON Götzendienst, REFŠMŠE EIDŌLON° Götzendiener II 123,9 131,7°
⳨

ŠNA (316, vgl. Westendorf, Nachtrag S. 559)

ŠNA, MNTŠNA Laster = ĒRP (ĒRP Synekdoche für 'Weinsaufen') VI 24,16 ⳨

ŠĒN (317 A)

Baum (°Baum der Erkenntnis, °°Baum des Lebens, vgl. Gen 2,9-3,22 xylon...) I
51,18 (::) 74,12 (::) 106,29 107,4° II L 19 55,8 71,22(°.°°).24 73,13.15°°
(+) 74,2°-4° 83,3.5 88,27.29° (p 118,19.20°) 89,25.34 90,[1]°.13°.25° (p 119,
32) 109,32 110,7.8°°.14°° (::).18°°-31°° 116,29°°.31 118,29° 119,8°.25 120,30°
31°° 121,7°° III 27,11 (::).14°°.21°° 28,[6]° 30,17 V 76,14 (::) VII 106,21°°
VIII 48,12 (::) 55,[20] 113,4.24 IX 10,[2]° 45,25-47,17(°.°°) XIII 44,20 /
dendron II L 43 (Mt 7,17) 83,13 (Mt 3,10) 142,15 (Mt 7,17) / + xylon (Ps 1,3)
II 140,17 ----- II 71,28
— R ŠĒN Baum werden II 116,32 118,12 (vgl. 89,25) ⳨

ŠINE (317 B)

fragen, suchen, streben nach... (auch mit NSA-) (unterstrichen: Fragen als
Weg zur Gnosis) I 6,7-11 11,34 24,17 32,35 36,15 (verschrieben für ŠINA hina)
43,34 44,4 47,32 (Subst.).32 50,8 65,14.16.30 66,26 71,16 (::) 72,4.7 83,15.19
(Subst.) 88,13 99,2 (Subst.) 112,3 (Subst.).5 II L 18.24.28.59.60.76.92 52,2.3
86,26 138,23 140,1.6 III 35,23 (-p) 125,16 126,7.9 128,3 (+) 131,19-23 137,18.
20 140,1 141,15 VI 1,30 3,[3.4].27 5,15.19 11,29 24,31 33,5.17.21 34,7.20 (+).
30 35,1 37,3 VII 75,1 98,4 102,14-31 103,7 VIII 16,13 43,5 (Subst.).25 45,26
129,18 134,16 IX 45,20 X 6,18 9,6 XI 20,28 56,[15].16 BG 80,9 105,8 (verschrie
ben für ETMMAY ČE) 106,16 114,17 115,2 / + aporein BG 79,17 / + epithymein
XIII 45,22 / + epizētein (S. Sext.) XII 27,20 / + zētein siehe unten :: QINE /
:: KŌ NSA- VI 31,34 / :: HE II L 38 (+ zētein::heuriskein Joh 7,34) III 70,6
(p' BG 80,9)(::QINE p V 1,[8]) / :: QINE I 31,32 32,2 (+zētein Lk 19,10) 61,26
II 140,[41] III 129,15 VI 13,5 18,11 (Subst.).12 (+) 35,1 (vgl. 35,8).15 60,10
VII 19,19 35,8 IX 29,9 69,[3] X 29,10 / :: QINE (+zētein::heuriskein) II L 1
(P. Oxy. 654,[8] Clem. Alex., Strom. V 14,1 96,3).92 (Mt 7,7).94 (Mt 7,8).107
(Mt 18,12) 130,8 (Hos 2,9) ----- IX 35,23
— QINŠINE Suchen, Forschen (nach) I 73,5 120,4 / :: QINE I 71,9

━ ATϢINE NSŌF unerforschlich I 71,18 (::)

━ QINE P=ϢINE, QN P=ϢINE aufsuchen, besuchen, "heimsuchen"°(im theologischen Sinn des göttlichen Eingreifens) II 128,27° 137,11° V 54,19° / + episkopē I 90,25 II 26,30 (Subst.) p' / + paralambanein II 25,37 p' (also QN P=ϢINE 'aufnehmen'?)

━ verlangen VI 10,20 11,9 (+parangellein 9,33)

━ grüßen I 50,15 III 135,17 V 30,11

━ ϢINE EHRA= zur Rede stellen? I 37,36

━ ϢMNOYFE Evangelium, HI ϢMNOYFE° Evangelium verkünden, TI ϢMNOYFE°° verheißen I 34,35 127,36 V 52,14°° VIII 133,5°

━ RMTI ϢMNOYFE Evangelist + euangelistēs (1Kor 12,28) I 116,17 (::apostolos, mathētēs) ✠

ϢŌNE (317 C)

krank sein, leiden, (Subst.)° Krankheit, Leiden, REFϢŌNE°° Kranker I 35,31° (+) 47,28° 83,[12]° 94,17°.20° 103,32° 105,13°.16 (Adj.) 106,8°.16° II 11,14. 15 L 74° (korrupt, lies ϢŌ(T)E 'Brunnen'?) VI 27,26 39,40° (+) (Übersetzung von nosos im Sinne von 'Trieb'? Vgl. Lampe s. v. nosos, 3) 73,18 IX 14,1° / = pathos I 95,3° / + MKAH I 98,38° 121,34° / + HISE I 33,3 (+) / + QŌB I 81,1° IV 27,23 / + asthenein (Mt 10,8) II L 14 (::therapeuein) / + nosos (Ps 102,3) II 134,21° (::TALQO) / :: PAHRE I 3,26-33 (°) VI 10,33°° 11,26° / :: TALQO, therapeuein I 116,15 ----- IX 33,28

━ ϢN HTē= Mitleid haben, sich erbarmen, (Adj.)° barmherzig, (Subst.) Barmherziger, MNTϢANTHēF°°, MNTϢANTHēT°° Mitleid I 18,14 (Plural, Übersetzung von splanchna?) 20,10° (Subst.) 31,16 II 116,1 V 31,9°° VII 7,31 BG 52,20 / + NAēT II 27,35° p' III 25,1° p' / :: OYAHIēT VI 15,15 (::)
(ϢANTMAHT siehe MAHT (112 B), ϢNHēT 'Kummer' siehe ϢŌϢ (206 A)) ✠

ϢONTE (319)

Dornbusch, Dornen (hier nur eine Auswahl: biblische Anspielungen) II L 8 (Mt 13,7)(::).45 (Lk 6,44)(::) VII 56,13 (Mt 27,29) 76,6 (Lk 6,44) VIII 139,17 (Mt 27,29) XI 5,[18] (Mt 13,7) / + batos II 111,13 (Ex 3,2)

ϢIPE (320)

sich schämen, sich scheuen, (Subst.)° Scham(gefühl), Schande I 3,11 10,21 II 18,31° L 37° 107,24 (+) 108,7 119,14°.29.30° 128,12° VI 16,21 (::) 17,15°.18° (::) VII 15,8° 55,22° 56,31° 89,30° BG 45,16 / + ϢŌϢ (206 B) VI 32,12° (:: EOOY) / + entrepesthai (Mt 21,37) II L 65 / :: parrhēsia VI 14,28 (::)

ϣⲱⲡ (321)

— TI ŠIPE beschämen, beleidigen, in Schande bringen, zuschanden machen, ČI
ŠIPE° beschämt werden (usw.) II 125,27 (+) V 53,6° (+) VI 27,6°.10 32,18°.28°
41,9 43,30° VII 10,24 (Subst.) 22,17 55,20 58,8 110,31 (+) BG 122,3° (+) /
+ kataischynein (Hos 2,7) II 129,[34] / :: parrhēsiazesthai VI 28,23°
— ATŠIPE schamlos, MNTATŠIPE° Schamlosigkeit, R ATŠIPE°° schamlos behandeln
VI 14,29 (::) 16,21°° (::) 17,16°.17° (::) / + anaischyntein (Jer 3,3) II
129,19 ☩
(vgl. ČPIO (429 B))

ŠŌP (321)

aufnehmen, zu sich nehmen, fassen I 9,7.35 20,11 22,31 23,30 63,4.6 74,5 106,5
(lies aber ŠŌP<E>) 123,1 143,6 II 62,[33] 139,30 144,3 III 121,7 125,15 V
79,24 VI 17,8.10.15 32,24 67,27 (korrupt) 77,37 VII 12,19 17,7 51,14 60,31
61,21 80,21 83,25 100,3.4 101,8 VIII 21,3 26,12.13 29,20 XI 12,34 66,28 BG
121,8 / + chōrein IV 79,(11) (lies Š(Ō)P) p / :: PŌT NSA ('vertreiben') VI 13,⁞
— ertragen, erleiden I 20,11 29,15 92,21 95,12 II L 12 93,16 VI 71,30 VII
58,14 (ŠŌPE Druckfehler für ŠŌP) XI 13,37 33,35 34,28 / + TŌOYN ('ertragen')
III 91,16 p (BG 79,3) V 17,10 p (III 90,7)
— ŠĒPq annehmbar sein, genehm sein I 71,30 II 6,1 59,31 VI 19,21 20,29 VII
104,20 / + dektos (P. Oxy. 1,31 Lk 4,24) II L 31
— REFŠŌP{ } (so zu lesen statt REFŠŌPE) Helfer (vgl. Crum 576 a: antilēmptor)
+ REFSŌTE I 81,18
— ŠAP NOYTE EHOYN EROF bzw. [R]EF[ŠEP NOYTE] EROF Gottesaufnehmer (mythisch)
III 50,11 p
— ATŠOP= unfaßbar, MNTATŠOP° ERO= Unfaßbarkeit I 30,34 54,23 55,14 (+) 64,30
(+) 123,32 XI 32,39 (Subst.) 34,37 (Subst.) 61,8° / + ATMEEYE I 17,7.22 18,32
(jeweils Subst.)
(Mit ŠŌP zusammengesetzte Verben, z. B. ŠEP HISE, siehe unter dem zweiten Be-
standteil) ☩

ŠŌPE (322 A)

werden, sein°, ŠOOPq sein I 13,14-17 (q.°) 28,20-26 (q.°) 37,21.23 39,11q-15q.
22q 51,61.7 55,1q 56,6q 65,14q.30q 90,2.3 94,27q 109,21q 125,27 127,25q II
52,2 81,14q.15q 86,15q 93,34 (+) 114,14 134,12q III 5,16q 13,13q (≠p)(vgl.
Röm 11,36) 59,2q 66,21q (≠p) 78,10q 81,9 127,21.[22]q 141,14q V 75,5.6 VI
21,19q 26,7 28,28 48,2q 63,32q VII 37,23q 65,31q.(neg.) 78,20q VIII 68,15 XI
49,[14]q 51,13 55,21q 26q 65,34q XIII 35,19q.19 36,14q 40,6q 41,14q BG 24,2q
46,5q 47,15q 87,16q 102,11q / + EBOL II 25,22q p' III 59,23 [p] VII 21,27
(vgl. 21,35) 61,2 92,15.19.33 XIII 35,7q BG 56,15q p / + EI, EI EBOL II L 50

III 21,16 p.p' V 49,19 / ✛ EIRE III 10,18 p / ✛ Oq I 52,24q 54,12q V 49,22q /
✛ LAAY 61,32-62,2(q) 63,10q.381 / ✛ OYN- X 9,6q / ✛ OYŌNH III 11,9 p' VIII
81,24.24q BG 30,11 / ✛ HN- III 5,20q p' / ✛ genos BG 87,4 p' (genos Fehler
für genomenon?) / ✛ ginesthai III 18,24 (Ps 32,9) 89,5 (p BG 115,14)(Ps 32,9)
VII 115,17 (Joh 1,3) BG 89,10-16 (p' III 73,21-74,3)(P. Oxy. 1081)(::TAKO
(P. Oxy. 1081 apoginesthai)) / ✛ einai II L 2q (P. Oxy. 654,[20], das zweite
este wurde nicht durch ŠOOP, sondern durch Nominalsatz wiedergegeben) IV 78,
16 pq V 35,17q (Iren. I 21,5) / ✛ einai (Ex 3,14) I 60,11q.12q 63,15q 73,19q.
20q 74,7q / :: BŌL EBOL VII 77,15 / :: OYŌNH III 8,13.19 9,1 (nur die obers-
ten Hypostasen des Pleromas 'zeigen sich' - sind also vorher schon angelegt -,
die unteren 'entstehen') 73,6q (p' BG 86,12q) / :: OYŌTB VIII 12,9 / :: ousia
X 13,15 (::)

● ŠŌPE entstehen :: ŠOOPq sein VI 25,27.28 26,16.19 27,20.22
▬ (Subst.) Sein, Dasein, Bestand, Bestehendes° I 45,9 55,40 60,31 84,11 99,33
106,1.5 (lies PŠŌP<E>) 129,31 130,26° 132,21 VIII 124,12 XI 66,28 (::) / ✛ QŌ
XI 22,29 / ✛ ousia I 120,14 VIII 17,3 (✛hyparxis) / ✛ hyparxis XI 48,14.15
▬ PTREFŠŌPE (sein) Entstehen, (sein) Daseinsgrund I 61,18 106,25 (lies
P<T>REFŠŌPE) VIII 17,10 68,3 (lies [OY]TREFŠŌPE)
(REFŠŌPE I 81,18 lies REFŠŌP{ })
▬ PETŠOOPq, PĒ ETŠOOPq seiend, der Seiende (vgl. Ex 3,14 ho ōn), das Seiende°,
(Plur.) die Seienden (d. h. das Pleroma?)(oder) das Seiende° (wie ta onta)
I 28,13.15° (neg.) 58,22 61,16.18.35 65,12 (Plur.) 86,11 (Plur.) 91,6 109,8°
114,15°.15 129,9.19 (?) 130,30 143,9 (✛) II 69,[28](°?) 100,33 III 66,12.19
67,26 71,14 (p' BG 83,5) V 24,19.22.24 25,1.[2].3 (✛ OYOEIN 25,18) 26,[27]
27,7.10.14 29,18 36,11 VI 25,28 26,29° 27,22 61,15 75,25 (korrupt) VII 10,19
67,18 68,12 77,10 (Plur.) 84,6 101,24 119,25 (✛) VIII 26,3 (Plur., korrupt)
43,[22]° X 7,5 XI 49,27.35 54,25.32 63,18 (Plur.) 66,36 (Plur.) BG 21,21 /
✛ HŌB I 48,34° / ✛ ousia X 7,25 13,17 / ✛ hyparxis VIII 2,25 (Plur.) 16,6°
▬ PETŠŌPE seiend, der Seiende (wie PETŠOOPq) I 27,9 (vom 'Vater', vgl. Ex 3,
14 ho ōn) 104,1 (Plur.)(d. h. das Pleroma?)
▬ ETE NEFŠOOPq der, der war (vgl. Apk. 1,4 ho ēn) I 65,17 (vom 'Vater'),
(pejorativ) vergangen XI 14,34
▬ PENTAFŠŌPE der Gewordene VI 42,12 (von Jesus)
▬ ETNAŠŌPE zukünftig (wie esomenos) I 79,25 89,36 (lies ET<N>AŠŌPE) 95,9.24.
28 113,16 119,8 V 58,9 / ✛ ETNNĒY BG 76,6 p / :: ETE AFEI I 120,10
● ETAFŠŌPE :: ETŠOOP :: ETNAŠŌPE der war :: der ist :: der sein wird (vgl.
Apk 1,4 ho ōn :: ho ēn :: ho erchomenos) (und andere Gegenüberstellungen ver-
schiedener Tempora von ŠŌPE) I 79,3q.4 (neg.) 87,35.36q.36 95,18q.19 97,23.24.
24q II 64,10-12(q) 83,34.34q.35 138,9q (AKŠOOP!).10 (✛NIM im Adverbialsatz)
VI 37,2-5 VII 91,4q.5 XI 36,13-15(q) BG 22,3-6(q)

— ETŠOOPq ONTŌS, ETŠOOPq NAME°, ETŠOOPq ALĒTHŌS°° wahrhaft seiend III 67,26°°
(vgl. p) VII 79,2 119,27 120,18 121,26 VIII 5,24.27 6,4 18,1 26,1 53,24 61,14
64,16 66,11.13 68,13 78,9 79,25 81,16.18 82,14 84,12 92,17 115,6 116,13.20
117,12.13 118,6 125,12 128,24 IX 6,12°.18° X 4,25° 7,4° XI 45,[14] 46,[9]
48,37 49,17 51,16 55,[25] 56,12.[20] 64,30 / :: antitypos VIII 12,14-17, vgl.
noch II 57,30

● ŠŌPE OYAAF, ŠŌPE EBOL MMOF MAYAAF (von) selbst entstehen (vgl. autogenēs) I
79,13 (Subst.) 84,4 (Subst.)(✚) II L 50 VII 12,11 X 25,[26] XIII 37,30 38,23,
vgl. VII 126,14

● R ŠRP NŠŌPE, R ŠRP NŠOOPq°(sic), ŠŌPE (bzw. ŠOOPq) HA- EHĒ zuerst sein,
vorher sein/werden u. ä. I 39,32q° 44,34q 52,20 57,[10]q.17q.21q (::) 58,31q
65,34.38 71,17q° 75,29q° 79,[16]q 82,6Q 83,7.16.21q°.24q 84,27 85,32q° 87,35
(::) 89,11q 95,13q° (::) 96,32q° 97,24q° (::) 101,33q 110,10q 113,35q° 117,29q
119,29q° 123,32q° 127,19q° 130,22q° 131,4q.8q 136,24q 143,10q° (PETŠRP ŠOOP)
II 4,30 19,32 L 19.84 55,20q 70,[37] 94,27q 96,3.20q 97,26q 98,4q.6q.16q (::)
102,4q.6q 103,20q 107,27q 112,29q 127,19q III 7,[16]q (vgl. p - ohne ŠOOP -
und p') 22,[13]q IV 75,11q° (vgl. p) V 24,25q 33,[22]q°.24q° 34,7q°.11q°.13q°
VII 1,20 (Subst.) 121,29 124,5q° VIII 2,31q° 20,6q° 64,15q 68,24q 75,24q°
80,17q° 83,[1]q°.22q° 113,5q 115,25q° 136,2q° X 8,29q 6,[5]q 7,3q.6q 8,[10]q
13,18q 32,15q XI 10,24q 23,[24]q.37q 35,30q° 36,13q (::) 37,35q 55,21q XIII
35,[5]q (::).30q 45,19q BG 23,8q.20q (✚Adverbialsatz ohne ŠOOP) 24,5q 122,5q
125,14q (vgl. 1Joh 1,1 ho ēn ap' archēs) / ✚ Oq NŠORP III 6,21 p' BG 25,8 p'
/ ✚ proeinai BG 91,12q (P. Oxy. 1081) p'

● NENTAYŠŌPE MNNSA NAI das danach Entstandene III 89,11 (p' BG 116,5) BG 101,
19 117,6 118,10 /✚ginesthai (P. Oxy. 1081) BG 88,18

— ATŠŌPE nichtseiend, wesenlos (wie anousios Hippolyt, Ref. VI 42, vgl. N. H.
XI 53,32 ATOYSIA) I 38,32 VIII 117,14 (✚) XI 66,27

● TIHYPARXIS NATŠŌPE die nichtseiende Existenz (d. i. der 'Vater') XI 55,28?
62,23 65,33 (::), vgl. VIII 3,12 TIHYPARXIS ETE NSŠOOPq AN

— ŠŌPE MN- sich zu jemand gesellen, sich mit jemand vereinigen (wie syneinai,
auch im sexuellen° Sinn) II 128,10(°?) III 57,18 / ✚ NOYHB II 25,24 p' /
✚ synētheia II 144,10° (Subst., wohl Übersetzung von synousia. Vgl. II 138,9)
— ŠOOPq MN- bei jemand sein (Mt 28,20 einai meta...) II L 30 VIII 134,17
(vgl. MN (93))
— R ŠBĒR NŠŌPE MN- zusammensein mit (wie ŠŌPE MN-?) VIII 27,10 43,12
— ŠOOPq EF- dabei sein, zu... III 67,19
— FŠOOPq ATRE- es ist möglich, zu... (wie éstin) I 37,27

— wohnen I 136,18 II 10,25q (p' ohne ŠOOP) III 71,12q (vgl. p' (BG 82,18)
ohne ŠOOP) V 72,7 VII 76,11q.14 XI 43,29q

━ MA NϢⲞPE Aufenthaltsort, Wohnung (oft kosmologisch) I 136,17 II 25,6 101,6
102,15.17 123,[34] III 28,6 (p' + MA NMTON) 88,18 (+) V 25,18 72,5 VI 27,16
36,26 70,6 71,32 VII 54,11 VIII 25,3 134,24 XI 37,35 XIII 45,34 50,15.16 /
+ MA MPⲞT ('Refugium') VII 105,30 / + anapausis VI 33,7 / + systasis I 98,31
/ + polis I 11,24 / + topos I 65,8 / + TOPOS NTANAPAYSIS II 104,32 105,1 (+)
/ :: pandocheion XI 6,31
(PETⲈP EϢⲞPE siehe ⲞP (293 B))
(vgl. ČPO (429 A))

ϢPⲞP (322 B)

versprechen, verheißen, (Subst.) Versprechen, Verheißung I 13,33 14,5° 15,37
(+dexios) / + ERⲈT II 21,24 p' / :: TSTO EBOL I 14,13 ✠

ϢPⲈRE (323 A)

Wunder, R ϢPⲈRE° sich wundern, ϢPⲈRE (Adj.)°° wunderbar I 144,[1]°° II L 1°.
29(°) 108,7°.9°° 136,2° V 38,20° 55,23° VI 6,32° 8,28° 65,17°° 71,4°° VII
45,2 49,29 127,25° VIII 26,20° XI 3,[32-36] BG 21,8 / + HOTE III 140,24°° BG
79,12° / + thaumazein VI 69,3°
● HENMAEIN MN HENϢBⲈRE, HENSⲈMEION MN HENϢPⲈRE Zeichen und Wunder + teras (Mt
24,24) V 77,2 VI 45,15 XI 1,[15] ✠

ϢⲞPϢ (323 B)

Schulter VI 2,16 ✠

ϢAAR (324 A)

Haut + ϢAL BG 53,3 (+) ✠

ϢⲈRE (324 B)

Sohn (auch Anrede eines Schülers) (auch überkosmisch), (Plur.) Söhne, Kinder
I 16,30 27,13 32,38 (Nachtrag zu 32,23) 43,25 46,6 47,3 50,2 79,37 118,5
124,10 (+) II 14,11 L 2.105.109 58,17-26 (::) 59,32 72,8-21 75,[29] 80,24.29
(+) 81,13 82,17 87,8 91,12 96,9 (p 106,29) 101,28 102,14 103,32 106,20 117,17
132,4.7 III 11,4 (vgl. p') 13,17 31,11 39,6 42,22 84,[1] IV 60,7.8 36,1.15
27,2 77,18 V 5,13 36,[4] 37,[13] 39,16.18 50,16 64,3.6 70,10 71,2.4.[26] 72,
16.18 73,1 74,18 VI 8,32 23,7.10 24,26 33,26 39,2 47,7 52,26 VII 20,1 64,26
82,1 85,2.29 86,24 87,4 88,6.9.22 90,29 91,14.21 94,29 96,11 98,5 102,7 103,1
104,24 105,13 106,17 109,34 114,16 117,13.23.25 118,5 VIII 16,[12] 30,9 IX
57,[7] 58,4 67,[31] 70,[5] XI 33,30.37 38,23 49,39 50,18 68,28.34 69,15 XIII

49,13 BG 19,9 45,13 / + ALOY II 8,23 p' / + EIŌT I 86,36 87,1, weiteres siehe
EIŌT (53 A) / + ČPO VI 53,15 / + sperma II 63,35 134,2 V 76,13 39,[11] / + tek-
na (immer Plur.) II 60,1 (Jes 54,1 Gal 4,27) 120,7 (Gen 3,16) 129,32-[34] (Hos.
2,6) VI 13,23 (Jes 54,1 Gal 4,27) VII 64,25 (Ex 20,5)(::EIOTE) IX 48,7 (dito)
/ + hyios II L 65 (Mt 21,37) 92,12 (Gen 6,18) 130,19.21 (Ez 16,26) 135,31 (1
Clem 8,3) VII 73,18 (Lk 16,8) / :: EIŌT siehe EIŌT (53, A)+ŠĒRE / :: MAAY II
113,34 ----- III 124,20 IX 66,7 XI 37,11

● PŠĒRE MPTAKO der Sohn des Verderbens (d. h. ein dem Verderben geweihter
Mensch, vgl. Joh 17,12 2Thess 2,3 hyios...) VII 114,24

● ŠĒRE, ŠĒRE...° Sohn (Gottes), Sohn... (von Christus) I 6,20° 10,14 14,39
15,[2] 24,14 30,25 56,24 57,[13].17 (korrupt).33 62,37° 64,22 65,25.29 67,19
93,34 124,33 III 67,17 68,25° 121,7° IV 60,[12]° V 46,21 VII 115,15 IX 1,[2]
XI 12,[22] 13,[11] 40,[12] XIII 37,4° 38,17°.22° 39,12° BG 34,14° 98,12 99,5°
105,16 / = PNOYS MPTĒRF XI 22,31 / + ALOY VIII 134,3-6 (vgl. 133,25) / + MISE,
ŠRP MMISE I 125,14 XI 43,36 / + hyios... (Mt 16,16) II L 37 / :: EIŌT vgl.
EIŌT (53) (hier ist es sowieso vorausgesetzt)

● PŠĒRE MPMEGETHOS der Sohn der Größe (Derdekeas) VII 7,1 10,11 11,20 12,2
19,24 57,7

● ŠĒRE... (Selbstbezeichnung der Gnostiker) I 15,38 II L 2.50 (+) 96,19 III
65,22 143,19 V 25,3 36,10 VI 53,30 54,22 VII 70,7 XIII 44,30 / :: EIŌT BG
105,8 / :: HŌB ('Werk, Geschöpf') II 72,8.12.17 75,11.13 ('Werke' der Archonten :: 'Kinder' des Vaters) 81,27

● NŠĒRE NTE SĒTH die Kinder Seths (Selbstbezeichnung der Gnostiker, vgl. PE-
SPERMA NTE SĒTH unter sperma) III 65,20 (≠p) VIII 7,8 IX 5,20
(vgl. NŠĒRE MPNOYTE unter NOYTE (127), NŠĒRE MPOYOEIN unter OYOEIN (268 D),
NŠĒRE MPNYMPHŌN unter nymphōn)

— MNTŠĒRE Sohnschaft :: HMHAL XI 42,[20] (vgl. Gal 4,5 hyiothesia)
— ŠĒRE ŠĒM (kleines) Kind, MNTŠĒRE ŠĒM° Kindheit (unterstrichen: Gnostiker)
II L 21.a.37 VI 17,25° (vgl. Mt 19,14 paidion) 44,33 (::) XI 4,[33] (überkos-
misch) / + pa[idion] (P. Oxy. 654,23) II L 3 (::HLLO)
— ŠĒRE NOYŌT, ŠR OYŌT einziger Sohn, ŠR OYOOTS° einzige Tochter I 57,19.21.37
II 137,3° (vgl. Iliasparaphrase zu III 176 thygatēr... monogenēs) / + Monoge-
nēs II 6,15 p'
— ŠR MNRIT geliebter Sohn (vgl. Mt 3,15 hyios...) I 30,31 (::EIŌT)
— ŠR MPOL (nur Plur.) Stiefkinder VI 23,23.29.30 24,33
— ATŠĒRE kinderlos II 55,[32]? / + erēmos II 129,31

— ŠEERE Tochter II 95,6.18.31 104,28 111,18 115,32 / + thygatēr (Ps 44,11)
II 133,17 / :: EIŌT V 81,26 / :: MAAY VI 13,21

● NϢEERE NNRⲰ̄ME die Menschentöchter (Gen 6,2 thygateres...) III 38,13 XI 38,35
(ϢⲈRE MPNOYTE siehe NOYTE (127), ϢⲈRE MPRⲰ̄ME siehe RⲰ̄ME (163 C), ϢⲈRE MPOYOEIN
siehe OYOEIN (268 D)) ✠

ϢⲰ̄RP (326)

ϢⲰ̄RP erster, PϢⲰ̄RP° der erste, der Erste (substantivisch und in Formeln) (fem.
und Plur. werden hier nicht eigens differenziert) I 34,17 61,[11] 84,1 95,36
II 5,11 6,21 8,32° (vgl. p', Fehlübersetzung von proballein? - vgl. Iren. I
29,3) 15,29 81,13 98,7.8 107,21 109,1(?).22 111,7.8 114,4 117,7 121,30 126,17
132,1° ('Ursprünglichkeit'?) III 16,14 (wohl für prōto-) 122,4 136,1 IV 7,5
55,25° V 47,[11] 49,[3.5] 64,27 VI 17,24.36° 18,[7] 41,2 VII 1,24° 12,33 82,
28° 119,21 121,20.22 122,2 123,25°.29 124,6°(?).21°.24 (+) VIII 17,5 77,21.22.
25 122,2 X 4,19° 7,[28]° 8,7° 31,12 IX 40,38 41,21 42,[39] 47,31° 48,24.36°
(Übersetzung von archē?) 54,9 58,20.23 59,28 61,10° XIII 41,20° BG 78,13 108,1
/ + monos (Hippolyt, Ref. VI 29,5) I 51,10° (+) / + prōtos II L 3 (P. Oxy. 654,
[25], Mt 19,30) 141,13 (Apk. 2,6) VI 13,16 (Apk. 2,8)(::HAE) 73,25 (Lactantius,
C. H. II 330 App.) / :: HAE I 74,16 VII 31,26 33,25 46,18.28 BG 97,11
— NϢORP zuerst, vorher, ursprünglich I 38,8 44,33 II 113,18 134,8 III 77,12
XIII 41,20 BG 50,8 / :: TINOY VI 54,18
(Öfters ist NϢORP bei Verben offenbar nur Wiedergabe der Vorsilbe pro- und
daher zum Verb zu ziehen, so z. B. II 53,10 111,12 IV 54,[20] 73,25)
— ϬIN NϢORP von Anfang an, anfangs, vorher I 46,27 53,24 57,34.35 62,16.17.22
87,19 88,6 117,20 143,31 II 121,16 134,11 VII 10,5 91,18 X 2,[36] 4,[5.10]
XIII 41,33 46,10 BG 95,2 122,11 / + archē II 53,21 70,14 VII 70,6 (Joh 1,1) /
+ proteros (Hos 2,9) II 130,9 / :: TINOY I 9,31.34 / :: HAE V 40,19
— R ϢORP anfangen, zuerst sein° I 51,2 (vgl. Aratos, Phaenomena 1 archesthai)
74,31° VII 50,34°
— R ϢORP E- zuvorkommen, übertreffen I 7,14 (vgl. 6,19 SOTP) II L 2 113,12.
17 / :: OYⲈ̄Hq NSA- VIII 82,20
— Oq NϢORP zuerst sein, vorher sein II 5,6 XI 53,19 / + ϢOOPq HA- EHⲈ̄ II 4,12
p' IV 5,21 p' / :: OYⲈ̄Hq NSA- III 78,17
(R ϢRP NϢⲰ̄PE, ϢⲰ̄PE ϬIN NϢORP siehe ϢⲰ̄PE (322 A), sonstige mit (R) ϢORP (N)-
gebildete Composita unter dem jeweils zweiten Wort)
(Vgl. HOYEIT (404 A) und Zahlenteil unter "1" (Ordinalzahl))

ϢⲞRϢR (327 A)

zerstören, (um)stürzen, zerstört werden°°, (Subst.)° Zerstörung I 48,25 78,27
91,25° (::) 135,19 II 12,28.32 VII 15,5 24,32 28,11 30,18 34,16 37,4.25 41,32
97,8° XI 9,17.[19] 15,31 XIII 41,8 / + BⲰ̄L EBOL II 126,35°° VI 43,(33)°° (lies

ϣⲱⲥ (327 B)

ŠOR(Š)R) / + TAKO I 118,5° II 102,27 / + ŌČN II 126,31 / + <u>katalyein</u> (Mt 26, 61) II L 71 (::KŌT) ✠

ŠARŠHET siehe HROŠ (389)

ŠŌS (327 B)

Hirte I 31,36 (vgl. Mt 18,12-14) II L 107 (dito) / + <u>poimēn</u> II 91,15 (Gen 4,2) 129,13.18 (Jer 3,1) VII 106,28 (Joh 10,11)
● NŠOOS "die Hirten" (Titel eines Evangelienabschnitts, wohl Mt 18,12-14) I 8,6 (::) ✠

(ŠŌS (Vb.) siehe SŌŠ (206 B))

ŠITE (329)

einfordern, eintreiben (Geld) II L 100 64,29 V 33,9 ✠

ŠŌŌT (330)

(ab)schneiden, abgeschnitten sein, opfern° I 26,3 (vgl. Hebr 4,12 <u>tomōteros</u>) 105,6 II 63,[1]°-4° 83,13.14q 126,[36] VII 55,22 XI 34,38 XIII 44,16 (+)
▬ HN OYŠŌŌT plötzlich (wie <u>apotomōs</u>) I 64,34 (+)
▬ KATA OYŠŌŌT EBOL getrennt I 73,28 (+)
▬ REFŠŌŌT streng (wie <u>apotomos</u>) V 63,16

▬ mangelhaft sein, Mangel leiden, bedürfen° I 18,35q° 19,9q°.16q° 23,5q 32, 10q 35,35q 42,3 43,29q 47,15q 88,11q 116,12q° II 3,[34]q 6,24q VI 15,14q VII 41,1q 115,15q.36q° 116,5q / + SBOK, TSBKO I 36,2q.4q.9q (::MOYH, <u>plērōma</u>) / + <u>hysterēma</u> III 32,22 / + R KHREIA I 9,16q° 11,12q° II 3,34q p' (BG 25,8) / :: ČŌK I 21,15q-17q (weitere Formen von ŠŌŌT siehe sie folgenden Rubriken)

▬ ŠTA mangelhaft sein, Mangel leiden, bedürfen° (wie ŠŌŌT) I 78,14 85,25 90,3.15 III 130,21 135,19 / + <u>chreia</u> BG 23,15°
▬ (Subst.), ŠŌŌT° (Subst.) Mangel, Makel, Fehler I 43,8 81,10 86,4 105,[15] 115,38 125,29 II 57,11 99,30 103,26 124,6 127,3 III 21,9°-15° (p) 72,23° IV 61,18° VI 54,17 57,7 74,22 VII 25,27 38,14 39,23 (::) 101,34 (::) VIII 45,18° 135,[9]°.10°.20° XI 6,26 BG 45,2 64,13 105,7.9 (Adj.) 118,15 123,8.9 / + QRŌH BG 30,16 p / + QŌČB II 13,14 / + <u>hysterēma</u> II 23,22 p' (III) V 13,[7] p (III 87,8)(p' BG 107,12) BG 53,16 p (≠p') 54,3 p 64,9 p / :: MOYH (110) I 24,21-32 (::ČŌK) 35,36 (::<u>plērōma</u>) VIII 137,[1]°.3° (dito) / :: ČŌK I 25,2 80,15 BG 105,1 (Adj.) / :: <u>plērōma</u> I 35,(9) (lies (ŠT(A)).12.28 49,5 78,5.28 136,20 III 139,15°.18° IX 28,26

— R ŠTA, TI ŠTA° Mangel leiden I 32,12 35,33.36 42,31° (::) 86,9.15 105,12
VII 90,18 / :: ČOK I 86,20.23 (::plērōma) 87,4
— R ŠTA sich leeren I 36,25
— ATŠTA, ATŠŌŌT°° mangellos, makellos, MNTATŠTA° Mangellosigkeit, Makellosig-
keit I 31,13 36,31 60,9 62,[14]°.23°.33 69,11 129,12° (+) II 25,16 III 72,18°°
(p' BG 85,16) VII 3,26 14,27 39,25 101,34 / + MĒHq, ČĒKq I 53,8 (Subst.).40
62,38 / + plērōma II 84,[33] / :: R HAE III 66,23°° p / :: R KHRIA III 6,[1]°°
p ✠

ŠTEKO (331)

Gefängnis I 5,14 114,(38) (falls HN<Š>TEKO zu lesen) V 30,19 IX 70,(19) (falls
PE(Š)TEKO zu lesen) / = plasma II 114,23 / = sarx II 143,11 / = sōma II 31,3.4
/ + MRRE II 30,10 / + SŌNH II 27,8 p (-MOYR) ✠

ŠTĒN (332 A)

Gewand (°Metapher für 'Körper') II L 37° 131,[32](°?) VI 30,35 VII 105,16 IX
1,11 61,10 (Sach 8,23) / + HBSŌ III 40,[1] XI 11,27 / + himation II L 47 (Mt
9,16).78 (Lk 7,25) 130,3 (Hos 2,7) / + stolē VII 89,29

ŠTORTR (332 B)

erschüttern, erregen, verwirren, in Verwirrung geraten, (Subst.)° Verwirrung,
Bestürzung, Unruhe, Erregung, ŠTRTŌRq, ŠTRTARTq verwirrt sein, wirr sein, bestürzt sein I 11,20q 26,9° 29,11q.30° 36,16 82,29q 90,16 II 89,20.20° 102,33°
108,14 115,17 116,10 117,1 119,24 (vgl. 92,23 R HOTE) 120,24 V 45,10q (+) 52,
23° (+) 61,2q 77,4 (+) VI 41,13° 42,17 44,6 (vgl. Apk 11,13 seismos) VII 7,21
12,31 13,11.19.27q 14,15.17.35,°.36° 19,6 25,22q.27 42,17q 44,13 72,8 97,34
VIII 4,30 IX 2,[5](+) 57,[2]° BG 55,1° / + KIM I 26,16 (::) II 62,31 (+NOEIN,
tarassesthai) XIII 43,14.16.19° 45,[2]° / + NOEIN II 102,28 XIII 40,19 /
+ STŌT IV 66,1° p VII 51,25 / + TI (219 A) VII 54,32 / + ŠIPE V 53,[6] /
+ HOTE II 107,27 118,12 VII 88,8 / + HRTE I 29,2° (+) II 99,30.31° VII 54,25
/ + thambeisthai (P. Oxy. 654,[7], Clem. Alex., Strom. V 14,96,3) II L 1 /
+ polemos II 104,16.18 126,5.9 / + seismos (Mk 13,8) I 15,13 (+polemos) /
+ tarassesthai, tarachē I 80,18° (::MTON)V 35,20 (Iren. I 21,5) / :: MTON II
141,2
— REFTI ŠTORTR Erschütterer I 80,7 (+)
— ATŠTORTR unerschütterlich, MNTATŠTORTR° Unerschütterlichkeit I 17,27 42,7
(::) 128,32° (+)
(PKŌHT EFŠTRTŌRq siehe KŌHT (74)) ✠
(vg. STRTR (202 A))

ŠOYO (333)

(sich) leeren, ausleeren II L 97 / :: MOYH (110) I 26,11 (+) 36,24
━ gießen, vergießen, sich ergießen I 36,7 II 6,27 31,6 / :: MOYH (110) I 36,32
━ ŠOYEITq leer sein, nichtig sein I 20,35 23,7 26,26 78,36 109,28 II 18,26
L 28.97 135,10.12 III 71,3 (≠p' 93,14 ≠p' BG 82,5) VI 68,16 (Subst.)(::) VI
5,20 8,31 20,26 26,28 38,18 40,22 53,26 54,12 IX 33,[25] 34,[11] 37,5 57,[6]
69,20 / + ŠOOPq (neg.) VII 65,30 / + ČINČĒ VII 98,2 (::HĒY) / + MNTAPQLA I 29,
8 / + mataios (Jes 30,15) II 136,8 / :: MĒHq (110) I 3,37 / :: euporein VII
59,27
━ HN OYPETŠOYEITq vergeblich I 17,16 VII 78,4
━ PETŠOYEIT Tor (vgl. Liddell-Scott kenos II 2.b) :: RMNHĒT I 19,25
(PEOOY ETŠOYEITq siehe EOOY (42 B)) ✠

ŠAY (334 A)

Nutzen II 22,15 (vgl. p'
━ R ŠAY nützen, nützlich sein, Nutzen haben, PETR ŠAY° nützlich, Nützliches
I 13,4 53,11° 86,16 89,35 95,8°.23 99,19 118,13 130,8.27 V 61,19 IX 6,8 (+)
18,[1] (+) / + NOFRE II 141,4° / + euchrēstos BG 58,7 p (vgl. p') / :: HOOY
II 18,32° (::)
━ R ŠAY zukommen, angemessen sein VI 60,1 / + kathēkei (Hos 2,7) II 130,5
● TIR ŠAY mir geht es gut + kalōs moi estin (Hos 2,9) II 130,10
━ MNTŠAY ----- VI 24,10
━ ATŠAY unbrauchbar + achrēstos (S. Sext.) XII 16,13 ✠

ŠAY (334 B)

Glied + melos II 15,27 ✠

ŠĒYE (334 C)

Altar II 123,10 (+) ✠

ŠOOYE (335)

vertrocknen, verdorren II 83,5 (::) VI 45,31 VII 19,1
━ PETŠOYŌOYq das Trockene + xēros (Gen 1,9) II 101,4 ✠

ŠOŠOY (336) ŠAŠOY

Gefäß = PE V 26,15 ✠

ŠOYŠOY (337 A)

sich rühmen, (Subst.)° Prahlerei II 18,25° 101,12.16.20? (jeweils ČOYČOY) 103,
9 V 53,11 54,5 56,[23] 83,25 VI 15,24° 30,35 VII 2,34 27,1 111,27° XIII 43,33°.
[34] 44,28 / + ČISE VI 31,2° VII 76,31
— MNTŠOYŠO Hochmut, Prahlsucht + alazōn, styphē VII 95,30 / + hyperēphanos
(S. Sext.) XII 27,[28] ☩

ŠŌŠ (337 B)

sich ausbreiten VII 8,10 X 35,19q ☩

ŠŌŠ (337 C)

gleich machen°°, gleich werden, (Subst.)° Gleichheit, Ebenbürtigkeit, ŠEŠq
gleich sein I 5,2°° 25,8q 67,36 ('(Selbst)gleichheit') 83,6q 94,36q (SĒŠ).40°
II L 61 bq 140,15° III 9,15q 75,11q (neg., :: isodynamos) V 6,10q VI 63,4
(falls nicht Š ŌŠ zu trennen) VII 3,15.25° 9,18q 10,17° 39,26q VIII 125,1q XI
19,37q / + EINE (50 B) I 90,35q (+TŌT) VII 122,28q.29q / + iso-, isos BG 87,2q
p.p' / :: ŠIBE, diaphora III 78,12q / :: anomalia VII 2,14q / :: diaphora X
4,[28]°
— HN OYŠŌŠ, AYSAŠ° (A₂) in gleicher Weise I 66,35° VII 49,20 53,12
— MNTATŠŌŠ Ungleichheit + ŠIBE I 132,20 ☩

ŠOŠT (338) ŠAŠT

Schlüssel + kleis (Lk 11,52) II L 39 ☩

ŠŌF (339)

ŠĒFq leer sein (N- von...) VI 71,16 / :: MOYH (110) II L 61 b ☩

ŠAFTE (340 A)

Frevler, Gottloser II 11,18
— MNTŠAFTE Gottlosigkeit, Verkehrtheit II 22,22 (+) VII 63,30 BG 56,7 /
+ asebēs VI 78,15 ☩

ŠAH (340 B)

Flamme VII 39,31 / + KRŌM (bzw.) KŌHT III 16,5 (vgl. p) 18,7 (vgl. p)
(ŠAH NKŌHT siehe KŌHT (74)) ☩

ŠŌHČ siehe ŠOČH (342 C)

ŠHIQ (341 A)

Staub III 70,6 ✚

ŠAČE (341 B)

sprechen (unterstrichen: Schöpfung durch Sprechen) I 8,38 16,37 23,9 26,6 31,
9-13 32,26.31.35 36,14 40,19.27.31 41,5 43,2.12 51,6 55,11.18 63,25 67,30
100,35 102,10 113,24 133,20 II 81,6 89,12.19 93,11 116,12 131,8 V 24,10 26,6
49,15 61,8 VI 2,30 (✚) 9,23 14,14 (Subst.) 27,12 41,1.5 58,9.24 69,32 ('nennen').36 (dito) VII 17,13 33,18.24 49,6 56,33 71,7 97,11 102,20 VIII 135,8.16
IX 28,[11].13 29,3 XI 9,18 76,37 XIII 42,10.13.18 BG 26,5 43,8 (Subst.) 79,2
117,4 / ✚ ASPE VII 41,11 / ✚ LAS XIII 41,24 / ✚ SMĒ II 100,22 VII 119,27 /
✚ agein ('behandeln', 'handeln über...') III 70,13 p' (BG 81,1) / ✚ legein
(S. Sext.) XII 30,[28] 31,3 / ✚ lalein I 7,1.4 (Joh 16,25) VI 40,30 (Mt 13,3)
BG 89,7 P. Oxy. 1081) / ✚ legein (S. Sext.) XII 15,[5]-[26] (::KARŌ=) 16,12
(::SŌTM) 31,13.17 32,[2] / ✚ logos I 37,2 VI 60,26 XI 16,34-38 / ✚ noein I
65,32 73,8 III 89,24 VI 42,25 / ✚ phthengein (S. Sext.) XII 31,6 / :: KARŌ=
I 72,[25] V 59,18 VI 15,35 56,12 (::) 60,3 / :: SŌTM I 3,15.22 9,31 10,18 II
138,25 142,9 III 126,15 VIII 136,[22] IX 42,3 (✚SMĒ) / :: SHAI I 1,14 II 138,1
/ :: noein II 54,11 / :: sigē XI 23,[22] (::)
— (Subst.) Wort, Rede (auch Plur.°) (unterstrichen: Schöpfung durch das Wort,
Wort Gottes) I 14,32 19,20 23,20 (✚) 31,12 35,29 37,3°.4°.7 54,16 75,15 (Adj.?)
97,15 101,15° 110,29° 112,12°.14 114,2 132,16 II L 13°.19°.38° 86,32 100,15.17.
34 101,11 102,14 104,1 115,7 116,3 119,7° 134,30° ('Vorschrift') 136,30° 138,1°
142,21.21°.28 III 40,9° 47,13° 75,9° 120,19° 122,23° 136,20 139,12 140,2 143,6
IV 50,10 60,21 (der 'Logos' schafft durchs 'Wort') 61,23 72,2 V 18,10 19,8
29,2 38,[15] 40,23° 44,13 45,15°.18° 63,31 (✚)(::) 64,5°.12 72,19° 77,24° 85,
3°.13° VI 1,[1]° 5,13 11,8° 19,22 (::) 20,27° 21,12° 41,4° 43,2° 52,21°.23
53,22.25 54,20 55,6.21.28° 58,16 61,25 62,2.10° 68,19°.21 69,4.32 78,23 VII
12,7 28,19 (Adj.) 32,39 49,17.21 55,29 57,24 59,12° 61,13 68,2.7 70,28.29°
71,2° 73,25.31 74,25 76,25° 94,5 97,3.13°.16°.23 107,25 111,19° 117,31° 120,28
123,11 126,3 VIII 5,7.10 9,4 17,5.9 26,16 29,14° 44,9 66,[20] 120,12 134,15°
138,18 140,25 (Hörfehler: rhēmata statt klimata?) IX 14,6° 32,9° 44,9° 45,7.10
68,31° X 36,21 41,(6)° (lies NEEISE<ČE> DE) XI 51,18.36 57,28° XII 29,14 30,8
XIII 40,2 BG 105,14° / ✚ OEIŠ V 38,9 / ✚ SBŌ II 1,[1]° / ✚ SMĒ I 133,3 V 60,10
/ ✚ HROOY I 129,20 (::KARŌ=) 138,5 (✚TAŠE OEIŠ) II 117,10 / ✚ logos I 114,12
(Röm 9,9) II 32,10° (P. Oxy. 654,1) III 10,17-21 p (vgl. Joh 1,1.3) 133,9
136,1 V 11,13° p (III 83,10)(✚) 15,12° p' (BG 113,8)(✚) VII 78,1 (2Kor 4,17)
117,30 (dito) IX 28,13° (vgl. 28,9) XII 15,[4°.8].11 (::EIRE).[19]° (S. Sext.)
16,[23] (dito)(::SŌTM) 31,7-25 (dito) 33,25 (dito) / ✚ nous I 65,4 / :: MEEYE

ⲱⲁϫⲉ (341 B)

('Sinn') I 137,22° / :: SŌTM V 66,9° VII 62,3.5 / :: HŌB VI 77,34 (::SŌTM) /
:: QOM IX 31,25 / :: MNTATLOGOS VI 73,22° / :: <u>sigē</u> III <u>88</u>,10 (p' BG 113,18
::KARŌ=) ----- II 72,27 III 123,18 126,4 165,10 V 11,19 17,11 VI 17,4° VIII
1,1° IX 56,34 / + <u>logos</u> IX 40,11

● (Subst., hypostasiert) Logos (überkosmisch) I 16,34 23,33 26,5 IV 52,23
53,[20] 55,10 58,26 60,[2] 66,[17] VI 20,30 (?) VII 49,24.32 51,15 66,4 67,27
VIII 30,8.21 (=) / = EIŌT III 43,21 (≠p) VII 68,19 (+) / = <u>systasis</u> I 59,[29]
/ + <u>Logos</u> III 53,14 (≠p) IV 51,25 p 61,[9] p 62,17 p 65,6 p ----- VIII 29,24

● ČPO NŠAČE, ETAYČPOF HN OYŠAČE° logosgeboren + <u>logogenēs</u> IV 71,15 p 74,26 p
75,16° p

— (Subst.) Sache VII 92,10
— TI ŠAČE reden VI 53,31 (Subst.)
— ČE ŠAČE ein Wort sagen VII 96,29 102,8
— ŠAČE NSA- verleumden + TI ŠIPE VI 27,[8]
— R ŠBĒR NŠAČE sich unterhalten (mit jemand) V 18,[9]
— QINŠAČE Aussage I 94,10 129,19 / + SMĒ III 70,14
— MNTHAH NŠAČE Geschwätzigkeit, Viele-Worte-Machen VI 19,24 (::) VII 37,34
42,27 / :: KARŌ= IX 44,8 68,[30], vgl. XII 33,25 (Vb.)

— ATŠAČE MMO=, EMAYŠ ŠAČE ERO=° unaussprechlich, unbeschreiblich, MNTATŠAČE
EROF°° (jemandes) Unnennbarkeit, Unmöglichkeit (über jemanden) zu reden I 55,
13 56,3 59,20 63,20°° 72,13 88,16 II 125,10° III 71,14 76,2.5.19 (p' BG 93,1.
5 94,4) 81,14 (p' BG 101,11).17 88,19 89,2 IV 50,23 52,[10] 54,[2] (≠p) 55,
[22] 56,[2] 60,9 78,5 V 8,21 VI 22,12 57,32° VII 48,26° 49,12.30 51,16 60,12.
17 65,32 66,4.20 82,11.13 VIII 5,3 28,13.14 77,19 122,7 124,17 126,10 IX 27,
[19] 28,2 XI 24,39 (Subst.) 35,[23] 61,15 XIII 35,10 (Subst.).28 (+) 36,11
(Subst.) 37,1 42,2 (ATSEČ[E]) 46,6.14 (+) BG 24,2 (Subst.) 101,[1] 115,10
122,16 127,3 / + ATTI RAN EROF, ATČE RAN EROF I 65,2 V 24,20 VIII 74,20 IX
47,18 / + ATTAYO= XIII 41,3 / + ATOYŌNH EBOL IV 50,15 p / + ATOYAHM= XIII 37,
17 / + ATČOO= III 89,19 (p' BG 116,16) XIII 49,23 / + <u>adēlos</u> IV 51,2 p / + <u>ar-</u>
<u>rhētos</u> IV 75,8 (Subst.) p BG 24,8 (Subst.) [p'] / + ATHERMĒNEYE MMO= III 42,17
/ + ATNOI MMO= I 54,38 (+) 56,25.26 (beide Subst.) (+KARŌ=) 75,21°° / :: MNT-
KARŌS, [<u>logos</u>] XIII 37,30 (Subst.)(überkosmische Trias?) / :: TAŠE OEIŠ XIII
59,10 (::) / :: <u>Sigē</u> (,<u>Monogenēs</u>?) XI 29,31 (Subst.)(überkosmische Trias?)
----- VIII 29,25, vgl. VI 58,24 (Vb.)
— ATŠAČE sprachlos, unvernünftig (wie <u>alogos</u>), R ATŠAČE° sprachlos werden
(oder) sein VII 59,30 VIII 46,4
(alles außer Vb.: ✠)

ⲯⲱϫⲉ (341 C)

ϢⲞϪ̆Ⲉ (341 C)

kämpfen, (Subst.)° Kampf +agōnizesthai (1Tim 6,12 2Tim 4,7) VII 112,18.29
114,2 (+agōn).9 (dito) /+ agōnistēs VI 26,14 /+ antikeimenos VI 26,20 (ϢⲞϪ̆Ⲉ).
22 /+ palē (Eph 6,12) II 86,23°
— ϢⲞⲈⲒϪ̆ Kämpfer, Kombattant :: idiotēs ('Zivilist') XI 21,[25].28 ✠

ϢⲞϪ̆ⲚⲈ (342 A)

beraten, überlegen, planen, (Subst.) Rat, Beratung, Überlegung, Plan, Absicht,
R ϢⲞϪ̆ⲚⲈ°° planen (usw.) I 122,6°° 126,21° II 21,28° 92,9° III 24,1° 31,1° 37,
7°.16 38,10°.17 V 53,14° 60,24 VI 15,32 18,17° 39,27° 60,31° VII 52,13 55,7°.
11°.15 59,15 66,1 76,1 84,31 (+) 111,30.33° 112,2° 116,23° VIII 3,14 57,16.18
XI 51,36° 57,30 XIII 35,25 BG 54,12° /+ MOKMEK III 37,4° p' /+ MEEYE VII
52,31 96,13° (+KOTS, epinoia) /+ OYŌϢⲈ III 15,10° (ϢⲀϪ̆ⲚⲈ) p' /+ HNA= III 18,
11° p (+OYŌϢⲈ p') /+ bouleuesthai (S. Sext.) XII 28,[24] /+boulēsis VI 73,27°
(Lactantius, C. H. II 330 App.)(=) 74,20° /+ logismos V 3,12°.13° p (III 73,
11)(+MEEYE p' BG 86,19) 7,8°.9° p (III 78,8)(+MEEYE, SBŌ, OYŌϢ) 11,11°.12° p
(III 83,8)(+MEEYE, SBŌ, ennoia) /+ logos V 15,8° p (III 87,18)(+SBŌ) /+ so-
phia IX 63,15° (+) /+ symboulia (S. Sext.) XII 15,[26]° /+ symboulion II
89,3 92,4 (vgl. jeweils 87,24) ----- V 8,4° (+MEEYE)
— TI ϢⲞϪ̆ⲚⲈ, Ϫ̆I ϢⲞϪ̆ⲚⲈ° einen Rat geben III 24,4 (p'°)
— RMNϢⲞϪ̆ⲚⲈ Ratgeber VII 97,19.21 (BM 979: REFϪ̆I ϢⲞϪ̆ⲚⲈ)
— ϢⲞϪ̆ⲚⲈ NHĒT= nachdenken V 50,6
— MNTATϢⲞϪ̆ⲚⲈ Unüberlegtheit VIII 135,11 ✠

ϢⲞϪ̆Ⲡ (342 B)

übrig lassen, übrig bleiben, (Subst.)° Rest, was übrig bleibt, ϢⲞϪ̆Ⲡq übrig
bleiben I 8,23 35,28° 137,7 III 126,23 V 62,[24]°.24q 76,11 ('(sich etwas)
übrig lassen', 'einen Rest erhalten').14 VI 73,6 VII 25,19 34,15° (ϢⲞϪ̆Ⲡ) 78,
16° XI 14,13q XIII 41,21q (ϢⲞϪ̆Ⲡ) 47,32q (ϢⲞϪ̆Ⲡ) /+ ϢⲞ̄ⲞⲦ VIII 135,17
— verschwinden? V 63,2 70,4

ϢⲞϪ̆H (342 C, nicht bei Westendorf, nicht bei Crum. Nebenform ϢⲞ̄HϪ̆°. Verwandt
mit QⲞϪ̆H?)

vermindern? XI 62,[7].16.26°.27° 63,25.26 67,32°
— ATϢⲞϪ̆H= unvermindert? XI 63,27 (::) ✠

FI (344) BI

tragen (°mit HA-) I 24,3° VI 56,9° XI 10,34 XIII 46,25° /+ bastazein II L 55
(Lk 14,27).79 (Lk 11,27)

━ ertragen (°mit (EHRAI) HA-) I 77,18° 89,5° II L 84 III 133,3°.4°.7° VII
2,17° 10,6° 12,32° 13,1° 18,17° (vgl. 20,4 hypomenein) 40,10° 111,6° XI 5,[36]
/ + TOOYN HA- BG 66,9° p / + anechesthai, hypomenein IX 44,10°
━ nehmen, erhalten I 20,4.5.12 V 36,20 37,17 74,10
━ wegnehmen, (reflexiv)° sich entziehen I 20,34 (vgl. Joh 10,18 airein) 52,15.
23.27 II 53,10 57,28 ('beiseite nehmen') 85,23 V 61,18 VI 31,29° VII 37,25 /
+ [TOOY]N? III 60,15 p / + airein (Mt 13,12) II L 41 (::TI)
━ FI EHRAI, FI ETPE, FI EPCISE emportragen, erheben, (reflexiv)° sich erhe-
ben, sich überheben I 14,34 41,26 62,23° 79,27 122,11° 131,2° 133,27 V 37,[17]
━ FI EHRAI aufnehmen, fassen II 77,28
━ QINFIT= EHRAI (reflexiv) Selbstüberhebung I 77,25
━ MNTATFI ('Nicht-Wegnehmen') Unveränderlichkeit I 129,12 (+)

━ FI MN übereinstimmen mit + symphonein III 106,16 p (BG 101,16).p' (III 81,
22)(+TI MATE p' (V 10,5))

FŌ (345 A)

Haar III 23,6 (p' FOYHE und BO[YHE] sind vermutlich Nebenformen, siehe Westendorf S. 345 Fußnote 1) ✠

FNT (345 B)

Wurm II L 8.76 (vgl. Mt 6,20)(+COOLES) / + skōlēx (Ps 21,7) II 122,27 (::RŌME)
━ R FNT Würmer bekommen, wurmzerfressen werden I 33,17 (+R COOLES) VI 66,21 ✠

FŌTE (345 C)

(mit EBOL) abwischen°°, beseitigen, vernichten, (Subst.)° Beseitigung II 31,7°°
92,7 126,23.36 V 32,[24]°° VI 36,7 46,22 VII 25,12 29,11 45,15 / + BŌL EBOL
III 144,22 / + MOYNK IV 61,17° p
━ ATFŌTE EBOL unvergänglich + ETE MEFŌCN IV 80,8 ✠

HAE (348)

letzter I 14,32 76,13 98,20 (::) II 28,15 VI 69,16.17 70,27 VII 30,6 X 10,16
XI 6,27 XIII 48,9 BG 109,12 (Subst.)(=) / + eschatos II 135,3 (Joh 6,44) VI
13,16 (Apk 2,8)(::ŠORP) IX 30,17 (Mt 5,26) / :: ŠORP I 74,16 VII 31,26 33,25
46,19.28 BG 97,11
━ äußerster (wie eschatos) VI 76,36
━ (Subst.) Ende (meist fem. HAĒ), ETHAĒ°, NHAĒ° am Ende, zuletzt, ŠA THAĒ°°
bis zum Ende, bis zuletzt I 21,27°.35°° 23,1° 52,18 103,30 104,27° 114,16
118,11° 120,21 123,28° 126,11°° 137,8°° II 54,4 III 68,14 127,18 135,[1]

142,10 VI 30,24° 45,11 VII 26,23°° 91,5 103,21 107,32 X 5,18 XIII 36,19 40,17
42,12 49,14 / = ČI SOOYN I 37,37 / + MNNSA- BG 36,12° / + ČOK EBOL BG 94,18 p
(+synteleia Mt 28,10) / + telos VI 44,12 VII 113,22 (Apk 21,6)(::HOYEITE) /
:: ARĒČ= I 47,29 ('von (einem) Ende bis zum anderen') / :: ŠORP siehe ŠŌRP
(326) / :: HOYEITE I 37,35.36 / :: archē siehe archē
— (Subst.) Mangel + hysterēma IV 71,3 p
— ATHAE unendlich XIII 37,8
— ATHAE endlos, MNTATHAĒ° Endlosigkeit :: (MNT)ATARKHĒ I 52,7.8 58,16° (lies
MNT<AT>HAĒ) 117,32°
— R HAE der letzte sein + eschatos (Mt 19,30) II L 3
— R HAE Mangel haben, bedürfen° I 31,24° VIII 42,17 76,17.18 XI 65,30
— MNTR HAE Mangel XI 62,21
— ATR HAE mangellos + ATŠŌŌT IV 79,6 (Subst.) p
(PHAE NHOOY siehe HOOY (403 A), PHAE NKAIROS siehe kairos)
(PIHAE RETF I 57,2 ist Nebenform von PIAHERETF)

HE (349) HAEIE

fallen I 5,25 (korrupt) 29,16 33,23 46,28 89,5.24 115,13 II 30,28 99,18 126,
29-34 127,25.27 132,20 133,9 VI 77,30 VII 1,29 74,17 78,10 86,10 93,2.7 110,
6.13 113,32 VIII 45,28 136,18 IX 32,5 69,33 XI 10,30 XII 28,20 / + empiptein
(Mt 12,11) I 32,19 / + paraptōma II 75,6 / + piptein II L 32 (P. Oxy. 1,39).
34 (Mt 15,14) 82,22 (Mt 15,27) XI 5,[16.17] (Mt 13,4.5) / :: ŌHE ERAT= I 13,8
XI 60,6
— (Subst.) Fall, das Gefallene° I 128,26 VI 36,14° / + ptōma II 23,32 p'
(III 30,21)
— finden I 4,[17] II 32,13 L 7.21 b.49.56.58.64.68.77 b.80.[109].111 b 66,9.
14 84,12 87,11 88,17 123,29 V 31,6 57,13 VI 4,28 70,28 BG 83,2 / + QINE III
70,6 (p' BG 80,9) p (V 1,9) BG 37,6 p.p' (+invenire Iren. I 29,4) / + heuriskein II L 27 (P. Oxy. 1,7).28 (P. Oxy. 1,14.16).38 (Joh 7,34)(::ŠINE).76 (Mt
13,45)(::ŠINE).90 (Mt 11,29).107 (Mt 18,13)(::ŠINE) BG 90,11 (P. Oxy. 1081)
(+QINE p') / :: ŠINE (übrige Stellen) siehe ŠINE (317 B)
(HE 'fallen': ✠)

HĒ (350 A)

HATHĒ, HAT=EHĒ, HIT=EHĒ vor (hier nur Präexistenzaussagen, ŠŌPE HA=EHĒ siehe
ŠŌPE (322 A)) II 115,3 (Subst.) 125,3 III 82,11 (Subst.) 85,6 127,20 VII 124,
27.18 VIII 127,6 XI 23,21 / + ŠŌPE HATHĒ I 57,15 BG 27,9 p.p' / + pro- (Eph
1,4) I 20,1 / :: isochronos III 75,11 (::)
— R HĒTS, ČI HĒ° beginnen I 88,7 90,15 125,13 129,14°

● REFR HĒTS NŠŌPE vorher Entstandener, Vorgänger I 52,20

HĒ (350 B)

Leib II L 69 B V 28,21? 57,7 VII 44,31 / + gastēr (S. Sext.) XII 30,11 /
+ koilia II L 79 (Lk 11,27) V 18,16 (Gal 1,15) 23,4 (dito)
(präpositionales NHĒT= siehe HOYN (377))

HO (351)

Gesicht, Gestalt° I 31,23 34,3 41,33 54,30 66,15 79,[10] 87,22.27 90,32° 100,
25? (HRE) 108,28° 129,31 (korrupt?) II 31,1 L 15 87,29 93,17 95,9 99,34 100,21
128,8 133,21 136,30 142,28 143,2 III 57,3 V 22,7.[26] 29,26 50,13 52,7 72,24
VI 6,13 27,11 VII 21,15.16 XI 13,31 XIII 42,22° BG 22,[10] 62,10.11 / = morphē
I 94,15° / + morphē III 15,11 17,22-18,11 BG 21,13 p' / + antōpein BG 91,12
(P. Oxy. 1081, p') / + opsis II L 4 (P. Oxy. 654,28) / + prosōpon II L 91 (Mt
16,3) 88,3 (Gen 2,7) III 24,8.10 (dito)
━ HALHO täuschendes Aussehen VIII 10,17
━ MPHO SNAY zweiseitig + distomos (Hebr 4,12) I 26,3
━ TI HO bitten I 87,9 (PAEI ETAYTI HO ARAF Übersetzung von paraklētos?) /
+ ŠINE VI 4,4 (vgl. 3,27)
━ MNTTI HO EBOL Verstellung + prospoiēsis (S. Sext.) XII 28,18
━ ČI (P)HO bevorzugen (wie prosōpolēmptein), (Subst.)° Parteilichkeit, MNT-
REFČI HO°° Bevorzugung VI 12,4°°.5 20,13° XII 29,25
━ ČI HRA= sich unterhalten, sich beschäftigen, (Subst.) Unterhaltung°, Ab-
lenkung°°, Sorge°° I 33,11.12 II 123,16°°.22°° (vgl. 121,24 perispasmos) VI
8,8°.9°
(MOYNK NHO siehe MOYNK (95 B), (QIN)NAY NHO siehe NAY (129 B, Subst.), MNTAT-
RNOI NHO siehe noein)
(HO I 89,23 103,6 130,10 ist wohl von HŌ 'genügen' abzuleiten, TI HO und TI
OYHO I 124,5.11 von OYŌ (266 B))

HĒBE (353)

Trauer, R HĒBE° trauern + NEHPE, RIME, penthein II 126,1° / + RIME I 10,7.12°
(+ lypē) II 97,13° / + ROOYŠ II 18,23 (+) / :: RAŠE VII 114,13°

HŌB (354)

Werk, Tat, Sache I 16,38 25,7 30,1 33,27.30 37,5 44,14 48,30.36 54,37 88,6
91,10 93,23 99,28-100,1 ('Aktivität') II 26,8.13 (≠p) 28,33 59,25 103,25
137,15 138,30 141,31 144,5 III 7,12 10,16 24,8 (≠p' sōma) 35,8 126,22 131,11.

16 133,[22] 141,21 144,20 145,[1.4] V 65,15 73,23 74,[1] 83,18-29 84,15 VI
32,29 36,19 38,10 39,14 40,30 42,10 44,16 63,7 71,29 72,11 76,35 VII 19,14
42,5 45,26 62,4 79,19 94,21 VIII 1,22 27,18 IX 31,12 33,3 XI 9,16 BG 24,12.15.
21 (p' jeweils ohne HŌB) 31,6 (≠p)(wurde SYNERGON als HEN ERGON verlesen?)
68,8 (≠p.p') / + LAAY BG 26,[10] p / + <u>ergon</u> II 94,7 139,19 (1Kor 3,13) III
10,18 p' 15,5 (Iren. I 29,4) XII 27,[4] (S. Sext.) 31,5.15 (dito) 33,25 (dito)
/ + <u>pragma</u> II 56,22-26 / + <u>praxis</u> VIII 43,27 / :: ŠĒRE II 72,2-15 75,11.12
('Werke' der Archonten :: 'Kinder' des Vaters) / :: ŠAČE VI 77,36 / :: <u>logos</u>
VI 65,36 / :: <u>pistis, agapē</u> I 8,14 ----- VI 77,5
● PHŌB ETNANOYF die gute Tat I 130,24 131,17 III 121,21 / + <u>ergon</u> (S. Sext.)
XII 34,25 / + <u>praxis</u> VII 114,21
— R HŌB Arbeit tun, tätig sein, schaffen, wirken I <u>8</u>,21 17,15 29,6 (passivisch?) 32,20 53,37 64,[11] 91,3 100,33.36 102,7.10 103,39 108,29 113,1 121,
11.13 131,29 II 19,4.31 L 20.65 (vgl. Mt 21,33) 64,22 67,27 V 63,9 76,7 VII
88,28 VIII 1,14 10,14 IX 27,1 29,4 68,6 (::) XI 11,33 18,18 / + TAMIO VIII
10,5 / + TSANO I 53,29 II 19,10.13 / + ŠP HISE BG 53,11 / + <u>ergazesthai</u> II
88,25 (Gen 2,14) 91,13 (Gen 4,2) 137,20 (Ps 6,9) / + <u>ergasia</u> VI 27,13 / + <u>hyp-</u>
<u>ourgein</u> BG 64,5 p.p' / :: ČPO I 101,10 II 81,28.[30]
● R HŌB ENANOYF Gutes tun I 108,33, vgl. IX 27,1
— REFR HŌB Schöpfer (wohl Überestzung von <u>dēmiourgos</u>) I 100,29 (+)(vom 'Vater') 102,3 112,35 VII 74,6
— ŠBRR HŌB, ŠBĒR NREFR HŌB Mitarbeiter (wohl Übersetzung von <u>synergos</u>) I 53,
36 II 123,13 VII 51,4
(HŌB NIM siehe NIM (122 C), HŌB 'Geheimnis' siehe HŌP (382 B))

HĒBS (355 A)

Lampe II 109,12.13 VII 99,17 106,16 (+) / + <u>lychnos</u> II L 33 (Mt 5,15) / ::
<u>lychnia</u> III 125,18 (Mt 6,22)
● NHBS "die Lampen" (Kurztitel für Mt 25,1-13) + <u>lampas</u> (Mt 25,1) I 8,7 ✠

HŌBS (355 B)

verhüllen, bedecken, (Subst.)° Bekleidung I 111,2q.13q III 29,6 VI 2,26 VII
2,19q 18,10.32.34° / + QŌŌLE VII 2,8q / + <u>kalyptein</u> (1Pt 4,8) II 78,2 / ::
OYŌNH II 84,24(q?) / :: QŌLP II L 5q VII 53,10
— HBS Schleier I 102,1 IV 23,[8] (H[E]B[S]) BG 58,20 (≠p) / + <u>kalymma</u> III
30,3 p'
— HBSŌ, HBOOS°, ČI HBOOS°° Gewand (unterstrichen: Metapher für 'Leib' oder
(himmlische) 'Leiblichkeit') I 87,2 91,35 128,21 II 13,33 (≠p', p' wohl rich-
tig) 57,8 (BSŌ) <u>57</u>,20.21 143,37 III <u>136</u>,22 <u>138</u>,22 <u>139</u>,2.4 <u>143</u>,13.17.20 VI

5,31 6,[1] 7,28 9,15 20,25 32,4.6°° VII 8,35 12,8 (=).18.26.31 13,36 17,1.3.
19 18,3.4.22.27 19,12 20,22.27 22,18 28,25 30,35 32,34 33,4-33 38,[33] 39,1-
17 41,28 43,10 (alle Stellen aus VII 1 "Paraphrase des Sem" sind metaphorisch)
96,18 105,13.18 X 5,[7] (+) XI 11,38 XIII 47,17 BG 120,17 / + ŠTĒN II 31,37 p'
XI 11,29 / + ekmageion ('Handtuch')(S. Sext.) XII 30,12 / + endyma (Mt 28,3)
II 93,15 / + othonion (Hos 2,7) II 130,4°.25°° (+ŠTĒN) / + schēma VII 112,15 ✠

HIĒ (356)

Weg I 45,23 II L 21 b.97 66,21 143,5 III 139,6 142,5 V 18,2.4.7 55,10 59,1 VI
33,1 34,2.14.21 63,11 VII 77,13 86,29 90,3 97,10 103,14.18.20 106,33.34 118,7
127,20 VIII 4,[30] 12,7 19,4 21,19 25,10 138,12 XI 13,19 15,30 57,34 BG 105,13
(≠p) / + MOEIT III 65,3 p IV 46,27 p 76,20 VI 5,2-22 XIII 43,23 / + diabasis
III 120,24 / + hodos II L 8 (Mt 13,4).64 (Lk 14,23) 129,17 (Jer 3,2) 130,16-18
(Ez 16,25)(+) VII 103,26 (Mt 7,14) XI 5,17 (Mt 13,4) XII 30,22 (S. Sext.)
----- XI 46,29
━ HIOOYE (übertragen) Handlungsweise + HBĒYE V 84,16 ✠

HAI (357)

Ehemann II 137,4 (vgl. Homer, Od. IV 263 posis) VI 20,35? (oder von SHAI) XI
3,28 / + SOEIŠ, HOOYT BG 74,13 (lies (N)EYHAI) p.p' / + anēr II 90,14 (Gen
3,6)(::SHIME)(p II 119,11) 129,9 (Jer 3,1)(::SHIME).25 (Hos 2,4)(::SHIME)
130,9 (Hos 2,9)(::NOEIK) 133,10 (Gen 3,16)(::SHIME) IX 46,11 (Gen 3,6) / ::
NOEIK II 78,14-17 / :: SHIME II 70,18 114,4 / :: moichos II 128,4.14
━ ČI HAI heiraten (von der Frau) + gamos VI 13,25 / :: ČI HIME IX 30,3 ✠

HIEIB (358 A)

Lamm II L 60 58,14 91,18 (vgl. Gen 4,4)(+) ✠

HAIBES (358 B)

Schatten I 79,31 85,18 101,1 105,4 II 89,26 90,32 94,11-15 99,3-20 III 27,23
V 73,21 VII 122,7-24 124,2.4 XI 5,21 35,29 66,38 / + EINE I 104,15 / + KAKE
II 89,2.3.24-29 XIII 44,23 / + TONTN I 77,16 (+eidōlon) 78,33 (+eidōlon, phan-
tasia) XI 36,12.[19] (+eikōn) / + eidōlon I 79,8 / + phantasia I 28,27 / ::
OYOEIN I 35,5 XII 122,2 BG 54,6 55,2 (vgl. 54,6)
━ R HAIBES Schatten werfen II 144,26.30 VII 70,3 XI 39,[17]
━ ČI HAEIBES Schatten finden I 13,5
━ ATHAIBES schattenlos BG 101,[2].11 115,11 (≠p) / + OYOEIN III 81,6 (≠p V
9,17 (Subst.)) 89,19 (p BG 116,14), vgl. I 35,5 (Vb.)

ϨΙΩΜΕ (358 C)

HIŌME (358 C) HŌME
Handfläche +QIČ VI 2,23 ✠

HIEIT (359)
Grube V 62,9 XI 10,31 / + NOYN VII 104,30 / + bothynos (Mt 15,14) II L 34 /
+ tartaros XI 13,26 ✠

HOEITE (360 A)
Gewand V 22,[26] 28,17 ✠

HKO (360 B)
hungern, (Subst.)° Hunger, Hungersnot I 33,4q (+) VI 35,13q VII 30,16° (+)
XII 33,14q / + EIBE VI 27,14° / + peinan (1k 6,21) II L 69 bq 135,18q (::SEI)
▬ HĒKE Armer, arm, MNTHĒKE° Armut (meist Metapher für die 'Mangelhaftigkeit'
des Kosmos), R HĒKE°° arm werden, arm sein II 31,18° 110,13° 112,13°.22° 118,
1° (::) 128,18 III 36,9° 132,5 VI 10,9.21 27,27 VII 58,22°° 61,15°° 110,27 (+)
BG 94,18° 95,16° 104,4° / + peinan I 48,24°° (Lk 1,53)(::RMMAO) II L 54 (Lk
6,21) / + ptōcheia (P. Oxy. 654,[21]) II L 2° / :: RMMAO II L 29° VI 3,32
4,[6]-35 15,[1]° IX 42,14 ✠

HŌŌK (361)
(sich) rüsten, (sich) bewaffnen V 27,16q-22q 28,6 33,4 VII 23,18 109,33 VIII
137,26 / + hoplizein, hoplon IV 75,21 p 79,[14] p VII 48,28 ✠

HAL (363)
R HAL betrügen II 120,29 VII 64,7 (Subst.) VIII 131,20 132,4
▬ HALHO täuschendes Aussehen VIII 10,17

HLLO (366)
Greis, (Adj.)° alt V 22,25° 23,1-18 VI 6,33° / + NOQ (Subst.) BG 21,5 (::ALOY)
/ + palaios (P. Oxy. 654,[22], Dan 7,13) II L 3° (::KOYEI)
▬ R HLLO altern II 30,7 VII 47,14 IX 45,14 BG 28,3 (≠p')
▬ MNTHLLO Greisenalter, Alter I 47,18 (=) VI 73,19 / :: MNTŠĒM VI 14,8
▬ ATHLLO, ATR HLLO° nichtalternd III 41,4 VII 80,14° (Subst.), vgl. BG 28,3 ✠

HLPE (267 A) HOLPE
Nabel II 16,15 114,28 ✠

HLOSTN (367 B)

Nebel, Rauch I 17,12.31 V 75,12 VII 14,18

— TI HLOSTN verdunkeln, R HLOSTN° dunkel werden II 116,27 118,14 (lies TI
<H>LOSTN) 120,4° / + amauroun (S. Sext.) XII 30,10 ✠

HOLHL (368)

totschlagen, töten I 20,5 / + MOYOYT I 29,21 ✠

HLOQ (369)

süß sein, angenehm sein, (Subst.)° (und) HLQE°° Süßigkeit, Annehmlichkeit I
82,37q (EYOYALQ für EYHALQ) II 141,30°° 143,29q III 130,19q V 67,3q VI 21,21
24,20q.28° 31,22°.27q VII 45,21q.26q 88,34q (::) 97,23q IX 30,6q / + epiglykytatos (P. Mimaut) VI 64,7q / + hēdonē II 140,23°

— (weiter übertragen, nur Codex I) gütig sein, (Subst.)° (und) MNTHLQE°°
Güte, Sanftheit I 24,9° 31,20°° 33,33q 41,3° 42,7 (Adj.)(::) 44,5° 53,5°°
55,25°° (+).33°° 56,15°° (+) 57,29°° (+) 63,28°° 72,11°° 136,23°° / + MNTATR
BŌŌN I 85,37°° / + agathos I 138,14°° ✠

HMOY (370)

Salz + hals (Lev 2,13) II 59,29-34 ✠

HŌM (371)

treten (auf...), zertreten V 19,12q VII 56,35 BG 106,9 126,6.15 ✠

HMME (372 A)

R HMME regieren, leiten I 88,4 VII 43,12 94,12.15 XI 53,[12] / + O NČOEIS VII
85,19 / :: SŌRM VII 90,2

— REFR HMME lenkend, leitend I 136,4 / + hēgemonikon VII 90,13 (vgl. 85,1) ✠

HMOM (372 B)

warm werden, (Subst.)° (und) HMME°° Wärme, Hitze VII 6,18°° BG 120,4 / :: AROŠ,
ŠOOYE, HOQBES II 18,4°°.6° / :: ORŠq I 34,26.31 ✠

HOMNT (372 C)

Bronze VII 58,26 (lies H(OM)T) 110,22 / + chalkous (Num 21,9) IX 48,28 49,4.6
(jeweils Adj.)

— Geld II L 64.95.109 / + mammōnas IX 68,5

— MNTMAEIHOMNT Geldgier VI 31,2 (+) ✠

HMOT (373)

Gnade, (göttliches) Geschenk I 11,14.17 16,32 36,3-7 (::) 47,24 51,5 114,28
118,4 125,23 131,22 132,6 II 54,26 79,15 III 61,6 67,6 IV 79,16 (≠p) V 63,3-8.
21 VI 61,3 VII 58,26 (lies aber H(OM)T) / + NA BG 25,21 / + dōrea I 4,32 XI
15,32 / + charizesthai III 56,15 / + charis III 97,15 p (BG 88,12) 117,7 p
(BG 122,18) IV 64,[2] p ----- XI 16,[21]
— Gnadengabe, (göttliche) Begabung (wie charisma) XI 15,35 16,30
— Dank, Dankbarkeit (wie charis in diesem Sinn) I 91,9 VIII 140,21
— TI HMOT Gnade spenden BG 25,22
— ČE HMOT Gnade erhalten I 117,10
— R HMOT gnädig sein°, (gnädig) geben, gewähren I 61,11 74,24 99,23 113,19
V 4,14 39,16° / + TI I 53,20 61,34
— S(Ō)P HMOT danken I 15,7 90,27 XI 17,31 18,33 / + TI EOOY VII 124,12
(+SMOY) 126,19 / + SMOY VIII 138,8 / + eucharistein XI 43,20 / + hymnein VI
61,4 / + charis, charin eidenai (P. Mimaut) VI 63,34 64,20 (Subst.) ✠

HMHAL (374)

Knecht, Sklave II 141,31 V 32,1 VII 55,26 56,21 65,16 / + ŠMŠE II 113,4 /
+ doulos I 132,24 (Gal 3,28)(::eleutheros) 135,28 (Mt 25,21) II L 64 (Lk 14,
17)(::ČOEIS).65 (Mt 21,34)(+OYOEIE, ::ČOEIS) 77,18 (Joh 8,34)(::eleutheros)
VII 63,27 (Mt 25,21) / + QAYON IV 46,14 p / :: RMHE V 48,15 / :: ŠERE II 80,
24.30 81,12 / :: ČOEIS II L 47 52,[2] (::eleutheros) 83,26 / :: eleutheros I
132,31 II 54,31 62,30 69,[2] 72,17120 77,27 (vgl. 1Kor 9,19 douloun) 79,14
(::ČOEIS) 84,10 85,24-28 (+aichmalōtos) ----- V 67,28
— ŠBĒR HMHAL Mitknecht + ŠBĒR VII 91,32
— R HMHAL Knecht sein, dienen II 144,6 VII 88,7 / + douleuein (Mt 6,24), ::
ČOEIS VII 60,2 IX 29,25 / + hypourgein XI 6,[36] / :: ČOEIS II 128,10
— MNTHMHAL Knechtschaft, Sklaverei V 65,21 72,22 VII 49,26 60,27 (+) 61,4.24
(+) 64,4 / + douleia (Ex 13,3) II 137,13 / :: MNTRMHE II 143,32 VII 78,13 /
:: eleutheros II 79,17 VI 30,20 ✠

HN siehe HOYN (377)

HNE- (375)

EHNA=, R HNE= (gerne) wollen, Gefallen finden (an...), wünschen I 4,25 52,18
62,27.30 64,11 86,20 99,18 133,12 II L 92 79,14 80,16 III 112,18 114,16.18
V 59,3 62,20 XI 33,32 BG 47,6 (≠p) 83,4 / + OYŌŠ siehe OYŌŠ (281 C) / + proairesis I 131,31 ✠

HAN- (376)

PHAM TRE- müssen VII 30,27 43,28 (S) ✠
(vgl. HŌN (378 A) und HONT (380))

HOYN (377)

(SA N)HOYN Inneres, innen I 17,7 VI 27,25 32,5 / + entos II L 2 (P. Oxy. 654,
16, Lk 17,20) 134,18 (Ps 102,1) / + esō, esōthen II L 22 (Lk 11,40)(::BOL).
89 (Lk 11,39)(::BOL) XII 34,20 (Röm 7,22)(::BOL) / :: BOL II 67,[33] (::)
68,5-15 79,11 (::) 131,29 135,7 VI 20,19-24 VII 117,28 X 39,9
— HN, NHĒT= in (hier nur ausgewählte Zusammenhänge)
a) ('in' Gott, 'in' Christus o. ä., unterstrichen: Selbstbezeichnung der Gnostiker) I 22,28.33 27,35 28,1.12 II 14,22 56,14 85,27 V 31,18 VI 18,20 VII
51,20 VIII 56,24 (::) X 3,16 8,3 XI 22,28 42,[36] 47,16 67,30 XIII 41,36 42,2
/ + eis (Joh 1,18) BG 26,13 (≠p')
b) (Gott oder Göttliches 'in' Menschen) II L 50-70 128,5 137,23 V 63,7.20 VI
57,24 61,9 VII 68,5(?) 84,13(?) 92,1 XI 56,18 61,6 XIII 37,2
c) (a und b zugleich) I 18,30-35 VII 101,9.10 (neg.) VIII 127,6.7 XIII 35,[32]
50,11.12 / + en (Joh 14,10 17,23) I 42,27.28 VII 49,34.35
d) (sonstige Zusammenhänge) II 3,30 (vgl. p') 62,24 131,17 135,11.15 143,16-
35 144,18 145,9 III 16,6 33,25? (oder lies HNOY, vom Pronomen OY)(vgl. p.p')
35,3 (dito) 133,12 VI 60,8 IX 43,5.8 XI 61,14 66,35 XIII 47,20-22
— EHOYN in... hinein, zu + eis (Röm 11,36) BG 35,16 (+NOYOYH E- p') / :: EBOL
II 68,21.22

HŌN (378 A)

gebieten, (Subst.)° Anordnung I 8,33 67,26° VII 109,34 / + entellesthai (Gen
2,16 3,11) II 88,26 90,26 IX 46,26 (+TI ETOOT= 45,24) ✠
(vgl. HAN (376) und HONT (380))

HŌN (378 B)

sich nähern, nahe sein I 26,23 41,31q 65,37 II L 82q V 25,9q 55,1 VI 44,30
(2. Inf.) VII 1,10q 23,26.29q 31,14 44,3 82,4.27q 109,3q X 35,[22]q XIII 43,
6.7 (jeweils 2. Inf.) 44,15.18.[35] (dito) / + EBOL HN-, ĒPq E- III 93,7q p.p'
/ + engytatō (S. Sext.) XII 33,6q / :: OYE VI 18,32q-19,[4]q VII 115,20q VIII
96,1

HONBE (379)   HALME (A₂), HALME (A₂)

Quelle I 62,9 68,10 74,6 ✠

HONT (380)

TETHONTq was (zu geschehen) bestimmt ist, Schicksal (wohl Übersetzung von heimarmenē) + PETĒP EŠOPE BG 81,11 p.p' / + pronoia III 71,4 (p' BG 82,7) ✝
(vgl. HAN (376) und HŌN (378 A))

HNŌŌHE (381 A) HNŌHE

Furcht, R HNŌHE° sich fürchten + HOTE II 24,4° p' / :: epithymia, hēdonē, lypē
II 18,17.[30] (lies T<H>NŌHE)(+HRTE p) ✝

HAP (381 B)

Gericht, Rechtsprechung, Verurteilung I 115,32 121,5 122,5 IV 74,21 VI 16,5
38,21 39,13.31 41,25 47,[1].17? (von HOP (382 A)?) VII 65,10 73,30 79,29 80,28
XI 64,22.24 XIII 49,14 / :: KŌ EBOL ('Freispruch') VI 19,14
━ Gesetz I 33,24 (::)
━ TI HAP richten, verurteilen I 100,16 (+) V 31,12 47,23 (vgl. Lk 22,37) 48,
11.13 57,22 59,22 60,24 VI 12,8 45,20 VII 56,3 / + dikaiousthai, katadikaze-
sthai (Mt 12,37) VII 102,21 / + krinein, krisis, kritēs I 26,1 IV 74,8 p VI
20,12 VIII 9,12 (vgl. 9,7) / :: NA V 59,[6].12
━ ČI HAP einen Prozeß führen + krinesthai (Hos 2,4) II 129,23
━ REFTI HAP Richter V 27,21 63,16 VIII 47,22 96,6 / + krinein VII 87,18
━ MA NTI HAP Gerichtsstätte VIII 11,8
━ ATHAP gesetzlos, ungerecht, MNTATHAP° Gesetzlosigkeit, Ungerechtigkeit
(wie anomos und anomia) I 109,14° / :: dikaios I 33,24 (Subst.).28 ✝
(vgl. HAPS (382 C))

HOP (382 A) HAP

Brautgemach VI 47,17? ✝

HŌP (382 B)

(sich) verbergen, bedecken, HĒPq verborgen sein, PETHĒPq° Verborgenes I 18,15q
20,16q.19q 35,32 37,38q 39,21 40,28q° 60,19q 75,34q 108,35q 126,10q II 1,2q
28,30 30,20 32,10q L 33 55,17q° 56,21 66,28 68,2q° 82,4q 85,19q 92,11 138,1q.
19q° 128,25q° 142,13 143,36 144,19 III 25,18q 37,23 44,2q 52,1q 69,8q 134,17q
IV 57,15q 75,2q V 28,3q 37,22q 57,[10]q VI 3,17q 23,23q° 27,24q 28,14 29,29q
30,17q 33,1q 59,14q° 60,26q 61,8q 78,12 VII 57,8q 107,3q X 30,15q XI 9,15
10,30 48,16 XIII 35,25q° 36,[1]q.6q.25q 37,2q.16q.29q° (+) 38,10q 40,[32]1
41,28q 43,21q (lies aber EF{H}ĒP, vgl. 44,3 EF[[H]]ĒP) 46,12°-23° 49,(33)
(lies EF<H>ĒP) BG 75,19q° (vgl. p' Subst.) / + ATOYŌNH III 75,q° p' (BG 90,5)

(+aphanēs P. Oxy. 1081) / + apokryptein II L 5q (P. Oxy. 654,[39])(+kalyptein
Mt 10,26).39 (P. Oxy. 655,[42]) XIII 44,32° (Eph 3,9) / + kalyptein (Mt 10,26)
II L 4q/ + kryptein II L 4q (P. Oxy. 654,30, Mt 10,26).32 (P. Oxy 1,40, Mt 5,
14).96 (Lk 13,21)(+enkryptein Mt 13,33).[109]q (Mt 13,44) 68,9q.12q (Mt 6,6)
VII 116,3q° (1Kor 14,25) / + skepazein II 29,8.11 p' / :: EINE EBOL BG 57,7 /
:: OYŌNH siehe OYŌNH (274 C) / :: QŌLP siehe QŌLP (453) / :: phaneros II 81,34
----- II 70,30q VI 22,9q IX 2,[25]q XIII 36,36q
━ (Subst.) Geheimnis I 39,21 (HŌF) BG 104,12 (HŌB)
━ HN OYHŌB im Geheimen II 31,30 (vgl. p'q) VI 29,6 65,27
(MNTHĒP I 108,27 lies MNTHĒ(T)) ✠

HAPS (382 C)

es ist nötig II 57,18 93,30 127,14 VIII 138,19.23 ✠
(vgl. HAP 381 B)

HRE (383)

Nahrung, TI HRE° Nahrung geben I 8,22 91,35 106,28 II 54,[32]° VI 10,18 40,4
78,30 VII 74,3 106,4 110,8 ✠

HRAI (385)   HRE

(SA N)HRE Oberes, oben (und andere davon abgeleitete Präpositionen und Adverbien) I 22,4 32,27 25,2 42,13 85,30 86,18 93,15 135,22 II 94,24 108,4 125,7
142,18 III 38,6 49,15 51,15 57,(15) (lies PSA(H)[(R)E]) IV 66,3 VII 10,22
12,6 89,26 VIII 4,1 X 2,27 7,26 10,[4].19.[22] / + TPE I 129,20-24 II 104,25
III 17,10 32,8 p 85,19 p' (BG 109,1) 86,3 p' (BG 109,12) / + OYŌTB IV 75,13 p
/ + ČISE I 74,31 85,15 III 31,1 p 59,5.8 59,19 p VII 57,7 (::ESĒT) / :: HRAI
('unten') IV 61,17 66,3 (p jeweils ::ESĒT)
● PA PSA NHRE die Oberen (überkosmisch) II 79,4
━ MNTR SA NHRE Aufstieg I 124,13 (+)

HROK (386)

ruhen, (Subst.)° (oder) HORK°° (Subst., diese Form nur Codex XI) Ruhe VII 56,
29° (::) XI 53,34q 59,22q.37q 60,24°°.32q 64,1q.31q 65,28q.38°° 66,22q.39q
67,31°° / + KARŌF XI 61,21° 63,37° 65,19°.20°° / + SQRAHT III 6,20q p.p' /
+ sigē XI 60,15° 62,25°
● PĒ ETHORKq MMOF der Ruhende (überkosmisch) XI 59,23 60,37 67,28 ✠

HŌRP (387)

einschlafen + hypnoun (Gen 2,21) II 89,5.7 (+EBŠE)(+HINĒB II 116,23) ✠

ϨРΗРЄ (388 A)

HRĒRE (388 A)

Blume I 62,[11] (+) II 111,15 V 80,2.3 ✚

HRTE (388 B)

Furcht, Angst, NHRTE Furcht-, furchtbar, TI HRTE ° Furcht einjagen I 17,33
20,36 28,29 98,2 (+) 103,8 II 28,26 65,30 99,32 115,24 (+) 116,33 119,28 (vgl.
Gen 3,10 phobeisthai) VI 37,13 VII 5,15 7,24 9,17 14,11 15,14 17,14 28,18
31,13 37,10 42,21 53,20 61,10.23 (+) 102,19 IX 69,28 XIII 44,9 / + NOYŠP I
17,11 / + ŠTORTR I 29,2 VII 54,26° / + HOTE II 121,8.11 / + <H>NŌHE IV 29,1
p (::epithymia, hēdonē, lypē) / + phobos VI 15,23 XII 28,10 (S. Sext.) / ::
NAŠTE VI 14,31 ----- II 65,[34] ✚

HOYRIT (388 C)

Wächter + HAREH III 61,9 ✚

HROOY (388 D)

Ruf, Stimme, Laut, TI HROOY° rufen I 32,17 ('Aussage'?) 34,9 101,18° II 13,11
VII 1,17 2,20 8,18 18,26,33,1 41,8.14.17 46,15.25 XIII 36,9-26(°) 37,20 40,9
44,6 45,27 46,19 / + SMĒ siehe SMĒ (185 A) / + TAPRO IV 66,22 p / + ŠAČE I
26,7 (::sōma) 129,21 (::KARŌ=) 138,[6] / + akoē (Mt 24,6) I 15,11 (+SMĒ) /
+ logos XIII 37,6 / :: KARŌ= XI 53,36 XIII 35,32-36,[1]
▬ MNTATTI HROOY Sprachlosigkeit? + MNTATTEOYAS I 110,19 (bis hier: ✚)

▬ HROYMPE Donner VII 36,19 XIII 43,15

HROŠ (389)

beschweren, belasten, träge machen V 59,15 / + AŠAI EHRAI EČŌ= III 35,5 p.p'
/ + THRŠO II 22,26 p' (+pachynein Jes 6,10) / + barynesthai (S. Sext.) XII
27,27
▬ HORŠq schwer sein, tief sein, hart sein I 82,27 II 28,25.26 31,6.7.21
▬ HRĒŠE Belastung I 72,20

▬ HARŠĒT, ŠARŠĒT geduldig, R ŠARŠĒT° dulden, MNTHARŠĒT°° Geduld + RMRAŠ
II 118,3 / + HISE I 20,11° / + anechesthai VII 114,26°° IX 44,13 / + makrothymos (Ps 85,15 102,8) II 137,24 (+NA)
(HARŠĒT: ✚)
(vgl. THRŠO (260 A))

HAREH (390) AREH

(sich) hüten, bewachen, bewahren, einhalten° (Gebote), (Subst.) Bewahrung,
- 168 -

Einhaltung° I 1,21 98,24 99,16° 100,6.18 103,11 118,11 126,11 II L 9 103,14
(jemandem etwas 'behalten', d. h. 'nachtragen') 118,21 140,12° III 36,10 71,9
62,17 (vgl. p) 65,6 (vgl. p) V 70,20 73,23 85,4 VI 13,14 15,16 58,30 ('(sich)
in sich zurückhalten') 59,5 VII 9,16.30 11,8 15,33 25,21 28,21 29,19° 31,3
32,29 34,17 35,5 48,9 60,28° (Subst.)(+) 61,23° (Subst.)(+).27.30 64,3° 73,16
85,7 86,18.20 91,25° 97,11 104,25 109,6 110,1 113,31 118,4 VIII 4,24 24,[21]
X 41,6 XI 52,20 BG 103,15 / + diatērein (Apg 15,29) II 130,30° / + tērein,
tērēsis VI 64,34 (Subst.)(vgl. P. Mimaut) VII 25,29 (vgl. 26,4) 108,24 XII
30,13 (S. Sext.) / + phylassein, phylassesthai II L 79 (Lk 11,28) 88,16 (Gen
2,14) XII 34,20 (S. Sext.) ----- IX 61,13
— REFAREH Hüter, Wächter IV 73,26 74,2 (vgl. p) 76,[27] (vgl. p) V 33,14 VIII
47,1.15 XI 48,23 ✠

HŌRQ (391 A)

Harmonie, Ebenmaß + CŌNF BG 50,10 p' ✠

HISE (391 B)

HISE, Š(Ō)P HISE°° sich abmühen, leiden, dulden, HISE (Subst.)° Mühe, Leiden
I 53,16q 65,12°° 121,18 125,21°° 126,12 II L 7°.58 (meliorativ).97° ('Unheil',
'Verlust'?).107 63,21 142,[36]° 144,33°.39 II 89,3° (p BG 115,12°) 142,10°
V 53,7° (Synekdoche für 'Werk') VI 5,2°-27° 6,11° 10,7° 32,24°.30°° 34,30
(meliorativ) 35,1 (dito) 70,14 VII 16,31° 35,14° 40,21° 58,1° 84,24q 100,1q
113,24q.27q.29° X 1,13q XI 5,36°.[37]°° 6,35° 18,17°° 33,24° 34,34°° 36,35°°
BG 53,12 71,8 (vgl. p'°°) / + MKAH VI 7,16° VII 98,12° / + R ŠARŠHET I 20,11°
/ + baros VII 11,10° / + ergon VII 32,4° 47,5° / + kamnein (Stobaeus, C. H.
II 333 App., allerdings Sinn verändert) VI 76,7° / + kopiazein (Ps 6,7) II
137,16 / + lypē VII 92,2° / + pathos II 145,12° / + sympaschein (Röm 8,17) I
45,25°° / :: MTON I 24,16q 33,4q 42,23q II 115,27° (vgl. Gen 2,3 ergon)(::ana-
pausis) 145,11° (+) III 120,5° (::anapausis) 121,[9]° VI 35,16° VII 40,21°
43,14° 103,17°
— ermüden (intransitiv), R HISE° ermüden (transitiv) VI 65,13 / + KA TOOT=
EBOL VII 103,11
— TI HISE quälen + MKAH V 31,20
— MNTŠBERŠŌP HISE Mitleiden I 65,21 (vom 'Vater')
— MNTATHISE Leidenslosigkeit I 64,38
— MNTATHISE mangelndes Bemühen, Müßiggang + MNTATṢOOYN VI 31,7 ✠

HŌS (392)

lobsingen, (Subst.)° Lobgesang I 63,27 121,31° / + TI EOOY I 64,20 68,23°

IV 59,[9] (+SMOY) 66,20 (+SMOY) ✠

HAT (393 A)

Silber + NOYB siehe NOYB (119 D) ✠

HATE (393 B)

fließen, (Subst.)° Ausfluß, Emanation I 49,[1].2 66,17 74,8 104,4 119,25°
122,37° 123,11 II 85,26 98,13 99,16 113,23 VI 44,35 52,20 55,22 67,5 71,8 VII
6,3 IX 43,31 / + aporrhoia (Weish 7,25) VII 113,2° ----- IX 9,2
— abfallen (von Früchten) I 7,25
— R HOYE HATE im Überfluß strömen I 60,15 ✠
(vgl. HŌT (397 A))

HĒT (394)

Herz II 16,21 (::)
— (übertragen) Herz, Verstand, Gemüt (°auch als Adj. und - oft pleonasti-
sches - Adverb) I 3,9 14,28 19,22.35 24,1 26,6 31,11 32,23°.39° (Nachtrag zu
32,23).31 II L 69 a 53,25 77,23 78,17 83,21.25 103,9 128,26.34 136,20 140,27
141,40° 142,1.20 143,28.32.33 145,12° III 29,10 30,3 76,21 133,18 V 50,6°
60,11 64,25 65,23 66,14.18 72,13 VI 19,20 27,21 29,15 30,30 32,8° 34,16 60,8.
13.18 VII 22,23 24,26 25,4 38,4-10 44,20 45,33 46,2.4° 62,16 65,29 94,7°
95,21 96,5 97,6 (MPEFHĒT 'sich selbst'?).24 102,11° ('geistig', 'mental')
104,6.19° 112,35 116,19 122,18 123,2 VIII 4,22° IX 23,23 46,8 XI 10,16 BG
20,7 / + MEEYE siehe MEEYE (106 B) / + dianoia (S. Sext.) XII 15,9 33,19 /
+heautou (Lk 12,17) II L 63 / + ēthos (S. Sext.) XII 28,21.22 / + kardia (1
Kor 2,9) I 143,27 II L 17 76,17 III 48,8 / + kardia (sonstige Stellen) II L
28 (P. Oxy. 1,20).45 (Mt 12,34) VI 43,35 (P. Mimaut)(::psyche) VII 29,5 (Mt
5,8) 104,21 (Ps 50,19) 116,3 (1Kor 14,25) IX 48,9 (Jes 6,9)(::nous) X 1,12
(Mt 5,8) / :: MEEYE, psyche VI 55,12 (vgl. Mt 22,37 kardia) / :: QOM, psyche
VI 57,21 (vgl. Dtn 6,5 Lk 10,27) / :: nous, sōma III 125,22 VII 98,28 / ::
pneuma I 15,8 43,15 / :: sōma IX 28,9 / :: psyche II 139,37 VI 11,19.26 VII
92,29 109,1.3 XII 33,12 (S. Sext.) ----- VI 19,5 IX 38,21 XI 15,19
• ČOOS HM P=HĒT denken, halten für, urteilen + anapherein eis (S. Sext.) XII
34,12 / + krinein (S. Sext) XII 29,1 / + hēgeisthai (S. Sext.) XII 33,27 /
+ nomizein (S. Sext.) XII 27,16 (+MEEYE) 28,15 30,12
• PHĒT ETMPSA MPITN der Grund des Herzens II 136,24
• PHĒT NNOEROS das geistige Herz IX 69,6
• PHĒT NTPSYKHĒ das Herz der Seele VI 31,12
• SOOYTN NHĒT Rechtschaffenheit VI 8,27

● ČŌK NHĒT vollkommene (d. h. reine?) Gesinnung I 93,31

━ MNTHĒT Vernüftigkeit :: MNTATHĒT I 108,(27)? (falls MNTHĒ(T) zu lesen).32? (falls nicht MNT<AT>HĒT zu lesen)

━ RMNHĒT klug, vernünftig, MNTRMNHĒT° Klugheit, Vernünftigkeit I 33,9 66,22°. 23 109,35 II L 7 135,5 VI 54,9 VII 89,9° (::) 95,24 (lies T(MN)RMNHĒT) / + MEEYE I 31,17° II 20,4° p' (III)(+MNTSABE p' (BG)) / + SABE II 93,19° 94,4° (vgl. 93,9) VII 111,32° (+sophos, ::SOQ) IX 43,15° (+ŠOČNE, sophia) / + SOOYN I 46,31° (::) / + epistēmē I 68,13°.16° / + noein I 71,30° / + sophia, sophos I 19,26 II 12,24 p' 15,22° p' VII 107,13 (::SEQE, ATHĒT) / + synesis II 8,3° p' (vgl. Iren. I 29,2)(::aisthēsis, phronēsis, charis) 8,16° p' (::) / + philosophos II L 12 / + phronimos (Mt 10,16) VII 95,6°-10° / :: SOQ II 140,13.14 VII 111,23 (vgl. 111,28)

━ ATHĒT unvernünftig, töricht, MNTATHĒT° Unvernunft, Torheit I 108,26°.(32)° (falls MNT<AT>HĒT zu lesen)(::) II 89,25° (+) 126,20° VII 44,17° 54,11 55,13° 65,14.15 (+) 84,20° 89,8 (::).27.28° 97,7 IX 31,23 XI 15,32 ('nicht kennend', mit Objekt) XI 20,37° (+) / + MNTATSOOYN I 46,29° (::) VII 90,28 BG 62,6° p / + SEQE VII 107,11 (::) / + anoētos VI 54,13 / :: SABE VI 15,30 (::) / :: gnōsis V 83,25° IX 36,2°.6° / :: sophia, sophos VII 89,1° 107,4 ----- VI 17,5°

━ BALHĒT arglos, lauter, MNTBALHĒT° Arglosigkeit, Lauterkeit II 107,14 (+) 124,10 VII 46,9° X 5,7° / + akeraios (MT 10,16) VII 95,11° / + MNTATKAKIA (Wiedergabe von akakia) III 23,22 p

━ TI HTĒ= achtgeben (E- auf...) I 37,28 (+) V 40,21 49,17 60,11 VI 14,32.34 21,14 / + FI ROOYŠ III 33,10 p' (+meletan) / + noein II 22,27 p'

━ R HTĒ= bereuen III 37,14 / + ametamelētos (Röm 11,29) I 143,13 (neg.) / + enthymeisthai (Gen 6,6) XI 38,39

━ MNTATR HTĒF Leichtsinn? II 18,23 (+)

━ R KOYI NHĒT, R HĒT ŠĒM° verzagen, MNTKOYEI NHĒT°° Kleinmut VIII 3,25°° BG 21,[18] (vgl. [p']°)

━ OYHĒT NOYŌT Einmütigkeit, R OYHĒT OYŌT° sich einigen I 112,29 III 124,3.6 (?) / + TI MATE VI 1,[10] (vgl. Apg 4,32 kardia...)

━ R HĒT SNAY zweifeln, MNTHĒT SNAY° Zweifel I 29,4° (+) 77,20.23° (+).32° XI 15,37 (Subst.) / + distazein BG 21,15 p'

━ ATR HĒT SNAY nicht zweifelnd, MNTATR HĒT SNAY° Zweifelsfreiheit I 128,9 133,17

(Weitere Wortverbindungen mit HĒT siehe EIME (49 C), MKAH (90 B), MEEYE (106 B), PŌŌNE (148), TŌM (332 A), TŌT (250),OYIHE (284 A), ŌK (290 B), ŠŌNE (317 C), HROŠ (389), HŌS (405 B), ČRO (430), ČISE (434), QBBE (446 B))✝ (vgl. MESTHĒT (103 A))

HĒT (395 A)

Norden II 143,4 (::) ⳡ

HOT (395 B) HATE (A$_2$)

Augenblick I 67,[6] ⳡ

HOTE (396)

Furcht (meist pejorativ, vgl. aber +RAŠE), R HOTE°, Oq NHOTE sich fürchten
I 6,16° 89,5° II 2,11q L 37°.(111 a)(lies OY(D)<E EHOTE>) 56,27° 107,31° (+)
115,7° 132,18° 141,1° (+) III 120,13°.15 122,5°.16(=).17° 135,11 V 25,13°
28,30° 29,5 43,16° 65,20 72,21 73,5.12 (+) (ab 65,20 Polemik gegen atl. Got-
tes-'Furcht') VI 11,1°.7° 76,16° 77,29° VII 55,26 56,30° (+) 58,9°.11 60,27°
(+) 61,6 65,17.28 71,14 79,32° 80,33° 86,33° 87,1° 88,10 (+) 108,19°.20° (meliorativ) 114,19° (dito) XI 50,15° 59,17°.33° XIII 43,17 BG 21,2 65,15 79,13
/ + RAŠE V 57,18° VII 72,22 / + R HNŌHE III 31,2° p' / + HRTE II 121,6° VI
15,21° / + R QABHĒT V 32,22° / + deilos (S. Sext.) XII 16,[6]° / + phobeisthai
phobos II 90,23° (Gen 3,10) 118,11° (vgl. 118,18)(+) III 120,19 (2Kor 7,15)
(+STŌT) VII 84,8° (Dtn 31,6)(::) XII 34,[3]° (S. Sext.) / :: ME (85 B) I 5,9°
II 66,4°.5° / :: tharrhein II 118,33°
— (Adj.) furchterregend III 124,1 140,24
— SA NR HOTE furchtsamer Mensch, Feigling :: ČŌOR VI 72,23 ⳡ

HŌT (397 A)

fließen II 144,16 ⳡ
(vgl. HATE (393 B))

HŌTB (397 B)

töten, (Subst.)° (und) HETBE°° Mord II 61,6° 140,35 142,16 144,8°° (Metonymie:
'Getöteter') III 142,2.3q IV 76,27q (≠p SŌTP, beides könnte auf exairetheis
zurückgehen) V 21,9° 61,17 VI 5,30-6,5 33,32 78,29°° (+) VII 37,30 (::) 60,26
VIII 134,9 / + MOY I 121,17 VII 72,8 / + MOYOYT II L 98
— REFHŌTB Mörder, mordend VII 65,12 69,11
— HATB RŌME Mörder + anthrōpoktonos (Joh 8,44) II 61,9 (+MOYOYT)
— HATB PSYKHĒ, REFHATB PSYKHĒ° seelentötend (wie psychoktonos) VII 88,6 96,13
(HŌTB IV 75,3 siehe HŌTP (399 A) ⳡ

HTOMTM (398)

dunkel werden II 11,13 13,16 (ASHTOMHTM) ⳡ

HŌTP (399 A)

verbinden, (Subst.)° Verbindung I 62,18 VII 59,10 61,33 62,8 VIII 22,11 29,5°
117,3q 129,8 IX 28,10 X 34,[1]° XI 64,13q / **+** TI MATE VIII 115,7q (?)(::PŌRČ)
/ **+** MOYČQ VII 68,32° / :: PŌRČ VIII 23,10q.12.[14] / :: PŌŠE VII 67,20 123,30.
31 ----- V 6,24°

— versöhnen, (Subst.)° Versöhnung IV 74,24° 75,3° (HŌTB) VI 63,26 VII 66,34°
(?) 120,30 XI 17,30 (HŌTF) 18,27 (dito)
(unklar, ob 'verbinden' oder 'versöhnen') VII 60,16° 62,12° 66,2°.22° 67,16°.
32q.36q 69,33° 76,22q

— untergehen (von Gestirnen),(Subst.)° Untergang = MOY... I 45,34° (übertra-
gen) / **+** KAKE V 21,13 VI 42,16 VII 58,20 / **+** ŌČN I 32,30 / **+** ČENA II 86,4 /
:: PEIRE I 139,24 VI 35,18
— ATHŌTP nicht verlöschend I 129,1, vgl. I 32,30 VI 35,18 (jeweils Vb.)
— (Subst.), MA NHŌTP°, SA NHŌTP°° Westen VI 43,24° (lies P<M>A NHŌTP)(::)
44,1° (::).15°° (::) 75,30°° VII 31,31 (::) 45,8° (::) 46,34 ☥

HTOR (399 B)

nötigen VI 36,13 (wohl <R> HTOR zu lesen)
— KATA OYHTOR gezwungenermaßen II 78,17

HŌTR (400)

(sich) verbinden, paaren, (Subst.)° Verbindung, Vereinigung (auch sexuell bzw.
von dort weitergebildete Metapher) (unterstrichen: Anspielungen an die 'Vereinigung' des Gnostikers mit seinem Engel, das Sakrament des "Brautgemachs")
I 112,31q 132,4.11 II 58,13.13 (HOTR status nominalis) 67,[33] 69,8 70,24°
(=) 71,4 76,6°.8° 84,13 87,22 III 83,19° (=) VI 53,33q ('zugehören') X 39,[7]
XIII 36,20q.24q / **+** SŌOYH II 132,34 133,4°.8 / **+** TŌH VII 8,12 / **+** TŌH, koinōnein II 64,24 (vgl. 64,4.6)(+kollasthai 66,3) 78,34 / **+** gamos II 133,8 / **+** pastos II 70,9° (vgl. 70,18) / **+** harmogē (Stobaeus, C. H. II 333 App.) VI 76,10°
/ **+** apokatastasis XI 39,34° / :: BŌL VI 19,10° / :: PŌRČ II 70,15-21 85,31 X
38,3 / :: OYŌT- X 37,20q / :: ČPO VII 21,25.31° ----- II 70,27 / :: PŌRČ II
70,[29]°
— HOTRq doppelt sein, mehrfach sein° I 106,30° 119,23 / :: OYŌT, ŠBBIAEITq
I 106,11 (vgl. 106,7.15)
— (Subst.) Paargenosse°, HŌTRE, TETHOTREq, ŠBRNHŌTR°° Gattin, Paargenossin,
Gefährtin I 107,5 ('Pendant') II 94,7°.13 42,5q.8q / **+** koinōnos II 59,11 /
+ syzygos II 9,30°° p' 10,5°° p' 13,17°°.36°° p' 14,7°° p' 23,15°°.{19}°° p'☥

ϨΟΤϨΤ (401 A)

(er)forschen I 75,33 II 138,8 VI 33,6.12 34,2 VII 112,7 X 7,1 / + ŠINE III
128,4 VI 34,20 35,3 / + diakrinein II 3,10 p'
— ATHETHŌT= unerforschlich, MNTATHETHŌTS° Unerforschlichkeit I 56,12° (+) /
+ ATNRAT= I 53,4 (+) VII 116,23 (+) / + adiakritos II 3,9 p' ✠

ϨΟΥΟ (401 B)

(Subst.) (und) MNTϨΟΥΟ°° Übermaß, Überschuß, (Adj.)° übermäßig, mehr I 55,32
58,24 65,14.19 118,4 119,14° 131,21°° III 140,18 VII 83,26 XI 39,37 BG 47,10°
/ + MNTRMMAO I 57,26 / + OYOTBq II 2,35 p' / + MNTAPHTHONOS I 57,31 126,4 /
+ perisseuma (Mt 12,34) II L 45 / + plērōma I 59,37 93,27
— R ϨΟΥΟ mehr sein, mehr haben, übertreffen, im Überfluß tun I 60,15 72,10
(R OYϨO) 76,21 VI 45,29 ('überwältigen') / + AŠAI BG 68,6 p' / + perisseuein
(Mt 13,12) VII 83,29
— MNTMAEITO NϨΟΥΟ Unersättlichkeit (wie pleonexia?) VI 31,22 (Plur. wie Mk
7,22)

ϨΕΥ (402)

Nutzen, Gewinn, (Adj.)° nützlich, vorteilhaft I 47,20 II 66,25 VI 24,19 VII
59,35 88,19 89,19 90,9 103,19 117,25 118,6 XI 10,19° (::).22 14,18 20,36 /
+ ōpheleisthai (Mt 16,26) XI 9,33 / :: EPRA (BM 979) VII 98,1 (neg.)(::ŠOYEITq
ČINČE) 98,13 (neg.)
— QN ϨΕΥ, TI ϨΕΥ° Nutzen haben, Vorteil haben, gewinnen II 128,21 V 59,17°
VII 90,7 / + kerdainein (Mt 16,26) XI 9,34° (::TI OSE) / + ōphelein II L 53
VII 117,23 / :: TI OSE III 140,16 ----- I 137,13
— ATϨΕΥ von Nachteil + kolasis XI 10,[20] (::) ✠

ϨΟΟΥ (403 A)

Tag, NϨΟΟΥ (o. ä.) wann° I 2,20 5,27 8,3 37,27 (::).32 73,34 (::) II L 10(°).
84°.88°.92 52,19°.21° 53,8° 58,10 68,22° 71,6.9 81,[35]° 88,5 90,34 95,[35]
99,6.14 100,14 104,9 106,14 108,20.25 111,30.31 114,29 115,10-31 120,12 121,25
122,25 131,13 ('solange') 132,18° 142,17 143,6°.7 (vgl. Mt 10,15 hēmera) III
17,(15) (falls (H)OOY zu lesen) 36,11 68,5 84,5 (::) 86,3 (korrupt) V 12,20
(::) 21,12 30,18 53,17.[28] 61,7 62,22.23 63,19 65,9 67,11 72,22 75,16 76,16
VI 10,18 18,35 19,2 36,11 37,27 38,16 60,5 62,19 70,30 71,18.35 73,12 VII 28,7
(korrupt?) 31,15 37,1 47,8°.15 72,25 IX 28,24 44,5 XIII 40,14 42,[31] (::)
44,16 BG 127,5 / + OYOEIN II 82,9 (::KAKE, OYŠE) 86,3.17 (dito) / + hēmera II
L 3 (P. Oxy. 654,[22.23]).38 (P. Oxy. 655,[37], vgl. Mt 9,15 (hēmera) und Joh

7,33).79 (Lk 23,29) 88,31 (Gen 2,17)(p 118,32) 117,30-36 129,29 (Hos 2,5) III
139,9 (Mt 6,34) IX 3,11 (Mt 16,21) 45,29 (Gen 2,16) 46,4 (dito) / + kairos II
L 57 (Mt 13,30) / + hote II 136,8° ('als') / + pote II L 37° (P. Oxy. 655,19.
20).51° (Lk 17,20).113° (dito) / + tote (Hos 2,9) II 130,10 / :: KAKE VI 42,16
/ :: OYŠE siehe OYŠE (281 A) ----- V 61,1 IX 67,30 70,21
● PHAE NHOOY der Jüngste Tag, (Plur.)° die letzen Tage II 111,5° VII 39,19
IX 34,17 35,3 / + hēmera... (Joh 6,44) II 135,4 / + kairos... VII 45,14
━ MPOOY heute I 14,30 II L 104 VIII 136,25 BG 22,[12]
(HOYMISE siehe MISE (101 C))

HOOY (403 B)

böse sein, schlecht sein, ETHOOY (oder) EFHOOY böse, schlecht, (Subst.)° PET-
HOOY Böses, Übel (auch Plur) I 4,31 7,18 12,3° 98,34° 99,17° 106,13° 107,2°.
10.13 108,25°.25.29° 109,15° 117,39° 121,4° 122,6 130,16 135,[19]° II 18,32°
(::) 121,21° 141.34 V 31,22° 53,15 63,6.24 73,23 VI 33,10 (Vb.) 39,27 40,6.8
71,30° 77,26° VII 2,28.32 30,15 31,9.11 44,2 45,13 74,19.25.26° 86,4 88,33
89,13.15 90,26.31 VIII 46,13 IX 44,12 69,32 (Vb.) X 1,[14]°.19° XIII 41,11
BG 72,12 (+) / = MOY, MNTATSOOYN I 107,30°.33° (::NANOY-) / = MOY, mesotēs II
66,11°-14° (::NANOY-) / + SOOFq, ŠOYEITq BG 82,5p.p' / + kakia, kakos VI 76,4°
(Stobaeus, C. H. II 333 App.) 78,43 VII 43,32 XII 15,9 (S. Sext.) 15,[20]°
(dito) 27,10.13 (dito) 28,25° (dito) 30,20 (dito) / + ponēria, ponēros II L
45 (Mt 12,35)(::agathos) 142,15 (Mt 7,17 +sapros) VII 84,21 98,30 / + mala
(C. H. II 325,16) VI 73,9 / :: NANOY- siehe NANOY- (123 B) / :: SOTPq I 45,10°
47,22° XI 35,36 / :: agathos VI 72,26 ----- IX 67,[13]
━ MNTPETHOOY Bosheit, Schlechtigkeit I 121,10 135,20 VII 86,8
━ ATPETHOOY ohne Böses, arglos, gütig (wie akakos) I 40,29 XIII 39,29 (Bezug: Sophia 40,15) 40,15 / + HLOQ I 42,7 ✠

HOYEIT (404 A)

erster (vgl. Zahlenteil unter "1", Ordinalzahl. Hier nur solche Stellen, die
weder dort noch unter ŠORP (326) erfaßt wurden) III 59,8 76,14 133,10 BG 82,16
102,4
● PEHOYIT NTAYTNNOOYF der erste, der gesandt wurde BG 82,15 125,11
● PEHOYEIT NTAFEI EPESĒT der erste, der herabkam III 25,8 BG 55,13 (≠p)
● PEHOYEIT NTAFOYŌNH EBOL der erste, der in Erscheinung trat III 13,2 (≠p')
(vielleicht Fehlübersetzung von proballein, vgl. Iren. I 29,3)
━ HOYEITE Einheit (wie monas) :: MAHSNTE, MEHŠOMTE VII 127,19
━ HOYEITE Anfang I 16,13 II 71,21 98,5 X 6,20 XIII 35,[24] / + archē VI 74,13
VII 113,21 (Apk 21,6)(::HAE) / :: MĒTE, ĈŌK III 86,10 / :: HAE I 37,35 38,1
(Weiteres siehe RŌME (163 C), SOOYN (204 A), ennoia, Protarchōn) ✠

HOOYT (404 B)

männlich, (Subst.) Mann, Ehemann, Männlicher, MMNTHOOYT°, NT=MNTHOOYT° der
Männlichkeit (attributiv), männlich I 4,26 (pleonastisch) II 82,12 114,5 131,
26 III 44,18.19 (vgl. p 108,5°, ≠p BG 105,13) VI 13,29.32 23,24 VII 102,16
120,19 123,6 VIII 2,13 13,4 18,6 41,12 44,28 54,15 97,1 124,22 127,9 129,5
IX 44,3 X 4,4 9,3 28,12.18 31,18 51,20 XIII 46,9 BG 37,5 (vgl. p°, ≠p') 120,6
/ + SOEIŠ, HAI III 38,22 p.p' / + arsenikos siehe parthenos / :: SHIME I 132,
24 (+arsen::thēly Gal 3,28) II L 22.114 65,2-26 76,7 77,[1]° 81,[35] 87,[28]
101,25 102,8 106,30 107,7 109,3° 132,8 (::).23 133,5 (=) 139,38.[42] III 30,25
(+anēr::gynē Gen 3,16) 82,2°.11° (p' 106,19, BG 103,2°) 83,13 87,3.4 V 9,[4]°
35,11 (+arsēn::thēleia Iren. I 21,5).[14] 62,8 65,19 VI 65,23 VII 23,35 93,12
IX 2,10 40,29 XI 39,25 BG 99,5°.6 / :: syzygos III 114,18 ----- VIII 18,21.
[24] 19,[22] 36,[6] 41,20 IX 40,8 59,6
▬ HOOYT SHIME mannweiblich II 76,24 94,18.34 95,3 96,6 100,7 101,11.24 102,3
106,28.29 107,1.6 109,2 113,24.30 (+Hermaphroditēs) 127,24 139,41 III 9,8 82,
1.10 (p' 106,18 BG 103,1) 87,[2] IV 52,[2] 81,7 VII 93,8 XIII 45,2 BG 28,3
▬ MNTHOOYT Männlichkeit II 9,33 (vgl. p') VII 120,18 XIII 37,26 / :: (MNT)-
SHIME I 78,13 94,16 V 41,19 VIII 131,8 (der zu rettende Teil der Menschheit?)
XIII 42,25 (vgl. 42,18 SHIME)
▬ ŠOMNT HOOYT, ŠMT HOOYT dreifach männlich (siehe auch die unter ALOY (3 B)
und parthenos erfaßten Stellen) (°Subst.) VII 120,29° 121,9° VIII 24,4° 53,[13]
56,[18] 61,18 XI 45,18.37 46,18 51,33 BG 27,21° (+HOOYTSHIME) 96,4 ----- VIII
39,13 41,12 51,22 XI 55,36, vgl. VIII 120,19
(TIHOOYT MPARTHENOS siehe parthenos
● NGENOS NHOOYT, NGENEA NHOOYT° die männlichen Geschlechter, PMEEŠE NMOOYT°°
die männliche Schar (Selbstbezeichnungen der Gnostiker) IV 55,5°.7 VIII 7,6
(zweites NGENOS als Dittographie zu streichen) BG 126,16°°
▬ R HOOYT männlich werden (metaphysisch-soteriologisch) II L 22 VII 120,19 ✠

HOOYŠ (405 A)

fluchen V 54,[5] VI 27,9 (+) ✠

HŌŠ (405 B)

(auch mit NHĒT°) in Bedrängnis geraten (bzw.) sein I 18,23 V 30,[23]° ✠

HOF (405 C)

Schlange II 61,8 (::) III 15,11 (::)(drakōn p') VII 34,12 105,28.30 (HBŌ fem.).
32 (::) / = REFTAMO II 89,32 90,6.11 (+ophis Gen 3,1-20)(+thērion p II 114,2,
geht auf ein aramäisches Wortspiel zurück: siehe TAMO (231 B)) / + drakōn

IX 48,[23]-26 (Ex 7,9-12) BG 42,2 p (::) / + <u>ophis</u> (Gen 3,1-20) I 107,11 II
90,[31]-91,3 (+REFTAMO p 120,2) III 28,18.20 IX 45,31 47,4.5 / + <u>ophis</u> (andere Bibelstellen) II L 39 (Mt 10,16) VII 95,7.10 (dito) IX 48,17 (Apk 12,9).27
(Num 21,8) XI 40,[16] (Lk 10,19) ✠

HAH (406 A)

(Subst.) Menge I 113,2.3 132,19 135,2
— (Adj.) viel, zahlreich (unterstrichen: Selbstbezeichnung der Gnostiker) I
<u>10</u>,32 (vgl. Mt 10,28 <u>polloi</u>) <u>20</u>,14 (dito) <u>22</u>,20 <u>30</u>,37 <u>50</u>,11 <u>58</u>,29.30 / ::
OYŌT I 68,32 II 54,16.18 (::)
— (dasselbe pejorativ, unterstrichen: Bezeichnung von Nichtgnostikern) I <u>1</u>,22
<u>12</u>,14 II L <u>74</u> <u>68</u>,36 VII <u>36</u>,25 IX <u>29</u>,9 XI 9,36 / :: KOYEI VI <u>66</u>,3.6, weiteres
siehe KOYEI (58) / :: <u>monachos</u> II L <u>75</u>

HOYHE (406 B)

Fehlgeburt II 94,15 (p 115,5) 99,9 (OYHE).26 (HOYE) VI 14,(2)? (falls aus
HE[..] zu emendieren) BG 46,10 (≠p') ✠

HŌQB (409 A) HŌKM

verwelken (lassen), verlöschen I 7,22 VII 38,10 BG 120,1
— ATHŌKM nicht welkend IX 45,6 ✠

HQHAQTq (409 B, nicht bei Westendorf und Crum, vgl. aber HĒQE)

in Sorge sein? VI 2,25 ✠

ČI (410)

nehmen, annehmen, aufnehmen, empfangen I 21,6.12.22 25,12 41,33 49,35 117,24
(Subst.) II 62,5 65,11 91,19 122,24 III 5,23 133,20 (vgl. Joh 1,11 <u>paralamba-</u>
<u>nein</u>) VI 8,24 22,33 40,28 55,18 VIII 94,2 XI 48,33 ('teilnehmen', 'teilhaben')
63,21-24 66,20 / + TŌK BG 51,[2] p (vgl. 45,20) / :: TI II L 88 <u>61</u>,36 62,[1].2
VI 37,26 XI 62,9
— (Gesagtes) aufnehmen, verstehen + MEEYE I 47,30
— nehmen (d. h. schlafen mit...) V 79,9 (::)
— (passivisch konstruiert) untergehen (von Gestirnen) :: EINE (50 A, Passiv)
IV 75,21 (+<u>apagesthai</u> p)
— ČI EHRAI, ČI EPSA NTPE° hochholen, emportragen III <u>136</u>,9 VII <u>107</u>,12 / :: HE
XI 10,29.32°
— NETČI die Aufnehmer + <u>paralēmptor</u> II 26,1 p'

ČO (412 A)

senden I 95,34 (Subst.) VI 37,31
— ČO EČŌ= anziehen (Kleid) XI 11,27 ☩
(vgl. ČOOY (437 B))

ČO (412 B) ČŌ

säen, pflanzen, (Subst.)° Säen, Saat, Pflanzung I 8,18.23 36,36°.37 46,18q
106,27 (ČŌ) 116,38° II 142,11 VIII 135,22 BG 63,5 (p' ČŌ) /+ SITE III 59,16
p 60,10 p /+ ČPO VI 64,25° ('gebären')(≠P. Mimaut: gnōsis, verschrieben) VII
119,2 / :: ŌHS II L 63
● PČO "das Säen" (Kurztitel für Mt 13,3-23)(+speirein Mt 13,3) I 8,7 (::)
— PETČO Same?+ spora III 60,5 (vgl. 60,8) p ☩

ČO (412 C) ČŌ

Achsel II 16,13.14 (ČŌ)(::) 17,17 (ČŌ) VI 8,17 ☩

ČŌ (413)

sagen I 1,23 2,11 59,20 (lies {Č}EČOOY)(+) 72,30 II L 12 VI 24,25.26 VII 125,9
XI 52,26 /+ dialegesthai (S. Sext.) XII 32,7 /+ legein II L 48 (Mt 17,20).
72 (Lk 12,13).106 (Mt 17,20) 136,2 (1Clem 8,3) /+ lalein II 32,11 (P. Oxy.
654,1)(::SHAI) VII 102,22 (Mt 12,36)(+rhēma) / :: EIRE III 144,11 / :: KARŌ=
VI 59,20 (::)
● TIČŌ MMOS NĒTN ČE, HAMĒN° TIČŌ MMOS NĒTN ČE, MMON°° TIČŌ MMOS NĒTN ČE°°
(wahrlich/nein, vielmehr) ich sage euch (vgl. Mt 5,18 usw. legein) I 2,29°
3,35 5,1 6,2°.15°° 8,28 10,1°°.15°°.28 12,9°.20 13,9°° 14,14°° III 120,9.[11].
14 128,2 129,12 137,22 140,4 143,21 147,20 V 32,9° 57,20
— denken +MEEYE BG 46,4 p'
— ATČOO=, ETE MEYČOO=° unsagbar, unaussprechlich, MNTATČOO=°° Unaussprechlichkeit I 59,27 72,22°° 89,33 123,37 (+) 129,30°° (+) IV 55,21° XIII 47,7
49,23 /+ ATOYŌNH IV 53,19°
(vgl. RAN (165 B) und ŠAČE (341 B) sowie ČE OYA unter OYA (265 A) und ČOOS HM
P=HĒT unter HĒT (394))

ČŌŌBE (414 A)

durchqueren I 91,21 95,10 II 108,4 139,2.7 VII 13,3 14,19 31,8 47,22 IX 45,15
/+ diabasis III 120,25
— ATČOOB= unübersteigbar, unermeßlich I 52,42 (+) ☩

ČAEIE (414 B)

wüst VI 43,24 BG 20,6
— (mit E- oder N-) leer von + ŠOYOEITq 78,34 / + erēmos tinos (S. Sext.)
XII 32,12
— R ČAEIE wüst werden, (mit N-) leer werden (oder) sein von... I 13,18 78,12
VI 44,10 / + chēreuein VI 70,20 ✠

ČAEIO (415)

aufstrahlen lassen, erscheinen lassen I 62,33 88,26 ✠
(vgl. ŠA (300))

ČOEIS (416 A) $\overline{\text{CS}}$

Herr (meist überkosmisch, vgl. LXX und NT (ho) Kyrios. °Bezug auf Christus)
I 1,12° 4,23° 5,36° 6,22°.32° 13,31° 16,29° 30,38 43,37° 44,13° 48,18° 50,1°
51,24 93,9 119,15 121,13°.30° 122,5° 136,[31] 138,[19]° (+) II 13,18 (vgl. p'
KH(RISTO)S und unten Bemerkung zu III 28,18) L 21 a.74° 55,34° 56,16° 59,7°.
23° 62,6°.22 63,25° 67,27° 68,8° 74,25° 78,22°.24° 93,33 96,18.32 102,21
(Plur.)(+) 113,35 114,14 133,9 (vgl. Gen 3,16 kyrieuein).25 138,21° 139,13°.
20°.22° 140,6° 141,3° 142,3°.8°.19° 144,32 145,5° III 28,18° (≠p BG 58,2
KH(RISTO)S, falsche Auflösung von $\overline{\text{CS}}$, so bis 117,13, p zu III 114,9) 29,3°
32,23° 33,24° 34,19° 35,2°.19° 36,5°.16° 77,[2] (ohne p) 94,1° 96,15° 98,10°
100,17° (+) 105,4° 108,17° 112,21° 114,9° 125,4° 126,[6]°.18° 127,10° 128,12°
131,18° 132,6°-23° 133,11° 137,7° 139,21° 140,15°.20°.24° 142,4°.9° 143,7°
V 24,10° 30,10°.12° 31,2° 32,23°.28° 46,[11]°.20° 59,[10]° (vgl. 59,5::).23
(::) 60,5 (pejorativ, vom Demiurgen) VI 1,12°.16.23 8,6° 10,14°.22°-11,7° 56,
22 57,3 59,3 60,27 75,27 (Plur.) VII 16,30 81,8.26° 110,10 VIII 132,18° (+)
134,20° 137,15° 138,9°.14°.15° 139,[8]°.11°.25° 140,[3]°.12° X 8,9 XI 30,[38]
40,33° 44,31 / + EIŌT, NOYTE VI 66,36 68,25 112,27 (+pantokratōr) 115,3 (+RRO,
pantokratōr) / + NOYTE I 133,24 (Plur.) 134,17 (Plur.) II 68,27 (vgl. Mt 27,
46) III 87,16-19 (plur.)(::)(≠p' BG 112,12-17 KH(RISTO)S, siehe oben Bemerkung
zu III 28,18, p' III 111,19-21 ČOEIS) V 11,[17](Plur.)(::) 66,14 VII 93,24
133,1° (vgl. 133,8) / + (MNT)RRO I 100,13 (-OYEH SAHNE).21 (dito,+archōn)
134,25°.26° / + archē I 102,34 (Plur.).26 (Plur.::Sgl.) / + kyrios II L 73
(Mt 7,38) 129,14 (Jer 3,1) 133,20 (Ps 44,12)(+RRO) 134,17 (Ps 102,1)(+NOYTE)
136,5.12 (Jes 30,15.20) 137,20.22 (Ps 6,10)(+NOYTE) VI 73,24 (Lactantius)
(+EIŌT? NOYTE) / + kyrios, :: HMHAL II L 47 (Lk 16,13).65 (Mt 21,40) VII 60,2
(Mt 6,24) IX 29,25 (dito) / :: NOYTE II 81,16 V 60,7 (hinter 60,14 zu verset-
zen) (vgl. noch oben + NOYTE) / :: HMHAL II L 24 52,4 79,16 128,11 (Plur.)
VII 88,5

— (fem.) Herrin :: QAOYOONE VI 13,34

● ČES NĒEI, ČEE[S] NĒEI° Hausherr II 80,23 / + oikodespotēs (Mt 24,43) II L 21 b°

● PČOEIS MPEOOY der Herr der Herrlichkeit (+kyrios 1Kor 2,8) I 120,26 131,35 132,1

● PČOEIS MPTĒRF der Herr des Alls VI 68,26 / + NOYTE I 121,1 VII 99,[33] / + despotēs (P. Oxy. 1081) BG 90,15 (p' III 74,20)

● PČOEIS NNIČOEIS der Herr der Herren (+kyrios kyriōn Dtn 10,17 Apk 17,14) I 143,12

● PČOEIS NNQOM der Herr der Heerscharen (+ kyrios... Ps 23,10 etc.) II 104,10 (+NOYTE p' 95,23)

— R ČOEIS Herr werden (oder) sein, herrschen, Oq NČOEIS Herr sein (über) I 92,24 II 18,6q-9q 65,31q 66,5 74,12q 113,35q 115,9 120,[32] 124,2 III 18,17q 37,12 138,13.15 V 34,10q 48,19q (::) 53,20 VI 70,22 75,18q / + OYEH SAHNE I 103,23 / + R HMME VII 85,18q / + ČRO, ČOORq II 64,15q (::) VI 62,11q VII 63, 30 / + QMQOM III 25,5 p VI 43,11 / + archein II 3,1q p' 114,19 (Gen 1,28) XII 31,24 (+kyrieuein S. Sext.) / + basileuein (Röm 5,14) I 108,6 / + kyrieuein (Gen 3,16) II 116,25 (::hypotassesthai) III 30,27 / :: HMHAL II 83,25q

— (Adj.) Herren- II 114,15

— (Adj.) eigentlich (übersetzt eine Nebenbedeutung von kyrios (Adj.): der 'eigentliche' Wortsinn im Gegensatz zur Metapher) I 51,20 (Wortspiel mit ČOEIS (kyrios) 'Herr') / + MAMĒE I 40,8.14 - vgl. übernächste Rubrik

— MNTČOEIS Herrschaft II L 90 125,30 III 22,[21] (≠p MNTKHS, Fehllesung, vgl. p', wo sowohl MNTČOEIS als auch MNTKHRĒSTOS vorkommen) V 49,[7] 59,[5] (vgl. 59,10::) VI 41,12 / + MNTNOYTE I 44,37 (Plur.) II 101,29 (+MNTRRO) V 6,17 (dito) / + MNTRRO I 108,[9] / + authentia III 30,15 p.p' 38,6 p' / + exousia I 124,4 / + kyriotēs (Kol 1,16) VII 117,2 (Plur.) / :: MNTQAYON I 99,35 (Plur.)

— HN OYMNTČOEIS im eigentlichen Sinn (wie kyriōs in der oben genannten Neben-bedeutung) I 51,39 52,2 53,5 56,2 57,4-14 58,32.33 56,39 71,2 87,7 123,35 127,11.26 129,10 134,22.(::) / + ME (86) I 52,31 / + MNTATČE QOL I 66,10 (PEČE PČOEIS siehe unter PEČE- (158 B)) ✝

ČOEIT (416 B)

BE NČOEIT Ölbaum II 73,17 / + elaia (Sach 4,11) II 111,2.6

— PTOOY ETEŠAYMOYTE EROF PA NIČOEIT der sogenannte Ölberg +elaiōn (Apg 1,12) VIII 133,15 BG 79,8 ✝

ČŌK (417 A)

vollenden, vollendet werden, erfüllen, in Erfüllung gehen, ausführen, ausge-

führt werden, (Subst.)° Vollendung, Erfüllung, Vollkommenheit, Ende, (auch)
Pleroma (siehe+plērōma) I 4,13 18,36° 19,3°.7° 21,9°.18° 25,9 37,1° 59,18°
88,15.17 92,3.12° 94,9° 95,16 104,34 114,19° 128,13 II 3,4°. (≠p') 77,7 84,1
98,12 100,18,34 102,25 109,19 112,5 113,29 115,3 123,26 127,9 141,31 III 11,3
(≠p) 59,11° 85,4 88,10 (p' BG 114,1) 89,6 (p' BG 115,15) 141,21 IV 50,6° 56,23
63,17.[24] 65,3 71,2 V 19,8 21,17.21 24,11° 29,9.17 30,12 31,[25] 54,10 81,8
83,18 VI 1,10 21,13 36,18 44,11 45,25 46,33 56,31 67,25 75,7° ('das Reifen')
VII 8,21 21,8.10 26,34 34,26.33 35,2 38,30 39,27 40,33 42,4 45,32 46,1 47,6
48,6.34 51,9 57,7 58,12 66,3.6° 78,34 80,12.24° 121,6 126,15 VIII 19,15 22,6
IX 24,2.10 56,1 X 8,2 32,22 XI 14,16 XIII 42,10 43,1 44,17 45,9° BG 25,11°
46,11° 66,10 69,13 121,9.11 124,15 (lies ČŌK {M}MPIMA, andernfalls ČŌKM MPIMA)
/+ ARĒČ= BG 87,[5)° (lies ŠA(P)ČŌ<K>)(::archē) /+ MOYH II 96,14 (p 106,26)
('Vollwerden' einer Zahl), weiteres siehe unter MOYH (110) /+ MOYNK (95 C)
V 67,22 /+ TSANO II 19,4 (vgl. 19,7) /+ HAE III 101,41° p (BG 94,18) 135,1°
/+ plēroun, plērousthai II 72,34 (Mt 3,15) VI 76,8 (Stobaeus, C. H. II 330
App.) /+ plērōma III 43,4° p ('Vollendung') 52,7° p ('Vervollständigung') IV
66,[24]° p BG 36,9° p.p' 47,3° p.p' 56,17° p 57,18° p' 57,19° [p] (≠p') 61,5°
p 64,1° p 64,11° p.p' (::ŠTA) /+ teleios II 8,19° 31,28 VIII 18,13 BG 23,13.
14° (p'q)(vgl. 24,10) /+ [telos] (P. Oxy. 1081) III 74,15° (p' 90,6°) /
+ perfectio (Iren. II 19,3) I 20,39° / :: ŠŌŌT, ŠTA I 21,18 24,28° 25,3°
49,5 80,15° 86,7°.19 87,4 BG 104,18 / :: HOYEITE, MĒTE III 86,10° (lies {M}-
PČŌK EBOL)(=) / :: archein, arche V 58,11°.13 / :: psegesthai ('beeinträchtigt werden') BG 45,5
➖ vollziehen, vollzogen werden (einer heiligen Handlung, wie telein) II 86,3
134,5
➖ (pejorativ) ein Ende finden IX 30,29
➖ (Subst.) Vollendung XIII 43,5 (vom Weltende)
➖ HN OYČŌK vollkommen VII 60,1
➖ ČŌK NHĒT (Subst.) vollkommene (d. h. reine?) Gesinnung I 93,31
➖ ČĒKq vollkommen sein, PETČĒK° der Vollkommene (meist vom 'Vater') I 18,14°
(Plur.).33° (PEEI ETČEK) 23,11.13 26,31 27,15.24 32,30.32 34,34 36,35 39,2
40,19° (PEEI ETČEK ABAL) 42,16°.18° 43,19 61,29 62,31 69,23 70,1 71,10 76,9.
23 77,12 78,10.18° ('das Vollkommene') 87,5 88,15.17° 92,16 93,21 123,5 138,8
II 3,6 (p' ČŌK (Subst.)) 4,35 30,12 140,14 III 15,2 (lies TĒK?+ p TŌKE, Iren.
I 29,4 extendi) 77,2° 104,8 IV 65,4 VII 10,22 49,11 52,16 59,6° 62,27 67,10.18
VIII 117,[9] IX 5,[16] 36,26 XI 43,34 56,[16] XIII 35,7 37,4 38,[9] 39,24
45,13 49,28 BG 24,9 27,11 31,4 53,14 (≠p plērōma) /+ MĒHq siehe MOYH (110) /
+ teleios II 14,20 85,16 III 7,19 8,12 p 13,16 p' 85,7 p' (BG 107,9) IV 63,18
p VII 62,5 121,6 VIII 48,2 98,2 123,3.11 / :: QŌČBq I 94,25
➖ ATČŌK EBOL, ENFČĒKq AN unvollkommen II 76,36 VII 30,25 /+ atelestos BG 37,
14q p (vgl. p')

XⲰⲔⲘ (417 B)

— ATČOK= unvollendbar, nicht (weiter) zu vervollkommnen BG 23,12 (≠p') ✠

ČŌKM (417 B)

taufen, getauft werden, (Subst.)° Taufe, ČI ČŌKM°° getauft werden II 122,14°. 20° IV 76,5° 78,3° (≠p) 80,11 (Adj.)(≠p) V 84,7° VII 58,16° VIII 15,6°°.[9]°° 17,4 23,5.5°.16.17° 24,29° 25,19°.19 53,15.25 131,2 (?) XIII 41,24° BG 124,15 (falls nicht ČŌK{M} zu emendieren) / + ŌMS VIII 25,9° 62,[12]° / + baptizein, baptisma, baptistēs III 65,24 IV 74,[25]° p 78,6° p XIII 48,20 ----- X 55,20 — benetzen VIII 131,2 (?) / + louein (Ps 6,7) II 137,17 ✠

ČŌM (423 A)

Gereration, Geschlecht (°Plur., als Selbstbezeichnung der Gnostiker) VI 52,29° 53,12.33° 54,9°.16°.25°.32(°?)
● ČN NČŌM SA ČŌM von Geschlecht zu Geschlecht + ČN ENEH ŠA ENEH III 130,13.21

ČŌŌME (423 B)

Buch I 1,22 2,15.[16] 23,12 II 19,10 22,24 107,3 145,17 III 40,12 V 20,24 85,6 VI 2,26.27 60,16 61,18.26.28 62,23.26 63,5.17 VII 127,28 IX 48,19 50,5 XI 68,21.27 69,22 / + biblos IV 80,[15.26] p ----- I 3,3
● PČŌŌME ETONH das lebende Buch, PČŌŌME NTE NETONH° das Buch der Lebenden (vgl. Ps 68,29 Phil 4,3 biblos..., Apk 3,5 etc. biblion) I 19,35(°) (dazu pronominal 20,9.12.24) 21,4° 22,39 ✠

ČNOY (425 A)

fragen II 80,5 / + ŠINE II L 92 BG 69,19 p / + exetazein (P. Oxy. 654,32) II L 5 / + eperōtan (P. Oxy. 654,23) II L 3

ČENA (425 B)

auslöschen, erlöschen VII 57,2 / :: MOYH (111 A) II 86,1 / :: ČERO VII 106,15 ✠

ČIN (426 A)

Kraft, Macht I 64,38 117,24 (falls nicht ČI{N} zu lesen) VII 41,24 / + dynamis I 40,18 (ČIM)
— QN ČIN mächtig werden + energeia VI 39,21 ✠

ČŌNT (426 B)

prüfen I 135,7 (ČNT=) XI 62,5q ----- XI 18,24q ✠

ČŌNF (427)

Harmonie, Proportion+ HŌRQ, harmos, synthesis II 15,27 p
— Übereinstimmung+ MATE, eudokia III 111,13 p (BG 112,4).p' (III 87,10) /
+ syzygos, symphōnos II 9,33.35 (also Metonymie: 'Übereinstimmender'? oder
Fehlübersetzung eines für Subst. neutrum angesehenen symphōnon)
— Zustimmung (wie synkatathesis in der stoischen Erkenntnistheorie)+ aisthē-
sis, analēmpsis, phantasia II 17,[35] ✠

ČNAH (428 A)

Macht+ QOM V 71,23 /+ ananke I 103,25 ✠

ČINČE (428 B)

NČINČE umsonst (meliorativ: 'kostenlos') VI 4,15.34 5,1 10,13
— EPČINČE umsonst (pejorativ: 'vergeblich') VI 70,15 /+ HN OYPETŠOYEIT VII
97,[35] /+ eike (S. Sext.) XII 31,22 ✠

ČP- (428 C)

Stunde, (soundsoviel) Uhr V 20,29 21,6.11 /+ [NAY] (130), hōra (Mt 27,45)
IX 25,5.[7] ✠

ČPO (429 A)

hervorbringen, erzeugen, zeugen, gebären, schaffen (alles auch passivisch)
I 7,20.32 16,5 52,17 56,2.36 59,9 60,35.38 67,23 69,27 70,22 71,28 (ESČPO
'fruchtbar') 73,22 75,2.4.36 76,17.25 77,11.16 83,26 85,10.30 86,25 87,18-22
90,31 92,10.[[13]] 98,32 99,1 101,19 117,16 (::117,11) 115,18 (::) 131,18
136,3 173,4 II 13,4 L 15.53.70.[101] (+) 54,13 58,27-29 59,3 (::) 60,7 61,7
69,5-8 71,1.19 (+).23.25.33 72,16. (+) 75,25-27 91,12.14 (+).31-35 (+) 96,8.9
p (106,23.29).16 99,4 (::) 113,3.30 114,11 (::).15 115,35 116,19 117,10.17
(::).21 118,4 122,27 128,23 132,4.6 134,2.5 138,40 139,10 141,24 III 16,3
31,10 32,2 (p' Subst.).7 37,7 54,17 57,[20] 59,[17] (lies Č<P>OOY)(vgl. p)
60,11 (vgl. p) 63,13 (vgl. p) 70,4 78,16 (vgl. p' BG 97,11) IV 61,5 72,2 75,15
(vgl. p) V 8,15 26,[25] 37,3 47,10 78,1o 79,17.24 81,10 (::).17.21 VI 13,30
39,19.21 52,20 (::).26.27 55,31 VII 4,36 5,7.12 20,15.19 21,25.31 (::) 23,22.
30 24,1.2.10 25,32 27,34 28,9 34,10 40,30 41,34 94,27 101,[35] 113,12 119,2
126,6 VIII 9,15 135,28 IX 5,3 (::) 9,5 13,4 30,4.7 39,29 40,2 42,6 43,28 45,7-
16 (::) 58,4 67,17.30 70,6 X 6,3.25.27 14,17.[18] (::) XI 2,34 5,29 14,24
29,36.38 (::) 38,[22] XIII 38,27.28 39,5.26 44,1 BG 67,7 (vgl. p (korrupt?).
p') 88,4.9 /+ EI EBOL I 64,15 70,28.30 113,27.31.33 (::) IV 63,12 /+ MISE

ΧΠΟ (183)

siehe MISE (101 C) / + SŌNT VII 20,11 / + TAMIO II 106,35 120,11 III 15,15 p'
(+apokyein Iren. I 29,4) V 6,22 p (III 77,10) XIII 42,30 / + TSANO I 51,29
(::) 52,1-5 53,35 / + apotiktein (Iren. I 29,1) III 9,13 (vgl. p') / + genesis
(Hos 2,5) II 129,29 / + gennan III 16,8 (Iren. I 29,4) 39,6 (Gen 6,4) VI 63,1
(Joh 1,13 3,3) BG 82,13 (Joh 1,13) / + kyēphoros, kyēphorein (P. Mimaut) VI
64,26.29 / :: MOY II 58,19.21 / :: SŌNT II 81,21-[33] / :: TAKO I 104,8 / ::
TAMIO II 58,24.25 / :: R HŌB I 101,10 / :: agennētos, autogenēs VI 23,23 (::)
(Übersetzung von gennētos?), vgl. unten ATČPO / :: plassein II 61,2.4 -----
II 68,29 V 46,24 49,6 VI 56,6 X 67,[5]
— (Subst.) Hervorbringung, Erzeugung, Geburt, Nachkomme°, Nachkommenschaft°,
Geschöpf° 53,9° 55,39 56,1)° 58,21° 59,7° 63,33° 67,22.25° 70,21 78,37° 80,3°.
5° 85,13 95,4° 103,27°.34 104,1° 110,[9] 114,5° 130,28 136,25 II 24,30 (vgl.
p') 81,23°.27° 83,6° 109,24.25 (::) 113,21.35° 137,8 III 67,7° IV 69,4 (Adj.)
VI 13,32°-14,3° 42,34 53,14° ('Gezeugte' scil. des Vaters, d. h. Erwählte,
Gnostiker) 55,27 65,31 74,6 VII 23,21-27 51,28 (Adj.) 94,26 VIII 1,24 27,17
(Adj.) 46,3 77,17 IX 30,30 48,18 50,6 X 29,23 (Adj.) XIII 43,26 44,28 46,9°.
21 BG 28,2 (≠p) / + EI EBOL I 64,5°.7° / + EINE EBOL I 60,6 / + MISE siehe
MISE (101 C) / + SŌNT VII 83,34 / + TAMIO VII 122,31 / + genea II 25,2° p' /
+ genos VII 92,11 120,11 / + gennētos II L 46° (Mt 11,11) IV 66,6° p VI 57,15.
17 / + probolē I 68,1° 111,31° / :: MOY XIII 42,30° (Lehrsatz) / :: TAKO III
71,20.21 (Lehrsatz)(p' BG 84,4.5)
— QINČPO Zeugung, Schöpfung, Geschöpf (wie ČPO Subst.) I 59,38 66,7 / + EINE
EBOL I 60,6 / + REFSŌNT I 105,38 / + genos III 44,19 p
— REFČPO, REFČPE-° Erzeuger, Schöpfer (von...) I 64,23 (Adj.) 68,2.4 (Adj.)
126,9 III 59,25° 82,13 (p' BG 103,5)(vgl. p V 10,10) 96,23 (≠p BG 87,18) V
6,6 (Adj.) 10,19° (≠p III 82,12) VI 60,22 VII 122,5° (fem.) 123,8° 126,12° XI
27,32° (fem.) BG 87,17.18° (≠p) 98,18 / + pangenetōr VI 12,23
— ČPO NKESOP, OYEHM ČPO°°wieder hervorbringen, wiedergeboren werden,(Subst.)°
Wiedergeburt II 134,29° IV 74,29°° (≠p) X 12,37 / + anastasis II 67,12-14(°),
vgl. II 71,1 134,7 VII 20,5
— ŠORP NČPO Erstgeborener, Erstlingsgeschöpf VII 30,8 BG 97,11 (≠p' III 78,16)
— ŠORP NČPO Ersterzeuger + Prōtogenetōr III 104,12.21 p (BG 99,4.14) V 12,7
p (III 83,23)
— ČPO EBOL MMOF (OYAAF), ČPO OYAAF, ČPO= MMIN MMOF selbstgeboren, selbstent-
standen, sich selbst hervorbringend I 56,4 X 26,3 (fem.) / + autogenēs, auto-
genios, autogennētos IV 9,21 p' 50,18 p 66,4 p 79,6 p V 10,20 p (III 82,13)
VIII 20,5, vgl. VII 113,12 126,6 IX 28,7 (jeweils Vb.). PNOYTE NTAYČPOF siehe
NOYTE (127)
— ČPO NKAH erdgeboren (wie gēgenēs) IV 71,1.20 (≠p) VII 94,18
— ČPO NŠAČE logosgeboren + logogenēs IV 71,15 p 74,26 p, vgl. IV 75,15(Vb.)p

- 184 -

━ ATCPO(=), ATOYCPO ungezeugt, ungeboren, MNTATCPOS° Ungeborenheit I 51,28
53,7 54,25 56,33° 57,12 58,7° 59,32 64,27 (Subst.) 113,37 VII 102,1 (::) IX
5,3 (::) X 4,19 (Subst.) 5,4 6,24 7,14.18 XI 22,30 29,37 (Subst.) BG 88,15
(≠p) 98,6 (Subst.) / + agennētos BG 84,6 p' (+ATMISE p' V 2,16) 87,7 p.p'
123,6 p / :: ATMOY I 52,9.32, vgl. X 6,3.25.27 14,[18] (::) (jeweils Vb.)

━ erwerben, sich (etwas) verschaffen (oft mit reflexivem N-) I 11,16 16,10.22
107,8 II L 14 (?) 56,18 59,29 66,17 76,26 80,23 109,29 VII 28,32 84,17 85,6.15
87,20 88,16 90,23.26 91,30.32 92,34 93,5.17 99,3 105,7-21 110,15 117,33 X 39,
18.21 / + KŌ N- (BM 979) VII 98,7 / + echein (S. Sext.) XII 29,23 / + klērousthai VII 91,12 (::) / + ktēma (S. Sext.) XII 27,7
━ (unbekannte Bedeutung, Verb der Wahrnehmung?) + EIME I 68,11 ✠
(vgl. ŠŌPE (322 A))

ČPIO (429 B)

tadeln, zurechtweisen, ČI ČPIO° zurechtgewiesen werden, sich zurechtweisen
lassen I 11,3° 13,14 19,24 (Übersetzung von elenchein 'überführen'?) 31,27
VI 17,18 VII 8,32 116,18 / + SAHOYE II 24,4 p
━ ČPIĒTq beschämt sein :: ATŠIPE VI 14,30 (::)
━ MNTČPIĒT Bescheidenheit, Demut + THBBIO VI 9,25 ✠
(vgl. ŠIPE (320))

ČRO (430)

stark werden, ČRO (oder) ČOORq (oder) ČROEITq stark sein, siegreich sein I
71,26q 97,2 104,[4]q II 26,28 (p' Adj.) 83,9q 120,13q (Subst.) III 142,3q IV
76,14q (p Adj.) V 61,22q 73,5q VII 18,29q 60,4 62,31q 63,27q 67,9q 70,27q
104,71.14q 114,15 XIII 46,27q / + R ČOEIS VII 63,27q / + dynamis VII 23,6q /
+ nikan (S. Sext.) XII 15,17q / + periginesthai (S. Sext.) XII 15,16 / + hypomenein XII 36,14
━ ČRO E- besiegen, ČOORq E-, ČROEITq E- stärker sein, überlegen sein, besiegen I 44,27 79,21 (QRŌ) 83,34 (QR[Ō]) II L 104 99,4q 118,16 III 122,23 129,10
VI 26,22 VII 31,11 48,12.14 86,5.16 108,16 114,7.10 117,18 IX 39,1q XIII 38,
[32] 39,29 40,15 / + R ČOEIS VI 42,8 / + Oq NČOEIS II 64,5q (::) / + hēssasthai
(S. Sext.) VII 15,15 (Passiv) / + nikan (S. Sext.) XII 15,18 29,10 / + R POLE-
MOS VII 86,25 (+ŌHE ERAT= 'widerstehen') IX 26,7 ----- VI 20,11q
━ ČRO ARM- (A₂) niederhalten? I 117,4
━ ČOOR, ČO(Ō)RE stark, (mit E-) stärker I 46,35 (::) 89,19.31 III 34,13.14
(≠p).24 (p'q) 59,15 64,24 (pq) VII 85,32 93,6 114,32 BG 67,11 / + QOM, bia II
76,12 (Subst.) / + dynamis VI 56,14 (Subst.) / + ischyros (Mt 12,29) II L 35
(Subst.) / :: SA NR HOTE VI 72,24 / :: QŌB II 84,16 (Subst.).19 85,14 VII

ХЄРО (431)

110,33 (Subst.)(+dynamis, tyrannos)
— R ĊŌŌRE mächtig werden VII 112,23
— ĊRO (Subst.), MNTĊŌŌRE°, MNT[ĊRŌ]°° Stärke II L 103°° V 78,16 VI 27,24° VII
93,5° / + NOMTE IV 62,[20] p (+QOM) / + TAĊRO VII 84,18° / + QOM XI 61,4
— TI ĊRO stärken + EIRE NĊŌŌR, TI TAĊRO BG 67,12 p.p'
— ĊRO (Subst.) Sieg XI 21,33
— ĊRO NHĒT sich stark fühlen, sich überheben + ĊISE BG 46,(8) (lies NEF(Ċ)RO)
p'
— ATĊRO ERO=, EMAY(Š) ĊRO ERO=° unüberwindlich, unbesiegbar II 10,1 (≠p') IV
56,26 75,23 VII 30,35° 33,19° 41,28° 96,26 (+) / + invictus (Iren. I 29,3) III
13,10 (vgl. p') ✠
(vgl. TAĊRO (261 C). ĊŌŌRE und ĊOORq siehe auch unter ĊŌŌRE (432))

ĊERO (431)

anzünden, entflammen, brennen II 85,33.[34] VI 43,30 VII 99,8.18 IX 71,28 X
64,[3] / + RŌKH II 109,13 139,34.35 / + anaptesthai (Lk 12,49) II L 9 / + kaiein, kaiesthai II L 33 (Mt 5,15) 126,24 (Apk 8,8) / :: ŌŠM II 60,9 / :: ĊNA
VII 106,14.16 ✠

ĊŌŌRE (432)

zerstreuen, (meliorativ) ausbreiten, (pejorativ) verschwenden, (Subst.)° Zer-
streuung, Ausbreitung (mit und ohne EBOL) I 53,15 92,31° II 109,15 III 131,9
V 30,27 VIII 45,4° 115,1q (ĊOOR) XI 60,3 67,34 (?) / :: SŌOYH VI 16,18 36,21
(korrupt)
— zerstören, hindern, vergehen (mit und ohne EBOL) XI 61,25 XIII 40,16 /
+ BŌL EBOL II 141,7 ✠
(ĊŌŌRE und ĊŌŌRq siehe auch unter ĊRO (430)

ĊŌRP (433)

stolpern, fehltreten VIII 43,[18]
— ĊROP Hindernis, (Ursache zum) Fehltritt I 33,22 XI 15,30 / + proskomma
(Jer 3,3) II 129,19
— ĊI ĊROP Anstoß nehmen, behindert werden II 138,20 XI 16,33
— ATĊROP ungehindert I 71,12 ✠

ĊISE (434 A)

(sich) erheben, erhöhen, übermütig werden I 23,27 136,13 II L 46 77,25 III
128,23 130,2 V 47,[26] (::) VI 44,12 VII 2,21 3,7.22 9,9.24.32 11,32 15,24
17,15 19,30 20,2.21 22,17 27,7.13 IX 15,[5] 27,9 BG 54,7 / + AŠAI IV 66,[14]

p / + OYŌTB BG 54,10 [p] (vgl. p'q) / + ŠOYŠOY II 103,5 V 83,[28] / + ČRO NHĒT
IV 21,22 p' (p ist zu korrigieren) / :: THBBIO VII 104,22.23 111,3.9
— ČOSEq hoch sein, erhaben sein I 29,17 64,29.37 65,3 70,[13] 71,36 74,34.35
83,9 85,24 92,22 105,24 106,33 115,14.36 120,3 133,9 II 14,14 53,21 65,29 (+)
75,2 85,17 125,14 138,32 III 83,3 135,5 V 64,16 69,21 77,7 78,11 81,4 85,11
VI 3,21 (ETČOSE 'oberer') 6,30 26,18 29,13 33,31 43,22 (+) 47,11 54,17 71,21
VII 2,17 3,4.31 7,35 9,27 12,17 16,29 22,19 24,15 37,13 38,25 100,2.4 117,2
VIII 65,15 125,3 X 40,17 XI 26,22 48,11 50,14 54,34 64,5 65,38 66,37 XIII 36,
26 38,2 39,9 40,3 41,8 43,21 44,3 45,13 (+) 49,27 / + SOTPq II 79,12 VI 56,15
XII 10,14 27,2 / + OYŌTB II 28,6.9 p' (+HOYO p') V 14,17 p (III 86,23) / +
meizōn (Mt 11,11) II L 46 / + hyper (Phil 2,9) I 143,11 II 7,28 54,7 76,10 /
+ hypsēlos, hypsēloteros II L 32 (Mt 5,14) VII 69,22 (Hebr 7,26) 71,13 (dito)
/ ::THBBIO I 98,7 (vgl. Phil 2,9 hyper) / :: QOČBq X 26,28 ----- II 72,27
IX 68,18
—PETČOSEq der Erhabene, (Plur.) die Erhabenen°, (Sgl. oder Plur.) das Erha-
bene°° (alles überkosmisch)I 51,1°° 65,37 79,26°° 84,[23] 85,18 89,12.14 94,6°
96,13 (::) 99,29 105,20 106,12 111,27 112,7 119,31 127,4° 130,20°.33 II 69,28°°
(+) III 40,5 (vgl. p) VI 37,12 (::) VII 8,8 37,12? 40,12 99,22°°.30°° 111,8°°
IX 27,13°.16° (::) 28,15 36,5°° 38,26°° / + NAA- I 111,22 / + NOYTE VII 88,11
(::diabolos)
—NETČOSEq (Vokale oder Diphthonge) mit Hochton (Übersetzung von oxytona) I
26,18 / :: NEQOČBq, NETHN TMĒTE X 30,2
—(Subst.) Höhe (auch Plur,), Erhabenheit I 61,17 63,24 70,17 77,34 78,23 80,
[23] 86,6.8 II 64,12 96,5 (vgl. p 106,21 SOTPq) III 21,[21]? (≠p') 37,3 59,2
128,22 IV 50,5 (vgl. pq) V 19,23 37,17 54,17 61,25 VII 1,9 3,8 10,28 36,4
39,33 49,10 56,14 57,28 58,15 71,1 101,7 VIII 4,8 X 7,20.22 XI 10,25 XIII
37,6 / + NOQ VII 88,3 (Adj.) / + PE II 110,17 V 80,16 VI 75,9 / + TPE I 41,27
XI 13,34 BG 60,17 p' / SA (N)HRE III 59,5 IV 71,4 p VII 57,10 (::ESĒT) BG 61,
15 p.p' / :: ESĒT V 22,17 / :: ŠIK III 124,5 135,9 (::SA MPITN) / :: HIEIT
XI 10,29 / :: bathos I 54,22 (+) 55,26 (+)
• HOYE ČISE größere Höhe + MNTNOQ XI 65,36
—ČISE NHĒT, R ČASIHĒT° überheblich werden (oder) sein, ČASIHĒT° überheblich,
ČOSEq NHĒT überheblich sein, ČISE NHĒT (Subst.), MNTČASIHĒT°° Überheblichkeit
I 13,19 78,16 (Subst.).30°° 82,21°° 90,19°° 98,9°°.18°° 103,17°° 109,33°°
110,8°° II 77,23 (meliorativ) 86,29°° VI 15,2 VII 34,23° 63,13 64,36q 91,22°
110,24q BG 104,4°° 125,15°° / + ŠOYŠOY VI 31,3 Subst.) VII 46,35 (Subst.) 77,
2°° / + authadēs II 94,21° VIII 136,6 / :: THBBIO VII 110,30q.31°
(PNOYTE ETČOSEq und ETČOSEq ENOYTE siehe NOYTE (127), PNOQ ETAMAHTE MPČISE
siehe NOQ (138 A), ETČOSEq ETELIOS siehe teleios) ✠

XICЄ (434 B)

ČISE (434 B)

TI T=CISE den Rücken zeigen +PĒTq VII 85,30 ✠

ČTO (435)

hinlegen (hier wohl enger: 'einschlafen lassen') + TRE=NKOTK II 22,24 p' (vgl. Gen 2,21) ✠

ČIOYE (437 A)

REFČIOYE Dieb + lēstēs II L 21 b (+kleptēs Mt 24,43) VI 78,19
— NČIOYE heimlich, beiseite, geheim II 57,28 116,28 V 48,23 ✠

ČOOY (437 B)

senden I 15,8.15.24 16,7 41,24 95,34 (Subst.) II 102,33 104,18.22 115,32 116, 10 124,9 III 61,4 (≠p) VI 45,23 60,17 VII 25,9 28,14 VIII 132,11 / + TNNOOY II 29,17 p' / + apostellein II L 64 (Lk 14,17).65 (Mt 21,34)
— [R] ŠORP NCOOY aussenden? ----- V 37,11 ✠
(vgl. ČO (412 A))

ČAYMOEIT 'Führer' siehe MOEIT (89 B)

ČOOYT (438)

böse, niederträchtig VII 110,8.10 (Subst.) ✠

ČOFČF (440 A)

verbrennen II 140,26 ✠

ČŌH (440 B)

salben VII 53,6? (Subst.)(oder von ČŌH 'berühren' herzuleiten?) XI 52,13? (von ČŌH 'berühren'?) VIII 63,22 ✠

ČŌHM (440 C)

verunreinigen, beflecken, verderben, (Subst.)° Verunreinigung, Befleckung, Verderbnis, ČAHMq befleckt sein (alles auch im sexuellen Sinn des 'Beischlafs') I 29,24 31,35q II 55,28-33 65,[1] (Subst.)(::).15.19 69,3q (lies E(Y)ČŌHM)(::) 82,4° 89,27.28 92,3 93,28 116,17 117,9-14 118,15 124,25 127,32 (+) 130,24 140,37° 141,31° III 31,10 IV 71,14q V 75,3.4.6q 84,18 VI 25,8 31,20° 38,17 39,19.20° 44,25° VII 27,13 31,30q 32,4q 34,1q 46,32q 47,5q 69,18q (+)(::)

- 188 -

94,31 101,30q.31 IX 29,26° (::) 30,8.9.20° 39,1q.5° 69,19° X 5,15° / + SŌŌF
II 117,5°.7° / + akathartos (S. Sext.) XII 30,19q (vgl. 30,17)(::OYAAB, katha-
ros) / + diaphtheirein (S. Sext.) XII 30,24q / + koinoun (Mt 15,11) II L 14 /
+ koinōnein, koinōnia II 128,22° 131,15 VII 22,3q / + miainein, miainesthai
(Jer 3,1.2) II 129,11°.11.17 (+porneuein) / + anosios (S. Sext.) XII 31,5q /
:: TBBO II 131,30° (+) 132,11° VII 8,4° / :: OYAABq I 10,3° VI 25,13.15q
----- IV 57,4 IX 66,29
(ⲦⲦⲢⲒⲂⲎ̄ ETⳐAHMq siehe tribē)

— ATⳐŌHM, ATⳐAHM= unbefleckt, unverderblich, (Subst. Plur.)° Unverderbliche
(Hypostasen des Pleromas), MNTATⳐŌHM°°Unbeflecktheit, Unbefleckbarkeit, Unverderblichkeit, Unversehrbarkeit I 31,34°° 92,10 II 64,36°° (::) IV 54,[16] (≠p)
56,[8].27° 57,6° 58,2° 59,18 60,11 62,21°° 65,[10] 67,[5] (≠p) 73,[8](≠p).23°
(ohne p) 77,5 (≠p) VII 4,3 8,25 50,15 54,22 60,18 66,7 70,20 80,26 IX 30,1°°
(::) XIII 42,9 46,7.15.18 / + TBBĒYq II 82,5 (::) / + ATTAKO VII 69,17 (PIAT-
ⳐŌHM 'das Unverderbliche') / + ATTŌLM I 115,17°° II 2,15 / + ATŌⳐN VII 49,28
/ + aphtharsia (auch Plur.) IV 50,11 [p] 51,[14] [p].26 p 53,[9]°° [p] 62,7°
p 66,13° p 75,23 p / + aphthartos (auch Plur.) IV 50,29 p 61,[3]°.20 p 63,[3.
15].16 p 65,[28] p 66,[2]°.15 p 67,3.20 p 72,8.[24] p 74,2 p 75,9.15 p 76,14
p 77,11 p 78,2 p BG 86,4 p' (+) / + teleios VII 69,23°.25
● PIA[TⳐ]ŌHM NTE TME der Unverderbliche der Wahrheit (Seth) V 82,24 (vgl. 77,1)
✚

ⳐAⳐE (441)

Feind II 143,30 144,6 V 63,14 VI 28,22 VII 36,12 84,10 85,31 86,25 91,19 105,
13 109,31 110,8 114,13 IX 26,[9] X 33,[22] / + antikeimenos XIII 41,14 /
+ echthros II L 57 (Mt 13,25) 137,18 (Ps 6,8) / + polemios (S. Sext.) XII
27,14 / :: ŠBĒR VII 86,13 IX 13,5 ----- IX 74,20
— R ⳐAⳐE anfeinden :: ŠBĒR VII 42,18
— MNTⳐAⳐE Feindschaft :: ŠBĒR VII 62,9 67,35 (::eirēnē) ✚

ⳐOYⳐOY 'sich rühmen'? siehe ŠOYŠOY (337 A)

ⳐŌⳐ (442)

Kopf VI 9,24 / + APE II 15,31
— HIⳐN- (herrschend) über II 11,3 93,31 97,19 III 17,20 (p' EⳐN-) 58,22 V
58,[6] VI 41,10-33 VIII 6,[9].15 / + KĒq EHRAI EⳐN- III 64,14 65,23 p / + archein II 17,32-18,1, vgl. ŠOOPq HIⳐŌ= II 2,27 (+archein p'), ŠŌPE EⳐN- I 38,36
(+Oq NⳐOEIS)(+hyper Phil 2,9)
(KŌ EHRAI HIⳐN- oder EⳐN- siehe KŌ (55), TI EⳐŌ= siehe TI (218), TBBIO ⳐŌ=
siehe THBBIO (258)) (Subst.: ✚)

ČAQE (444)

QAČĒ linke Seite :: OYNAM V 20,2 ✝

QŌ (445)

bleiben VIII 128,9 / + MĒNq III 31,32 / + MOTNq MMO= VIII 118,2q / + ŠŌPE III
14,5 p' / :: EI EBOL II 139,27
— (Subst.), QINQŌ° Bestand, Beständigkeit XI 22,29 (::) / + ŠIBE I 127,2°
— REFQŌ der Bleibende I 125,30

QŌB (446 A)

schwach, R QŌB° schwach werden, MNTQŌB°° Schwachheit I 78,11° II 87,17°° 121,
24°° (+) VII 8,28 12,15 IX 42,[15] / + ŠONE I 81,1°° (lies HN{HI}MNTQŌB) /
:: ČŌŌRE II 84,17.18 85,15°° VII 110,35°° / :: QOM, QMQOM II 76,8°° III 17,16°
/ :: akmē̄ V 67,9°° / :: enkrateia VI 15,19°° ✝

QBBE (446 B)

QOOBq schwach sein + ŠONE VI 27,23 (::ČŌŌRE) / + argos VII 37,24 / :: OYOČq
VI 15,28
— QABHĒT furchtsam, R QABHĒT° Angst bekommen, MNTQABHĒT°° Feigheit V 28,4
32,13.19 (+) 51,17° VII 55,23 80,33°° VIII 140,22° / + R HOTE V 32,[22]° ✝

QBOEI (446 C)

Arm II 84,34 XIII 44,10 ✝

QBOYR (446 D)

links I 106,3 / :: OYNAM siehe OYNAM (274 A) ✝

QAEIE (447 A)

häßlich BG 37,14 (≠p.p')
— HN OYMNTQAEIE in schändlicher Weise VI 17,14 (::NANOY=) ✝
(QAEIO, QAEIĒOYq siehe TQAEIO (262 B))

QOEILE (447 B)

sich aufhalten, (als Fremder) wohnen II L 21 aq (QELIT), III 68,23q (Rand-
siedler der gnostischen Gemeinschaft, Auditores?) V 73,17.22 VIII 25,5q (::)
----- VIII 42,[11]q
— MA NQOEILE Aufenthaltsort (für den Kosmos als vorläufigen 'Aufenthalt' des
Gnostikers) V 63,[2] (::) XIII 44,26 ✝

QLA (448)

MNTAPQLA (A₂) Nichtigkeit I 117,38 (+) / + ŠOYEITq I 29,6 ✠

QALE (449 A)

lahm IX 42,9 / + chōlos (Mt 11,5) IX 33,5 ✠

QĒL (449 B)

AŠQĒL (A₂) schreien + AŠKAK VI 19,28 (lies TETAŠQĒL (Vb.)) ✠

QOL (449 C)

Lüge VI 7,14 (oder Nebenform von ČOL 'Woge'?) 39,26 (+) VII 38,22 (+) 60,23 /
+ SŌRM III 141,[18] / + katapseudesthai (S. Sext.) XII 32,8 / + planan BG
19,[20] / + pseudos (S. Sext.) XII 15,2 (::alētheia).[19] (Adj.).21 / :: ME
I 17,25 VI 44,20 (Adj.)
— ČE QOL, CI QOL (be)lügen II L 5 112,28 / + pseudesthai, pseudē legein (S.
Sext.) XII 32,9 (::ME) 34,20 (+apatan) / :: ČE ME VI 14,21.22 (::)
— [MAEIČI] QOL gerne lügend + philopseudēs (S. Sext.) XII 16,6
— MNTČI QOL Verlogenheit I 98,2 (+)
— ATČI QOL untrüglich, HN OYMNTATČI QOL° untrüglich (Adv.), wahrhaft I 66,10°
VII 12,5 ✠

QŌL (450 A)

verleugnen I 122,5
— QŌL EBOL ablehnen :: ČI I 134,10
(QALME siehe unter ME (86))

QŌŌLE (450 B)

(sich) bekleiden, anziehen VII 2,32q 4,20q 13,31q 111,4 XIII 48,[16] / + TI
HIŌŌ= I 20,24 (Fehlübersetzung von analambanein 'aufnehmen'? vgl. FI 20,4.5)
/ + stolē VII 89,20
— [Q]OLEq umgelegt sein (von einem Kleid) VI 32,5 (::KĒKq AHĒOY) / + HOBESq
VII 2,3 (QALEq) ✠

QLIL (452 A)

Brandopfer ----- V 41,8

QLOMLM (452 B)

verwickeln, umschlingen, (Subst.)° Umschlingung I 42,24q (übertragen: ' in

Verwirrung sein') XI 9,16 42,21° (QLALLM)
— (grammatischer Terminus, entspricht vielleicht symplekesthai und symplokē,
vgl. Crum und Liddell/Scott s. v. symplokē 4.) Kombination (von Buchstaben
bzw. Lauten) QLMLAMNTq kombiniert sein (dito) X 27,8.[10]q / :: PORČq X 30,29q
✚

QŌLP (453 A)

enthüllen, aufdecken, offenbaren, offenbar werden, (Subst.)° Enthüllung, Offenbarung I 15,38 20,(24) (falls AFQAL<P>EF zu lesen) 66,25° 114,17° 118,36°
143,[23] II 8,[30]° (≠p') L 18 71,7 103,29 114,16 127,17 138,6 III 33,1 126,8.
10.17 142,23 V 19,6 25,6 26,8 33,1 46,7 56,17 57,4 67,16.17 VII 1,4 9,25 13,14.
29 26,7 43,19.20 46,5 VIII 62,23 IX 6,[22] 47,28 70,15 X 6,15q 10,3 27,[20]
33,[1] XI 35,11 50,20 56,23° 68,28.35 XIII 35,9q 46,[7] BG 83,18 / ✚ OYŌNH
siehe OYŌNH (274 C) / ✚ apokalyptein, apokalypsis I 16,24 II L 4 (P. Oxy. 654,
29, Mt 10,26)(✚) III 94,11 (Mt 11,27)(in p BG 94,11 zu ergänzen) IX 27,4.6 /
✚ phaneros, phanerōsis VII 49,2 / :: HŌBS II L 5 (✚) VII 53,14 / :: HŌP V 36,
11-15 / :: HĒPq II 1,2 86,20.25 V 57,9 VII 116,4q (vgl. 1Kor 14,25 phaneros)
IX 14,11-[14] / :: apokryphos I 1,11 (lies EAYQALP<F>-2,[1] (::) ----- II 70,34
✚

QALES (453 B)

Verwicklung? II 31,21 ✚

QLŌT (453 C)

Niere II 16,23.32.33 / ✚ nephroi (Ps 7,10 Jer 11,20) II 136,23 (Plur.)(::HĒT)
✚

QOM (456 A) ŠQOM

Kraft, Macht (meist überkosmisch-hypostasiert) (°Plur.) I 16,34 17,19 26,31
31,19 (Adj.).26 36,29 39,2 57,29 64,22 66,23 68,24 69,27 (✚).41 76,7 82,12°.
15° 84,[24]° 85,11° 88,6.23 93,35 94,36 96,8 97,2°.5.17-21.37 99,10°.15 103,
14°.21°.38° 104,6°.11 106,29 107,10.12° 108,30 109,14°.26° 110,3°-31° 111,14
121,13° 124,17.30° 126,15 127,9 136,21 138,12 II 4,33 (≠p') 8,3° 10,1 (≠p')
11,9.23°.24 12,14°.28 13,2 22,1 29,16° (≠p' angelos) 55,15 65,9 (=) 85,17.18
86,28 87,5 (=).10 92,27.32 93,14.17 103,3 117,13 (=) III 9,22 17,14° (p Sgl.)
26,8° 33,5 44,14 44,21 [p]° 50,7° 53,12 59,11 62,10° (≠p NINOQ) 76,21 (p' BG
94,6) 78,12 (p' BG 97,4)(::) 84,4°.7°.21° 85,2° 85,23° (p' BG 109,7°)(✚)(::)
87,20° (p' BG 113,1°)(::) 88,5 (p BG 113,14)(✚) 90,3° (p' BG 114,7°) 121,9
122,4.16 127,14° 129,10° 135,18 IV 50,21 51,7°.[13]° (✚) 52,2.8.21° 54,14°.23
(=) 55,15 56,[9] 57,5° (::).[26]° 59,7° (::).21 65,15° 73,5° (::).15 V 6,10
8,6.18 11,20° 24,29° (::) 26,28°.24 27,15-[21] 41,14 55,[5] 63,12.29 64,18°.22°

65,19.30° 70,9 73,3.21 74,5°.8.16 (+).19° 75,14° 77,3-[26](°) 78,3.25 79,16.
26 80,8.18.[28] 81,13.22 82,9.16.19° 83,5.19° (+).25° 84,20° (die Plurale ab
64,18° sind pejorativ) VI 6,17.32° 9,28 11,22° 13,3 15,21 18,14.14° 38,(3)
(lies QO(M)).5.6°.7° 39,8° (::).15 40,27 42,7 45,31° 47,2.11.12°.33.34° 55,26
58,8 65,22.24 69,6 VII 19,4 35,9 51,28° 56,20° 58,3 66,11 74,29 77,5 113,16°.
20 118,21° 120,16 126,13 VIII 1,19 2,23 3,10.13 5,4.11 6,9°.15° (=) 7,4°.12°.
[18]° 8,2° 11,5.9° 12,1 15,14 17,1 18,3 20,13 21,11 24,7.14 25,3.16° 27,16
28,15 29,7 44,5 46,6.17°.24° 48,28.29 53,18° 55,24° (::) 58,17 63,21° 65,21
74,13 (=) 77,19.21 85,15° 113,15° 115,10.18° 116,16 121,12°.17 125,2 128,12
131,16 134,8 135,2° 136,7°.11° 137,10°.[11]° (die Plurale ab 135,2° sind pejorativ und meinen wohl Archonten, vgl. 137,16) 137,26 140,21.27 IX 32,25° 40,1
68,[12] X 6,23 9,[10]° 39,21 XI 3,[32]° 21,26 26,32° 27,25° 33,34° 40,17 45,
[25] 46,19 47,33° 49,25 (::) 50,23°.25° 53,38 57,20.39° 59,4° 60,26° 61,24°
XIII 35,14° 38,32 39,20°.28 40,7.28 46,28° 48,[10] BG 39,16 42,15 45,20 87,18
97,13 121,8 126,16 / = NOYTE BG 112,7° (+dynamis p') / = OYŌŠ I 55,34 / = exousia II 28,12° / = ogdoas IV 52,15.25° / = PINOQ [NKH(RISTO)S] IV 56,25 /
= psychē III 34,22 BG 67,12 (+dynamis p, vgl. p') / + ČNAH V 71,20 / + ČŌŌRE,
bia II 76,14 / + aretē I 67,15°.20° 73,10° / + archē V 19,4° (+exousia)(::)
75,27° VIII 14,7°.9.10° BG 83,10 (+exousia) / + bia II 76,14 / + dynamis II
5,19° p' 73,15 83,11° 88,10 (vgl. 88,2)(::) III 22,10 IV 53,[7] p 61,[2].4° p
62,20.[26] p 63,10 p 66,[12]° p 74,22° p 75,18°.23 p 77,2 p V 13,14° VI 14,6
VII 27,31 113,1 (Weish 7,25)(+energeia) IX 37,[7] XI 40,15 (Lk 10,19) BG 27,9.
14 p 35,10°.12.20 38,16 p (+virtus Iren. I 29,4) 42,16 p 43,1.7° p 48,15°.[18]°
p 49,8 p 49,10° p' 51,2.14.19 p 52,5°.8° p 52,20 p.p' 58,11 p 59,13 p 66,15 p
67,4 p.p' 87,1 p.p' 87,3 p (+isodynamis p')(::) 96,19 p' (::) / + energeia XI
53,32 54,14 / + exousia III 53,23° (lies HENQOM) VIII 135,23°.27° / + isodynamos III 75,12 (p' BG 91,17) / + ischys (Mk 12,30) VI 57,23 / :: MNTNOYTE VII
100,[34] 101,5 / :: ŠAČE IX 31,26 / :: MNTQŌB II 76,7 ----- III 124,9 128,6
VI 21,8 XI 50,6

● ŠOMTE NQOM drei Kräfte (überkosmisch) X 9,[11] / = EIŌT, MAAY, ŠERE IV 50,24
52,25 (=ŠOMTE NOGDOAS) 54,14 / + dynamis I 14,24 BG 39,13 p

● PIŠMT QOM, PA TŠOMTE NQOM° der mit den drei Kräften, der Dreikräftige (vgl.
tridynamos, Pistis Sophia 23,19 u. ö.) MNTŠMTQOM°° Dreikräftigkeit VII 120,22°°
121,32.33 123,23 VIII 17,[7] 20,16 (Adj.) 24,13 (Adj.) 63,[8](Adj.) 66,[15]
(Adj.) 79,[22] (::) 80,18 87,13 97,2 (Adj.) 118,12 (Adj.) 123,[129](Adj.) 124,
4 128,20 (Adj.) X 6,19° 7,28° 8,5°.20° 9,9°.21°.[25]° 15,2° XI 45,13.21 47,8
(Adj.) 51,[8] (Adj.) 52,19.30 53,31 (+) 56,[14] 58,24 (Adj.) 61,6.20 64,35
66,35 (Adj.) BG 28,1° (≠p) / + NOYTE... XI 61,13 / + ČOEIS I 8,11° / + dynamis... X 7,24° (adjektivisch bezieht sich der Ausdruck stets auf den 'Unsichtbaren Geist'; Ausnahme: VIII 66,[15])

● TNNOQ NQOM unsere große Kraft (überkosmisch, 'wir' sind die Gnostiker) VI 36,2 (lies NT<N>NAQ NQAM).15.27 45,4 48,5, vgl. TNOQ NDYNAMIS unter dynamis

● (T)NOQ NQOM (die) große Kraft (wohl gleichbedeutend) III 76,21 (p BG 94,6) IV 63,[10] (≠p) VI 6,17 40,27 69,6

● PČOEIS NNQOM der Herr der Heerscharen (vgl. Ps 23,10 etc. dynamis...) II 104,10 (+dynamis... p' 95,23)

━ RMNQOM mächtig I 79,6

━ (pejorativ) Gewalttat + OYIHE I 84,12

━ (meliorativ, Plur.) Krafttaten, Wundertaten (wie dynameis) VII 52,16 VIII 140,7 / + ŠPĒRE V 55,23

━ Fähigkeit, Möglichkeit (wie dynamis) I 94,10° (?)(-OYN QOM) / + HMOT, charis XI 16,38 / + dynamis (S. Sext.) XII 33,20

━ R QOM tätig sein, wirken (wie energein) II 12,30

━ TI QOM Kraft geben, stärken I 66,24 VI 6,12.17 VII 120,32 122,19-34 123,33 VIII 1,31 4,17 14,10 57,21 118,9 130,8.21 136,4 X 41,2 XI 45,36 52,15 67,19 XIII 40,33 47,[12].19

━ ČI QOM Kraft erhalten, gestärkt werden VI 61,1 VII 77,18 VIII 46,23 96,2 119,15 129,13.22 / + ČRO XI 61,3 / + energein XI 66,20

━ QM QOM Kraft erlangen, stark sein, stärker sein, herrschen, vermögen, OYN QOM MMO=° ich (usw.) habe Macht II 19,33 144,24 V 38,22 (::) 57,[3]° VI 55,21 59,17° 68,24 VII 83,18 84,10 119,31° VIII 2,6 X 26,[2] (wie errhōso, Gruß) XI 50,[9] / + TAČRO III 24,18 p.p' / + [R] ČOEIS III 25,5 p VI 43,10 (+ČRO) / + dynamis VII 22,30 / + energeia, energein II 83,29 VI 75,23 / :: R QŌB III 17,17

━ QMQOM, OYN QOM° es ist möglich, man kann (hier nur eine Auswahl mit Synonymen) + Š III 5,15 p° 34,8° p V 17,10° p (III 90,6) IX 29,25 BG 26,3 p / + dynasthai II L 32° (P. Oxy. 1,140 Mt 5,14).35° (MT 12,29).47° (Mt 6,24) VI 76, [12] (Stobaeus, C. H. II 333 App.) XII 16,5° (S. Sext.) 27,28 (dito) / + ēstin (S. Sext.) XII 32,13 / :: OYŎŠ siehe OYŌŠ (281 C)

━ ATQOM kraftlos, machtlos, MNTATQOM° Kraftlosigkeit, Machtlosigkeit, R ATQOM°°, Oq NATQOM kraftlos sein I 80,22°° II 12,32° (::) 88,3°.6° (::) 90,34 120,6q (+) 124,13.{16} III 89,4° (p' BG 115,12°) V 38,[22] (::) VII 107,14 VIII 26,10q XI 66,26

━ ATQOM unmöglich, MNTATQOM° Unmöglichkeit (wie adynatos, adynaton) VII 3,17 101,13 XI 48,9° 60,10° / :: MOKHq VII 100,15)

✠ (außer QMQOM, OYN QOM)

(QOM I 106,29 dürfte zu QŌM/QOM 'Garten' gehören)

QⲞ̅Ⲟ̅ME (456 B)

QOOMEq unberechenbar sein, verschlagen sein +MOKHq II 28,18 / + HOOY (403 B)
III 37,13 ☥

QOMQM (457)

berühren, tasten II L 17 VII 102,32
━ ATQMQⲞ̅M= unberührbar IX 27,18 (+) ☥

QINE (458)

finden I 8,27 12,14 18,29 (Subst.).30.31 32,7.19 34,(36) (Subst.) (lies (P)-
QINE, oder aber TQINE<I>) 35,20 (Subst.) 36,11 (Subst.) 39,27 42,35 129,28
II 143,5-7 III 141,24 V 48,9 49,15 51,[6] 77,26 VI 14,4.8 21,29 38,31 ('(für
würdig) befinden'?) 58,10 VII 116,25 (+) VIII 43,15 (Subst.) IX 69,24 XI 64,
29 / + HE siehe HE (349) / + heuriskein II L 1 (P. Oxy. 654,9, Clem. Alex.,
Strom. V 14,96,3)(::) 145,10 (Mt 11,29) III 74,19 (P. Oxy. 1081) / :: KⲞ̅TE NSA-
siehe KⲞ̅TE (71 C) / :: ŠINE siehe ŠINE / :: apistos I 44,10 / :: arneisthai
II L 110
━ herausfinden, erkennen, verstehen° (vgl. W. Bauer s. v. heuriskō, 2.) VI
42,2 / + EIME, TAHO VII 111,33°
━ können (vgl. W. Bauer a. a. O.) + QM QOM VI 32,22
(Zusammensetzungen mit QN- siehe unter ihrem jeweils anderen Bestandteil)

QNON (459 A)

QONq schwach sein VII 112,13
━ QⲞ̅N Milde :: NŠOT VI 19,26 (::)

QONS (459 B)

ČI NQONS Gewalt antun, Unrecht zufügen, (Subst.)° (und) MNTČI NQONS°° Gewalt,
Unrecht, NČI NQONS (Adj.) gewaltsam, ungerecht I 33,25 85,8°° (+) 135,6° II
28,13° VI 20,8 (::) 39,31 (Adj.)(+) 48,2° (lies PŠE̅[I MPČI NQ]ONS) VII 82,33
VIII 131,1 XIII 44,35 (Adj.) / + adikein, adikia V 53,18 (::ŠANTMAHT) XII 32,
15 (S. Sext.) 34,3 (dito) / + anomos, hybrizein I 5,13° / + kakia (S. Sext.)
XII 28,8°°
━ RMMEFNČN NQONS gewalttätiger Mensch I 108,28.31 (letzteres Adj.?) ☥

QⲞ̅NT (460)

zornig sein (gegen), (Subst.)° Zorn II 106,23.30° (+) V 70,8° 75,25° 77,8° VII
36,13°.22° 37,34 (+) 60,7° (+) IX 2,6 / + BⲞ̅LK V 21,1° 32,10° / + ŠTORTR V 45,

11q.12° / + aganaktein (S. Sext.) XII 28,[5] / + thymos VII 65,28° (+) / + orge II 18,27° (+cholos) VII 84,24° (+) BG 65,25° p.p' ----- V 31,30
— REFQŌNT zürnend, zornig :: ch(rēsto)s V 59,10
— TI QŌNT erregen + paroxynein (S. Sext.) XII 30,[6] (+orgē) ✠

QNQN- (461)

QNQN OYHŌB EHOYN E- etwas tun gegen...? sich absetzen von...? + kataginōskein (Iren. I 21,5) V 35,20 ✠

QEPĒ (462 A)

sich beeilen (oft in soteriologischen Kontexten) I 7,10 (+).38 12,28 14,22 II 133,[33] V 30,10 44,[21] 47,6 48,16 VIII 43,24
— REFQEPĒ sich beeilend I 8,10
— HN OYQEPĒ eilig (Adv.) I 10,27 118,36 123,6 III 113,11 VII 15,6 16,28 25,16 48,7 / + euthys (Mk 4,29) II L 21 b ✠

QĒPE (462 B)

Wolke III 57,11.15 / + KLOOLE siehe KLOOLE (61) ✠

QOP (462 C)

Fuß + OYERĒTE VI 2,21 ✠

QRĒ XIII 35,20 siehe SQRAHT (216 B)

QERŌB (465 A)

Stab, Szepter III 122,8 VI 14,5 / + rhabdos V 22,4 (Ps 2,9 Apk 2,27)(+mastix) IX 48,[24] (Ex 7,9)
(vgl. QRĒPE (465 C))

QROOMPE (465 B)

Taube + peristera II L 39 (P. Oxy. 655,[48], Mt 10,16) VII 95,11 (Mt 10,16) IX 39,28 (Mt 3,16) ✠

QRĒPE (465 C)

Krone (oder) Szepter I 134,30 IV 28,22 ✠
(vgl. QERŌB (465 A))

QRŌH (466)

Mangel leiden (an), nicht haben, (Subst.)° Mangel, R QRŌH°° Mangel leiden (an),
nicht haben II L 67°° III 130,13 140,21 VI 59,2°° / + ŠTA III 10,2° p (+ŠAATq
p') 107,25° p (BG 105,7)(vgl. III 108,1) / :: MOYH (110) II L 63°°
● NETR QRŌH die Armen + hoi deomenoi (S. Sext.) XII 29,[6] 33,24 (+chreia)
● EMEFTI (oder ENFTI EN) NNETR QRŌH wer den Armen nichts gibt + akoinōnētos
(S. Sext.) XII 29,22 33,10 ✠

QROQ (467 A)

Same, Nachkommenschaft° II L 8 V 19,7° 38,11 / = Iēsous II 73,13°.14° / +
sperma II L 20 (Mt 13,32).57 (Mt 13,24) V 73,2°.6° ✠

QŌRQ (467 B)

auflauern, jagen II 88,8 VI 29,6 30,7q.27 VII 39,30 40,1 ✠

QŌRQ (467 C)

(zu)bereiten, rüsten, (Subst.)° (Zu)bereitung VI 31,9 VII 66,8 67,17° 77,26
VIII 29,12°
— siedeln, (eine Siedlung) gründen, (Subst.)° Siedlung, Gründung, (Adj.)°°
bewohnt I 100,1° (KRKĒOY (Plur.) 'Fundamente'?) VI 7,4.10.17 VII 82,24 (?)
VIII 53,21°°
● (Subst., Name der Stadt (Metapher für den Kosmos), wo die Apostel (Gnostiker) sich aufhalten) "Siedlung" (Wiedergabe von oikoumenē?) VI 2,[3] 7,[1.2]
10,3 (die Assoziationsmöglichkeit der übrigen Bedeutungen von QŌRQ ergibt ge-
radezu ein kopt. Wortspiel; das ursprüngliche griech. Wortspiel dürfte jedoch,
wie aus 7,4.5 hervorgeht, /ükumeni/-/(h)üpomenin/ gelautet haben)
— mischen (vgl. Crum 831 a), (Subst.)° Vermischung, Verbindung + MOYČT (114)
IV 61,21° p / + kerannynai IV 80,10 p
(Nicht klar zuzuordnen: ČŌRQ VII 67,26) ✠

QAYON (470) QAYAN

Knecht, Sklave, R QAYAN°° Sklave sein, MNTQAYAN° Knechtschaft, Sklaverei I
117,35° (Adj.) XI 3,[30] 14,35 / + HMHAL II 30,5 (Adj.) p / + aichmalōsia I
117,26°° (::RMHE) / :: ŠERE I 124,9 (?) / :: ČOEIS I 99,36° VI 13,33 (fem.)
----- XI 14,10 ✠

QŌŠ (471 A) ČŌŠ

Mischung :: ATMOYČQ VIII 113,8 ✠

QⲞ̄ϢⲦ (471 B)

schauen, (er)blicken (oft mit NSA-), (Subst.)° Betrachtung, Beobachtung, QIN-
QⲞ̄ϢⲦ°° Anblick I 50,11 71,25 77,18°°.19 92,19 98,37 109,[9]q.13q 118,4 II L
59 81,5 87,12.21 III 57,2 59,6.7° 122,22 130,10 V 23,5 54,9.23q VI 27,11q 28,
22q VII 6,36 15,24.35 33,2° ('Blick'?)(=) 51,18 77,29 VIII 9,16 27,12 X 1,[23]
XI 13,28-33 XIII 38,26 BG 23,2 57,17 / + EIⲞ̄RM VII 103,3 114,8q / + NAY II
190,7 128,28 144,3q.8q V 19,27.[29] (+EIⲞ̄RM) 23,20 VI 3,18.20 22,21q BG 21,[5]
/ + epiblepein (Lactantius, C. H. II 330 App.) VI 73,26 / + etazein (Jer 17,
10) II 136,23 ('schauen auf', 'prüfen')(+MOYϢⲦ) / + ephoran (Gen 4,4) II 91,18
/ + noein II 4,19 p' (p QOϢⲦq) / + paratērēsis (Lk 17,20) II L 113° (?)(QⲞ̄ϢⲦ
EBOL heißt sonst 'Erwartung') / + prospicere (Iren. I 29,1) III 9,12 / :: NAY
(neg.) I 71,25q.28q VII 113,8 (+horasis) ----- II 69,33 XI 6,25
▬ QⲞ̄ϢⲦ EⳞN- beaufsichtigen II 144,5 / + FI ROOYϢ X 1,[23]
▬ QⲞ̄ϢⲦ EBOL warten (HĒT= auf), erwarten (ETRE- daß), ausharren, (Subst.)°
(und) QINQⲞ̄ϢⲦ EBOL°° Erwartung I 2,[18] 6,26 14,26.29 (?)(QⲞ̄ϢⲦ EHRAI) 77,26°°
82,34q 89,3q 136,2°° II L 21 b.51 132,14.17q (::) III 33,16 126,1 V 30,16q
VI 13,8q IX 36,[29] 37,[3] XI 49,18 / + KAATq E- VI 25,15q.18q / + elpis I
85,17° 111,27° 112,1
▬ QⲞ̄ϢⲦ EBOL ETRE- darauf sehen, daß? II 7,34 ✠

QIⳘ (472)

Hand I 32,5 33,3 (::) 54,39 100,32 103,4 II 16,8-12 (::) 17,12-14 (::) L 17.
21 b.22 (::).35.41.98 92,7 93,2.17 136,18 III 132,24 133,[2] 135,[3] IV 79,18
V 22,5 57,[11.13] 59,26 62,13 73,5 74,16 (+) 75,6 81,18 VI 2,17.23 (+).27.29
9,22 VII 58,28 65,11 71,29 72,15.30 81,14.19 (::) 86,11 104,14 110,13 115,3.5
IX 43,3 46,9 48,24 XI 18,32-36 (::) / + cheir (1Kor 12,15) XI 17,[14.20](::)

QⲞ̄ⳘB (473) QⲞ̄ⳘF

vermindern, abnehmen, verringern, (Subst.)° Verminderung, QOⳘBq wenig(er) sein
I 47,23° 60,14 98,33° 99,4° II 3,2 13,15 109,14.16 121,14.21 VII 17,16 IX 31,
12 X 26,23q 27,12q 31,[13]q 35,[19]q XII 33,18q (korrupt?) / :: ANAI VII 100,
10° / :: MOYH (110) I 4,[5]-20 (°.q) / :: SOTPq I 16,19q / :: CĒKq I 94,28q /
:: aretē VII 93,3° ('(moralische) Niedrigkeit', 'Gemeinheit')
▬ NETQAⳘBq Vokale (bzw. Diphthonge) mit Tiefton (wie barytona)? :: NETⳘASIq,
NETHN TMĒTE X 30,2 (vgl. aber 26,23 27,12) ✠

QAⳘMĒ (474)

ATⳘI QECME NSⲞ̄= unfaßbar? + ATⳘI TAQSE NSⲞ̄= III 72,22 (p' III 95,15) p' (BG
86,1) 118,[11] p (BG 125,4) ✠

GRIECHISCHER TEIL

(abyssos siehe (106 A), (124 A))

agathos gut, (Subst.) Guter°, Gutes°°, Güte°° I 5,25° 36,35 42,30° 53,6.40°
61,29 108,4°° 119,24°° II 26,6°° (verschrieben für athlon, vgl. p.p') L 45
(Mt 12,35) 107,13 119,4 134,24°° (Ps 102,5) 135,27 (+) 145,14° III 6,9°.[10]°°
(vgl. p.p') 72,17 114,20°° 136,9° V 53,12°° 55,21°° VI 8,29 33,25°° 52,30°°
64,30°° (P. Mimaut) 66,34°° 67,31 72,25 73,27°° (Lactantius, C. H. II 330 App.)
74,16°°.25-35(°.°°) VII 16,33°° 24,12°° 60,10 62,11° 66,24°° 74,2°° 119.15.
18°°.20°° VIII 117,[16]°°.17°° IX 10,16°° 52,12°°.17°° 58,12 XII 27,20°° (S.
Sext.) 30,20 (dito) 34,24 (dito) BG 88,14°° / :: kakos VII 75,9 / :: poneros
II 120,11°° VII 77,31° ----- I 138,17 VI 73,[5] (::poneros) IX 56,7° XI 15,22
— MNTAGATHOS Güte II 4,7 (vgl. p') III 6,22 (vgl. p') 132,19 VII 122,23 VIII
75,19 124,10 XI 49,[7] 52,32 58,16 BG 125,7 / + agathotēs (Weish 7,26) VII
113,6 / + MNTKH(RĒSTO)S BG 88,7 / :: kakia III 142,6
— REFR AGATHON° Gutes tuend, REFTI AGATHON Gutes spendend VII 124,32 BG 25,
19.19° ✠
(vgl. (49 C), (123 D), (369), (403 B))

agallian jubeln VII 17,7 ✠

aganaktein zornig werden II 121,29 ✠ (vgl. (460))

agapan lieben VII 75,24 VIII 28,20 ✠ (vgl. (85 B), (136 B))

agapē Liebe (im nichtsexuellen Sinn) I 1,[4].4 (::) 8,13 (::) 23,30 34,31
43,6 56,19 76,20 94,1 125,14 138,21 II 54,17 77,25 (1Kor 8,1).27.31.35 78,11
(1Pt 4,8) 139,33 141,13 (Apk 2,4) III 12,11 (::) 68,23 142,6 IV 64,27 VI 60,
24 VII 52,6 60,8 62,26 67,17 BG 99,14 124,3 / = pneuma II 79,28 / + MNTKH(RĒ-
STO)S BG 88,3 / :: elpis, pistis bzw. elpis, NAHTE (1Kor 13,13) I 71,27 II
79,24 (vgl. VIII 28,20 (Vb.) / :: pistis II 61,36 62,2.4 107,12 (::) 141,10
III 82,24 ----- V 9,7 XI 27,19
— R AGAPĒ Liebe üben, lieben I 56,22 58,[12] ✠
(vgl. (85 B), (89 C), (106 B), (136 B), (138 A), (354))

agapētikos liebreich? III 69,10 ✠

agapētos geliebt I 143,34 II 107,9 (::) ✠ (vgl. (85 B))

angeion Gefäß II 115,36 V 38,21 ✠

ἀγγελία

angelia Engelschar BG 39,15 ✠

angelikos engelartig V 85,7 (Subst.) ✠

angelos Engel I 10,36 15,19.20 (::) 71,4 99,36 (::) 105,1 (::) 113,1 124,27
(::) 125,16.20 135,1 143,24 (::) II 11,24.25 19,2 L 12.88 (::) 58,13 63,20
(::).[32] 65,24 93,2-94,3 95,10-14.35 (vgl. p 106,13).28 (p 123,6) 102,21 (::)
103,6.7 105,17.21 106,2 107,29 (::) 109,9 (::) 110,1 (::).29 (::) 111,24.28
(::) 117,15.18 (::) 122,17 124,12.{15} 124,41 III 11,24 16,9 (Iren.I 29,4 an-
gelus).12 23,8.18 24,3 26,7 31,3 36,8 38,11.12 56,6 57,6.9.20 (vgl. p).[25]
58,[3.7].8.[24] 62,15 77,21 (p' BG 95,18)(::) 81,1 (p' BG 99,19).4.9 84,8.15
(p' BG 107,8)(::) 87,22 (::) 88,22 (p' BG 115,5)(pV 16,5 (+)) IV 59,6 71,12
73,5 (::) V 11,17.18 (::) 20,6.7.12 22,2.5 26,25 64,15 71,13 72,11 75,8 76,27
77,20 78,13 80,5.[26] 81,11 82,1 83,17 85,17 VI 21,15 (+)(::) 37,11(::) 38,25
39,8 (::)(korrupt) 58,19 59,30 53,[5] VII 28,17 53,15.23.29 54,2.27 64,2 77,24
82,12 91,29 (::) 106,8.27 115,34 (::) 116,32 (::) VIII 3,29 6,6 (::).18 7,5.
13.[19] 19,8 (::) 28,19 47,25 48,22 (::) 51,13 128,18 IX 9,1 (::) 41,4 42,1
(::) 73,[19] (Gal 1,8) X 5,5 (::) 27,14 (::) 30,9 32,5 39,5 41,[22] XI 36,24.
27 39,12-31 40,[24] 67,27 (::) XIII 47,21 (::) 49,16 (::) BG 44,14.16 46,7
50,14 74,12 78,17 100,18 121,13 124,12 125,17 / = daimōn II 123,6 / = dynamis
X 25,2 / :: RŌME I 111,5 120,12 121,19 122,1 123,26 133,14.31 136,3 143,28 II
56,14 58,1 100,16.18 (::) 108,15.20 109,19 123,19 III 37,10 (::daimōn) V 69,20
76,2.5 (::) VI 18,15 VII 100,19 (::) VIII 4,11 13,9 55,24 (::) 95,1 IX 9,[5]
XI 38,29.34 / :: daimōn II 19,11 28,19 (::) 31,18 97,11 126,1 IV 69,[1] VIII
113,1 (::) IX 19,17 (::) XIII 35,16 (::) ----- I 138,4 VI 56,2 IX 15,[1] 16,
[4] (::daimōn) 67,16 X 65,1
━ MNTAGGELOS Engelschar VIII 4,28 (::) 30,30 130,10 (::) XI 42,16 / :: MNT-
RŌME I 120,1 ✠
(vgl. (42 B), (73 A), (127), (138 A), (456 A))

agein :: apagein kommen :: gehen (von Gestirnen, also) aufgehen :: untergehen
III 64,5 (+EINE Pass.::ČI Pass. p)
━ agesthai (an)getrieben werden III 70,18 (p 90,24)
━ agesthai behandelt werden (in der Theorie) BG 81,1 (p' ŠAČE) ✠
(vgl. (205 A))

agennētos ungezeugt (auch Subst.°) II 127,5°.11 III 54,16 71,22 73,16 (p' 96,
13) 75,9° (p' BG 91,13 (P. Oxy. 1081)).22 (p' BG 92,12) 76,<14>° (lies <A>GEN-
NĒTOS) 82,12° (+) 89,16° (::) 117,11 VI 63,<21> (lies <A>GEN{Ē}NĒTOS) VII 9,
29° 24,29° BG 29,18 90,12 (P. Oxy. 1081) / :: gennētos VI 57,13°

(PEPN(EYM)A NAGENNĒTON siehe <u>pneuma</u>) ✝ (vgl. (101 C), (429 A))

<u>hagios</u> heilig, (Subst.)° Heiliger I 144,11 II 97,20 (Jes 6,3) 145,22° (+) III
13,2 XIII 50,23
(PHAGION NPN(EYM)A siehe <u>pneuma</u>) ✝ (vgl. (267 B))

(<u>agnoein</u> siehe (49 C), (204 A))
(<u>agnoia</u> siehe (204 A))

<u>agnōmonein</u> töricht sein XII 29,[7] (S. Sext.) ✝

<u>agnōmōn</u> R AGNŌMŌN töricht sein XII 29,8 (+agnōmonein S. Sext.)(+)
— MNTAGNŌMŌN Torheit (wie <u>agnōmosynē</u>) I 121,6 (+) ✝

<u>agora</u> Marktplatz II 132,16 ✝

(<u>agorazein</u> siehe (43), (253 B))

<u>agrios</u> wild VII 85,17 108,9 ✝

<u>agroikos</u> MNTAGROIKOS Leben auf dem Lande (pejorativ, Metapher für irdisches
Leben, vgl. II L 21 a)

(<u>agros</u> siehe (73 A), (207))

<u>agōn</u> Kampf III 142,1 VI 26,11 VII 114,2.9 (1Tim 6,12) VIII 4,18 / + <u>palē</u>
(Eph 6,12) II 131,9 ✝ (vgl. (341 C))

<u>agōnia</u> Angst, - Betäubung°? II 18,31 (+) 120,25° ✝

<u>agōnizesthai</u> kämpfen, ringen III 137,16 XII 29,9 (S. Sext.) ✝ (vgl. (341 C))

<u>agōnistēs</u> Kämpfer VI 26,13 ✝ (vgl. (341 C)

<u>agōnothetēs</u> Kampfrichter, Spielleiter VII 112,19 114,14 ✝

<u>adamantinos</u> stählern (Wortspiel mit אֲדָמָה‎, אָדָם‎) II 88,14 (p' 108,24) ✝

<u>Adamas</u> Adam, Mensch (Selbstbezeichnung der Gnostiker) IX 29,1 (Plur.)
(Sgl. nicht aufgenommen)

- 203 -

ἄδηλος

(adelphos siehe (188 B))

adēlos unbekannt III 41,12 (+ATŠAČE MMO= p) ✚

adiakritos unbeurteilbar BG 23,17 (+ATHETHŌTF p') ✚

(adikein siehe (459 B))

adikia Ungerechtigkeit II 96,2 (p 106,16) 126,23 VII 78,19 / + anomos II 93,
1.7 / :: dikaiosynē siehe dikaiosynē
— R ADIKIA Unrecht tun (wie adikein) V 53,19 (+ČI NQONS) ✚

adikos ungerecht IX 68,[4] (Lk 16,11) / + anomos (Jes 53,12 Lk 22,37) V 47,
[23] / :: dikaios siehe dikaios ✚

adikōs zu Unrecht VII 29,28 ✚

(adynatos siehe (456 A))

aei immer, ewig (Adv.) III 66,21 67,14 (verschrieben) IV 79,[2].3 XIII 38,29
BG 24,2 ✚ (vgl. (37))

aerodios (nicht in den Wörterbüchern) AEROSIOS Luft- III 62,14 (+aēr p)
(weiteres siehe (73 A)) ✚

aetos Adler II 105,8 (Ez 1,10)(::) 134,25 (Ps 102,5) III 30,18 VII 114,19
(Ps 102,5) ✚

aēr Luft, (untere) Luftschicht, Atmosphäre I 29,19 II 142,17 (::) 144,20 (::)
IV 73,29 (vgl. p) V 82,26 VI 37,10 73,18 76,6.27 77,15 78,26 VII 39,6 65,13
117,16 VIII 48,[5] (::) 55,16 113,9 (::) / :: KAH etc. siehe KAH (73 A) /
:: aithēr VII 31,33 34,4 46,19.29. Weiteres siehe (73 A) ✚ (vgl. (74), (106 C)

athanatos unsterblich (auch Subst.°) II 75,5 96,26 102,3 110,11 122,11 124,5
III 15,15° 71,12.19 76,24 (p' BG 94,10) 77,10 78,10.23° (Kontext verschrieben)
85,18° 88,3.15 89,16° ('der unsterbliche (Mensch)') 101,10° (dito) 106,13°
114,22° 117,16 VII 7,(4) (lies MATHA<NA>TON) 46,3.12.22 / :: thnētos II 125,12
(PATHANATOS NRŌME siehe (163 C)) ✚ (vgl. (37), (87), (236 A))

athetein verwerfen, abkommen von... II 126,12 ✚

athlētēs Wettkämpfer II 145,18 ✠

athlon Wettkampf (vgl. 2Tim 4,7 dromos) III 33,22 (p' II 26,6 AGATHON verschrieben) ✠

aithēr (obere) Luft, Himmel :: aēr VII 31,33 34,4 46,19.29 ✠

aithops feurig leuchtend IX 6,1 ✠

(haima siehe (191 B))

ainigma Rätsel X 34,17 / + parabolē IX 2,2 ✠

(airein siehe (253 C), (344))
(haireisthai siehe (201 B))

hairesis MNTHERESIS° Spaltung, Häresie I 112,20 VI 40,8° VII 37,32 74,22° IX 73,29° ✠

hairetikos Häretiker + schisma IX 59,4 ✠

(hairetos siehe (201 B), (280 A))

aisthanesthai wahrnehmen, bemerken, verstehen II 81,3 99,3 131,17 135,10 III 71,5 (p' BG 82,8 (neg.)) V 52,[24] 54,1 VII 36,8 VIII 43,7 / + noein I 7,6 ✠ (vgl. (49 C))

aisthēsis Wahrnehmung, Verständnis I 54,32 56,38 II 17,32 (::) 19,1 III 11,22 (≠Iren I 29,2 thelesis)(::) 12,7 (::) 69,9 (+) IV 64,3 (::) V 38,22 40,[24] VI 36,1 76,15 (Stobaeus, C. H. II 333 App.) VII 29,2.12 40,17 89,24 (+) VIII 2,15 (::) 9,8 26,16 48,26 95,[8] 129,26 IX 30,32 ('Empfindung') XIII 36,12 (+) 37,23 46,8 / + noēsis VII 36,8 / :: anaisthēsia III 29,7 ✠ (vgl. (106 B), (394), (427))

aisthētos wahrnehmbar, Sinnen- II 20,14 130,22 VIII 1,19 (Subst., Plur.) 26,10 (Subst., Plur.)(+) 42,12
(PIAISTHĒTOS NKOSMOS siehe kosmos) ✠

aischros schändlich, unehrenhaft XII 16,28 (S. Sext.)
— MNTESKHROS Schandtat VI 39,29 ✠

aitein bitten (um), verlangen I 86,16 93,33 143,18 II 5,32 L 64 59,24.26 III
8,5 (Iren. I 29,1) 10,10 50,21 51,6 56,3 IV 54,20 56,8 73,25 VI 18,13 55,14
59,21 62,31 64,31 (P. Mimaut) VII 19,27 50,31 VIII 3,20 XI 17,[32] 34,24 VII
29,2 (S. Sext.) BG 25,9 (vgl. p') / + axioun I 6,25 ✠ (vgl. (51 C), (213),
(224 A))

aitēma Bitte VI 19,18 VII 19,28 20,2 ✠

aitia Schuld I 12,11 (+NOBE) ✠

aitios Ursache (als Adj. konsturiert), schuldig, verantwortlich I 10,31 47,10
81,10 (ETIOS) XII 28,3 (+paraitios S. Sext.)
— PAITION die Ursache (wie to aition) II 124,4 ✠
(vgl. (76), (119 C))

aichmalōsia Gefangenschaft I 117,24.25 II 134,13 (Metonymie: 'Gefangene') V
23,15.17 ✠ (vgl. (165 A), (200 A), (470))

aichmalōteuein°, aichmalōtizein gefangennehmen I 17,35 II 83,26 114,21 140,23
V 23,15.16 54,10 (RAIKHMALŌTI) 50,6° VII 79,20° ✠ (vgl. (180 B))

aichmalōtos gefangen, Gefangener II 53,12 85,29 143,22 VII 74,2 108,7 ✠
(vgl. (200 A), (374))

aiōn Aeon (meist räumlich, weniger zeitlich gedacht. °Selbstbezeichnung der
Gnostiker?) I 23,1°.16° 24,17° 27,7° 38,35 58,31? 59,7 60,1 62,23 64,35 67,39
68,9.22 69,5.39 70,5 71,20 72,12 73,1.9.29 74,1.18 75,18.27 (der 'Sohn'?)
76,13 (dito) 78,1 85,33 86,10.29 87,17.20 93,14.22 94,34 97,8 98,24 101,32
105,24 122,25 124,18.30 136,9.24 143,12 (vgl. 1Tim 1,17) II 4,3.[3] (≠p') 6,8
8,6 14,13.27 25,6 31,2.27 87,11 94,4.10 (::).35 98,23 122,8 127.7.12 III 5,19.
21 5,19-23 7,19 (≠p') 9,3.9 (vgl. p.p') 12,1-23 13,5.14 (=).18 (+).22.23 14,2.
10 16,5.10 21,12 32,9 35,2 39,14.[14] (≠p) 41,2 (≠p).5.7 (vom 'Vater') 43,15
(dito) 50,24 54,5 55,3 56,1 57,23 66,13 (≠p).15.20 (≠p) 67,15 (von Jesus) 73,
19 (ohne p' BG 89,3) 77,16 (p' BG 95,12) 81,20 (p' BG 101,18) 83,4 84,15 (p'
BG 107,6).18 85,10-22 (+) 86,11.17 (p' BG 110,3.11) 87,8 (p' BG 112,1)? 90,2
(p' BG 117,5) 131,6 IV 6,24 55,[6] 58,19 59,3 60,[20] 62,4 65,13 66,10 68,3
71,7°.20° 73,19.28 75,6.19 V 8,18.25 53,8 64,11.21.23 (von Adam und Eva) 65,1.
5 66,4 71,13.15 74,2-27 75,13.16.21 (kosmische::pleromatische Aeonen?) 76,3
(+) 82,22.27 83,4.[30] 85,3.5 VI 37,20 39,12 (korrupt) 42,23 43,3-11 48,13 VII

57,11.30 73,20 75,15 77,5 111,18 121,20 122,6 123,25.26 124,8,9.23 VIII 2,26
4,[18] 5,19.22 6,20 7,7.15.21 8,13 11,3 12,8 13,2 14,5 18,14.18 19,8.11 22,1.
14 25,18 28,8 29,3 46,[19].31 47,30 48,4 53,21 55,14 56,17-21 61,16 62,20
77,25 113,16 114,23 115,9-24 116,5 118,10 120,3.[8.15.23] 121,14 122,2 123,14-
16 124,11.14 125,4-8 126,2-15 127,17-[25] 129,10.23.27 131,21.22 134,22 135,9-
25 IX 5,[28] 6,6 16,25.29 43,27 X 5,4 6,[26] 7,[14].19 8,[28] 14,16.20 XI 11,
35 12,35 25,38 27,38 34,30 35,[20.22] 39,36 40,26-28 45,19.[20] 46,34 49,24
51,12.13 53,28 56,[26] 58,19 59,3 XIII 38,2-39,10 40,6 41,31 42,19-28.33 45,
[1] 46,25.26 BG 33,21 39,9 106,12.17 107,15 114,15 118,13 119,2 126,18 / =
sarx XI 12,32 / = Sophia BG 103,4 / = topos I 92,26 / = phōstēr III 13,7 p' /
+ kosmos II 29,8 112,14-18 124,7 III 7,8 76,9 (p' BG 93,10 88,[2] (p' BG 113,
9) 98,11 VIII 4,27 / + stereōma III 98,7 BG 44,7 (vgl. p') / + chronos II
113,5 XI 63,22 65,23 / :: kosmos I 45,18 47,8 71,8 II 52,26 54,1.5 76,6 86,13.
14 124,6 XI 41,31.33.38 42, [19] BG 20,13.16 (::PEIAIŌN) ----- I 19,1 III 57,
24 (+kosmos) VI 54,25.26 57,22 58,14 V 6,4 75,30 VI 56,7 VIII 24,28 78,9 IX
1,5-8 5,22.27 6,19 X 4,12 XI 13,10
• PAIŌN NNAIŌN der Aeon der Aeonen (auch Plur.) I 58,33 IV 50,17 51,4 53,5
VI 59,6 VIII 59,20 88,18 XI 55,24.33
— (zeitlich) Aeon, Weltperiode, Welt (vgl. oben aiōn+chronos) (°zukünftige
Welt(periode)) II 122,26° 126,4°.31 III 32,20° IV 62,7 VI 36,33° 38,13 41,2
(::) 42,6.15 43,13°.15.17 47,15°.17° (PAIŌN MPHAP, von HOP 'Brautgemach') XI
11,32° / + ktisis VI 38,2 / + chronos III 83,22 XIII 44,33 (Plur.)(Eph 3,9)
• PEIAIŌN dieser (gegenwärtige) Aeon, diese Welt IV 71,7 (IgnEph 17,1 u. ö.).
14 40,24 VII 57,22 73,18 (Lk 16,8) 83,8 / + kosmos VI 11,24 / + chronos II
113,5 / :: PIAIŌN ETMMAY BG 20,15
• TSYNTELEIA MPIAIŌN das Ende dieses Aeons (Mt 13,39 etc.) II 110,13 114,24
121,27 122,33 123,[31] 125,[33] III 62,21 (vgl. p) IV 72,12 XIII 44,32 /
+ kosmos II 122,6, vgl. II 31,2
• PAIŌN ETNNĒOY der künftige Aeon, die zukünftige Welt (Mt 12,32 Lk 18,30)
VI 40,32 (::) 42,21 (::) XIII 45,8
• ŠA NEŌN NTE NEŌN in alle Ewigkeit (wie eis tous aiōnas tōn aiōnōn, W. Bauer
s. v. aiōn 1.b) V 83,14 (vgl. ENEH (37)) ✠
(vgl. (10 B), (37), (42 B), (53 A), (85 A), (239 A), (242))

aiōnios ewig X 5,1 ✠ (vgl. (37))

akatharsia Unreinheit VII 4,24 7,22 23,5.30.33 24,25 32,18 37,22.29 (::) 40,
29 44,21 106,5 ✠ (vgl. (59 A))

ἀκάθαρτος

akathartos unrein II 65,2 66,[1].3 VII 8,30 (Subst.) 1o,25 18,30.35 22,6 32, 25 34,21 38,5.9 101,31 IX 3,[9] XII 30,17 (S. Sext.)(::katharos) ✞ (vgl. (59 A), (267 B), (440 C))

(akairos siehe (269))
(akakia siehe (24))

akakos arglos VII 22,28
— MNTAKAKOS Arglosigkeit, lautere Absicht (wie akakia) II 23,22 ✞ (vgl. (403 B))

(akantha siehe 319)

akeraios lauter, rein, von lauterem Chrakter° II L 39° (p. Oxy. 655,48, Mt 10, 16) VII 1,19 60,9 74,3 BG 25,12
— MNTAKERAIOS Lauterkeit II 4,[2]? VII 6,24 ✞
(vgl. (69 A), (222), (268 D), (394))

(akēlidōtos siehe (267 B))

aklētos unnennbar III 44,2 53,17 61,24 / + ATONOMAZE III 55,19 56,10 ✞ (vgl. (165 B))

akmē Höhepunkt VI 65,20
— Mannesalter VI 44,34
— Kraft :: MNTQŌB V 67,6 ✞

(akoē siehe (388 D))
(akoinōnētos siehe (218), (257 C), (466))

akolouthein folgen III 36,1 114,25 ✞ (vgl. (284 B))

akolouthēsis Nachfolge BG 70,5 ✞

akolouthia Konsequenz VII 100,8 ✞

akolouthos PAKOLOYTHON das Gehörige? + PETEP EŠŌPE III 114,25 p (BG 118,12) ✞

(akouein siehe (201 A), (265 A))

akribeia Genauigkeit VII 1,31 BG 82,2 ✚

akribēs KATA OYMNTAKRIBĒS (wie kat' akribeian) genau II 123,27 ✚

akribōs genau II 102,24 BG 100,8 ✚

akroatēs Hörer VI 20,26 21,6.14 ✚

akrobystia Vorhaut II 82,28 (vgl. Gen 17,11) ✚ (vgl. (176 B))

aktis AKTIN (Licht-)Strahl I 45,31.37 II 1,[32] VII 4,5 99,10 ✚ (vgl. (268 B))

alazōn MNTALAZŌN Aufschneiderei, Prahlsucht (wie alazoneia) + MNTŠOYŠO VII 95,29 ✚

alētheia Wahrheit I 55,16 II 55,19 62,14.17 67,9.19 72,5 73,21 77,19.23 84,18.
21 85,13.19 86,12 96,24 97,14.18 107,12 (::) 125,26 III 60,20 (p danach zu
korrigieren) 62,20 71,10 74,21 VI 54,19 57,4 60,23 VII 12,6 93,33 VIII 132,7.
8 (Kryptogramm) IX 6,23 29,10 XII 15,2 (+to alēthes S. Sext.) 16,[3] (S. Sext.)
30,[27] (+talēthē S. Sext.) 32,20 (S. Sext., adverbialer Dativ als Nominativ
gelesen) 33,27 (S. Sext.) / + ME siehe ME (86) / :: planē II 84,1-12 ----- II
97,1 ✚ (vgl. (106 A), (204 A), (268 B), (449 C))

(alēthēs siehe (86). III 26,23 ist NT{A}LETHE zu lesen)

alēthinos wahr, wahrhaftig, die Wahrheit sagend, echt II 61,14 76,3 82,6 107,8
(::) 117,2 (::) VI 33,2 VII 91,8 107,28 (Joh 15,1) ----- II 68,35-37 IX 9,28
10,1 62,5
(PROME NALETHEINOS siehe RŌME (163 C)) ✚
(vgl. (123 B), (201 B))

alēthōs wahrhaft (Adv.) II 76,13 120,13 III 137,22 ----- VI 78,11
(ETŠOOP ALETHŌS siehe ŠŌPE (322 A), weiteres siehe ME (86)) ✚

halieus Fischer VI 29,20 30,2.8 ✚

allogenēs, allogenios° (letzteres nicht in den Wörterbüchern) von woanders
stammend IV 50,21 (p°) VII 83,17 VIII 128,7° XI 69,6 ✚

allotrios fremd, (Subst.)° fremde Sache? I 109,12° II 111,1 (::) 145,3° VII
6,28 XI 16,25 / :: kosmos II 59,27° ✚ (vgl. (50 B), (143), (314 B))

ἀλλόφυλος

allophylos Fremder VI 70,21 71,28 ✚

alogos ohne Vernunft VII 84,[34] 105,4
━ HN OYMNT⟨A⟩LOGOS (oder MNT⟨AT⟩LOGOS) grundlos I 5,18 (✛) ✚
(vgl. (49, C), (204 A), (223 A), (341 B))

(hals siehe (370))

halysis Fessel ✚ MOYR, SŌNH II 140,31 ✚

(amathia siehe (204 A))
(hamartēma, hamartia siehe (119 C))
(amauroun siehe (367 B))
(ameinōn siehe (123 B))

amelein vernachlässigen VII 2,27 ✚

(ametamelētos siehe (394))

ametrētos unmeßbar, unermeßlich III 5,2 6,13 VI 46,9 ✚ (vgl. (301 C))

amēn amen I 138,25 II 97,21 137,26 145,16 III 55,16 69,17.20 119,17 122,1 VI
12,19 VII 127,32 VIII 140,15 IX 16,16 27,10 XI 40,28 44,36 XIII 42,2 45,3 50,2◀
(AMĒN TIČŌ MMOS NĒTN ČE... siehe ČŌ (413)) ✚

amēchanos unmöglich VII 118,9 ✚

AMMONAS siehe mammonas

amnēstia Amnestie, Schulderlaß I 138,7 ✚

amorphos formlos ✚ morphē (neg.) IX 35,13 ✚

(ampelos, ampelōn siehe (34 A))
(anabainein siehe (47), (229))

anabasis Aufstieg ✚ BŌK EHRAI II 134,14 ✚

(anabibazein siehe (180 C))
(anablepein, anablepsis siehe (129 B))

anankazein zwingen II 128,9 VI 77,32 XI 6,35 ✝

anankaios notwendig I 44,7 95,14 130,6 132,4 VII 100,21 XI 28,29 40,35 ✝
(vgl. (301 A))

ananke Notwendigkeit, Zwang I 103,25 141,34 VI 67,21 VII 26,4 VIII 1,24 21,18
/ + bia VII 61,22.26.32 ----- I 85,4
— (mit Nebensatz) es ist nötig, man muß I 8,2 14,30 21,10.19 II L 24 140,9
VI 5,12 30,22 53,6 67,9 76,29 VII 21,9 37,6 BG 114,16 ✝
(vgl. (134 C), (281 C), (428 A))

(anadeiknynai siehe (246 B), (274 B))
(anathema siehe (28 B))

anaisthesia Betäubung :: aisthesis (Plur.) III 29,7 ✝ (vgl. (122 A))

anaisthetos empfindungslos VII 2,16 74,8 ✝

(anaischyntein siehe (320))

anaitios unschuldig VI 66,23 ✝

(anakainizesthai siehe (27))
(anakamptein siehe (71 C))
(analambanein siehe (450 B))

analempsis Himmelfahrt (Christi) I 134,24 II 138,23
— Wahrnehmung, Innewerden (vgl. katalepsis der Stoiker) :: CONF, aisthesis,
phantasia II 17,3 ✝

anapauesthai ausruhen II 84,3 VI 42,30 (lies ANAPAY{R}E) VII 16,5 29,30 47,19
(::NEB) ✝

anapausis Ausruhen, Ruhe, Ruhestätte (oft eschatologisch) I 143,7 (✝) II L 50.
51 (vgl. Apk 14,13 (Vb.)).60.90 (Mt 11,29) 71,15 72,9.11.16 80,7 104,27 117,
36 III 29,19 (≠p.p') 35,1 86,14 89,23 117,14 VI 18,10 33,8 VII 7,10 10,29 13,
12 14,23 17,32 18,22 29,25 39,11 43,30 X 2,15 XIII 50,[8] / + anastasis II
66,19 / + mone I 70,18 ----- II 72,23
— TI ANAPAYSIS Ruhe gewähren VII 17,33
— CI ANAPAYSIS Ruhe erhalten VII 42,3 ✝
(vgl. (42 B), (64 B), (105 B), (322 A), (391 B))

anaplasis Neuformung, Formung, Geschöpf + plasis, plasma, plassein III 26,15.
21 p.p' ✠ (vgl. (99))

(anapnigein siehe (299 A))
(anaptesthai siehe (431))

anapnoē Atmung VII 23,23 ✠

anarchos anfangslos (oder: 'kein Anfang seiend'?) :: archē III 75,[2] (p' BG
91,3)(P. Oxy 1081) ✠

anastasis Auferstehung I 44,6 45,40 47,3 48,4-31 49,7.16 50,17 II 53,31 56,19
67,15 69,26 73,3.13 74,20 134,12 IX 35,1 36,30 / + anapausis II 66,7.17 ✠
(vgl. (87), (253 C), (429 A))

anastēma ANASTEMA Geschaffenes, Schöpfung (Gen 7,23, vgl. 7,4 Codex A: anastema) + TAMIO III 37,17 p' ✠

(anateinesthai siehe (152))

anatolē Aufgang (übertragen auf die Erlösung der Seele) + MOYTN (105 B) VI 35,8
— Osten VII 31,30 (::) 43,35 (::) 44,2-15 (::) XI 25,39 ✠

(anaphainein siehe (274 C))
(anapherein siehe (394))

anachōrein zurückkehren, sich zurückziehen (°mit EHRAI 'nach oben') II L 13
94,32° 100,28° 103,31° 112,26 115,11.29° 118,24° 127,4° 139,29° V 52,[3] VI
46,6 VII 43,30° VIII 44,20.22 45,12 IX 68,29 X 9,9.21 XI 59,14.19.34 60,19.30
XIII 45,[34] / + chōrein BG 70,13 p ✠ (vgl. (22 C))

andrias ANDREAS ('Statue', übertragen) Menschengestalt (o. ä.) + RŌME II 14,
23 p' ✠ (vgl. (254))

(androphonos siehe (107))
(aneuthynos siehe (119 C))

anechesthai ertragen, (absolut)° durchhalten II 30,18 VII 114,27 XI 14,[13]°
/ + hypomenein, hypomonē IX 44,11 X 1,18
— sich (etwas) gefallen lassen, günstig aufnehmen I 11,34 ✠ (vgl. (344),
(389))

(anēr siehe (163 C), (357), (404 B))
(anthein siehe (267 A))

antheōn Blumengarten V 80,6 ✠

(anthrōpoktonos siehe (397 B))
(anthrōpos siehe (163 C))
(anistanai siehe (237 B))

anoētos unverständig II 107,34 VI 24,22 34,3.18 54,13
— MNTANOĒTOS Unverstand VI 34,11 ✠
(vgl. (394))

anomia Gesetzlosigkeit (in bezug aufs Mose-Gesetz??) II 134,20 (Ps 102,3)
137,20 (Ps 6,9) III 32,7 (≠p.p') V 20,18 40,20 / :: nomos VI 16,15 (::)
— R ANOMIA gesetzlos handeln V 20,23 ✠
(vgl. (119 C))

anomoios NIANHOMOION was (dem Gnostiker) nicht entspricht? VI 40,7 ✠

anomos gesetzlos, ANOMON° (Subst.) Gesetzlosigkeit III 27,10° V 84,10 VIII
139,29 (Subst.) / + adikia III 93,2 (Subst.)
— HN OYMNTANOMOS gesetzlos (Adv.) I 5,16 ✠
(vgl. (459 B))

(anosios siehe (440 C))
(anousios siehe (222 A))
(antereidein siehe (210 B))

antikeimenos feindlich, (Subst.)° Gegner VI 26,21° VII 62,13° 78,11° IX 13,[10]
● PN(EYM)A NANTIKEIMENON feindliches Pneuma IX 6,21 (Plur.) / + ANTIMIMON
MPN(EYM)A, PN(EYM)A ETŠBBIAEIT BG 55,8 p.p'
— PANTIKEIMENOS der Widersacher (schlechthin, der Teufel, vgl. 1Clem 51,1
etc.) VI 30,6 (+diabolos 30,27) 31,9 VII 91,20 95,1 106,1 114,6 XIII 41,13 ✠
(vgl. (267 B), (341 C), (441))

(antilēmptor siehe (321))

antilogia Widerrede VI 53,23 ✠

ἀντίμιμος

antimimos nachahmend, Nachahmer, Nachahmung VII 60,20 63,19 71,22 78,16 79,10
● PANTIMIMON MPN(EYM)A der Nachahmer-Geist (Fälschung der Archonten für den
'Geist des Lebens', führt die Menschen in die Irre) + PEINE MP=PN(EYM)A III
27,18 p' (+PN(EYM)A NANTIKEIMENON p) 39,7 p' / + PEPN(EYM)A ETŠĒS (von SŌŠ
(206 B)) III 34,23 p' 35,6 p' 36,17 p' 75,9 p' BG 74,8 p' / + PEPN(EYM)A ET-
ŠBBIAEIT (von ŠBEIE (304 A), also 'der vertauschte Geist') III 26,19 (≠p) p'
32,3 p' BG 67,15. (III 34,11 (Plur.) ist korrupt) ✚

antitypos nachgebildet, (Subst.)° Kopie VIII 5,[18] 12,10-15 (::) 129,27 /
:: typos VIII 8,13 11,[2] (vgl. 11,12) 12,4 ----- VIII 24,27 ✚ (vgl. (50 B),
(322 A))

antōpein sich gegenseitig anblicken III 75,8 (ANTOPI{TŌ})([P. Oxy. 1081]) ✚
(vgl. (103 B), (351))

antōpos ANTOPOS sich gegenseitig anblickend III 75,7.13 (p' BG 91,11 92,1) ✚

(anydros siehe (106 C))
(anōlethros siehe (226 A))

anōmalia Ungleichheit + ataxia VII 2,15 ✚ (vgl. (337 C))

axia Würde, Rang + genos, klēros, taxis I 100,4 ✚

axios würdig II 26,2 L 55.85 129,4 136,25.26 VII 36,5 49,5 (Subst.) X 40,21
— R AXIOS würdig sein IX 44,6
— OYAXION PE ETRE- es ist recht, daß... VI 66,30 ✚
(vgl. (98))

axioun für würdig halten I 130,25
— ehren III 67,16
— verlangen I 1,7 89,31 II 133,20 / + aitein I 6,23 ✚

aoratos unsichtbar (d. h. überkosmisch), (Subst.) der Unsichtbare°, AHORATON°°
Unsichtbares I 20,20 II 102,19°° III 51,2 117,20 (scil. Pneuma?) VI 22,[6]-22
32,27.32 36,4 56,11 VII 81,3° IX 28,19° X 4,15° BG 35,11 (scil. Pneuma? vgl.
p.p') / = PEIŌT MPTĒRF II 14,21° / + ATNAY siehe NAY (129 B) ----- X 10,1 XI
45,[27]
(PAHORATON MPN(EYM)A siehe pneuma) ✚

apangelia Darlegung I 50,6 ✠

apagein weggehen (übertragen auf Gestirne: 'untergehen') :: agein III 64,6
(p ČI Pass.) ✠

(apallassein siehe (50 A))

apantan begegnen I 109,26 II 80,1 ✠

aparchē Erstling I 69,3 IX 32,24 ✠

apatan betrügen I 107,13 II 81,4 90,31 (Gen 3,13) 92,19 128,13 136,22 137,2
(vgl. Homer, Od. IV 221 atē) III 27,8 (≠p') VI 24,20 31,16 VII 14,34 XII 15,24
(S. Sext.) 34,21.22 (dito) /+ planē I 109,36 II 51,[1].18.23 ✠ (vgl. (223 B),
(449 C))

apatē Betrug II 127,30 136,31 III 27,11.24 IX 57,3 XII 15,[17] XIII 44,24 ✠
(vgl. (86))

apeilein drohen XII 32,[1] (vgl. S. Sext.) ✠

apeilē Drohung I 99,14 103,7 II 119,21 143,4 VII 61,26 (+)
▬ R APEILĒ drohen I 106,36 ✠

(apeiria siehe (204 A))

apeiros unbegrenzt, unendlich III 5,8 76,12 (Subst. ntr.) ✠ (vgl. (255))

aperantos grenzenlos, (Subst.) das Grenzenlose°, (Plur.) die Grenzenlosen
(d. h. das Pleroma) III 76,16° 85,17 (p' BG 108,15) 93,9 96,12 97,22 (P. Oxy.
1081, ≠p BG 98,7) BG 85,9 87,14° (masc.?) 102,4 (lies OYOIN (N)APERANTON)
106,19°° 107,15°° 125,1°° ✠ (vgl. (12 B), (226 A))

aperinoētos unbegreiflich + noein (neg.) III 49,14 (vgl. ATČIOOR MMOF bei
EIOOR (51 B)) ✠

apistein nicht glauben :: pisteuein XI 1,[32] BG 73,3 p ✠ (vgl. (136 B), (201 A))

apistos ungläubig I 44,9 VI 76,19.21 / :: pisteuein, pistis II 80,10 VI 77,31
(+asebēs)

ἁπλοῦς

— treulos II 128,5 ✠
(vgl. (458))

haplous einfach I 112,28 VI 64,8 VIII 3,7 (::) 23,22.[25] 44,[12] 48,8.9 65,20
67,20 74,[6] 76,13 79,17.22 82,23 83,20 113,6.7 X 5,[8] / + OYŌT siehe APE
(10 B) / :: diplous II 59,12 ----- VIII 30,[26] 44,[12] 59,14.[18] 83,3 93,9
— NA TSMĒ NHAPLOYN die einfachen Vokale (::NA TSMĒ SNTE die Diphthonge) X
28,3 31,[9] 37,23 / = A E Ē I O Y Ō (mehrfach geschrieben) X 28,20
— MNTHAPLOYS Einfachheit (wie haplotēs, im metaphysischen Sinn, vgl. Lampe
s. v.) VIII 84,17 87,11 124,8 ✠
(vgl. (57), (185 A), (279 B), (304 A))

haplōs einfach (Adv.), kurzum I 45,8 129,9 II 55,36 VIII 75,22
— schlechthin (d. h. ohne weiteren Zusatz, metasprachlich) II 60,11 ✠

(apo siehe (22 E))

APOBARSIMON siehe opobalsamon

(apoginesthai siehe (226 A), (322 A))

apodeiknynai APODIKNYE beweisen II 97,27 ✠

apodeixis Beweis, Darstellung° II 97,29 98,10 123,4° XI 27,29 ✠

(apodidonai siehe (50 A), (218))
(apodokimazein siehe (247 D))
(apotheoun siehe (127))

apothēkē Lagerraum, Speicher I 92,34 II 79,20 VI 25,24 28,26 ✠ (vgl. (17 B))

(apothnēskein siehe (87))

apokathistanai APOKATHISTA einsetzen III 31,16 / + kathistanai III 12,9.12 p
(vgl. 12,5) 13,4.17.20 p 14,2 p 32,4 p ✠ (vgl. (55), (210 B), (257 A))

(apokalyptein, -esthai siehe (274 C), (453 A))

apokalypsis Offenbarung°, (in Buchtiteln) Apokalypse I 16,24° V 17,[19] 24,9-
10 (Nachtrag zwischen den Zeilen) 44,7.11 64,1.2 85,19° VII 70,13 84,14 IX
27,3° ✠ (vgl. (274 C), (453 A))

apokatastasis Wiederherstellung (des Urzustandes) I 44,31 123,19.21.27 128,(30) (aus APOSTASIOS zu korrigieren) 133,7 II 67,18 VI 74,7 (vgl. Lactantius, C. H. III 330 App.: apokathistanai) VII 74,9 XI 39,35 (+HŌTR) ☩

(apokryptein siehe (382 B))

apokryphon Geheimlehre, Geheimschrift, (Plur.)° Geheimnisse I 1,10.30 (::) III Vorsatzblatt 40,14 V 85,23° ☩ (vgl. (453 A))

(apokteinein siehe (107))
(apokyein siehe (429 A))

apolauein genießen II 76,20.22 77,[36] 78,2 82,20 XI 15,[27] BG 88,6 ----- IX 39,6 ☩

apolausis Genuß I 65,18 90,9 93,28 96,29 106,31 107,1-24 126,[36] III 141,[16] (vgl. (105 B), (170 C), (274 B)) ☩

(apollynai siehe (195), (226 A))

apologia ----- VI 20,6 ☩

(apolytrōsis siehe (200 A))

aponoia Unverstand IV 18,3 BG 39,5 (≠Iren. I 29,4 authadeia) ☩ (vgl. (204 A))

aporein ratlos sein, verwirrt sein, verlegen sein I 80,14 (lies APORI{S}) 124,31 XIII 43,28 BG 78,2 79,17 ☩ (vgl. (49 C), (51 C), (106 B), (317 B))

aporia Verwirrung, Ratlosigkeit I 98,3 (+) ☩

aporrhoia Ausfluß (metaphysisch), Emanation IV 72,7 VII 54,19 XI 12,30 16,30 BG 90,7 (P. Oxy. 1081) 119,3 ☩ (vgl. (393 B))

apospan herausziehen III 18,(15) (aus APOSTA zu korrigieren)(+TŌKM p) ☩

apostasia Abtrünnigkeit XI 38,28 (+MIŠE) BG 45,11 ☩

APOSTASIOS I 128,30 siehe apokatastasis

ἀποστάτης

apostatēs MNTAPOSTATĒS Abtrünnigkeit (wie apostasia) I 79,18 81,19 109,30 ✛
(vgl. (131 A))

(apostellein siehe (437 B))

aposterein rauben VI 77,11 VII 95,5 / :: klērousthai VII 91,12 ✛

apostolikos Apostelschüler (vgl. Lampe s. v. III.2) II 55,30 66,29 ✛

apostolos Apostel (°12 Apostel) I 144,8 II 55,29 62,6 65,24 73,8 74,17.18 130,
28.33 V 19,15° 20,2° 24,2° VI 1,[2].15 12,22° VIII 132,12 133,18 134,19 137,13
138,8 139,4 140,8.23 BG 114,12 / :: euangelistēs, mathētēs I 116,17 / :: kēryx, prophētēs III 68,6 / :: mathētēs II 59,27
● PAPOSTOLOS der Apostel (Paulus), PNOQ NAPOSTOLOS° der große Apostel (jeweils
Einleitung von Paulus-Zitaten) I 45,24 II 86,22°
━ ŠBĒR NAPOSTOLOS Mitapostel V 18,[18] 21,[29] 22,14 VIII 132,14 ✛

apotagē, apotaxis° Absage, Entsagung, Verzicht IV 75,4 78,4 (p°) IX 69,23 ✛

apotassesthai entsagen, verzichten III 63,17 (Subst.) VI 5,23 (Lk 14,33) 7,24
10,15 IX 41,8 68,[9] 69,26 ✛ (vgl. (55))

apotelesma Wirkung, Ergebnis II 110,29 119,23 / :: energeia ('Wirkungsweise')
II 107,14 ✛

apotelestikos produktiv? Wirkungs-? X 32,6 ✛

(apotithesthai siehe (55))
(apotiktein siehe (429 A))
(apotomos, apotomōs siehe (330))

apousia Abwesenheit (Metapher für 'Tod') I 47,20 ✛

apophasis (höhere) Anordnung? XI 14,15 ✛

apochē (unklar) VII 71,27 ✛

(apōleia siehe (226 A))

argos untätig, unwirksam, nutzlos III 14,{15} 15,5 VII 15,7 16,21 22,1 36,31

37,24 (✝) / ✝ hypolyesthai BG 50,15 [p]
➡ R ARGON untätig werden? (oder Übersetzung von katargeisthai 'zunichte gemacht werden' o. ä.?) VII 4,16 ✠
(vgl. (64 B))

aretē Fähigkeit, (wunderbare) Eigenschaft, Kraft(tat), Wirkung I 53,10 67,14.
21.33 69,40 73,10.17 100,26 IV 52,18 VII 93,2 110,10 111,17 BG 78,6 / ✝ diathesis I 59,3.10 / ✝ energeia VI 72,13 ✠ (vgl. (42 B), (456 A))

arithmos Zahl II 96,14 (p 106,26) VI 43,21 76,9.10 (Stobaeus, C. H. II 333
App.) BG 121,10 ✠ (vgl. (46 B))

(aristos siehe (123 B), (138 A))

arktos Norden VII 31,32 (::) ✠

harma Wagen (überkosmisch) I 14,34 (2Kön (LXX 4Kön) 2,11) 91,19 II 95,27 (vgl.
Ez 1 trochoi) 102,18 105,13 III 88,18 ✠

(harmogē siehe (400))

harmozein HORMAZE zusammenfügen, passend machen, regeln, (intransitiv)° sich
anfügen, passen, (Pass.)°° eingefügt werden II 117,22°° III 23,12 VII 77,20°
XII 34,[1] (S. Sext.) BG 120,18 ✠

harmonia System, Harmonie VII 30,9 / ✝ symphōnia IX 8,23 ✠

harmos HORMOS Gelenk III 23,12 (✝CONF p').19 ✠

arneisthai ARNA verleugnen II L 81.110 III 129,13 (Mt 16,24) V 48,[23] (lies
AR[NI]STH[E], vgl. nächste Stelle) 63,21 VII 52,3 / :: homologein VI 14,18.19
(::) ✠ (vgl. (458))

(harpax siehe (243 B))

arrhētos unaussprechlich, worüber man nicht sprechen kann III 5,[4] 63,20 VII
61,36 69,26 ✠ (vgl. (341 B))

arsenikos männlich: TARSENIKĒ MPARTHENOS siehe parthenos ✠

ἄρτος

<u>artos</u> Brot II 80,29 ✝

<u>archangelikē</u> Erzengelschaft II 102,8 ✝

<u>archangelos</u> Erzengel I 100,1 (::) II 102,22 (::) 104,19.23 105,10 116,10 III
77,20 (p' BG 95,18)(::) <u>87</u>,21 (p' BG 113,2.3)(::) V 16,5 19,4 VII 53,27 (::)
91,30 (::) 110,20 (::) 115,35 (::) 116,32 (::) IX 2,[11] ✝

<u>archaios</u> alt, ursprünglich I 53,27 XI 26,[20]
━ (Subst.) das Alte, die Alten° (d. h. 'die Vorfahren'?) VI 44,21 VI 28,35°✝

<u>archein</u> herrschen I 89,32(RARKHESTHAI) 99,12 II 17,29 60,29 100,4 102,6 105,15
142,31 III 31,5 55,13 71,24 78,20.21 VIII 36,24 74,21 87,33 88,1 XI 2,[37]
XII 31,26 (S. Sext.).27 XIII 39,22 BG 22,19 23,6 ✝ (vgl. (55), (165 B), (266
C), (416 A), (442))

<u>archesthai</u> ARKHESTHAI, ARKHEI beginnen I 108,24 117,10 133,29 II 15,29 L 109
92,3 (Gen 6,1) 115,14 126,5 128,31 132,3 III 40,8 77,24 (p' BG 96,7) V 58,12
VI 52,11 53,24 VII 45,33 VIII 46,14 IX 44,3 XI 37,32 XII 40,4 BG 43,10 44,19
45,15 49,9 127,6 ✝ (vgl. (326), (417 A))

<u>archē</u> Herrschaft (meist überkosmisch-hypostasiert, vgl. Eph 1,21) I 102,24
III 32,5 V 75,27 / + <u>dynamis</u> XIII 47,20 49,24 / + <u>exousia</u> (Eph 1,21) III 71,15
(p' BG 83,7)(::<u>hypotagē</u>) V 19,3 (::) 23,21 VI 25,32 IX 2,9 32,5 XI 20,22 /
+ <u>tyrannos</u> III 123,2
━ Anfang, Ursprung, Prinzip, Ursache, (Adv.)° NTARKHĒ, HN TARKHĒ anfangs I
89,23° 96,19 (+) 131,5 II 53,21 70,12 74,12 96,7 99,7 100,14 135,21 III 74,20
76,13.20.22 (p' BG 94,6.8) 86,9° (p' BG 110,2°) 87,9° (≠p' BG 112,3) V 8,[2].
17 (::) 58,12 VI 58,10.13 (::) VII 12,6 71,6.19 73,24 VIII 2,30 3,4 9,14 20,6
23,6 45,[17] 113,7 115,6 121,18 XI 58,20.23 (::) 64,29 BG 23,6 (Wortspiel mit
<u>archein</u> 'herrschen') 87,5 (::)(ŠAYČO lies SA (P)ČO<K>) 98,6 (::) / + <u>krēpis</u>
('Stiefel', übertragen: 'Grundlage') XII 32,16 (S. Sext.) / :: HAĒ I 52,40
79,2 127,24 <u>132</u>,23 II L 18 III <u>71</u>,22.23 (p' BG 84,7.8)(Wortspiel mit <u>archein</u>
'herrschen') 142,5 VI 37,8 60,20 XI 6,32 XIII 42,20 / :: <u>anarchos</u> III 74,24
(p' BG 91,1, P. Oxy. 1081) / :: <u>synteleia</u> XIII 45,[1] / :: <u>telos</u> VII 16,26
━ Erstling (vgl. Gen 49,3 Kol 1,18, von Personen) IV 72,3
━ ČI ARKHĒ beginnen VI 74,11 VII 11,14 14,9
━ ATARKHĒ anfangslos, MNTATARKHĒ°Anfangslosigkeit I 58,8° (+) 79,14 84,6 XI
58,24 (Subst.)(::) / :: ATHAĒ, MNTATHAĒ I 52,6.36 58,16° (lies MNTAT{AT}ARKHE
und MNT<AT>HAE) 117,31°
- 220 -

(Unklar, ob 'Herrschaft' oder 'Anfang': VII 77,4 VIII 14,4-9 ----- III 36,18
IX 66,6) ✠ (vgl. (10 B), (12 B), (37), (76), (124 B), (165 B), (322 A), (326),
(404 A), (417 A))

archēgos Urheber, Führer, (Adj.)° führend, Haupt- II 18,5° 129,21 (Jer 3,4)
VIII 139,27 (Apg 3,15) 140,4 ✠

Archigenetōr (Titel Jaldabaoths, nicht in den Wörterbüchern) "Urheber der
Schöpfung" II 12,29 102,11 103,4 104,12 106,13.16 107,17 108,5.11.31 112,27
115,22.25 117,19 126,21.26 III 82,18 (✛) XIII 40,23 43,25.30.32 44,28 (✛ČPO)
49,13 BG 119,14 125,16 / ✛ PEHOYEIT NARKHŌN III 16,16 ✠

archiereus Hoherpriester II 69,21 85,4 111,4 VII 89,11 IX 5,[15] 6,17 15,12
26,[3] XI 25,[33] ✠ (vgl. (165 D), (267 B))

archistratēgos Oberbefehlshaber (überkosmisch) IX 6,2 18,[5] ✠

archontikos (nur fem. ARKHONTIKĒ) Archonten-, (Subst.)° Archontenschaft II
20,34° (vgl. p') / ✛ archē XIII 49,25 / ✛ exousia III 26,4 BG 48,6 (vgl. p') ✠

archōn Archon (kosmische Macht, vgl. W. Bauer s. v. 3.) (Sgl.° Bezeichnung
Jaldabaoths) (°°7 Archonten, d. h. Planetenmächte) I 8,36 71,5 99,27 100,3
(::).19° 103,12 105,3 110,9° 121,15 (✛) 143,26 II 11,15°.23 54,18 55,15 87,23.
27 88,19 (p 120,17).26 (≠ Gen 2,6) 89,3 92,4.8°.19.22 93,1.7.23 94,34 96,16
100,6°.19°.29° 101,3.8.10° 114,29°° 115,16°° 118,7 119,19.26 120,3 121,14-31
123,2.4°° 124,2.8.21 (::) 125,25.34 (::) 142,31° III 23,21° (vgl. p') 25,4
(vgl. p).19 26,7 (vgl. p') 32,3 120,21 138,12 142,8 IV 71,7° (IgnEph 17,1)
74,7 80,11 V 25,19 26,23 (12 Archonten) 30,2 31,24.27 39,[10]° 56,20 64,21°
77,3° 82,13° VI 41,15 42,3.9.11 43,29.44° 44,1.14° (Jaldabaoth?) 45,1° 48,8-11
VII 51,26.27 52,14 53,13 54,27° 56,16 59,17 60,16 66,18° 68,28 77,30 VIII 4,
29° 9,12° 10,17° 130,11 (1Kor 2,8) 137,16.17.21 IX 9,[1] 10,[29] 29,20 (::)
30,16° 31,4° XIII 35,16 (::) 49,34 (::) / ✛ dioikētēs III 100,43,15 / ✛ exousia II 97,22 (vgl. 86,20) III 35,13° IV 74,21 IX 2,8 (✛archē, kosmokratōr) IX
42,24 (::) XIII 41,25 ----- III 122,14 145,5 V 25,[25.29] XIII 49,11
● PNOQ NARKHŌN der Oberarchon (d. i. Jaldabaoth) II 90,19 103,16 115,6, vgl.
II 92,20
● PAYTHADĒS NARKHŌN der selbstgefällige Archon (d. i. Jaldabaoth) II 90,30
99,27
● PŠORP NARKHŌN, PEHOYEIT NARKHŌN der Erste Archon (d. i. Jaldabaoth) II 22,18
117,16 III 124,12 VIII 19,7 / = Archigenetōr III 16,17 / ✛ PARKHŌN II 19,16 p

ἀσάλευτος

III 27,5 p' / + Prōtarchōn III 15,23 (Iren. I 29,4) (weitere Stellen siehe Prōtarchōn)

— Offizier :: MATOI (militärische Metapher) VII 84,30 ✠
(vgl. (53 A), (127), (165 D), (416 A), (456 A))

asaleutos nicht wankend + KIM (neg.) III 33,3 p.p' ✠

asebēs gottlos VI 66,2 70,33 72,21 78,17 IX 3,9 / + apistos VII 77,31 / :: eusebēs IX 13,[7]
— MNTASEBĒS Gottlosigkeit II 21,22 125,22 / :: theios VI 71,34 / :: pistis II 103,16
— R ASEBĒS sündigen (wie asebein) XI 64,21 ✠
(vgl. (119 C), (127), (340 A))

asēmantos unbezeichenbar + Oq MMAEIN AN III 41,21 p / + ATTI ŠŌLH EROF III 41,3 p ✠

(asthenein siehe (317 C))

askein (sich) üben (absolut) + gymnazein I 49,31 ----- XI 3,38 ✠ (vgl. (55))

askēsis Übung, Askese II 134,30 ✠

asophos unweise + MNTSABE (neg.), MNTSOQ BG 82,7 p.p' ✠

aspazesthai küssen, grüßen° I 26,30 89,15° 63,36 III 81,7 V 19,18°.20° 24,3°-8° VI 57,26 (1Pt 5,14) 65,4 VIII 145,14° IX 26,1° BG 121,4 ✠ (vgl. (144 B), (283))

aspasmos Kuß I 41,34 III 81,8 ✠

astēr Stern IX 34,8 ✠ (vgl. (203 B))

(asynthetos siehe (250))

asphaleia Sicherheit, sichere Verwahrung + TAČRO III 39,24 ✠

(asphalēs siehe (294 B))

asphalizesthai verwahren, sich hüten° II 31,17° VII 29,2 ✠

aschēmonein unanständig sein VI 65,29 ✠

aschēmosynē Schande II 22,8 (≠p') 133,12 / + porneia II 128,29 ✠ (vgl. (59 B))

asōmatos körperlos, unkörperlich X 3,20 / + ATSŌMA VI 40,17 ✠

ataxia Unordnung VII 73,29 (Lactantius, C. H. II 330 App.)(+planē) VIII 2,13
44,41 ----- VIII 39,36 (::taxis) ✠

atelestos unvollkommen + ČŌK (neg.) III 14,{16} 15,6 p.p' ✠

atreptos unwandelbar VI 48,(13) (aus ATROPTOS zu korrigieren) ✠

authadēs selbstgefällig, (Subst.)° der Selbstgefällige (d. i. Jaldabaoth, we-
gen Jes. 45,5) II 90,29 92,27 94,17 VIII 135,16°-136,5° BG 46,1 (vgl. Iren. I
29,4 authadeia) ✠ (vgl. (434 A))

authentēs MNTAYTHENTĒS Selbstherrlichkeit (wie authentia) + adikia II 96,2 ✠

authentia Autorität, Machtbefugnis, (pejorativ)° Selbstherrlichkeit (scil. Jaldabaoths) II 29,12 XI 4,29 BG 60,17 / + authadēs II 94,24° ✠ (vgl. (416 A))

authentikos authentisch VI 35,23 ✠

aulē Hürde (metaphorisch, Joh 10,1) VI 32,10 ✠

auxanein, auxanesthai wachsen, sich vermehren, (nur die Aktivform) wachsen
lassen° II 79,29 92,4 144,31 III 17,17 VI 53,20° ----- VI 55,5 ✠ (vgl. (8 A),
(157 A))

austēros MNTAYSTĒROS Strenge, Unfreundlichkeit VI 15,14 ✠

(autarkeia siehe (170 B))

autexousios frei (in der Entscheidung) I 75,(35) (lies AYTE{Y}XOYSIOS)
━ MNTAYTEXOYSIOS Entscheidungsfreiheit I 69,26 74,20 ✠
(vgl. (281 C))

autogenetōr sich selbst Hervorbingender (auch Adj.?) BG 107,4 (≠p') / = autopatōr III 75,7 / + autogenēs III 12,19 p' BG 34,8 p 35,8 p ✠ (vgl. (3 B), (127))

αὐτογενής

autogenēs selbstentstanden, selbst hervorgebracht (häufig Epitheton des Logos oder Christi)(°Subst.) II 7,23° III 13,1° (Iren. I 29,3)(≠p').4° 57,26° 66,24 (°?) 75,12° (p' BG 92,1)(::) IV 60,2° 62,22° 65,6 (p°) 66,18° 74,12° 77,9° VI 63,22 (::) VII 119,16° VIII 2,28 (°?) 6,5.24 12,[6] 15,6° 17,7° 20,7° 22,7 24,3° 25,11°.16° 30,5° 46,18° 47,29 53,16.23° 56,12° 58,[14]° 127,19° 129,23° X 3,19°.[26] BG 34,18° 51,9° 95,4 102,[2]° 108,16 / + autogenios III 41,6 ----- VIII 28,25 29,21 41,[9.10] 56,15 125,20 X 5,27 XI 56,[13] ● PAYTOGENĒS NNOYTE der göttliche Autogenes (d. i. Christus) III 10,22 11,4. 6.18 50,19 68,16 97,14 (≠p BG 88,15) IV 61,19 64,1.9 VIII 6,8.[21] 7,3.11 19,6 30,7.15 44,[31] 127,15 IX 26,6 XI 46,10 51,26 58,12 / + autogenetōr... III 12,27 p 13,6 p / + autogenētos III 9,17 p. Vgl. IV 60,2 66,18 77,9 VIII 20,7 ✚ (vgl. (3 B), (53 A), (127), (150 B), (274 C), (322 A), (429 A))

autogenios selbstentstanden, selbst hervorgebracht (nicht in den Wörterbüchern, synonym zu autogenēs?)(°Subst.) III 54,16° (::) VIII 18,14.[19]? 28,12° / + autogenēs III 41,6 (vgl. p) ✚ (vgl. (429 A))

autogenētos selbstentstanden, selbsturprünglich (siehe Lampe s. v.)(oder graphische Variante des folgenden Wortes?) + autogenēs VI 57,15 p BG 30,6 p 34, 15 p' (jeweils substantiviert, von Christus)✚

autogennētos selbstgezeugt III 82,13 (::) (Subst.)(wohl nicht von Christus) X 6,7 (PAYTOGENNĒTOS N[NOYT]E, wie oben unter autogenēs) ✚ (vgl. (127), (429 A))

autoktistos selbstgeschaffen + autophyēs III 76,17 (p' BG 94,1) ✚

autopatōr Selbstvater, selbstgezeugt III 77,14 (p' BG 95,9) / = autogenetōr III 75,6 ✚ (vgl. (53 A))

autophyēs selbstgeworden + autoktistos III 76,16 (p' BG 94,1) ✚

(aphairein siehe (50 A))
(aphaireisthai siehe (107))
(aphanizein siehe (226 A), (298 B))
(aphanēs siehe (274 C), (382 B))

aphantos R APHANTOS unsichtbar werden + R ATOYŌNH EBOL III 40,6 p.p' ✚

(aphesis siehe (200 A))

aphtharsia Unverderblichkeit (siehe die +MNTATČŌHM-Stellen) III 69,13 V 46,8
49,[3] 72,9 74,2 85,13 VII 67,7 69,33 79,7 VIII 133,23 (Plur.) / + MNTATČŌHM
siehe ČŌHM (440 C) / + incorruptela (Iren. I 29,2) III 11,16 ✠ (vgl. (42 B),
(226 A))

aphthartos unverderblich (°Subst.) III 16,11° (vgl. p) 59,13 61,19 65,16 68,21
69,2 73,19 (P. Oxy. 1081°) 74,11 / + ATTAKO siehe TAKO (226 A) / + ATČŌHM siehe ČŌHM (440 C) ✠ (vgl. (95 A))

aphthonos MNTAPHTHONOS Fülle (auch: Freigebigkeit?)(wie aphthonia) I 57,32
96,39 126,2 136,22 ✠ (vgl. (401 B))

(aphienai siehe (55))

aphistanai APOSTA entfernen III 18,5 (wohl in APOS<P>A zu emendieren, p TŌKM)
✠(vgl. (210 A))

(aphorizein siehe (153))

aphormē Gelegenheit, (die) Mittel I 71,19 (lies NN{A}APHORMĒ) 98,33 132,6 II
142,17 VII 15,30 32,13 ✠

acharistos undankbar XII 28,(27) (lies AKH<A>RIST[OS]) (S. Sext.) ✠

(achrēstos siehe (334 A))

bathmos Stufe I 70,12.13 124,14 VI 52,13 54,28 63,9 ✠

bathos Tiefe I 22,25 35,15 37,7 40,33 54,21 55,26 60,18.20.22 74,32 77,20 II
135,7 138,18 142,36 VI 32,9 57,31 VII 4,32 9,2 15,28 41,20 44,10 ✠ (vgl. (12
B), (15 B), (53 A), (59 A), (106 B), (282 A), (434 A))

(ballein siehe (136 D), (198 B))

baptizein taufen II 61,19.20 96,12 131,29 VII 30,24 31,16 40,27 IX 69,16.18
XIII 45,17 48,19 ✠ (vgl. (417 B))

baptisma Taufe II 67,28 (::) 69,22.[25] 73,6 74,13.15 (::) 77,8 132,2 135,24
(Mk 1,4) III 63,10.24 65,25 66,4 134,7 VII 13,25 38,6 IX 69,8.21.22 XI 40,38
41,11.21 / = SŌTE I 127,25.28 128,19 (+) ----- IX 55,7

βαπτισμός

— ČI BAPTISMA sich taufen lassen, getauft werden IX 16,13 39,[25] (Mt 3,13
baptizesthai) ----- IX 8,2.[3] ✠ (vgl. (200 A), (292 B), (417 B))

baptismos Taufe VII 37,22 ✠

baptistēs Täufer II L 46 (Mt 11,11) VII 63,34 XIII 45,18 48,18 ✠ (vgl. (417 B))

barbaros Barbar :: Hellēn I 109,25 II 62,24 VI 16,2-8
— Barbar (d. h. 'Nichtägypter') VI 71,5
— Barbar (d. h. 'Rohling') + THĒRION NAGRION VII 108,7 ✠

barein belasten, belästigen, bedrücken III 35,7 VII 6,15 9,15 (R BARE) 38,2
45,22 48,23 XII 29,1 (reflexiv, + barynesthai S. Sext.) / + thlibein, lypein
II 80,2 ✠

bareisthai bedrückt sein, gebeugt sein? VII 7,26 15,32 48,11 ✠

baros Schwere, Last, Bürde III 139,7 VI 72,7 VII 6,17.22.24 9,12 11,10 (+HISE)
14,37 15,23.34 17,24 24,21 28,17 42,16.30 47,12 ----- III 145,23 ✠

(barytonos siehe (473))

basanizein quälen VII 48,17 / + kolazein III 36,14 ✠

basanos Folter III 36,{13}.15 ✠

(basileia siehe (165 D))
(basileuein siehe (116 B), (416 A))
(basileus siehe (165 D))

basis Basis, Fundament + KŌ EHRAI (Subst.) XII 46,25.27 ✠

baskainein behexen II 70,28 ✠

baskanos mißgünstig, übelwollend + REFPHTHONEI IX 47,29
— MNTBASKANOS Mißgunst + BLKE, KŌH, QONS I 85,7 ✠

(bastazein siehe (344))

batos Dornbusch (Ex 3,2) + ŠONTE II 111,14 (masc.) ✠

- 226 -

βοηθός

bebaios sicher XI 40,35 ✠

(bebaioun siehe (261 C))

bia Gewalt II 76,12 127,[30] VII 61,26
— NBIA gewaltsam VI 29,31 31,15 XIII 44,13 ✠
(vgl. (430), (456 A))

biazein vergewaltigen II 65,18 ✠

(biblion siehe (423 B))

biblos Buch II 102,10.30 122,12 III 68,1.10 69,7.16.18 ✠ (vgl. (211 A), (423 B))

bios (irdisches) Leben, Lebensunterhalt, Lebenszeit I 45,35 49,20 114,21 115, 18 135,10.11 II 121,26 127,26 135,9 141,13 143,14 145,10 III 71,2 (p' BG 82,5) VI 23,32 (Lk 8,14) 30,32 31,32 65,2 ([P. Mimaut])(✠vita C. H. II 355,12) 76,33 VII 85,6 90,6 94,11 XII 16,[22] (S. Sext.) 28,22.23 (dito) / :: ŌNH (als Über- setzung von zōē) I 5,27 ----- VI 77,5 XI 29,21 ✠ (vgl. (87), (293 A))

biātikos dem (irdischen) Leben verfallen II 91,10 ✠

blaptein schädigen, Schaden stiften VI 67,12 VII 5,16.36 7,27 15,4.19 18,1 20,28 27,16 28,12 36,26 97,6 XII 27,12 (S. Sext.) ✠

blaptesthai sich Schaden zufügen II 137,9 ✠

(blasphēmein siehe (265 A))
(blepein siehe (129 B))
(boan siehe (308 B))

boētheia Hilfe I 82,2 86,14.17.30 87,30 90,27 91,(12) (lies NTIBOĒTHI<A>) II 88,18 92,2 119,23 128,19 136,33 VII 27,12 ✠

boēthein helfen I 87,28 II 128,33 V 48,21 VII 114;14 VIII 137,29.30 IX 30,12 ✠(vgl. (261 B))

boēthos Helfer III 25,8 V 55,16 (✠REFSŌTE) 59,24 VII 14,6 97,1 VIII 46,29 47,18 (✠) IX 28,28 ✠ (vgl. (42 B), (116))

βόρβορος

(bothynos siehe (359))

borboros Schmutz, Kot II 62,18 (::) VII 85,20 97,30 103,22 104,31 ⊕

botanē Pflanze II 111,21 (Gen 1,11) ⊕

(bouleuesthai siehe (342 A))

boulēsis Absicht, Wille VI 74,18 (=OYŌŠE, +ŠOČNE) ⊕

brachys kurz X 26,[22] (von Vokalen) ⊕

brontē Donner (überkosmisch, =NOYS NTELEIOS) VI 13,1 ⊕

(brōsis siehe (270), (345 B))

bythos Tiefe, Abgrund (mythisch) XI 27,[38] ⊕

bōlos Klumpen VII 45,18 ⊕

gamos Ehe(schließung) (unterstrichen: übertragen-sakramental) II 85,34 86,2
109,23.24 133,6 134,5 VI 13,24 / + koinōnia II 64,[31.35] 132,27-34 / + nymphōn II 72,[22] / + synousia BG 63,3 / :: porneia II 82,3-10 ⊕ (vgl. (357),
(400))

(gastēr siehe (101 C), (350 B))

genea Geschlecht, Nachkommenschaft, Generation, Menschheit I 138,[23].24 II
10,29.35 28,20 92,1 93,28 96,29 98,32.[34] 122,6.7 III 31,20 (vgl. p) 32,8
IV 70,[1] V 67,24.[27] 70,18 77,20 85,9 VII 25,20 (=).31 35,7 44,24 64,26
(Ex 20,5) IX 48,7 (dito) XI 1,22 52,27 ----- X 55,[21]
━ (mit und ohne nähere Qualifizierung) das Geschlecht (Sems/Seths, d. h. die
Gnostiker) II 97,4 III 58,9.[16] 60,19.25 61,7 68,21 75,17 (p' BG 92,6) IV
72,14-[24] 74,3 76,13 V 71,19.23 82,19 83,[1] VII 1,8 25,13 26,2 118,12 (-NI-
SOTP) VIII 4,[15] IX 27,8 67,[7] 68,[10] BG 71,12 (vgl. p) / + genos IV 55,4.
[7] / + spora III 54,8 (vgl. p) V 65,8
● TGENEA NATKIM, TGENEA ETE MESKIM, TGENEA NASALEYTON° das nicht wankende Geschlecht (Selbstbezeichnung der Gnostiker) III 33,3° (vgl. p) 36,(24) (vgl. p)
38,2 39,[18] IV 63,2 65,27 (vgl. p) 73,3 (vgl. p) VIII 6,[27] 51,16 BG 22,15
88,8 / + spora III 59,13 ⊕
(vgl. (53 A), (127), (429 A))

genesis Geburt VI 49,10 ✠ (vgl. (429 A))

geneteira Erzeugerin III 77,4 ✠

genetōr Erzeuger III 82,15 ✠

genikos allgemein + exōdiakos VI 63,2 ✠

(gennan siehe (289), (429 A))

gennētos GENNĒTON Gezeugtes, Geborenes + ČPO III 54,18 p / :: agennētos VI
57,14.17 (III 76,14 und VI 63,21 ist <A>GENNĒTOS zu lesen) ✠

genos Geschlecht, Abstammung, Nachkomme(n), Genus°, Art° (die Bedeutungen
sind nicht sicher zu trennen) I 110,(23) (statt des korrupten TEENO zu lesen)
111,7 II 75,36 76,3 78,27.28 109,33° (Gen 1,11 etc.) 111,17° 27° (dito) III
73,14 (vgl. p) V 20,6 (korrupt?) 34,5 (Iren. I 21,5) 35,22 (dito) 41,[21] VI
69,10 VII 40,13 52,19.24 78,4 79,9 (Adj.?) 94,13 115,31 VIII 3,16 4,[9] 20,2
24,23 26,5 58,14 114,[10] 118,1 IX 6,[17] X 42,24 XI 10,17 BG 74,19 92,5 /
+ axia, klēros I 100,4° / + genea siehe genea / + eidos III 39,2° VIII 2,16°
19,2° 23,[15]° 85,14° / + ousia VII 92,14° / + spora VII 119,1-14 ----- VIII
126,19 XI 56,30

● ŠOMNT NTENOS, ŠMT GENOS drei Geschlechter (oder) Arten IV 55,[3] VIII 83,
[10] / = KAH, TENO (Subst.), plasma VII 92,16 / = PIGENOS MPNEYMATIKOS ::
PSYKHIKOS... :: HYLIKOS ... I 118,22-119,21 ('pneumatisches Geschlecht' wohl
Selbstbezeichnung der Gnostiker)

● FTOOY NGENOS vier Geschlechter, PMEHFTOOY NGENOS° das vierte Geschlecht
(letzteres Selbstbezeichnung der Gnostiker - Oberbietung der Selbstbezeichnung des kirchlichen Christentums als 'drittes Geschlecht'(W. Bauer s. v., 3,
Diognetbrief 1)?) II 125,4.6° ----- VIII 57,12

━ MNTGENOS (wohl wie genos) ----- VIII 57,24

━ ŠBR NGENOS Verwandter (wie syngenēs)(übertragen-religiös) + SON VII 63,9
(vgl. 62,32)

━ ŠRP NGENOS Erstgezeugter (wie prōtogenēs oder prōtogennētos oder prōtogo-
nos) + ŠRP MMISE I 143,36
(PGENOS NHOOYT siehe HOOYT (404 B) ✠
(vgl. (22 E), (50 B), (53 A), (101 C), (124 B), (242), (322 A), (429 A)

(geuesthai siehe (240 A))
(geōrgos siehe (268 C))

γίνεσθαι

(gē siehe (73 A))
(gēgenēs siehe (429 A))

ginesthai (vgl. (22 E), (50 B), (322 A)
● GENOITO möge es geschehen, MĒ GENOITO° möge es nicht geschehen (mit Nebensatz) II 62,32 66,9° ✠

(ginōskein siehe (49 C), (129 B), (204 A))
(ginōskesthai siehe (274 C))

gnōmē Gesinnung, Meinung, Ansicht, Urteil, Beschluß I 81,18.23 83,[13].30.32
86,31 89,18 106,23 115,20 130,29 II 113,14 114,26 116,26 VII 97,4 /+ proairesis I 131,32 /+ symboulia VII 91,23 ✠ (vgl. (106 B), (281 C))

gnōsis Erkenntnis, (meist im spezifisch-gnostischen Sinn) Gnosis (°Anspielung
an Gen 2,9 etc.) I 8,26 9,19 (+).27 II 4,5 23,26 L 39 (Lk 11,52) 74,3°-5°
77,16-29 84,10 110,19°.31° 113,13 116,29° 118,21.30° 119,13.15 120,18.30° (≠
Gen 3,22) 124,12.14.{15.17}.29 III 117,[9] IV 72,6 V 4,8 17,15 28,7 35,6 (≠
Iren. I 21,5) 47,[8] 64,13.27 65,12 69,15 71,12 72,[1].14 73,20 76,10.21 82,23
83,13-26 VI 11,14 19,33 64,33 (P. Mimaut) VII 61,1 68,1 73,22 91,13 94,32 96,3
(pejorativ, Warnung vor Gnosis) 125,14 VIII 3,29 17,[14] 24,20 25,[1].7.14
27,24 28,15 29,10.15.20 30,6-23 41,15.18 45,15 62,21 76,21 82,10-12 83,12
84,15 97,1 117,5 118,[10] 124,1.18 128,10 129,20 130,3 IX 10,[3]° 47,18° 61,4
X 2,15 9,5.16 40,17 XI 21,35 40,31 45,16 49,19 51,10 53,19 59,1.2 63,15 64,10.
21 XIII 36,10 50,24 /+ epistēmē VI 66,9-33 67,15-23 68,15 XI 53,[8] /+ sophia V 85,16 VI 62,33 VII 123,17 / :: agapē, elpis, pistis (vgl. 1Kor 13,13)
II 79,25.30 / :: logos, nous VI 64,10-19 / :: praxis II 127,17 / :: sophia VI
16,4 ----- V 28,27 42,10.24 VIII 28,28 40,6 41,8 97,15 118,[23] 123,22 IX 31,
3.[9] 38,24 X 17,2 XI 29,23 ✠ (vgl. (33 B), (42 B), (49 C), (86), (129 B),
(175 B), (204 A), (257 A), (268 B), (274 C), (394), (412 B))

grammateus Schriftgelehrter :: Pharisaios II L 39 (Mt 23,13) IX 29,14 (Mt 16,
6).19 ✠

(graphein siehe (211 A))

graphē (heilige) Schrift I 112,25 113,4 V 26,5.7 VII 104,5 IX 37,8 (GRAPHOS,
wohl falsche Rückbildung aus dem Genitiv Plur. graphōn)(Mt 22,29) XI 28,32
XIII 50,23 ✠ (vgl. (211 A))

(grēgorein siehe (162 A))

gymnazein (sich) üben I 126,33 VIII 12,3
— MNTATRGYMNAZE Ungeübtheit :: askein I 49,30 ✠

(gymnos siehe (59 B))
(gynē siehe (211 B), (404 B))

daimonion Dämon VI 34,28 42,17 XIII 32,21 ----- II 66,1 (+) ✠

daimōn Dämon II 18,2.15.20 107,1 110,26 121,35 123,11.18 (+) 144,13 III 57,
[22] V 19,5 (::) 79,5 VI 76,23.31 78,27 VII 21,36 22,7 23,16 25,9-29 27,19
28,15 29,17 30,1-32 31,16.19 32,6 34,5 37,21 40,26 44,6.31 75,4 82,23 VIII
42,[12] IX 41,25 (::) 70,3-28 (+) XII 30,17.20 (S. Sext.) 40,5 41,6 / = TĒY,
+ TĒY siehe TĒY (252) / :: angelos II 123,7 / + angelos siehe angelos
— REFČPE DAIMŌN Dämonen erzeugend III 59,25
— NETOq NDAIMŌN Besessene (wie daimonizomenoi) IX 33,7 (::) ✠
(vgl. (23 E), (46), (127), (203 B))

(dakry siehe (163 B))

dasys Aspirata (d. h. ph, th, ch) :: psilos X 27,4 30,25 (::NETHN TMĒTE) ✠

(deēsis siehe (193 B))
(dei siehe (301 A))
(deiknynai siehe (246 B))
(deilos siehe (396))
(dein siehe (99))

deipnein speisen II L 64 ✠

deipnon Mahl, Abendessen II L 64 (Lk 14,16) / + trophē VI 35,12 ✠

(deisthai siehe (193 B), (224 A), (466))

dekas Gruppe von 10, Zehnheit, Zehnter (einer Reihe) V 7,19 (p III 78,19 RA-
MĒT) ✠ (vgl. XI 30,30.32 DEKA und Zahlenteil unter "10")

(dektos siehe (321))
(dendron siehe (317 A))

δεξιός

dexios TI NOYDEXIA ein Versprechen geben (wie dexian didonai) + ŠPŌP I 15,36
✠(vgl. 274 A)

(desmos siehe (99))
(despotēs siehe (412 A))

dēmiourgein schaffen + SŌNT, ktisis XI 35,31 ✠

dēmiourgos Schöpfergott I 104,35 (TIMIOYRGOS)(::) 105,18 VII 116,8 (meliorativ) XI 37,33 38,[25] 39,16 / = Zeus VI 75,13 / + EIŌT VI 73,26 (meliorativ)
(vgl. Lactantius, C. H. II 330 App. - korrupt?) ✠ (vgl. (53 A), (127), (354))

diabasis Durchgang (durch die Sphären des Kosmos) + HIĒ, ČŌŌBE III 120,25 ✠

(diablepein siehe (129 B))

diabolos Teufel I 33,20 III 61,17 VI 33,26 (Joh 8,44 Apg 13,10 1Joh 3,10) VII
88,12 XI 38,[13].33 / + HOF IX 47,6 (Apk 12,9) 48,17 (dito) / + antikeimenos
VI 30,27 (vgl. 30,6) / + echthros (Lk 10,19) XI 40,17 / + Satanas I 4,30
----- XI 20,18
⏤ MNTDIABOLOS Verleumdung (wie diabolē) + MOSTE VI 39,25 (+) ✠
(vgl. (127), (434 A))

diathesis Beschaffenheit I 58,14 63,54 81,4 97,13 118,18 120,7 121,20 130,26
131,19 II 81,5 112,22 / + aretē I 59,3.10 ✠ (vgl. (255))

diathēkē Testament I 20,15 ✠

diairesis Trennung VI 20,35 ✠

(diakauein siehe (163 A))

diakonein dienen, bedienen I 117,16 II L 19 VII 113,9 / + hypēretein II 72,20.
21 ----- XI 17,16 ✠ (vgl. (315))

diakonia Dienst VI 1,11 5,6 12,11 37,16 72,1 ✠

diakonos DIAKŌN° Diener II 104,21 III 57,7 IV 64,14° (vgl. p) 74,15° (p) VII
82,2°
⏤ Diakon :: episkopos VII 79,26° ✠

- 232 -

(diakosmein siehe (247 B))

diakrinein unterscheiden, beurteilen, Erwägungen anstellen X 4,23 5,17.23 /
:: adiakritos BG 23,18 ✟ (vgl. (401 A))

(diakōn siehe diakonos)
(dialegesthai siehe (413))
(dialogizesthai siehe (106 B))

dialogos Dialog (literarische Form) III 120,1 137,23 ✟

(dialysis siehe (23 A), (226 A))
(diamerismos siehe (153))

diamonē Beständigkeit VI 39,13 ✟ (vgl. (95 A))

dianoia Denken, Denkvermögen, Gesinnung V 27,4 29,5 VII 80,14 81,2 /+ aisthēsis VI 36,1 /+ nous V 37,16 ✟ (vgl. (23 E), (106 B), (232 A), (394))

diaperan übersetzen II 100,13 VII 32,14 ✟

diatagē,° diatagma Anordnung I 20,26 93,15 ('Ordnung'?) VI 44,31° XI 14,30.33
✟

(diatērein siehe (390))

diatribein (seine) Zeit zubringen IX 68,[5] ✟

(diapheugein siehe (22 E))
(diaphtheirein siehe (440 C))

diaphora Unterschied II 119,3 120,28 124,27 139,10 III 73,18 (p' BG 89,1, [P.
Oxy. 1081]) 74,6 (p' BG 89,20, [P. Oxy. 1081]) 78,12 V 8,15 VIII 19,3 26,19
94,[25] 95,2.4 115,15 125,9 127,17 X 4,27 6,26 /+ eidos VIII 28,18 ----- X
35,27 ✟ (vgl. (279 A), (303 A), (304 A), (337 C))

(diachōrizein siehe (153))
(didaskalos siehe (209 B))
(didaskein siehe (231 B), (246 B))
(didonai siehe (218))
(diexodos siehe (106 C))

δίκαιος

(dierchesthai siehe (5), (109), (188 A), (280 A))

dikaios gerecht, (Subst.)° Gerechter I 33,29 111,8°.32° II L 11°.12 97,17
122,28° (Ps 91,13) III 125,17 V 32,3.6 44,14°.18° 49,9° 59,22° 60,12° 61,14°
VII 27,8° 28,24° 36,11° 37,5° 41,27° ----- V 31,[31]
━ OYDIKAION PE (mit Nebensatz) es ist angemessen, daß VI 59,12 VII 32,26
100,6 116,7
(PDIKAIOS NSPINTHĒR siehe spinthēr) ✠
(vgl. (381 B))

dikaiosynē Gerechtigkeit II 66,27 72,34 (Mt 3,15) 110,2 111,4 117,24 VI 22,14
VII 71,23 / :: adikia II 106,14.17 123,15.20 VII 70,32 ✠ (vgl. (119 C))

(dikaiousthai siehe 381 B))

dikaiōs zu Recht ----- VI 7,6 ✠

dikastēs Richter + episkopos VI 76,25 ✠

dioikein verwalten, betreuen, regieren II 84,24 VI 56,13.14 VII 44,18 ✠

dioikēsis Einrichtung (oder) Lenkung (der Welt) II 103,4 III 70,9.12 (p' BG
80,14.17) / + systasis II 123,27 ✠

dioikētēs Verwalter (kosmisch) + archōn III 143,16 ✠

(diorthoun siehe (210 B))

diorthōsis In-Ordnung-Bringen XI 33,28 36,11 ✠

diplous zweiteilig :: haplous II 59,13 ✠

distazein zweifeln I 47,2.37 IV 3,2 (+ R HĒT SNAY p') VI 65,11 ✠

(distomos siehe (351))

diōgmos Verfolgung I 135,15 IV 73,4 ✠ (vgl. (83 B), (90 B))

diōkein verfolgen I 14,25 II L 68.69 a (Mt 5,10) 87,6 89,23 91,21 121,31 126,
20 III 29,16 67,8 XI 5,28 20,25

— (absolut) rennen IX 32,4 ✚
(vgl. (102), (136 B), (154 B))

dogma Lehre VII 36,10 74,19 XII 29,22 (S. Sext.) ✚

dogmatizein (eine Lehre) festlegen VII 69,27
— beauftragen VII 50,20 ✚

dokein ----- VII 93,33 ✚ (vgl. (106 B))

dokimazein prüfen VII 97,20 102,26 115,37 117,30 X 40,13.20 ✚ (vgl. (109))

dokimos angesehen? VII 66,35 ✚

(doma siehe (218))
(doxa siehe (42 B), (49 C), (204 A), (224 C))
(Doxokratōr siehe (42 B))
(Doxomedōn siehe (42 B), (53 A))
(douleia siehe (374))
(douleuein siehe (315), (374))
(doulos siehe (374))
(douloun siehe (374))

drakōn Drache, Schlange (mythisch-übertragen) II 10,9 (::) 105,18 III 18,2
(korrupt).4 (::) V 80,14 VII 44,32 105,29 ✚ (vgl. (405 C))

dromos Lauf (von Gestirnen) II 121,18 126,12 ✚

dyas Gruppe von 2, Zweiheit, Zweiter (einer Reihe) :: monas III 78,18 X 32,12.
16 XI 22,[25] 25,20 ✚ (vgl. (180 A) und Zahlenteil unter "2")

dynamis Kraft (meist-überkosmisch-hypostasiert)(°Plur.) II L 81 54,31°.[36]°
55,1.28-32 59,19° 60,24°.30° 64,37 67,24 70,6° 92,3°.8° 94,2 95,14.23°.24
98,28.29° 102,1°.30° 106,11° 107,6° 108,13° 110,19 115,21 116,26 (Adj.) 121,
31° 125,14°.29 126,15°.30° 148,20 VI 55,[7] 56,15.24 57,29 58,11.11° 59,32°.
34° VII 1,19.32° 2,10.12° 3,4 4,17.33 5,4-34 6,4-28 7,17 8,9.14 9,6.9.32 10,
9.19.30 11,5 12,33 14,18 15,10 16,17 17,6 18,6-31 20,18 21,3-34 (✚) 22,2.12-
18.30.31 23,6.22 24,9 25,34 27,4.17-35 28,2.9 29,17 30,19.30 34,1 40,26 43,3
44,7 47,20 48,32 88,5° 91,19° 104,8° 105,34° 106,25 (1Kor 1,24) 109,14° 110,
30 114,3°.5°.10° 117,16 IX 3,26.31 37,6 (Mt 22,29) 43,10.17.30 44,24 61,[5]

δυνατός

73,30° X 2,[22] 3,25 4,8 8,1°.16.[26] 36,3 40,16 XIII 34,16°-32° / = angelos
X 25,2° / + QOM siehe QOM (456 A) / + angelos II 63,20° 102,21° (+) XIII 47,20
(+archē) 49,17°.24° (+archē) / + archē VI 25,33° (Eph 1,21)(+) / + archōn II
92,8° 124,21° XIII 49,32° / + energeia II 102,8 VI 52,14.18.24 X 9,19 / + exousia II 20,1° p' 100,5° 104,8° VII 31,33° 34,4° 46,30° ----- II 70,[28]° IX
41,[26]° 61,12

● TNOQ NDYNAMIS die große Kraft (vgl. Apg. 8,10 und TNNOQ NQOM unter QOM (456
A)) II L 21 b.85 65,37 126,14 III 56,5, vgl. VI 36,2 (?)

● ŠOMNT NDYNAMIS drei Kräfte, PA TŠOMNT NDYNAMIS° der Dreikräftige (vgl. ŠOMNT
NQOM etc. unter QOM (456 A)) III 8,3 X 4,16 7,17° 14,22 XIII 37,26, vgl. X
20,[15]

● TDYNAMIS MPPN(EYM)A die Kraft des Pneumas, TDYNAMIS MPN(EYM)A die Pneuma-
Kraft VII 8,2 12,13 13,26.37° 19,9.33° 20,4° 32,14 35,19 37,9 45,24°

━ ISON NDYNAMIS gleich an Kraft (wohl Übersetzung von isodynamos) + ISODYNA-
MIS III 98,8 p' (73,12) ✚

(vgl. (6), (42 B), (123 A), (127), (268 B), (426 A), (430))

(dynasthai siehe (299 B), (456 A))

dynatos fähig VII 111,23 ✚

dynein eingehen in...? XI 42,31 ✚

dyskolos DYSKOLON (von Problemen oder Gedanken) schwierig, Schwierigkeit I
45,2.3 / + MOKHq III 33,1 p ✚

dōdekas Gruppe von 12, Zwölfheit, Zwölfter (einer Reihe) XI 30,34 ✚ (vgl.
Zahlenteil unter "12")

dōrea Geschenk, Gabe I 4,35 64,27.28 (::MĒSE) V 53,13 VI 55,15 VII 88,30 89,9
XI 15,27.35 (+HMOT) / + charis II 134,33 XI 17,31.37 ✚

dōron Geschenk, (Opfer)gabe II 91,19 (Gen 4,4) 127,31 III 38,26 40,1 VII
104,19 ✚

(heautou siehe (394))

hebdomas Gruppe von 7, Siebenheit, Siebter (einer Reihe) II 101,27 III 18,5
IV 63,18 V 26,1.3 VI 56,27 XI 36,14 ✚ (vgl. Zahlenteil unter "7")

(engytatō siehe (378 B))

enkalein einen Vorwurf machen XI 18,28 ✠

(enkataleipein siehe (55))

enkephalos Gehirn II 15,32 (::) 144,35 (::) ✠ (vgl. (13 C))

enklēma Vorwurf III 67,11 ✠

enkrateia Selbstbeherrschung, Enthaltsamkeit VI 15,18 (::MNTQŌB) 19,19 ✠

enkratēs beherrscht, enthaltsam +OYAAB VII 92,5 ✠

enkrateuein sich enthalten IX 58,[5] ✠

(enkryptein siehe (382 B))

ethnikos heidnisch II 52,15 (::) ✠

ethnos (immer Plur.) Völker II 105,16
— Heiden VI 33,11.27 34,12 XI 21,30 ✠

(eidenai siehe (49 C), (204 A), (373))

eidos Gestalt, Erscheinung, Species, Art II 79,19 (FTOOY NEIDOS 'viererlei')
VI 21,21 ('Arten' scil. der Sünde) VII 1,35 3,27 25,3 26,35 27,21 122,32 VIII
18,12 27,6.13.19 28,19 54,14 66,21 120,12 /+ genos siehe genos /+ eikōn, typos XI 51,15 /+ idea V 15,14 p (III 87,23)(+morphē, schēma) /+ morphē VII
33,14 48,17.19 /+ hyparxis VIII 3,9 ----- VIII 28,3 41,[12] 84,22 117,22
120,20 XI 51,7 /+ morphē VIII 9,22 (+typos) XI 48,26
— ATEIDOS formlos (Wiedergabe von aneideos?) XI 60,27 ✠
(vgl. (50 B))

eidōlon (kleineres, schlechteres) Abbild, Trugbild I 77,17.33 (+) 79,10.(11)
(lies OY<EI>DŌLON) VIII 10,1-11 26,14 /+ eikōn VIII 76,25
— Götzenbild, Götze II 141,16 VI 33,31 34,16 /+ daimōn IX 70,1 ----- IX 56,9
— MNTŠMŠE EIDŌLON Götzendienst, REFŠMŠE EIDŌLON° Götzendiener II 123,10 131,7°
✠(vgl. (237 C), (358 B))

εἰϰῆ

(eikazein, eikasia siehe (237 C))

eikē vergeblich II 63,20 V 24,13 ✣ (vgl. (428 B))

eikonikōs abbildlich II 65,12 72,14 ✣

eikōn HIKŌN Ebenbild (Ur- oder Abbild) (°Anspielung an Gen 1,26) I 90,31 92,3 93,25 94,24-33 96,24.34 97,20 98,23.24 100,[18] 101,9 102,12 104,19 116,28.34 122,26 124,29 II 14,21 (Kol 1,15) L 22.50.83.84 (::EINE) 58,14 65,24 68,37 (Adj.) 72,13 86,13 112,35 III 7,9.23 9,5 22,5°.11 59,4-7° IV 23,[8] V 25,1.2 VI 47,23 56,13 65,16 70,4 74,32 VII 51,30 58,16 92,24°.21° 100,27.31 113,5 (Weish 7,26) 115,19 (Kol 1,15) VIII 10,16 79,[24] 125,1 XI 36,13.19 37,34° (::EINE) 39,[15.21] 60,33 XIII 38,11.12 40,34 47,12.16 BG 27,12 / + eidos, typos XI 51,16.21 / + eidōlon VIII 76,[25] / + morphē I 94,11 VI 57,4.6 VIII 136,9.[9] XIII 45,24 / + schēma II 64,37 / + typos I 123,15 II 15,8 67,11-17. [35] 84,21 III 22,5 VI 38,8 ----- II 69,37 81,32 VIII 97,3
● HN OYHIKŌN, HN OYHIKŌ[N NOYŌTE]° einhellig IV 59,11, 66,21 (p°)
━ Beispiel VI 71,34 (+exemplum C. H. II 328,15)
━ Gesicht? VI 2,24
━ ČI HIKŌN gestaltet werden III 50,12 ✣
(vgl. (49 B), (50 B), (187 A), (237 C), (358 B))

eilikrinēs POYOEIN NHILIKRINES das lautere Licht III 7,5 9,11.19 (p ALIKRINES) 18,14 32,[24] ✣ (vgl. (222), (267 B), (268 D))

heimarmenē ŠIMARMENĒ Schicksal II 107,16 121,15 123,13 125,28 III 37,7 (vgl. p') VI 62,27 VII 78,2 XI 13,9 XIII 43,13 (+).17 46,[4] / + oikonomia, pronoia II 117,22 ✣ (vgl. (293 B), (380))

einai sein VI 69,18? (Subst.)(korrupt?)
━ ei du bist (formelhaft wiederholt, in Lallen übergehend) III 49,6.7? 67,14? IV 79,3? XIII 38,29?
━ ōn seiend, on° (Subst.) Seiendes, Wesen III 67,(14)? (AEIŌ aei ō(n)?) VI 59,7°.17° / + PETŠOOP III 66,13 p ✣
(vgl. - besonders zu Composita von einai - (22 E), (53 A), (266 A), (322 A), (456 A))

(eipein siehe legein)

eirēnē Friede I 1,2.3 (::) 50,14 144,9 II L 16 (Lk 12,51)(::PŌRČ) 107,11 (::)

145,22 III 12,15 53,7 67,25 VI 6,27 8,[5]? 12,19 VII 66,23 67,16 68,2 (::ČAČE)
84,11 85,15 127,31 VIII 140,17.27 BG 79,10 (Joh 14,27) / :: polemos VI 14,31
18,24
━ R EIRENE Frieden halten II L 48 (+symphōnein Mt 18,19) ✠

(eis siehe (131 A), (377))
(heis siehe Zahlenteil unter "1", ferner (279 B), (354))
(eisakouein siehe (201 A))
(eiserchesthai siehe (22 C), (131 A))
(eisoran siehe (129 B))
(eisporeuesthai siehe (22 C))
(hekastos siehe (265 B))

hekatontas Gruppe von 100, Hundert XI 30,33 ✠ (vgl. Zahlenteil unter "100")

(ekballein siehe (136 D), (198 B))

ekklēsia Kirche (der Gnostiker oder der Engel, meist überkosmisch) I 58,30
94,21 97,6.7 121,38 122,30 125,5 135,26 II 53,32 105,20.22 106,17 124,29 (+)
130,[33] III 81,5 86,16-87,4 IV 66,15 V 14,[13] VII 50,8.33 51,17 53,1 60,25
65,36 68,15 69,6 IX 5,19 XI 2,[27] 5,33.35 6,38 9,18 13,16.24 19,24 40,[23] /
+MNTSŌTP I 122,12 / + NIOYNEM, :: NIQBOYR I 121,31 122,7 / + sōma I 123,18 /
:: EIŌT, ŠERE I 57,34 59,2 (Trias) / :: RŌME (Syzygie) XI 29,28.34 30,[19].35
31,37 ----- XI 44,28
━ (gottesdienstliche) Versammlung VI 12,6.13 VII 50,2 (?) ✠
(vgl. (15 B), (53 A), (163 C), (205 A), (293 A), (304))

ekkrinein absondern, ausscheiden XI 14,14 ✠

(eklegein siehe (201 B))

eklektos auserwählt I 143,34 ✠

eklogē Erwählung + SOTPq II 125,1 ✠

(ekmageion siehe (355 B))

ekplēxis Entsetzen, Geistesabwesenheit (o. ä.) II 18,30 (::) ✠ (vgl. (33 B))

(ekrizoun siehe (124 B)

ἔκστασις

ekstasis Trance, Tiefschlaf (Gen 2,21) + EBŠE III 29,2.3 p ☦

(ektos siehe (22 E))
(hekōn siehe (281 C))
(elaia siehe (416 B))
(elaiōn siehe (116 B), 134 A))

elachistos geringster VI 15,11 VII 14,5 43,1
— feinster, dünnster? VII 37,15 ☦
(vgl. (262 B))

elenchein (einer Schuld) überführen VI 41,32 ☦ (vgl. (210 B), (429 B)

(elenchos siehe (96))
(eleein siehe (116 B))

eleēmosynē TI ELEĒMOSYNĒ Almosen geben II L 5.14 ☦ (vgl. (116 B))

(eleos siehe (116 B))

eleutheria Freiheit, eleutheros° frei, Freier, MNTELEYTHEROS°° Freiheit I 93,
13°° II 77,16-31(°) 84,7°°.9° (Joh 8,32 eleutheroun).11 VII 42,25° 105,21°°
IX 73,3°° XII 16,[6]° (neg.)(S. Sext. aneleutheros) 27,[5]° (S. Sext.) /
:: HMHAL siehe HMHAL (374) ----- IX 73,25
— R ELEYTHEROS frei werden :: HMHAL II 77,26 ☦
(vgl. (99))

(helkein siehe (180 C))

Hellēn Grieche, griechisch gebildeter Mensch, Heide II 113,31 / :: barbaros
siehe barbaros / :: Ioudaios I 110,25 / :: Ioudaios, Christianos II 75,[31] ☦

elpizein HELPIZE hoffen I 122,29 II 143,11 III 135,5 ☦

elpis HELPIS Hoffnung I 17,3 35,3 85,14.17 92,7.15 93,3 97,11 111,27 112,1
119,5 121,38 128,11 130,22 II 31,9 75,6 139,5 143,9.13.[39] 145,7 (Eph 2,12
1Thess 4,13) V 62,18 VI 34,10,17,32)),11 VII 52,21 55,8 71,34 IX 5,16 69,9
XI 57,10 / :: agapē, pistis siehe agapē / :: pistis (vgl. 1Kor 13,13) I
143,32
— R HELPIS hoffen :: NAHTE, agapan (1Kor 13,13) VIII 28,21 ☦ (vgl. (136 B),
(471 B))

(empimplanai siehe (247 A))
(empiptein siehe (349))

emporos Kaufmann + EŠŌT, :: REFTOOY II L 64 ✠

(emphanēs siehe (274 C))
(emphysan siehe (133 A))

empsychos beseelt, belebt + zōon II 122,2 ✠

(en siehe (377))

enantion ----- XI 2,18 8,19
▬ (Subst.) Gegenteil X 14,5 ✠

hendekas Gruppe von 11, Elfheit, Elfter (einer Reihe) III 53,2 ✠ (vgl. Zahlenteil unter "11")

(endyesthai siehe (218))

endyma Gewand V 58,22 VI 44,26 64,16 XI 58,29 ✠ (vgl. (355 B))

energeia Wirksamkeit, Betätigung, Wirkung, Einwirkung, Wirkungsweise I 132,5
II 107,2 144,13 IV 72,29 VI 34,26 39,22 53,19 70,6 75,22 VII 113,4 (Weish 7,
26) VIII 68,5.15 74,10 79,11.21 85,13.21 86,17 127,9.13 X 7,16.23 XI 6,37
48,35 53,14.25.33 54,9.13 59,35 XIII 41,11 42,[29] / + apotelesma II 107,14 /
+ aretē VI 72,12 / + dynamis II 102,7 VI 52,15 X 9,18 ----- VIII 16,19 78,10
87,20 88,22 XI 20,19
▬ ČI ENERGI<A> Einwirkung erhalten, angetrieben werden (wie energeisthai?)
I 113,23 114,2
▬ R HOYE ENERGIA wirkungsvoller sein I 133,11
▬ ATENERGIA wirkungslos VIII 124,16 XI 61,26 (Subst.)
▬ MNTATENERGIA Anstrengungslosigkeit (vom 'Einen' ausgesagt) XI 59,26 ✠
(vgl. (49 C), (76), (426 A), (456 A))

energein wirken, bewirken, einwirken, sich betätigen, antreiben I 97,22 109,
31 110,32 111,14.19 112,10 II 17,8 55,18 83,30 V 52,20 VI 33,19 42,33 65,25
69,34 VII 54,31 63,6 125,5 126,17 VIII 74,19 IX 73,28 X 6,22 7,2-12 XI 7,26
45,32 51,21.29 61,35 (::) 64,33 65,26 66,21 XIII 47,25 ----- X 17,1 ✠ (vgl.
(49 C), (51 A), (456 A))

ἐνθυμεῖσθαι

enthymeisthai überlegen III 104,10 (p BG 99,1) ✠ (vgl. (394))

enthymēsis Überlegung III 14,11.{14} 15,4 88,9 (p' BG 113,17) BG 101,4 123,14
/ + ennoia III 83,5.6 / + phronēsis III 73,10 (vgl. p' BG 86,17) 78,8 (p' BG
96,17) ✠ (vgl. (106 B))

(eniautos siehe (164 B))

enneas HENNAS Gruppe von 9, Neunheit, Neunter (einer Reihe) VIII 98,1.2 /
= OYA (265 B) VIII 85,20 / + MNTOYŌT VIII 75,20 84,19 / :: ogdoas VI 56,26
59,31 61,22 63,14 (enneas Ausdruck für 'Transzendenz', vgl. unten zu ogdoas)
✠ (vgl. Zahlenteil unter "9")

ennoia Gedanke (meist überkosmisch-hypostasiert) II 18,33 III 8,17 9,6 10,15
11,21 (≠Iren. I 29,2) 32,26 ('Einsicht'?) 74,16 (P. Oxy. 1081) 78,14.15 (p'
BG 97,7.8) 87,10 (::) IV 51,25 (::) V 6,8 7,25 VII 50,6.14.18 54,5-30 55,36
59,13 61,33 VIII 16,3 24,10.12 52,22 60,12.13.19 63,[17] 65,[19] 83,10 IX
27,11 XI 24,[24] (=) 60,11 / = pronoia III 7,12 8,10 (≠p') / + aisthēsis VIII
2,15 / + enthymēsis III 83,5 / + epinoia III 27,2 p' / + nous u. a. III 73,9
(p' BG 86,18) 78,6 (p' BG 96,15) / :: Sophia VII 68,30 ----- VII 65,8 XI 56,32
● TŠORP NENNOIA, TEHOYEIT NENNOIA der Erste Gedanke (überkosmisch, vgl. das
- wohl synonyme - Prōtennoia) III 7,22 VIII 20,17 X 64,35 XI 48,13 53,27 (::)
/ + pronoia III 11,10 p'. Vgl. PŠORP MMEEYE unter MEEYE (106 B) ✠
(vgl. (49 C), (53 A) (106 B), (342 A))

enochlein ENŌKHLEI lästig fallen VI 63,36 (korrupt, vgl. P. Mimaut) ✠

enochlēsis ENŌKHLĒSIS Belästigung II 132,31 ✠

(entaphiazein siehe (234 A))
(entellesthai siehe (249), (378 A))

entinassein RENTINASSE EHOYN EHRM- zusammenstoßen mit VII 5,16 ✠

entolē Gebot, Vorschrift I 107,16 II 119,20 120,15 V 49,13 VII 91,25 (+) VIII
132,17 133,7 X 9,[15] BG 57,15
━ TI ENTOLĒ gebieten, vorschreiben + entellesthai (Gen 2,16) III 28,10 ✠
(vgl. (186 A), (255))

(entrepesthai siehe (320))

- 242 -

(exaireisthai siehe (201 B), (397 B))
(exerchesthai siehe (47))
(exetazein siehe (425 A))

exēgēsis Auslegung, Exegese II 127,18 137,27 ✠

Exodos Exodus (2. Buch Mose) IX 48,20 ✠

(exomoioun siehe (237 C))

exomologein bekennen, exomologēsis°Bekenntnis I 174,4° II 135,9 ✠

exousia Macht (auch hypostasiert), Vollmacht, Befugnis, (Plur.)° Mächte, Archonten I 53,3 54,14 87,33 88,5 96,10 105,20 120,32 124,6 II 14,31° 15,1°.7°.
25° II 86,20°-27° (Eph 6,12 Kol 1,13) 87,14° 89,17° 91,1° 93,27°-34° 96,22°.
31° 97,7°.10° 100,8.27 102,12 104,7.14°.29.31 105,12 106,21°.24° 108,26° 110,
1°.29° 111,23°-28° 112,2.26° 113,10°.25° 114,18° 116,8° 117,14°-25° 120,12°
124,22°.23°.32° 125,21° 142,32° 144,11° III 16,8° (+potestas Iren. I 29,4).15°.
18° 18,23° 22,2° (vgl. p.p') 23,20°.17° 24,15°.27° 26,5 35,12° 59,22° (lies:
MN <N>EXOYSIA) 73,5° (p' BG 86,12) 77,18 (p' BG 95,15) 85,24 (p' BG 109,9)
88,4.12 (p' BG 113,13 114,3) IV 65,17° 79,[7] V 9,[9] 23,28° 67,13° 76,20 VI
26,28 58,19° 61,12 79,27 VIII 135,24° 136,12.26 IX 29,21 XI 25,35 XIII 43,4°
BG 32,15° 43,10° 78,6° 99,17 106,2° 126,13 / = QOM II 28,12° / + archē siehe
archē / + archōn II 117,14°.18° 118,24° (exousia 'Machtbereich'?) IV 74,22°
IX 42,25° (+daimōn) XIII 41,25° / + dynamis siehe dynamis / + parrhēsia VIII
135,[1] / :: hypotagē III 71,15 (p' BG 83,8) ----- I 143,16 ✠ (vgl. (42 B),
(138 A), (165 A), (250), (416 A), (456 A))

exōdiakos (nicht in den Wörterbüchern, verschriebenes exōtikos? exōterikos?)
gewöhnlich? + genikos VI 63,3 ✠ (vgl. noch C. H. II 357 Note 9. - Mit exodia-
kos 'zum Begräbnis gehörig' hat dieses Wort nichts zu tun)

(exōthen siehe (22 E))
(exōteros siehe (22 E))
(epangelia siehe (293 B))

epainein loben BG 106,15 ✠

(epakouein siehe (201 A))

έπείγεσθαι

epeigesthai sich beeilen VII 48,13 ✠

(eperōtan siehe (425 A))
(epiblepein siehe (471 B))

epiboulos ----- XI 11,25 ✠

epigennios (nicht in den Wörterbüchern, Ausdruck für überkosmische Entstehung)
+ autogenēs, autogenios, allogenios III 41,6 (ohne p) ✠

(epiginōskein siehe (204 A))
(epiglykytatos siehe (369))
(epideiknynai siehe (246 B))

epidikazesthai beanspruchen + antipoieisthai (S. Sext.) XII 30,18 ✠

(epizētein siehe (317 B))

epithymein begehren I 11,37 II L 38 82,19 133,19 (Ps 44,12) 136,31 (vgl. Dio
Chrysostomus 13; Homer, Od. I 58 hingegen hiesthai) V 21,7 81,6.17 VI 30,14.23
38,7 VII 36,4 61,11 76,3 88,7 VIII 43,21 XI 38,34 XIII 45,22 / + thelein (Lk
5,39) II L 47 ✠ (vgl. (55), (317 B))

epithymia Begierde (meist pejorativ), Begehren I 84,20 85,8 99,23 107,15 120,
30 121,25 131,23 II 18,16.27 (::) 65,30 109,29 110,6 134,23 (Ps 102,5) 140,3.
25.32 141,32 III 26,[18] 28,3.21 31,24 33,13 V 67,3 73,24 75,4 80,3 81,8-11.26
82,18 83,16 84,28 VI 7,33 19,18 23,15-19 25,5 28,2 30,34 31,21 40,6 67,10 VII
37,33 (::) 65,30 75,19 84,25 (::) 105,23 VIII 1,13 IX 29,15 31,2 41,[12] 67,2.
[12] XIII 44,25 / + orgē III 17,6 / + pathos VII 90,4.5 / :: OYŌS II 82,7 ✠
(vgl. (16), (106 C), (281 C), (381 A), (388 B))

epikalein, epikaleisthai anrufen II 128,31 135,28 VI 55,24 ✠ (vgl. (201 A),
(296), (308 B), (310))

(epikataratos siehe (214))

epiklēsis Anrufung III 66,2 ✠

epiklētos Berufener (oder als neue Bedeutung: 'Versammlung'? (fem. Sgl., wie
hē synklētos?)) + TŌHM (Subst.) III 63,19 p ✠

- 244 -

(epilanthanesthai siehe (290 A))

epinoein (sich etwas) ausdenken, entwerfen XI 35,[15] ✠

epinoia Einfall, Gedankenblitz, Plan (auch überkosmisch-hypostasiert), (pejorativ)° Schliche II 9,25 20,27 22,16.35 23,34 126,18 III 29,15 30,2.17 VI 14,
10 36,18 VII 96,14° IX 28,2 XIII 35,13 39,19 / + manganon VII 95,2° / + pronoia II 8,11 p' / :: hypostasis VII 99,25
● TEPINOIA MPOYOEIN die Epinoia des Lichtes, TEPINOIA NOYOEIN° die Licht-Epi-
noia (überkosmisch) II 21,14 (vgl. p') 24,11° III 25,10 (p'°) 25,17.23 28,9
29,12 BG 59,10 60,2 (p'°) / = TMNTNOQ MPRONOIA BG 72,19 / = PEPM(EYM)A ETOYAAB
BG 71,9 / = Sophia XIII 39,30.32. Vgl. II 22,16 23,34 ✠ (vgl. (71 A), (342 A))

episkopē Aufsicht, Visitation I 90,24 91,10 III 34,26 ✠ (vgl. (51 C), (317 B))

episkopos Aufseher VI 61,32 / + dikastēs VI 76,24
▬ Bischof :: diakonos VII 79,25 ✠

(epispeirein siehe (198 B))

epistēmē Wissen I 68,12.15 88,23 (EPISTĒMA) VI 17,[7].9 VIII 120,14 140,5 X
3,24 / + aisthēsis, sophia VII 89,21 / + gnōsis siehe gnōsis / + nous, sophia
VIII 119,2 / + sophia I 91,2
▬ Können XII 15,13.14 (S. Sext.) / + technē XI 51,23 ✠
(vgl. (42 B), (175 B), (204 A), (394))

epistēmōn wissend II L 21 b ✠

epistolē Brief II 131,4 VIII 132,10 ✠

(epistrephesthai siehe (71 C))
(epitēdeuein siehe (51 A), (281 C))

epitērein hüten II L 25 (vgl. Ps 16,8 phylassein) ✠

epitrepein beauftragen I 88,3 ✠

epitropē Auftrag + OYEH SAHNE III 55,15 p ✠

epiphaneia Erscheinung, Epiphanie XIII 50,21 ✠

έπιφέρεσθαι

epipheresthai +ŠEEI siehe ŠEEI (306 A) ✠ (vgl. (47), (64 B), (118))

epichorēgein versorgen, + TI, chorēgein III 7,7 p.p' ✠

(erastēs siehe (85 B), (120))
(ergazesthai siehe (354))

ergasia Tätigkeit, Geschäft VI 27,13 (+R HŌB), X 27,18 ✠

ergatēs Arbeiter (meist übertragen im Sinne einer biblischen Anspielung) I 8,8
(Mt 20,1-16) II L 73 (Mt 9,37) 138,34 (dito) III 139,9 (Lk 10,7) VII 78,23
(Mt 9,37, Selbstbezeichnung der Gnostiker) XII 33,27 (S. Sext.) ✠

ergon Werk, Tätigkeit, Produkt I 17,32 II 7,7 94,8.15 96,6 98,4-99,1.32 112,31-
113,3 115,22 116,4 126,17 127,1 VII 24,25 32,3.24 47,4 ✠ (vgl. (95 B), (354),
(391 B))

erēmia Einöde II 60,19 ✠

erēmos einsamm, verlassen, wüst, (Subst.)° Wüste II 84,28 128,19 129,30 (Hos
2,5) V 79,14° 82,1° VII 22,21 45,1 88,9 VIII 3,27° / :: polis V 78,23 ✠ (vgl.
(324 B), (414 B))

erizein kämpfen V 22,7 ✠

hermēneia Übersetzung, Deutung II 32,13 114,2 XI 21,35 41,[31.33] ✠

hermēneuein übersetzen, erklären I 112,18 V 36,5 VI 58,29 64,12 (≠P. Mimaut)
XIII 37,10
➡ ATRHERMĒNEYE unerklärbar IV 50,21 52,8 55,24 65,5, vgl. VI 58,29 ✠
(vgl. (285), (341 B))

hermēneutēs Erklärer + REFBŌL III 101,12 p (BG 94,16)(der Heilige Geist gemeint?) ✠

(erchesthai siehe (47), (118), (322 A))

erōs Verlangen°°, Leidenschaft, Liebe, (mythisch-personifiziert)° Eros II 18,
28 109,2°-8°.20.25° 111,9°.19° V 63,8°° VII 84,21 / + Himeros (aus HIMIRĒRIS
zu korrigieren) II 109,2° ✠ (vgl. (85 B))

erōtan fragen II 64,[1] ✠

(esthiein siehe (191 A), (240 A), (270))
(eschatos siehe (348))
(esō̱, esō̱then siehe (377))
(etazein siehe (471 B))

euangelizesthai (Gutes) ankündigen, verkünden + TAŠE OEIŠ I 14,38
— ATEYAGGELI MMOF unverkündbar + ATTAŠE OEIŠ MMOF III 41,4 p ✠

euangelion Evangelium (als 'Verkündigung' und als Buch°) I 16,31 17,2 18,11
48,7° II 51,28° 86,18° III 69,6° BG 98,10° 127,8 ✠ (vgl. (140 B))

euangelistēs Evangelist, Prediger I 143,19 (Christus?) VI 35,6 ✠ (vgl. (317 B))

eugeneia edle Abkunft II 61,5 ✠

eugenēs edel (von Geburt oder - übertragen - von Haltung und Gesinnung) II
61,1.3 VII 61,28 69,6 87,14
— MNTEYGENĒS Adel (auch übertragen) I 106,31 (+) VII 57,33 60,32 ✠

eugnōmōn verständnisvoll? I 121,36
— MNTEYGNŌMŌN Besonnenheit + eugnōmosynē (S. Sext.) XII 29,11 ✠

(eudaimonein, eudaimonia siehe (164 A))

eudokein Wohlgefallen erweisen, übereinstimmen, zustimmen III 42,19 59,13 / +
syneudokein III 14,19 p' (IV 15,5) ✠ (vgl. (90 A), (103 C), (250))

eudokētos wohlgefällig + MNRIT (von ME (85 B)) I 87,8 (Subst.) ✠

eudokia Wohlgefallen, Zustimmung III 12,{19}.21.26 53,3 59,12 63,2 BG 35,[2]
112,4 123,14 / + kataneuein III 14,24 ✠ (vgl. (103 B), (103 C), (218), (281
C), (427))

(euergetein, euergetēs siehe (123 B))
(euthys siehe (204 B), (462 A))
(euilateuein siehe (55))

eukairia günstige Gelegenheit VI 1,15 ✠

εὐλογεῖν

eulogein loben, preisen II 134,17.19 (Ps 102,1.2) ✠

eulogētos gepriesen I 143,35 ✠

(eulogia siehe (310))

eulogos HN OYEYLOGON mit Grund (wie eulogōs) II 108,32 ✠

eulogōs mit Grund? (oder etymologisch: 'Logos-gemäß'?) II 114,14 ✠

eunoia Wohlwollen + ME, OYOŠ VI 64,5 (P. Mimaut) ✠

euporein reich sein :: ŠOYEITq VII 59,26 ✠

heurema Entdeckung :: zētēma VI 60,21 ✠

(heuriskein siehe (317), (349), (458))

eusebeia Frömmigkeit VI 38,26 ✠

eusebēs fromm (Subst.)° Frommer VI 38,22 56,28 74,8° (≠Lactantius, C. H. II
330 App.) IX 13,8° ✠ (vgl. (127))

eutaktos MNTEYTAKTOS Disziplin (wie eutaxia) VII 87,17 (+) ✠

eucharistein ein Dankgebet sprechen II 75,17 (vgl. 1Kor 10,16 eulogein) XI
43,[21] ✠ (vgl. (310), (373))

eucharistia Dankgebet I 96,(26) (lies OY<EY>KHARISTIA)(+EOOY) 126,19 II 58,11
▬ Eucharistie (Sakrament) II 63,21 (=IĒSOUS) 67,29 (::) ✠

(euchesthai siehe (310))

euchrēstos nützlich + ŠAY III 28,23 p ✠

(ephoran siehe (471 B))
(echein siehe (272 A), en gastri echein siehe (101 C))
(echthros siehe (441))
(zēlōtēs siehe (73 B))
(zēmiousthai siehe (141))

ἡδονή

(zēn siehe (293 A))
(zētein siehe (317))

zētēma Frage, Problem :: BŌL I 43,28 / :: heurema VI 60,20 ✠

zizanion Unkraut (vgl. Mt 13,24-30) II L 57 ✠

(ZYGOS III 52,6 ist <SYN>ZYGOS zu lesen, vgl. p)(vgl. (134 B))

zōdion Tierkreiszeichen X 42,5 (::) ----- X 39,[28] ✠

Zōē Zoe (nur als Name - Anspielung an Gen 3,20 -, in der Bedeutung '(höheres)
Leben' wurde es offenbar mit ŌNH übersetzt. Hier trotzdem die Stellen; °Sophia
Zoe) II 23,23 24,15 95,5-96,1 104,28 107,4 113,13°.33 115,12°.32° 121,27° III
25,11 87,5 (p' BG 111,16) BG 38,12 ✠ (vgl. (293 A))

zōon Lebewesen, Tier II 121,8 VI 67,8 68,28 75,20 VII 113,15 VIII 55,19 113,4.
23 117,2 IX 46,1 / + empsychos II 122,2 / + thērion X 25,4 ✠ (vgl. (293 A))

(zōopoiein, zōopoios siehe (238 A))
(hēgeisthai siehe (394))

hēgemonikon leitender Seelenteil, Vernunft VII 87,12 / + REFR HMME VII 85,1
(vgl. 90,13, beide Male + nous)(+) ✠

hēgemōn Herrscher, Statthalter° I 96,20 VIII 138,26° (Mt 10,18) ----- VI 2,5 ✠

hēgoumenos Führer, Befehlshaber (übertragen, statt hēgemonikon) :: SAH VII
85,24.25 ✠

hēdesthai HĒDANE sich erfreuen, Genuß haben (an...) VII 99,3 IX 68,3 ✠

hēdonē Lust, Genuß, Wonne I 72,13 92,9 II 109,22 140,24 VI 15,29 21,25 23,31
(Lk 8,14) 24,19 VII 96,5 108,6 IX 38,29 XII 30,6 (S. Sext.) / + epithymia II
18,16.24 VII 105,25 IX 31,1 67,[1] / :: lypē II 106,33 (::) VI 39,28 -----
IX 57,[15] XI 10,[9]
▬ MAEIHĒDONE vergnügungssüchtig + philēdonos (S. Sext.) XII 16,[12] ✠
(vgl. (6), (82 B), (276 A), (369), (381 A), (388 B))

(ēthos siehe (394)

ἡλικία

h̄elikia Lebensalter VI 74,11 VII 84,17 ✟

h̄elios Sonne VI 62,6
━ HĒMERA ĒLIOY Sonntag II 118,2 ✟

h̄emera Tag II L 64; HĒMERA ĒLIOY siehe voriges Wort. ✟ (vgl. (403 A))

h̄emiph̄onos Halbvokal +NA TPEŠE NSMĒ X 26,[28] ✟

h̄eniochos Lenker (der Zügel)(metaphorisch) = logos XII 90,16.18

(h̄essasthai siehe (430))

h̄esych̄e leise XIII 35,[33] (::) ✟

(ēchos siehe (185 A))

thalassa Meer II L 2 (P. Oxy. 654,14, Dtn 30,13).7 (Mt 13,45) 126,9 (Lk 21,25)
136,19 V 79,23 VI 1,14.29 45,31 73,14 75,32 VII 114,37 (Ps 32,7) IX 30,5 (Gen
22,17) 33,9.[24] (Mt 14,25) ✟ (vgl. (73 A), (106 C), (124 A))

thalpein pflegen VII 92,2 ✟

(thambeisthai siehe (332 B))
(thanatos siehe (87))

tharrhein sich verlassen auf :: R HOTE II 119,6 ✟

thauma Staunen, Bewunderung, Wunder° I 56,8 II 134,4 (Adj.) VII 6,16.23 7,5
8,14° 11,13° 14,33 15,20 17,23 (Adj.) 24,9 33,5 39,6 118,8°
━ R THAYMA sich wundern, bewundern I 63,22 VI 52,22 71,36 VII 3,2 6,15 20,34
21,1 22,13 41,23 ✟
(vgl. (89 C), (224 C))

thaumazein sich wundern (über...)+ ŠPĒRE VI 68,34 69,8 ✟

thaumastos PTHAYMASTON das Wunderbare, die Bewunderungswürdigkeit I 127,4 ✟

(theasthai siehe (129 B))

theios göttlich VI 59,7.17 68,18 71,29 78,41 VII 88,493,28 96,32 100,19 111,5
115,16.22 X 40,18
— PTHEION das Göttliche, die Gottheit II 134,9 VI 70,38 VII 87,22 91,34 92,23.
26 93,28 96,32 115,23-27 ✠
(vgl. (53 A), (127))

(thelein siehe (281 C))

thelēma Wille, Entschluß III 10,17.24 11,20 (Iren. I 29,12 Thelema) 42,9 62,26
68,15 V 48,[15] ✠ (vgl. (218), (281 C))

thelēsis Wille, Entschluß III 83,9.10 ✠ (vgl. aisthēsis)

(themis siehe (301 A))

THEMISSA (nicht in den Wörterbüchern, vom vorigen abgeleiteter Eigenname?)
Gerechtigkeit? IV 72,3 74,6 (+) ✠

theographos gottgeschrieben + SHAI NNOYTE III 69,15 (vgl. 69,7) ✠

theos Gott VIII 132,8 (Kryptogramm) ✠ (vgl. (85 A), (127), (165 D), (242))

(theosebeia, theosebēs, theotēs, theophilēs siehe (127))

therapeia Verehrung, Gottesdienst? VII 36,30 ✠

therapeuein heilen I 116,16 II L 14 (Mt 10,8).31 (P. Oxy. 1,34) 78,10
— dienen, verehren VII 36,30 / + hypēretein I 134,18 ✠
(vgl. (179 A), (231 A), (315), (317 C))

(therismos siehe (298 A))
(theros siehe (314 A))

thesis (Bedeutung unklar) VII 7,34 13,18 15,36 31,8.11 ✠ (vgl. (55))

theōrein sehen, anschauen VII 11,33 20,31.34 99,28 101,14.16
— REFTHEŌRI erwägend + TI HTĒ= (BM 979) VII 97,14 ✠

theōria Schau, Anschauung I 112,13 VI 56,25 59,16.27 60,[3] 72,13.16 XI 1,19
----- II 72,25 VI 57,[3] 72,[6] ✠ (vgl. (129 B))

θηλυκός

thēlykos P=THELYKON die Weiblichkeit VII 18,35 ✚

(thēlys siehe (404 B))

thērion (wildes) Tier (teilweise metaphorisch für 'Feind' oder 'Körper'(?) - siehe VII 1 "Paraphrase des Sem" - oder 'Nichtgnostiker' - siehe II 3 Philippusevangelium) II 79,7 87,29 (Adj.) 88,19 (p 120,20)(Gen 2,19) 94,17 111,25 118,26 (Gen 3,1) 119,18 (Adj.) VI 5,27 (✚) VII 15,14 19,16 (Adj.).27.35 (Adj.) 20,12 21,30 22,19 85,10.11.16 86,4 106,16 108,9 110,14 VIII 3,27 XI 10,30 11,[26].31 / = PREFTAMO II 114,1.2 (✚HOF p (89,32)) / + zōon X 25,4 / :: RŌME siehe RŌME (163 C) ✚ (vgl. (223 A), (231 B), (405 C))

(thēsauros siehe (17 B))

thlibein bedrängen II 145,6 VII 103,26 / + lypein II 80,17 ✚ (vgl. (83 B), (90 C))

thlipsis Bedrängnis II 136,12 (Jes 30,20) V 63,23 ✚

thnētos sterblich, (Subst.) Sterblicher°, PTHNĒTON°° das Sterbliche II 141,22° VI 67,29°° (::) 75,21 VII 17,26 / :: athanatos II 125,12°° ✚ (vgl. (87))

thronos Thron (überirdisch) I 134,28 II 102,16 (::) 105,1 (::).16.28.31 106,4 III 15,18 43,11.18 57,[14] 88,16 (p' BG 114,7)(::) IV 59,5 62,5 64,14 66,9 73,20 V 22,[25] VI 45,11 VII 52,20 89,23.33 92,7 117,1 XIII 38,20 43,15 45,15 48,23 ----- II 57,[22]
━ TI THRONOS Throne geben, inthronisieren XIII 45,16 48,22.23 ✚ (vgl. (42 B))

(thygatēr siehe (163 C), (324 B))

thymos Jähzorn + QŌNT VII 65,28 ✚

(thyra siehe (160 B))

thysia Opfer II 54,35 VI 57,19 (Röm 12,1) VII 104,20 (Ps 50,19) IX 32,20 / + dōron II 91,17 (Gen 4,3) / + spondē II 123,11 (::) ✚ (vgl. (50 A))

(iasthai siehe (231 A))

- 252 -

(iatros siehe (179 A))

idea EIDEA, HIDEA Aussehen, Idee (die beiden Bedeutungen sind nicht sicher zu trennen) I I 21,17 III 12,11 14,{18} 15,9 21,24 72,6-9 V 4,17 VII 58,4 VIII 11,5 67,13 68,[14] 136,15 BG 21,[17] / + eidos III 87,23 p (V 15,14)(+morphē, schēma) / + morphē VII 56,25 ----- VIII 74,9 119,13 (Eigenname)✟ (vgl. (50 B,) (129 B))

idios eigen III 32,10 78,6 BG 26,16 ✟ (vgl. (143))

idiōtēs Zivilist :: ŠOEIČ XI 21,26 ✟

hieron Heiligtum, Tempel + RPE BG 20,5 p'✟

hieros heilig (stets Attribut zu ČOŌME bzw. biblos) II 110,30 122,12 III 40, [12] (lies N{T}H[IE]R[A]) III 69,7.16.18 ✟ (vgl. (211 A), (267 B))

hikanos ŠIKANOS fähig I 55,32 88,1 II 77,30 ✟

hilaros ŠILAROS froh II 11,7
━ R ŠILAROS froh sein I 14,4 ✟
(vgl. (170 C), (290 C))

(himation siehe (332 A))

Himeros HIMIRĒRIS (verschrieben) Himeros ('Begehren', mythisch personifiziert) + Erōs II 109,3 ✟

(iso- siehe (337 C))

isodynamos HISODYNAMIS° gleichkräftig (die -IS-Form ist möglicherweise Neubildung eines Substantivs 'Gleichkraft') III 73,12° 75,15° (vgl. p' (BG 92,3)) (::) ✟ (vgl. (337 C), (456 A), dynamis)

isos HISON Ebenbild + EINE I 70 29
━ HISON NDYNAMIS siehe dynamis ✟
(vgl. (337 C))

isochronos gleichzeitig/gleichaltrig III 75,9.14 (:: HĒ) ✟

ἱστορία

(histanai siehe (297 B))

historia ŠISTORIA Kunde, Wissen, Kenntnis II 102,23 118,4 127,8 ✠

(ischyros siehe (430))

IKHTHYS III 69,15 VII 118,8 ✠

ichnos IČNOS Spur I 37,25 66,3 73,5 VII 104,16 XI 5,29 ✠

katharizein reinigen III 33,8 VI 40,19 ✠ (vgl. (222))

katharismos Reinigung VI 45,28 ✠

katharos rein III 5,3 (✛) 7,11 117,[9] XIII 35,18 (Subst.) BG 79,4 ----- IX 73,[2] ✠ (vgl. (222), (267 B), (268 D), (440 C))

(kathēkei siehe (301 A), (334 A))
(kathizein siehe (55))

kathistanai, kathistanein KATHISTA einsetzen II 87,8 95,20.25 (p 106,24) III 18,25 / ✛ apokathistanai siehe apokathistanai ✠ (vgl. (210 B))

katholikos universal VI 47,13 VII 4,6 11,19 12,4.18 13,22 14,20 29,14.22 34,20 35,13 42,29 57,26 62,26 / :: merikos VI 26,31 VIII 22,5 ✠

(kaiein, kaiesthai siehe (431))
(kainos siehe (27))

kairos Zeit, Zeitabschnitt, (°Plur.) II L 91 (Mt 16,3) 97,11° 114,24 126,2° VI 44,30 VII 30,21 39,29 40,4.24 44,2° 48,3°.4.6.18 XII 15,[3] (S. Sext.) / ✛ chronos II 112,6° (✛) III 37,9 (vgl. p) 62,20 (vgl. IV 74,5) 68,15° / :: topos IX 13,2
● PHAE NKAIROS die letzte Zeit, die Endzeit VII 22,34 45,9 93,26 (Plur.), vgl. 48,18
━ Ereignis I 28,4 ✠
(vgl. (203 A), (269), (403 A))

Kaisar Kaiser II L 100 (Mt 22,17) ✠

kakia Schlechtigkeit, Bosheit I 117,1 II 18,25 30,21 80,17 83,9.20 90,15 (≠p
119,11) 129,18 (Jer 3,2) 130,12 III 24,21 32,13 132,8 134,18 136,5 139,9 (Mt
6,34) VI 31,28 40,20 44,11.17.22 45,30 66,6.18.22 67,27 73,30 (Lactantius, C.
H. 330 App.)(+planē) 78,25.43 VII 2,18 3,10.14.20 4,35 10,2.7 15,33 16,14 25,
11 39,27 43,33 47,4 65,25 / + ponēria II 85,22 III 33,8 34,6 (vgl. 34,15) /
:: MNTAGATHOS III 142,8 ----- II 70,[30] 128,8 IX 68,16
▬ ATKAKIA (Adj.) unschuldig (wie akakos) VII 62,33 64,28 VIII 1,31 130,20 /
+ akeraios VII 60,9
▬MNTATKAKIA Arglosigkeit (wie akakia) VII 50,1.19 / + BALHĒT BG 51,5 p✠
(vgl. (403 B), (459))

kakodaimōn unglücklich + talaipōros I 9,25 ✠

kakos übel, (Subst.)° Übel II L 14° VI 31,18° VII 15,1 31,3° 38,17° / + ponēros II L 45 VII 29,30° / :: agathos I 119,24° VII 75,7° ----- VI 78,5 ✠ (vgl.
(123 B), 265 A), (403 B))

kakourgia böse Absicht VI 62,25 ✠

kakōs schwer, übel (Adv.) II 80,23 VII 88,9
▬ ETŠOOP KAKŌS dem es übel ergeht II 133,27 VIII 43,[18] ✠

kalein (herbei)rufen X 30,19 ✠ (vgl. (165 C))

(kallos siehe (178 B))
(kalos siehe (8 A), (123 B), (125))

kalymma Verhüllung, Decke II 23,7 (+HBS p') IV 79,[20] ✠

(kalyptein siehe (375 B), (382 B)

kalyptos KLS verhüllt, verborgen, (Subst.)° der Verborgene (überkosmisch) VII
122,14° 123,1° 126,5° VIII 2,23° 13,2° 15,2° 18,10° 19,5° 20,4° 22,12° 23,17
24,6° 44,26° 58,16° 82,12° 88,21° 115,9°.13° 119,12° 121,3°.5° 124,18° 125,12°
126,7 (::) 129,10 XI 46,31°.33 (Plur.) 51,17° 58,19° ----- IV 57,16 (+ETHĒPq,
ATOYŌNH EBOL) VIII 33,21 36,21 39,25 40,25 41,22 85,11 92,21 97,4 101,12 122,
17 (Plur.)(meist °) XI 45,31 ✠

kalōs gut (Adv.), vortrefflich, zu recht, sehr wohl I 10,14 102,28 II 74,24
80,13.18 V 38,24 VI 3,[2] 11,14 31,10 52,22.30 53,9 61,2 VII 105,19 111,35

καρπός

112,19 IX 34,28 XII 34,11 (S. Sext.) ✠ (vgl. (123 B), (334 A))

(kammyein siehe (23 E))
(kamnein siehe (391 B))
(kapēleuein siehe (43), (50 C))
(kardia siehe (281 C), (394))

karpos Frucht,(meist übertragen:) Ertrag, Nachkomme(n) I 7,25-32 12,26 28,7
57,24 69,37 74,13.20 75,34 78,26 86,25 87,31 (Bezug auf 86,33, siehe unten =)
93,3 118,23 II L 8 (Mt 13,8).21 b.43.63 (Lk 12,17).65 (Mt 21,34) 83,24 84,12
91,16 (Gen 4,3) 110,16.23.28 118,20 119,10 120,9 139,1 142,15 (Mt 7,16) III
28,2 56,9.11 130,18 IV 74,3 VI 31,18 75,7.22 VII 75,8 VIII 48,16 XI 19,30.33
37,[13] XIII 37,2 44,10 46,16 BG 56,8 88,5.10 / = ŠERE... (überkosmisch) I
86,33 ----- II 71,29.32
➡ TI KARPOS, TEYE KARPOS° Frucht bringen I 69,18 II L 45 52,33° IX 31,21 X
26,15 39,21 XI 34,31 36,34 XIII 41,30 BG 104,14 122,13
➡ MNTREFTI KARPOS Fruchttragen (wie karpophoria) IX 15,6
➡ ATKARPOS ohne Frucht II 52,35 ✠
(vgl. (50 A), (124 B), (135 A), (267 A), (280 B))

katabasis Abstieg III 59,4 VI 22,18 IX 30,[25] XI 41,35 (Etymologie von Ior-
danēs, offenbar von ירד) ✠ (vgl. (47))

katabolē Gründung (vgl. Mt 25,34 etc.) I 20,1 II 30,6 III 70,4 (p' BG 80,6)
71,17 (p' BG 83,11) VII 65,34 69,28 / :: synteleia II 123,19.30 ✠

(katagein siehe (50 A))

kataginōskein verurteilen II 95,15 (p 103,35) 107,33 VII 19,4 IX 42,29 69,30
/ + katakrima II 103,35 ✠ (vgl. (461))

katagnōsis Verurteilung II 107,35 VII 28,19 / + katakrinein II 125,29 ✠

(katadikazesthai siehe (381 B))

katadikē Verurteilung VI 77,27 XI 10,27 11,27 14,32.35 ✠

(kataischynein siehe (320))
(katakauein siehe (163 A))

kataklysmos Überschwemmung, Sintflut (°Anspielung an Gen 6,17 mit Kontext) II 84,35 92,6° III 61,1 VI 38,32° 39,5° 74,20 VII 25,12 28,5.14 XI 38,37 BG 72, 15° ✠ (vgl. (107 C), (163 A))

(kataklyein siehe (107 C), (292 B))

katakrima Verurteilung + kataginōskein II 104,5 ✠

katakrinein verurteilen II L 14 98,29 (p 113,8) 110,28.34 117,27 120,35 125,13 VII 102,11.13 / + katagnōsis II 125,22 ✠

katakrisis Verurteilung II 124,20 ✠

katalalein Schlechtes sagen über... I 48,29 ✠

katalambanein begreifen + noein IX 48,12 (vgl. Jes 6,10 synienai) ----- IX 62,[2] (+SOOYN) ✠

(kataleipein siehe (55))
(katalēpsis siehe analēpsis)

katalyein auflösen, vernichten, zerstören I 119,12 II 84,[28] 103,26 125,30 III 51,14 144,19 145,[1] VII 96,24 IX 14,9 26,[8] ✠ (vgl. (23 A), (298 B), (327 A))

kataneuein zunicken, Zustimmung geben III 8,7-21 10,11 14,24 21,5 22,1 26,4 ('den Kopf hängen lassen'?) 52,3.16 BG 47,1 / + syneudokein III 14,20 ✠ (vgl. (51 C), (103 C))

katanoēsis (Selbst-)Wahrnehmung? VIII 82,24 ✠

katantan hingelangen V 27,6.13 29,[26] 41,18
➡ sich ereignen, sich vollziehen II 121,26 ✠

katapatein zertreten II 97,7 103,21 VII 85,10 86,5 108,10.14 XI 40,15 (+patein epanō Lk 10,19) ✠

(katapauein siehe (105 B))

katapetasma Vorhang (°Anspielung an Mt 27,51)(°°'Vorhang' als Trennung zwi-

καταρχή

schen Pleroma und Kosmos) II 70,1° 84,23.25 85,4 (Hebr 6,9).5° 94,9°°.11°°
95,21°° VII 58,26° BG 118,8°° 119,1 ----- II 69,35° ✚

(katapinein siehe (292 A))
(kataran siehe (214))
(katargein siehe (278))

katarchē Ursprung? I 102,29
▬ Vorrang, Souveränität X 4,22 ✚

katastellein [KATAS]TILE (katasteilai?) ablegen? + apothesthai (S. Sext.) XII
27,29 ✚

kataphronein verachten, geringschätzen I 5,31 14,10 17,28 II 58,14 74,34 107,
35 113,9 120,32 VI 15,22 16,30 18,22 26,17 31,32 72,9 VII 86,30 ----- II 74,32
VI 78,9 ✚ (vgl. (20), (206 B))

(katapseudesthai siehe (449 C))

katechein zurückhalten, festhalten, halten I 7,37 76,2 II 124,3 III 132,4 VI
26,29 58,9 IX 30,6 67,3 / + empodizein (S. Sext.) XII 30,21 ----- II 143,38
IX 68,14 ✚

katēgorein anklagen, denunzieren, verklagen I 5,12 77,6 V 74,5 IX 68,12 ✚

katēgoria Verleumdung VI 23,34 (::)(Lasterkatalog) ✚

katorthoun aufrichten VII 11,25
▬ (übertragen) vollbringen II 80,6 ✚

katorthōsis Aufrichtung, In-Ordnung-Bringen, Vollendung + TAHO ERAT= III 32,
[19] (vgl. p') ✚

kauma Hitze + KŌHT III 22,[22] p (≠p') ✚

(keisthai siehe (186 B))

keleuein befehlen, anordnen I 2,27.32 15,39 III 17,17 VI 62,1 IX 30,2 ✚ (vgl.
(213))

kenodoxos sich grundlos rühmend IX 32,[22] ✠

(kenos siehe (333))

kerameus Töpfer II 103,22 ✠

keran, kerannynai mischen II 29,29 /+ QŌRQ III 67,23 ✠

(kerdainein siehe (402))

kephalaion Hauptsache, Zusammenfassung, Lehrstück I 113,12 II 123,31 XI 40,30
✠

(kephalē siehe (10 B))
(kēnsos siehe (314 A))

kēryx Verkündiger, Prediger III 68,7 VI 45,23 ✠ (vgl. (140 B))

kēryssein verkünden, predigen II 125,16 135,24 (Mt 3,1) III 37,[21] VII 25,15
✠ (vgl. (140 B))

kibōtos Arche (Noahs) (aus Gen 6,14) II 84,34 III 37,23 V 70,11.20 VI 38,30
39,3 ✠

kindyneuein in Gefahr sein, Gefahr laufen I 13,8 II 25,18 (QNDYNEYE) VI 72,6.
36 ----- X 17,4 ✠

kindynos Gefahr VI 72,36 VII 87,28 102,19 XII 30,[26] (S. Sext.) / = MOY I
106,37 ✠

kinēsis Bewegung VII 26,25 41,34 XIII 46,26 47,21 ----- XI 33,15 ✠

klados Zweig I 51,18 71,12 II 110,15 III 27,23 IV 22,31 XIII 45,32 (metaphorisch, +OYOEIN) ✠

(klauein, klauthmos siehe (163 B))
(kleis siehe (338))
(kleptēs siehe (437 A))

klēronomein erben, Anteil erhalten I 132,2 II 52,6-13 56,34 (1Kor 15,50)-57,2
144,[28] III 33,22 V 37,15 52,11 VI 23,24-28 24,27 IX 28,3.9 ✠

klēronomia Erbe, Anteil I 10,10 II 52,5 (vgl. Gal 4,1 klēronomos) V 53,9.25
60,19 VIII 136,27 ✠

klēronomos Erbe II L 65 (Mt 21,38) ✠

klēros Los, Anteil, Schicksal I 89,34 II 114,21 V 29,9.17 / + axia I 100,4 /
+ heimarmenē XIII 43,13 / + taxis I 99,31
— ČI KLĒROS (als Anteil) erhalten (wie klērousthai)? XI 6,38 ✠

klērousthai (als Anteil) erhalten, zugeteilt bekommen VII 101,23 113,26 / ::
aposterein VII 91,10 ✠

(klima siehe (341 B))

klimax Leiter VII 46,35 (Mißverständnis für klima?) ✠

(klinein siehe (126 B))
(koilia siehe (65), (350 B))

koimētērion KĒMĒTĒRION Ruhestätte VI 21,28 ✠

koinōnein Anteil nehmen (an), sich beteiligen (an) I 71,3 115,12 116,21.23.27
117,[1] 121,34 131,20 II 132,29 V 43,18 VII 32,22 38,8 41,6 69,15 93,28.30
94,10 VIII 22,4 XII 27,9 (S. Sext.) / + meteinai (S. Sext.) XII 16,[7]
— sich vereinigen (mit), Geschlechtsverkehr haben (mit) II 78,18-79,2 82,1
106,35 128,23 131,14 132,16 133,35 V 34,14 VII 23,12 IX 67,32 / + kollasthai
II 65,3 (vgl. 66,3) ✠
(vgl. (122 A), (218), (257 C), (400), (440 C))

koinōnia Gemeinschaft, Geschlechtsverkehr° (Unterscheidung der Bedeutungen
nicht immer möglich) I 69,9 97,30 98,30 121,37 II 41,10° VI 68,21 VII 22,3°.
33 23,13° 79,4 X 36,5° 42,20 XI 40,[26] 42,[34]? / + gamos II 64,[36] 132,29°
/ + tribē... VII 10,23° ✠ (vgl. (440 C))

koinōnos teilnehmend (an), (Subst.)° Gefährte, (Subst. fem.)°° Gefährtin
(wohl mit sexuellem Nebensinn) I 135,14° II 59,9°° (+HŌTRE, ::SŌNE) 63,32°°
XI 9,32 (-SON) ✠

koitōn Schlafgemach (°gnostisches Sakrament, vgl. nymphōn und MA NŠELEET bei
ŠELEET (311 B) II 82,13 84,21° 85,21°.33 ✠

kokkos Scharlach II 135,34 (vgl. 1Clem 8,3) ✠ (vgl. (23 B))

kolazein züchtigen, strafen, peinigen II 142,15 V 77,16 VI 46,23 47,27 72,25
(::) 77,9 VII 55,16 56,5 / + basanizein III 36,11 ----- VI 78,13 IX 14,3 60,4
✠ (vgl. (90 B))

kolakeuein zureden, beschwatzen VI 25,16 ✠

kolasis Züchtigung, Strafe, Peinigung I 96,6 101,28 (::) VII 52,29 79,17 VIII
131,23 XI 10,[20] / + basanos BG 71,2 p / + mastix I 31,21 ----- II 66,37
— TI KOLASIS züchtigen, REFTI KOLASIS° Peiniger I 100,15 (::) VIII 131,26° ✠
(vgl. (105 B), (402))

kollasthai sich verbinden mit..., hängen an... III 141,8 VII 5,35 6,24 / + koinōnein II 66,3 (vgl. 65,3) / + proskollasthai (Gen 2,24) III 30,8 ✠ (vgl. (55),
(257 C), (262 A), (400))

kolpos Schoß + KOYN= III 43,[1] p 63,20 p ✠

(kopiazein siehe (391 B))

kosmein schmücken II 52,20 132,26 133,14.32
— ordnen II 23,6 112,9 ✠
(vgl. (178 A))

kosmikos weltlich, dem Kosmos zugehörig (°Subst.) II 53,24° 54,4 III 143,10°
VII 52,1.12 60,28 61,7 (+ hylē) 65,18 VIII 5,[2] 8,12 / + hylikos X 2,[18]
----- VI 27,5 ✠

kosmokratōr Weltherrscher (Titel Jaldabaoths bzw. (im Plur.°) der Archonten)
VII 52,27 53,28 55,3 VIII 1,18 / + archōn IX 2,8° (+)
• NKOSMOKRATŌR MPEEIKAKE die Weltherrscher dieser Finsternis (die Archonten)
(Eph 6,12) II 131,11 VII 117,14 IX 32,28 ✠

kosmos Welt, Kosmos (meist abgegrenzt gegen das Pleroma und mit der Unterwelt
und dem Chaos identisch zu denken), (Plur.)° Welten (Sphären des Kosmos?),
PEIKOSMOS°°, PIKOSMOS°° diese Welt I 5,24.30 24,23 45,30°° 48,15.28 135,23°
II L 21 b.24 (Joh 1,9).27 (P. Oxy. 1,6).28 (P. Oxy. 1,12).56.80.110.111 b 52,
20 53,8.13.22 55,7 58,27 59,25 (::) 61,24 63,24 (Gal 6,14) 64,32.[34] 65,27.29
67,10 72,1 73,19 74,[35] 75,3.8.9 76,4 77,12.21 78,21.23 81,7 82,3 83,6 86,24

96,17 97,24 106,17 111,[34] 112,16-24(°) 117,23 120,16.35 121,[33] 122,2.24
123,15.21 124,2.9.18 131,5°°.8 (1Kor 5,10) 138,5.31 142,22 (1Kor 1,27) 142,26
143,14 III 18,9 39,20 51,4 58,[5] (12 Welten).[23] 70,5 (p' BG 80,6)(Mt 25,34).
10 (p' BG 80,14).18 (p' III 19,23) 71,17 (p' BG 83,11)(Mt 25,34) 81,21° (p' BG
102,1) 132,5 134,23°° 141,17°° IV 71,4 72,9° (vgl. p).13 74,24 (Adj.) V 20,15.
19 21,5 23,13 VI 5,32°° 8,[9]°° 10,16°° 26,12°°.27°° (::) 27,6 30,5°°.12°° 32,
4°°.13°° 45,13 (Mt 4,8) 70,9 71,36 72,9 (meliorativ) 73,19 74,31.34 (meliorativ) 76,36 77,16 VII 36,14 (Synekdoche für 'Mächte der Welt').32 41,14 43,33
44,18.29 45,7 48,14 50,26°° 54,23°° 57,34°° 58,14°°.22 59,20°°.21°° 64,13
(Joh 1,10) 65,34 (Mt 25,34) 69,29 (dito).31 77,8 97,32°° 98,1 109,12 112,8
117,18°° VIII 1,5°° 2,[32]°°? 4,26°° 5,8°° 10,3.5 11,1 12,6 24,31 46,30 114,12
132,19 135,27 137,24 IX 28,17 30,13.21 32,10 41,8 44,27 57,3 69,12.19.[23] XI
1,36 9,25.31 (Mt 5,14).34 (Mt 16,26) 10,18 38,39 48,33 59,9 XIII 40,12 47,31
BG 21,1 102,13 103,11.14 (Joh 1,9) 104,3 / + aiōn siehe aiōn / + ho aiōn hou-
tos (1Kor 2,8) VIII 130,10 / + PIAIŌN VI 11,16.17 / + gē II L 9 (Lk 12,49).16
(Mt 10,34) / + ktisis II 30,6 V 19,[32] (vgl. 20,4) VII 44,12 VIII 8,17 9,11.
13 / + oikoumenē VII 30,26 / + ouranoi (Hebr 4,14) V 46,[13] ('Sphären') /
+ physis VI 74,6 (Lactantius, C. H. II 330 App.) / + chaos II 93,32 III 89,15°
(p' BG 116,10) BG 120,9; vgl. XIII 39,16 (implizit) / :: KAH, NOYN II 126,[32]
('Himmel'?) / :: NOYTE II 79,18 / :: MNTRRO NMPĒYE II 57,19 72,17 / :: OYOEIN
V 62,22°° / :: aiōn, aiōn... I 71,5 II 54,2.6.14 XI 41,29.[30].37 42,18 BG
20,10 (vgl. Joh 3,17 17,18), weiteres siehe aiōn::kosmos / :: anastasis, NTO-
POS ETHN TMĒTE II 66,7-22 / :: kosmos... siehe die folgenden Rubriken / ::
plērōma I 46,38 ----- II 82,30 III 146,16 IX 15,14 59,11 65,8 XI 6,17 11,[19]
41,[10].12
● PAISTHĒTOS NKOSMOS die wahrnehmbare Welt, PNOĒTOS NKOSMOS° die intelligible
Welt VII 119,32 VIII 3,23 95,11 130,5 X 4,[6]° 5,18.22°.25 34,20 41,2.5°
● PKOSMOS BBRRE die Neue Welt II L 51
━ (meliorativ, fürs Pleroma)(°Plur.) III 133,11 VI 22,11° VII 122,15 123,22
IX 6,8° 18,1° / + PTĒRF III 144,10 / + plērōma XI 37,12.[15] / :: MOOY III
129,21 (+gē Gen 1,10, umgedeutet) / :: kosmos (im obigen Sinn) IV 75,4 VI 25,
29° 26,30°
● PNKOSMOS unsere Welt (d. h. die Kirche der Gnostiker?) :: kosmos II 123,25 ✠
(vgl. (46), (59 A), (85 A), (144 A), (150 A), (190 A), (226 A), (242))

kratos Macht VI 28,21 ✠ (vgl. (6))

(kraugē siehe (163 B))

kreas Fleisch + AF VI 8,[2] ✠

(kreissōn siehe (123 B), (280 A))
(kremannynai siehe (53 C))

krima Gericht, Verurteilung XIII 40,27 ✠

krinein richten II 144,4 III 62,22 VI 20,11 21,20 IX 74,7
— halten für II 129,3 ✠
(vgl. (381 B), (394))

(krinesthai siehe (381 B))

krisis Gericht, Verurteilung I 25,36 81,13.15 97,33 99,8 II 143,7 (Mt 10,15 etc.) V 22,10 VII 65,1 XII 30,17 (S. Sext.) ----- V 27,23 IX 59,[1]? ✠ (vgl. (23 C), (381 B))

kritēs Richter I 100,29 III 62,23 VI 20,13 VIII 9,7 ✠ (vgl. (381 B))

(krouein siehe (259 A))
(kryptein siehe (382 B))
(kryptesthai siehe (66))

krystallon MOOY NKRYSTALLON Hagel (vgl. Sophocles, Lexicon s. v.) + chalazō-dēs (Johannes Lydus) VI 77,17 ✠

ktēma Besitz I 118,3 ✠ (vgl. (429 A))

(ktēnos siehe (223 A))

ktisis Schöpfung, Geschöpf II 13,5 20,19 28,27 84,25 VI 19,7 37,17 38,2.16 39,20 48,7.10 59,2 VII 1,9 26,31 27,8 28,25.28 29,8 30,4.13 32,15 40,7 41,20 46,31 VIII 1,17 XI 35,14.31 / + kosmos siehe kosmos / + physis II 63,19 VII 20,24 ✠ (vgl. (190 A))

ktisma Geschöpf II 120,24 VI 17,24 ✠

(kyēphorein, kyēphoros siehe (429 A))

kyklos Kreis, Umkreis II 110,3.4 III 67,8 ✠ (vgl. (71 C))

(kynarion, kyōn siehe (286))

κυροῦν

(kyrieuein siehe (416 A))
(kyrios siehe (127), (416 A))
(kyriōs siehe (416 A))

kyroun einsetzen, festsetzen III 63,23 64,5 ✠ (vgl. 261 C), (278))

kōlon Glied III 121,23 ✠

kōlyein hindern, zurückhalten, abhalten VI 70,24 VII 13,16 42,33 48,16 114,33
XI 33,25.[26] ✠

kōmē Dorf II L 64 / :: polis II 63,19 ✠ (vgl. (46))

kōphos stumpf? VII 10,13
— stumm II 128,24 (Subst.) ✠
(vgl. (23 E), (97))

(lalein siehe (341 B), (413))
(lampas siehe (355 A))

lampēdōn Glanz +PEIRE III 7,14 p' ✠

laos Volk (im Sgl. auch Selbstbezeichnung der Gnostiker°, im Plur. auch soviel
wie 'Heiden'°°, Nichtgnostiker) II 133,18 (Ps 44,11).22 135,31 (1Clem 8,3) V
31,11.17.21 39,22 45,20.[25] 62,[2] 73,29 83,10°° VI 45,22° VII 72,6 73,1 87,
21 88,2
— SERMLAOS volksverführerisch, Völker verführend VII 76,27 ✠
(vgl. (15 B), (108 A), (205 A), (209 B))

(legein siehe (128 B), (341 B), (413), (449 C))

lexis Wort +RAN I 39,4 ✠

Leuitēs Levit :: OYEEB VII 109,20 ✠

(leōn siehe (88 B))

lēthē Vergessen +EBSE III 26,(23) (lies NT{A}LETHE) 32,13 ✠

lēstēs Räuber (oft Metapher für Feinde der Seele/der Gnostiker) II 21,11 L 21

b.103 (vgl. Mt 24,43 kleptēs) 53,11 127,27 (+) VI 5,26 (+).33 7,27 8,12 VI
78,18 VII 85,2.14 113,33 IX 31,20 (vgl. Mt 6,19 kleptēs) 42,16 ----- XI 6,19
✠ (vgl. (188 A), (437 A))

(lithos siehe (292 C))
(limēn siehe (51 B))

logizesthai überlegen VII 32,19 ✠

logikos vernunftbegabt, vernünftig VI 35,1 57,18 (Röm 12,1) 78,42 VII 66,31
67,4 108,17
● STOIKHEION NLOGIKON Logos-Elemente (überkosmisch, + ŌNH) XI 11,36 ✠
(vgl. (163 C))

logismos Überlegung, Denkvermögen VII 87,29 108,1.15 / + logos, phronēsis III
83,8 (+) ----- III 123,7.8 ✠ (vgl. (106 B), (342 A))

logogenēs logosgeboren, logosgeschaffen III 60,6 64,1 V 85,27 (Subst.) ✠ (vgl.
(341 B), (429 A))

logos Wort, Rede, Lehre I 1,28 6,27 8,11.16 43,34 44,11 45,3 50,7.17 60,34
67,25 73,14 74,26 88,22 93,34 94,9 99,6.13 101,9 111,30 II L 49 (Lk 11,49)
57,15 102,24 133,5 (?) VI 18,16 34,1.19 35,24 40,4 42,6 43,28 44,13 (?).19
60,24 (Mk 4,14).25 63,3 65,8-14 73,17 VII 1,34 22,28 29,6 37,7 70,11 96,5 VIII
132,7.9 (Kryptogramm) IX 31,8 34,27 41,2 XI 16,32-38 (Charisma der 'Lehre')
21,29 (?) XII 30,22 (PLOGOS MPNOYTE, S. Sext. logos peri theou) 31,9 32,3.6
(wie 30,22) 34,[27] (S. Sext.) XIII 39,14 42,3 50,21 / + ŠMNOYFE I 34,35 /
:: ŌNH, gnōsis I 9,18 ----- III 121,14 V 63,32 IX 40,12 XI 4,36
━ (vernünftiger) Gedanke, (vernünftiges) Denken, Vernunft I 78,35 81,12 VII
85,5 88,4 90,18 91,25 99,4 (?) 103,12 107,18-23 / :: OYŌŠ BG 31,15.17 (Christus schafft durch den Logos) / :: ŠAČE ('Wort') III 49,20 (?) / :: gnōsis,
nous VI 64,9.11 (P. Mimaut) / :: nous (nous::logos wie engl. 'mind'::'reason')
VII 84,30 85,27 86,14.20 (::pneuma) 102,15 / :: pneuma I 4,21. Vgl. III 83,10
(::) 87,18 (::)
━ (hypostasiert, überkosmisch) Logos (auch Plur.°) I 66,15 74,26° 75,22 76,3.
27 77,7-11 (=) 80,11.30 81,22 85,15.25 90,14 91,3.10.36 92,5.22 93,20.34 (?)
95,20 96,17 97,3.[11].21 98,21 99,6-21 100,22.31 105,11.18 113,38 115,21.27
118,9.19 119,28 122,27 125,7 130,14.30 131,15 II 57,6 58,3 (?).34 78,[31]-35
79,10 83,11 (Jesus) 84,9 (dito) 125,14 III 41,7 49,17 50,18 83,10 (::) 87,13
(::) 129,23 133,5 135,13.[21] V 82,13.15 VI 14,13 22,22.26 (?) 27,31 42,7 44,3

λοιμός

VII 8,18 9,5 12,19.37 14,2.21 17,18 32,32 42,32 44,27 106,24 107,18 111,5
112,32 113,13 117,8 IX 40,4 X 35,[20] XI 3,28 10,24 17,35 29,[25] (::).30 (::)
30,31 (::) 32,[34] XIII 37,5.24.[31] 46,[5].30 47,15 (Joh 1,14) / = TELEIOS
RRŌME II 80,5 / = PŠĒRE, THIKŌN MPIŌT VII 115,18 / :: ŠAČE ('Wort') III 53,13
VI 55,26 / :: nous I 37,8.11 (+ŠAČE) 70,10° 85,12 VI 28,11 (?) IX 27,18 28,9
XIII 46,14 (vgl. 46,22) / :: nous, pneuma I 64,10 / :: nous (Adj.), pneumati-
kos I 63,35.37 (NAYLOGOS wie logikoi 'Logosartige')
● PLOGOS MPNEYMATIKOS der pneumatische Logos (eine bei der Erschaffung des
Menschen beteiligte Hypostase) I 103,15 104,33 105,31 106,22 111,25 114,7

▬ MNTATLOGOS Unfähigkeit zu sprechen (wie alogia)? VI 73,22
● HN OYMNT<AT>LOGOS ohne Grund (wie alogōs) I 5,18
▬ TI LOGOS Rechenschaft ablegen (wie logon didonai) II 128,35 ✝
(vgl. (53 A), (106 B), (140 B), (160 B), (175 B), (185 A), (201 A), (223 A),
(268 B), (293 A), (341 B), (342 A), (388 D))

(loidorein siehe (265 A))

loimos Seuche VI 73,36 / + MOY III 61,11 p ✝

(louein siehe (417 B))
(lyein siehe (23 A))

lypein betrüben II 79,[35] XII 28,11 (S. Sext.) / + thlibein II 80,9-20 ✝

lypeisthai RLYPEI betrübt werden (oder) sein I 12,18.19 II 80,23 107,19 136,29
X 1,20 BG 20,6 / :: hilaros I 14,7 ✝ (vgl. (290 C))

lypē Trauer, Kummer I 10,8 II 18,17.21 (::) 121,23 135,25 VI 30,29 77,12 VII
22,15 / :: hēdonē II 106,33 (::) VI 39,27
▬ R LYPĒ traurig sein (wie lypeisthai) VII 20,30 22,14 29,10 43,6
▬ TI LYPĒ betrüben (wie lypein) VII 92,1 ✝
(vgl. (90 B), (381 A), (388 B), (391 B))

lyssan verrückt sein + aniatōs echein (S. Sext.) XII 29,[8] ✝

lychnia Leuchter II L 33 (Mt 5,15)(::HĒBS) ✝

(lychnos siehe (355 A))

manganon MAGANON List + epinoia VII 95,3 ✝

μακαρισμός

mageia Magie + pharmakeia II 123,9 ✟

magos Zauberer IX 48,[22].26 (+ epaoidos, sophistēs, pharmakos Ex 7,11) ✟

mathēteuein (oder) mathēteuesthai Jünger sein (oder) werden BG 77,14 ✟

mathētēs Jünger (°12 Jünger), Schüler°° I 1,25° 2,10° 15,29 II L 5.11.12.18-
21 a.22.24.37.43.51-53.60.61 b.72.99.113 55,[37] 58,6.8 59,23 63,35.[37] 71,14
81,1 III 120,2 126,6 136,1.6.10 137,2 139,13 140,20 142,24° V 30,21 36,2° VI
9,21 (11 Jünger) 12,14 XIII 139,10 IX 44,2°° 56,3°°.4°° 69,16 BG 77,12° 100,4
102,8 117,14 127,6 / :: RMTI ŠMNOYFE, apostolos (1Kor 12,28) I 116,18 / ::
apostolos II 59,28 ----- IX 4,3 57,[12] 73,7
— R MATHĒTĒS Jünger werden (oder) sein II L 55 (Lk 14,26).101 (dito) V 38,17
— ŠBR MATHĒTĒS Mitjünger III 40,7
— MNTMATHĒTĒS Jüngersein II 81,3 ✟
(vgl. (209 B), (317 B))

makarizein selig preisen V 38,19 55,24 ✟

makarios selig, (Subst.)° Selige(r) I 1,26 3,17 10,34 (Kontext unvollständig)
11,13 12,38.49 13,12 14,37.41 30,14 42,38° II L 6 (P. Oxy. 654,[40]).18.19.49.
54 (Lk 6,20).58.68 (Mt 5,11).69 a (Mt 5,10). 69 b (Mt 5,6).[103] (Lk 12,37)
64,10 73,[34] 80,3 107,8° (+) 124,11°.21°.25°.35 135,16.18 (Mt 5,4.6) 139,25
III 6,8° 21,23° 24,25 35,24 39,11 70,1 72,19 (p' BG 85,16) 73,2 (p' BG 86,3)
74,10 90,12 141,24 143,22 VI 42,24.28 69,5 VII 34,16 47,16 48,8 59,5° 76,16
126,5° VIII 20,4 68,14 133,16 XI 47,15 57,34 63,35° (Neutrum 'Seligkeit'?)
XII 28,23 (S. Sext.) BG 30,7 126,17 ----- VIII 11,16 IX 71,25 X 10,11 20,16
— MNTMAKARIOS Seligkeit II 107,<11> (lies T<MNT>MAKARIOS)(+) III 5,[6] VII
24,17 37,10 122,24 VIII 3,10 14,13 15,7.[15] 66,17 73,11 75,11.17 76,13 79,15
80,23 86,21 87,12 97,[4] 123,[18] 124,9 XI 47,32 49,6 52,31 54,17 57,[9] 58,
18.20 59,10 60,17 62,29.34 63,33 XII 68,2 (S. Sext. makarion) BG 25,17 -----
VIII 84,13
— REFTI MNTMAKARIOS Seligkeitsspender (überkosmisch) VII 124,33, vgl. BG 25,
17 ✟
(vgl. (28 B), (49 C), (58), (121 B), (123 B), (127), (268 A), (274 C), (293 A))

makarismos Segnung I 71,31 (=) ✟

(makrothymos siehe (389))

μακρός

makros MMAKRON die langen Vokale :: SOBK X 29,[25] ✠

mammōnas AMMŌNAS Mammon + HOMNT IX 68,4 (Lk 16,11).[7] ✠

(manthanein siehe (49 C))

margaritēs Perle II L 76 (Mt 13,45).93 (Mt 7,6) 62,17 VI 2,31.32 3,13 4,[3]-
26 5,8 ✠

martyrein Zeugnis ablegen, martyria° Zeugnis, Bezeugung VII 26,5 29,21.22°
31,21° 33,22-24(°) 34,20.20° 35,21° 40,20 42,28.29° 43,20°.26 37,7 IX 45,1° ✠
(vgl. (96))

martyros Zeuge IX 33,25 ✠ (vgl. (96))

mastigoun auspeitschen V 20,12 VI 78,36 / + phragelloun II 141,33 ✠

mastix MASTIGX, MASTIKOS Peitsche + QERŌB V 22,8
▬ Plage + kolasis I 31,22 ✠

(mastos siehe (33 C))
(mataios siehe (333))
(machaira siehe (208 B))
(megaleion siehe (138 A))

megas groß VII 70,12 ✠

megethos Größe I 143,33 II 4,1 95,1 98,19 100,30 138,36 VII 3,29 9,10 11,33
17,18 28,34 29,32 40,10
▬ PMEGETHOS die Größe (überkosmisch-hypostasiert, wohl anderer Name des 'Vaters') VII 8,35 9,19 10,26 16,34 21,13 49,10 50,9 XI 12,34 / = POYOEIN... VII
13,24 / = PPN(EYM)A NAGENNĒTON VII 8,19 (vgl. aber 12,24) / :: plērōma II 138,
32 / :: PPN(EYM)A NAGENNĒTON VII 12,24
● KATA POYOŠ MPMEGETHOS nach dem Willen der Größe (d. h. des 'Vaters') VII 1,6
4,15 6,31 8,16 9,4 11,7.25 12,28 13,5.34 18,2.28 29,20, vgl. 10,6 HM POYOŠ N-
TMNTNOQ
● PŠĒRE MPMEGETHOS der Sohn der Größe (Derdekeas) VII 7,1 10,11 11,21 12,2
19,24 / :: EIŌT VII 57,8
● PIMEGETHOS NTE NIPĒYE die Größe der Himmel = PRŌME NTE TIMNTME VII 54,6 ✠
(vgl. (12 B), (138 A), (281 C))

megistanos Vornehmer, Aristokrat II L 78 (+RRO).98 ✠

(megiston (Adv.) siehe (106 B))
(methyein siehe (257 B))
(meizōn siehe (138 A), (434 A))

melei MELI N- (jemand) kümmert sich um... V 31,15 VI 27,7 XI 65,26 66,18 /
+ philoponein V 29,7 ✠ (vgl. (281 C), (290 A))

meletan Sorge tragen (für), sich bemühen (um), sich beschäftigen (mit) III
33,11 VII 40,2 45,9
— nachsinnen, ersinnen I 23,19 VI 6,25 ✠
(vgl. (42 B), (170 A), (394))

meletē Nachsinnen VI 8,[10] ----- I 3,5 ✠

(mellein siehe (118))

melos Glied (auch übertragen), Mitglied I 18,40 47,38 48,[1] 74,15.16 123,2.11
II 15,29 16,27 17,9 140,31 141,37 144,14 III 23,[11] 78,9 (p' BG 96,19) VI
13,22 17,18.22 VII 3,9.12 4,12 9,21 11,6 14,2 27,14 29,15 30,28 43,12 113,18
IX 39,[3] XI 2,33 11,[38] 13,34-37 (1Kor 12,12-27) 17,21.24 (dito).32 XIII
41,7 44,10 49,21 BG 51,[1]? / :: sōma siehe sōma ----- XI 13,[13] 15,20
— ŠBR MMELOS Mit-Glied XI 16,(27) (lies NNKŠ<B>RMELOS) / :: sōma VI 22,16 ✠
(vgl. (10 B), (143), (188 B), (33,4 B), meros)

merizein abtrennen III 18,12 VII 11,27 ✠ (vgl. (155), (255))

merikos partiell, besonders VII 57,23 VIII 18,12 19,3 85,18 XI 51,27 / :: katholikos VI 26,33 VIII 22,1
— MERIKON (Subst.) Teil, Eigenes° II 131,22° VIII 1,21 23,19 ✠
(vgl. (242))

merikōs partiell (Adv.), stückweise I 49,10 (Anspielung an 1Kor 13,9?) ✠

merimnan sich sorgen II 142,1 ✠ (vgl. (170 A))

meris Teil VI 67,1 VII 17,32 24,18 36,34 ✠ (vgl. (153))

merismos Spaltung I 49,14 VIII 6,8 X 2,25 42,21 ✠ (vgl. (153), (265 B))

μέρος

(meristēs siehe (155), (232 B))

meros Teil, Anteil° I 15,4° 16,10°.22°.27° II 22,32 23,1 L 103 ('Teil' scil.
der Nacht?) 79,13 101,4.5 114,8 VI 2,20.22 17,29 66,34° 69,17.20 (≠C. H. II
325,19-20) VII 3,12 4,11 5,23 17,9.11 18,29 20,32 22,27 24,6 33,13 57,9 62,24
93,1.18 99,19.20 115,24 VIII 2,[16] 19,9 20,1.10 21,19 22,15 23,13 28,6 (korrupt) 119,1 135,18.22 ('Teil' vom Pleroma, im Kosmos verstreut) X 26,1 29,22
XI 18,[32].38 (Verschreibung für melos? :: sōma) XII 29,15 (dito)(S. Sext.
melos) XIII 40,13 41,21 ----- IV 79,4 VIII 117,21 X 42,23
— KATA MEROS, EK MEROS, APO MEROS, HN OYMEROS teilweise, zum Teil, in gewis-
sem Maße I 4,35 130,12 II 17,9 83,18 114,33 III 57,[2] 87,3 VII 3,22 93,29.31
VIII 19,14 X 3,21 4,26 5,20 6,1 29,19 30,5 51,29 XIII 36,8
— Gebiet, Gegend (meist Plur., wie ta merē), Seite II 14,32 87,12.21 88,9
94,14.32 99,13.22 III 35,14 VII 30,3 44,26 50,6.17 52,9 IX 43,11 BG 52,16
119,8 / + topos VII 67,14 ✠
(vgl. (50 B), (143), (106 C), (191 C), (242))

mesēmbria Süden VII 31,32 (::) ✠

mesitēs Mittler XI 61,19 ✠

(mesos siehe (104 A))

mesotēs Mitte (metaphysisch und kosmologisch), Mittelbereich (zwischen Licht
und Finsternis) II 76,[36] 109,17.18 VII 6,13 13,4.16 14,19.27 15,21 16,7.13.
25 17,20 18.9 20,29 33,16 43,8 47,30 71,31 / = MOY II 66,15.20 (::PEEIKOSMOS,
anastasis; Art Hölle)
— Mittlerstellung, Mittlerschaft VII 66,7 ✠
(vgl. (104 A), (403 B))

Messias Messias = Christos II 56,8 62,8.11 ✠

(meta siehe (93))

metaballein verändern +ŠIBE III 38,[20] p ✠

metabolē Wechsel, Übergang +ŠBEIE I 48,35 ✠

(metadidonai siehe (218))

metallon Metall III 39,1 ✠

metanoein bereuen, Buße tun II L 28 95,15 128,7.30 131,18 135,8 137,10.23 III 14,4.6 21,1 129,14 V 59,16 VIII 25,8 28,1.5 43,19 XI 34,[23] BG 45,13 ✠

metanoia Reue, Buße II 104,27 135,24.25 (Mk 1,4) III 36,9 59,10 VII 35,20.25 36,1 VIII 10,9 12,14 X 3,15 BG 46,14 / = NOYOYH EHOYN I 81,21 / = TSTO I 35, 23 ----- III 121,15 VIII 11,29 27,22
— (hypostasiert, überkosmisch) VIII 5,27 8,[15] 12,15 ✠

metechein teilhaben III 5,19.20 XI 15,36 16,23 ✠

metochos ----- IX 39,8 ✠

metrios MNTMETRIOS Mäßigkeit, Mäßigung (wie metriotēs) VI 25,10 (::) ✠

mēnyein MENEYE zeigen + TAMO III 106,8 (+TSABO p) ✠

mēnytēs Mitteiler III 140,18 ✠

(mētēr siehe (106 A))

mētra Gebärmutter, Mutterschoß II 5,5 127,22 131,20-27 IV 79,[22] V 78,20 VI 64,25.26 (P. Mimaut) VII 4,30 6,7 13,13.28 16,1.9.16 19,25 20,30 22,4.9 23,14. 19 24,11.31 25,23.29 27,21 ✠ (vgl. (65), (142 A))

mētropatōr Muttervater (überkosmisch) (auch fem.°) II 5,6° 6,16° 14,19 19,17 20,9 27,33 ✠ (vgl. (53 A), (106 A))

(miainein, miainesthai siehe (440 C))
(mikros siehe (58))

mimēsis Nachahmung III 38,19 (≠p) BG 49,4 ✠ (vgl. (50 B))

(misein siehe (102))
(misthos siehe (21))

mnēmē Erinnerung III 12,8 52,4 V 28,9.15 ✠ (vgl. (33 B), (106 B), (204 A))

moira Grad (des Winkels) VI 62,19 ✠

μοιχεία

moicheia Ehebruch II 129,27 (Hos 2,4)(+porneia) VII 37,30 ✠

moichos Ehebrecher II 128,5.8.34 133,22 ✠ (vgl. (357))

monarchia Ein-Herrschaft + archein BG 22,18 ✠

monas Einheit, Monade, Erster (einer Reihe) II 2,26 III 57,12 (Plur.) 78,24
(p V 7,24) VII 51,1 (Plur.).16 66,14 121,33-122,1 XI 23,20 / :: dyas III 78,17
X 22,20.23 25,19 32,13.17 ✠ (vgl. (265 B) und Zahlenteil unter "1")

monachos allein Lebender, Einsamer (Selbstbezeichnung der Gnostiker) II L 16.
49.75 III 120,26 121,12 ✠ (vgl. (201 B), (406 A))

monē Bleiben°, Aufenthaltsort, Wohnung II 93,29 VI 4,25 19,11° (::) XIII 37,22
46,29 / + anapausis I 70,17 / + topos I 100,30 ✠ (vgl. (22 C), (85 A))

monogenēs einziggeboren (meist Subst., überkosmisch) III 9,16 68,25 (Joh 1,18)
121,6 (dito) XI 24,33 25,[21] 39,24 40,34 ----- XI 28,[25] 37,24 ✠ (vgl. (324
B), (341 B))

monos MONE (monē adverbialer Dativ?) allein? XI 13,38 ✠ (vgl. (265 B), (326))

morphē Gestalt, Form, Aussehen I 66,13 (::) 67,19 93,36 (+) 94,16 (+) 99,7
104,4.22 105,17 II 2,9 67,7.8 81,3.8 105,5-18 119,17 III 12,3 14,{6} 15,6.7
29,20 72,4.5 (p' BG 84,14.16) VI 36,9 57,6 VII 5,11 12,28 17,10 19,16.26 20,6
21,2.21.28 22,10 27,9 29,17 37,2.20 42,9.18.22 43,34 45,15 74,20.33 X 25,3 XI
10,[19] 33,21 37,31 42,30 XIII 39,25 (::) BG 21,9.10 37,18 78,13 / + eidos
VII 33,10 (vgl. 33,14) VIII 48,19 / + eikōn VIII 136,10 XIII 45,24.27 / + idea
VII 56,23 / + idea, schēma III 88,[1] (p' BG 113,8) / + prosōpon III 18,10 p'
VII 34,14 / + typos III 15,11 p' / + [phor]mē? VIII 45,24 / :: amorphos XI
35,[18] ----- VIII 74,25 XI 28,21 / + eidos VIII 9,21 XI 48,27
• NŠOMTE MMORPHĒ dreigestaltig (wie trimorphos) VII 17,4 33,10
━ TI MORPHĒ Gestalt geben, gestalten I 27,28 62,2 (lies P[E]N[TAFTI NEY]
MORPHĒ) 105,9 III 67,10 V 8,11.14 VI 55,32
━ REFTI MORPHĒ, (fem.)° RESTI MORPHĒ Gestalter(in), gestaltend, formgebend
XI 26,33° / + REFČPE (oder RESČPE) OYSIA XI 27,33 BG 87,19
━ ČI MORPHĒ Gestalt empfangen, gestaltet werden I 72,28 94,11 116,38 II 115,4
III 67,8 VII 93,26 (+ousia) XI 14,[15] BG 75,13 98,2.3 / + TI MORPHĒ I 27,17
----- VIII 61,10
━ ATMORPHĒ, EMNTAF MORPHĒ° gestaltlos, ungestalt I 66,13 (Subst.)(::) II 141,

16° VII 18,5° 48,27° VIII 16,4 XIII 39,23 (::). Vgl. VII 5,11 XI 35,13 (<u>amor</u>-<u>phos</u>).18 ✠
(vgl. (50 B), (187 A), (351))

(<u>moschos</u> siehe (101 A))

<u>mousikos</u> MNTMOYSIKON Musik(theorie) (wie <u>mousikē</u>) + MNTSAEIN, MNTORGANON, MNT-HRĒTŌR, MNTPHILOSOPHOS I 110,16 ✠

(<u>myrioi</u> siehe Zahlenteil unter "10 000")

<u>mystērion</u> Geheimnis, Mysterium, verschlüsselte Mitteilung (°Bezug auf gnosti-sche Sakramente) I 18,15 38,18 57,39 144,1 II L 62 56,15 64,31(°?) 67,28° 70,9° 71,4 (Röm. 11,25) 82,2.6(°?) 84,20° 86,1° 122,22 III 27,16 (vgl. p'=) 30,26 39,17 40,5 44,1 143,8 IV 1,2 55,[1] 57,[14] 58,[7.8] 63,[19].20 74,27 V 25,7 28,3 62,20 VI 65,16.26.35 78,23 VII 60,11 65,31 67,11 68,26 69,24 73,16 76,26-33 82,19 (Mt 13,11) 96,6 (Adj.) 97,12 IX 45,11.20 X 39,24 XI 22,[15] 52, 21 XIII 36,28 37,17 (+SBŌ) 41,3.24°.27.28 42,28 44,32 (Eph 3,9) 46,[34] 47,[6] 48,[33] BG 78,9 ----- III 128,[6] IV 56,6 IX 2,[24] 70,[30] XI 13,12 69,[30]
— Symbol II 122,22 (vgl. auch die bisher genannten Stellen, bes. II 67,28) ✠

(<u>naos</u> siehe (46), (165 C))

<u>nardos</u> Nardenöl VI 8,16 9,30 ✠

<u>neaniskos</u> junger Mann II 100,12 ✠

<u>neikos</u> NIKE Zank +KŌH II 18,22 (+) ✠

(<u>neos</u> siehe (27))
(<u>nekros</u> siehe (87))

<u>neuein</u> einen (zustimmenden) Wink geben, bestimmen I 95,9 ✠

(<u>nephroi</u> siehe (453 C))
(<u>nēpios</u> siehe (58))

<u>nēsteia</u> Fasten IX 27,3 ✠

<u>nēsteuein</u> fasten I 115,7 II L 5 (P. Oxy. 654,33).14.27 (P. Oxy. 1,5).104 (Lk 5,33) VI 5,24 IX 27,2 ✠

<u>nēphein</u> nüchtern sein (oder) werden I 3,10 8,29 (vgl. 1Kor 15,34 <u>eknēphein</u>)
II 116,34 119,1.15 120,24 III 30,1 V 32,4 35,4 (≠Iren. I 21,5) 57,24 VI 21,27
VII 94,20 BG 94,14 ✟ (vgl. (33 B), (257))

(<u>nikan</u> siehe (430))

<u>noein</u> erkennen, begreifen, denken I 3,7 6,38 8,6 9,10.19 40,4 49,10 54,3.15
55,3-17 56,5 58,13 59,17.24 61,10.26 64,16 65,15-66,{1} 71,16.26 73,7 105,23
(PN[O]EI Subst. 'das Denken'? oder Verschreibung für <u>nous</u>) 124,16.21 II 2,[26]
27,17 L 89 53,27-34 54,11.13 64,35 88,1 142,20 143,24.25 144,6 III 5,15 6,16-
18 7,2 11,13 27,20 29,11 <u>72</u>,20 (p' BG 85,18) 73,20 76,9.19 (p' BG 93,10 94,5)
90,1 V 45,8 61,27 VI 22,29 36,31 37,6.22 39,6 42,25.29 54,19.23.30 55,20 58,
22.28 64,11 (P. Mimaut) VII 1,21 11,35 96,16 100,31 101,26 115,11 116,20 IX
43,24 50,[1] X 4,[25] 8,16.20.24 29,8 XI 16,37 26,35 47,22 48,19 XII 34,24
(S. Sext.) BG 21,[8] 22,17 25,11 27,1.17 57,18 / + <u>aisthanesthai</u> I 7,3 / + <u>ei-</u>
<u>denai</u> IX 37,[7] / + <u>synienai</u> (Jes 6,10) IX 48,11 (+<u>katalambanein</u>) ----- IX
38,3
➡ ATNOEI MMO= unerkennbar, unbegreiflich (auch Subst.°), MNTATRNOEI°° Unerkennbarkeit, Unbegreiflichkeit I 54,35° 55,13° 56,29°.30° 59,22.34° 66,[16]°
72,25°° 75,19°°.21°° 123,36° 129,31°° (MNTATRNOI NHO) III 72,19 (p' BG 85,17)
75,24 / + <u>aperinoētos</u> III 49,14 ✟
(vgl. (6), (23 E), (49 C), (51 C), (106 B), (129 B), (204 A), (274 C), (341
D), (351), (394), (471 B))

<u>noeros</u> verstandbegabt, geistig, Nus-artig III 13,10 VII 77,19 83,8.13 94,14.17
VIII 5,7 22,5 (Subst.?) 74,[13] 79,[12].13 IX 69,6 XI 51,18 60,25 / + <u>psychi-</u>
<u>kos</u> VIII 58,18 / :: <u>hylikos</u> VIII 26,19 ----- VIII 2,1 ✟ (vgl. (223 A), (394))

<u>noēma</u> Gedanke VI 48,14 VIII 45,28 46,23 X 8,25 XI 28,33 / + <u>aisthēsis</u> VI 36,2
✟ (vgl. (42 B))

<u>noēsis</u> Erkenntnis, Einsicht, Denken VI 52,16 54,29 63,13 VII 101,28 IX 29,3
X 13,15 XI 49,30.34 (beide Male NOĒTĒS, verschrieben) / = TOYSIA NPNOYS VII
93,10 / + <u>aisthēsis</u> VII 36,10 ----- IX 37,26 (::<u>praxis</u>) ✟

<u>noētos</u> intelligibel + solo intellectu sensibilis (C. H. II 355,5) VI 64,23 /
:: <u>aisthētos</u> X 41,5 ----- VIII 92,17
(PNOĒTOS NKOSMOS siehe kosmos)
➡ vernünftig? dem Nus zugehörig? VII 95,5 ✟

(nomizein siehe (106 B), (394))

nomothetein Gesetze geben VII 10,37 ✠

nomos Gesetz I 97,35 99,8.[14] 100,30 (oder nomós zu lesen?) VI 56,29 62,29
72,38 (Bezug auf staatliche Gesetzgebung?) VII 61,13 65,17 77,27 IX 16,12 73,
28 / :: anomia, anomos V 85,11 VI 16,14 / :: paranomos VII 70,31 ----- VI 54,4
IX 74,4
● PNOMOS das (Mose-)Gesetz (d. h. das Alte Testament) I 113,5 II 75,[31] IV
77,15 (vgl. Eph 2,15) VI 42,6 (vgl. Röm 10,4, ≠Mt 5,17)(?) VII 82,26 IX 29,15.
23.27 30,2 (ab 29,27 Anspielung an Gen 1,22 22,17).10 45,23 (Genesis) 50,8
73,28 / = PŠEN (d. i. der Baum der Erkenntnis) II 75,5
● PNOMOS NTPHYSIS das Gesetz der Natur I 44,20
— TI NOMOS Gesetze erlassen VI 48,11
— RMNNOMOS Mann des Gesetzes, dem Gesetz unterworfen II 117,35 (+choïkos) ✠
(vgl. (87), (287))

(nosos siehe (317 C))

nous Verstand, Nus (oft überkosmisch)(°Formeln) I 16,36 19,37 46,24 54,15 55,
6.22 59,17 63,23 65,3 66,16 (::) 71,30 129,22 143,[4] II 110,33 119,1 III 10,
10 (≠p)-24 (::) 73,9 (p' BG 86,17)(::) 78,6 (p' BG 96,14)(::) 125,19 (≠Mt 6,
22) 144,13° IV 51,27 (::) V 8,2 (::) 18,[21] 19,10 37,19 VI 19,32 22,28 58,15-
28 60,27.30 61,31 VII 2,2.33 3,8.12.19° (=) 4,9°-37 5,4-33 6,3.14 7,9.18.33
10,8 11,8.28 19,1.5.20 22,21 33,26 39,10 40,9 42,19 43,26 48,29 52,31 58,3
66,32 68,18 94,29 96,9° 99,2.17 103,1.9 119,29 123,6°.20.21 (+) 125,17.31 VIII
44,3 45,16 54,20° 67,[17] 119,1 IX 27,25 24,<12> (lies PNO<Y>S) 28,[19]° 44,2
48,10 X 31,17 43,3 XI 22,31°.35 24,20° 45,35 (Adj.) 51,20° 61,36 62,19 XII 29,
12 (S. Sext.) XIII 49,28 BG 98,18 / = EIOT VII 119,1 / = noēsis VII 93,9 /
+ hēgemonikon VII 85,1 (vgl. 90,12)(::logos) / :: EIOT, ennoia IX 27,12 / ::
anoētos VI 34,26-29 (::) / :: logos siehe logos / :: pneuma, pneuma... I 15,16
(vgl. 15,25) III 126,23 VII 23,7.8 35,3 67,9 112,27 117,3° (::) XI 23,37 25,
[32] / :: pneuma, psychē I 143,23 III 128,[14]°.20° VII 107,35 VIII 24,3 / ::
pneumatikos I 64,6 / :: sōma, psychē (bzw.) sōmatikos, psychikos VII 98,23.25
VIII 1,12 42,[21] 48,20 113,2 / :: psychē VI 58,5 VII 64,9 84,18 VIII 43,22°
55,23 ----- V 6,6 VIII 19,22° 41,21 / :: pneuma III 128,9 / :: sarx, psychē
IX 41,17
● NOYS NTELIOS vollkommener Nus (überkosmisch) III 12,25 VI 13,1 18,9 VIII 18,
7 29,18 30,8.17 44,29 (::) 129,6 XI 58,18 XIII 47,9
— REFTAMIE NOYS Verstand-Schöpfer (vom 'Vater') VII 124,31 ✠

νύμφη

(vgl. (22 C), (42 B), (49 C), (53 A), (59 A), (106 B), (129 B), (235), (268 B), (324 B), (341 B), (394))

nymphē Braut, nymphios° Bräutigam, nymphōn°° Brautgemach (übertragen-sakramental) II L 104°.°° (Mt 9,15) 65,10°.11.11°° (=) 67,16°°.30°° (::) 69,25°°. 27°° (::) 71,11°.11 74,22°° 75,[29]°° 82,16° (Joh 3,29).17-25(°.°°) VI 22,23° VII 94,28°° / + gamos II 132,26°°
● NŠERE MPNYMPHŌN die Kinder des Brautgemachs (Selbstbezeichnung der Gnostiker, aus Mt 9,15) II 76,5 86,5 / + NŠERE MPGAMOS II 72,21.22. Vgl. II 67,5 (Sgl.)✠
(vgl. (200 A), (311 B))

(nyx siehe (281 B))
(xenos siehe (314 B))
(xēros siehe (335))
(xylon siehe (301 B), (317 A))
(ho, hē, to siehe (393 B))

ogdoas Gruppe von 8, Achtheit, Achter (einer Reihe) (Ausdruck für 'Himmel', Anspielung an/Abstraktion von der Fixsternsphäre) IV 51,17 (+QOM).22 52,3.15. 26 63,23.24.29 64,9 65,3 VI 58,17 VII 65,37 (::MEHSAŠF 62,30 etc.) IX 55,1 56,3 BG 95,13 / + PE V 24,1 (::) BG 114,6 p' (III 88,14)(+stereōma) / :: enneas siehe enneas ✠ (vgl. Zahlenteil unter "8")

(hodēgein siehe (89 B), (180 C))
(hodēgos siehe (89 B))

hodos Weg (übertragen-religiös) II 96,25 134,15 ✠ (vgl. (89 B), (204 B), (356))

(odōn siehe (139))
(othonion siehe (355 B))
(oikeios, oikia siehe (46))
(oikodespotēs siehe (416 A))
(oikodomein siehe (71 B))

oikonomein (einen Auftrag) ausführen I 103,1 ✠

oikonomia Amt, Funktion, Lenkung (der Welt bzw. des 'Alls'), Vorsehung, Vorgesehenes I 77,3.10 88,4 89,35 91,15 94,8 95,8.21 96,14 99,19 100,7 101,11 108, 10.17 115,29 116,8.25 118,11 122,32 127,32 133,9 II 30,27 IX 42,7 XI 36,15

BG 78,10 80,2 / + pronoia II 117,24 (+heimarmenē) BG 78,4
● OYOIKONOMIA ESNOYHM Sparsamkeit VII 95,26 ✠
(vgl. (135 B), (268 C), (281 C))

oikos (Bewegungs-)Raum (eines Planeten) + ĒI XIII 43,14 ✠

oikoumenē Erdkreis, bewohnte Welt VI 44,9 VII 1,11 47,1 / + kosmos VII 30,17
✠ (vgl. (73 A), (467 C))

(oinos siehe (46 C))

oligos HO[LIG]ON Wenige :: SOOYH, laos VII 87,33 ✠

(holos siehe (242))
(homoios, homoiousthai siehe (50 B))
(homoiōma siehe (50 B), (187 A))
(homoiōsis siehe (50 B))

homologein bekennen, sich bekennen zu... I 84,23 89,18 91,9 120,36 121,29
128,16 131,4 132,17 VI 69,11 IX 31,24 / :: arneisthai VI 14,18.20
━ R ŠBĒR NRHOMOLOGI gemeinsam bekennen I 113,20 ✠
(vgl. (96), (103 C))

homologia (gemeinsames) Bekenntnis I 106,12 111,22.34 120,2 127,33 134,6 ✠
(vgl. (49 C), (96), (103 C))

homopneuma Geistesgenosse + ŠBR PN(EYM)A III 39,16 p' BG 22,13 p' ✠

(homorein siehe (255))
(oneidizein siehe (102))
(oneidos siehe (206 B))
(onoma siehe (165 B))

onomazein benennen, nennen II 54,2 76,3.11 (Eph 1,21) III 49,5 86,16 (p' BG
110,10 ANOMAZE) 103,23 VI 61,21 63,27 VII 10,33.36 14,7 38,19.25.27 X 19,18
39,5
━ ATONOMAZE MMOF unnennbar III 54,6 55,20 65,10 ✠
(vgl. (165 B))

onomasia Benennung III 77,11 VI 62,24 X 19,[19] 27,(13) (lies ONOM<A>SIA)

30,8 31,4 / + proségoria VI 64,1.3 (P. Mimaut)
— TI ONOMASIA benennen II 127,19 ✠
(vgl. (165 B))

ontōs wirklich II 127,21 VI 6,35 XI 59,23 ----- VIII 8,18 25,21
(PIONTŌS ETŠOOP, ETŠOOP ONTŌS siehe ŠŌPE (322 A)) ✠ (vgl. (86))

(oxytonos siehe (434 A))

hoplizein (reflexiv) sich bewaffnen + HŌŌK III 64,6 p 67,2 [p] ✠

hoplon Waffe III 67,3 (Röm 13,12) IV 75,22 VII 84,27 ----- III 121,10 ✠ (vgl.
(361))

opobalsamon APOBARSIMON Balsam II 62,20 (::) ✠

optasia Vision + NAY II 66,30 ✠

(horan, horasthai siehe (129 B))

horasis Sehen, Vision III 137,11.14 VI 19,19 VII 8,36 113,7 (::) ✠ (vgl. (129
B), (471 B))

organon Instrument I 114,20 VI 60,29 (::plēktron, also ein Musikinstrument)
— MNTORGANON (Plur.) (Wissenschaften des) Organon (d. h. Logik und Dialektik)
I 110,17 (::) ✠

orgē Zorn, (Plur.) Leidenschaften II 106,33 (+) 126,19 III 17,7 33,12 VI 49,23
(Adj.) 63,29 VII 84,25 XII 30,7 (S. Sext.) / = HOTE III 120,15.16 / + cholos
II 18,27 (+)
— (Plur.) Zorngerichte VII 30,14
● PIAGGELO[S NTE TO]RGĒ der Engel des Zorns + Archigenetōr II 95,34 (vgl. p
106,13)
— MNTREFORGĒ Zorn I 121,3 ✠
(vgl. (23 C), (460))

horizein absondern VI 67,22
— zuteilen, festsetzen II 121,17 III 5,[22] ✠
(vgl. (55), (294 B))

horos Grenze (zwischen Pleroma und Kosmos) I 75,13 76,33 82,12 (lies KA⟨TA⟩
PIHOROS?) XI 27,34 / = PREFPŌRC̆ XI 25,[22], vgl. 27,34 / = syzygos XI 33,27 ✠

HORMAZE siehe harmozein

hormē Drang, Antrieb, Bewegung (o. ä.) II 18,1 VIII 29,11 45,[22] (oder [PHOR]-
MĒ zu lesen?) IX 67,16 X 30,18 ✠

HORMOS siehe harmos

orphanos Waise II 52,22 XII 29,27 (S. Sext.) ✠

(osmē siehe (200 B))
(ostoun siehe (69 B))
(osphys siehe (239 B))
(ouranos siehe (144 A), (165 D))
(ous siehe (113))

ousia Substanz, Wesen, Seiendes, Wirklichkeit I 53,34 58,37 61,6 83,4 93,35
94,35 101,19.21.25 102,16 105,37 106,6-32 116,6 118,15.22 120,14 II 99,11.14
101,3 109,6 139,30 V 24,28 (Anspielung an Ex 3,14?) VI 23,20 34,24 55,33 VII
83,23 84,2 92,20.27.33 93,9.14.27 101,27 VIII 15,15 116,8.[9].17 X 3,20 4,5
5,21 6,4.[8] 7,[15] 25,14 31,16 XI 5,25 6,27 47,34 (::) BG 63,13.19 (beides
≠p.p') / + genos VII 92,13 / + synousia III 32,1 p' (III 32,1 ist wohl samt
p in ⟨syn⟩ousia zu korrigieren) VI 18,27-31 BG 60,4 p (vgl. p' II und p' IV)
/ + hyparxis VII 124,28.29 (::) VIII 17,2 / + physis VIII 26,18 / :: hylē
VIII 2,20 ----- VIII 9,20 (+) 20,20 (+hyparxis) X 33,24 35,23 36,2 XI 55,37
— MNTOYSIA Substantialität? (wie ousiotēs?) VII 122,20
— S̆BĒR NOYSIA Mit-Wesen, von gleicher Substanz (vgl. synousia) VII 71,5 /
+ S̆BĒR NSŌMA I 122,14
— REFC̆PE OYSIA, RESC̆PE° OYSIA wesenzeugend + REFTI (bzw. RESTI) MORPHĒ XI
27,32 BG 87,18
— ATOYSIA, EMENTEF OYSIA° nichtseiend, wesenlos (wie anousios, vgl ATS̆ŌPE
bei S̆ŌPE (322 A)) VII 121,27.30 (Subst.) 124,26 (Subst.)(::) X 4,18° 7,[17]°
(::) 13,16°.19° (::) 31,14° ----- VIII 68,6 XI 55,29 (+hyparxis)
● TIHYPARXIS NATOYSIA die nichtseiende Existenz VIII 79,8 XI 53,32
— MNTATOUSIA Wesenlosigkeit (wie anousiotēs) + ousia (::) XI 47,34

— Besitz, Vermögen I 20,16 II 52,3 XII 29,5 (S. Sext.) ✠
(vgl. (22 E), (322 A))

οὐσιάρχης

ousiarchēs Seinsurheber VI 63,19 ✠

(opheilein siehe (293 B))
(ophthalmos siehe (22 D))
(ophthēnai siehe (129 B))
(ophis siehe (405 C))

ochlēsis Aufregung II 18,22 (::) ✠

(ochlos siehe (108 A))
(opsis siehe (251))

pangeneteira PANGENETEIRA Allmutter (Titel der Sophia) ✛ pammētōr III 82,5.22
(::pangenetōr) ✠

pangenetōr PANGENETŌR Allerzeuger, Allvater III 84,14 (vgl. p' (BG 107,4) autogenetōr) / :: pangeneteira III 84,17 (✛archigenetōr) ✠ (vgl. (242), (429 A))

pathos Leidenschaft, Leiden° (beides pejorativ)(°°Leiden Christi) I 5,9°(✛).
28° (vgl. Röm 8,18 pathēma) 114,35°° 115,20 116,11.21°-27° (::) 118,6 II 18,20
19,7 128,29° 145,13° VI 21,24 23,30 31,26 66,10.16.17 67,[3] (vgl. C. H. II
342,1 vitium).26 VII 84,20 90,4 IX 5,2°° 30,5 34,2 42,28 X 2,25 XI 35,32-38 /
= ŠŌNE I 95,2.3
━ MNTATPATHOS Leidenslosigkeit (wie apatheia) I 116,33 ✠
(vgl. (6), (82 B), (90 B), (105 B), (231 A), (391 B))

paignion Spielzeug II 74,35 ----- II 74,31 ✠

paideia PAIDIA Erziehung ✛SBŌ VII 87,5.6.11 ✠

paideuein erziehen ✛TI SBŌ VII 87,9 ✠

(paidion siehe (3 B), (324 B))
(pais siehe (324 B))
(palaios siehe (366))
(palē siehe (341 C))

pammētōr PANMĒTŌR Allmutter (Titel der Sophia) ✛ pangeneteira III 82,21 ✠

pandokeion Herberge, Wohnstätte :: MA NŠŌPE XI 6,31 (vom Körper) ✠

panourgia Niedertracht II 24,25 ✠

panourgos raffiniert I 107,11 (vgl. Gen 3,1 phronimos)
━ MNTPANOYRGOS Niedertracht, List (wie panourgia) II 117,5 VII 88,12 95,18 ✠

pansophos ganz weise, allerweiseste (Titel der Sophia) III 77,3 82,20 (lies (T)PANSOPHOS) ✠

panteleios ganz vollkommen, allervollkommenster VIII 25,18 40,16 52,14 121,3 124,23 (Subst.) 125,16 (Subst.) / + teleios siehe teleios ----- VIII 40,16 52,14 59,23 62,19 63,19 91,15 119,18
━ MNTPANTELIOS Allvollkommenheit VIII 123,9 ----- VIII 80,13 ✠

Pantokratōr Allmächtiger
a) (jüdisch-christlich: Name des einen Gottes) + NOYTE VII 111,34 113,3 (Weish 7,25) 115,11 (+EIŌT) / + ČOEIS VII 112,27 (+NOYTE)
b) (gnostisch: Titel Jaldabaoths, bezieht sich auf dessen Herrschaft über den Kosmos) BG 103,15 119,9 / + NOYTE V 69,5.{7} 72,25 73,9 ✠

parabainein PARABA übertreten I 107,15 118,11 119,19 VI 62,30 (::) 63,29 ✠

parabasis Übertretung, Fehltritt I 108,5 (Röm 5,14) II 107,25 V 83,26 VIII 139,23 ✠

parabatēs Übertreter, Sünder I 9,28 ✠

parabolē Gleichnis, Rätselwort I 8,4 (Bezug auf mehrere synoptische Gleichnisse) VI 10,24 40,31 / + ainigma IX 2,1 / :: OYŌNH I 7,2.8.9 (+paroimia Joh 16, 25) ✠

parangelia Befehl II 28,24 ✠

parangellein befehlen II 130,29 VI 9,33 (PARAGĒLE)(+ŠINE) ✠

paragein vorübergehen II L 42 III 124,3 VI 62,19 VII 56,28 IX 30,[16]
━ vergehen II L 10 ✠

paradeigma Beispiel II 82,[32]? ✠

paradeisos Paradies (vgl. Gen 2,8-3,24; auch eschatologisch) I 101,30 (::)

παραδέχεσθαι

102,20 (beide Male PARADIDOS) II 21,25 L 19 55,8 71,22 73,10-[33] 88,25.28
(p 118,19) 89,34 91,4 (p 121,1.5) 110,2-32 115,29 119,21.25 122,1.10 123,1
III 27,5 31,5 IX 45,28 46,2.6.18 47,11 / = MA NMTON I 36,37.38 / + apolausis
I 96,29 106,27 ✠ (vgl. (105 B))

paradechesthai aufnehmen II L 14 VII 43,5 ✠

paradidonai PARADIDOY ausliefern II 142,40 VI 41,21.26 IX 34,5 BG 69,6 ✠ (vgl.
(218))

paradosis Überlieferung VI 52,7 BG 20,6 ✠

paratheke (Bedeutung unklar) VII 47,9 (=) ✠

paraiteisthai abschlagen (jemandem etwas), absagen II L 64 (vgl. Lk 14,18) ✠

parakalein einladen VII 88,35
— bitten I 10,32 II 21,3 ✠
(vgl. (116), (185 B), (193 B), (224 A))

parakletos Fürsprecher I 11,12 / + pneuma I 143,15 ✠ (vgl. (193 B), (351))

parakolouthesis Verständnis BG 70,1 (vgl. p.p' OYOH) ✠

paralambanein aufnehmen (teilweise eschatologisch, vgl. nächstes Wort) III
33,17 125,12 136,24 ----- III 145,9 X 65,2 ✠ (vgl. (50 A), (317 B), (410))

paralemptor Aufnehmer (Engel, die die Geretteten ins Pleroma aufnehmen) III
33,18 IV 76,12 78,7 VIII 47,24 (::) ✠ (vgl. (410))

(paralyein siehe (23 A))

paranomos gesetzlos + asebes IX 3,8
— MNTPARANOMOS Gesetzlosigkeit :: nomos VII 70,31 ✠

parapetasma Vorhang (zwischen Pleroma und Kosmos) II 98,22 ✠

paraptoma Übertretung, Fehltritt II 75,3 VII 78,9 / + plane IX 43,2 ----- IX
25,[4] XI 21,25 ✠ (vgl. (119 C), (349))

parastasis Assistenz, Corona, Hofstaat (überkosmisch)+ circumstantia (Iren.
I 29,2) III 11,19 /+repraesentatio (ebd.) III 11,5 ✠ (vgl. (297 B))

parastatein HENAGGELOS EYPARA[STATEI] Helferengel III 57,20 ✠

parastatēs Helfer III 64,10 (p ETAHERAT=) ✠

paratērein (Vorschrift) beachten, beobachten II L 5 (P. Oxy. 654,25) ✠

(paratērēsis siehe (471 B))

paraphrasis Paraphrase (des Mythos) VII 1,1.2 (vgl. Hippolyt, Ref. V 22 paraphrasis Sēth) 32,27 ✠

paraphysis widernatürlich VI 73,12 (Subst.) ✠

parembolē (befestigtes) Lager VII 84,27 86,17 (Metaphern) ✠

parthenikos jungfräulich VIII 57,[15] (von der überkosmischen Joel). Alle übrigen Stellen siehe pneuma ✠

parthenos Jungfrau, (Adj.)° jungfräulich I 8,8 (Mt 25,1) II 55,27.31 69,4 71,
5.16.18°.19 91,[36] 92,2 102,18 135,33 108,26.28 111,17 114,5 (::).9 (::)
127,24 III 31,6 56,8 (::).18 89,1 (p' BG 115,8)(Adj.?) IV 52,4° (::) 71,13
74,28 V 51,22 52,1 58,18 78,20°.[29]-79,11 VI 13,19 (::) 25,7° VIII 87,[10]
126,14 (masc.) 129,11 IX 39,30 43,28 45,10 (::).15°.18° X 4,11 XI 3,35 4,27
XIII 38,14 (::) ----- VIII 36,23 IX 39,3.7.9 XI 7,22.31 70,11
• TIHOOYT MPARTHENOS, TARSENIKĒ MPARTHENOS° die männliche Jungfrau (überkosmisch) IV 52,5 (::)(≠p) 54,19 (vgl. p T=ARSENIKĒ NPARTHENĒ) 55,18 (p°) 56,[19]
59,[22] 61,27.[29] (p°) 65,[12.19] (p°) 67,[7].9 (<p>°) 73,11.16 (p°) VII 121,
21 (Adj.) VIII 83,11 (Adj.) 125,15 (Adj.) X 8,[29] 9,2 XI 45,18 (masc.) 56,7
XIII 46,21
— TPARTHENOS (das Sternbild der) Jungfrau VI 62,17
— MNTPARTHENOS Jungfräulichkeit (wie partheneia) II 128,1 129,22 (Jer 3,4) ✠
(vgl. (3 B), (53, A), (106 A), (106 B), (211 B), (355 A))

parthenōn Jungfrauengemach + ĒI II 129,1 ✠

paristanai (oder) paristanein PARHISTA präsentieren, bieten II 123,3 ✠

παρίστασθαι

paristasthai PARHISTA zur Seite stehen (im Sinne der parastasis) + ARERAT= BG
34,10 ✠

paroikēsis (Bedeutung unklar) VIII 5,24 8,15 12,11.12.[17] 27,15 43,14 ✠

(paroxynein siehe (460))

parousia Anwesenheit, Ankunft II 123,23 135,22 VI 28,18 VII 78,6
━ (Bedeutung unklar) IV 74,18 ✠

parrhēsia Mut (sich zu äußern), Zuversicht, Offenheit VI 14,28 VII 58,34 VIII
135,1 ✠ (vgl. (274 C), (320))

parrhēsiazesthai mutig (oder) zuversichtlich sein (oder) sich äußern, Mut fassen I 11,15 VI 28,20 ✠ (vgl. (320))

(pas siehe (122 C), (242))

pastos Brautgemach (sakramental und überkosmisch) II 69,1 70,18-21 71,7.10
VII 57,17 ----- II 69,37 70,[33] ✠ (vgl. (400))

paschein PASKHA (Subst.) Erleiden II 131,15 ✠

patein treten auf... (Metapher für 'wohnen/sich aufhalten in...') XIII 40,11 ✠

patrographos vom 'Vater' geschrieben XIII 50,23 ✠

(patromētōr siehe (53 A))
(pachynein siehe (260 A))
(pachynesthai siehe (271), (389))

peithein überzeugen, zu überzeugen versuchen I 13,[2] 65,18 (pejorativ: 'beschwatzen', 'gefügig machen') II 127,30 (dito) 142,19 IX 46,3.8 XII 29,7 (S.
Sext.) / + protrepein I 13,32 / :: pisteuein I 46,5.7
━ MNTRPITHE Wahrscheinlichkeit? I 109,11 ✠
(vgl. (180 C))

peithesthai PITHE sich überzeugen, sich verlassen auf, vertrauen I 9,9 III
58,[26] / + pisteuein XI 1,30.[33]

— sich bestimmen lassen, gehorchen, entsprechen I 4,24 11,32 12,33 101,26.27 II 12,9 VI 53,34 VII 21,20
— ATPITHE ungehorsam, MNTATPITHE° Ungehorsam I 79,17° 80,8 (Subst.) 88,25 90,22 96,8 98,11° III 18,21 ☩
(vgl. (136 B))

(peinan siehe (360 B))

peira Prüfung? I 22,(12) (lies ANEPIR{I}A)
— ČI PIRA erfahren I 107,32 (lies ČI{M}PIRA) 134,24 (+EIME) ☩

peirazein auf die Probe stellen, versuchen I 4,29.36 19,23 II L 91 120,19 XI 59,8 ☩ (vgl. (83 B))

peirasthai PEIRA erfahren I 126,26 ☩

peirasmos Versuchung III 61,14 VI 7,9 BG 75,1 (≠p perispasmos) ☩

pelagos PPELAGOS MPAĒR das Luftmeer (d. i. die Atmosphäre?) VI 77,15 ☩

penthein trauern, klagen II 125,35 135,13.17 VI 44,9 ☩ (vgl. (353))

penthos Trauer, Klage II 106,31 (+) VII 89,29 ☩

pentas Gruppe von 5, Fünfheit, Fünfter (einer Reihe) II 6,2.8 VII 120,20 ☩ (vgl. Zahlenteil unter "5")

(periginesthai siehe (430))
(perizōma, perizōnnynai siehe (99))

periodos OYPERIODOS NKHRONOS ein Zeitabschnitt VI 74,10 (≠C. H. II 331,10) ☩

(peripatein siehe (108 C))

perispasmos Ablenkung, Verwirrung, Sorge (vgl. Lampe s. v. mit den Textbeispielen) II 91,8 (p' 121,24 (+)) III 39,3 (≠p peirasmos) ☩ (vgl. (106 B), (170 A), (351))

(perisseuein, perisseuma siehe (401 B))

περισσός

perissos überschüssig II 90,18 (Subst.) ✚

peristasis schwierige Lage? ----- XII 15,[20] (S. Sext.) 34,[1] (dito) ✚

(peristera siehe (465 B))
(peritomē siehe (176 B))

perperos MPERPEROS (Subst. Plur.?) Prahlerei VI 23,33 ✚

petra Felsen II L 8 (Mt 13,5 ta petrōdē) V 32,16 80,24 85,11 XIII 43,11 ✚
(vgl. (73 A))

(petrōdēs siehe (292 C))

pēgē Quelle (übertragen-überkosmisch) I 60,13 66,17 II 4,25 18,2 L 12 III 7,
[4].6 56,10.11 66,4 (≠p) 73,13 (p' BG 87,3) 130,[15].16 IV 6,27 62,13 (≠p)
71,26 76,3 VI 45,34 46,1.2 52,19 55,22 58,13 VII 61,3 91,8 VIII 17,11 IX 72,28
XI 23,[18] 24,[18] 48,21 XIII 46,18.23 48,20 ----- IX 74,8 ✚ (vgl. (51 B))

pēssein befestigen VII 39,30 ✚

pikria Verbitterung II 106,34 (::) ✚

(pimplasthai siehe (110))
(pinein siehe (175 A))
(pipraskein siehe (218))
(piptein siehe (349))

pisteuein glauben I 6,4.5 12,40 14,19 16,3 II L 91 52,17 60,4 62,3 142,11 143,
[40] III 37,[22] (neg.)(vgl. p apistein) 74,13 121,12 VI 48,6 72,34 VII 76,2
IX 48,8.9.14 50,[3] XI 1,[14] 10,31 36,16 XII 28,17 (S. Sext. pistis) / :: a-
pistein, apistos VI 77,28.33.36 XI 1,31 (+peithesthai) / :: peithein I 46,4-
21 ----- VI 69,2
➡ (jemandem etwas) anvertrauen + TI II 60,4 ✚
(vgl. (136 B), (201 A))

pistis Glaube I 1,[6].6 (+).28 13,33.38 14,9 16,16 64,13 II 123,29 III 74,13
(p' BG 90,9, P. Oxy. 1081) V 29,[27] VII 25,15 26,3.14 28,30 30,2-29 (pejorativ) 31,20 32,11 33,25 34,22 (pejorativ) 35,11.27-33 37,4 40,2 41,19.25.32
42,8.11 43,4.15 46,16.28 48,32 66,27 67,1 117,10 IX 69,8 XI 1,29,35 XII 16,7

(S. Sext.) / = PEHOYEIT NRŌME III 78,4 / :: HBĒYE, agapē I 8,12 / :: agapē II
61,36 62,1 107,12 141,10 / :: agapē, elpis (1Kor 13,13) II 79,23.25 / :: elpis
I 143,32 / :: peithein I 46,5 ----- IX 7,6 XI,1,[24] 2,17
— Zuverlässigkeit (oder) Versprechen? VII 25,7

— (überkosmische Hypostase) Pistis TPISTIS (...) TSOPHIA°, TPISTIS SOPHIA°°
die Pistis Sophia II 87,8°° 94,6° 95,6° 98,13° 99,2 (bezogen auf 98,13).24.29
100,1°.10°.28° 102,5.32 103,15-104,1.3°.17°.28 106,6°.11° 107,19 108,29° 112,3
(::Sophia) 113,6 115,7 III 82,6 (p' BG 103,9).8°° (p V10,33°) 83,1°° (::TAGAPĒ
SOPHIA) VII 31,26 (::Sophia) ✟
(vgl. (136 B), (204 a), (238 B), (268 B), (354))

pistos gläubig XII 16,[4.8].11 (S. Sext.) 30,19 (dito) 33,24.26 (dito) / ::
apistos II 80,10 ----- II 25,37
— verläßlich, treu I 20,10 VII 23,4 63,27
— MNTPISTOS ----- XI 7,33 ✟
(vgl. (136 B))

planan irreführen, verführen II 114,1 136,15 (Jes 30,20) III 34,15 (korrupt?)
VII 36,28.31 44,20 IX 15,23.[25] BG 19,8 ✟ (vgl. (195), (449 C))

planasthai PLANA, PLANASTHAI irregehen, irregeführt werden, irren I 8,29 (vgl.
1Kor 15,34 hamartanein) 49,34 II 55,24 56,17 66,20 73,3 87,3 94,27 95,7 (p
103,17) 97,27 117,12 118,8 123,16.23 III 63,8 VI 45,16 VII 37,19 44,12 106,35
IX 32,3 37,3 (Mt 22,29) XI 10,26 BG 67,18 (p korrupt?) / = MOY III 75,5 (P.
Oxy. 1081) ----- II 67,37
— ASTĒR NREFPLANA Planet? IX 34,9
— MNTATPLANA Beständigkeit (wie aplaneia)? I 135,8 ✟
(vgl. (135 B), (148), (180 C), (195), (204 A))

planē Irrtum, Verführung, Irregehen I 17,15.29.36 18,22 22,21.24 26,19.26 31,
25 32,37 35,18 110,1 II 30,2 96,31 123,8 (+) 135,10 136,27 III 61,15.22 77,9
V 77,22 VI 34,28 73,30 (Lactantius, C. H. 330 App.) VII 4,27 28,16 31,17 37,29
39,33 43,31 44,29 48,14 55,13.33 56,16 57,29 65,10 73,27 74,17 75,5 77,25.26
80,10.13.17 IX 29,16 32,13 41,4 BG 19,17 118,17 / + apatan II 53,25 / + paraptōma IX 43,1 / :: alētheia II 84,6 ✟ (vgl. (42 β), (49 C), (86), (119 C),
(195), (204 A), (247 D))

planētēs Planet X 42,3 ✟

πλάνος

planos Verführer VII 27,20 ✝

plax Tafel VI 62,12.24 ✝

plasis Gebilde XI 6,34
— PLASIS NKESOP, KEPLASIS° Neuschöpfung, neues Gebilde + anaplasis BG 55,3 p
(vgl. p': Vb.) 59,14 p (vgl. p'°) ✝

plasma Gebilde (meist pejorativ, °Bezeichnung für den menschlichen Körper) I
17,18.24 21,35 34,18 106,19 II 23,2 61,1 87,34 88,1 89,30 (p 113,9) 90,34 96,
34 103,21 110,12 113,19 114,2.17-33 115,9.10 116,9 117,25.28 124,9.22.30 125,
24 139,7 III 22,8 59,9 V 76,17 VII 69,4 93,15 VIII 4,24° 136,19 XI 1,15 BG
55,10 (vgl. p.p') 119,12.18 / :: KAH, TANO VII 92,18.21 (trichotomische Anthropologie, plasma mit der psychē assoziiert) ✝ (vgl. (50 A), (50 B), (55),
(86), (235), (247 C), (331))

plassein PLASSE, PLASSA bilden, formen I 143,30 II 21,5 61,2 87,26.30 114,30
124,1 III 22,8 59,8 VI 32,25 VII 53,19 92,28 VIII 136,12 BG 97,17.19 (✝) /
+ typoun VI 20,20 ----- II 60,34
= R ŠBER MPLASSE gemeinsam bilden I 105,2 ✝
(vgl. (190 A), (233), (429))

plastēs Bildner II 119,17 ✝

plein PLEA zur See fahren II 136,19 VI 73,14 ✝

pleonektēs Habgieriger II 131,6 (lies <M>PLEONHEKTĒS)(1Kor 5,10)(✝) ✝

(pleonexia siehe (401 B))
(pleura siehe (193 A))

plēgē Schlag, Wunde II 78,10 143,30 ✝

(plēthos siehe (64 B), (108 A))
(plēroun siehe (414 A))
(plērousthai siehe (414 A), (429 A))

plērōma Fülle, Erfüllung, Vollendung, Gesamtheit II 84,13 III 50,23 IV 52,[7].
24 XI 40,30. Vgl. die in der folgenden Rubrik mit (?) bezeichneten Stellen.

— Pleroma (d. h. die Gesamtheit des Überkosmischen)(°mit genitivus copiae)
(°°Plur.) I 16,35 34,30°.36 41,1.14°°.15° 43,15 44,33 59,36° 70,[1] 74,27 75,
14 77,5 78,3.20 80,27.35 81,30 85,32°° 86,21 93,26 94,12 95,5 96,34 (+) 97,21
122,37 123,22 124,17.29°° 143,6°° (?)(+).22°° II 14,3 (=).8 (≠p') 30,16 68,14
(=) III 14,4°° (?)(vgl. p.p') 21,8 25,14°° (?)(≠p) 27,20°° (?) 28,[15]°° (?)
(vgl. p, ≠p') 30,20°° (?) 32,16 44,[21] ([p]°) 50,8 (°°?) 52,5°° 56,2 68,17
69,3 IV 58,[5] 59,14°°.[28] 62,14 64,12°° 65,7°°.22.23°° 66,23 73,23 74,13°°.
16 V 46,8° 63,9 (?) VI 57,8 VII 14,4°° 50,33 71,2° 83,12 XI 30,29 31,38 33,[23].
32° (Kol 2,9) 34,29 36,22.[25].31 39,16-32 / = ANOK (Christus) VIII 136,16 /
+ SOOYHS I 68,30 / + AT[ŠTA] II 84,32 / + aiōn II 86,14 III 56,2 XI 35,20° 42,
17 (::kosmos) / + hekatontas XI 30,32 / + kosmos (?) XI 37,15 / + megethos II
138,33 / :: ŠTA, ŠŌŌT I 35,8.29.35 36,10 49,4 78,26.31°° 125,31 136,21 III
139,14.16 VIII 134,22°° (lies PE(Y)PLĒRŌMA) 137,4 IX 28,22-25 / :: katabasis
VI 22,19 / :: kosmos I 46,36 ----- II 70,[35] VIII 77,8 XI 19,22 27,21 ✠
(vgl. (17 B), (42 B), (53 A), (105 B), (110), (188 B), (226 A), (242), (268 D),
(274 C), (330), (401 B), (417 A))

plērōmatikos (unklare Stelle) I 97,29 ✠

(plēsion siehe (188 B))

plēsmonē Überdruß + SI III 33,13 p (≠p') ✠

plousios reich II L 63 (Lk 12,16) ✠

(ploutein, ploutos siehe (164 A))

pneuma PNA Wind, Hauch II 63,9 77,12 / :: KAH, MOOY, OYOEIN II 79,21 / :: KAH,
KŌHT bzw. aēr, MOOY II 144,21 BG 62,17 (+TĒY p') / ::MOOY VI 37,35 (Gen 1,2)

— Pneuma (überkosmische Kraft)(°als Bestandteil des Menschen) I 9,28 14,34
30,17 31,18 34,11 42,33 43,17 45,13 66,27 72,2.18 73,2.5 (=) 101,4.13.18 107,
28 118,31.32 143,15 II 6,29 (vgl. p') 27,29 (vgl. p') L 14°.53 60,7.8 61,29.30
69,8 79,9 (::) 86,20 88,12.13 96,24 99,10.26 101,1.2 (Gen 1,2) 102,18 (Adj.)
107,13 115,5 124,10.34 135,30 140,3°.5 III 14,2 (vgl. p').19 15,1 24,8.10 (vgl.
Gen 2,7 pnoē)(=) 25,6 32,10 36,19 86,6 (p' BG 109,7) 128,1 (Gen 1,2).17 IV
6,[27] 58,25 69,4 77,7 (vgl. p) V 18,[20] 19,16 20,4 21,24 22,1.11.15 23,5.23
55,[4] 76,24 78,1 80,15 84,2 VI 18,18° 21,17 53,31 57,5.8.10° 60,1.13 (::)
61,16 63,20 VII 2,21.25 3,6.15.34 4,5 5,8 6,31.36 7,3.9 8,10.23.27 9,1-36
10,28.29 11,12.32 12,16-20.38 13,23 15,24 17,23.28 18,22 21,21 24,3.15 28,3

πνεῦμα

30,34 33,3 37,8 39,6 41,13 47,23 49,18 50,15 54,16 57,22 67,8.28 68,10.24 79,3
83,9 (Weish 7,22?) 107,35 116,31 VIII 3,21(°?) 24,7 57,18 61,13 63,14(°?) 64,
17 66,13 67,19 75,14 140,5 X 4̲,17 6̲,5 XI 20,23 38,27 (vgl. Gen 2,7 pnoē̲) XII
47,32 BG 26,20 32,4 (vgl. p.p') 47,3 (vgl. p.p') 64,7 (vgl. p) 67,10 (vgl. p,
≠p') 74,10 (vgl. p) 87,10 88,8 119,2 122,8 127,4 / = EITO, EIŌT VI 36,24 57,7
/ = OYOEIN BG 123,11.19 / = agapē̲ II 79,28 (vgl. vorige Rubrik) / + OYOEIN
siehe OYOEIN (268 D) / + dynamis VI 52,14 / :: KAKE, OYOEIN (vgl. Hippolyt,
Ref. V 19) VII 1,27 2,4 10,22 21,28.36 / :: KAH II 71,17° (vgl. Gen 2,7 pnoē̲)
/ :: NOYTE BG 23,3 / :: logos̲ I 4,19 (::psychē̲) 64,9 (::nous̲) II 78,31-34 VII
86,18 (:: nous̲) / :: nous̲ siehe nous̲ / :: sarkikos̲ XI 35,36 (Adj.) 38̲,32 (Adj.)
(+) / :: sarx̲ I 5̲,22 II L 29 57,14° III 69̲,11 XI 20̲,33 / :: sōma̲ VII 21,8 /
:: sōma, psychē̲ II 67,3° (?) 70,[24]° 135̲,6° III 136,18 147,22° VI 19,7 VII
77,19 (Weish. 7,22?) VIII 47,5 (vgl. 47,1) 57,[22] IX 42,2 XI 42,34.37 XIII
41,22 ----- III 125,9 V 39,6 VI 56,7 VIII 74,7 XI 16,21 28,24 (+EIŌT)
● PPNEYMA ETOYAAB, PHAGION MPNEYMA° der Heilige Geist I 6,20 24,11 (=)(1Kor
2,10 to pneuma) 26̲,36 27,4 58,35 (Plur.) 97,1 (Plur.)(::Logos̲) 138,22 II 7,16
(vgl. p') 55,17.24̲ 58,12 59,12.16.20 60,28 64,26 74,21 75,18 77,14 (::PPNEYMA
MPKOSMOS) 85,23 91,11 93,6.10 105,30 129,7 III 15,19° (p.p') 21,5° (p).6° (p')
(vgl. p) 32,17° (p.p') 60,7° (p) 63,14 V 19,[21.26] 22,22 58,14 63,[25] VII
82,8 83,15 VIII 5,5 23,28 58,24 139,14 (Apg 2,4) 140,9 (Apg 2,4 4,31) IX 39,26
XIII 45,23 BG 34,17 70,19 (p°)(vgl. p')(Mk 3,29) 81,7 / + TMAAY NNETONH TĒROY
III 15,20° (p) / = TEPINOIA MPOYOEIN BG 71,7 (::MAAY) / :: PEIŌT MPTĒRF II
97,16 BG 22,[21] (vgl. p') / :: PEIŌT, PŠERE I 127,32 (Mt 28,19) 128,8 II L
44 (vgl. Mt 12,32) 53,30 67,20 / :: NOYTE VIII 2,6 / :: logos̲ II 57,7 / ::
nous̲ VII 112,26 / :: nous, psychē̲ VIII 24,5 / :: PNEYMA NAKATHARTON II 66,2 /
:: sarx̲ V 77,17 / :: Ch(risto)s̲ II 69,5 ----- II 59,35
● PPNEYMA NATNAY EROF, PAHORATON MPNEYMA° das Unsichtbare Pneuma (anderer Name
des 'Vaters') I 102,32 II 2,29°.33° (vgl. p') 5,28°.31°.34° 6,1°.4° (vgl. p').
12° 93,22° III 8,[11]° (vgl. p.p') 9,3° (p).20° (p)(vgl. p') 10,4°.8° (vgl.
p').12°.16° 11,1°.4°-17° (vgl. jeweils p.p') 12,22°.26° 13,12° 14,9° 44,24°.
26° (p)(::) 68,25° 69,17°.19° IV 55,17 (p°) 56,10 60,[11].23 61,25 (p°) 65,10
(p°) 67,5 (p°) 73,9 74,15 (p°) VIII 2,27 17,13° 20,18° 24,10°.13° 58,17° 63,8
(::) 79,16.[23] 80,19° 84,[14]°.18 87,14° 97,3.6° 118,12° 122,4° 123,[20]°
128,21 129,12° X 10,19° XI 47,9° 49,10° 51,9.35° 58,25° 24,34° 66,33 XIII 38,
11 BG 35,11 (vgl. p.p') 47,2° 78,15° 125,5 (p°) / = PIŌT IV 50,[3] / + EIŌT
IV 54,18 ----- VIII 57,25, vgl. III 21,5 58,14
● PPARTHENIKON MPNEYMA das Jungfräuliche Pneuma, PATNAY EROF MPARTHENIKON M-
PNEYMA° (oder) PAHORATON MPARTHENIKON MPNEYMA°° das Unsichtbare Jungfräuliche
Pneuma (meist auch der 'Vater') gemeint) II 4,35° 5,3.12 (Barbelo).18 6,19°°

(vgl. p') 7,23°° (vgl. p') 8,34 14,5°° 31,13 93,30 III 10,6 (vgl. p') 44,12
49,25°° ([p]°) 65,11°° (vgl. p) VI 54,18° (p°°) 56,10° 60,24° 61,26° 65,[12]°
(vgl. p) 67,7° (p°°) 73,[10]° (vgl. p) BG 32,8°° (ohne p) / = HOYEIT NRŌME
III 7,24 / :: Sophia III 14,22 (Syzygie)
● PPNEYMA NAGENNĒTON das Ungezeugte Pneuma VII 1,3.30 3,36 5,17 7,6 8,13 10,
32 12,24 23,8 26,9 29,26 (=) 35,24 38,23 39,21 48,26 / = PMEGETHOS VII 8,20
● PNEYMA MPŌNH Geist des Lebens, PNEYMA EFŌNH° lebendiger Geist II L 114° III
33,4 34,1.4 36,1 V 66,24 VII 125,7.25 BG 67,9.11 / :: psychē II 27,18 V 66,22
● PNEYMA ETTANHO, PNEYMA NREFTANHO lebendigmachendes Pneuma (vgl. Joh 6,63
1Kor 15,45) II 134,1 (=) VIII 5,6 24,15
(Andere Epitheta zu pneuma hier nicht berücksichtigt. Vgl. die bisherigen Ru-
briken)
━ REFTI PNEYMA Pneuma-Geber (ein Engel) VIII 47,11 58,22
━ ŠBĒR MPNEYMA Geistesgenosse (°Selbstbezeichnung der Gnostiker) V 24,8° VI
22,17 (::) VII 50,24 70,9° / + homopneuma II 31,30 p'
━ (pejorativ, dem Kosmos zugehörig) Pneuma II 29,28 140,5 VII 104,26 / ::
KAH, KŌHT, MOOY III 26,17 (=ANTIMIMON MPNEYMA)
● PNEYMA NAKATHARTON unreiner Geist II 65,1 66,1.3 (::PNEYMA ETOYAAB)
(PNEYMA NANTIKEIMENON, ANTIMIMON MPNEYMA siehe antikeimenos, antimimos) ✠
(vgl. (3 B), (50 B), (52 A), (53 A), (59 A), (73 A), (74), (106 A), (106 C),
(127), (129 B), (133 A), (163 C), (188 B), (252), (267 B), (268 D), (281 C),
(293 A), (394))

pneumatikos pneumatisch, dem (überkosmischen) Pneuma zugehörig I 101,7.16
102,15 103,18 116,7 II 77,35 134,[34] IV 66,15 VI 32,32 53,17 VII 66,2 / ::
NA PIMEEYE I 97,17.18 / :: logos, nous I 63,36 64,7 / :: sarkikos VII 69,34
XI 37,[35] / :: sarkikos, psychikos I 45,40 II 89,11.31 (vgl. 90,2.13.15) 90,
17 VII 93,25 (Joh 4,24) / :: hylikos VI 23,13 / :: hylikos, psychikos I 106,6
118,16.21.29 119,16 / :: choïkos, psychikos II 117,29 122,8.14 / :: psychikos
II 87,18 XIII 48,11 ----- II 70,29 XI 42,14 (::?)
━ (Subst.) Pneumatiker + hagios II 145,23
━ PNEYMATIKON (Subst.) Geistwesen II 86,25 (Eph 6,12, pejorativ) 131,12 (di-
to) III 82,9 83,17. Vgl. VI 53,17
━ TIPNEYMATIKĒ das (weibliche) Geistwesen? II 89,31
(PLOGOS MPNEYMATIKOS siehe logos) ✠

pneumatikōs auf pneumatische Weise, in pneumatischem Sinn II 131,9 / :: sōmatikōs IX 50,[1] ✠

πνοή

pnoē Hauch, Atem VII 23,18 BG 121,4 (vgl. Gen 2,7) ----- X 15,3.14 16,1 ✠
(vgl. (133 A), (252))

(poiein siehe (51 A), (178 A), (190 A), (247 C), (257 A))

poiëtēs POIĒTĒS (für PPOIĒTĒS) der Dichter (scil. Homer) II 136,28 ✠

poimēn Hirte (übertragen, von Christus, vgl. Joh 10,2.11) VI 32,11.34 33,2 XI
40,18 ✠ (vgl. (94 C), (327 B))

polemein Krieg führen, kämpfen V 36,17 VI 28,15 ✠

polemios Feind VI 28,(15) (lies POLEM⟨I⟩OS) ✠ (vgl. (441))

polemos Krieg, Streit (°apokalyptisch, vgl. Mt 24,6) I 15,11° II L 16 104,16.
18 126,10° V 34,20 ('Angriff') VI 28,14 (lies aber POLEM⟨I⟩OS) 39,26 (✛) 73,10
(::).35 (::)(Lactantius, C. H. II 330 App.) VII 30,16° (✛) 60,5 (✛) 84,19 /
:: eirēnē VI 14,31 (::) 18,24 (::)
▬ R POLEMOS kämpfen (mit...), bekämpfen, bekriegen I 84,34 II 126,7 VII 86,
26 IX 13,15 ----- IX 26,[5](?) ✠
(vgl. (219 A), (332 B))

polis Stadt I 11,20.23 (Metapher, vgl. Hebr 13,14) 96,36 II L 32 (P. Oxy. 1,
36, Mt 5,14) 52,20 63,18 VI 1,28-2,2.31.33 3,15 4,[1]-32 5,10.14.20 6,22-34
7,10.18.21 10,2.9.34 11,31 43,33 (Apk 11,13) 44,5 (dito) 75,28.36 85,9.13 /
= psychē VII 85,20 (Metapher) / :: erēmos V 78,21
▬ RMNPOLIS Bürger (wie politēs) :: ŠMMO VI 18,26 (::) ✠
(vgl. (322 A))

politeia Lebensführung I 71,22 135,[21] VI 27,17 31,30 VII 87,15 117,26 ✠
(vgl. (108 C))

politeuesthai sein Leben führen I 49,11 II 86,10 VI 31,19 56,29 VII 88,15 93,3
94,23 98,20 XI 20,32
▬ beheimatet sein in... II 65,4 (?) 72,10 (?)
▬ regieren I 97,2
▬ (Subst.) Bürgersein? (übertragen) ✛ politeuma I 125,17 ✠
(vgl. (47), (108 C))

politeuma Gemeinwesen, sozialer Verband (übertragen-überkosmisch) I 59,9 126,
17 ✠

polit<u>ē</u>s Bürger VI 59,4 ✠

(<u>polyeleos</u> siehe (116))
(<u>polys</u> siehe (406 A))
(<u>ponein</u> siehe (228 C))

pon<u>ē</u>ria Bosheit II 86,25 (Eph 6,12) 131,12 (dito) III 28,1 34,25 (vgl. p) 35,
9.16 VII 4,35 84,21 96,14 97,4 104,25.26 BG 74,15 / ✚ <u>kakia</u> II 85,24 III 33,9
BG 67,13 (vgl. 67,4)(vgl. p') ✠ (vgl. (33 B), (42 B), (403 B))

pon<u>ē</u>ros böse, schlimm, (Subst.) der Böse°, das Böse°° I 5,20° II 121,25.35
144,13 VII 76,25 97,5 98,28° 115,28°° / ✚ <u>kakos</u> II L 45°° VII 29,29 / :: <u>aga-</u>
<u>thos</u> II 119,4 120,12°° VI 73,5 VII 77,31° ----- III 137,5 ✠ (vgl. (23 D),
(59 A), (123 B), (403 B))

(<u>poreuesthai</u> siehe (22 C), (47), (180 C))

<u>porneia</u> Hurerei, Unzucht (übertragen, von der Seele im Kosmos) II 128,30 129,
6-131,1 (Hos 2,4-9 Ez 16,23-26) 132,11 VII 104,33 105,9.14 / ✚ <u>moicheia</u> II
129,26 (Hos 2,4) / :: <u>gamos</u> II 82,11 ✠

<u>porneion</u> Bordell II 130,13.16 (Ez 16,25) VI 24,8 ✠

<u>porneuein</u> Hure sein (übertragen, wie bei <u>porneia</u>) II 82,14 128,1 129,12.16
(✚ekporneuein Jer 3,1) 129,34 (✚ekporneuein Hos 2,7) 130,1.19 (✚ekporneuein
Ez 16,26) ✠ (vgl. (440 C))

<u>pornē</u> Hure II L 105 VI 13,18 (::) ✠

<u>pornos</u> Hurer (1Kor 5,9) II 131,4.5 (PRNOS)(::) ✠

(<u>posis (ho)</u> siehe (357))
(<u>posos</u> siehe (275 B))
(<u>pote</u> siehe (403 A))

pot<u>ē</u>rion Becher (Lk 11,39) II L 89
— Kelch (der Eucharistie) :: OEIK II 75,1 77,4
● PPOT<u>Ē</u>RION MP<u>Š</u>L<u>Ē</u>L der Kelch des (Dank)gebetes (1Kor 10,16) II 75,14 ✠

<u>pragma</u> Sache II 56,21 IX 15,[15] ✠ (vgl. (354))

πραγματεία

pragmateia Bemühung VI 70,15 ✠

pragmateuesthai Handel treiben, pragmateutēs° Händler (übertragen, von den Archonten) VI 32,18°.21 ✠ (vgl. (50 C))

praxis Tat, Handeln II 142,2 VI 12,20 VII 114,20 VIII 43,26 116,10 IX 67,11
69,32 / :: gnosis II 127,16 ----- IX 37,29 ✠ (vgl. (123 B), (354))

prassein handeln VI 48,9 (korrupt?) ✠ (vgl. (51 A))

prepein angemessen sein, sich ziemen II 142,8 ✠

presbeuein eintreten für... IX 28,28 ✠

presbyteros (nur Plur.) Älteste (überkosmisch)(vgl. Apk 4,4?) I 70,11,12 (::)
----- I 137,[23] ✠

(pro siehe (350 A))

proairesis Entscheidung, Absicht I 76,2 83,19 91,19 131,30 VII 104,16.18 /
:: pronoia I 5,6 ✠ (vgl. (281 C), (357))

(proballein siehe (326), (404 A))
(probaton siehe (40 B))

problēma (zu erörternde) Frage, Problem VI 54,12 ✠

probolē Emanation I 45,12 65,35 68,[1] 70,25 73,18 80,35 83,2 86,9 111,32 115,
37 116,2 136,10 XI 2,[28] ✠ (vgl. (47), (50 A), (53 A), (429))

prognōsis Vorauswissen II 5,13.15 (Iren. I 29,1) 8,29 9,28 24,35 (≠p') III
10,24 42,10 IX 47,21 (lies PRO<G>NŌSIS) BG 28,18 / + pronoia II 6,6 ✠ (vgl.
(204 A))

prodotēs Verräter XII 32,[4] (S. Sext.) ✠

proeinai PROONTOS (von proōn) vorher seiend, präexistierend III 27,2 (p wohl
auch PRO<ON>TOS zu lesen) 75,8 (P. Oxy. [1081]) ✠ (vgl. (322 A))

proerchesthai PROELTHE hervorkommen (metaphysisch) III 41,13 43,8 44,14 68,19

προσάββατον

(lies EF<E>PROELTHE) / + EI EBOL siehe EI (47) ✠ (vgl. (150 B), (274 C))

(proēgeisthai siehe (180 C))

prothesmia Frist VII 31,15 43,15 ✠ (vgl. (55))

prothymia Bereitwilligkeit XII 33,15 (S. Sext.)
━ HN OYPROTHYMIA bereitwillig + prothymōs (S. Sext.) XII 29,6 ✠

prokopē Fortschritt VI 54,7.14 ✠

prokoptein Fortschritte machen, vorankommen II 63,16 XI 16,32 ✠

(pronoein siehe (170 A))

pronoia Vorsehung, Voraussicht, Vorsorge (meist hypostasiert-überkosmisch)
(°Pronoia der Archonten - ironisch?) I 66,21 (::) 107,22 109,9 II 14,20 23,24°
(≠p') 30,12.24.35 (Pronoia::Pronoia) 31,11 101,27° (::) 108,11°.14° 109,6°
111,18.32(°?)(::) 113,6 117,19° (::) 125,31° III 7,16 9,23 (Barbelo) 21,10
(≠p') 23,1° (::) 39,4 43,6 70,20 (p' BG 81,9) 71,3 (p' BG 82,6)(::) IV 50,8
51,20 58,23 75,11 VI 56,[4] 59,5 XI 36,10 XII 27,11 XIII 41,4 BG 28,4 31,3
43,12 (::) 78,5 106,9° 122,3° 126,8° / = Ennoia III 8,10 / + Epinoia III 37,19
(≠p') / + HOYEITE NENNOIA II 7,22 p' / + epinoia II 23,29 24,13 27,2 III 12,7
p' / + prognōsis II 6,5 (Barbelo)(::) / :: proairesis siehe proairesis -----
XI 37,21
━ (menschliche) Voraussicht + MNTRMNHĒT VI 54,15 (vgl. 54,9)(vgl. noch I 66,
21.22)
━ R PRONOIA vorsorgen (wie pronoein) I 66,22 ✠
(vgl. (106 B), (380))

propatōr Vorvater (überkosmisch) :: EIŌT III 74,22 (P. Oxy. 1081) 75,2 (dito)
✠ (vgl. (53 A))

propetēs HN OYMNTPROPETĒS voreilig (Adv.) VI 60,[2] / + propetōs (S. Sext.)
XII 32,[7] ✠

(pros siehe (85 A), (157 A))

prosabbaton Tag vor dem Sabbat IX 25,[6] ✠

προσεύχεσθαι

proseuchesthai beten I 16,12 II 136,16.21 ✠ (vgl. (193 B), (310))

proseuchē Gebet I 144,7 145,21 V 30,29 31,3 32,5 62,14 VII 8,16 ✠

prosechein achtgeben auf, hören auf, sich halten an I 14,26.37 II 133,23 IX
74,28 / + peithesthai I 12,32 ✠ (vgl. (106 B), (290 A))

(prosēloun siehe (297 A))

proēlytos Proselyt :: Hebraios II 51,31.32 ✠

prosthema Penis? :: mētra VII 22,6 (vielleicht auch 'Vermehrung') 23,15 ✠

(proskairos siehe (269))

proskarterein sich (ausdauernd) bemühen II 88,7 ✠

(proskomma siehe (433))
(proskynein siehe (283))

prospoiein hinzufügen III 30,4 ✠

(prospoiēsis siehe (351))

prostagma Befehl VI 26,[5] ✠

(prostithenai siehe (284 B))

prosypostasis (nicht in den Wörterbüchern) zusätzliche Hypostase + hypostasis
III 33,15 p' (vgl. p) ✠

prosphora Opfer II 59,28.31 69,15 III 121,20 (Selbstopfer Christi?) XI 16,1.7
27,1 ✠

prosphōnein ansprechen VI 53,13 ✠

(prosōpolēmptein siehe (351))

prosōpon Gesicht, Aussehen II 92,28 95,27 (p 105,3)(Ez 1,6) VI 67,2.9 VII 7,30
15,5 30,10 41,16 XI 26,36 / + morphē II 12,1 p' VII 34,19
- 296 -

━ Person (o. ä.) PPROSŌPON NTESMNTHOOYT ihre (der Sophia) männliche Hypostase (d. h. ihr Paargenosse) II 9,33 (≠p') ✠ (vgl. (351))

(proteros siehe (362))

protrepein anspornen ✚ SŌK, peithein, :: TSTO I 13,28 ✠

prounikos PRONIKOS wollüstig (Beiname der Sophia, vgl. Lampe s. v.) VII 50,28
━ PEPROYNIKON das sexuelle Begehren (der Sophia) III 23,21 (≠p (korrupt), ≠
p') BG 37,11 (≠p PEPHROYRIKON (Mißverständnis), ≠p') ✠

prophaneia Aufleuchten, Aufglänzen ✚ PR[RIE] (Subst.), OYOEIN III 51,17 -----
VIII 6,31 (✚OYOEIN) ✠

prophēteia Prophetie II 127,7 VI 69,36
(TAPE NTPROPHĒTEIA siehe APE (10 B) ✠

prophēteuein prophezeien I 6,23.24 97,22 100,35 II 129,6 ✠

prophētēs Prophet (°pejorativ, falscher Prophet) I 105,22 (Mose) 113,6 (2Pt
1,21 prophēteia).16 II 1,[4] (Apostel Johannes) L 31 (P. Oxy. 1,31, Lk 4,24).
52 102,9 (Mose) 112,24 129,8 (Jeremia).23 (Hosea) 133,1 (Mose).16 (der Psal-
mist) 134,16 (dito) 135,30 (Ps.-Jesaja, vgl. 1Clem 8,3) III 29,9 (Jesaja) IX
72,18 (::).27° V 39,[23] 78,8 VII 28,18 (Adj.) 63,18° (die 12 Kleinen Prophe-
ten).20 71,9 / :: angelos II L 88 / :: apostolos, kēryx III 68,5 / :: dikaios
(Subst.) I 111,9.33
━ MNTPROPHĒTĒS Prophetie (wie prophēteia) VII 65,1 ✠

prophētikos HMAT NPROPHĒTIKON Prophetencharisma XI 15,36 ✠

procheiros gewöhnlich X 28,[27] (::) ✠

prytanis Herrscher (überkosmisch) III 65,5 ✠

Prōtarchōn Erster Archon (Jaldabaoth) II 14,25 (≠p').31 22,29 24,9.16 25,8 /
✚ PARKHŌN BG 53,[2] p / ✚ PŠORP NARKHŌN, PEHOYEIT NARKHŌN II 14,15 p' 24,27 p'
III 24,4 p (p lies PEHOY<EI>T NARKHŌN) BG 52,11 (lies E(P)EPRŌTARKHŌN) p.p'
71,15 p.p' ✠ (vgl. PŠORP NARKHŌN bzw. PEHOYEIT NARKHŌN unter archōn)

Prōtennoia Protennoia, "Erstgedanke" (Name einer überkosmischen Hypostase)

Πρωτογενέτειρα

XIII 35,[1] 38,8 42,3 48,32 50,22 ✟ (vgl. TEHOYEIT NENNOIA unter ennoia)

(prōto- siehe (326))

Protōgeneteira Erstschöpferin (Titel der Sophia) :: Prōtogenetōr III 82,23
BG 99,10 ✟

Prōtogenetōr (nicht in den Wörterbüchern) Erstschöpfer (Titel verschiedener
überkosmischer Hypostasen) III 81,10 (p' BG 100,12) 83,23 85,13 (p' BG 108,4)
/ :: Prōtogeneteira III 82,16 (::) BG 99,4.7.14 ✟ (vgl. (53 A), (101 C),
(163 C), (429 A))

prōtos PROTOS BG 55,16 wohl PRO<ON>TOS zu lesen, siehe proeinai ✟ (vgl.(326))

prōtophanēs ersterschienen (Titel oberster überkosmischer Hypostasen)(°Subst.)
VII 123,5 VIII 13,3 15,9° 18,5 20,9° 22,9(°?) 23,5(°?) 24,5° (Plur.)(::) 29,
16° 44,26 54,19° 58,15° (::) 63,12° (::) 127,8 129,4 XI 45,33 51,19 58,16
----- VII 38,17 40,[6] 41,3.31 124,[21] ✟

ptōma Fall (Adams und Evas) III 30,21
— Leichnam II 11,26.60 ✟
(vgl. (349))

(ptōcheia siehe (360 B))

pylē Tor IV 76,9 V 20,10 21,27 22,11 VI 8,7 41,7 VII 36,2.16 56,26 58,10 88,3.
4 86,18 96,16 XIII 41,9 BG 121,19 ✟

pylōn Tor(gebäude) (oder stehengebliebener Genitiv Plur. von pylē) XI 38,16 ✟

pyxos (Buchsbaum-)Tafel, Schreibtafel (wie pyxion) III 43,20 VIII 130,2 ✟

(pyr siehe (74))

pyrgos Turm VII 25,17.25.30 28,9 ✟

(pōlein siehe (218))

rhabbi (Anrede Jesu) V 25,10 26,2.14 27,13 28,5 29,14 31,5 40,4 41,20 ✟

- 298 -

(rhabdos siehe (465 A))
(rhēma siehe (341 B), (413))

rhētōr MNTHRĒTŌR Rhetorik (wie rhētorikē) I 110,15 (::) ✠

(rhiza siehe (124 B))
(rhōnnynai siehe (123 A), (456 A))

sabbaton Sabbat I 32,18 (Mt 12,11).23 II L 27 (+sabbatizein, sabbaton P. Oxy.
1,9) XI 11,31.33 ----- II 72,34 XI 11,18
— Woche III 18,7 ✠

(saleuesthai siehe (64 B))

salpinx Trompete I 15,12 (1Kor 15,52) 138,6 II 106,1 (::) V 60,2 (::) ✠

(sapros vgl. (403 B))

sappheirinos ŌNE NSAPPEIRINON Lapis lazuli VI 62,14 ✠

sarkikos, sarkinos° fleischlich, aus Fleisch II 82,6 (::) 91,20 130,22 (Subst.)
(+) 132,28 III 22,[23] VI 31,23 VII 81,20 (Subst.) IX 36,30 XI 3,[27]? BG 106,
7° / = TBNĒ (Adj.) VII 94,3 (::noeros) / :: pneuma siehe pneuma / :: pneumatikos siehe pneumatikos ✠ (vgl. (222))

sarx SARAX Fleisch (des Menschen) (°Fleisch Christi) I 11,36 12,12.13 31,5°
44,15° 47,5-9 49,12 113,38° (Verneinung von Joh 1,14?) 114,3°.10° 125,4.12.15°
133,16° (1Tim 3,16) II L 28 (P. Oxy. 1,13, 1Tim 3,16) 56,29-57,14(°) (Joh 6,
53) 66,4.18 76,17 82,28 (vgl. Gen 17,11).29 89,9 (Gen 2,21) 133,3 (Gen 2,24)
141,7.24 143,11 145,9 III 30,6.10 (Gen 2,23.24) 33,[16] 36,3 132,12 143,[15]
V 27,6 32,19 (Mt 26,41) 48,5.7 63,11 69,6.{8} VI 32,8 37,17 38,14-24 39,14
41,2 42,1° 46,10 48,10 VII 36,24.28 93,5.30 IX 5,7° 27,5 30,30 (Adj.) 33,11
39,31° 42,6 XI 6,[33] 10,26 12,18° (1Tim 3,16).31.32 32,25 50,9 BG 59,15 (Adj.)
79,2.4° / + sōma I 116,2 VII 98,26 (::nous) XI 38,[20] XII 6,29 / :: pneuma
siehe pneuma / :: psychē I 114,36 II L 112 143,19 III 34,20 XII 27,21 (S.
Sext.) ----- II 68,34.[35] IX 41,23 66,1 XI 3,[36]?
— (Collectivum) Menschen V 70,5 XI 38,36
● SARX NIM alles Fleisch, die Menschheit II 92,7 (vgl. Gen 6,12.17)
● SARX HI SNOF Fleisch und Blut, Menschen (von Natur) II 56,32 (1Kor 15,50)
86,23 (Eph 6,12) 131,10 (dito), vgl. XI 12,38

— (Synekdoche) Geschlechtsteile II 16,26 (?) 130,20.21 (+megalosarkos Ez 16, 26)

— ČI SARX Fleisch erhalten, Fleisch werden (wie sarkousthai) I 47,5
— MAEISARX das Fleisch liebend I 5,8
— ATSARAX ohne Fleisch, nicht fleischlich IX 5,6 27,5 ✠
(vgl. (69 B), (106 C), (331))

sebesthai (religiös) verehren II 71,27 VI 70,29 VII 108,32 XII 32,14.15 (+sebein S. Sext.) ✠ (vgl. (283), (315))

(seismos siehe (121 A), (332 B))
(selenē siehe (142 B))

semnos ehrbar VI 13,18 (::) VII 7,16
— MNTSEMNOS Ehrbarkeit VI 44,24 ✠

sēmainein anzeigen, andeuten II 13,10 122,35 ✠ (vgl. (89 A))

sēmasia Bedeutung (eines Wortes) II 62,12 ✠

sēmeion Zeichen II 112,5 122,32.34 V 23,24.26 VI 20,33 32,13.21 ----- VI 20,[4]
— Wunder + ŠPĒRE VI 45,7-14 ✠
(vgl. (89 A), (323 A))

(sigan siehe (160 B))

sigē Schweigen (überkosmisch, meist hypostasiert) III 10,15 41,10 42,22.23
44,14.15 (=).28 50,15 67,15 117,17.21 IV 50,8.9 51,[1].19 52,14 53,2.23-26
56,5.18 (Juel) 58,[24] 59,[17] 60,9-26 63,5 (::) 77,7 V 28,2 VIII 24,11.14
52,[20].21 124,1.15 XI 22,26 (::) 23,22 (::) 24,[20] 29,33 52,21 59,12 60,15
62,25 68,32 XIII 46,12 / = Sophia III 88,8.9 ✠ (vgl. (53 A), (160 B), (341 B),
386))

(sidēros siehe (208 B))

sikchainein, sikchainesthai SIKHANE, SIKHANESTHAI° verabscheuen, sich ekeln
vor II 95,17 (p 104,11) 111,1 119,18 VII 2,24° 23,4 45,3° ✠ (vgl. (102))

skandalon Versuchung II 145,2
— MNTSKANDALON Ärgernis, Versuchung (wie skandalismos) I 16,6 ✠

(skelos siehe (276 B))

skepazein bedecken, verhüllen II 106,4 III 37,24 38,4 VI 46,15 VII 10,27 12,29
22,15 ✠ (vgl. (382 B))

skepē Schutz II L 20 ✠

skeuos Gefäß (meist übertragen) I 25,28.33 (vgl. 2Tim 2,20 f.) 26,10 (dito)
36,21 (dito) II 36,5-9 115,4 141,6 III 60,6 VII 53,8
— NSKEYOS Hab und Gut (wie ta skeuē Mt 12,29) II L 21 b ✠

skēnē (übertragen) Wohnstätte XIII 47,15 (vgl. Joh 1,14 skēnoun) ✠

sklēros MNTSKLĒROS Härte (wie sklērotēs) VII 40,28 ✠

skopos Ziel I 43,27 ✠

(skotizesthai, skotos siehe (59 A))

skyllein belästigen, (reflexiv)° sich plagen I 8,38° II 86,9 ✠ (vgl. (6))

(skōlēx siehe (345 B))

soudarion Tuch VI 2,14 3,25 (+lention) ✠

sophia Weisheit (meist überkosmisch-hypostasiert) (°Sophia Jaldabaoths oder
der Archonten) (°°Christus) I 23,18 53,2 55,21 56,13 57,5 71,33 74,22 75,28-
34 91,2 94,6 111,2 126,10.14.31 II 28,13 59,[30].31 60,11-15 63,30 94,29 (vgl.
p 104,3) 95,19-31 (::) 102,1° (::).26° 103,1° 113,22 122,24 125,27° (Plur.)
140,14 III 12,15 (::) 23,5 25,21 57,1° 69,3 77,4 81,23 (p' BG 102,17) 82,5
(p' BG 103,7)-24 88,6 89,9 (p' BG 115,1) V 6,8.9 (Plur.) 35,7 (Iren. I 21,5)
36,6.8 85,16 (+) VI 10,28 (Spr 8,11) 44,19.20 47,18 56,23 57,25 VII 51,13
52,21 66,31 67,5 68,31 70,4 88,35 89,5.12.20 (+) 92,7 106,23°° (1Kor 1,24)(::)
107,3°° (1Kor 1,24).9°° 110,11°° 111,25.26 112,35°° 113,14°° (::) 118,3 VIII
9,16 10,8.16 27,12 45,3 119,2 (::) 120,7 IX 43,14 (+) X 4,2 XI 12,33 31,37
33,35 35,10-16 39,[11]-32 XII 16,1.4 (S. Sext.) XIII 40,15 (vgl. 39,34 epinoia) 47,33 BG 44,3° 77,8 96,5 104,1.17 105,6 120,16 (lies NT{M}MAY {N}TSO-
PHIA) 127,11 / = TMAY NNIPTĒRF BG 118,2 / = agapē V 9,5 BG 99,11 / = PEHOYIT
NAIŌN BG 109,3 / + gnōsis V 85,16 VI 62,32 VII 123,16 / :: NOYTE VII 91,16 /
:: gnōsis VI 16,3 / :: pistis II 120,1 VII 31,37 ----- BG 99,2 VI 47,4 IX 61,2

σοφός

● TNOQ NSOPHIA die Große Sophia III 104,11 BG 95,1
● TKOYEI NSOPHIA die Kleine Sophia II 60,15
● TNSŌNE TSOPHIA unsere (scil. der Gnostiker) Schwester Sophia (vgl. Spr 7,4?)
II 23,21 III 14,10 VII 50,27
(SOPHIA ZŌĒ siehe zōē, TPISTIS TSOPHIA, TPISTIS SOPHIA siehe PISTIS) ☩
(vgl. (53 A), (90 A), (106 A), (106 B), (163 C), (175 B), (342 A), (394))

sophos klug, weise, (Subst.)° Weiser I 19,21° 109,24 II 129,19° 140,16° VI
61,7 VII 87,18 97,9.12 107,4 111,22 (1Kor 1,20) XII 16,[20] (S. Sext.) 27,1-8
(°)(dito) 27,[24] (+philosophos S. Sext.) 28,[6]° (S. Sext.) 31,[27]° (dito)
34,10 (dito) / + philosophos XII 34,15 (S. Sext.) ☩ (vgl. (58), (71 A), (175
B), (215 A), (394))

spatalan Übermut treiben (mit...)? VI 72,33 (≠ C. H. II 329,9 vanitas) ☩

(speirein siehe (198 B), (412 B))

sperma Same, Saat, Nachkommenschaft° (°°Selbstbezeichnungen der Gnostiker) I
43,14°° (vgl. 1Joh 3,9) 44,35 60,32.36 61,8 91,31 95,24-31 101,12 111,29 112,3
114,14 117,14 II 20,22° 30,13° 61,3° 82,12 85,23(°°?) 96,27°° 97,9°° 89,22 (p
116,17) 109,34 110,1 111,23.28 (vgl. Gen 1,11.12) 114,28 117,21 124,24.31 III
28,4 (::) 31,9° 36,23(°°?) (≠p) 38,14°° 39,13°° V 72,24° 73,14°.25°.28° 74,11°.
17° 76,12° VI 23,9 25,23 43,26 60,21.25 VII 5,1 11,3 (=) 20,20 21,19 28,12
35,12 40,27 (die christliche Kirche?) 71,8° VIII 136,18 X 26,14 XI 11,29° 14,
13(°°?) 35,12°-17°.33 39,[12]-30(°°?) 40,18°° XIII 36,16 (vgl. 1Joh 3,9) 50,
18°° BG 64,5°° 76,4°° (≠p hysterēma) / = NŠERE NNRŌME II 29,3° (::) / = PE-
PN(EYM)A ETTNHO II 134,1 ----- IX 9,2 67,10 XI 33,17 37,23.38
● PESPERMA NSĒTH die Nachkommenschaft Seths (Selbstbezeichnung der Gnostiker)
III 13,21 (sonst TSPORA NSĒTH, siehe spora)
━ MNTSPERMA Hervorbringung von Samen (wie spermatismos?) Samenartigkeit? I
114,14 ☩
(vgl. (22 A), (163 C), (324 B), (467 A))

spermatikos ----- XI 39,[26] 42,29 ☩

spēlaion Höhle (pejorative Metapher für den menschlichen Körper) II 143,22
III 26,[20] 32,6.13 ☩ (vgl. (99), (112 C))

spinthēr Funke III 9,13 (≠Iren. I 29,1) VII 31,23 46,13.23

● PDIKAIOS NSPINTHĒR der gerechte Funke VII 31,29 33,30 46,18.27 ✠
(vgl. (226 B))

(splanchna siehe (112 B), (317 C))
(splanchnizesthai siehe (228 C))

spondē Trankopfer :: thysia II 123,11 ✠

spora Fortpflanzung III 28,21 31,24 (vgl. p) BG 82,13 / + ČO IV 71,[14] p
— Same, Nachkommenschaft° (°°Selbstbezeichnungen der Gnostiker) IV 71,6° 72,4
V 65,4(°°?).8(°°?) 66,4° 69,12° 71,5° 76,7 (überkosmisch) 79,16 83,4(°?) 85,29
(überkosmisch) VII 13,15° 56,16 / + genos VII 119,34(°°?) 120,10(°°?)
● TSPORA MPNOQ NSĒTH die Nachkommenschaft des Großen Seth (und ähnliche For-
meln) TEFSPORA, TSPORA seine (Seths) Nachkommenschaft, die Nachkommenschaft
(o. ä.) III 56,3.17 IV 65,30 71,17.19.[27] 73,26 V 85,22 VIII 130,16, vgl. PE-
SPERMA NSĒTH unter sperma - alles Selbstbezeichnungen der Gnostiker
● TISPORA ETONH die Lebende Nachkommenschaft (dito) VIII 30,[13] 47,10 ✠
(vgl. (198 B), (262 A), (412 B))

spoudazein sich bemühen I 47,16 ✠

spoudē Eifer II 135,11 VII 111,21 ✠

stagōn ----- IX 58,8 ✠ (vgl. (230 C))

stasiazein sich auflehnen gegen I 90,28 ✠

stasis Bestand, Festigkeit + SMNE (von SMINE (186 B)) I 26,18 (::) ✠

stauros Kreuz I 5,33.37 6,4.5 20,27 (Kol 2,14) II L 55 (Lk 14,27) 68,28 73,12.
15 74,20 (::) 84,33 VII 56,10 (Mt 27,32) 82,25 XI 13,27.36 ----- IX 40,25 ✠
(vgl. (262 A))

stauroun kreuzigen I 5,18 (+) II 63,24 (Gal 6,14) (oder passivisch aufzufas-
sen, MPKOSMOS 'im Kosmos'?) III 65,18 XI 5,30 ----- XI 1,21 ✠ (vgl. (53 C),
(87))

(staphylē siehe (34 A))

steira (Adj. fem.) unfruchtbar II 59,32 63,31 VII 23,34.35 (beides Subst.) ✠

στερέωμα

(stenos siehe (83 B))

stereōma Firmament, Sphäre (des Kosmos) II 11,5 126,16 III 84,23-85,3 88,15
(p' BG 115,7 + ogdoas) 131,[10] VI 45,32 47,5 VII 32,28 / + aiōn III 89,7 (p'
BG 115,17) BG 44,5 ✠ (vgl. (144 A))

sterēsimōs durch Beschlagnahme (vgl. Liddell/Scott s. v.) V 34,[23] / = NKŌLP
V 33,11 (::telos) ✠

(stephanos siehe (62))

stephanoun bekränzen + KLOM IX 45,5 ✠

stēlē (beschriebenes) Denkmal VI 61,26.29 VII 118,11.25 121,17.18 124,14.16
127,27 ✠

(stērizein siehe (261 C))

stigmē Punkt, Augenblick° VI 46,20° X 33,21 (+MAEIN) ✠

stoichein STOIKHEI EPNOMOS nach dem Gesetz leben, das Gesetz befolgen + SŌTM
IX 50,8 / :: parabainein VI 62,28 ✠

stoicheion Element I 49,33 109,22 VII 51,5 VIII 113,6 X 32,19 XI 11,36 XIII
43,9
— Buchstabe (die Bedeutung 'Element' assoziiert sich) X 38,5 ----- X 33,[26]
✠

stolē (langes) Gewand, Umhang, Mantel VII 57,14 87,14 89,21.23 107,6 VIII 139,
18 (+himation Joh 19,2) XIII 45,16.17 48,15.17 49,30 ✠ (vgl. (332 A))

(stoma siehe (240 B))
(storgē siehe (85 B))

strateuma Heer (von Engeln) II 102,20 106,1 ✠

stratēgos SATIGOS(so Codex IV) Stratege (Titel, überkosmisch) IV 66,28 (p
lies STRA(T)Ē(G)OS) 75,27 ----- IX 17,11.[14] (::) ✠

stratia Heer (meist von Engeln) II 103,6 III 88,22 (p' BG 115,5) V 26,26 27,16
79,2.4 VII 54,1 ✠

stylos Säule VII 70,17 ✠

styrax ŠE NSTYRAX Styrax-Holz (ein aromatisches Holz) VI 2,28 ✠

styphē Strenge, Selbstbeherrschung VII 87,16 (✠).26 95,31 (::MNTŠOYŠO, MNT-
ALAZŌN) ✠

syngeneia Verwandtschaft II 54,20 133,30 (Gen 12,1) ✠ (vgl. (46))

syngenēs Verwandter I 78,3 V 44,19.[23] VI 22,29 28,7
➖ MNTSYNGENĒS Verwandtschaft (abstrakt) (vgl. syngeneia) V 61,11 ✠
(vgl. (124 B), (143), (188 B))

(synkatathesis siehe (427))
(synkoinōnos siehe (188 B))

synchōrein überlassen I 2,33 ✠

synchōrēsis Zulassung XI 36,[24] ✠

syzygia SYNZYGIA (überkosmische) Paarung, Syzygie BG 95,3 ✠ (vgl. (135 A))

syzygos SYNZYGOS Paargenosse, Paargenossin (einer Syzygie), Syzygie° (wie syzygia?) III 14,{18}.21 15,8 21,8 30,11 52,20 (Fehllesung für DIAKONOS, vgl. p)
69,1 77,6 81,23 82,8 88,7 89,9 (p' BG 114,2) 101,16 102,14 104,11.15 125,15
(anthropologisch) IV 63,[28] (p verschrieben) 64,24 V 35,11 (Iren. I 21,5) XI
31,[36]° 34,26.31.38 36,23°.26 39,13°.18°.29 BG 45,3 46,13 / = horos XI 33,27°
/ ✠ symphōnos III 14,23 ----- XI 33,14
➖ Ehefrau V 66,8 (oder auch überkosmisch) ✠
(vgl. (106 A), (135 A), (304), (400), (404 B), (427))

(syllambanein siehe (289))
(syllogos siehe (108 A))

symbolon Erkennungszeichen (beim Durchgang der Seele durch die Aeonen) IV 75,1
VII 69,32 BG 123,16 124,5
➖ Symbol, Sinnbild ✠ TONTN I 49,6 / ✠ mystērion III 44,1 ✠

symbouleuein raten, einen Rat geben VII 95,15 ✠

συμβουλία

symboulia Rat VII 85,30 90,21.25 105,27 / + gnōmē, entolē VII 90,21 ✠ (vgl. (342 A))

symboulion ČI SYMBOYLION, ČI NOYSYMBOYLION° beratschlagen, beschließen II 87, 23° 118,17 120,26 ✠ (vgl. 342 A))

(sympaschein siehe (391 B))
(symplekesthai, symplokē siehe (452 B))
(sympherein siehe (133 B))

symphora Unglück + MOKHS VI 78,39 ✠

(symphytos siehe (263 A))

symphōnein übereinstimmen II 97,[30] (p XIII 50,25) III 70,16 71,10 81,22 (p' BG 101,16) 82,7 83,12 86,4 (p' BG 109,14) 137,21 VII 48,9 IX 58,1 BG 45,3 46, 12 ----- IX 58,[11]
— ETRSYMPHŌNI Konsonant (wie symphōnon) X 31,[11].22 38,[6].19 39,[8] ✠
(vgl. (12 C), (103 C), (186 A), (344))

symphōnēsis Übereinstimmung (der Paargenossen) + TI MATE III 83,2 ✠

symphōnia Übereinstimmung I 86,13 II 123,14 ----- XI 18,25 (+harmonia) ✠ (vgl. (103 C))

symphōnos Übereinstimmender + syzygos III 15,2
— NSYMPHŌNON die Konsonanten X 30,3.10 ✠
(vgl. (185 A), (427))

(synagein siehe (205 A))

synagōgē Synagoge I 92,29 (übertragen) VIII 138,25 (Mt 10,17) ✠

(synanamignysthai siehe (257 C))
(synaptein siehe (134 C))

synaphē Verbindung XI 19,32 ✠

(syndoxazein siehe (42 B))
(synegeiresthai siehe (253 C))

syneidēsis Gewissen VI 27,17 42,5 VII 26,16 29,23 42,25 ✚

(syneinai siehe (322 A))
(synergos siehe (345))

synesis Einsicht (meist überkosmisch-hypostasiert) III 11,22 (Iren. I 29,2
Synesis) 12,11 23,[4] 52,11 69,8 BG 44,[1] (alle Stellen ::) ✚ (vgl. (204 A),
(394))

syneudokein einverstanden sein, zustimmen II 9,31 (✛)(vgl. p') III 14,21 52,
4.17 VI 63,8 XI 33,24 ✚ (vgl. (103 C))

synētheia Gewohnheit V 62,15 (SYNĒTHI<A>)
▬ (sexueller) Umgang ✛ ŠŌPE MN- II 144,9
▬ R SYNĒTHIA bekannt werden, üblich werden I 108,6 (vgl. Röm 5,12 dielthein
eis...) ✚

synthesis Zusammensetzung ✛ TSANO, ČŌNF II 15,28 ✚

(synistanein siehe (257 A))

synousia Geschlechtsverkehr II 24,30 (p' OYSIA danach zu korrigieren) 109,20.
29 139,8 VI 65,26 IX 31,3 68,[8] BG 63,3
▬ Mit-Wesen, gemeinsame Substanz (vgl. ŠBĒR NOYSIA unter ousia) ✛ ousia III
30,4 (vgl. p') / :: ousia VI 18,29 (::) ✚
(vgl. (106 C))

syntagē Verabredung ✛ TI MATE VI 1,13 ✚

synteleia Vollendung, Ende (°scil. der Welt) II 103,25 106,10 117,11 122,7
VII 35,27 48,18°.19° XI 14,10° XIII 47,13 / :: archē XIII 44,33 / :: katabolē
II 123,19°
(TSYNTELEIA MPAIŌN siehe aiōn) ✚ (vgl. (348))

(syntribesthai siehe (236 B))

systasis Gefüge, Struktur, Beschaffenheit, Bestand, (innerer) Zusammenhang,
Vereinigung I 44,36 59,29 71,7 79,25 98,31 102,30 II 64,33.34 97,[28] (p XIII
50,24) 123,26 (✛) VII 25,32 40,25 XI 2,31 ✚ (vgl. (322 A), (341 B))

σύστημα

systēma System I 46,35 ✠

sphairikos kugelgestaltig? X 26,[1] 28,1.14 ✠

sphallesthai stürzen (intransitiv) III 35,7 ✠ (vgl. (184 B), (195))

(sphalma siehe (184 B))

sphragizein versiegeln (stets übertragen) II 31,23 122,26 V 73,4 VII 104,6
VIII 6,14 58,[24] 129,14 ----- IX 69,14 XI 69,16 ✠

sphragis Siegel (stets übertragen) II 89,29 (p 117,7) IV 78,4 (vgl. p) VIII
47,[8]-23 IX 69,[11] X 2,13 ----- VIII 58,13 X 43,[28]
● TTIE NSPHRAGIS die fünf Siegel (d. h. die fünf gnostischen Sakramente, vgl.
II 67,28-30) II 31,24 III 55,12 66,3 VI 56,25 58,6 59,1.[28] 74,16 XIII 48,31
49,28.29 50,[10] ✠

schēma Gestalt, Erscheinung I 54,30 (::) 65,[1]?.5.6 107,16 117,23 VII 8,7 X
25,23-[27] 26,5 27,[25.17] 28,14-23 XI 10,33 / = kosmos I 24,22-25,4 (vgl. 1
Kor 7,31) /✛ idea, morphē III 88,[1] (p' BG 113,8) ----- X 21,5 32,12 XI 10,23
➤ Gewand (übertragen) VII 89,11 112,13 ✠
(vgl. (187 A), (355 B))

(schizesthai siehe (156 B))

schisma ----- IX 59,5 (✛hairetikos) ✠

scholazein Zeit haben für... II 9,11 ✠

scholē Schule XI 9,12.[13] 37,30 ✠

(sōzein siehe (238 A))
(sōzesthai siehe (287))

sōma Körper (°überkosmisch (?), Leib Christi) I 47,17.35 54,18 66,14° (::)
104,16 116,26°.30° 118,34° 135,[12] II 11,26 16,23 18,3 19,25 31,4 L 80 71,8°
75,21° 77,3.7 87,[27].31 113,26.27 114,30.31 117,13 130,27 138,39 139,2-7 141,
42 143,7 144,11 145,13 III 23,{5} 24,12 (vgl. p') 25,5 (dito) 26,21 35,11 125,
19.21 126,19 134,12 IV 74,25 VI 2,21° 31,5 (Adj.) 32,16-21 35,4 38,14 39,18
67,6 69,14.21 76,7-15 (Stobaeus, C. H. II 330 App.) 77,19 VII 1,7°.15 26,4.12

32,23 34,25.29.39 35,17 37,15 (übertragen: 'Stoff') 41,7 45,34 47,9.10 59,22
71,32 83,5.7 (::) 94,24 98,29 99,24 100,8.10 (::) VIII 2,19° (::) 46,9 65,17
(::).20 123,7 133,17° 136,13.17 138,3° 139,11° IX 25,[9]° 29,8 41,1 X 2,21 XI
18,24° (Metapher, vgl. 1Kor 12,12-27) 63,5 (::) 65,30 (::) XII 28,[4].7 (S.
Sext.) 29,30 BG 50,5 (≠p RŌME).12 (≠p) 88,9 / + plasma (P. Mimaut) VI 64,18 /
+ sarx I 116,2° (Adj.).3° II L29 (::pneuma) IX 38,[19] XII 6,30 / :: melos I
74,14 123,17.20 II 19,6 139,34 XI 17,15 (1Kor 12,12) XII 29,15 (MEROS statt
melos)(S. Sext.) / :: pneuma siehe pneuma / :: psychē I 12,4.6 (::pneuma,
sarx) 115,8°-30° II L 87 56,26 127,26 128,2 130,31 131,2.23.24 V 19,7 20,23.
29 21,20 VI 11,12-23 23,14.17 31,11 32,25 76,29 VII 92,6.19.31 VIII 27,2 42,22
(::nous) 48,24 (dito) 73,25 (vgl. 73,18.19) 41,19.21 113,4 (::nous) XII 47,26
(+skēnōma S. Sext.) 30,13.15 (S. Sext gleich) 31,25.26 (S. Sext. gleich) BG
49,18 ----- IV 1,7 VI 78,4 VIII 26,27 X 21,22 (::psychē)
● SŌMA NAISTHĒTON (sinnlich) wahrnehmbarer Körper, SŌMA NHYLIKON° materieller
Körper, SŌMA MPSYKHIKON°° psychischer Körper (vgl. 1Kor 15,44) II 19,6°.°°
(::HYLIKĒ MPSYKHĒ).12°°.30°° (::pneuma) 20,13°°.13
● SŌMA MPN(EYM)ATIKON pneumatischer Körper (1Kor 15,44) :: psychē VI 32,31
● SŌMA MPSA NBOL äußerlicher Körper :: PRŌME ETNPSA NHOYN XII 34,16 (≠S. Sext.)
━ KA SŌMA (Subst.) Verlassen des Körpers VI 60,5
━ R SŌMA, R OYSŌMA° sich verkörpern I 23,31° 26,8 ----- VIII 10,18
━ ŠBĒR NSŌMA Teilhaber desselben Körpers, einverleibt + syssōmos (Eph 3,6)
I 122,13 (+ŠBĒR NNOYSIA) VI 22,17 (+ŠBR MMELOS, ŠBR MPN(EYM)A)
━ ATSŌMA, ETE MNTE= SŌMA° körperlos, unkörperlich I 66,14 (Subst.)(+)(::)
III 5,11 (::) VII 83,8 (::) 100,6 VIII 2,[19] (::) 21,8.10 56,18 (Subst.) 116,
17 X 4,6° 5,21 36,18 XI 51,11 57,18 63,6 (::) 65,31 (::) ----- VI 40,18 (+a-
sōmatos)

━ Leichnam II 144,8.22 VI 71,20
━ (abstrakt) Körperlichkeit + res corpulentae (C. H. II 332,11) VI 75,13 ✠
(vgl. (10 B), (13 C), (50 A), (87), (99), (106 B), (163 C), (331), (354),
(388 B), (394))

sōmatikos körperlich II 81,4 III 5,10 (::) VII 57,7.21 94,26 VIII 26,11 (+)
43,8 X 36,17 (Subst.)(::) / :: psychikos VIII 1,10 ✠ (vgl. (46))

sōmatikōs körperlich (Adv.) I 66,37 (NSŌMATIKOS) XI 33,33 (Kol 2,9) / :: pneumatikōs IX 30,[2] ✠

sōtēr SŌR, SR Erlöser, Heiland (quasi-Eigenname) I 1,23.32 2,11.17.40 4,[2]
16,25.38 43,36 45,14 48,18 87,7 95,35 113,11-19 114,19.31 115,35 116,3-28

118,25 120,10 121,2 122,15 138,[19] II 22,10.12.21 25,16 63,[33.34] 64,3 105,
26 124,33 130,29 134,35 135,16 138,1.4.27-39 139,25.32 140,9.[40] 141,4.25
142,6.10.26 143,8 III 40,9 68,22 69,12 82,2 (p' BG 103,4).7 84,[2].8 85,14
(p' BG 108,6) 100,18 120,1.2 125,1.18 147,23 IV 1,[1] V 12,12 47,[9] VI 9,5
VII 70,14 72,26 73,11 80,8 81,15 82,9 VIII 131,15 132,18 IX 14,4 45,17 67,9
XI 5,30 58,13 (=) BG 20,9 78,8.12 79,13 80,3 83,5.19 86,9 87,9.12 90,4 92,13
93,16 100,10 102,15 105,3 106,11.14 107,17 114,14 115,1 118,1 126,18 ----- IX
4,7 XI 3,26 21,23 ✠ (vgl. (3 B), (53 A), (127), (158 B), (163 C), (200 A))

tagma DAGMA Ordnung, Abteilung, Gruppe (nur I 5 Tractatus Tripartitus, Lehre
von den '2 Ordnungen' überkosmischer Mächte) I 89,7.29 99,20 105,8 108,13
110,6 122,4 /+ taxis I 84,8 (vgl. 84,32.33) 89,13 (vgl. 89,20) ✠

talaipōrein Mühsal leiden +MOYKH, HISE VI 35,5 ✠

talaipōros elend, unglücklich (°Subst.) II L 87 63,20° 141,21 VII 85,23 86,8
90,10.19 104,11°.34 (bezogen auf porneia 104,33) 108,5° /+ athlios (S. Sext.)
XII 34,26 /+ kakodaimōn I 9,24° ✠

tameion Zimmer, Kammer (im Inneren des Hauses) II 68,10 (Mt 6,6) VI 3,16.18.29
✠

taxis Ordnung, (richtige) Reihenfolge°, Rang (meist Metonymie für die Inhaber
eines - überkosmischen - Ranges) I 86,4 99,16 103,7-29 106,30 108,25-34 110,33
VI 52,7°.8° 67,20 VIII 18,4 113,13 114,12 125,3 XI 49,25 /+ axia, klēros I
99,24 (vgl. 99,31 100,4) /+ tagma I 84,[28]-33 98,22 (vgl. 98,13) ----- VIII
115,22
● TTAXIS ETČOSE die erhabene Ordnung (innerpleromatisch) XIII 40,3 ✠
(vgl. (42 B))

(tapeinoun siehe (258))

tarassein aufwühlen +TŌH VII 4,29 ✠

tarassesthai erschüttert werden, bestürzt werden +KIM, NOEIN II 62,28 ✠ (vgl.
(332 B))

tarachē Bestürzung, Verwirrung +ŠTORTR I 80,19 (::[MTON]) ✠

tartaros Unterwelt II 95,12 (p 102,34) 142,36 VII 15,31 XI 13,28 ✠ (vgl. (6),
(124 A), (359))

tartarouchos Unterweltsherrscher II 142,41 ☩

tassein ordnen I 2,[14] ☩

taphos Grab I 133,30 II 141,17 142,13 VI 70,34 (::) VII 106,10.11 (::) ☩

(teknon siehe (324 B))
(telein siehe (417 A))

teleios vollkommen (überkosmische Eigenschaft) (°Subst., teilweise Selbstbezeichnung der Gnostiker) II 9,11 23,26 31,26 58,12° 59,2° 70,5 76,27-30 85,26
86,17 100,24° 125,6.23° 127,10 134,4.[32] 137,7 140,10°.11 145,19° III 7,18
(vgl. p') 10,1 33,6° 39,14 51,23 72,24 (p' BG 86,2) 78,10 (p' BG 97,1) VI 43,
22 63,31 (Bezugswort LOGOS zu ergänzen?) VII 49,16 57,18 60,25 61,35 62,7°
66,21 69,23°.25 71,16 83,14 121,7°.15.16.24 127,9.9° VIII 6,25 7,19 15,3 17,6-
10 24,2 46,23 48,1° 54,[18] 60,23° 61,18 62,[15] 67,20 68,20.21.[26] 73,13
79,17 83,12 88,20 94,5 98,1 118,12 127,8.12° 128,21 129,5 IX 16,[12] 44,18
X 7,28 8,7 XI 33,21 39,[13°.20°] 42,30.37 45,34 47,14.15 53,22 54,16 62,37
XIII 38,17.22 39,13 50,24 BG 28,11 48,2 79,5 86,8°.9 87,12 90,3 93,16 100,9
102,14 106,14 107,9-17 114,18 117,18 124,11° / + makarios, MNTMAKARIOS VIII
76,16 123,17.[19] / + panteleios VII 124,9.25 VIII 18,15 20,1 24,16°.16 86,14
121,9 123,5 124,6 129,15 ----- II 68,33 VIII 9,1 30,29.[30] 41,14.20 124,22
X 3,[28] XI 55,[16] (+panteleios)
● ETCOSE ETELEIOS übervollkommen VIII 19,5 20,3 60,[20] XI 52,28 53,18 58,26
61,12
━ PTELEION, NTELEION° (Subst.) das Vollkommene, die Vollkommenheit (vgl. 1
Kor 13,10) I 143,8 II 81,14°(?)(oder Adj., Bezugswort NSBŌ hinzuzudenken?)
85,18°
━ MNTTELIOS Vollkommenheit II 138,36 III 12,15 133,22 VII 68,3 VIII 74,12
77,14 79,12 81,10 IX 31,10 / + MNTMAKARIOS III 5,5 (neg.) VIII 75,10 76,15
80,22 86,22 XI 62,30.36 63,34.36 ----- VIII 68,18 74,24 XI 33,20
━ R TELEIOS vollkommen werden II 127,10 139,11 VII 121,5 XI 45,[24] 52,16
59,36
━ REFCPE TELIOS (fem.) Hervorbringerin der Vollkommenen? (Barbelo) VII 122,5
(PITELIOS NALOY siehe ALOY (3 B))
(PITELIOS NRŌME siehe RŌME (163 C))
(NIKATA OYA NTELIOS siehe OYA (265 B))
(NOYS NTELIOS siehe nous) ☩
(vgl. (42, B), (58), (123 B), (127), (267 B), (417 A))

τελείωσις

teleiōsis Vollendung V 47,[7] ✠

teleutaios? TELEYTĒS äußerster I 107,32 ✠

telos Ende II 77,1 VI 44,13 / :: archē VII 16,26
— Zoll V 33,9 (::sterēsimōs 'durch Enteignung') ✠
(vgl. (348))

telōnēs Zöllner (überirdisch, zu einer Planetensphäre (PE) gehörig) V 20,16
22,20 33,8 ✠

(teras siehe (323 A))

terpesthai SETERPE EYMĒN EBOL sie genießen unaufhörlich... III 81,15 (p' BG
101,13) 89,21 (p' BG 116,18) BG 101,2 ✠ (vgl. (169), (170 C))

tetragōnos quadratisch VI 69,12 ✠

tetras Gruppe von 4 Vierheit, Vierter (einer Reihe) XI 25,20 (::) 29,[25]-38
37,12.13 ✠ (vgl. Zahlenteil unter "4")

technē Handwerk, Fertigkeit, Kunst II 73,11 134,31 (+) VI 11,10 IX 74,31 /
+ epistēmē XI 51,23
— REFR TEKHNĒ Handwerker (wie technitēs) VII 76,18 ✠

tērein bewachen, bewahren, einhalten° (Gebot), (reflexiv)°° sich hüten II 120,
15° VI 63,23°.25° VII 26,4 85,3 86,11°° 105,8°°.19 108,23 IX 73,[27]° X 2,24
/ + diatēreisthai (P. Mimaut) VI 64,33 / + syntērein (S. Sext.) XII 29,9 ✠
(vgl. (390))

(tērēsis siehe (390))

timan ehren, achten II 108,26 128,15 III 11,7 VII 9,26 11,17 17,2 XII 27,24
(S. Sext.) 33,21 (dito) / :: hybrizein II L 47 (vgl. Mt 6,24 agapan) ✠

timē Ehre, Ehrung III 11,8 97,11 XII 10,28 βG 105,10
— Kaufpreis VI 4,[7]
— Strafe VII 14,14 ✠
(vgl. (12 C), (21), (42 B), (224 C))

<u>timōria</u> Strafe VI 70,27 77,9 ✠

(<u>tis</u> siehe (122 C))
(<u>toioutos</u> siehe (187 A))

<u>tolman</u> (es) wagen, wagemutig sein I 5,21 II 45,25 107,36 117,2 128,12 VII 69,
13 102,8 VIII 3,26 128,19 X 27,22 BG 45,16
▬ (mit E- oder EHOYN E-) sich erdreisten gegen, sich auflehnen gegen II 92,29
93,5 VI 73,6 ✠

<u>tolma</u> TOLMĒ Kühnheit? VIII 128,11 ✠

<u>tolmēria</u> Übermut VI 73,9 VII 108,21.23 ✠

<u>tolmēros</u> frech, anmaßend XI 9,[20] ✠

(<u>tomōteros</u> siehe (330))

<u>topos</u> Ort, Gegend, Raum I 2,24 3,36 14,21 23,3 (lies aber T(Y)POS) 33,19 44,18
53,24 60,5 65,8 70,20 74,33.35 92,26 95,10.12 97,16 98,26 <u>100</u>,29 (✝) 101,8
117,2.27 123,1 II 19,20 (≠p' (III) <u>typos</u>) 31,13 L 3 (P. Oxy. 654,24).24.60.64.
68 66,8 104,26 121,13 125,8 128,15 130,14 136,27 III 15,14 38,1.4 131,24 135,
5.6 V 23,9 69,23 80,4 VI 15,12.29 17,11 36,23 (korrupt) 42,33 44,2.29 75,19
78,27 VII 2,22 8,3 11,27 14,5.28 23,2 29,24 35,28.30 43,1 44,14.22 45,1 52,11
54,17 56,30 66,4 67,14.19 69,30 83,31 91,27.33 <u>99,8-100,5.32-101,3.21.31</u> 103,
24 113,26 <u>116</u>,26.27 (::) VIII 3,3 18,9 21,[16] 23,18 28,9 82,19 IX 13,[3] 27,
23 35,[28] 42,26 X 5,20 (PTOPOS TĒRF, meint nicht - wie PMA TĒRF - den Kosmos)
XI 26,37 35,21 37,29 41,28 57,20.21 58,31 <u>65</u>,31 66,23 XIII 48,[29] BG 104,8 /
✝MA I 25,29 40,32 42,37-40 97,5.9 99,28.30 102,13 113,25 122,25 123,13 III
16,2.(2) (lies TO(P)OS)(vgl. p) 16,4 p 60,17 [p] 123,[1] 132,[7] 140,20 142,16
145,1 VI 75,11 VII 65,37 101,3 VIII 67,21 117,[8] X 10,2 XI 59,36 /✝ <u>monē</u> I
70,16 ----- II 58,32 IX 39,13
▬ Standpunkt? I 46,5
▬ Funktion, Amt? I 124,33? (oder lies T[Y]POS) ✠
(vgl. (6), (89 B), (105 B), (322 A))

(<u>tote</u> siehe (403 A))

<u>trapeza</u> Tisch II L 61 b 82,22 (Mt 15,27) XII 34,15 (S. Sext.) ✠

τρέφεσθαι

(tremein siehe (202 B))
(trepesthai siehe (281 C))

trephesthai sich ernähren + SOEIŠ (180 B), trophē II 55,13 ✠

triakontas Gruppe von 30 XI 30,20 ✠ (vgl. Zahlenteil unter "30")

trias Gruppe von 3, Dreiheit, Dritter (einer Reihe) III 78,18 ✠ (vgl. Zahlenteil unter "3")

tribē Reiben (vgl. folgendes) VII 23,23 27,6
● TTRIBĒ NAKATHARTOS, TTRIBĒ ETČAHM die unreine Beschäftigung (oder: 'Rei-
bung'?) (d. h. der Geschlechtsverkehr, vgl. VII 21,31-229) VII 10,(24) (lies
T(R)IBĒ) 14,16° 34,31 35,6° 38,8 BG 82,14° 106,4° ✠

(tridynamos siehe (456 A))

trimorphos dreigestaltig XIII 50,22 ✠

trismegistos Dreimalgrößter (Beiname des Hermes) VI 59,15.24 66,26 69,1.27
44,17.33 75,34 78,14.32 ✠ (vgl. (53 A))

(tromos siehe (202 B))

tropos Art VI 39,10 (korrupt) 42,1 ✠ (vgl. (187 A))

trophē Nahrung (oft übertragen-sakramental) II 55,9-14 57,8 64,21 73,25 80,28
III 139,10 (Mt 10,10) VI 22,26 29,22-30,26 31,34 32,1 35,14 65,6 67,8 75,19
----- XI 44,19.21.35
(Verwechslung mit tryphē siehe tryphē) ✠ (vgl. (140 A), (191 A))

tryphē Luxus, Schwelgen (°TROPHĒ statt tryphē geschrieben) (unterstrichen: Anspielung an Gen 3,23) I 55,15° (+) II 110,5 III 27,7 (≠p').9°.10° (vgl. p) VI
39,10 (korrupt) 46,11 / + apolausis VI 39,10° (+) ✠

typikōs sinnbildlich? IX 42,[31] ✠

typos Gegenstück, Entsprechung, (entsprechende) Gestalt (oder) Art, Sinnbild
I 23,(3) (statt TOPOS zu lesen) 110,25 111,3 124,[33]? II 14,23 75,17 85,15

87,10 96,1.13.15 102,3 124,20 III 16,11 22,3 24,3 61,2 67,24 (≠p) 82,10 83,21-
84,10 89,13 V 30,16 31,24 36,2 VI 38,9 57,8 VII 14,24 22,7 62,29 68,6 99,6
107,10 VIII 9,13 22,3 46,24.27 126,6 IX 40,30 XI 59,38 BG 37,20 44,9 / + antitypon, :: antitypon VIII 8,12 (vgl. 11,2) 12,5 BG 64,1 p' / + eikōn siehe eikōn / + idea III 14,{18} 15,8 (+morphē) / + morphē XI 35,22.[25] ----- VIII
9,19 (+ eidos, morphē) IX 66,10
➖ ŠRP NTYPOS Prototyp, Urbild (wie prōtotypon) I 123,15 (TYPOS NŠAR[P]) III
16,14 VII 112,31
➖ ČI TYPOS geprägt werden, (entsprechende) Gestalt bekommen II 94,16 100,3
105,14.21 VII 23,25 BG 20,15 116,3.6 ✠
(vgl. (50 B), (89 A), (187 A), (312 B))

typoun prägen, (zum Abbild) formen, (reflexiv) sich (entsprechende) Gestalt
geben II 113,25.27 / + plassein VI 20,21 ----- IX 43,19
➖ R ŠRP NTYPOY vorprägen (o. ä.) IX 45,22 ✠

tyrannos Tyrann, (böser) Herrscher (°mythisch, Teufel) III 123,3 VII 85,17°
110,23° XII 31,27.[28] (S. Sext.) 34,4 (dito) XIII 41,13 ✠ (vgl. (430))

(typhlos, typhloun siehe (23 E))

typhōn (magisches Wort für) Esel II 11,28 (+EIŌ p')(::) ✠

hybrizein mißhandeln, verhöhnen I 5,10 XI 14,27 XII 29,25 (S. Sext.) / :: timan II L 47 ✠ (vgl. (206 B), (459 B))

hybristēs Rohling, Gewalttäter II 127,28 128,5 (Adj.) ✠

(hygiainein siehe (287))

hydra Wasserschlange II 122,(18) (statt HYDRIA zu lesen)(::) ✠

hydria Wasserkrug IX 70,12-29 (zu II 122,18 siehe hydra) ✠

(hydōr siehe (106 C))
(hyiothesia siehe (324 B))

hyios Y̅ (als hyie aufzulösen?) Sohn III 66,21 ✠ (vgl. (127), (163 C), (261 B),
(324 B))

ὕλη

hylē Materie I 17,15 25,16 31,4 (Synekdoche für 'materielle Menschen') 34,6
35,9 53,31 85,10 103,13 104,4 110,25 II 14,28 18,5.13 94,12-34 95,17 96,16.19
99,19-24 100,4.27 101,5.7 124,1 V 24,15 VI 22,34 25,32 27,28 31,18 40,18 47,7
54,32 66,11 67,1.[1] 69,17 VII 51,26 61,7 65,25 92,33 VIII 1,16 5,9 9,14 46,6
73,24 123,8 128,9 XI 48,[21] (::) XII 40,11 47,22 BG 52,17 55,13 (≠p, lies
NTLĒTHĒ?) / = KAH, MOOY, KŌHT, pneuma III 26,18 (=TMNTATSOOYN MPKAKE p') /
✚ hypostasis II 94,1 / :: ousia VIII 2,20 ----- VI 75,5
● HYLĒ ETOYAAB reine Materie (der 'Götter', d. h. wohl der Sterne) VI 67,14.18
69,13
▬ ATHYLĒ immateriell (wie aylos) I 133,39 XI 48,22 (::) ✠
(vgl. (46), (106 A), (204 A), (268 D))

hylikos materiell, der Materie zugehörig I 98,30 137,7 (Subst.) 89,3 III 57,1
VI 23,21 28,9 VII 11,4 / ✚ kosmikos X 2,19 / :: noeros VIII 26,17 / :: pneu-
matikos siehe pneumatikos / :: psychikos I 98,20 (✚) II 19,6
(PSYKHĒ NHYLIKĒ siehe psychē) ✠ (vgl. (204 A))

Hymēn Hymen (übertragen, nur VII 1 Paraphrase des Sem) VII 5,26.28 6,25 7,11.
14 12,18 14,17 35,28
● TKLOOLE MPHYMĒN die Wolke des Hymen (wie vorige Rubrik) VII 7,5 11,12.16
12,18.21 13,20 16,37 17,4.13 33,6 47,25 ✠

hymnein lobsingen, preisen I 15,22 95,17 (p 103,34) VI 58,20-25 (::) 59,31
60,4.8.28 61,5.16 ✠ (vgl. (42 B), (185 B), (230 A), (373))

hymnos Lobgesang I 14,28 15,18 III 8,2 (≠p) ✠ (vgl. (42 B), (185 B))

hyparxis Bestand, Existenz (teilweise überkosmisch-hypostasiert) VII 125,28
VIII 2,21.24.30 3,8 14,13 (✚) 15,10,16 (✚) 16,1.11 30,18 66,16.19 68,16 86,15
95,5 124,16 XI 46,12 48,16 95,20 60,31 65,29 (neg.) / ✚ energeia VIII 79,11.
20 85,13 (≠124,16) / ✚ ousia VIII 17,2 / :: ATOYSIA VII 124,26 / :: ATHYPARXIS
XI 61,37 ----- VIII 23,27 73,8 74,8 98,5 (✚) IX 57,6 / ✚ ousia VIII 20,21 XI
55,28
● TIŠORP NHYPARXIS das vorherige Bestehen? VIII 84,12
● TIHYPARXIS NNATOYSIA die nichtseiende Existenz VIII 79,7 XI 53,32
(TIHYPARXIS NATŠŌPE siehe ŠŌPE (322 A))
● PIATHYPARXIS der nicht Bestehende (wie anyparktos) XI 61,38 ✠
(vgl. (322 A))

(hyper siehe (434 A), (442))
(hyperēphanos siehe (337 A))

hyperistasthai HYPE[R]E[S]SE höher sein I 110,9 ✠

hyperesia Dienst III 77,22 81,3 (p' 105,1) 84,16 (p' BG 107,6) 88,23 ✠ (vgl. (42 B), (315))

hyperetein dienen, bedienen I 135,12 II 59,21 95,29 (p 123,7) 102,23 XII 29, 17.19 (S. Sext.) / + diakonein II 72,18 / + therapeuein I 134,19 ✠ (vgl. (315))

hyperetēs Diener I 1,19 (Lk 1,2) II 139,31 VII 105,11 XII 27,25 XIII 48,28 ✠

hypischneisthai HYPOSKHOY versprechen XII 34,8 (S. Sext.) ✠

(hypnoun siehe (387))

hypothesis (geplante) Verhaltensweise I 8,36 ✠

hypokrisis Heuchelei I 7,17-21 II 136,20.21 VII 95,23 (::) ✠

hypokritēs Heuchler I 9,26 ✠ (vgl. (136 C))

hypolyesthai unbeweglich werden + ATKIM, argos III 23,[15] p.p' ✠

hypomenein HYPOMINE ertragen, erdulden, durchhalten, es fertigbringen° I 9,29°. 32° II 62,34 III 33,20 IV 72,5 VI 7,5.9.13 10,6 VII 4,8 20,4 26,13 36,13 94, 19.22 103,28 IX 26,8 32,11 44,9 ✠ (vgl. (344), (430), (467 C))

hypomnēma, hypomnēsis° Erinnern VII 31,9° 34,24 46,2-22 ✠ (vgl. (106 B))

hypomonē Ausdauer, Standhaftigkeit II 141,37 VI 10,4 X 1,17 XI 3,[33] / + an-echesthai XI 1,17 ✠

(hyponoein siehe (106 B))

hypopodion Fußschemel II 101,8 ✠

hypostasis Hypostase, Bestand, Bestehendes, Entstehung, Grundlage II 15,9 86, 20-26 97,21 III 18,21 23,10 59,2 VII 99,13 102,3 X 9,17 (✠) 32,18 36,21 40,1

ὑποταγή

XI 24,23 (=) 25,32 48,36 51,38 BG 78,3 80,1 / **+** prosypostasis II 25,34 p' /
+ hylē II 93,35 / :: epinoia VII 99,23 ----- X 19,[22] ✥ (vgl. (85 A), (261 C))

HYPOSKHOY siehe hypischneisthai

hypotagē Unterordnung (hier metonymisch: 'Untergeordneter') III 71,16 (p' BG
83,9)(**+** NĒ ETTŌ[T] p V 2,11)(::exousia) ✥

hypotassein unterwerfen II 7,25 ✥

hypotassesthai sich unterwerfen, untertan sein, gehorchen II 60,16-31 116,19.
24 III 11,12 (≠p') VI 38,24 X 29,22 30,7.{13}.13.21 31,12 ✥ (vgl. (213), (416
A))

hypourgein arbeiten für..., behilflich sein, dienen II 20,19 III 32,15 XI 6,36
([HY]POYRKEI) XII 30,[1].2 (S. Sext.) ✥ (vgl. (354), (374))

hypourgia R HYPOYRGIA behilflich sein (wie hypourgein) **+** REFR HŌB, REFŠMŠE
I 102,5 ✥

hysterēma Mangel III 25,16.22 30,12 32,19 39,21 (≠p) 59,18 85,8 ✥ (vgl. (330),
(348))

(hypsēlos, hypsēloteros siehe (434 A))
(hypsistos siehe (127))
(phainein siehe (268 D))
(phainesthai siehe (274 C))

phaneros MPHANEROS°, HN OYPHANERON offen (Adv.), offenkundig, unverhüllt II
81,33 VII 49,3 / :: NNOYPARABOLĒ I 7,9° (**+** HN NOYŌNH EBOL) ✥ (vgl. (274 C),
(382 B), (453 A))

phaneroun bekannt machen, offenbaren VII 1,31 30,30 31,19 36,6 ✥

phanerousthai sichtbar werden **+** OYŌNH EBOL VII 30,7 ✥ (vgl. (274 C))

phanerōsis Bekanntmachung, Offenbarung VII 49,6 ✥ (vgl. (453 A))

phanos Leuchte (übertragen) VII 85,4 86,23 ✥

phantazesthai erscheinen VIII 10,13
➖ (mit ATRE-)(A₂) sich einbilden, zu I 79,31 ✚

phantasia Erscheinung, (bloßer) Schein, Illusion, Vorstellungskraft°, Phanta-
sie° I 28,27 48,11-27 78,7.34 82,19 98,5 103,16 109,27.34° (Adj.) 111,11 II
17,34° (::) 140,21 III 17,14 ✚ (vgl. (86), (106 B), (237 C), (358 B), (427))

Pharisaios Pharisäer II L 102 BG 19,11.17 / :: grammateus II L 39 (Mt 23,13)
IX 29,13 (Mt 16,6).18 ✚

PHARISATHA siehe P̄ŌRŠ (152)

pharmakeia Giftmischerei, Zauberei ➕mageia II 123,9 (✚)✚

phasis Ausspruch VII 29,19 ✚

phaulos schlecht, niederträchtig VI 68,17 VII 85,17 87,30 93,31 XI 27,14 (S.
Sext.) ✚ (vgl. (223 A))

(phausis siehe (268 D))
(pheidesthai siehe (174 B))
(pherein siehe (50 A), (253 C))
(pheugein siehe (154 B))
(phthartos siehe (226 A))
(phthengein siehe (341 B))

phthonein beneiden, neidisch sein, geizen I 18,38 50,9 II 90,8 (p 119,5) 107,9
VI 72,15 VII 77,2 101,18.20 IX 47,16 XI 15,29.30 17,28.36 18,31 ----- IX 73,4
XI 15,21
➖ REFPHTHONEI neidisch ➕baskanos IX 47,30
➖ ATRPHTHONEI bzw. ETE MAFPHTHONEI° freigebig, MNTATRPHTHONEI°° Freigebigkeit
I 49,38°° II 107,9° VI 72,15° XI 17,36 ✚
(vgl. (73 B), (164 A))

phthonos PTHONOS (P Artikel) Neid I 18,39 42,19 70,26 103,26 122,9 II 18,21
(✚) 25,31 (✚) III 138,17 VI 39,24 (✚) VII 44,14 IX 15,38 ----- IX 73,4
➖ ATPHTHONOS neidlos, reichlich (wie aphthonos) II 142,21 ✚
(vgl. (73 B), (102))

(phthora siehe (87), (226 A))

φιλοπονεῖν

(philanthrōpia siehe (163C))
(philia siehe (281 C))
(philomathēs siehe (175 B))

philoponein sich bemühen ✚ melei V 29,6 ✙

(philos siehe (304))

philosophos Philosoph I 46,9.10 II L 12 III 70,15 XI 34,16 (S. Sext.)(✚sophos).
18
━ MNTPHILOSOPHOS Philosophie (wie philosophia) :: MNTSAEIN, MNTHRĒTŌR etc.
I 110,14 ✙
(vgl. (175 B), (394))

(philotimeisthai siehe (281 C))
(philopseudēs siehe (449 C))

phlyaria PHLOIARIA Unsinn, Torheit II 130,26 ✙

phlyaros PHLOIAROS Geschwätz VI 23,33 (✝) ✙

(phobeisthai siehe (388 B), (396))

phobos Furcht II 118,18.23 VI 15,26 58,9 ✙ (vgl. (202 B), (388 B), (396))

Phoinix (Vogel) Phoenix II 122,29 (Ps 91,13 umgedeutet) ✙

phorein (als Kleid) tragen, bekleidet sein mit... (oft metaphorisch) I 12,13
35,30 63,12.13 128,24 129,3.5 II 56,30 III 24,26 (Nachtrag zu 24,17) 126,19
132,12 134,12 VI 2,11 VII 17,8 33,20 34,25.39 36,28 VIII 139,15 XIII 47,17 /
✚ chrēsthai III 33,16 p'
━ (eine Last) tragen XI 10,37
━ PHORI MKARPOS Frucht tragen (wie karpophorein) VI 75,21
(ETPHOREI MPEOOY siehe EOOY (42 B)) ✙ (vgl. (218))

phorēma Bürde, Last XI 10,37 ✙

phormē Form, Gestalt (von lat. forma, siehe Liddell-Scott, Supplement s. v.)
I 55,8 61,12 / ✚ morphē I 27,20 VIII 45,[22]? ✙

phoros Steuer XIII 37,2 ✠

phortion Warenladung II L 76 ✠

phragellion, phragelloun PHRAGELLOY (für beides) auspeitschen, Peitsche° II
143,1° / + mastigoun II 141,35 ✠

phriktos (Subst.) Schrecklicher XI 68,23 ✠

(phronein siehe (106 B))

phronēsis Klugheit, Verstand (meist überkosmisch-hypostasiert, auch Plur.) III
11,23 (+)(Iren. I 29,2 Phronesis) 52,13 (+) 69,9 (+) 73,10 (+) 78,8 (p' BG 96,
17)(+) 83,7 (+) 87,13 (p' BG 112,10.16)(+) VII 13,22 ✠ (vgl. (175 B), (394))

phronimos klug II L 39 (P. Oxy. 655,[47], Mt 10,16) ✠ (vgl. (175 B), (394))

PHROYRIKON III 15,3 siehe prounikos ✠

phylax Wächter, Hüter II 91,24 (Gen 4,9) VI 62,5 ✠ (vgl. 162 A))

(phylassein, phylassesthai siehe (390))

phylē Stamm, Sippe II 85,2 VII 36,24 / + genos VII 92,14 ✠

physikos natürlich, angestammt I 133,11 II 133,9.24 (::) ----- XI 42,15
— PHYSIKON (Subst.) Beschaffenheit, Natur II 132,1
— MPHYSIKON Geschlechtsteile (siehe Sophocles, Lexicon s. v.) II 131,26 ✠

physikōs auf natürliche Weise II 117,6 (::) ✠

physis Natur, Beschaffenheit, (Natur-)Gegebenes, Geschöpf I 44,21 54,24 55,28
58,34 68,3 75,32 78,11 109,19 111,1 112,29 114,24 117,35 126,24 132,31 133,2
136,25 II 65,[32] 80,21 98,11 101,10 106,28 ('(weibliches) Selbst') 127,17.21
141,34 III 17,12 71,16 (p' BG 83,10) 74,9 88,20 89,15 (p' BG 116,11)(überkosmische 'Schöpfung') IV 60,3 VI 55,32 65,28 (Adj.) 67,32 74,8 (≠Lactantius, C.
H. II 330 App.).13 (=).15 VII 4,32 5,2-6,20 7,11-25 8,15.28-33 10,14.26.35
11,1.11 12,14.22 13,17 14,13 15,5-19.28 18,1.16-33 19,4.15 20,3.23 21,5 22,10.
20.22 23,1.5 24,24.31 26,27.34 28,11 29,8.29 30,10 32,1.5 34,3 35,7 36,34 37,2

38,20 39,28 41,31 42,10-27 43,8 44,1.3 45,10.16.27 47,5-34 4',7.20.22 62,22
75,33 87,27 89,3 93,21 94,2-18 100,19 VIII 26,17 46,2 IX 1,8 13,9 15,25 (✝)
X 31,17 XI 51,24.32 57,16.17 (Plur.) XII 16,4.6 (S. Sext.) / ✝ ktisis II 63,19
/ ✝ phyteia (P. Mimaut) VI 64,27 (mißverstanden?) / ✝ chaos VII 40,22 (die
Mahrzahl der physis-Stellen in VII 1 "Paraphrase des Sem" ist pejorativ) /
:: pneuma II 58,28 ----- VI 19,6 20,3 IX 58,6 71,22 X 3,2 25,[7]
— Geschlechtsorgan (siehe Liddell/Scott s. v. VI.2) III 35,21 ✝
(vgl. (50 B), (55), (87), (223 A))

(phyteia, phyteuein siehe (262 A))
(phyteuesthai siehe (168))
(phōnein siehe (296), (308 B))

phōnē Stimme, Laut :: sigē III 51,1 ✝ (vgl. (185 A), (308 B))

(phōnēeis siehe (185 A))
(phōs siehe (268 D))

phōs Licht IV 56,[13]? ✝ (vgl. (268 D))

phōstēr Himmelslicht, Gestirn V 75,14 82,7 (zur möglichen Assoziation siehe
folgende Rubrik) ----- V 76,28
— (übertragen) Leuchter (überkosmische Macht) II 9,2 (vgl. p') III 52,5 57,8
76,9 77,15 82,28 85,28 VIII 31,16 32,4 62,20 63,16 119,4 120,5.11.18 126,4-20
127,21-128,5 IX 6,3 XI 54,26 59,[5] 61,24 XIII 48,29 / ✝ OYOEIN siehe OYOEIN
(268 D))
● PIFTOOY MPHŌSTĒR die Vier Leuchter (überkosmisch) II 7,33 93,21 III 51,8
VIII 6,[28] 29,2 51,17 54,18 121,4, vgl. II 19,19 (5 Leuchter, ≠p')
— (übertragen) Erleuchter VIII 133,27 137,8 138,15 ✝
(vgl. (59 A))

(phōtizein siehe (268 D))

chairein sich freuen ✝ RAŠE V 1,3 p (III 70,2)
● chaire sei gegrüßt, chairein° Gruß (am Beginn eines Briefes) V 50,11.12 VIII
132,15 (KHE[(REIN)]) ✝
(vgl. (170 C), (281 C))

(chalazōdēs siehe (107 C))

χήρα

chalinos Zaum II 140,29 (Jak 3,3) ✠

(chalkous siehe (372 C))

chaos Chaos (meist pejorative Bezeichnung des Kosmos) (°Ausnahmen) II 30,19.
27.29 31,19 87,6 94,32 95,25 96,11 96,14 (p 106,27) 97,26.29 98,[1]-31 99,13-
33 101,24 102,[2] 104,8.15.26 106,10.19.22 109,8.15 112,20.26 123,13.21 126,
15.21 III 57,[3] 85,21 86,3 89,18 (p' BG 116,12) VII 15,17 18,13 25,22 58,30
VIII 1,12° 117,7(°?) XIII 40,30 44,25 48,8 49,15 BG 118,14 119,10 121,10 /
✚ AMNTE siehe AMNTE (6) / ✚ kosmos (Sgl. oder Plur.) II 93,31 112,17 116,10
120,9 / ✚ physis VII 40,23 ✠
(vgl. (46), (59 A), (73 A), (124 A))

charaktērion (nicht in den Wörterbüchern) Abdruck (oder) Abbild ✚ morphē I
94,14 ✠

charizesthai schenken I 143,23 III 56,15 VI 64,8 (P. Mimaut) 66,32 VI 9,10.19
11,15 17,28 18,25 19,36 27,24 36,7 47,35 IX 33,7
━ sich gnädig erweisen I 11,33 ✠
(vgl. (373))

charis Gnade, Güte, Gnadengabe (°Grußformeln) I 1,5° 34,2 37,12 45,13 50,14°
57,6 63,28 69,18 91,35 143,22 II 4,8 59,5 76,26 III 11,22 (::).23 12,3 52,9
(::) 69,8 (::) VI 32,15 VII 21,12 48,31 ('Dankbarkeit'?) XI 12,29 15,26 16,23
43,35 BG 122,18 / ✚ MNTAGATHOS, MNTKH(RĒSTO)S BG 88,12 / ✚ dōrea II 134,32 XI
15,34 17,29.34 ----- II 79,31 XI 13,14
━ Anmut, Lieblichkeit II 109,7 (✚) ✠
(vgl. (42 B), (116 D), (178 B), (224 C), (373), (394), (456 A))

(charisma siehe (218), (373))
(cheir siehe (472))

cheirographon Urkunde (Kol 2,14) XI 14,32 ✠

cheirotonein (in ein Amt) einsetzen BG 20,8 ✠

chēra Witwe II 128,18 VII 20,36
━ MNTKHĒRA Witwenschaft, Verlassenheit (wie chēreia oder chēreusis) II 133,13
━ R KHĒRA entbehren (wie chēreuein) VI 59,16 ✠

chēreuein verlassen sein **+** R ČAEIE VI 70,20 ✠

chiōn Schnee II 93,16 (Mt 28,3) ✠

choïkos irdisch, aus Staub :: pneumatikos, psychikos II 117,34 122,9 ✠

cholē, cholos° Groll, Haß II 18,28° (::) 99,12 ✠ (vgl. (73 B), (460))

chorēgein versorgen II 24,31 (KHŌRĒGEI) III 6,22 7,7 ✠ (vgl. (218))

chorēgia Überfluß VI 72,14 XI 25,39 ✠

chorion Nachgeburt I 47,17 VII 5,26.28 7,14 ✠

choros Chor (der Engel) VII 116,31 ✠

(chortazein siehe (274 A))
(chortazesthai siehe (174 A), (270))

chortos Gras II 80,26.32 81,11 144,23 (Jes 40,7)(+) ✠

chous Staub (Gen 2,7) **+** KAH II 87,25.[29] ✠

KHRASTHAI siehe chrēsthai

chreia Bedarf I 64,8.10 124,20 VI 10,10.20
━ Gebrauch III 134,7 IX 39,4
━ Nutzen, Gewinn II L 21 b

━ R KHRIA nötig haben, bedürfen (wie chrēsthai oder chreian echein) I 9,12-
14 11,13.36 42,10 62,12 104,21 105,21 111,24.26 116,20 117,8 123,12 124,24-
125,3 II 73,10 103,11 III 136,4 VI 67,14 VII 59,11 98,20 (**+** ŠŌŌT BM 979) XI
12,19.31 15,36 62,18 65,22 BG 23,9.11 25,8 / **+** deisthai (S. Sext.) XI 15,25
33,22 ----- II 72,24 ✠
(vgl. (330), (466))

(chrē siehe (301 A))

chrēma Besitz, Reichtum II L 63 VI 23,29
━ MNTMAEIKHRĒMA Habgier VII 84,26 (::) / :: oikonomia VII 95,25 ✠
(vgl. (24 B), (135 B))

chrēsthai KHRASTHAI, RKHRO° benützen sich (einer Sache) bedienen I 44,13° 53,
28 96,8 100,31.34 103,3 110,31 137,20 II L 63° 127,29° (sexuell) 128,6° (dito)
III 33,16° (≠p') V 54,2 77,19 VII 57,33 61,9 X 27,23 XI 37,37° XII 15,[12] (S.
Sext.) 29,4.16 (dito) ✠

KHRĒSTIANOS siehe Christianos

chrēstos KHS°, KHRS° gütig, milde, sanft (unterstrichen: beabsichtigter An-
klang an Christos) II L 65.90 (Mt 11,30) V 59,11° VII 52,5°? VIII 131,14° /
✚ ATRPHTHONEI XI 17,36
━ nützlich VII 88,23°
━ MNTKHRĒSTOS, MNTKHS°, MNTKHRS° Güte (Unterstreichung wie oben) III 9,24°
10,3 (p'°)(≠Iren. I 29,1) VII 49,23° 89,6° 111,14° VII 78,22 IX 1,10 XI 23,34
58,11° BG 43,16° 49,13° (vgl. p' II 15,14)(≠p MNTČ[OEIS]) / ✚ MNTAGATHOS, agapē, charis BG 88,2°
(KHRĒSTOS I 48,18 122,19 ist eine Schreibung des Christusnamens) ✠
(vgl. (170 B), (460))

(chriein siehe (260 B))

chrisma Salbe, Salbung II 57,28 67,5.23.28 (::) 69,14 (=) 73,17 74,12-16 (::)
85,[27] 97,2 111,7 ✠ (vgl. (74), (216 A), (260 B), (268 D))

Christianos KHRĒSTIANOS° Christ II 52,24° 62,31° 64,24° 67,[26] 74,14 75,34
IX 31,25° ----- II 74,27° ✠

chronos Zeit, Zeitabschnitt (so besonders der Plur.°) II 3,32 96,32 121,15-22
(°) 123,17 128,14 III 5,20 23,15 83,22 IV 74,5 V 53,20 VI 44,11 45,25 46,25
74,10 VII 8,29 21,11 23,20° 37,13 38,30° 43,17 46,1 48,13°.24 80,8 VIII 4,19
27,5 X 37,18 XI 14,18 26,36 XII 28,18 (S. Sext.) XIII 44,16 / ✚ aiōn II 113,5
XI 63,23 65,23 / ✚ kairos VIII 131,20 (1Kor 7,29), weiteres siehe kairos
----- VIII 26,28 78,13 IX 35,6
━ NA PKH[RONOS SNĒY] lange Vokale (wie dichrona) X 29,26 ✠
(vgl. (37), (203 A), (269))

(chronizein siehe (269))
(chrysion, chrysous siehe (119 D))

RKHRŌ siehe chrēsthai

chrōma Farbe II 63,26 ✠

(chōlos siehe (215 B), (449 A))

chōra Land, Gegend, Platz° I 91,23° 96,15° 103,21 122,20° II L 14 122,35 V
73,[29] VI 70,30.31 ✠ (vgl. (73 A), (85 A))

chōrein Raum machen, fassen III 66,27 67,13 VIII 21,8
— hingehen, (mit EHRAI)° hinaufgehen (anachōrein) III 34,1 35,1 36,8 (lies
ET(OY)NAKHŌRI EROF)(→anachōrein p) 117,[10] 118,1 V 41,15° ----- III 117,[13]
(?) ✠ (vgl. (22 C), (321))

KHŌREGEI siehe chorēgein

chōrēma Raum VIII 82,8 ✠

psallein (ein Saiteninstrument) spielen VI 60,32 ✠

Psalmos MPSALMOS die Psalmen, das Psalmenbuch II 133,16 137,15 ✠

psaltērion Harfe II 95,30 (::) 105,34 (::) V 60,4 (::) ✠

psegesthai beeinträchtigt werden BG 45,4 ✠ (vgl. (417 A))

(pseudesthai, pseudos siehe (449·C))

psilos Tenuis (k, p, t) :: ETHN TMĒTE, dasys X 27,5 30,[26] ✠

psychē Seele (°partielle Seele, Planetenseele) I 42,37 (Mt 16,26) 105,30.36
118,16 (Adj.) II 29,26 L 25 (→seauton Mt 19,19; Semitismus).28 (P. Oxy. 1,18)
53,7.9 65,4 80,1 96,21 109,5° 110,11.25 111,8 114,16 115,11.14.34 127,18.20
129,6 130,23 131,13.21.35 133,7.31 134,6-28 (134,16.18 vgl. Ps 102,1.2)(+)
135,20 (Joh 12,25).28 136,1 (1Clem 8,3) 137,6.27 139,37 140,26 143,15 144,1
III 13,22 14,3 (≠p') 22,[10°.20°]-23,[11]° 24,16° (Nachtrag zu 24,17) 32,23
33,25 35,4.8.20 65,21 121,23 128,[21] IV 76,27 V 20,9.13 22,10 33,10 34,23
38,15 75,5 76,16 83,11 84,3.12 VI 23,27 27,25 31,24 38,8 39,14 40,11 (korrupt?
Glosse?) 41,21 45,28 47,9.27 53,20 54,27 55,13 (Mt 22,37)(::) 56,1 57,22 (Mk
12,30)(::) 58,6.19 59,16.29 63,34 (P. Mimaut) 66,15.20 69,33 72,27.28.37 76,25
77,12.25 78,24.34 VII 24,19-25 42,3 57,27 58,31 75,12.15 94,19 96,18 99,19

103,23.28 105,4.26 109,3-6.28 106,2 113,18 VIII 1,30 6,21 8,4 11,10.29 12,6
17,8 26,20 27,10 28,1129,5 30,11 43,23 60,22 130,20 IX 30,7 43,2 73,24 X 5,6.8
25,21.26 26,3 27,[26] XI 5,[26] 9,34 (Mt 16,26) 10,22 20,27 XII 16,[1] (S.
Sext.) 27,12 (dito) 28,12 (dito) 30,10.19 31,20.21 (dito) XIII 35,17 BG 120,3
/ = QOM III 34,22 BG 67,12 / + pneuma I 143,20 II 135,5, weiteres siehe pneuma
/ :: HĒT VI 31,12 / :: logos I 4,21.22 / :: logos, nous VI 28,10 VII 85,21.23
/ :: nous siehe nous / :: pneuma XI 42,36, weiteres siehe pneuma / :: sarx VII
93,28-31, weiteres siehe sarx / :: sōma siehe sōma / :: sōmatikos II 81,6
----- II 70,25 140,40 III 123,16 124,14 125,6 VIII 12,9 30,8 IX 35,9 XI 10,11
20,14
● PSYKHĒ ETONH lebende Seele (Gen 2,7) I 105,25 II 88,15 V 66,23 BG 120,1
● PSYKHĒ NATMOY unsterbliche Seele VII 75,27 77,2.17 VIII 27,13 29,19 43,2
----- VIII 28,30
● PSYKHĒ NAHORATOS unsichtbare Seele (überkosmisch) VI 22,13
● PSYKHĒ NLOGIKĒ vernunftbegabte Seele VI 34,32 (::sōma)
● PSYKHĒ NHYLIKĒ stoffliche Seele II 18,34 VI 23,16 (::PSYKHĒ MPN(EYM)ATIKĒ)
XIII 35,18
— HATB PSYKHĒ, REFHATB PSYKHĒ° seelentötend (wie psychoktonos) VII 88,6 96,13°
— TAKO MPSYKHĒ Seelenverderben II 141,18
— ČI PSYKHĒ beseelt werden VI 57,12 ✠
(vgl. (133 A), (394))

psychikos psychisch I 34,19 (+ARŠ, im Urtext wohl Wortspiel mit psychros) 143,
29 II 15,9 (T=PSYKHIKĒ scil. PHYSIS?) 15,26 (wohl mit p PSYCH{IK}Ē zu lesen)
19,30 88,4.12 115,1 VI 39,16 40,25 VII 93,13 BG 121,6 / + aisthētos II 20,14
/ + noeros VIII 58,17 / :: pneumatikos siehe pneumatikos / :: sōmatikos VIII
1,12 / :: hylikos I 98,16 II 19,5.12 ✠

(psychoktonos siehe (397 B))
(psychros siehe (294))
(ōdin siehe (121 C))
(hōra siehe (428 C))
(hōraia siehe (8 A))
(hōraios siehe (125))

hōroskopos Horoskopos (Sterngottheit) + zōdion, planētēs X 42,6 ✠

(ōtion siehe (113))

ὠφέλεια

ōpheleia Nutzen II 62,4 ✠

ōphelein nützen, nützlich sein I 50,14 II L 53 (Röm 3,1 ōpheleia) VII 117,22 ✠ (vgl. (402))

ōpheleisthai Nutzen haben VII 3,26 ✠ (vgl. (402))

Z A H L E N T E I L

Hier werden nicht Zahlwörter oder -zeichen, sondern nur die von diesen genannten Zahlen selbst erfaßt. Für die Berücksichtigung von Paralelltexten gelten
die bisherigen Regeln (Technisches Vorwort, 7.2 und 7.3). Stellen, die (aus
verschiedenen Gründen) unter ihren koptischen oder griechischen Zahlwörtern
schon erfaßt sind, werden hier nicht wiederholt: siehe die Verweise am Schluß
der Artikel.
Auf diese Weise sind alle Zahlen außer 1 vollständig erfaßt. Hypostasierungen
wie 'Einheit', 'Zweiheit' usw. sind mit ° hervorgehoben, Endglieder einer Zahlenreihe durch Unterstreichung kenntlich gemacht.

Zahl 1

I 8,20 19,6 22,12° 32,7°.10° 37,6.11 75,23.38° 76,8 86,2° 114,21 128,15 II
L 10 (::).22 (::).23 (::).30 (::) (P. Oxy. 1,25).106 (::).107 (Mt. 18,12) III
43,21 49,6.7? (I̅E̅N̅ ei hen?) 70,24 86,19 IV 61,7 (vgl. p) V 81,3 VI 64,21 (P.
Mimaut) VII 50,20 66,16 67,26° 68,12-14(°).21 75,29 77,30.32 120,33.34 121,11
122,10-16(°).25° 125,8°.23.25 VIII 19,13 51,24.25 52,6 66,14° 73,15 (::) 79,
25° 85,16.17.20° (=enneas) 87,17 88,17 116,2 125,7 129,8 X 31,5 XI 9,29 (Mt
23,9) 47,[17] 48,37 49,36 (::3) 52,36 54,22.23.27° BG 21,12
(vgl. OYA (265 B), monas)
━ 1. (Ordinalzahl) (hier nur Stellen, wo mit 1. eine Zahlenreihe beginnt.
Vgl. Š̅O̅RP (326) und HOYEIT (404 A). Wo Š̅O̅RP und HOYEIT parallel vorkommen,
ist nur die Š̅O̅RP-Stelle angegeben) I 8,11 69,31 II 8,6 9,1 10,26 11,16.26
12,15.16 15,14 117,28 (vgl. 1Kor 15,45).30 122,10.14 III 52,15.20 58,[7] 83,
12.13 86,11.13 (p BG 110,2.3) IV 51,22 64,2.26 V 20,27 77,27 VI 43,14-17 VII
118,24 121,16 VIII 6,19 7,[21] 29,3 114,14 115,19 118,18 119,4 120,2 121,1
126,2.9 127,19.25 IX 47,16 X 1,12 26,2.7 32,7 XIII 38,[33.34] BG 62,9 109,3

Zahl 2

(auch MPESNAY 'beide') I 2,[1].36 8,14 26,3 (Hebr 4,12) 44,25 63,37 69,15.32.
33 84,9 89,7 93,16 98,13 99,21 106,23 108,19 126,5 II 11,17 12,33 23,32 24,17
30,22 L 16 (Lk 12,52).23.30.34 (Mt 15,14).47 (Mt 6,24).48 (Mt 18,19). 61 a
(Lk 17,34).87 57,10 62,12 64,6 66,28 69,7.12 40,15.32 71,17.22 92,18 101,16

Zahl 2

111,31 117,30 122,11.12.21 III 12,4.5 13,18.19 16,21 17,23 30,21 32,4 52,10
53,6 57,12 58,11 65,16 82,13.20 85,11 86,12 128,18 136,18 IV 52,3 64,18 71,28
V 20,29 21,3 24,23 30,26 32,12 37,[14] 47,20 64,23 78,6 82,7 VI 11,3 24,13
43,14 47,[2] 55,9 67,33 71,26 (korrupt) VII 13,1 17,9 20,16 21,15 26,25 33,10
37,1 42,22 60,2 (Mt 6,24) 70,11 86,14 95,9 121,18 124,14 127,18 VIII 7,2-15
29,6 43,1 73,[15] 82,10 84,3.9 114,15 115,[20] 116,11 118,20.22 119,6 120,2.4
121,2 122,4 124,2 126,4.11 127,21.26 IX 13,1 29,26 (Mt 6,24) 43,9 47,18 X 1,17
9,11 25,[28] 26,5 28,15 29,[26] 31,6 38,18 42,2 XI 23,[21]°.28° 24,21° (vgl.
22,25 dyas)(::) 27,36 34,34 37,10 48,38 53,25 54,15 XIII 38,35.[36] 42,17 47,
11 BG 43,13.15 62,10 / :: "1" II L 10.22.106 76,15 (Mt 19,6) III 30,10 (Gen
2,24) IX 29,4 BG 122,10
(NA TSMĒ SNTE 'Diphthonge' siehe SMĒ (185 A), R SNAY 'sich entzweien' siehe
SNAY (190 B), R HĒT SNAY 'zweifeln' siehe HĒT (394). Weiteres siehe dyas)

Zahl 3

I 3,39 8,14 14,41 69,25.38 74,19 103,14 106,28.30 118,15.18.22 II 11,16.17
30,32 L 13,16 (Lk 12,52).30 59,6 69,14.19 96,29 101,20.23 104,22 117,33 122,
6-16 125,4 III 8,1.2 11,20 12,2-24 13,15.20.23 16,13.22 17,24 42,21 44,10
49,7 58,12 70,13.23 (p' BG 81,2.12) 71,7 82,14.21 86,13.17 IV 50,24 (Trias)
51,16.17 (dito) 52,25.16 (dito) 55,3 64,5.20.29 68,4 72,9 74,18 77,16 V 13,12
19,[23] 20,26 21,10 22,6 33,6 34,22 65,26 76,9 78,18 VII 2,6 (Hippolyt, Ref.
V 19) 10,4 (dito) 12,26 17,3 21,9 33,8 39,18 57,20 58,12.16 64,25 72,3 90,22
92,16 93,1 118,11 120,19 122,11.12 123,24.25 124,16 127,17.27 VIII 2,28 7,8.
10.14 14,2 25,19 27,13 28,11 29,9 51,21 74,15 84,2 118,16-19 119,8 120,10.14
125,18.19 126,13.14 128,1.2 130,2 IX 3,[10] (Mt. 16,21) 25,[5] 48,7 (Ex 20,5)
X 2,18 3,28 4,16 8,18 10,8 25,[13] 27,[24.26] 28,9-18 31,6 32,[9] 38,16 39,15
XI 45,20 49,36.37 (::1, Trias) 53,24 XIII 35,6 37,21.26.27 39,1.2 46,29 47,14
50,21.22 BG 21,13 (::1, Trias)(≠p') 33,20 39,16 43,15.17
(weiteres siehe unter HOOYT (404 C), QOM (456 A), dynamis, trias)

Zahl 4

I 12,17 (Anspielung an Mt 13,8.23?) II 18,14.19 79,19.23 93,21 95,27 (Ez 1,6)
(p 105,3) 105,3 125,3.5 III 11,17 (Iren. I 29,2).21 12,12,13.16 14,2 16,22
18,1 24,2 (≠p') 26,10 41,18 54,8.22 56,9.18 58,13 82,15.23 IV 60,20 62,23 63,
12.24 64,7.22 65,2.8 66,16 68,3 74,11 76,16 77,19 V 19,25 40,[24] 78,[27] VI
2,19 VII 5,23 30,3 58,26 64,26 (Ex 20,5) VIII 5,29 6,20.[27] 7,17.20 18,14
19,10.14 27,3 28,17.29 29,2.11.13 51,17 54,[17] 56,[19] 57,12 113,[15].16 114,
23 115,15.24 118,[22] 119,10.19 120,8.16.18.23 121,4 124,20 125,9 126,17.20
127,4.17 128,4.5 140,25 IX 28,27 39,14 48,7 (Ex 20,5) X 3,26 4,1 29,3 31,[6]

32,19 39,14 XI 23,26.30 XIII 37,28 39,3.4 BG 36,13 43,17.18. Weiteres siehe
tetras.

Zahl 5

II 19,19 (≠p') L 16 (Lk 12,52).19 III 9,3.8 16,24 17,19 18,3 23,23 (Fehllesung von NTI, vgl. p: NOYTE) 58,[13] 65,23 67,17 (O͞ E͞ Abkürzung für ho pemp-
ptos) 82,16.24 83,17 84,23 IV 51,[9] 65,3 V 21,6.28 22,2 79,19 VII 44,23 70,
15 VIII 18,18 19,11.13.15 24,26 53,15.20.25 121,1 X 2,27 29,4 31,7 32,20 BG
43,19.20
(TITIE NSPHRAGIS siehe sphragis. Weiteres siehe pentas)

Zahl 6

II 11,24 102,26.29 106,24.27 112,15.16 III 16,24 18,4 23,3 41,19 58,15 82,9.
17 83,[1] 84,18 V 22,13.19.21 75,28 VIII 6,1 28,8 X 3,18 31,[7] 32,[22] BG
44,1.2
(III 83,13.14 SS lies SOOY NSOOY 36)

Zahl 7

II 11,23 15,25 17,8.30 L 3 91,[28] (Gen 4,15) 95,3.20 101,24-102,2.16 104,16-
35 105,10.(32) 106,29.36 107,5 112,18.24 114,29 115,16 116,10 117,17 118,17
123,4 125,21 III 16,12.25 17,18.20 18,5 23,16 24,27 (Nachtrag zu 24,17) 58,2
IV 52,20.22 70,[3] V 22,24.28.[30] 23,30 24,1 26,4 38,[16] 80,10 VI 36,11 63,
19 VII 58,19 62,30-63,22 VIII 5,20 52,24 118,18 IX 70,11 X 3,[25] 31,8.11 32,
[24] 42,3 BG 42,2-6.8° 43,7 48,7 77,13 109,1°. Weiteres siehe hebdomas.

Zahl 8

II 95,33° 104,31° 105,5-11.23°.28° 106,8° 108,4° 112,12° (=OYOEIN).20° (::)
125,5° III 17,2 85,19° (≠p' BG 109,1) 87,[1]° (p' BG 111,7°) IV 70,3 (p lies
PMEH¦S̆¦E̅, E̅ für 8) V 80,21 VI 52,4° 53,25° 55,16° 62,4 VIII 127,4 IX 55,[2]
(+ogdoas) X 4,2 32,25 BG 123,10 124,9. Weiteres siehe ogdoas.

Zahl 9

III 17,2 IV 70,4 V 24,4.6 81,[1] VI 6,24 41,30? 52,6° 53,26° VIII 27,5 IX 25,
[7] (Mt 27,45) X 4,7 BG 47,12°. Weiteres siehe enneas.

Zahl 10

I 1,30 II 121,21 III 9,9 14,3 58,19 78,19° V 24,7° 36,21 81,15 VI 6,25 VII
70,17 X 4,10 33,1 XI 30,30.32. Weiteres siehe dekas.

Zahl 11

Zahl 11

III 17,4 58,20 V 81,24 VI 9,21 X 4,[13] 33,3. Weiteres siehe <u>hendekas</u>.

Zahl 12

I 1,24 2,9 II 104,25 107,17° 113,29 III 12,18.22 16,9 <u>17</u>,5 57,[23] 58,7.<u>21</u> 83,10 84,[2].4.15.16 142,25 IV 69,[4] V 19,15 20,2 21,12 24,1 26,3.23 36,1.[2] 43,21 (die 12 Jünger) 73,26 82,5 VI 12,22 VII 48,3 63,18 X <u>4</u>,[4]° <u>33</u>,4 42,4 BG 77,12 ----- V 25,26. Weiteres siehe <u>dōdekas</u>.

Zahl 13: IV 75,6.18 V <u>82</u>,11 VIII 4,27 X 2,17 <u>4</u>,20

Zahl 15: VI 62,19

Zahl 17: V 37,[23]

Zahl 18: I 8,(3)

Zahl 24: II L 52

Zahl 30: II 105,33 X 42,6 XI 30,36 31,35°. Weiteres siehe <u>triakontas</u>.

Zahl 36: III 83,13.14 (SS lies SOOY NSOOY)

Zahl 40: I 8,1 (Apg 1,3) II 115,10.12 IV 65,4

Zahl 49: II 107,1

Zahl 60: II L 8 ----- IX 65,6

Zahl 64: II 105,9

Zahl 72: II 63,26 105,13-15 III 83,14.15 84,20 V 26,15.17 41,6

Zahl 99: (Mt 18,12) I 31,36 32,4 II L 107

Zahl 100: I 32,16 II L 107 (Mt 18,12) 63,12 III 78,20 XI 57,31 58,8. Weiteres siehe <u>hekatontas</u>.

Zahl 120: II L <u>8</u> (vgl. Mt 13,8) VI 36,12 38,27 43,19

Zahl 130: III 68,11

Zahl 160: XI 23,27

Zahl 360: III 23,18 83,18 84,5.6.25 85,1.5 XI 30,36 BG 39,15

Zahl 365: II 11,25 19,3

Zahl 400: IV 73,28

Zahl 550: I 2,19

Zahl 600: V 72,8

Zahl 700: V 64,4 X 34,22

Zahl 930: II 121,22

Zahl 1000: II L 23 105,21 121,18 122,1.11 III 78,21 IX 5,21 VI,[18]

Zahl 1468: VI 46,28

Zahl 5000: III 56,22

Zahl 10 000
(oft - wie myrioi - 'zahllose') II L 23 102,22 105,21 III 44,17 54,22.24 55,12
78,22 83,2 (+ATO, MĒĒŠE p') IV 55,[2] 57,26 59,[6] VI 32,15 VIII 47,14 123,1.
14 126,1 IX 5,22 6,19 XIII 39,10
(HENTBA EMNTOY ĒPE vgl. ĒPE (46 B))

Zahl 400 000 V 73,15

INDEX

der in den Artikeln zitierten lateinischen Wörter

I N D E X

der in den Artikeln zitierten Bibelstellen

Die Zahlen nennen die Nag-Hammadi-Stellen, zu denen in diesem Wörterbuch eine Bibelstelle assoziiert wurde. Vgl. Technisches Vorwort 8.1, ferner 7.2 und (sinngemäß) 6.1

Genesis		2,8-3,24	siehe <u>paradeisos</u>
1,1	III 129,21 V 58,4 VII	2,9-3,22	siehe ŠĒN (317 A)
	20,21	2,15-3,24	II 45,24-48,1
1,2	II 13,26 101,1 104,13	2,15	II 88,25
	III 128,1 VI 37,35 VII	2,17	III 28,5, siehe auch OYŌM
	9,24 BG 45,10.14		(270)
1,4	II 108,6	2,19	II 88,19.24
1,6-10	II 101,3-9	2,21	II 22,24 89,5-9 116,24 III
1,9	III 129,22		29,2.15.23 BG 58,13-18
1,11	II 109,33 111,17-27	2,22	II 89,9.17
1,12	II 111,28	2,23.24	III 30,5-10
1,14.15	II 112,3-7	2,24	II 133,3 III 30,7
1,26	I 84,33 89,21 98,19 99,5	3	II 90,2-91,5
	107,21 II L 84 87,32 III	3,1-20	I 107,11 III 28,18 IX 45,31
	22,5 59,4 VII 92,24.31		47,4
	XI 37,35 XIII 40,25 BG	3,1	II 114,3 118,25
	48,12	3,3.6	siehe OYŌM (270)
1,27	I 100,24 143,29 II 19,31	3,5	II 90,8 IX 46,7
	V 54,13 VI 69,25 XI 37,	3,7	II 90,17 IX 46,12
	33 XIII 40,25 BG 48,12	3,8	II 90,23 119,25 IX 46,16
1,28	II 114,19 IX 30,2	3,10	II 90,22 119,28 IX 46,19
2,1	III 29,1	3,11	II 88,26 90,26 IX 46,26
2,3	II 115,27	3,13	II 90,31 120,2
2,4	III 129,21 VII 20,21	3,14.17	II 90,30-91,7 IX 47,5 BG
2,7	I 105,23 II 71,17 87,25-		67,9
	88,4.15 112,34 III 24,7	3,16	II 120,7 133,9 III 30,24
	V 66,21 XI 38,26 BG 119,	3,17	II 23,37 120,8
	19 120,4.12 121,4	3,19	V 66,30

Sprüche		Sacharja	
7,4	II 23,21 III 14,10 VII 50,27	4	II 111,3
		8,23	IX 41,10
8,11 16,16	VI 10,27	14,8	siehe MOOY ETONH unter MOOY
Prediger			(106 C)
10,9	II L 77 b		
Hiob		Matthäus	
5,13	VII 111,29	3,1	II 135,24
Weisheit		3,10	II 83,8-21
7,25 ff.	VII 113,1-6	3,11	II 122,15
Jesaja		3,15	II 72,34
6,3	II 97,20 IX 16,16-18,4	3,16	IX 39,28
6,9	IX 48,9	3,17	I 30,31
6,10	II 22,26 III 29,10 IX 48,9 BG 59,3	4,8	VI 45,13
		5,3	II L 49
30,15.19.20	II 136,5-15	5,4	II 135,16
40,6-8	II 144,23	5,6	II L 96 b 135,18
45,5	siehe ANOK (8 B)	5,8	VII 29,5 X 1,13
53,4	VII 103,28	15,5,10	II L 69 a
53,12	V 47,23	5,11	II L 68
54,1	II 60,1 VI 13,23	5,14	II L 32 XI 9,30
65,17	II L 51 VII 112,26	5,15	II L 33
Jeremia		5,18	siehe čō (413)
3,1-4	II 129,9-22	5,19	V 55,2
3,16	siehe 1Kor 2,9	5,20	II L 22.39.64.99.114
11,20	II 136,23	5,26	IX 30,17
17,10	II 136,23	6,3	II L 62
Ezechiel		6,6	II 68,10
1,6	II 95,27	6,13 M	I 138,18 144,3 VI 19,9 35,
1,10	II 105,7		19 VII 112,9
16,23-26	II 130,11-20	6,19	II L 76 IX 31,20
Daniel		6,20	II L 76 67,2 88,17
2,28	BG 22,5	6,22	III 125,18
7,13	II L3	6,24	II L 47 VII 60,2 IX 29,25
10,5 (Theodotion)	VI 2,13	6,25	II L 36
Hosea		6,34	III 139,9
2,4-9	II 129,22-130,11	7,3.5	II L 26
Haggai		7,6	II L 93 VI 24,7
2,1-9	II 111,3	7,7	I 10,33 II L 92

7,8	II L 94	12,11	I 32,18
7,12	II L 5	12,27	II L 99
7,14	VII 103,26	12,29	II L 21 b.35
7,16	I 33,38 II 142,15, siehe auch Lk 6,44	12,32	II L 44 VI 40,32 42,21 XIII 45,8
7,17	II L 43 142,15	12,34.35	II L 45
7,21	II 55,34	12,36	VII 102,22
7,24-27	I 8,7	12,37	VII 102,21
7,38	II L 73	12,46.47	II L 99
8,12	I 89,26 II 67,1 68,7 III 127,17 VII 78,24	12,49	XI 9,31
		12,50	II L 99 XI 9,32
8,17	VII 103,28	13,3-8	I 8,7 II L 8 XI 5,17
8,20	II L 86	13,3	VI 40,30, vgl. Mk 4,14
9,15	II L 38.104 76,5 86,5	13,8	I 12,17
9,16	II L 47	13,11	VII 82,19
9,17	II L 47.117	13,12	II L 41 VII 83,29
9,36	II L 28	13,16	VII 40,8
9,37	II L 73 138,34 VII 78,23	13,18-23	siehe 13,3-8
9,38	II L 73	13,23	I 12,17
10,8	II L 14	13,24-30	II L 57
10,10	III 139,10	13,24	I 12,23
10,15	II 143,7	13,31	I 12,23 II L 20 III 144,6
10,16	II L 39 VII 95,6-11	13,32	II L 20
10,17.18	VIII 138,25.26	13,33	II L 96
10,25	II L 33 III 139,11	13,39	siehe TSYNTELEIA MPIAIŌN unter aiōn
10,26	II L 4.5 125,17		
10,27	II L 33	13,44	II L 109
10,34	II L 16	13,45.46	II L 76
11,5	IX 33,5	13,47.48	II L 7
11,7.8	II L 78	14,25	IX 33,8.23
11,11	II L 46 V 37,19	15,11	II L 14
11,15	II L 7.21 b.24.63.65.96 BG 89,5 90,13 100,11 107,19	15,13	II L 40 85,29
		15,14	II L 34 VII 72,13
		15,27	II 82,21
11,25	I 19,28	16,3	II L 91
11,27	I 39,17 II L 79 III 94, 11 IX 41,5 BG 83,2	16,6	IX 29,13
		16,13	II L 12
11,29	II L 90 145,10	16,16	II L 37 VI 9,12
11,30	II L 90	16,21	IX 3,10

16,24	III 129,13	27,28	VIII 139,16
16,26	I 42,36 XI 9,33	27,29-32	VII 56,8-13
16,28	II L 18.19.85 IV 78,10	27,29	VIII 139,17
17,1	II 58,7	27,35	VIII 139,19
17,3	I 48,8	27,45	VI 42,17 IX 25,5
17,20	II L 48.106	27,46	II 68,26
18,1	II L 11	27,48	VII 56,7
18,12-14	I 8,6 31,35-32,4.21 II	27,51	II 69,35-70,4 84,25-85,9
	L 107		VII 58,26
18,19	II L 48	28,3	II 93,15
19,6	II 76,15	28,16	BG 77,16
19,14	V 55,2 VI 17,25	28,19	I 127,32
19,19	II L 25	28,20	II L 30 VIII 134,17 140,22
19,27.29	I 4,25		BG 94,17, siehe auch Mt 13,
19,30	II L 3		39
20,1-16	I 8,8	Markus	
20,28	I 10,32 20,14	1,4	II 135,24
20,34	V 47,20	3,29	II L 44 BG 70,8
21,33-40	II L 65	4,14	VI 60,24
22,17-21	II L 100	4,22	II L 5
22,29	IX 37,3 XI 28,32 XIII	4,29	II L 21 b
	50,23	7,22	VI 31,22
22,37	VI 55,11	10,30	VI 40,32 42,21
23,9	XI 9,28	10,45	I 24,24
23,12	VII 104,22	12,30	VI 57,22
23,13	II L 39	13,8	I 15,13
24,6	I 15,11 II 126 10 VII	13,35	II L 21 b
	30,16 BG 22,5	16,12	BG 78,11
24,7	VII 30,15	16,19	I 14,31
24,24	V 77,2 VI 45,15 XI 1,15	Lukas	
24,29	II 126,10	1,2	I 1,19
24,43	II L 21 b. 103	1,53	I 48,24
25,1-13	I 8,7	4,24	II L 31
25,21	I 135,28 VII 63,27	5,33	II L 104
25,34	siehe OYNAM (274 A), ka-	5,39	II L 47
	tabolē	6,20	II L 54
26,41	II 145,8 V 32,19	6,21	II L 54.69 b 135,18
26,61	II L 71	6,30.34	II L 95
26,64	I 14,31	6,44	II L 45 VII 76,6, vgl. Mt
			7,16

7,25	II L 78	**Johannes**	
8,14	VI 23,31	1,1	VII 70,6
8,16	II L 33	1,1.3	II 10,17-21
10,7	II 139,9	1,3	VII 115,17
10,19	XI 40,15	1,4	V 58,7
10,27	VI 57,21	1,9	II L 24 VII 112,24 BG 103,10
11,27.28	II L 79	1,10	VII 64,13
11,39	II L 89	1,11	III 133,20
11,40	II L 22,89	1,12	VI 10,34 VIII 140,18
11,52	II L 39	1,13	VI 63,1 BG 82,13
12,13.14	II L 72	1,14	I 113,38 XIII 47,15
12,16-20	II L 63	1,18	III 68,25 121,6 VII 70,5
12,35	II L 21.103		BG 26,13
12,37	II L 103	3,3	VI 63,1
12,49	II L 9	3,4	II 27,13 BG 69,16
12,51-53	II L 16	3,17	BG 20,9
12,56	II L 91	3,21	II 138,26
13,21	II L 96	3,29	II 82,16
14,16-23	II L 64	4,10	siehe MOOY ETONH unter MOOY
14,26	II L 55.101 135,20		(106 C)
14,27	II L 55	4,24	VII 93,25
14,33	VI 5,23	6,33	II 55,12
15,8-10	I 8,9	6,44	II 135,2
16,8	II 78,25 97,13 VII 60,19	6,51	I 30,29
	73,18 XIII 37,19 41,16	6,53	II 56,29-57,14
	42,16 45,33 49,25 BG	6,63	II 134,1 VIII 5,6 24,15
	126,14	7,33.34	II L 38
16,11	IX 68,4	8,12	VII 106,26
16,13	II L 47	8,19	VII 100,24
16,23.24	VI 47,31-48,3	8,25	II L 43.61 b.91
17,20	II L 2.51.113	8,32	II 84,9
17,21	II L 2	8,34	II 77,18
17,34	II L 61 a	8,44	II 61,9 VI 33,26
18,30	VI 40,32 42,21 XIII 45,8	8,52	II 32,14 L 18.19.85 IV 78,10
19,10	I 32,2 IV 74,23	8,56	II 82,27
21,25	II 126,9	10,1.2.7	VI 32,10 VII 106,26
22,37	V 47,23	10,4	I 22,21
23,4	IX 33,2	10,11	VI 32,11.34 33,2 VII 106,28
23,26	VII 56,10		XI 40,18
23,29	II L 79	10,18	I 20,34

11,25	V 58,7 VII 106,25	8,10	siehe TNOQ NDYNAMIS unter
12,25	II 135,20		dynamis
12,36	II 78,25 97,13 VII 60,19	13,10	VI 33,26
	XIII 37,19 41,16 42,16	15,29	II 130,30
	45,33 49,25 BG 126,14	Römer	
14,2	II 56,1	3,1	II L 53
14,3	I 22,21	5,12.14	I 108,5
14,6	I 18,20 31,29 123,31 V	6,5	I 45,26
	58,7 VII 106,25	7,19	II 83,28
14,10	I 42,27 VII 49,34	7,22	VI 69,23 VIII 137,22 XII
14,26	II 97,1		34,19
14,27	BG 79,10	8,17	I 45,25
15,1	VII 107,27	8,18	I 5,28
16,2	VI 33,24	8,19	siehe OYŌNH (274 C)
16,15	II 60,2	9,9	I 114,12
16,25	I 7,4	9,23	VI 26,9
16,28	I 2,24 14,21 III 134,21	10,4	VI 42,6
	VI 8,35 VIII 134,25 BG	11,25	II 71,4
	19,15 117,15	11,29	I 143,13
17,2	VII 114,24	11,36	I 18,34-19,15 II 9,8 III
17,18	BG 209		13,13 BG 35,15
17,23	I 42,27 VII 49,34	12,1	VI 57,18
18,37	III 140,12	13,12	III 67,3
18,38	IX 33,2	1. Korinther	
19,2	VIII 139,18	1,19	VII 111,30
19,25	II 59,7-10	1,20	VII 111,22
19,40	VIII 139,19	1,24	VII 106,23.25. 107,3
20,22	I 30,34	1,27	I 142,22
20,25	VII 58,26 81,19	2,8	I 120,26 131,35 V 46,13 VII
20,29	I 13,1		56,22 VIII 130,10 136,20
Apostelgeschichte		2,9	I 143,24 II 25,20 L 17 76,
1,3	I 8,1		16 III 68,7 140,3
1,12	VIII 133,15 BG 79,8	2,10	I 24,11 II 138,18
2,4	VIII 139,14 140,9	3,13	II 139,19
2,24	VII 104,4	3,17	VII 109,25
3,15	VIII 139,27	4,8	II L 81
4,8.31	VIII 139,14 140,9	5,9.10	II 131,3-8
4,32	VI 1,10	7,29	VIII 131,20
5,30	VIII 139,19	7,31	I 24,22-25,4

8,1	II 77,25	7,15	III 120,19
8,6	I 18,34-19,15	12,2	V 19,24
9,19	II 77,27	Galater	
9,20	IX 44,14	1,8	IX 73,19
9,22	VII 106,30 117,11	1,15	V 18,16 23,4
10,16	II 75,14 XI 43,21	3,13	I 13,24 XIII 50,13
12,12-27	XI 13,34 17,24 18,34	3,28	I 132,24
12,12	XI 17,15	4,1.2	II 52,5 60,3-6
12,15.16	XI 17,14.20	4,5	XI 42,20
12,16	XI 18,29-36	4,27	II 60,1 VI 13,23
12,28	I 116,17	5,6	I 132,26 VI 45,21 IX 5,6
13,9	I 49,10	6,14	II 63,24
13,10	I 143,8 II 81,14 85,18	Epheser	
13,13	I 71,23-27 143,32 II 79,	1,21	I 102,24 II 76,11 III 32,5
	23-30 VIII 28,21		71,15 V 75,27 VI 25,33
14,25	VII 116,3	2,12	II 145,7
15,34	I 8,29	2,15	IV 77,15
15,41	II 110,20	3,6	I 122,13
15,44	II 19,6.12.30 20,13 VI	3,9	XIII 44,32
	32,31	4,6	I 18,34-19,15
15,45	II 88,4.12 115,1 117,28	4,22	VII 114,18
	134,1 VIII 5,6 24,15	4,24	II 75,24 VII 59,4
	43,2	6,12	II 86,20-27 131,9 VII 117,
15,50	II 56,32-39		14 IX 32,28
15,52	I 15,12	Philipper	
15,53	I 48,38	2,6	VII 103,34 110,18
15,54	I 45,14	2,7	VII 104,1
2. Korinther		2,9	I 38,36 98,7 143,10 II 7,28
2,14-16	I 34,1-17		54,7 76,10
2,16	III 67,22	3,19	II 143,14
4,4	II 140,25	4,3	I 19,35 20,9.14.24 21,4
4,17	VII 77,33 117,29		22,39
4,18	I 132,1 VI 31,27.33	Kolosser	
5,1	siehe EI (46)	1,13	II 86,20-27
5,3	II 56,27	1,14	VII 104,14
5,9	I 22,11	1,15	II 14,21 VII 100,27 115,19
5,10	V 59,9, siehe auch Röm	1,16	VII 117,2
	8,19	1,18	IV 72,3
5,21	IX 33,2	2,9	XI 33,32

2,14	I 20,25 III 64,3 IV 77, 15 XI 14,32	1. Petrus	
3,1	I 45,26	4,8	II 78,11
3,11	vgl. Gal 5,6	5,7	VII 89,17
1. Thessalonicher		5,14	VI 57,26
4,13	II 145,7	2. Petrus	
5,3	XIII 43,6	1,21	I 113,6
2. Thessalonicher		1. Johannes	
2,3	VII 114,24	1,1	BG 125,14
1. Timotheus		3,2	siehe OYŌNH (274 C)
1,10	I 108,3	3,9	I 43,14 XIII 36,16
1,17	I 143,12	3,10	VI 33,26
3,16	I 133,16 II L 28 XI 12, 18	Apokalypse	
		1,4	siehe ŠŌPE (322 A)
		1,13	VI 2,13
6,12	III 33,22 VII 112,18 114,2.9	2,4	II 141,13
		2,8	VI 13,16
6,16	I 138,18 144,3 VI 19,9 35,20 VII 112,9	2,27	V 22,4
		3,5	vgl. Phil 4,3
2. Timotheus		3,20	VI 32,11
2,20.21	I 25,28.33 26,10 36,21	4,4	Ⲓ 70,11 137,23
4,7	vgl. 1Tim 6,12	7,4	V 73,16
Hebräer		8,8	II 126,24
2,5	BG 32,10	11,13	VI 43,33-44,6
4,12	I 26,2 VII 117,10	12,9	IX 47,5 48,17
4,14	V 46,12, siehe auch SINE (158 A)	14,13	II L 51
		17,14	I 143,12
4,15	IX 33,2	19,21	VI 44,6
6,19	II 85,4	21,4	VII 91,5
7,26	VII 69,22 71,13	21,5	VII 112,11.25
9,3	siehe OYĒĒB (267 B)	21,6 a	VII 113,21
12,19	I 15,12	21,6 b 22,1	siehe MOOY MPŌNH unter MOOY
13,14	I 11,23		(106 C)
Jakobus			
3,3	II 140,29		

DEUTSCHER INDEX

nach Seitenzahlen dieses Wörterbuchs. Kleinere Wortfamilien werden, auch um den Preis geringer Abweichung vom Alphabet, geschlossen genannt. Ä, ö, ü gelten als a, o, u. Verben, die sowohl reflexiv wie nichtreflexiv vorkommen, tragen den Zusatz 'sich' in Klammern. im übrigen gilt:

?   Wortbedeutung unsicher

( ) Interpretament des Bearbeiters

f. und (mehrere) folgende

Abbild, abbildlich, Abbildung 21,
    105, 141, 237, 238, 323

Abdruck 141, 323

Abendessen 321

abfallen 170

abgeschnitten 150

Abgrund 56 f., 139 228

abhalten 264

abkommen von 204

Abkunft, edle 247

Ablauf, göttlich geregelter 118

ablegen 27, 258

ablehnen 191

Ablenkung 159,285

ablösen 9

abmühen, sich 169

abnehmen (trans.) 198

Absage, absagen 218, 282

abschlagen, jemandem etwas 282

abschneiden 150

abschütteln 63

absetzen, sich von 196

Absicht 156, 228, 294

    Absicht, böse 255

    Absicht, lautere 208

absondern (sich) 127 239 278

abspenstig machen 68

Abstammung (36), 229

absteigen, Abstieg 7, 18, 21, 53, 256,
    310

abtrennen 63, 269

Abtrünnigkeit 217 f.

abweichen 9

abweisen, Abweisung 110

abwenden (sich) 9, 68, 72

abwerfen 65

Abwesenheit 21

abwischen 157

Achsel 178

achten 134, 312

achter, Achtheit 276

achtgeben 171, 296

Adel 247

Adler 204

Aeon, Aeonen 4, 12, 13,17, 106 f.

    Aeon, der künftige 207

(Affekt 40)

ähnlich, Ähnlichkeit 22, 41, 105

    Ähnlichkeit, Dinge der 155

Aktivität 159

All, das 26, 47, 59, 107

    All, das Haupt des 4